側寫江戶
佛教思想

林鎮國、簡凱廷——主編

漢傳佛教論叢序

中華佛學研究所是經教育部立案之研究機構，依本所創辦人聖嚴法師所頒之所訓「立足中華、放眼世界」為指導方針，以促進中外學術研究之交流與合作為目標，戮力漢傳佛教學術發展，特成立此論叢。

聖嚴法師除重視印度佛教的溯源研究，更重視漢傳佛教在現代的適應性、消融性、開創性及自主性的探索。中國佛教的源頭來自印度大小乘的經、律、論三藏，這些原典的數量相當龐大；弘傳到中國後，漢文系統的佛教，在隋、唐時代有了小乘二宗、大乘八宗的開展與成熟，其著作之多，多過由梵文譯成漢文的三藏教典，而且各自有其脈絡系統。到了宋、明時代，漢傳佛教發展已到強弩之末，經過宋明理學的撻伐以及元朝蒙古人的異族統治，漢傳佛教諸宗到了明初，已是奄奄一息，命如懸絲。直至明末清初，中國佛教界出現了許多位大師級的僧俗學者，才乍見曙光，對現代中國佛教的成長與延續產生深遠影響，不論是義理之學或應用之學，包括禪、律、淨土、天台、華嚴等思潮，從傳統的立場來看現代的中國佛教，皆可在明末的佛教思想中，覓得蹤跡。因此，漢傳佛教雖然有重視實修的淨土宗、禪宗，也有重視思考的唯識學派，以及華嚴學派等各種不同的學派，但是全部都屬於漢傳佛教。

聖嚴法師常常提及近百年來有些佛教學者，抨擊漢傳佛教非印度佛教的本來面目，含融了許多中國習俗、民間信仰的成分，所以被指為是不純的傳說和迷信；由此認為，漢傳佛教之中的各大學派，皆是中國人自創的，是漢化了的佛教。因而讓部分信眾，不再重視漢傳佛教，幾乎一窩蜂地轉向崇拜藏傳佛教或南傳佛教。佛教雖然有南傳、漢傳、藏傳不同的系統，但全部都是釋迦牟尼佛的佛法，彼此之間可以互通合作，也可以獨立存在，因此應更互相包容尊重。而中華佛學研究所的立足點是漢傳佛教，以漢傳佛教為基礎，來研究、接受、消化其他系統的佛教，這是本所自創辦以來始終不變的方針與原則。更希望漢傳佛教能夠立足於世界，也就是讓國際的佛教界了解，在漢傳的寶庫中，有採擷不盡的寶礦，尤其部分漢文原典，更是藏文、巴利文所無，這些漢文經典及各宗祖師的研究，尚待佛教界的專家學者給予逐一地闡明與發掘！

衷心地祈願今後的漢傳佛教，能夠在教界各方的努力下，開創出一條千秋萬世、常住不滅之路。

中華佛學研究所

二〇一一年五月一日

〔代序〕作為方法的江戶佛教思想

探討華文學界較少觸及的江戶佛教思想，可以有二種方式：一是將江戶佛教視為對象，另是將其作為方法；前者著重呈現江戶佛教思想的內容，後者則從後設的層次，對該對象進行方法論的反思。前者為實，後者為虛，然唯有虛實相間，才有接近整體實相的可能。本篇序文標題的設定，對熟知現代日本思想史學界者，特別是有關中國、日本和東亞思想史的研究，不難將這代序聯想到竹內好（一九一〇—一九七七）的《作為方法的亞細亞》、溝口雄三（一九三二—二〇一〇）的《作為方法的中國》和子安宣邦（一九三三—）的《作為方法的江戶》。必須言明的是，他們使用「方法」一詞的方式，各不相同。約略而言，雖然他們經歷了日本從戰前右翼到戰後左翼的「世界史」觀的轉向，但都不想停留在觀念的象牙塔內，而是實存地苦鬥，試圖為日本尋找一條抵抗或解放的出路。這不僅是思想史的問題，也是實踐的問題。對竹內好來說，他尋求的抵抗歐洲近代性的方法，這方法必須從近代中國的革命經驗為日本找尋出路。對溝口來說，對「近代性」（現代性）問題的回答，則必須推溯至近代之前，將「中國」視為朝向「世界」的方法。這種從

「近代之前」回答「何謂近代」的歷史進路，普遍見於戰後日本學界，丸山真男（一九一四—一九九六）或是貝拉（Robert Bellah, 1927-2013）就是典型的例子。子安宣邦回到江戶思想，也隸屬於同一的思維譜系。差別的是，他的後現代態度，讓他從歷史實體轉向歷史言說（discourse），後設地分析關於「東亞」、「中國」或「日本」思想的言說如何和帝國的言說綰結一起，成為有待批判的意識型態（相關的梳理，可參考張崑將，二〇〇四）。

我不想在這裡深入二十世紀東亞思想史研究中「作為方法」的爭論，但必須指出，除了荒木見悟（一九一七—二〇一七）之外，在以上諸家的視野中，不論是採批判（李卓吾、魯迅）或認同（陽明學、古學）的姿態，儒教都居於歷史場景的中心，而佛教若非不見，不然就僅是扮演佐證的角色而已。這似乎可以理解，因為近代儒教和國家的同構關係，遠非以開悟和解脫為宗旨的佛教可比。但是，當我們試圖為現代性考索其神學來源時（Michael Allen Gillespie, 2008; Charles Taylor, 2018），佛教可以缺席嗎？西田幾多郎所開啟的京都學派和熊十力的新儒家，就是明確的反證，他們所繼承的佛教哲學資源，不論是禪宗、淨土或支那內學院的唯識學，都應該追溯到「近代之前」的江戶和晚明佛教。然而，當現代學界試圖重建京都學派和新儒家的哲學對話時，卻壓根兒沒想到晚明和江戶佛教之間可能發生的相互觀看，這不是當前東亞思想史、哲學史和宗教史研究的「不見」嗎？如何彌補這「不見」，便是本書的企圖之一。

江戶佛教思想作為「方法」是什麼意思？這可見於本書標題的「側寫」——從晚明之

側閱讀江戶佛教，也從江戶之側閱讀晚明佛教，既觀一側之所有，也觀其所無，既見二側之同，也見其異；唯有往返辯證，從知識論的反思層次，也就是知識考古學、知識系譜學的進路，索隱吾人建構東亞近現代佛教圖像時的見與不見。

接下，先敘本書結集與出版的緣起。二〇一八年十月，我以「江戶佛教的思想與學問」為主題，組成小型研究團隊，向聖嚴教育基金會提出二年期的整合型研究計畫補助，本書即是其成果。計畫團隊的成員大多不是地道的日本佛教研究專業，遑論江戶時期的佛教研究。既是如此，該計畫何以敢觸及此華文學界鮮少涉足的領域？現在想來，學界常唱言「跨界」、「跨域」，然而說的人多，做的人少，原因是怕被揪小辮的風險太大。我因退休了，已無利害的顧忌，心想此時不做，更待何時？就計畫的近因而言，在二〇一六年我應佛光大學佛教研究中心之邀，主持「近世東亞佛教文獻與研究」整合型計畫時，就想藉由新文獻材料的發現，新方法、議題的提出，重新構畫十六至十八世紀東亞佛教的圖像，也試圖呈現東亞佛教在航海時代所開啟的初期全球化中如何面對多元宗教情境。江戶佛教的文獻與研究計畫便是該構想的切入領域之一。

該計畫的實際作法是以珍稀文獻與抄本的蒐集整理為基礎，並在這基礎上讓近世佛教圖像的重構得以落實。在那次的整合型計畫中，我個人提出了「晚明與江戶時期唯識因明的研究與文獻」為子計畫，選取了陳那《觀所緣緣論》（玄奘譯）和護法《觀所緣論釋》的晚明與江戶時期註疏為主，在簡凱廷的協助下，從中國與日本搜尋未入藏的刻本與抄本。

當時所以選擇陳那《觀所緣緣論》及其東亞的註疏與傳播為焦點，其因緣又可上溯至二〇一一年，當時我參加澳洲國立大學梅約翰（John Makeham）和鮑爾（John Power）主持的一項研究計畫，「商議現代性：在西藏與中國的佛教」（"Negotiating Modernity: Buddhism in Tibet and China"），試圖挖掘在近世中國和西藏之間可能發生的佛教哲學交涉。以事後之明來看，早可預料該構想可能遭遇的困難。即使如此，計畫還是得進行下去。最後，該計畫決定以陳那的《觀所緣緣論》的漢藏翻譯與註疏為主軸，藉以比較佛教知識論在藏傳和漢傳傳統中的不同開展。我個人因參加了由梅約翰所負責的陳那《觀所緣緣論》和護法《觀所緣論釋》漢傳註疏部分，於二〇一三年寒假赴京都龍谷大學圖書館，影印取得了寶雲的《觀所緣緣論講錄》和《觀所緣緣論略釋》，並從名古屋大學圖書館取得中土早已失傳的真界《觀所緣緣論集解》，開啟了對相關的江戶註疏抄本的蒐集，如基辨、快道的註疏，這才得以對江戶佛教義學有了第一手的初步認識。

這認識可從二方面來看，一是十七世紀的明末佛教如何傳播於德川日本，另是當時江戶佛教學者如何評價明末佛教。在我過去的研究，這問題從未進入視野，原因是當時仍局限於佛教哲學史的框架，認定從二、三世紀印度的龍樹中觀學開始，到五、六世紀世親、陳那、法稱的識論，構成了佛教哲學的黃金時代。逮及佛教北傳，則以出現於隋唐時代的台、賢、禪、淨諸家為黃金時代。對我這世代的佛教學者來說，這框架幾乎牢不可破，無可置疑，因為就「原創性」而言，似乎確是如此。因此就中國佛教來說，或就哲學史通論而言，隋唐五代之後，宋明清是新儒學（理學、心學）的當令時代，佛教若不是被視為

「沒落」（明清），就是被視為「墮落」（辻善之助筆下的江戶佛教），哪有研究的價值？

反之，若從「現代」逆著往「現代之前」看這根深柢固的框架，上述框架的局限便不言可喻：佛教進入「現代」之前，究竟處於何種歷史狀況？所謂「現代之前」，是指十九世紀、十八世紀、十七世紀、十六世紀，或開啟航海時代的十五世紀？這也是問，近代的全球化始於何時？當二十一世紀二〇年代的全球化以俄烏戰爭和以巴戰爭為新聞頭條時，這全球化究竟始於何時？這是隱含歐洲中心論所提出的問題嗎？若是，拿來探問亞洲佛教是合法的問題嗎？二〇一一年，我去印度科欽（Kochi）參加梅約翰的計畫工作坊時，站在科欽港邊，想像歐洲的耶穌會士，如沙勿略和利瑪竇，在十六、七世紀從葡萄牙航向未知的印度，停留在果阿和科欽，最後到達長崎與澳門，不論是善或惡，全球化就已經開始了。他們經過麻六甲，抵達全然陌生的極東海域，他們看到了什麼？他們看到的東亞佛教又是什麼？

這似乎是來自「外部」觀點的「外部」問題，被過去佛教史家的觀看框架所忽視，這「忽視」同時也忽視了佛教本身對「內部的」、「本質的」、「自我中心的」、「忽視他者」之視角的徹底批判。當時我站在科欽港邊，張望著傳說中的中國魚網時，想到的是，曾經停留在科欽的青年利瑪竇如何想像中國，一個未知的國度？當他初到肇慶，曾以西天竺僧的形象出現時，他心中的佛教形象為何？等到他棄釋從儒時，又經過何種對佛教的認識轉換？這些都是以前我從未想過的問題，更不用提及這些耶穌會士如何帶來天主教化的亞里斯多德主義，成為對佛教而言「最後的實在論」？極東的「現代之前」或初期全球化，航海時代耶穌會士的到訪，對儒教或佛教，晚明或江戶，都是一道深印的刻痕。

從印度時期開始，佛教早將對論（vāda）視為自我開展的根本機制。若缺乏外部觀點，思想就失去辯證的驅動力，創造性便無可避免地枯竭了。依佛教對論的說法，「前宗」（pūrva-pakṣa）始終是思辨不可或缺的前提。前宗就是對論者的主張。佛教在歷史上的開展過程，也不例外。因此，我們要問，十六、七世紀的東亞佛教，他們的對論者是誰？唯有弄清楚了對論者，自我的身分才有清晰浮現的可能。這對論可能發生於教內的不同宗派，也可能發生於外教的爭論。我們可以不誇張地說，對論是思想發展的根本動力。有關淨土宗和淨土真宗的宗論，見本書陳繼東的論文。

以十七世紀的東亞佛教來說，晚明佛教和江戶佛教即隔海扮演著彼此對論的關係，這對後者尤是如此。本輯的「側寫」就是強調從隔海的二側來回觀看對方。「側寫」不是「正寫」，也不是「全寫」，而是從側面、對照的、批判的角度來書寫。這回答了開頭的問題：雖然計畫團隊不全然是江戶佛教研究的專業戶，卻敢下海做這計畫的緣故。做為計畫主持人，我了解到這是大工程，無法一蹴可及，因為龐大的近世文獻仍多以抄本或刻本的形式埋在寺院庫藏或私人文庫（如叡山文庫）中，有待系統性的調查，建立資料庫。在系統地調查與蒐集之前，只能先做局部性的研究。

我決定從個人比較熟悉的唯識學、因明學開始，以雪浪洪恩揭出而啟動了晚明唯識復興的「相宗八要」為範圍（世親《百法明門論》、《唯識三十論》、陳那《觀所緣緣論》、護法《觀所緣論釋》、商羯羅主《因明入正理論》、玄奘《真唯識量》、《八識規矩》、《六離合釋》），採用考古學的方格法，劃定可操作的範圍，逐一蒐集各別論典的稀見註疏。如上所述，在過去積累的研究基礎上，先從陳那《觀所緣緣論》和護法《觀所緣論釋》的註疏著手，發現在基辨和快道的註疏中，江戶學者對晚明的唯識學有嚴厲的批評。這反映了法相學在日本沒有間斷的傳承，其豐富的經籍庋藏和檀林教育提供給江戶學者批評的底氣和自信。我用這方格考掘法，至今已推至《因明入正理論》和《八識規矩》的註疏，然尚未竟全功。

在資料考掘之下，也發現江戶佛教學界的法相研究，遠超出晚明的「相宗八要」範圍。在梵文文法學方面，江戶日本除了六離合釋的研究，還有關於八囀聲的大量講讀文獻。其中，基辨的《漢語八囀聲》，將梵語八囀聲應用到漢語的文法解讀，特別值得注意。江戶時期的悉曇學和梵文學，集大成於和基辨同時代的飲光慈雲尊者（一七一八—一八〇四）約有千卷的《梵學津梁》，反映了十九世紀下半葉由南條文雄（一八四九—一九二七）赴英倫師從繆勒（Max Müller, 1823-1900）習梵文之前，江戶佛教學者即已發展了本土的印度學。據南條文雄的自傳《懷舊錄》（嘉木揚・凱朝譯，二〇二〇年），他初見繆勒時，繆勒急問日本所藏的梵本狀況。南條答說，他小時在家裡的藏經中，見過慈雲尊者弟子（法護）所編的《阿彌陀經義釋》，另有刊於寬政六年（一七九四）的《阿彌陀經》梵漢對譯本，後者即是做為他和繆勒合作英譯的文本根據，目前仍藏於龍谷大學圖書館。

南條勤學梵文之餘，加強了他親赴印度求法的心願，曾賦詩云：「東人未試五天遊，唯有梵書伴旅裘。道樹關心望萬里，固林絕跡送千秋。運微皇子歿邊地，時異高僧老故州。留學于我已過分，願無蛇尾附龍頭。」有意思的是，詩中所言的老僧即指鳳潭，嘗請幕府准他赴印度留學，因海禁而未果（頁一二三）。有關鳳潭的研究，可見本書王芳的論文。

從明清佛教側觀，江戶佛教的一項特色就是本土印度學的發展。除了以《梵學津梁》為代表的梵文學或悉曇學研究之外，江戶佛教還對印度的非佛教（外道）教義，特別是勝論的《勝宗十句義》和數論的《金七十論》，產生高度的興趣，出現了數量眾多的註疏，可說是早期印度哲學研究在前現代日本的復興。這是在晚明佛教所看不到的現象，本輯中何歡歡的〈在日本重新發現印度實在論——以一七七九年初刊本基辨《勝宗十句義論釋》為中心〉，便是最好的研究範例。該文指出，基辨認識到法相研究必須置於印度哲學的脈絡，其中勝論尤其重要，而有不認識外道則無法真正認識大乘佛教的見地。有意思的是，在基辨之前的如海日妙（？—一七一一），於元祿十年（一六九七）版的《金七十論》跋文中，早已嘆曰：「嗚呼，竺乾外道之智，勝支那孔老之道也遠矣，況乎吾迦文法王微妙甚深之法，不待言辭，可信其高遠而止矣。」（興津香織，二〇〇五：三四）十七世紀末的江戶佛教學者已經判定，印度哲學（勝論）高於儒教與道教，而佛教則更高於勝論、數論等印度哲學。晚於基辨的齋藤隆現（一八六八—一九四七），於明治二十八年（一八九五）時為連存教纂《增補科註冠導勝宗十句義論》寫跋文時，則從因明立破的角度，判定印度哲學高於天主教哲學，而佛教則更高於印度外道哲學，顯示了初期現代的日本佛教判教出現了以實在論為對論者的新方向。

佛教中實在論與反實在論的對論要籍，除了陳那的《觀所緣緣論》，就數世親的《唯識二十論》。這部論在明清佛教界，甚至上推至玄奘學派之後，完全沉寂，未見任何註疏。令人驚奇的是，在江戶時期竟然出現了《唯識二十論》和《唯識二十論述記》的註疏熱潮，達四十本註疏之多，可謂蔚為大觀。拙稿〈戒定與江戶時代《唯識二十論》的講論熱潮〉即旨在梳理該講論熱潮所呈現的佛教思想史意義。即此以推，江戶時期盛極一時的俱舍學研究，文獻更多，其下開明治已降的現代阿毘達磨研究，則更待後續的研究。

江戶學僧批判性地受容晚明佛教，除了近年普為注目的黃檗宗研究之外，甚少有學者觸及。王芳的論文關注江戶中期的鳳潭僧濬（一六五九—一七三八）及其《十不二門指要鈔詳解選翼》，特別點出安樂律院一系對重興天台宗，成為宋以後山家山外論爭的日本延續，後者產出大量的翻刻、校訂、會本與註疏。這議題別說在華文學界少有人知，連日本佛教學界也鮮有研究。鳳潭在江戶佛教的重要性，見於他的文獻學方法，勇於論辯，著述不斷，成為江戶佛教經院學問的代表性人物。王芳在該文的結論指出，鳳潭融通天台山家與華嚴古義為圓教，揀擇宗密、澄觀和法藏的不同，排斥山外之說，可說為江戶佛教豎立了新的理想主義，也破除一般認為江戶佛教思想停滯的偏見。

簡凱廷〈論大寶守脫（一八〇四—一八八四）《教觀綱宗釋義會本講述》〉一文，則從聖嚴法師留學立正大學，因受坂本幸男的指導，得以智旭為博士論文題目說起。聖嚴法師論及《教觀綱宗》時，注意到該論在江戶時期的註釋傳統，說到：「在日本的註釋更多，自十八世紀以降，有行謙的《釋義講錄》、慧雲的《釋義則解》、德義的《贅言》、守脫大寶的《釋義會本講錄》、高覺的《略解》等。」這段因緣引發簡凱廷從書誌學的角度，追索智旭《教觀綱宗》及其《釋義》在晚期江戶的流通與影響，除了守脫的《教觀綱宗釋義會本講述》之外，還另有二十本的註疏，可見其對江戶時期天台思想的廣泛影響。這些註疏均是抄本，顯然仍未受到學界的注意。

以上二文不約而同地選取江戶中後期的天台學為主題，讓吾人看到江戶學者對中國佛教的繼承與講論，並從其抄、刻本之多，認識到漢文寫作在江戶時期的佛教著述裡滲透廣泛。這讓我想到 Sheldon Pollock 所鑄的「梵文文化圈」（Sanskrit Cosmopolis）一詞可和「漢文文化圈」一詞遙相對應。即使東亞的地區性語言，如和文、諺文、喃文、滿文等，早在十四、十五世紀就出現了，漢文作為東亞書面語的生命力仍一直延續到十九世紀。可惜本計畫並未觸及江戶時期龐大的和文文獻，不無遺憾，因為無論國際性通用語的使用如何滲透廣泛，畢竟比不上本土語言對本土性思維的細緻表達。即此而言，本輯不僅是「側寫」，也是「偏寫」，猶有待「補寫」。

本輯中最能體現江戶佛教特色的論文，應屬陳繼東關於統譽圓宣（一七一七—一七九二）《挫僻打磨編》的真宗批判及其引發延續至二十世紀的宗學論爭，最後附論楊文會對日本淨土真宗和淨土宗的批判，顯示該文也是一種「側寫」——從作者過去長期探討楊文會和真宗僧人小栗棲香頂在十九世紀末中國的相遇與論辯，上溯至江戶時期淨土教和真宗的論爭，勿寧是十分可理解之事。惟陳繼東的側寫，比起上述諸文，更能以案例的方式，深入宗派論爭史的曲折，讓華文學界得以一窺東瀛淨土教內部複雜的歷史情境，特別是佛教與幕府，宗教與政治之間，既密切又緊張的關係。此問題的複雜，遠在歷史研究之上，誠如某些學者的探問，在東亞世界，包括中國與日本，是否發生過類似歐洲的新教改革？不用多說明，這是韋伯式的問題——作為早期現代性的具體表現，資本主義和市民社會的興起和基督新教倫理有密切的關聯，淨土真宗的他力信仰在日本後來的歷史走向上是否也扮演類似新教的角色？這問題意識呼應了序文一開始提出「作為方法的江戶佛教思想」的想法，值得思考。貝拉嘗於其《德川宗教》提出此問題，然似乎未見佛教學界做出嚴肅的呼應。如上所述，這問題在佛教學界的噤聲，恐和學科的自我限制有關，以至於發聲者多從儒教的角度出發，造成佛教和現代性的關係失去歷史、哲學和神學的支撐。吾人若能從陳繼東這篇精彩的研究，跳脫宗派論爭的範圍，從更寬廣的思想史脈絡，包括朱子學、陽明學、古學和十六世紀傳入而被禁制的基督宗教神學，重新思考、追問淨土信仰和現代性的關聯，將可預期別開生面，從不同的層次，延續該論爭的討論。

必須一提的是，江戶佛教思想的研究，「側寫」可作為「方法」，但是本研究計畫並未忽略江戶佛教作為「實體」的部分——文獻資料的蒐集與整理。本輯的資料篇才是礎石。其實，這部分的工作完全符合江戶佛教的文獻實證學風。將研究對象同時作為實體和作為方法，本來就不僅不衝突，還相輔相成。

最後，還必須一提的是，若非聖嚴教育基金會的研究經費支持，就不可能有此成果的展現，謹此致謝。在申請與執行的過程中，也得到許多協助，除了基金會的同仁，特別要感謝楊蓓、廖肇亨、鄧偉仁諸位老友，也感謝簡凱廷在執行上的協助。

林鎮國

〔導論〕

何以是江戶佛教

一、問題的提出

一九六九年聖嚴法師（一九三一—二〇〇九）赴日本求學，接受佛教現代化教育的洗禮，一九七五年取得博士學位。他的博士論文《蕅益智旭の研究》，後來以「明末中國佛教の研究：特に智旭を中心として」為題，在日本出版。[1]一九八八年關世謙將之翻譯成中文，由臺灣學生書局出版。[2]而在此前一年，東初出版社出版了聖嚴法師的另一部作品《明末佛教研究》，收錄了〈明末的禪宗人物及其特色〉、〈明末的淨土教人物及其思想〉、〈明末的唯識學者及其思想〉、〈明末的居士佛教〉等文章。[3]這兩部著作在中文學界晚明佛教研究史上占有先行的重要地位。倘若我們細究這兩部作品，無論是在材料或問題意識方面，會發現都與日本江戶時期的佛教學術發展、成果有所淵源。首先，兩書所大量援用的明清佛教文獻，並非直承中土而來，很大一部分來自於前田慧雲（一八五七—一九三〇）、中野達慧（一八七一—一九三四）編纂的《大日本續藏經》（以下簡稱《續藏經》）。當時編纂《續藏經》所採的這些文獻底本，部分雖得自於楊文會（一八三七—一九一一）等人從中土的寄贈，[4]但更多的是江戶時期所保存下來的。其次，聖嚴法師赴日求學，受到坂本幸男（一八九九—一九七三）教授的鼓勵，挑選蕅益智旭（一五九九—一六五五）做為研究對象，實則也與智旭著作隨《嘉興藏》傳入江戶後，受到江戶僧人的關注，翻刻、講演、註釋不斷，隨而成為日本傳統佛教學術資源的組成部分有關。聖嚴法師此一個案告訴我們，若擴大從東亞的視域來看，近世以降各區域間的佛教發展有其連續性，這是以往較為研究中國佛教的學者所不見的。

明清時期由民間力量主導刊刻的《嘉興藏》傳入江戶以後，引起了江戶僧人偌大的關注。除了鐵眼道光（一六三〇—一六八二）傾其心力所刊行的《黃檗藏》的流通，擴大了《嘉興藏》的影響以外，中國藏經的輸入也促使當時僧侶留心佛經版本異同、編目、刊行等問題，乃至興起編藏的構想。前田慧雲提及《續藏經》編纂的淵源時，上溯到了江戶時期淨土真宗的先賢桃花房智洞（一七三六—一八〇五）、玄智（一七三四—一七九四）。[5]按查一卷本《淨土真宗教典志》，玄智在「龍谷學黌內典現存目錄五卷　天明三年十一月淨教寺智洞作」條下說道：

> 今謂本邦有二藏：一、慶安元年東叡山寬永寺天海始刻大藏，梵筴多誤，蓋模洛西法金剛院宋藏者也。今廢不行。兩六條等諸大刹往往安焉。二、延寶六年黃檗山萬福寺鐵眼又彫大藏，惟取萬曆刊本翻刻耳。現行於世。自是藏經易請，簿秩緻紙，便于繙

讀，功實為大焉。然多誤脫錯簡。且檢諸藏編集，至支那著述之選，則僅取天台三大部章疏及枝末鈔記，或禪徒語錄、文集等類以充其數；或於同本棄本取末，近如取《集禮懺儀》而漏《十二禮》，及《往生禮讚》載〈自鏡錄序〉而逸本錄等，最為不滿。蓋當唐季五代亂爭、經典散失之時而集結之，故不得全備耳。本邦舊來丕富內典，所謂淨土章疏、《大乘義章》、《十地論義記》、《維摩義記》、法雲《法華疏》、三論疏、六經《遊意》、《俱舍》泰、光、寶三疏，……不遑勝數。鐵眼奚無意于修補，而仍用明藏闕雜甚者翻刻之乎？憾哉！顧夫改刻別藏者，事非容易，冀傍明藏，別製大藏目錄，聖經依餘藏等補闕本，漢典芟雜，削末代以本邦現流諸大家疏，以千文為記，全如舊式，令其請藏經者不必守株於明藏，直從新目請求經疏，新編諸本製帙附號，則僅刻若干部而全藏斯成，所謂護持叔世佛法而資益後進之盛舉也。[6]

玄智雖對鐵眼道光所刊行、繼承《嘉興藏》載體規制特點的《黃檗藏》有所稱美，認為便於流通與閱讀，但卻對其內容之因襲擇取頗為不滿。由於重新編纂藏經的工程浩大，並非易事，所以他建議的折衷方式是以《嘉興藏》為基礎，重編藏經目錄，翻譯的經典（「聖經」）以其他大藏經版本補闕，漢文著述（「漢典」）方面，則補入當時流行的重要大家作品（即如引文中提及的淨土章疏、《大乘義章》、《十地論義記》等）。然而彼時玄智不敢奢想的重新編輯大藏經的事業，卻在明治時期以後得到實現。

江戶佛教在編目、整理文獻方面的成果，乃至編藏構想，相當程度的為明治佛教所吸收。明治、大正時期的《續藏經》、《大正新脩大藏經》（以下簡稱《大藏經》）已然成為漢傳佛教典籍的權威性文本。特別是高楠順次郎（一八六六—一九四五）、渡邊海旭（一八七二—一九三三）監修的《大正藏》，是西方佛教語文學影響下的現代性學術成果，此點常為人所津津樂道，然而其淵源於江戶佛教的學術發展脈絡，以及從江戶時期就開始醞釀積累的學術能量，同樣不可輕忽。

其次，不僅是版本同異等問題，江戶時期隨著《嘉興藏》傳入的中國僧人著作的內容，也引起了學僧們的注意，重刻、講演、註釋等等活動，所在多有，遠超乎當前學界的一般想像。而江戶佛教所留存下來的對於各類經典的大量註釋成果，更被學界所忽略，大量的寫本文獻散藏在各地圖書館與寺院中，乏人問津。

再一方面，就學問的性格來說，江戶佛教興起「印度學」熱潮，[7]亦即出現對印度佛教以及非佛教經典的研究潮流，留下許多註疏。在佛教義學內部，不論是繼承，或是新創，當時都充分認識到以唯心為主流的東亞佛教必須重建對實在論的認識，重新面對實在論的挑戰。對比於以禪淨融合或性相交涉為框架的明清佛教思想，江戶佛教更貼近於現代哲學的問題意識。何以十七世紀以後中國和日本佛教的知識活動走上不同的道路？其影響與意義為何？明治以降的佛教學與印度學是否可在江戶時期追溯其本土途徑？都是必須進一步探問的議題。

特別值得一提的是，漢學家神田喜一郎（一八九七—一九八四）在一九六九年所發表的〈鳳潭・闇齋・徂徠〉一文中已高度評價江戶時期的佛教學研究，認為就佛教學問的研究而言，除了明治時代中期以後，日本佛教史上沒有比江戶時代更為發達的時期。其中，該文提及了真宗的法幢留下了兩冊題名為「俱舍論稽古」的作品，認為其研究方法不僅「科學」，判斷又正確，「與今日進步的佛教學研究相比，毫不遜色」。[8]

而對於辻善之助（一八七七—一九五五）將近世佛教定調為「墮落佛教」的觀點，日本佛教學界後來也一直有反思的聲音出現。林淳為佼成出版社《新アジア仏教史》第十三冊《民眾佛教の定著》所寫的序提到日本近世佛教的研究可分為三期，其中第一期以《近世佛教》期刊的刊行為標誌，說：「這是近世佛教研究的獨立宣言，善加利用龐大的近世史料，提示了試圖超越『近世佛教＝墮落論』的研究理路。」[9]同時指出《民眾佛教の定著》一書中的第三章〈佛教與江戶諸思想〉、第四章〈教學進展與佛教改革運動〉「堪稱是從思想史的立場來繼承《近世佛教》的問題意識」，說：

第三章〈佛教與江戶諸思想〉、第四章〈教學進展與佛教改革運動〉，是從思想史的立場來嘗試評價近世佛教的思想。前者是探索各種思想與佛教的交涉過程，試圖探究近世佛教所主張的平等思想是否可能實現。後者是以學僧教學活動的多元化及其教學空間為對象，描繪另一種近世佛教的生動世界。有關試圖發現佛教思想或教學所具備的可能性上，堪稱是從思想史的立場來繼承《近世佛教》的問題意識。[10]

此二章的執筆者為西村玲（一九七二—二〇一六）。她是東北大學文學研究科博士，並於擔任學術振興會特別研究員期間接受東京大學末木文美士等教授的指導。曾以「普寂を中心とする日本近世佛教思想の研究」獲得第六屆「日本學術振興會賞」及「日本學士院學術獎勵賞」（二〇一〇）殊榮。主要的專著有以博士論文改寫出版的《近世佛教思想の獨創：僧侶普寂の思想と實踐》[11]，以及身後師友們蒐集她的研究論文集結而成的《近世佛教論》[12]一書。除了反思與挑戰江戶佛教墮落論的觀點以外，西村玲的研究還有一項值得注意的特色，即關注江戶佛教發展中的「中國」因素，亦即留心渡日華僧與傳進書籍的影響，如〈慧命の回路：明末・雲棲袾宏の不殺思想〉、〈虛空と天主：中國・明末佛教のキリスト教批判〉、〈東アジアのキリスト教批判：明末佛教から江戶佛教へ〉、〈明末の不殺放生思想の日本受容：雲棲袾宏と江戶佛教〉等一系列論文，突破傳統宗學研究的框架，嘗試將江戶佛教置於東亞世界中來考慮。

最後，既以江戶佛教為對象，就不能忽視做為其教學主體的宗學。所謂的宗學，指的是日本佛教各宗派以各自宗祖著述和生平事跡而發展起來的教義、儀規體系及其傳承譜系，可以說是日本佛教的核心部分。關乎此，中文佛教研究界甚少有所關注，實為一大缺憾。特別是近代以來，日本佛教的宗學，隨著日本各宗在東亞內部的傳教，擴散到各個區域，特別是在中國，觸動了不同佛教思想傳統的反響與激盪。

綜上所述，近世到近代東亞佛教學術、思想的發展，江戶佛教實占有關鍵的地位。可惜它做為重要研究關捩的角色，長期為人所輕忽。

二、「江戶佛教的思想與學問」整合型計畫

考量到江戶佛教在近世到近代東亞佛教學術、思想發展史上所占據的重要地位，中文學界對之進行了解與探討，其意義就不僅僅只停留在他山之石可以攻錯的參考價值層次而已。然而可惜的是，對比於重要性，中文學界對於江戶佛教的研究成果僅寥寥可數。鑑於此，二〇一八年林鎮國召集數位佛教學者向聖嚴漢傳佛教研究中心申請題為「江戶佛教的思想與學問」的整合型計畫。整合型計畫成員包括了林鎮國、陳繼東、何歡歡、王芳、簡凱廷五位。除王芳外，其他成員皆非專研於江戶佛教的專家，然而都企望就自己的專業，參與到這個研究領域，一方面嘗試為江戶佛教的研究增添新的思考角度、觀點與研究成果，另一方面也企圖為近世漢傳佛教的研究打開一個更廣闊的視域。整合型計畫聚焦於以下三個核心關懷：

1. 江戶佛教對中國佛教思想資源的接受與反響
2. 江戶佛教學問性格及對明治以降日本佛教學術的影響
3. 江戶時期做為教學主體的宗學的深化研究

涵納五項子計畫，分別為：

1. 江戶佛教中的天台論爭：以《十不二門指要鈔詳解選翼》為中心／王芳
2. 蕅益智旭在江戶：其著作的流傳與接受／簡凱廷
3. 尋找實在論的對話者：以江戶時期《唯識二十論》的註疏為考察軸心／林鎮國

4.在日本重新發現印度實在論：以江戶時期《勝宗十句義論》註疏為中心／何歡歡

5.江戶佛教的宗學：淨土宗對淨土真宗的批判／陳繼東

湛然—知禮一系的天台思想占據了宋代三百年天台宗的權威主位，而對往後的影響，不僅是明末天台復興的重要思想源泉，也是日本江戶安樂律院的台宗復古、山家山外之爭的核心。其中，唐代湛然（七一一—七八二）《十不二門》為核心的註疏群尤可注意。宋代四明知禮（九六〇—一〇二八）曾對此書進行註釋，撰成《十不二門指要鈔》二卷。宋末元初的無極可度（生卒年不詳）作《十不二門指要鈔詳解》，對知禮的作品再做解釋。到日本江戶時期為止，以上三種作品之註疏本多達八十餘種，尤以江戶刊本、寫本為多，形成了一龐大的文獻群。「江戶佛教中的天台論爭：以《十不二門指要鈔詳解選翼》為中心」子計畫針對江戶時期的相關註釋進行文獻蒐集與基礎研究，並以鳳潭僧濬（一六五九—一七三八）《十不二門指要鈔詳解選翼》為代表，研究其與其他註釋書觀點之異同及相關思想議題之諍辯。

中文學界一般將憨山德清（一五四六—一六二三）、雲棲袾宏（一五三五—一六一五）、紫柏真可（一五四四—一六〇四）、藕益智旭（一五九九—一六五五）四人合稱為明末四大師，然而這樣的成說卻不無可商榷之處——相較於德清、雲棲、真可，智旭是晚輩，且他的影響力在晚明是否可與三位前輩等量齊觀，不無疑義。晚近這樣的反思，著重的是歷史人物在所處時代的影響力。不過，倘若將關注的焦點挪移到對後世的影響上，智旭的影響力可以說是有過之而無不及。由於智旭的著作繁多，思想體系宏大精深，當代的研究大多集中在思想內部的闡明，很少著眼於接受史的研究。在近世時期，智旭著作的主要影響在日本江戶，而非清代。比之於有清一代，智旭各類的作品傳入江戶以後不斷地被翻刻印行，並出現了大量的註釋書，估計有百餘種，遠非清代中土可相比擬。「蕅益智旭在江戶：其著作的流傳與接受」子計畫嘗試梳理、釐清智旭著作在江戶的流傳與接受此一段幾被掩沒的歷史，探問其在近世佛教學術、思想史上的可能意義與價值。

十八世紀以降江戶佛教興起「印度學」熱潮，出現對印度佛教以及非佛教經典的研究潮流，留下許多關於梵文學（悉曇學）、文法學（八囀聲、六合釋）、勝論（《勝宗十句義》）、數論（《金七十論》）的註疏。在佛教義學內部，不論是繼承，或是新創，當時都充分認識到以唯心為主流的東亞佛教必須重建對實在論的認識，重新面對實在論的挑戰。「尋找實在論的對話者：以江戶時期《唯識二十論》的註疏為考察軸心」子計畫針對江戶時期有關世親《唯識二十論》與窺基（六三二—六八二）《唯識二十論述記》的註疏進行蒐集，考察這些註疏所關注的問題，特別是佛教唯心論面對印度實在論批評的回應。主要的研究重點有二：一、釋義，亦即解經的方法；二、論證，特別是窺基在《述記》中大量運用因明的立量分析，江戶學者如何批判地繼承是重要的議題。

做為因保留在漢譯文獻中而得到流傳的勝論派經典，玄奘（六〇二—六六四）所譯《勝宗十句義論》具有重要而獨特的學術價值。「在日本重新發現印度實在論：以江戶時期《勝宗十句義論》註疏為中心」子計畫蒐集江戶時期《勝宗十句義論》的相關註疏，藉以考察江戶時期佛教學者對做為印度佛教批判對象之一的勝論派的描述與解讀，比較他們眼中的勝論哲學與其印度原型態的異同，以此體現江戶佛教學問世界的一個重要側面，從而從對照中更全面地理解江戶佛教的哲學特色。

江戶佛教學術的發展，不僅有豐富的經典註疏，而且各宗宗學也十分發達，然而中文學界對於日本佛教這一獨特的歷史現象卻少有關注和研究。「江戶佛教的宗學：淨土宗對淨土真宗的批判」子計畫嘗試透過江戶時期淨土宗對淨土真宗的批判，具體地探討兩宗在教義上的聯繫與對立，揭示其宗學體系的特徵，希望為爾後探究整個江戶時期的宗學提供基礎，填補中文學界在這一研究領域裡的空白。

計畫執行期間，計畫團隊曾於二〇二〇年九月二十九日假國立政治大學哲學系圖書室召開「江戶佛教的思想世界」工作坊，共發表五篇論文，進行意見的溝通與交流。在充分交換意見後，團隊成員即投入各自論文的修改與完善工作，並於隔年六月底第八屆「漢傳佛教與聖嚴思想」國際學術研討會進行發表，徵集更廣泛的回應。這五篇論文包括：

1. 林鎮國〈戒定（一七五〇—一八〇五）與江戶時期《唯識二十論述記》的註疏熱潮〉
2. 何歡歡〈江戶時期的三種《勝宗十句義論》註疏〉
3. 陳繼東〈江戶宗學論爭的一個斷面：統譽圓宣《挫僻打磨編》的成立及其影響〉
4. 王芳〈江戶時期的天台思想辨析：鳳潭僧濬與《十不二門指要鈔》註疏〉
5. 簡凱廷〈論大寶守脫（一八〇四—一八八四）《教觀綱宗釋義會本講述》〉

其中，工作坊時的討論尤為熱烈。在綜合討論的環節，與會學者紛紛就自己的研究專業與關懷，提出意見。討論聚焦在三個方面：一是以江戶佛教的佛典註釋等為新線索、新視角來看文化中心轉移說等問題。工作坊展示了漢傳佛教在江戶時期日本的復興，包括唯識學、印度學、天台、淨土教學等多樣的領域，而清代的佛教學問相較之下則歸於沉寂。陳繼東舉內藤湖南（一八六六—一九三四）提出的「文化中心移動說」為例，討論了中、日以佛教為主的學問消長，指出近世到近代東亞佛教學的發展，其連續與斷裂，相關的討論還有相當大的擴展與深化的空間。二是對於所謂「近代性」的反思。工作坊展示了從江戶佛教的學問與思想重新思索「近代性」問題的可能性。陳繼東討論了日本近代佛教研究中偏重梵文、巴利文經典的現象，漢文經典從明治末年淡出學術舞台，江戶到明治初期漢文佛典閱讀與接受的歷史被遺忘。廖肇亨回應肯定了漢文的能動性具體展示在江戶時期佛典的註釋活動上，雖然這個能動性在十九世紀末漸漸被新興的梵文、巴利文學抵銷，然而另一方面，保存於日本的如《菜根譚》等書則回傳到中國，獲得當時中國思想界極大回響。三是討論了亞洲各國佛教傳統的殊相。劉宇光比較了西藏、中國、日本佛教中的僧團，他指出中國在民國初年以前沒有像西藏、日本佛教的僧團教育傳統。江戶佛教僧團和西藏格魯派的教育並不像現代佛教學研究要求不斷突破、推翻，而是以重複先人的教導來進行教義的內化。林鎮國則指出江戶時期的學風有著非常強的經院主義傾向，並指出這一傾向在學術史上具有重大貢獻，值得注意。與會學者都一致認為，立基於此項計畫，未來還有很多值得進一步開展的議題。

三、本書的構成

本書是二〇一九年至二〇二〇年執行聖嚴漢傳佛教研究中心「江戶佛教的思想與學問」整合型計畫的具體成果之一。分為研究篇與文獻篇兩部分。研究篇共收錄研究團隊五篇論文，文獻篇則是這五篇研究論文分別對應的五份核心原典文獻的整理。由於中文學界對於江戶佛教的相關文獻並不是那麼熟悉，因此本書特針對研究相關的五篇原典文獻進行整理介紹。這五篇文獻基本都是以漢文寫就，然大部分都附有訓讀符號，顯示江戶知識階層對於漢文的使用與理解，為符合現代的閱讀習慣，本書的整理將之標上新式標點符號，然而期間遇到的挑戰不少，成果也未臻完善。中文學界校點這類文獻的經驗不多，未來若欲深化開展此一研究領域，文獻整理上關於原則乃至理論方面的討論必然不可或缺。

本書各篇文獻的重要性與介紹，請參見各篇文獻整理前所附解題。這裡，針對研究篇所收錄的五篇專論的概要依序進行說明：

（一）陳繼東〈江戶佛教宗學論爭的一個斷面——統譽圓宣《挫僻打磨編》的真宗批判及其與楊文會的比較〉

江戶時期發生了多次與淨土教學有關的論爭。初期，日蓮宗與淨土宗發生了宗論之爭。至中期，淨土宗與天台宗之間則有了稱名念佛與即心念佛的念佛爭論，而淨土真宗內出現的異安心論，也對本宗定型的宗學提出了異議和挑戰。這一時期最為激烈的論爭莫過於淨土宗與淨土真宗之間的宗名之爭。淨土宗僧統譽圓宣（一七一七—一七九二）於一七七五年前後用漢文體撰寫的《挫僻打磨編》，則是這場論戰的最為重要的文獻。該書對淨土真宗創始人親鸞的《教行信證》一書進行了全面的批判；不僅如此，這場宗學之爭，在二十世紀前期，又由淨土宗僧伊藤祐晃將此書譯成訓讀體日語，改書名為《教行信證破壞論》，挑起爭端，遂有淨土真宗僧人富田貫了（生平不詳）和石川舜臺（一八四一—一九三一）先後撰寫《教行信證破壞論辨妄》、《教行信證破壞論駁言》，進行反駁，使得江戶時期的淨土教學的論爭延續到了二十世紀。另一方面，晚清時期，隨著淨土真宗在中國的傳播，其獨特的教義引起了南京居士楊文會的不滿和警覺。自一八九九至一九〇二年間，楊文會針對淨土真宗僧人小栗栖香頂（一八三一—一九〇五）撰寫的《真宗教旨》這一傳教手冊，從戒律與淨土教義兩方面進行了嚴厲的批判，小栗栖香頂則逐一反駁，而楊文會的批判更為猛烈，遂成為中日佛教歷史上極為罕見的教義之爭。本文試圖透過整理這些論爭，釐清圍繞淨土教學的富有爭議的理論問題，揭示各自的宗學依據，比較中日淨土思想之異同。

（二）王芳〈天台山家思想在日本近世之展開——以鳳潭《十不二門指要鈔詳解選翼》為中心〉

宋代天台宗山家山外思想論爭史大抵可分為前後二期，其中圍繞知禮的《十不二門指要鈔》是貫穿始終的論爭焦點之一；而除了中國本土僧侶之外，也曾引起入宋的高麗僧義天（一〇五五—一一〇一）及俊芿（一一六六—一二二七）、辯圓（一二〇二—一二八〇）等日僧的關注。可惜爾後的日本中世時期，天台宗學思想的研究不興，直到江戶中期安樂律院一系興起，才又再度引起關注。此一關注宋代天台思想論爭的潮流一直延續到明治初期，留存了相當多的文獻，對相關爭論做出了許多新的詮釋。這些珍貴資料顯示了宋代天台思想研究是整個日本近世佛教思想發展中不可或缺的一環。其中，鳳潭僧濬是日本江戶中期的一位承前啟後、頗具時代特色的著名學僧之一。他初入黃檗宗鐵眼道光門下學禪，後承安樂律院靈空光謙（一六五二—一七三九）之學，極力主張以天台山家、華嚴法藏（六四三—七一二）為正統。本文以他的著作《十不二門指要鈔詳解選翼》為基礎，從中擷取知禮、可度、鳳潭三人對「十門皆妙」等義學闡釋各自側重的要點，著重分析鳳潭所展示的思想特質及與當時他與真言宗學僧論爭背景之間的關聯，揭示其佛教思想的源流和時代特性。從本文的研究可知，鳳潭強調心、佛、眾生的佛體相同，不可在妄之外另立一「本」，否則就與山外派別立真心及與澄觀（七三八—八三九）、宗密（七八〇—八四一）的如來藏思想無異，只能列為終教之說而非圓教一乘。進而，他試圖跨越宗門界限，從圓教角度切入，宣揚知禮教學的正統性，試圖以華嚴法藏教學與天台知禮教學為正說來融會貫通華嚴、天台二教，試圖確立他的「華天圓教一致」的新理想主義思想體系。

（三）簡凱廷〈論大寶守脫《教觀綱宗釋義會本講述》〉

在當代學界的一般認知中，蕅益智旭與憨山德清、雲棲袾宏、紫柏真可三人合稱為明末四大師。此四人合稱乃有其接受史上的因緣。在中文學界的接受史上，智旭在中國佛教史地位的提高，清末民初是一關鍵。相對於此，他在日本江戶時期的影響更大。智旭的研究專家聖嚴法師晚年曾撰作《天台心鑰——教觀綱宗貫註》一書，希望做為接引初學者進入天台教學世界的門徑。該書中提及日本僧人大寶守脫的《教觀綱宗釋義會本講述》。守脫是江戶後期天台宗的重要學問僧，晚年已入明治時期。他曾開講法華三大部，與其師慧澄（一七八〇—一八六二）被目為近代日本天台宗最後之巨匠。做為日本天台宗一代巨匠，守脫講授、註釋諸如《法華玄籤》、《法華文句記》等唐代祖師的作品，理應當然，不足為怪；猶有甚者，更是自身學問底蘊的一種展現。然而又是出於什麼樣的原因，需要針對近世中國僧人智旭的《教觀綱宗》進行研究與講授呢？《教觀綱宗釋義會本講述》一書又有何特點？其存世的意義與價值何在？據此本文嘗試以守脫《教觀綱宗釋義會本講述》一書為中心，進一步探討智旭《教觀綱宗》一書的東亞接受史問題。

（四）何歡歡〈在日本重新發現印度實在論——以一七七九年初刊本基辨《勝宗十句義論釋》為中心〉

本文針對京都大學線上公開的一七七九年初刊本《勝宗十句義論釋》，以個案研究的方式考察作者基辨（一七一八—一七九一）解讀外道文獻的方式與其對於勝論哲學理解的程度，藉此探討江戶時期佛教學者掀起學習「非佛教」思想之熱潮的原因，並嘗試在此基礎上進一步討論日本自十八世紀以來勃興的這一「重新發現」實在論等印度哲學的學思取向，對當時及其後的佛教學乃至更廣泛的學界與社會來說，意味著什麼？首先，引言部分介紹了基辨《勝宗十句義論釋》在江戶時期的刊行情況。其次，簡述基辨其人生平，並根據跋文略考了《勝宗十句義論釋》與《觀所緣緣論釋》的講授與最終刊行情況。第三，根據《勝宗十句義論釋》的開篇偈頌與「辨造釋意」部分的內容，分析了基辨造《勝宗十句義論釋》的意圖。第四，根據盛範「刻《勝宗十句義論釋》敘」，考證出基辨完成整部《勝宗十句義論釋》的時間是一七七三年八月，但經過盛範校正的定本則成書於一七七四年五月，並推知刊行於安永八年（一七七九）的京都大學藏本應是初版。第五，介紹了《勝宗十句義論釋》的主要內容與特色。《勝宗十句義論釋》是對玄奘譯《勝宗十句義論》的逐句註釋，總的來說，其特色有三：1.呈現江戶佛教特有的訓詁考據之風；2.所徵引的文獻數量多、涉及範圍廣，但以唯識、因明類文獻為主；3.基辨對諸古德先賢所傳教義有所辨析與評判，類似於現代學術的比較研究，所占篇幅雖然不大，卻是最能體現基辨所理解之勝論哲學的內容，較多原創性的觀點。第六，餘論，指出《勝宗十句義論》和《金七十論》是江戶時期的佛教徒在自身能力範圍內所能夠對付的為數不多的、代表著新知識的「洋學」，也可以說是其能夠主動參與「全球化」之新世界的一種重要方式。當江戶佛僧把印度哲學看作某種意義上的西學洋教之時，他們對《勝宗十句義論》與《金七十論》的註疏研究就擁有了一種迥異於傳統佛學研究的全新意義，即給古老的印度外道披上了西式新衣，用以在江戶時期所面對的新世界、新挑戰中重新刻畫佛教的至上地位——連宿敵印度外道都優於「中國的孔子和老子思想」、也優於「耶穌天主教」，更何況自始至終都能制伏外道的佛教！

（五）林鎮國〈戒定與江戶時代《唯識二十論》的講論熱潮〉

世親的《唯識二十論》傳至中國，共有三譯。在諸多唐疏中，唯有窺基《唯識二十論述記》至今獨存。然考之經藏，直到十八世紀初之前，不論是在中國或日本，既未見《二十論》之註疏，亦無任何《二十論述記》註釋書的出現。相對於歷史上《唯識三十論》及《成唯識論》註疏眾多，《唯識二十論》可說是庭前寂寥，乏人問津。但這個情況到了江戶前期突然有了巨大變化。據結城令聞（一九〇二—一九九二）《唯識學典籍志》所載，江戶時期的《唯識二十論》註釋計有十本，《唯識二十論述記》註釋則有二十七本，若再加上基辨的《唯識二十論順釋論夾註》一本，則約有四十本註疏之多，可謂蔚為大觀。此現象和窺基《唯識二十論述記》重新出土於日本元祿年間有關。本文選取戒定的《二十唯識論帳秘錄》為研究對象，將該錄置於江戶唯識學發展脈絡中，考察戒定立基於華嚴宗與真言宗的判教立場，如何從文獻學及因明學兩方面來批判窺基《唯識二十論述記》的正統性詮釋。並從戒定的唯識譜系批判與重構回應明治以降日本學界關於唯識古學與唯識新學的主張與討論。

四、結語

日本學界研究日本佛教的重要學者、東京大學名譽教授末木文美士在《近世の佛教——華ひらく思想と文化》的中譯本序文中提到：「這次藉著中譯本的出版，期待中國方面也開始留意日本的近世佛教，從東亞整體的寬廣視野出發的研究得以進展。」[13]今年（二〇二四）臺南即將迎來建城四百週年的紀念。一談及臺南的歷史，必會聯想到建立明鄭王朝的鄭成功（一六二四—一六六二）。一六八一年一艘從中國出發航行前往日本、載著《嘉興藏》的商船，因遇到颱風漂流至朝鮮西南的羅州和智島，朝鮮僧人利用倖存的《嘉興藏》重新刊刻佛經。據韓國學者李鍾壽的研究指出，此艘商船極可能受到鄭氏王朝海上船隊的保護與管轄。[14]在近世以降的東亞歷史發展中，臺灣自始並未缺席。本研究團隊希望藉由本書之出版，呼應末木文美士先生的呼籲，為東亞佛教研究之新進程，貢獻一份心力。

簡凱廷

註解

1 釋聖嚴，《明末中國佛教の研究：特に智旭を中心として》（東京：山喜房佛書林，一九七五年）。

2 釋聖嚴著，關世謙譯，《明末中國佛教之研究》（臺北：臺灣學生書局，一九八八年）。

3 釋聖嚴，《明末佛教研究》（臺北：東初出版社，一九八七年）。

4 參見陳繼東，〈清末日本傳來佛教典籍考〉，收入陳少峰主編，《原學》第五輯（北京：中國廣播電視出版社，一九九六年），頁三〇五－三一三。

5 前田慧雲，〈續藏經〉，《禪榻茶話》（東京：井冽堂，一九〇七年），頁二四－二八。

6 玄智，《淨土真宗教典志》（名古屋：名古屋大學附屬圖書館藏日本安永九年刊本），頁二七。

7 如在西方梵文學傳入之前，江戶末期已出現卷帙浩繁的《梵學津梁》這樣的書，收錄了諸如《梵漢阿彌陀經》、《梵文阿彌陀經義釋》等作品。

8 神田喜一郎，〈鳳潭・闇齋・徂徠〉，《墨林閒話》，收入《神田喜一郎全集・第九卷》（京都：同朋舍，一九八四年），頁七六－七七。

9 林淳，〈序〉，收入末木文美士編輯，辛如意譯，《民眾佛教的扎根》（臺北：法鼓文化，二〇二一年），頁五－六。

10 同前註，頁七。

11 西村玲，《近世佛教思想の獨創：僧侶普寂の思想と實踐》（東京：トランスビュー，二〇〇八年）。

12 西村玲，《近世佛教論》（京都：法藏館，二〇一八年）。

13 末木文美士著，郭珮君譯，《近世的佛教：開展新視界的思想與文化》（高雄：佛光文化，二〇二〇年），頁十五。

14 Jong-su Lee, "Accidental Influence of a Chinese Canon on Korean Buddhism: The Jiaxing Canon and Its Transmission Effects in the 17th and 18th Centuries," *Journal of Korean Religions*, 14, 2023: 29-31.

目錄

研究篇

在日本重新發現印度實在論
——以一七七九年初刊本基辨《勝宗十句義論釋》為中心
何歡歡 153

戒定與江戶時代《唯識二十論》的講論熱潮
林鎮國 183

文獻篇

戒定《二十唯識論帳秘錄》

林鎮國、楊得煜、何幓家整理

研究篇

江戶佛教宗學論爭的一個斷面

統譽圓宣《挫僻打磨編》的真宗批判及其與楊文會的比較

——青山學院大學國際政治經濟學系教授　陳繼東

一、引言

在日本，佛教學與宗學是相隨而又相別的概念。一般而言，佛教學是對佛教經典成立及其思想發展的歷史，以文獻學和歷史學為主要方法而展開的研究，其目的在於呈現和提供普遍性的佛教教義及其詮釋。而宗學則是關於各自所屬教團的宗義（宗派教義）的學問，其核心是圍繞宗祖的著述及其信仰體驗而展開的研究。自江戶時期，餘乘（佛教學）和宗乘（宗學）的分別就已固定下來，明治以後這種分法直接運用到了宗門教育的科目設置上，在今天的日本佛教各宗派創立的大學專業設置上則變成了「宗學」一科。佛教學和宗學做為相互關聯而又各自獨立的學科在日本的發展，受到了西方的宗教學和神學傳入的影響。特別是宗學，受神學的啟發，逐步形成了理論宗學、歷史宗學和實踐宗學。就淨土宗和淨土真宗而言，除了法然和親鸞宗祖的思想之外，被定為教祖（淨土宗為善導，真宗則有七祖）及其傳人的教學，則是其宗學的最為基本的內涵。[1]

依據上述理解，反觀中國佛教的歷史和現狀，很難找到與之相應的宗學型態。這或許是因為中國佛教從宋代以後，就由宗門相別的判教轉向了融通綜合的調和了。因此可以說宗學以及宗學之間的論爭是日本江戶佛教（一六〇三—一八六八）的一個重要特徵。

江戶幕府建立之後，對於佛教實行了獎勵宗學鑽研的政策。自一六一二年以後，第一代將軍德川家康本人就在駿府城（靜岡縣）召開過上百次的天台、真言、法相、華嚴、淨土、禪等各宗的論義和法問，而且在同一時期還召請各宗高僧進行「法談」，竟達三十多次。這既是德川家康個人佛教信仰的要求，又是幕府統治的需要。其終極目的是使得擁有強大勢力的佛教成為幕府體制下順服的臣民。在此基礎上逐步完善的諸宗寺院法度，即對於各宗寺院的管理制度，一方面有嚴厲的限制，另一方面則提倡宗學上的「磨鍊」，獎勵對宗學的鑽研探究。然而，在獎勵宗學的同時，又嚴禁與他宗進行「宗論」，即在宗旨教義上的論爭，而且也不允許自宗內的義學紛爭。[2]

儘管如此，在江戶時期還是發生了多次宗派之間的論爭。其初期（一六〇八），日蓮宗與淨土宗發生了宗論之爭，這也是對織田信長時代就開始的兩宗之間所謂「安土宗論」（一五七九）的延續，一六六二年兩宗又於京都重燃論爭，導致幕府出面鎮壓，將兩宗當事者流放到遠方離島，此後制定了「停止誹謗他宗之事」（一七二二）以及「天下通禁宗論」（一七四一）的條例，禁止自讚毀他的宗論行為。日蓮宗中有提倡「不受不施」派，即不接受非本宗信者的布施，也不向非本宗信者給予布施，也受到了幕府的壓制。[3]此外，淨土真宗內的異安心論，也對本宗定型的宗學提出了異議和挑戰，最終因破壞了教團秩序和宗學的安定的罪名，遭受幕府的處罰。

《摧僻打磨編》則是江戶時期淨土宗僧統譽圓宣（一七一七—一七九二）於一七七五年前後撰寫的著作，對淨土真宗創始人親鸞的《教行信證》一書進行了全面的批判，顯示了江戶時期日本佛教宗學論爭的一個重要的斷面。不僅如此，這場宗學之爭，在二十世紀前期，又有淨土宗僧伊藤祐晃將此書譯成訓讀體日語，改書名為《教行信證破壞論》（一九二四），挑起爭端，遂有淨土真宗僧人富田貫了（生平不詳）和石川舜臺（一八四一—

一九三一）先後撰寫《教行信證破壞論辨妄》（一九二五）、《教行信證破壞論駁言》（一九二七），進行反駁，使得江戶時期的宗學之爭延續到了二十世紀。

宗學既然是指日本佛教各宗派以宗祖著述和生平事蹟而發展起來的教義、儀規及其傳承體系，可以說是日本佛教的核心部分。然而，漢語佛教研究界，對於日本佛教這一獨特的歷史現象，一直少有關注和研究。在日本，關於這場論爭及其影響雖有片段言及，尚乏具體的專題性研究，而且漢文體原文一直被擱置一邊，沒有得到有效利用。因此，本文將透過江戶時期淨土宗僧圓宣的親鸞批判，具體地探討兩宗在教義上的聯繫與對立，揭示其宗學體系的特徵，為今後探究整個江戶時期的宗學提供一個線索。而清末佛教的代表楊文會（一八三七—一九一一）也曾嚴厲批判日本淨土宗和淨土真宗，並與淨土真宗僧人展開了激烈論爭。所以，比較中日淨土思想之異同，也是本文的又一目的。

二、先行研究的檢討

關於淨土宗與真宗的爭論，是日本學界一直關注的問題。一九一一年杉紫朗撰寫了《真宗對淨土宗宗論史之梗概》[4]，這可能是用近代學術方法來描述這一歷史的最早的一篇論文。其後有眾多的論述，而辻善之助的《日本佛教史》[5]最為詳細。不過，簡明扼要者莫過於坪井俊映的敘述。坪井俊映在其《法然淨土教之研究》第三編「對法然淨土教批判的歷史考察」，分設五章進行討論，涉及來自天台宗、法相宗、禪宗、日蓮宗等各宗的法然批判，而其第五章「淨土宗與真宗的論爭」，明晰地描述了兩宗爭論的要點。[6]其後儘管有不少其他論考，各有側重，但大多沒有超過其論述的範圍。故本文依據坪井俊映的研究，兼取各家之說，略作概述。

淨土宗與真宗之間，本來就存在著孰為法然門下的嫡傳與旁流之爭。在親鸞門徒看來，現今的淨土宗只是法然門下之一的聖光房辨長的門派而已，稱之為淨土宗鎮西派，而親鸞一派才是嫡傳正宗。然而，在淨土宗看來，親鸞並非是法然的親傳弟子，親鸞一派的信一念往生說與為法然門下所擯斥的成覺房幸西的一念義相類似，所以是屬於成覺房幸西的門派，而且親鸞的肉食妻帶（食肉娶妻）的生活也違背了法然的本意。所以，兩者之間多有相互發難之事。

進入德川江戶時代，伴隨兩宗教團制度的充實和完備，淨土宗與真宗的論爭時有發生。其論點主要是親鸞與聖光孰為旁正的地位問題。真宗以親鸞是法然親傳，而淨土宗則不予承認，將之視為邪義一念義的派別。依據坪井俊映的研究，這一時期，共有四次較大的爭論，一是發端於淨土宗僧撰寫的《親鸞邪義決》，二是起因於真宗僧撰寫的《茶店問答》，三是以法洲《正邪不可會辨》為代表的真宗批判，四是宗名之爭。

《親鸞邪義決》是和歌山淨土宗僧匿名撰寫的，指責親鸞是主張一念義的成覺房幸西門徒，非法然親傳弟子，其食肉娶妻的宗風也違背了法然的教導。對此，真宗僧撰《親鸞邪義決之虛偽決》（一六六三）逐一反駁。後雙方各有加入論戰者，持續到一七一六年。

《茶店問答》則由真宗僧秀圓撰於一七六八年，為真宗持妻食肉、安心之教義和法式做辯護，淨土宗僧普濟道人著《茶店問答辨訛》（一七七九）二卷，對真宗的無戒之宗風、教義等進行批駁。之後，又有真宗僧人著《茶店問答辨訛刮》（一七七九）加以反論。

一八一一年，長州（今山口縣）大日比浦淨土宗西圓寺僧法岸的信徒，給真宗僧中野玄藏寄去了《日課念佛勸導記》和自著《專修念佛要語》，勸其念佛。而玄藏則以真宗教義加以融會，撰寫了《專修念佛自得抄》，寄給法岸做為答謝。因法岸對此未予答覆，玄藏門徒嘩傳法岸被駁倒了，真宗教徒開始傳抄此書。於是法岸弟子法洲便於一八一五年撰寫《正邪不可會辨》一書，送交玄藏，引發論爭。一八一八年，法洲又撰《不可會辨幷強會辨或問》，將駁斥真宗的各篇合集刊行。[7]真宗方面也未甘示弱，先後有《朝霞辨》（一八一六）、《除疑蓋辨》（一八二一）、《二辨龍燭辨》（一八三七）予以反擊。[8]其爭點主要在於親鸞一派所主張的持妻食肉、信心為本、他力迴向等是否符合法然教義的問題。

最後是宗名之爭。真宗在豐臣秀吉時代就開始分為東、西本願寺兩派，這一分派反而促進了兩派的發展。據統計，在一七五一至一七六三年間，淨土宗寺院有七千七百六十七所寺、四百七十一所庵，而僅西本願寺派不計江戶（今東京）築地本願寺所支配的區域寺院，就有七千零九十三所寺以及道場八百一十所，規模上已超過淨土宗。當時的淨土宗與皇室和將軍德川家有密切關係，而本願寺則與皇室結有姻戚關係，因此兩宗在教團勢力上可謂比肩相抗。但是，真宗的宗名古來就沒有一定的稱呼，被稱作一向宗、本願寺宗、門徒宗等，而江戶幕府則稱之為一向宗。隨著真宗勢力的增大，用親鸞《教行信證》中所記「淨土真宗」來命名本宗的呼聲漸高。正是在這一背景下，一七七四年（安永三年）東、西本願寺相議，由江戶的淺草本願寺輪番即寺主向當時主管寺院神社的寺社奉行上書，要求以淨土真宗這一宗名為其正式名稱。其上書中說本宗開山親鸞聖人，自開宗之初就將宗名定為淨土真宗，而在幕府行政上則被稱為一向宗，故本宗門徒以及門主未覺妥當，希望以淨土真宗統一稱呼。於是，寺社奉行便向江戶的上野寬永寺和增上寺徵求意見。增上寺則以為這會導致宗名混淆，不予接受。幕府為息事寧人，決定維持現狀，沒有採納本願寺的請求，便引起本願寺兩派的抗議，展開了持續十五年的宗名之爭。[9]

《挫僻打磨編》正是在這場宗名之爭的最初階段出現的著作。然而，在以往的研究中，《挫僻打磨編》並未得到應有的關注。儘管辻善之助十分詳盡地描述了這場宗名之爭的起因與展開，以本願寺和增上寺為論戰兩方的代表，羅列了雙方的主張，可是沒有一處言及圓宣及其著作，自然不會討論圓宣在這場討論中所起的作用。在辻善之助看來，這種宗學之爭本身是佛教內部的內訌和同室操戈，暴露了這一時期佛教陷入了徒有形式和腐敗墮落的狀態。[10]而在淨土宗學僧坪井俊映的敘述中，提及了瀧山大善寺圓宣撰《挫僻打磨編》一卷，並簡略地概述了圓宣的基本主張，即針對親鸞《教行信證文類》所說兩種迴向、信心為本的學說，引用法然的《和語燈錄》、《漢語燈錄》等，指出其誤解，並斷定親鸞屬於一念義幸西的門下，論述了肉食妻帶之違法、淨土真宗之宗名不可容許，駁斥真宗門徒的主張。[11]這些論點的提示有助於理解圓宣的主張所在。

真宗學僧結城令聞在〈宗論與本派宗學〉一文中，網羅了淨土宗與真宗論爭的資料，分列四類圖表顯示資料關係，始自淨土宗的《聖德太子未來記》一卷（一六四八）以至真宗的《二辨或問夢覺編》二卷（一八三三）和《二辨龍燭編二卷》（一八三七），跨時兩百年。僅此可見淨土宗與真宗之間有著難解的糾結，源深的對立。其中關於《挫僻打磨編》的介紹，較之於坪井俊映的概述略微具體。尤為值得關注的是，該文不僅依據《教行信證破壞論》介紹了其構成，還利用其私藏的四冊本共一百五十紙的《打磨編》，扼要地敘述了《打磨編》的內容，指出此書主要是以教理問題為中心，對《教行信證》展開了具體批判，又論及了被視為淨土宗異端的幸西派的歷史、宗風等問題。儘管該文沒有具體分析圓宣《打磨編》，但對成書背景、構成內容做了一定的提示，有助於更好地理解此書。尤其是其持有私藏抄本，表明《打磨編》在真宗內部也曾流傳過。

而聚焦於圓宣的著作本身，具體考察了《打磨編》成立年代及其構成以及圓宣的略傳的則是真宗學僧深川宣暢。其依據《教行信證破壞論》，主要圍繞他力迴向以及他作自受的問題，介紹了圓宣的觀點，[12]對於確立圓宣在宗學論爭中所具有的重要的歷史地位做出了貢獻。其所作「真宗對淨土宗論史略年表」[13]清晰地展示了兩宗論爭歷史史料狀況和歷史過程，也可以說是對結城令聞研究的繼承和合理化。

然而，之後有關圓宣的研究沒有得到應有的進展，大多是在眾多歷史資料中的一種書誌性的介紹，或在宗學論爭歷史概述中略加提及，[14]少有專題性的探討。圓宣的《挫僻打磨編》正如結城令聞所說是以教理問題為中心的論著，對於親鸞《教行信證》的批判所具有的系統性也是罕見的，值得深入探究。而且在以往的研究中都忽視了本書中有關宗名問題的論述，以及漢文原文的利用，不得不說是圓宣研究中的缺憾。因此本文將在吸收上述研究成果的基礎上，探究圓宣的真宗批判的思想內容，並與晚清淨土思想的倡導者楊文會的真宗批判進行比較，從而揭示淨土思想所內含的一致性和異質性的問題，嘗試思考如何跨越宗學以及不同傳統的框架，探尋更為寬容且具普遍性的淨土理論。

三、統譽圓宣的生涯及其著述

有關圓宣的生涯和著作的資料極為罕見，淨土宗的《三緣山誌》、《山門通規》以及《大本山增上寺史．本文編》等資料有極為簡略的記述。前述的伊藤祐晃在其書中添附的「統譽圓宣略傳」，可以說是對這些資料的綜述，網路版《淨土宗大辭典》（二〇一八）中的「圓宣」條目也是依據上述資料，做了更為簡略的概述。依據這些資料可知圓宣其人及其著述之梗概。

統譽圓宣（一七一七—一七九二），肥前國伊萬里（今佐賀縣）人，俗姓藤山（一說為片山）。七歲於本村常光寺出家，寺主係其叔父，十九歲於江戶（今東京）增上寺承受宗、戒兩脈，學涉神道、天台和律學。一七七一年任增上寺學頭，統括義學和教育，其後歷任瀧山大山寺（今橫濱）第二十七代主持（一七七二—一七八〇）、太田大光院（今群馬縣太田市）第四十一代主持（一七八〇—一七八四）以及傳通院（今東京）第四十二代主持（一七八四—一七九〇）。一七九〇年昇任增上寺（今東京）第五十二代住持，兩年後因患疾退職，不久病故。著作有《傳書五重辨釋》、《起信義記講錄》、《天台戒疏講錄》、《觀經妙宗鈔講錄》、《挫僻打磨編》等多種。[15]

四、《挫僻打磨編》的再發現

此書的書目雖收入在淨土宗僧徹定編纂的《蓮門經籍錄》（一八六二）中，卻一直未能刊刻出版，究其原因可能與當時幕府對於宗論（宗派論爭）的管制以及治安有關。據伊藤祐晃的調查，此書極少為人抄寫流布，即使在淨土宗內，也很少有人看到。此書的重新問世正是由伊藤祐晃的努力才得以實現的。做為淨土宗了蓮寺（京都）住持的伊藤祐晃為搜尋此書花費了極大的勞力，先在增上寺書庫搜找不得，又查閱真宗方面的文獻記載，也了無頭緒。後又拜託友人幫助查找，終於在京都的法然院文庫搜出了難辨真偽的未完成稿，接著又在神戶的極樂寺書庫裡找到了全本。伊藤便將兩個本子進行對照校訂，做成了新的寫本，在此基礎上將之譯成日語，並經前輩土川善澂僧正的校閱，於一九二四年由中外出版株式會社刊行出版。

可是，伊藤的整理本現今不知收藏何處，本文所依據的漢文本則是佛教大學圖書館所藏兩卷本。其上冊封面標題為「挫僻打磨編　卷上」，下冊封面題有「挫僻打磨編　卷下」。其上冊扉頁上以朱筆寫有以下題記：

> 此書由統譽圓宣上人（當時十八檀林中武州瀧山大善寺之貫主、後轉任增上寺大僧正）為破斥邪流之要書《教行信證》而撰寫的，完全顯示了破邪顯正之道理，是未曾有之寶冊。若依此書研究，邪正分別則思過半矣。
>
> 明治十一年十一月十二日（一八七八年十一月十二日）西京知恩院宗學校寓小松淨音識[16]

此寫本中尚有多種朱色藏書印記，如「廣渡　小松淨音藏書　眾生」、「廣渡　淨音藏書　眾生」、「西谷精舍藏書不出」、「龍芽藏書」等，但藏主皆暫不可考。但從筆跡、版式以及無抄寫者落款來看，本書很可能是小松淨音收藏的既存抄本，而其中的朱筆字句訂正以及段落、書名等提示標誌等，恐係小松所作。

小松淨音事蹟不詳，從現存書志可略知其蹤跡。如佛教大學圖書館藏《托事辨譬喻之部》有以下朱筆題跋：

> 托事弁譬喻之部卷第一　右當山承譽法洲上人御親選并二御手澤本二依テ謹写了
>
> 于時明治十五年九月九日　長州大日比西円寺寓　總本山知恩院派出小松浄音識

書中尚有「淨音之印」、「西谷精舍藏書不出」等朱印刻章。據此可知，小松淨音一八八二年（明治十五年）由淨土宗總本山知恩院派出至山口縣長門市西圓寺任職，而且明記此書係由小松依據法洲上人珍藏本而親筆抄寫的。此外，他還曾編輯過《御布告類并見聞錄》資料集。

由上可知，佛教大學圖書館藏本係明治時期（一八七八）的寫本，與伊藤從神戶極樂寺得手的寫本是否為同一文本，不得而知。佛教大學藏本抄寫清潔工整，而且附有和語訓點，與伊藤日譯幾乎一致，而且內容也基本相同。然伊藤日譯本中未言及明治十一年十一月十二日的題記，故在此尚不敢貿然斷定兩本即是同一文本。

五、《摧僻打磨編》的成書背景

淨土宗做為東亞佛教的一個獨立宗派，是從法然開始的。法然在其主要著作《選擇本願念佛集》中，明確提出「淨土宗」，從判教理論、所依經論、法脈傳承乃至儀軌範式都要區別既存各宗，從而打破了既有的宗派秩序，從一開始就招致了來自各宗的批判。而後起的淨土真宗，因創始者親鸞師承於法然，本為法然諸多弟子中的一人，竟然背師立說，撰寫了《教行信證》，宣稱「淨土真宗」，從而自成一宗，在豐富了淨土教學的同時，也導致了淨土教學的分裂。其內部抗爭在江戶時期愈演愈烈。如前所述，從一六六〇年代開始的淨土宗對真宗的批判，主要集中於否定親鸞為法然之正傳，而為旁門邪流之弟子，其食肉娶妻的宗風也是違背師說的，而真宗僧人紛紛著述反駁，捍衛親鸞乃是法然親授嫡傳的地位。其間雖有起伏間歇，但持續了百餘年。而至一七七〇年代，真宗又向幕府提出更改宗名的申請，挑起了新一輪的兩宗論戰。圓宣的真宗批判正是在這一歷史背景和思想脈絡下的又一產物。

一七七五年（安永四年），淨土宗與淨土真宗之間發生了「宗名之爭」。前一年八月，淨土真宗僧向幕府提出了將本宗的稱號由「一向宗」改為「淨土真宗」的請求。然而，翌年正月，淨土宗對此表示強烈抗議，雙方就此展開長達十五年的爭論，並一直波及到明治初期，最後在明治政府的干預下，最終定為淨土真宗，才讓數百年來的爭論得以平息。[17]眾所周知，淨土真宗之名稱儘管是親鸞親自標榜，然而自古以來，則被稱為一向宗、無礙光宗、門徒宗乃至本願寺宗，此皆為他稱而非自稱。所以，親鸞信徒一直想樹立「淨土真宗」之稱號。可是，淨土宗則認為宗祖法然所親自命名的「淨土宗」本身就是「淨土真宗」，若允許親鸞門徒採用，則會招致真偽的議論，會貶低「淨土宗」的聲譽和形象。對此，親鸞門徒則提出種種證據，力主「淨土真宗」為親鸞之首倡，是本宗之自稱，否定淨土宗與「淨土真宗」稱號具有任何歷史關聯。儘管幕府比較袒護淨土宗，但懼怕因二者擇一，造成兩宗抗爭加劇，導致對幕府的反彈，所以，為平衡兩宗，最終沒有給予明確的裁定，而是任由各自指稱，不了了之。[18]

正是在這一「宗名之爭」的歷史背景下，淨土宗高僧統譽圓宣，以漢文撰寫《挫僻打磨編》上下二卷，嚴厲批判淨土真宗創始人親鸞的最主要著作《教行信證》，徹底否定淨土真宗做為宗派存在的合法性。

> 予昔來未見彼家書，恐其空居諸，惡觸其邪氣也。然是歲春，有我宗之與彼徒相訟於朝家之事，以故應僧綱招乘傳往，至緣山寓居浹旬，晨夜悤悤，不暫遑寧。當此劇務之際，借他之所畜書，偷間涉獵之一過，而此中抄寫邪僻之尤者若干文持還，而後隨文挫破之，見者無以其疏漏罪者幸甚。（《挫僻打磨編》上卷頁一，本書頁二三九）

文中所言「是歲春」，當為一七七五年春月，針對幕府關於親鸞門徒的宗名改正的諮詢，淨土宗上書幕府，表明反對意見之事。而此書的成立，並非出自其圓宣自身的想法，而是受本宗增上寺僧綱之命而撰寫的。為此，圓宣親赴增上寺，寓居浹旬（十日），夜以繼日，操筆不止。而且還從他處借來相關藏書，全部涉獵一遍，並抄錄了《教行信證》中最為紕繆的段落，對之逐條批駁。不過，圓宣未明言此書的寫成年代，從語氣上看，撰寫似乎始於宗名之爭發生後不久，而殺青成書則在其後。

與圓宣的以上自述不同，伊藤祐晃另有說法。伊藤指出，當宗名之爭發生後，尚在瀧山大善寺（橫濱）做主持的圓宣就開始醞釀起草此書，其後由新田大光院（群馬縣）轉任傳通院（東京）時，對深為歸信自己的幕府高官白川（河）樂翁說，「宗號一條，余欲批判之，須詳細寫出」，於是避開公務，易居目黑長泉院（東京），費時五旬，撰成三卷，並將之呈獻給了白河樂翁。白河樂翁即是松平定信，江戶幕府第八代將軍德川吉宗的孫子，時為陸奧國白河藩主。[19]依據伊藤的說法，此書草寫於任職大善寺（一七七二—一七八〇）期間，完成於任職傳通院（一七八四—一七九〇）期間，前後至少有十年之久。因尚未見到這一說法所依據的資料，其中事實難以確認。不過，其中強調圓宣撰寫此書是受到了幕府方面的支持，以此凸顯淨土宗在政治上的優越地位的意圖則昭然可見。

綜合圓宣自述以及伊藤祐晃的說法，《挫僻打磨編》當成書於一七七五至一七九〇年之間。對於此書名的涵義，圓宣有以下說明：

《涅槃經》：「譬如真金，三種試已乃知其真，謂燒打磨。」今準此說，欲以三種試驗匡此書偽濫。何也？謂還舉其經論諸釋，用為砧槌，表我丹心，以為炭火而乃燒之，打磨之，令其濫真鍮錫爽然銷壞也。[20]（《挫僻打磨編》上卷頁一，本書頁二三九）

此書借用《涅槃經》中以燒、打、磨三種方式試驗真金的比喻，試圖檢驗和匡正親鸞《教行信證》這一立宗之作，顯示了圓宣欲從教理學說上徹底駁倒真宗的自信與決心。

六、《挫僻打磨編》一書之構成

本書分上下二卷，上卷正文標有五十三頁（左右頁，每半頁十行，每行在二十三字內變化，下同），又於卷末追加兩頁，共五十五頁，下卷則標有七十五頁。儘管本書正文前未置目錄，除了相當序言的開頭部分，尚有有四個部分組成，即撰述理由、駁文、答疑以及宗名之辨。圓宣在文章開頭便明確講述了本書的前三個部分，其文如下：

今撰此編，分為三段，一敘撰述由，二牒文挫破，三問答遣疑。（《挫僻打磨編》上卷頁一，本書頁二三八）

其中，第一部分「敘撰述由」最短僅有一頁，而第二部分「牒文挫破」則引用親鸞《教行信證》的原文，逐文批駁，而每段之後，也設問答，排遣疑問。此段最長，從上卷第一頁末尾一行，至下卷第六十頁，占全書的三分之二之強。第三部分「問答遣疑」，有十五頁。第四部分，題為「略真辨」，則是對本書撰寫的直接動機即宗名的辨別，指出淨土宗本就是「淨土真宗」，只是略去了「真」字而已。

關於第一部分的撰述理由，圓宣做了下述說明：

初敘撰述由者，有書名「教行信證」，是則僻首親鸞之所著，而彼者流邪僻之藏窟也。此中分為六段，所謂顯真實教、顯真實行、顯真實信、顯真實證、顯真佛土、顯化身土。然彼欲證成斯義，而多引經論諸釋，謂正依三經、《大本》異譯、《十住論》、《淨土論》等，並鸞、綽、導、空及慧信釋也。雖然，取用其文義甚奇僻，而總非佛祖之意。是故六段成立，亦惟出於己胸臆之僻解，而絕無可證者。且其書之為體，迂曲其文，隱密其義，而勉文不可解。予嘗見《三階集錄》，其體頗相類，蓋是僻解者流之風格耳。（《挫僻打磨編》上卷頁一，本書頁二三八—二三九）

圓宣的批判矛頭十分明確，而且也是抓住了要害，駁倒了《教行信證》，也就否定了淨土真宗的立宗根據。文中稱親鸞為邪僻之首，其所著《教行信證》則是邪僻之藏窟，言詞峻厲，毫無容赦。《教行信證》所宣稱的正依經論以及曇鸞、道綽、善導以及源空法然、慧心（信）等教祖，儘管與淨土宗貌似相同，而實不其然。圓宣認為親鸞對這些經論和教祖的文義取用，十分奇僻乖離，不合佛祖之意。因此，在圓宣看來，《教行信證》的「顯真實教」等六部分內容，都是親鸞個人的「僻解」（歪曲之見），不可證明，而《教行信證》一書本身，文意迂曲隱秘，難以理解，與三階教典籍《三階集錄》相類似，顯然是「僻解者流風格」。將《教行信證》與三階教視為同類，意味深長。不過，《三階集錄》現不知所存，有待進一步調查。

第二部分的「牒文挫破」，則針對《教行信證》的六個部分，即顯真實教、顯真實行、顯真實信、顯真實證、顯真佛土、顯化身土，分別舉出其原文，而逐一批駁。其形式是先引用原文，然後以「挫云」，對之進行分析批判。譬如，關於「顯真實教」的主張的批駁如下：

第一顯真實教云：謹按淨土真宗有二種迴向，一者往相，二者還相。就往相迴向有真實教行信證。

挫云：撿彼所計僻謬二種迴向以為之如來迴向，然此二種本出於《論註》，而是則行者能發之心，導、空兩祖之所釋亦爾，昭晰如麗日，斷無可惑者。然彼橫僻以為如來迴向於眾生之義，顛眸執見，一奚至于茲乎？具當至下辨。（《挫僻打磨編》上卷頁二，本書頁二三九—二四〇）

其所引用的原文，皆與親鸞《教行信證》一致，沒有省略或更改，可見其誠實認真的態度。在論法上，圓宣主要依據法然的《選擇本願念佛集》以及各種經論註疏，一一指出親鸞的錯誤，加以駁斥，充滿了不容妥協的高昂的戰鬥氣息。

其第三部分的「問答遣疑」，是對《教行信證》之外的問題，而做的解答。內容十分廣泛，涉及到了淨土思想的一般性問題。如此段的第一問，便是關於念佛往生是一念還是多念的問題，對此，圓宣做了以下答覆：

問：如上所挫破者，彼所立大背我真宗列祖高判，故彼稱淨土真宗者，實為僭濫矣。然彼末徒言云源空上人之所教授固有方便、真實二門，而其勸多念者，是被純根之徒方便，若對利根之機而示其實義，則一念而足矣。是彼上人已心中秘賾而授之，必竢其器，我祖正當其器，是故稟真實奧義也。若爾，未必可言僭稱。

答：按《敕修御傳》廿九及《漢語燈》等，第十末徒之所言，是傳彼僻首語耳。《錄》曰：「又近聞北越有一邪人大作妄語，云：『法然上人日課七萬遍念佛，只是外方便也，內有實義，人未知之。所謂實義者，信知彌陀本願一念名號，則必往生極樂，淨土之業乃於是滿足焉。一念即生不牢多念，一念之外何重唱之。又有究竟實義，只是信知本願而已矣，彼上人門人中，遲鈍之人未聞此義，利根之輩僅有五人得此深法，我即其一人也。』」《傳》二十九粗同之。此中言邪人者，蓋指斥彼僻首也。然我大師遮之曰：「如是邪說一無有實，虛訛之甚，雖不足論，今為疑者自立誓詞，貧道所述心行之外別有所秘之法門者，十方三寶當垂知見！日別七萬遍念佛，併空失其利益。」文如斯既有激烈盟誓，彼妄誣可知矣。（《挫僻打磨編》下卷頁六〇，本書頁三五六）

從中可知，真宗流傳著一種說法，即親鸞曾自詡是為法然認可的少數利根者（五人）之一，一聲念佛即可往生淨土，而不需要七萬遍，七萬遍念佛是法然對於鈍根弟子而說的。對於這樣的傳說，圓宣依據法然的著述予以糾正，法然親自斥之為無實虛訛之邪說，並立誓宣稱絕無所謂秘密法門，七萬遍念佛乃是日課，所以此說乃係親鸞及其門徒的揑造。

上述本書的三段即三部分，立足於善導和法然的學說，指出親鸞的《教行信證》，完全背離了宗祖法然的思想，有關師承的傳說也非事實，而是親鸞及其門徒的揑造，顯示了不可妥協，不能共存的立場。由此可見，江戶時期的宗學之爭超過了理論上的相異，而是事關教團生存的選擇，其嚴峻程度，遠非中國佛教史上的僧諍可比。

在具體分析圓宣對親鸞的《教行信證》批判之前，先考察圓宣對於淨土宗與淨土真宗之間的宗名問題是如何辨別的。因為這一問題既是此書成立的起因，也是以往研究中所忽視的內容。

七、圓宣的宗名辨別

《挫僻打磨編》最後一章為「略真辯」，以問答方式，對於法然創建淨土宗時，何以省略了「真」而未直接命名「真宗」做了解釋。

或問曰：元祖立宗名之時，何由不具稱淨土真宗耶？

答云：所以略真字者，此有三由，一淨土宗名自含真宗義故，二準倭邦將來諸宗立名故，三為便稱呼故也。（《挫僻打磨編》下卷頁七四，本書頁三六八）

圓宣從三個方面說明其理由，其一淨土宗這一宗名本身就具有「真宗」的涵義，其二依據傳入日本的佛教各宗派以二字命名之慣例，其三則是便於稱呼。

首先，關於淨土宗即為淨土真宗的辨明，又從四個方面進行說明，即1.內外相對、2.大小相對、3.權實相對、4.以所尊崇之「要行」而稱為真宗。

初自含真宗義故者，凡解真宗通有四義，依散記及《大原》謂若內外相對，望外教則通稱佛教為真宗，然淨土宗是其佛教，不須論故自含真宗義也。或如《五會讚》云色性本來無障礙，無來去，是真宗者，大小相對，小乘立心外實色故是有質礙，大乘所明色心不二故無障礙。通大乘名真宗。然淨土宗名唯局大乘，何者？小乘不明淨土故，《決疑鈔》云：「大乘勝故明淨土，小乘劣故不明淨土。」[21]慈雲云：「小乘經部括盡唄書，曾無一字說有淨土，何況勸生？」[22]是故稱淨土宗則自含真宗義也。或於大乘中權實相對，則實教目真宗，然淨土宗即是實教，故自含真宗義也。是故《大原》云淨土宗者實教也，此故或云真宗，或名真門。又元照云：一切淨土法門皆是大乘圓頓之法也，實教之異稱也[23]或如《五會讚》云念佛三昧是真宗者，別以所崇要行而稱真宗。然今淨土宗以兩三昧為宗旨，故稱淨土宗則自含真宗義也。經說真實之利，若依宗家者，念佛為真實之利。由此義含故且略真字耳。若表顯其義而具稱之，則名淨土真宗也。（《挫僻打磨編》下卷頁七四，本書頁三六八）

第一，從內外相對，即從佛教與外教的關係而言，佛教則為真宗，而淨土宗是屬於佛教的，自然包含了真宗之義。第二，就大、小乘而言，小乘主張心外實有色（物的存在），大乘則主張心色不二，在此意義上大乘是真宗，而淨土屬於大乘之教，小乘不講淨土，所以淨土宗自然含有真宗之義。第三，就權實相對而言，實教是真宗，淨土宗即是實教，故淨土宗也自然具有真宗的涵義。此處，圓宣直接引用了法然的《大原問答》中的「淨土宗者實教也，此故或云真宗，或名真門」說法，證明法然在創建淨土宗時，已經顧及此問題，明確陳述了淨土宗即是實教和真宗的思想。第四，依據法照（七四五—八三八）《五會法事讚》中的「念佛三昧是真宗」，則是將尊崇的念佛三昧這一要行做為真宗，而法然創立的淨土宗則以一行三昧和念佛三昧為宗旨，所以在此意義上，淨土宗包含了「真宗」的意義。總之，淨土宗這一宗名本身就具有淨土真宗的含義，只是省略了「真」字，若全面彰顯其含義的話，即為淨土真宗。

然而，此處所舉出的四個層面的「真宗」涵義，基本是宗旨、教義和主張的意思，並非是宗派的意義，被稱為「一向宗」的淨土真宗，亦可據此邏輯反證自己也是真宗。不過，圓宣所強調的是做為先於「一向宗」而成立的淨土宗，宗祖法然已經明確宣稱淨土宗名中具有「真宗」真的涵義，而秉承法然教義的親鸞一派欲以「淨土真宗」真張立宗名，則是僭越和盜用。

其次，淨土宗立名，因襲了各宗命名的慣例。

> 次準倭邦將來諸宗立名者，傳來吾朝之諸宗立名，唯局二字，而未曾有至三字者，所謂俱舍、成實、戒律、法相、三論、華嚴、天台、真言、佛心（若稱禪宗則只一字。）等宗也。元祖初立宗名之時，欲準此立名軌躅故且略真字耳。所以知者，《選擇》「問曰：夫立宗名本在華嚴、天台等八宗、（除佛心宗。）九宗，（加佛心宗。）未聞於淨土之家立其宗名，然今號淨土宗有何證？答曰：淨土宗名，其證非一」（下引三釋。）等是也。（《挫僻打磨編》下卷頁七四—七五，本書頁三六八—三六九）

就是說，歷史上從中國先後傳入日本的佛教各宗，皆以二字立名，不曾用三字命名。如俱舍、成實、戒律、法相、三論、華嚴、天台、真言等，皆為二字，而佛心宗也稱禪宗，則是以一字樹立宗名。淨土宗正是遵循這一「軌躅」（規範），而略去了「真」字。圓宣在說明此意時，試圖結合法然《選擇本願念佛集》來證明此說。不過，法然《選擇本願念佛集》裡並沒有類似的說法，圓宣所提示的部分，在法然那裡則是講明建立淨土宗的依據，即與各宗相同，淨土宗也具有其獨自的判教理論、所依經典以及傳承法脈，法然並沒有言及仿照各宗立名的規範而命名淨土宗。因此，以二字立宗名可以說是圓宣的發揮，不是法然的想法，不得不說圓宣的此處辯解頗為勉強。

最後是之所以名為淨土宗，乃是出於便於稱呼的需要。

> 後為便稱呼者。夫宗名者，自他諸宗之所常呼，故字數多則其稱呼不便利，是以且隨略名也。今舉其例者，如真言陀羅尼宗云真言，十地論宗云地論宗、攝大乘論宗言攝論宗，常住佛性宗言常住宗之類也。（《挫僻打磨編》下卷頁七五，本書頁三六九）

淨土宗之所以如此稱呼，如同真言宗、地論宗、攝論宗等稱呼一樣，略去了冗長的字數，而簡略為便於稱呼的宗名。

從上可見，「略真辯」這一章主旨在於明辨淨土宗這一宗名何以省略了「真」字，而實為「淨土真宗」的理由，儘管沒有直接批判親鸞門徒試圖將一向宗改為淨土真宗的言詞，實際上正是由此而發，否定了親鸞門徒的這一企圖。不過，在「第三問答遣疑者」章，圓宣則對親鸞門徒的僭越舉動直接了當地進行了嚴厲的批駁。

> 問：彼僻首所立，背真宗所依經論，且違其列祖之所判，故非淨土真宗所屬者，既得聞矣。然彼所計，假使別有可稱真宗之義者，亦可許此稱呼。
>
> 答：縱令毫有可稱真宗之義，而尚不可許之。所以者何？我元祖應月輪禪閤來，建久九年戊午撰《選擇集》，而既開立淨土真宗竟矣。然後漸經歲霜，迄元仁元年甲申，後堀川院御宇僻首方著《教行信證》，盛唱真宗。考其年序，自撰《選擇集》年至著《教行信證》之歲，中間歷二十五年也。歷此年序而後更別立一宗者，應當用別號。以倭邦傳來諸宗，今古都無同號者，故僻首何特得蹈襲已立宗號耶？（《挫僻打磨編》下卷頁六八—六九，本書頁三六三）

親鸞的《教行信證》在教義上既違背了真正的「淨土真宗（即淨土宗）」所依據的經論，又違反了淨土列祖的教義判釋，所以其冒稱「淨土真宗」是不可容忍的僭越行為。而且在創宗立說的年代順序上來看，其冒稱舉動也毫無根據。因為，法然自建久九年（一一九八）春，應當時的權貴九條兼實（一一四九—一二〇七，月輪殿）之請，撰述了《選擇本願念佛集》這部立宗宣言，業已開創了「淨土真宗」，而後歷經歲月，至元仁元年（一一二四），親鸞才著《教行信證》，「盛唱真宗」，與法然的創宗立說相隔二十五年。因此，從時間先後而言，親鸞門徒別立宗派時，應採用別號。而且這一作法也是古來傳入日本各宗的慣例，沒有相同的宗名。在此意義上說，親鸞及其門徒採用「真宗」這一稱號來立宗名，完全是對淨土宗毫無理由的蹈襲。

圓宣對淨土宗這一宗名涵義的辨明以及對親鸞及其門徒的盜用批判，主要包含了三層意思。第一，淨土宗即是淨土真宗之意，關於這一點，不僅從與淨土宗相關的教義和典據得到支持，而且宗祖法然也有明確的說法。第二，淨土宗的立名，不僅遵守了古來傳入日本佛教各宗的立名規範和傳統，而且便於稱呼。第三，在創宗立說的年代順序上，法然要早於親鸞，親鸞及其門徒的宗名蹈襲，是對宗祖法然所創建的淨土宗的僭越和盜用。

圓宣的宗名辨明與對親鸞及其門徒主張的批判，在長達十五年的宗名之爭的過程中，起到了什麼作用，其影響和定位，應做考察。從現存的增上寺對幕府的尋問所做的答覆來看，其主張有五點內容，即宗名混雜、違背勅令、違背綸旨、違背條目、違背制條。[24]其中，第一點宗名混雜的駁斥最為重要。宗名混雜是指淨土宗即是淨土真宗之義，若許一向宗改為淨土真宗，則會使得兩宗相混，難以區別。其根據為真宗一詞，出自善導《觀無量壽經疏》，[25]而宗祖法然偏依善導，開創淨土宗，其宗名已含真宗之義，淨土宗正是淨土真宗。同時，淨土宗做為德川家康的菩提寺，是由幕府所擁立的，宗名混雜是違背了德川家康將軍的「尊慮」。其餘四點皆是從天皇、將軍給與淨土宗各大寺院的賜字、賜旨中，明確寫有「淨土真宗最初門」、「須開真宗弘通之玄門」，據此證明淨土真宗應為淨土宗獨占的稱呼，不許他宗套用。

上述五點主張，第一點與圓宣的辨明十分接近。《打磨編》開頭便說此書是受增上寺僧綱之命，費時「浹旬」（十天）而草成，據此，增上寺在答覆幕府的諮詢時，採用了圓宣的部分說法，同時也增添了圓宣沒有言及的理由，即第二至第五點涉及政治權力的根據。據此可推測，淨土宗增上寺的答覆，除了圓宣之外，還有其他本宗碩學也參與其中，最後綜合為現存的文書。儘管圓宣在宗名之爭的問題上所起的作用有限，但他的特異之處是在於對親鸞的立宗之作《教行信證》的全面批駁，這可謂是前無古人後無來者的壯舉。

八、圓宣的親鸞批判

圓宣在《挫僻打磨編》中，對親鸞《教行信證》展開了全面批判，其所列舉的淨土教義問題竟達六十多項，如第一項是對親鸞往還迴向說的批判，第二項是批駁親鸞在淨土三經中唯以《無量壽經》為真實教的主張，以及三心說、橫豎超出的判教說、菩提心的廢與發等等，均為淨土思想的重要問題，須一一進行專題研究。

不獨有偶，楊文會針對淨土真宗在華傳教手冊《真宗教旨》時，同樣舉出了上述問題展開了批判。此處，僅舉出往還迴向說、淨土三經的真實與方便之判別兩個問題，來展示宗學論爭的一端。

其一，往還迴向問題。

第一顯真實教云，謹按淨土真宗有二種回向，一者往相，二者還相，就往相回向，有真實教行信證。[26]

挫云：撿彼所計僻謬二種回向以為之如來回向，然此二種本出於《論註》，而是則行者能發之心，導空兩祖之所釋亦爾。昭晰如麗日，斷無可惑者，然彼橫僻以為如來回向於眾生之義顛眸執見一奚至于茲乎，具當至下辨。（《挫僻打磨編》上卷頁二，本書頁二三九——二四〇）

一般而言，往相迴向是指將自己所做功德回施於他人（眾生）而得往生淨土，還相迴向則指往生淨土之後，重新返回世間教化眾生之意。可是，親鸞卻主張迴向的主體是阿彌陀佛，而不是眾生自身，往相迴向是阿彌陀佛將其功德與願力回施於眾生，眾生才得以往生淨土，同樣生淨土後，返還人世間，教化救度眾生也是阿彌陀佛的願力迴向所致。這一主張正是淨土真宗絕對他力立場的反映和保障。對此，圓宣指出迴向是指行者即意欲往生淨土的眾生自身的能發之心，無論是善導還是法然都如此理解，只有親鸞錯誤地主張是如來（即阿彌陀佛）迴向於眾生。事實上，這一區別既是淨土真宗與淨土宗的根本區別之一，也是區別於中國淨土思想傳統的所在。

其二，真實教問題。

同段云：夫顯真實教者，則《大無量壽經》是也。斯經大意者，彌陀超發於誓，廣開法藏，致哀凡小，選施功德之寶，釋迦出興於世，光闡道教，欲極群萌，惠以真實之利，是以說如來本願為經宗致，即以佛名號為經體。[27]

挫云：依光明、吉水釋，顯彰真實義者，三經同轍，故為之正依三部。何以故？取要言之者，同詮稱名一行，是為本故。是故〈散善義〉云：就行立信下「此《觀經》、《彌陀經》、《無量壽經》等。」等有二義，謂齊等及等取。於中齊等義為一家本意。所以知者，《漢語燈》一（廿三）云：「所言等者，指上三經全非等取餘經典也。」[28] 又〈定善義〉云：「是故諸經中處處廣讚念佛功能，如《無量壽經》四十八願中，唯明專念名號得之。又如《彌陀經》中一日七日專念彌陀名號得生。又此經定、散文中唯標專念名號得生。」又《般舟讚》云：「《觀經》、《彌陀經》等等取大經。說即是頓教菩薩藏，一日七日專稱佛，命斷須臾生安樂。」《選擇》云下之卅一：「凡按三經意，諸行之中，選擇念佛以為旨歸。」[29] 又云：「三經共選念佛以為宗致耳。」[30] 及三經釋等往往明此旨矣。然愚禿偏以《大經》為顯真實教，豈非背兩祖之所判耶！且汝崇我元祖，屢稱本師，而不由其軌，妄自判宗，云本願為宗者何乎？（《挫僻打磨編》上卷頁二—三，本書頁二四〇）

法然首倡淨土宗的經典依據為三經一論，即《無量壽經》、《觀無量壽經》、《阿彌陀經》以及世親的《往生論》，可是，親鸞則主張三經中有真實與方便、頓與漸之區別，不可等量齊觀，只有《無量壽經》（大經）是真實教，而其餘二經則為方便之教。正如圓宣所說法然沒有區別三經的真實與方便、頓教與漸教的問題，認為三經同轍，俱是頓教，共為淨土宗之正依，這一點善導也是如此。因此，圓宣指出愚禿親鸞偏以《大經》為真實教，違背了善導和法然的判定，其雖口稱以法然為元祖、本師，實際上卻不遵其軌，妄自判宗。

其三，對親鸞非僧非俗的批判。

《教行信證》「顯淨土方便化身土文類六」，親鸞稱自己曾與祖師法然同被判罪，而改僧儀，流放遠處，以禿字為姓，「捨雜行而歸本願」，已是「非僧非俗」之人，還說由「方便真門轉入選擇願海」，採取了無戒無修的生活態度，並將這一轉變的根據說成是依自法然的《選擇本願念佛集》。對此，圓宣指出這正是親鸞「捨戒之辰」，「發異計之時」。因為法然及其《念佛集》並無此說，而主張念佛與戒行一體的思想。圓宣引用法然〈七箇制條〉（即《七個條制誡》）來進行批駁。其第四條說：「停止言念佛門無有戒行、專勸婬酒食肉、希見守律儀者，名雜行人，反說憑彌陀本願者，勿恐造惡。」第七條還說：「停止自說邪法言為正法，偽稱師說。」對此〈七箇制條〉，不少弟子簽名奉行，而「愚禿親受茲制誡而自署其名，以順奉之」，就是說親鸞也署名表示遵守奉行。可是，正是在元祖法然被流放遠方之際，趁虛擅自行動，為減輕對自己的罪罰，捨戒歸俗，又炮製異端邪計（即《教行信證》），為自己辯護，完全違背了先前的制約。

關於親鸞非僧非俗生活方式，在淨土真宗內流傳著一個著名的傳說，即於比叡山下的六角堂中夢見觀音，得觀音許可而食肉娶妻。《挫僻打磨編》的第三問答中，圓宣對此從三個方面進行了徹底批駁。

> 問：彼門葉傳云：「我祖初投台宗出家，學業既就，而後憂出離之難，往詣六角堂而懇求大悲靈告，於是救世大士入其夢，告之以四句偈曰：『行者宿報設女犯，我成玉女身被犯，一生之間能莊嚴，臨終引導生極樂。』祖師感此告夢之後，建仁元年辛酉春，入黑谷門，而乃改名綽空。其後因月輪禪閣之請，黑谷上人聽許我祖娉妻，以欲為末代在家者流往生之模範。」此傳可信忍以不？
>
> 答：此傳說決不可肯領，何以故？略有三由，一吾祖諸傳所不載故，二違制條故，三不順傳文、《語錄》故。（《挫僻打磨編》下卷頁六九—七〇，本書頁三六四）

首先，這一傳說完全是親鸞及其門徒的杜撰，法然以及其他宗祖的傳記中全無記載：

> 初諸傳所不載故者，設如彼所傳者曰大士靈告曰開許棄欲之徒娉妻，尤是奇事，必也不可不載，而吾祖諸傳中無一載此事者，只是彼徒私竊所傳耳。且彼所謂大士偈者，甚鄙俚浮偽，而非大聖之言。又其為往生之機也，乍出家，乍在家，各隨其分，回心皆往焉，經釋之所明，傳記之所載，元祖之所教示，而禪閣本已浹洽其法潤，久熟誘諭，是故禪閣應以奮來在家往生傳記所載為之模範，何由得故請令出家娉妻而後為其

模範？若言實請之者，禪閣恐非信佛之人，元祖豈容受此妄請耶？（《挫僻打磨編》下卷頁七〇，本書頁三六四）

其次，女犯娶妻之說，也違背了法然所制定的〈七箇制條〉：

二違制條者，〈七箇制條〉第四云：「停止言念佛門無有戒行，專勸婬酒食肉」，「戒是佛法之大地也，眾行雖區，同依於此。是以善導和尚不舉目視女人，此其行狀過本律制，淨業之徒若不順之，遠違如來之遺教，近背祖師之嘉躅，都無據者哉！」此制條起於元久元年甲子十一月，然如彼徒所傳者，建仁元年十月已娉妻，若爾，何能得奉順此制條？無奉順之意而自署其名者，是欺誑嚴師也。欺其師者，罪戾當逆。若言娉妻者，上人之所開許故，不違其制條者，是亦非矣。彼既納娉者，的然乖此制條現文，何等厚顏以署其名乎？由此推驗其時，未有娉妻之事也。自建仁元年至元久元年，經中間二年也。（《挫僻打磨編》下卷頁七〇—七一，本書頁三六五）

〈七箇制條〉明確規定了禁止說念佛門無有戒行，可飲酒食肉，將戒視為佛法之大地即根本，出家人皆須遵守。此七條制定於一二〇四年，親鸞也書名，宣誓遵奉，可是若按其門徒所傳，親鸞在兩年之後毀棄誓約，娶妻成家，這完全是欺師行為，何等的厚顏無恥。

圓宣的批判，涉及了淨土教學的各個重要方面，稱名（專修）念佛還是信心念佛、他力迴向還是眾生迴向、三經一論的權實教判、戒律的遵守與放棄，以及淨土宗與淨土真宗的宗名涵義等，都顯示了淨土兩宗的根本對立。

九、與楊文會真宗批判的比較

值得關注的是，在圓宣之後一百多年，當淨土真宗在清末中國傳布其教時，遭遇了與圓宣同樣的真宗批判者。楊文會針對真宗東本願寺派（現大谷派）僧小栗栖香頂撰寫的傳教手冊《真宗教旨》，撰寫了《評真宗教旨》，諸章進行批駁。其中，也涉及到了上述圓宣所論述的問題。

首先，是迴向問題。

又第三號云：以聖道、淨土二門判一代教，大小、半滿、權實、顯密，為聖道門，是係此土入聖之教，《大無量壽經》、《阿彌陀經》，是係往生淨土之教。又聖道門中有竪出竪超，法相、三論為竪出，華、天、密、禪為竪超。淨土門中有橫出橫超，以諸行往生為橫出，是係自力，以念佛往生為橫超，是係他力。

（楊）聖道為十方剎土解脫之門徑，生西方淨土之人，亦由聖道而證妙果。修諸行者，若不念佛迴向，亦不得往生。[31]

在楊文會的真宗批判中，對於親鸞的往還迴向問題雖然沒有像圓宣那樣成為首要目標，但是其理解可以說與圓宣的主張基本一致，認為迴向是意欲往生的人（行者）將自己的功德回施於他人（眾生），而得往生。在對真宗的橫豎判教論的批判中，楊文會認為聖道門與淨土門固然有所區別，然而兩者並非對立，而是相互包容的，往生淨土者也要經由聖道而證果，而修行者若不念佛迴向也不得往生。不過，在看待聖道門與淨土門的關係上，楊文會的理解與圓宣以及淨土宗也有重大區別和對立。

其次，是三經的頓漸問題。

楊文會在《評真宗教旨》中，針對真宗的淨土三經性質的判別，有如下批判：

> 又第六號云：於第四十八願中，以第十八願為真實，其所被之機為正定聚，生真實報土。十九、二十為方便。十九之機，回向諸行，止至化土，故為邪定聚。二十之機，或進入第十八，或退墮第十九，故為不定聚，開說第十八為《大經》，開說第十九為《觀經》，開說第二十為《小經》，《大經》機、俱頓，《觀經》俱漸，《小經》教頓機漸。
>
> （楊）生淨土者，蓋入正定聚，絕無邪定聚，經有明文，處處可證，若以《觀經》所

攝，判為邪定聚，則是聚九州鉄鑄成一大錯矣。《觀經》被大機，最極圓頓，一生可證初住位，與善才、龍女齊肩，於觀中蒙佛授記是也。何得判為機教俱漸也？

又第七號云：《大經》係真實教，無隱顯義，《觀經》係方便教，故有隱顯，以觀見之，為日想、水想之觀，以隱取之，為觀佛本願之觀。一文兩義，是為隱顯。

（楊）《觀經》徒第三觀以去，皆是極樂妙境，無一非佛願力所成，不待隱取，方為觀佛本願也。[32]

在楊文會看來以《無量壽經》為真實教、頓教，而將《觀無量壽經》貶為方便（權）教、漸教，則是真宗大錯特錯之處。因為，《觀經》也是適應大根機者，是最為圓頓之教，在修行《觀經》十六觀中即可蒙佛授記，獲得往生淨土和成佛的保證，所以將此經判為機教俱漸，是楊文會無法理解和接受的。在這一點上可以說與圓宣的理解也是一致的。

第三，戒律問題。

與圓宣同樣，對於親鸞的非僧非俗的生活方式，做為出家人，楊文會無法認可，做了嚴厲的批判。小栗栖香頂撰寫的傳教手冊《真宗教旨》的第二章，講述的正是親鸞娶妻成家的經過：

又第二號云：本宗名淨土真宗，據念佛成佛，是真宗之語，以親鸞上人為始祖。大織冠鎌足公之裔，而藤原有範公之男也。夫人玉日氏，攝關白兼石公之女也。初，源空大師倡淨土宗，海內風靡，門人三百餘，上人實為大檀越。一日曰：「大師持戒而念佛，弟子啖肉蓄妻而念佛，無乃有勝劣耶？」大師曰：「同一念佛，何差之有！」曰：「弟子有女，屈一上足為婿，以斷天下後世之疑。」大師以上人應，上人辭不可，是為開宗之緣由。

（楊）於佛教門中，專重淨土，於淨土門中，專重他力信心，可謂簡而又簡，捷而又捷矣。此法在家二眾行之相宜，出家五眾自有清規，若一概効之，則住世僧寶斷矣。末法萬年儀表，不可廢也。[33]

楊文會指出親鸞的教義和作法，可行之於在家者，可是斷然不可行之於出家五眾，因為出家者自有清規，若破之，則世上就斷絕了令人歸信的僧寶了。在楊文會看來這是關涉僧團存續的死活問題。所以他說「末法萬年儀表，不可廢也」，斷然拒絕了非僧非俗的僧團型態。在戒律遵守問題上，楊文會與圓宣的立場相同，無法容忍親鸞的非僧非俗型態。

上述諸點顯示了楊文會與圓宣的一致之處。不過，楊文會在批判淨土真宗的同時，也撰寫了《評選擇本願念佛集》，對法然的峻別聖道門和淨土門的作法同樣做了嚴厲批判。如法然《選擇本願念佛集》第一集「二門」章標題即為「道綽禪師立聖道淨土二門，而捨聖道歸淨土」，對此，楊文會做了如下批駁：

此一捨字，龍樹、道綽皆不說，說之則有病，蓋聖道與淨土，一而二，二而一者。[34]

不能認可法然從取捨的立場論述聖道門與淨土門的關係，而主張兩者是不可分離、相輔相成的關係。再如其第十六集「殷勤付囑章」中有「善導《觀經疏》者，是西方指南，行者目足也」，認為善導的立場專在稱名念佛。對此，楊文會指出這一理解與經典的思想不相符合：

《觀經》所說十六法門，無一不是念佛。此文所判，似專局乎持名也。

此集專以持名為念佛，而觀想等法，均判在念佛之外，非經意也。[35]

在楊文會看來，念佛與觀想是也是一而二，二而一的相輔相成的關係，兩者不可偏廢，這正是《觀無量壽經》的基本思想。所以，法然的排斥觀想的念佛是不合乎經意的。

儘管如此，在往生淨土的理解上，和親鸞的真宗相比，與法然的淨土宗仍有一些共通之處。換言之，圓宣和楊文會的親鸞（真宗）批判，仍然延續了一部分東亞共通的淨土思想傳統，而真宗（親鸞）的淨土思想則是一個嶄新的、獨創的、異端性的存在。不過，進入明治時代，日本所有的佛教宗派，都採用了親鸞的非僧非俗這一異端型態，戒律問題不再成為問題，使得日本佛教整體與其他區域的佛教相區別開來。而在現代的研究中，往往把法然看作是向親鸞淨土思想變化的一個過渡環節，便以此來消解兩者對立的構造。[36]

十、本書的後世影響

此書撰成後，雖然一直沒有刊行出版，而實際上在淨土宗內部傳抄流行過，這可從下例得到證明。一八一八年，法洲撰《不可會辨并強會辨或問》[37]，開篇就舉出圓宣的《挫僻打磨編》，做為簡別邪正的依據，指出圓宣往年就破斥了「邪祖」親鸞的《教行信證》，讚揚此書是「破邪顯正之盡理，未曾有之寶冊」，所以「依此書研究，則邪正之分別可思過半」。同時還指出因圓宣的書未刻，不得書寫流通，不傳於世，所以，「我門末學於彼之邪立大害於我正宗，不得而知，拱手於日月，陷人於邪坑。（此書）為我門扶宗護法之最，知邪正簡別而無過於此」。對圓宣的《挫僻打磨編》給予了高度評價。文中還交代了此書為何沒得到刊刻流行的原因，乃在於其所持文本脫誤多，求善本而不得，希望有志後學能廣尋善本，使之速得開板上梓，弘通於世。因此，針對「邪祖」依據《教行信證》樹立教法，作者則提取《挫僻打磨編》之要義，加上自己的理解，來抨擊邪說，為初學者開示是非。但基本是借用《打磨編》來進行論述的。[38]

又過了一百餘年後，淨土宗僧伊藤祐晃將之從沉睡的寺院書庫裡發掘出來，公之於世：

這一本宗稀有良典、近世名著，機緣未至，只成了兩三學者的「懷中寶刀」，隱沒在倉庫裡，令識者不得見聞有百五十年，而真宗也未能顯示明快的答辯，可謂有其原由。[39]

緊接著，伊藤道出了整理刊行此書的動機所在：

微意有二，一是對於真宗，要求以現今進步的學識，給予我們得以首肯的解答。這是針對真宗十派碩學之士的唯一試金石。這也是事關真宗二百萬門徒信眾未來的一大重要目標。二是出於老婆之心，要讓我淨土宗的學徒，了解到古賢的努力竟認真到如此地步。[40]

在二十世紀二〇年代，佛教學和宗學已經有了十分嶄新的面貌了，儘管如此，伊藤祐晃重提宗學老問題，對於淨土真宗的存在，依然不能釋懷，要求真宗方面能立足於現代的立場，對圓宣的問題和批判予以解答。[41]

面對淨土宗咄咄逼人的新挑戰，真宗也不示弱，翌年西本願寺派僧富田貫了率先出來應戰，在相同的中外出版社刊行了《教行信證破壞論辯妄》。身為鹿兒島大巖寺住持的富田在引用了伊藤祐晃的要求原文之後，便表明身為真宗僧人，予以答辯，義不容辭：

> 我長久閉居西海邊陲，寡聞謭劣，雖固非其器，苟為掛籍於真宗，沐浴龍谷之清流者，豈可不辯一言！本宗碩學宏才雖不遑枚舉，而不假時日，做出反駁之述作，我唯作其前驅而已。[42]

本書沒有目錄，主要針對圓宣的第二部分「牒文挫破」，做了辯駁，而對於第三段「問答遣疑」部分，以為根據上述的反駁，其不當之處自可判明，不再重複。可見其成書之倉促。此書也言詞嚴厲，正如作者在書末中所承認的那樣，對於圓宣的「暴評粗惡語」，極力反駁之餘，自己也使用了痛罵之言，忘卻了宗祖教導的「不可憎惡此念佛人，不可憎惡說你壞話的人，也不可做傷人的事。要憐憫待人，抱有哀憫之心，這才是聖人所說的，誠惶誠恐，誠惶誠恐」（同書，頁二九三）。可見宗學之爭即使在現代，也會超越理性，造成強烈的情感反應。

又過兩年，東本願寺大谷派重鎮石川舜台，不顧耄耋之年，撰寫了近四百頁的《教行信證破壞論駁言》（丁字屋書店，一九二七），列出六十四條，如第一條「論往相回相」、第二條「論三經中大經為真實」，可謂網羅了淨土思想中所有重要的條目，如此逐條進行辨析反駁。之所以如此鄭重護教，正如其序言所說，「《教行信證》是淨土真宗之基礎和全體，《教行信證》也是佛書中的奇葩」，而圓宣卻「不注目其奇處」。因為，佛法講教理行果，由教詮理，依理而行，依行證果，這是一般的定規。可是宗祖親鸞為何不照此而說，而講「教行信證」？這是因為教理行果是《心地觀經》所說，沒有依照佛說，應該受到懷疑。行由信起，因信理，故精進於行。因精進於行，故可證入，「因何理由講述行信證之次第？此乃法相之奇者，不可不解」（同書〈序〉，頁一）。石川舜台立足這一認識，認為圓宣的《教行信證》批判，沒有捕捉到親鸞的奇特之處，其挫破之言，乃淺薄讒誣之妄說，完全處在親鸞所立義門之外，沒有一句觸及到《教行信證》這一真宗開宗聖典的深處大處，隔雲望月猶可望月，而亡月望月則是狂妄。石川舜台可謂為東本願寺大谷派近代化進程的最為重要的設計師，飽讀宗學，對於圓宣的批判，也未免動用感情。可知江戶時期圓宣所撰《挫僻打磨編》給淨土真宗留下了深深的傷痕。

十一、結語

江戶時期的宗學之爭，固然是日本佛教內部的教義之爭，但總是牽動統治階層內部的政治角鬥，直到明治時期，最終還是由政府出面干預，得以解決或平息。宗學之爭並非是個人間一時一地的意見不同，而是事關各宗的自我認同與生存的大問題，自宗論之始，論爭雙方均無妥協之意，而是欲致對方於死地，因此是長期性的問題，即便到了二十世紀也不斷反覆。宗學之爭主要是教義之爭，因而其中不僅涉及各宗宗祖的著述與思想的理解，也關涉到了相關經典、註疏的理解。在這個意義上，宗學之爭既是宗學的，就是佛教學的問題。正因為上述特點，宗學之爭對於佛教在東亞的展開具有普遍意義，有必要將之放置於漢傳佛教的傳統中，進行佛學思想的比較研究，揭示漢傳佛教的多樣性，探究不同傳統之間對話與共存的可能性。

《挫僻打磨編》無疑是實現上述目的的難得的文獻，其所爭論的問題，不僅體現了東亞淨土思想的複雜與多樣，也展示了其思想的深度與廣度。楊文會的真宗批判與圓宣多處相同，表明針對親鸞的特異學說，立足於大乘佛教基本原理，則必然會產生相同的思考和反應。而楊文會對法然教學的異議，也顯示了中日淨土思想傳統的差異。在漢傳佛教中，就其派別和教義相比較的話，恐怕沒有比淨土思想更富有差異性和多樣性的存在了。本文只是初步討論了圓宣真宗批判的幾個問題，可以說僅僅是為今後展開全面研究而做的準備而已。因此，具體地探究和揭示其中的分歧、對立以及共通性，或許會成為深入思考漢傳佛教中淨土思想傳統，尋求其發展可能性的新契機。

註解

1 有關宗學理解，參見電子版《淨土宗大辭典》（二〇一八）中高橋弘次撰寫的「宗學」以及「宗乘、餘乘」詞條，http://jodoshuzensho.jp/daijiten/index.php/ 宗学。

2 圭室諦成監修，《日本佛教史・近世篇・近代篇》（東京：法藏館，一九六七年），頁七三—七六。

3 參見寺井良宣，〈江戸初期における念佛と法華をめぐる論爭の特色：真迢の《破邪顯正記》をめぐる論爭を中心に〉，《深草教學》第二十五號（二〇〇八年），頁一—三三。

4 杉紫朗撰〈真宗對淨土宗宗論史の梗概〉，於《六條學報》第一二〇—一二二號（一九一一年）連載。

5 辻善之助，〈第十章　江戸時代〉「第十一節　佛教的形式化」，《日本佛教史》第九卷，《近世篇之三》（東京：岩波書店，一九六一年），頁一四〇—二八四。

6 坪井俊映，〈法然淨土教に對する批判の史的考察〉，《法然淨土教の研究：傳統と自証について》（東京：隆文館，一九八二年），頁五二五—七〇九。

7 上野大輔，〈長州大日比宗論の展開—近世後期における宗教的對立の様相—〉，《日本歴史》第五六一號（二〇〇九年），頁五—七，對這一爭論的歷史經過有詳細考察。

8 參見深川宣暢，〈真宗における宗論の研究—淨土宗との諍論—〉，《真宗研究》第四十二號（一九九八年），頁七八—七九。

9 以上概述參見坪井俊映，《法然淨土教の研究：傳統と自証について》，頁六五五—六六五。

10 辻善之助，《日本佛教史》第九卷，《近世篇之三》，頁一四〇—一七一。

11 坪井俊映，《法然淨土教の研究：傳統と自証について》，頁六六一。

12 深川宣暢，〈親鸞思想批判論の研究—《教行信証破壞論》の考察（その一）—〉，《真宗學》第

九十一、九十二合併號（一九九五年），頁三六三—三七七。

13 深川宣暢，〈真宗における宗論の研究—淨土宗との諍論—〉，頁七八—七九。

14 參見星俊明，〈江戶期における淨土宗と真宗の論爭—論爭の發端について—〉，《大正大學大學院論集》第四十三號（二〇一九年），頁二五—四三。

15 伊藤祐晃，〈統譽圓宣の略傳〉，《教行信證破壞論　原書　挫僻打磨編》（京都：中外出版社，一九二四年）。

16 原文為「此書ハ統譽圓宣上人（當時十八檀林中武州瀧山大善寺ノ貫主後ニ增上寺大僧正ニ轉任シ給ヘリ）邪流ノ本書タル教行信證ヲ破斥シ給ヘル破邪顯正ノ盡理未曾有ノ寶冊ナリ此書ニ依リテ研究セハ邪正ノ分別思ヒ半ヲ過ン　明治十一年十一月十二日西京知恩院宗學校寓小松淨音識」。

17 木場明志在其《〈宗名往復錄〉註解》（頁三一）中將宗名之爭分為五期，即安永三年（一七七四）—四年、安永五年—六年、天明八年（一七八八）—寬政元年（一七八九）。以上三期共十五年。第四期自文政三年（一八二〇）—慶應三年（一八六七），最後一期是明治二年（一八六九）至明治五年（一八七二）。

18 辻善之助，《日本佛教史》第九卷，《近世篇之三》，頁一四〇—一七四。

19 伊藤祐晃，〈序言〉，《教行信證破壞論　原書　挫僻打磨編》，頁一。

20 《大般涅槃經》有「大仙！我當與汝俱往試之。大仙！譬如真金三種試已，乃知其真，謂燒打磨」之句。（CBETA, T12, no. 374, p. 450a9-11）

21 良忠《選擇傳弘決疑鈔》卷一：「局大乘，何立小乘也?答：今案集意，此土入聖揔名聖道，他力往生則名淨土。何聖道中不攝小乘，況聖道名豈隔小乘?故下文云：若論小乘但皆有佛性者，佛教之中雖有小乘法，終歸大乘，是故無違。依大乘者，為立二門，偏言大乘，非嫌小乘，謂大乘勝故明淨土，小乘劣故不明淨土。」（CBETA, D42, no. 8905, pp. 24b9-25a6）

22 元照《觀無量壽佛經義疏》卷一：「慈雲法師云：『小乘經部括盡貝書，曾無一字說有淨土，何況勸生！又小乘中不談他佛，亦無一字說有彌陀。』」（CBETA, T37, no. 1754, p. 280a17-19）

23 《大原談義聞書鈔》：「二永辨問曰：今此淨土宗者，權、實二宗中權宗也，漸、頓二教中可云漸教哉？其故此宗之意者不明真如實相第一義空理，只宣厭苦欣淨指方立相旨，而何以此教為大乘至極頓法哉？上人答曰：淨土宗者實教也。是故或云真宗，或名真門，或名頓教，或名一乘也。但通途權、實皆約自力而明之，於弘願一法者偏就他力而論之。然者雖云實教，異自力實也。雖云頓教，異聖道頓。故似權非權，似實非實，似漸非漸，似頓非頓。既非權、實、漸、頓之所攝，知是諸宗超過法門也。但非權、實之所攝而強立真實名，而示他力真實體；非漸、頓之所攝而假與頓教稱，顯構超橫截之用。是故和尚云：我依菩薩藏頓教一乘海云云。元照云：故知一切淨土法門皆是大乘圓頓之法也，定非偏小云云。此等所釋，誰不依用哉？」（T2618.83.0314c07-11）

24 參見木場明志，《〈宗名往復錄〉註解》（京都：東本願寺出版部，二〇〇八年），頁一三二—一三五。《宗名往復錄》是由真宗方面整理和記述的，要點明確。伊藤祐晃《教行信證破壞論》的「附錄」中有「宗名一件細書」，則為增上寺方面的整理和記述，對於淨土宗方面的對應有詳細記述。兩者的紀錄雖各有偏重不同，但基本要點大致相同。

25 善導《觀經疏》有「竊以真宗叵遇，淨土之要難逢，欲使五趣齊生，是以勸聞於後代」（CBETA, T37, no. 1753, p. 278b13-14）。法然《選擇本願念佛集》說：「又於淨土法門立宗名者，非吾之初唱之其證是多。（略）又善導《觀經疏》云真宗叵遇，亦其證也。」（T83.0139c08-15）因此，表明善導的「真宗」之說，是法然樹立淨土宗這一宗名的依據，即與其他宗派相比，淨土才是「真宗」。親鸞的《教行信證》則說：「故宗師言以光明名號攝化十方，但使信心求念。又云：念佛成佛是真宗，又云真宗叵遇也。可知，凡就往相回向行信，行則有一念，亦信有一念。言行之一念者，謂就稱名遍數，顯開選擇易行至極。」（T83.0597b23-27）親鸞正是依據善導和法然的「真宗」說，而將自己的學說冠以「淨土真宗」的，所以親鸞在其書開篇便直接表明了這一立場：「謹按淨土真宗，有二種廻向：一者往相，二者還相。就往相廻向，有真實教行信證。夫顯真實教者，則《大無量壽經》是也。」（T83.0589b05-07）

26 親鸞，《顯淨土真實教行證文類》，T83.0589b05-b06。

27 親鸞，《顯淨土真實教行證文類》，T83.0589b07-b11。

28 法然《黑谷上人語燈錄．漢語燈》：「誦此《觀經》、《彌陀經》、《無量壽經》等是也。所言等者，指上三經，全非等取餘經典也。」（T83.0110b13-b14）

29 法然《選擇本願念佛集》：「私云：凡案三經意，諸行之中選擇念佛以為旨歸。先雙卷經中有三選擇，一選擇本願，二選擇讚歎，三選擇留教。」（T83.0018b25-b26）

30 法然《選擇本願念佛集》：「然則釋迦、彌陀及十方各恒沙等諸佛同心選擇念佛一行，餘行不爾，故知三經俱選念佛以為宗致耳。」（T83.0018c26-c28）

31 楊文會，〈闡教編〉，《楊仁山居士遺著》（臺北：新文豐，一九九三年），頁三三〇。

32 楊文會，〈闡教編〉，《楊仁山居士遺著》，頁三三〇－三三一。

33 楊文會，〈闡教編〉，《楊仁山居士遺著》，頁三二九－三三〇。

34 楊文會，〈闡教編〉，《楊仁山居士遺著》，頁三三二。

35 楊文會，〈闡教編〉，《楊仁山居士遺著》，頁三三五。

36 坪井俊映對此變化有詳細敘述，但立足淨土宗宗學的立場，坪井認為這是一種偏見，難以接受。參見其《法然淨土教の研究：傳統と自証について》，頁六六八－六九二。

37 上野大輔，〈長州大日比宗論の展開―近世後期における宗教的對立の樣相―〉，頁五－七，對這一爭論的歷史經過有詳細考察。

38 此處引文均引自法洲著，益谷末吉編，《還原叢書》第一編（京都：還原會，一八九四年），頁七。又結城令聞，〈宗論と本派宗學〉，《龍谷大學佛教文化研究所紀要》第二十號，頁三五七，曾論及。

39 伊藤祐晃，〈序言〉，《教行信證破壞論　原書　挫僻打磨編》，頁三。

40 伊藤祐晃，〈序言〉，《教行信證破壞論　原書　挫僻打磨編》，頁四。

41 深川宣暢，〈親鸞思想批判論の研究—『教行信證破壞論』の考察（その一）—〉，依據伊藤祐晃的日譯本，對於其中的論點做了敘述。

42 富田貫了，《教行信證破壞論辯妄》（京都：中外出版，一九二五年），頁一—二。

天台山家思想在日本近世之展開

以鳳潭《十不二門指要鈔詳解選翼》為中心

——花園大學國際禪學研究所兼任研究員　王芳

一、序

日本江戶中期[1]安樂律院一系興起，除了對唐宋註疏在宗門學統與文獻的直接繼承之外，也藉由《嘉興藏》流布到日的明僧著作之媒介，再度關注中國天台宗學，尤其是趙宋山家學派之著作，著手進行文獻收集、重刊並講學註疏。在同時期中國本土浪花起而無聲的對比之下，[2]關於宋代山家、山外論爭在日本江戶重生再盛，綿延至明治初期，數百年間大量相關典籍被翻刻，留下多位學問僧的註疏、校訂或會本。[3]江戶佛教堪稱是宋代天台思想在異地發展的復興期，更是日本近現代天台教學知識系統的母體。除天台宗外，禪宗、真言宗、淨土宗、淨土真宗等各大宗派的知識系統也都在江戶時期獲得了長足發展與更新。

然而在佛教研究重鎮的日本，江戶佛教思想恰恰是最易被忽視的研究對象。江戶之前，有佛教本土化發揚光大、形成日本民族精神主體的鎌倉新佛教及鎌倉末期禪林文藝興盛繁榮的五山文學專美於前。日本學者對這一時期佛教之研究可謂汗牛充棟，也是鎌倉新佛教中心史觀確立的基石。江戶之後，在東方失去文化自信、迎合西方思維快速轉型的熔接期，做為明治新時代辭舊迎新的思想對立面和歷史對象，江戶佛教因應確立新時代正統性的需求而有意無意地被批判被壓縮、被忽略也是順理成章的。當然，彼時零星的研究有，但大多是帶著腳鐐跳舞，在宗學的框架下僅做為祖師研究延長線上的順帶產出而已。因此夾縫中的江戶佛教被籠罩在日本二戰後形成的佛教史觀陰影之下刻板印象不斷固化，長久以來得不到應有的重視和客觀的定位。

所幸這種狀況終於有所改觀。雖自上世紀七〇年代始，日本學者對二戰後構建的日本佛教史觀和所謂的定論提出過質疑批判，但真正實質意義上的超越宗門局限的研究是近年來末木文美士（一九四九—）、西村玲（一九七二—二〇一六）等學者的相關研究成果，尤其是末木文美士教授在論著中不斷呼籲重新審視江戶佛教的歷史定位。筆者有幸在末木恩師的鼓勵與指導之下關注江戶佛教而發表過數篇小論，[4]碩博士論文皆以鳳潭為研究對象。

臺灣著名佛教研究專家林鎮國教授亦指出，十八、十九世紀的江戶註疏上承唐疏以降的學統，下啟明治以後的現代佛教研究。從中國近現代佛教學術的發展來看，一般多注意到楊文會（一八三七—一九一一）和南條文雄（一八四九—一九二七）交流所造成的影響，卻未能上溯到江戶時期佛教學術的內在線索。[5]進而聚焦到日本的天台學問僧的知識系統，經過江戶經院佛學制度（檀林或談林）的訓練和打磨下日益臻於成熟，對東亞近現代佛教的影響及在東亞佛教學術史上的價值，都值得被正視與重視。[6]

關於鳳潭僧濬（一六五九—一七三八），[7]他是江戶中期的名僧與學問家。國人自然對其不是很熟，但在日本的江戶後期乃至大正、昭和年代，卻是連小孩都知曉的親子教育故事中的典型人物之一。從鳳潭圓寂後的江戶，經大正到昭和，關於他過目不忘、善於詩文、約儒學者伊藤仁齋（一六二七—一七〇五）、荻生徂徠（一六六六—一七二八）辯論等等事蹟口耳相傳，儼然成了膾炙人口的傳奇故事，尤其是他上比叡山學習的「伏見人形」奇聞與南條文雄母親的育子軼事結合後流傳愈廣，從幼兒、少年雜誌到中學國文讀本參考書中皆有出場。[8]與鳳潭同時期的儒學家雨森芳洲（一六六八—一七五五）、佛教學者南條文雄、書誌學家神田喜一郎（一八九七—一九八四）等撰寫的散文中也多有提及鳳潭的逸聞傳說。鳳潭年少投身黃檗宗，是第一個透過文獻比對發現並大力宣揚法藏與澄觀宗密學說之間差異性的學問僧。除了當時引發佛教內的軒然大波，也較早引起了後世及近代日本學者的注意，例如江戶的德門普寂（一七〇七—一七八一）、富永仲基（一七一五—一七四六）、近代的鈴木宗忠（一八八一—一九六三）、高峰了州（一八九八—一九七七）、結城令聞（一九〇二—一九九二）、湯次了榮（一八七二—一九四三）、辻善之助（一八七七—一九五五）等皆有評說。

華語界最為人熟知也較早紹介的是呂澂（一八九六—一九八九）先生在《中國佛學源流略講》中論述華嚴宗時兩次提及鳳潭及弟子覺洲之說，即關於賢首和清涼、圭峰間的見解差異、杜順初祖否定論等，[9]還引介了鳳潭的《因明論疏瑞源記》。[10]他的書有坊間的刊印本以及在自己住持的華嚴寺中所設印坊出版，存世的江戶刊本也不少。[11]代表作有《五教章匡真鈔》、《圓覺經集註日本訣》、《起信論幻虎錄》、《起信論幻虎錄解謗》、《十不二門指要鈔詳解選翼》等，部分收錄於《大正藏》、《卍字續藏經》、《日本大藏經》等。[12]

鳳潭生於攝津浪華（現大阪鐵眼寺附近），據其弟子覺洲在《大日本華嚴春秋》後附之鳳潭傳記，鳳潭一家都是黃檗鐵眼道光（一六三〇—一六八二）的忠實信徒，鳳潭年輕時就在其門下做侍者，耳濡目染黃檗禪法、《大藏經》的刻印校訂、近水樓台得以閱藏[13]，以及鐵眼悲心大願參與社會救濟的影響。二十歲時曾去長崎學習外典，試圖去印度留學而未果。鐵眼過世後即遵師囑不嗣法而離開黃檗，歷經八年遊學蒐集古籍，三十五歲在京都泉涌寺雲龍院受戒，三十七歲在比叡山安樂律院聽講靈空光謙[14]（一六五二—一七三九）之天台學說，深得其心。三十八歲開始出版蒐集到的古籍，四十一歲開始著書立說，後來透過文獻比對發現法藏與澄觀宗密之說的差異，發展出帶有鮮明個性的一家之說——極力主張以天台的山家教學、華嚴的法藏教學為正統，與曹洞、臨濟等各禪門、真言宗、淨土真宗等各宗僧侶大開筆戰，極大地刺激了各宗的傳統宗學，客觀上推進了各宗派之間的思想交流與江戶佛教學問的發展。例如，江戶中期曹洞宗之「嗣法論爭」長達八十七年，以宗統復古運動代表人物獨菴玄光（一六三〇—一六九八）著《獨菴俗談》的元祿三年（一六九〇）為起點、以心應空印著《迸驢乳》的安永五年（一七七六）為終焉，而鳳潭思想及著作的活躍期恰逢其嗣法論爭最白熱化或最有代表性人物即卍山道白（一六三六—一七一四）和天桂傳尊（一六四八—一七三六）出現之時，因此他對天桂等禪僧著作尤其關注[15]。天桂對弟子講解《碧巖錄》的講稿《報恩篇》寫本剛出不久，鳳潭迅速到手閱讀並著《鐵壁雲片》進行評註，不乏對天桂的不了義處做批判。天桂也未敢輕忽，與鳳潭酬和作答，並在《報恩篇》刊本中對鳳潭某些指摘之處做了修正。此外，鳳潭與禪僧臨濟妙心寺派清見寺陽春主諾（？—一七三六）等關於洞山五位問題也有論爭。

鳳潭對於當時真言宗僧仍對顯密二教之教判——真言密教勝而天台顯教劣之詞頗不

以為然，常在著作中論戰，例如本稿《十不二門指要鈔詳解選翼》中即有論義（下舉例論之），與真言宗寶林山學派淨嚴律師弟子慧光[16]（一六六六—一七三四）及法孫實詮（一六六三—一七四〇）之間長年論戰、[17]與真言宗律學僧人通玄直心（一六五六—一七三一）關於梵網律的論爭、與天台宗的光謙、守一、性慶；與淨土宗的義海和顯惠；與淨土真宗的日溪法霖、知空、慧海、性均（一六八一—一七五七）；日蓮宗的日達（一六七四—一七四七）、日諦等等都打過筆戰。其中，法霖是淨土真宗本山學林的能化（即學頭）、日達也曾任日蓮宗檀林的能化。可見當時江戶檀林各派間的學問論義有多活躍，與辻善之助等傳統史觀下死氣沉沉的江戶佛教形象有所齟齬。

最為可貴的是，他與同時代的忍澂（一六四五—一七一一）[18]等僧人是近代文獻學研究方法萌芽期的先行者。鳳潭在著述中非常注意日本、中國等各國所傳古層、新層文獻間的對比研究，從而來判斷教義之發展，為自己的學術見解尋得有力的文獻依據。他終身講學與筆耕不輟，直到八十歲示寂前兩年才停筆，共撰寫六十多部二百多卷著作，可謂著作等身、蔚為壯觀。

其中，他的《十不二門指要鈔詳解選翼》（以下略稱為《選翼》）代表著中國宋代天台教觀的山家、山外論爭在江戶佛教思想背景下的有意義延伸與拓展。他與靈空光謙，一個在天台宗門內、一個在宗門外，互相呼應，透過奮力宣揚宋代天台山家派四明知禮的學說，在由明到清政權更迭的新時空背景下掀起日本在地學問僧重新認識中國的一場思想浪潮，極具研究價值。

二、《十不二門指要鈔詳解選翼》之構成及其周邊

日本江戶到明治前期有關《十不二門指要鈔》的講解、註疏本，粗略統計現存於世的多達五十幾種，[19]從可考的正保二年（一六四五）直到明治四十四年（一九一一）的二百六十多年間陸續出了刊本及寫本，也未出現較大的時間斷層，可知《指要鈔》的講學之盛，綿延不輟，方便起見暫且稱之為講解註疏群。除了受到安樂律院和其他台宗僧侶的重視之外，日蓮宗談林內的僧侶也頗勤於講學《十不二門》與《指要鈔》，與當時日蓮宗也熱衷於建設談林來鼓勵學問的背景頗為呼應，例如慶長九年（一六〇四）在身延山開設西谷談林的日遠（一五七二—一六四二）[20]以及日存、日觀等講學《十不二門》、《指要鈔》的時間都早於鳳潭，但沒有相隔太久。

回到鳳潭與靈空的場景，根據鳳潭的傳記，鳳潭三十七歲，剛剛結束八年在關西各大寺院輾轉蒐集、抄寫古書的遊歷，回到京都潛心讀寫所收古書，之後又發生了兩件人生大事——在京都泉涌寺的雲龍院受戒、首次在京都的東方廣閣林初試啼聲開始講學，一年後遇到在比叡山飯堂講學《法華文句》的靈空，此時鳳潭已三十七歲（他只比靈空小七歲），從此醉心於天台山家性惡性具之說，有關他在靈空座下求知若渴的土偶逸話流傳至今。次年鳳潭開始出版事業，受靈空之囑第一次就刊行了他在遊學期間搜集到的法雲《法華義記》。而從鳳潭所著多種著述內容可知，鳳潭對山家教判、詮釋方法的利用與重視程度幾乎要追及華嚴教學了，這在宗門思想頗為濃厚的江戶中期幾乎就是逆行之異類，可見

其確實受靈空影響至深。[21]

眾所周知，靈空光謙為江戶安樂律院派實際創立者，宣揚知禮山家派學說著力頗多，一時風靡、影響一代學人。關於《指要鈔》相關講錄述作，尤其是涉及兩派思想論爭的重要著作，光謙勢必重視，且反覆向弟子講解。到小野玄妙時的統計為止現存共六種（見文後附錄），如《十不二門指要鈔詳解辨訛》（一卷，一七一三年寫本），是現存中最早的，比鳳潭的《選翼》還早了七年。此外還有《十不二門指要鈔詳解幻幻錄》（一卷，一七二七年寫本）；《指要鈔詳解諺詮》（上中下三卷，一七二八年柏屋勘右衛門刊本）、《十不二門指要鈔詳解評》（一卷，寫本，年代不詳）等。換言之，在鳳潭《選翼》出版之前與之後，靈空都有關於《十不二門指要鈔詳解》（以下略為《詳解》）的講學，講稿則有弟子記錄或付梓出版刊本，可見靈空相當重視無極可度[22]《詳解》。比對光謙與鳳潭的《詳解》註疏可更深入釐清光謙對鳳潭天台思想上的影響，以及鳳潭對光謙天台詮釋之發揚與拋棄，因本稿範圍之所限，這個課題另文待敘。

現存的鳳潭《選翼》皆為刊本，東大、京大、東北大以及大谷、龍谷、高野山等大學皆有館藏。共有三種版本如下，初版至再版跨度達五十六年：享保五年（一七二〇）華嚴寺刊本；享保十二年（一七二七）版次之；安永五年（一七七六）版最晚出。本書之點校底本採東京大學圖書館所藏享保五年（一七二〇）華嚴寺本。此版沿用可度《詳解》之體例，而分卷上卷下、上下又各分本末，實際為四卷四冊——上卷之本、上卷之末、下卷之本、下卷之末（方便起見，以下各各對應略稱卷一、卷二、卷三、卷四）。該版的書誌部分列表如下並做簡單介紹（○表示有、×表示無）。

卷	序	跋	牌記	藏書票	藏書印
卷一（上卷之本）	○宋・慈雲（《十不二門指要鈔》之序）	×	○卷末（見附圖）	○書衣	○卷首六枚 ○卷末二枚
卷二（上卷之末）	×	×	×	○書衣及背頁	○卷首七枚 ×卷末
卷三（下卷之本）	×	×	×	○書衣及背頁	○卷首七枚 ×卷末
卷四（下卷之末）	×	○明　廣鎬（合刻《十不二門指要鈔詳解》之跋文）	○卷末（見附圖）	○書衣及背頁	○卷首七枚 ×卷末

每卷各有藏書票「門外不出在心堂藏」、「西山藏書」及六至八枚藏書印（見附圖），揭示此書之輾轉經過。

首先，行草體的「門外不出在心堂」之印，據市島春城（名謙吉，一八六〇—一九四四）編輯的《藏書印譜》，[23]此為江戸時期淨土宗學之教學大本營、大檀林增上寺的藏書印之一。由此可知，原本藏於增上寺書庫內禁止外帶，後來因故輾轉到東京、大阪等書肆，最後由藏書家西山五郎[24]收入書齋再捐贈給東大圖書館。

西山五郎（一八六四—一九四〇），一八六四年四月生於江戸城內的四谷一漢方醫

西山五郎（1864-1940），醫師、藏書家。

家中，原名加藤吉忠，畢業於東京帝國大學醫學部，後在靜岡縣開設醫院當執業醫師。因母親的因緣，西山與幕末明治初的政治家、劍道家、書法家、禪師山岡鐵舟[25]有深厚淵源，少年時期親近佛教喜入寺院，在東大醫學部求學時就寄宿在鐵舟開山的禪寺全生庵內。畢業後經鐵舟介紹結識靜岡縣令（即現在的知事），而在其轄區下的伊豆稻取地方（現靜岡縣賀茂郡東伊豆町內）行醫後開設醫院，利益一方鄉里，已然成為該地的名人鄉賢之一。除此以外，他也是藏書家，因為他對佛教的終身興趣與感情，在當醫生的同時，從東京、大阪各書肆購得諸多佛書之善本，成為嗜讀者與藏書家。

大正十二年（一九二三）九月一日發生了「關東大地震」之慘事而導致東京帝大內大量圖書被毀。為圖書館之復興，許多有識之士慷慨解囊捐贈圖書，西山也是其中之一。三個月後，十二月九日他將包含此書在內的三二四二冊佛教書籍全部捐給東大，名為西山五郎本。[26]

《選翼》的牌記（日本一般稱「刊記」）部分共有二則。上卷之本（卷一）卷末的一則刊記：

> 聽講之徒某等施若干錢刻此／

十不二門指要鈔詳解選翼上之本一卷　伏願以此功德／
六根雪淨三障冰清生生啟悟妙心世世弘開圓頓／
雜華小弟沙門　　覺洲　募刻／
享保元歲旅丙申仲穐月吉旦　松塢華嚴寺法庫藏版

下卷之末（卷四）卷末的一則刊記：

享保歲旅庚子夏日啟運嘉會時　壽梓／
佛日圓曄　法海融深　僧寶雄昌／
贍部洲東日本國京兆　華嚴寺　藏版

從以上二則刊記（牌記）可知此為鳳潭的《十不二門指要鈔詳解》講學錄，享保元年（一七一六）由鳳潭弟子覺洲募集資金所刻，到享保五年（一七二〇）才完工，推測鳳潭是在這四年中陸陸續續給弟子們講義的記錄。為何覺洲要發心刻此講義呢？

寶永六年（一七〇九）鳳潭五十一歲時終於在京都擁有了自己的寺院，名為安照寺，宗臨濟禪為其祖，顯然這是為了紀念其師父——臨濟下黃檗禪的鐵眼禪師。到了一七一五年四月覺洲在鳳潭寺院出家，同年鳳潭把安照寺改名為華嚴寺。恰好鳳潭開始講解《選翼》，從以上這些跡象可暫時推測覺洲為了紀念更改寺名及自己剃度之事，而發心去募款印刻此講義。

每卷白色提簽上也有「華嚴藏版」字樣，是指鳳潭擁有自己的寺院之後效仿其師鐵眼禪師刻《大藏經》的作法，華嚴寺內建印書坊即出版中心自己刻書。

關於《選翼》的構成，簡而言之，是一個四層複式註疏形式的合刻本。智顗的《妙法蓮華經》註疏詮釋之作即《法華玄義》（鳳潭簡稱其《妙玄》），其中建構了「本門十妙」與「迹門十妙」的論述體系。中唐天台大家荊溪湛然在《法華玄義釋籤》一作中對智顗的迹門十妙做了詳細展開和論述，以十個「不二」來概括迹門十妙的主旨。[27]湛然弟子感其精妙，將其單獨摘出後單獨流通，就是〈十不二門〉，是《選翼》最內核的部分。湛然認為《法華玄義》整體上側重於論述「教」，而迹門十妙則闡述了「觀」法的本質核心，即一念具三千。而圍繞這「一念」究竟是理是事，是真心還是妄心，是理具三千還是事具三千，引發了宋代山家、山外兩派對此的長久論戰，留下諸多對〈十不二門〉之註疏諸論著。以四明知禮（九六〇—一〇二八）為代表的山家派強調一念為事為妄心，而山外派則強調為理為真心。

因此第二層結構是北宋山家派代表人物四明知禮對湛然之〈十不二門〉做註釋，名為《十不二門指要鈔》，成為山家思想的代表著作之一。

第三層則是由十三世紀南宋武林（今杭州）僧人無極可度對知禮前著的註釋《十不二門指要鈔詳解》（二卷），最外第四層就是本論主角鳳潭的《十不二門指要鈔詳解選翼》。

《選翼》缺少鳳潭自己的序文，開首只有北宋慈雲為知禮《十不二門指要鈔》所作的序，這也從側面證明了此乃學生所蒐集的鳳潭講義。若是鳳潭自身所著，他一般都會自己作序表明著書目的。

關於《選翼》的著述背景，從鳳潭的思想發展和一六九五到一七三六的四十一年著述史來看，《選翼》最初刊行（一七二〇年）時鳳潭六十二歲，正位於其思想成熟的中後期，也是他最為高產的階段。鳳潭精力充沛，從元祿十二年（一六九九）四十一歲開始，以每年一至二部的速度撰寫註疏或向學生開課講義，有時甚至一年刊行三部。

鳳潭為弟子講義（享保元年—五年，一七一六—一七二〇）《詳解》的前後，正好是他與真言宗寶林山學派淨嚴弟子慧光和法孫實詮之間長年的筆戰，導火線是一七〇七年刊的鳳潭代表作《匡真鈔》第六卷關於空海十住心的教判。[28]而這五年期間，鳳潭一邊講解《詳解》的同時，筆耕非常忙碌，享保元年（一七一六）撰寫《圓門境觀還源策》、《金剛錍論》，次年撰《首楞嚴經千百年眼髓》、《唯識三類境選要》、三年（一七一八）撰寫、翌年五月出版刊行本《鐵壁雲片》，批評曹洞宗僧侶天桂傳尊《碧巖錄》的講學註解本《報恩篇》。[29]是年鳳潭刊行《觀音纂玄記》與《遍界紅爐雪》，後者引發真言宗實詮撰《一唾編》駁斥。[30]在這樣激烈的論戰中，鳳潭的《選翼》又表達了他的哪些主張呢？以下略舉一例說明之。

三、《選翼》之核心思想

如上所述，此作是覺洲等學徒匯集鳳潭對可度《詳解》的講義記錄，此講義或從一七一六年已開講。

先引一例，分析知禮、可度、鳳潭對十門皆妙的闡釋中各自不同的側重點，也便於大家了解此註疏的基本構成和體例。

以下以【十不二門】代表湛然之〈十不二門〉、【指要】代表知禮之《十不二門指要鈔》、【詳解】代表可度之《十不二門指要鈔詳解》、【選翼】代表鳳潭的《十不二門指要鈔詳解選翼》等各文本。【析】代表筆者之解析。

小節標題：二、「故不」下，正明今述意二。初、為成妙解。

【十不二門】故不可不了十妙大綱（文）。

【詳解】「不可不了」，即誡勸之辭。玄文十妙科目繁夥，猶如網目。舉其大綱則網目可尋。大綱即三千也。若欲立行造修，先須解了三千三諦之法體。此之法體是如來當時一番修證自他因果之法，今欲修證此從因至果之法，先須解了，依此妙解方可立行。

【選翼】故字，《說文》云：「使為之也。」《爾雅》曰：「故，今也。」郭璞注曰：「故，亦為今。今，亦為故。此義相反而兼通者。」邢昺疏云：「因此，起下之語。」又云：「語更端辭也。」（文）今可准知。

【析】可度對湛然句中「不可不了」四字做了展開，指出智顗《法華玄義》的十妙內容繁多，但其總綱是「三千」。如欲修行，則定要明白此總綱目，即下文知禮所論的「三千俱空假中」。

鳳潭對可度這段詮釋沒有提出異議，意類讚同，因此未在教義上進一步延展，僅補充對「故」字的訓詁——引用《說文》、《爾雅》及郭璞注、邢昺疏中「肆」的註釋內容並稍做改動，借來對「故」字做考據。

【指要】欲知此十皆妙，須了開顯大綱，即三千世間俱空假中，是今經之大體、能開之絕妙。境即此故事理俱融，智發此故無緣，行起此故無作，位歷此故相攝，三法究盡此故果滿，生具此故一念能感，佛得此故無謀而應，神通用此故化化無窮，說法據此故施開自在，眷屬全此故天性相關，利益稱此故無一不成佛。今此十門正示於此，若能知者名發妙解。

【析】知禮在此直接點明《法華經》的大綱、核心就是「三千世間俱空假中」，並以對仗工整的因果句式對智顗的境、智、行，乃至利益等迹門十妙做簡要說明。由此可知，知禮以天台空假中三諦相即不二、事理相攝相融等視角來闡述智顗跡門十妙之妙處為何，簡明扼要、文采斐然。

【詳解】釋「為成妙解」。初總明三千妙解。「境即」下別明十妙所依，「今此」下結。顯十門所示，「三千世間俱空假中」者，世是隔別，十種五陰、十種假名、十種依報，隔別不同，故名世。間是間差，三千種世間差別，不相謬亂，故名為間。以三千法皆因緣生，是故一一即空假中。「今經大體」者，法華三周開顯，並以三千為體。《輔行》云：「十妙是今經權實正體，亦大車體，亦實所體。」（文）「能開」等者，妙樂云：「若不先了能開之妙，將何以為所開之麤。」（文）「境即」等者，「此」字即指三千大綱。七科諦境不出三千，理本圓融，事寧隔異？理即性具，事即變造，具變不二故曰「俱融」。色心門從境妙立，故荊溪名事理不二門也。「智發」等者，以智緣境，智為能緣，境為所緣；以境發智，境為能發，智為所發。三千妙智既全境而發，境智一如，緣即無緣。「行起」等者，進趣名行，即修治造作。全性德三千、起修德妙行，以性奪修，修德無功，故稱無作。「位歷」等者，位位皆具三千，故一一位具攝諸位功德。初「阿」字門具四十二字，後「荼」亦爾，故云「相攝」。「三法」等者，妙乘三軌，真性遍周，觀照圓導，資成助發，唯佛究盡，故稱「果滿」。「生具」等者，生雖在迷，理體本具。眾生由理具三千故能感。「佛得」等者，諸佛由三千果滿故能應。所謂任運真化，不須謀作，如月不下降、水不上升，水月一際，感應道交。「神通」等者，「神」名天心，「通」名慧性，與六法相應，用此三千，任運化物，化復作化，化化無窮。「說法」等者，五時說法。憑據此三千，「施」則稱性被機分隔而說，「開」則稱理示妙無不圓融。「眷屬」等者，前機受道，即成眷屬。既全三千，故得父子天性自然相關。「利益」等者，十種利益稱三千故，七方便人來至今經，咸成佛道，如三艸二木皆一地所生、一雨所潤也。「今此十門，正示」此十妙大綱，以十法皆即三千三諦，故皆稱妙。能知此者名發妙解，為此義故，十門所由作也。「若能知者，名發妙解」是發明荊溪開發妙解故，述此十門不離一念，令修觀者易入。序云「荊溪妙解」，蓋謂此也。

【析】可度先點出知禮之註為總（總明）—分（別明）—總（結論）結構。再列引智顗《法華玄義》「世間」之釋，點出「三千法一一即空假中」。爾後，對上文知禮的迹門十妙做更為詳細的因果關係論述，解釋「無作」時指出「全性德三千、起修德妙行。」又選知禮尤為重視的性具特徵「生具此故一念能感」一文，以「水月一際、感應道交」來比喻生佛關係——眾生理具三千因而能感、諸佛三千果滿因而能應。最後以十法「即」三千、十門「即」一念做收尾，點出湛然著重於觀法。

可知，可度側重於從知禮的山家特色教學思想來闡釋，因性具三千、性具與變造相即不二，因而事理相融無礙，以眾生理具三千而與心、佛平等，從而可全性起修。

以下是鳳潭的長篇註解評論，分段逐次說明：

【選翼】「三千世間俱空假中」者，《隨釋》（處元）云：「須應知達三千者即妙三觀。實而言之，三千已是空假中。今文寄分別說，且以三千為妙假耳。餘文有云三千世間即空假中者，法智云乃是般勤叮嚀之辭。恐人不識即空假中，即示云三千世間即空假中。」（文）

「世是隔別、間是間差」者，台家一往釋也。梵云「路計」，此云「世間」。具如《般若》說「世界」、「出、由世間」等。相宗作八轉聲釋，非止隔別、間差義，審者可計。十種五陰等者如《止觀》一。有「三千種世間」者，「千」字正應作「十」，如別行《玄》二。

【析】以上兩段引處元《隨釋》和「世間」之天台傳統釋義。後出校訂，引另一版本的《玄義》二卷，指出可度《詳解》中「千」字應作「十」。

【選翼】「三千法皆因緣生」者，有云《中論》偈文三諦總句，而四明往往所謂「因緣生法」、「無自性」等。有真言乘貶斥台宗為「劣於密奧旨」，今私會云：彼若纔聞一家性具之說，方知諸因緣生法皆是法界，不與別人已去同致？言有似偏意則實圓，豈與夫六大無礙同瑜伽意，有何殊耶？予此會說未曾經師授，則不揣當否，遂會通耳。後學恕之。

議云：猗歟惜哉！台宗諸侶固由未諳知真言立義，叵有邪說多所違失已家秘奧，其來已久，卻欲和會，全同乎彼者，真可謂之懷寶迷國之儔也歟。蓋夫真言者流嘗陵蔑

> 云：天台但知緣起無性，齊住第一實際，認為法華極理。猶如昏醉，自忘其醉，都酩酊者，偏執法性真如，作諸法基而已。

【析】鳳潭在這裡的詮釋發揮饒有趣味。如前所述此文為講筵筆記，鳳潭雖沒有給此書寫序，但事實上自一七一一至一七一九年間，鳳潭與真言宗寶林學派淨嚴的弟子慧光、及慧光的弟子實詮等之間的文獻及教理論爭還在如火如荼開展之中。因此他在講學天台教學內容時也會不自覺地會提及與實詮之間的論爭，闡述他對真言密義的理解。

爾後開始提到真言宗僧（應指慧光及實詮等）貶低台宗，認為天台宗執於第一義空之實相，以此做為萬法之根本。鳳潭也批評某些天台僧人不知真言祖師的真實立意而胡亂和會之，反而離真相愈來愈遠。

【選翼】今真言教固由如實能知六大體性，以此立為能生本源。元為此體作法所依故，有即身成佛義能成立，何以故？謂眾生六大能究竟，則無非佛體六大，謂之生佛無差。蓋密宗意指自他身本覺，為佛為生為心是三無差意故，即是六大體性平等一味，凡諸眾生肉身所具六大種子，真俗無二，名為佛體。若自他身客塵業惑，各互殊隔，皆非無差，故《相承決》云：「能生體大，生佛平等，而其所生四曼相大，三密用大，迷悟各異，不無差殊。應知本地無礙六大，與諸緣生事法，永不相應。」以是推之，彼指六大，必為能生。以相用法，局為所生。體及相用，俱不相融，終不能成

「諸法趣心趣色，一為無量，無量能一」。棄諸妄外，別建立本。殊不能達「生滅去來，皆如來藏。煩惱染惡，體全性德。總在一念，事之陰心。體俱三千即空假中。生死滅變皆是常住。標幟之相從本自爾非今始。」

然則知彼縱令言有似圓而意皆偏。余竊核，夫無畏、不空所明奥旨，大不同其。則驗由稟其授示者之封執，致錯謬誤矣。苟理然，則今台家圓宗，豈可甘濫同於彼得其宜哉？嗟乎！此邦台侶自曩皆該顯密而不識密義，其學密徒始未曾與聞開顯圓意，圓密同途而異其轍，各保一邊矢石不入。所以爾者，凡真言乘，秘要入門有漸、頓、超入者。

漸，則初法明道，獲除障三昧，逗入初地。此借別名，實是圓位。觀行相似，登住。真言行者，先就著處，但觀一念識等，全與《止觀》從行觀同。法界心蓮，以略顯廣故。頓，則入曼陀羅，頓覺速證。與《妙玄》等「即聞即證」、《華嚴》「不住學地」侔而不殊。超，則如《金光明》「超登十地」，《法華》龍女、身子「一念增損」，《華嚴》「六位圓滿」，「地獄天子三重成佛」，「善財三生一念居等」，《大妙經》說「不轉肉身證無漏果」，豈異軫耶？然保密璧者，旨逞高貢，偏誇嚴乎頓超法門，抑挫玉泉從行觀道，而反昧沒己宗真言行菩薩漸修秘要觀門者，豈非甚迂乎哉？思之思之。

《詳解》「今經大體者」至「亦寶所體」者，十妙三千，三諦異稱。為今《法華》開顯大車寶所大體，正如《妙玄》、《止觀》。若約妙密真言作釋者，如《大日經》說娑字門，諦不可得故，《無畏疏》曰：「梵云薩跢也，此翻為諦。諦謂如諸法真相而知不倒不謬」乃至「有無量相及一實諦（字相），……然本不生乃至無相無見無斷無證無修，如是見斷證修悉是不思議法界，亦空亦假亦中、不實不妄無定相可示，故云諦不可得」，妙，寶蓮花是也。梵語娑字具阿形音，娑一阿三，謂有空中，所謂三千即空假中、三諦大體等。「一大車」即是一心三諦也。胎藏大日寶所三昧，顯現于世，一切諸乘莫靡皆寶，破有法王，出現世間，唯以一大事因緣故，平等說法，充足普潤。所謂如是相，即相三諦。如是內緣本末，皆復三諦是也。阿、阿、暗、惡，開示悟入，《妙句》云「秖開即具示悟入」。梵毘婆舍那，此翻云「觀」。毘婆，能遍知義。若那，云「智」，佛之知見。闍那、若那並具阿音，即空假中一心三觀。白牛肥壯、全性起修、智行無作，諦、觀名殊而體莫別。全此顯略，即是深秘，皆不思議也。

《詳解》「七科諦境」至「名事理不二門也」者，有云：「解七科諦境中事理，直云性具變造者，且似相違而從成妙邊釋義之故，非誤耳。而名事理不二門者，不爾。《荊溪》本申修證不二，今云色心門，故非是也。《詳解》以性奪修、修德無功，故稱無作者，又云此亦不穩。何者？上句出《別行記》，謂修即性就體死句，下句出《光明》句，修德功寂，是就義理活底之句。凡約奪修，修德亡泯，奪體成無，但云無功，亡體家用，其體未奪故，取二處別文，合為一義。死活不稱，故非是也。」

今謂：《解》意本雖別文，隨義轉用，此中為成修德無作妙行，雖云奪修，非亡泯體，且推修德體上功用，即性無作，故云奪修無功。其實體不泯絕，不奪而奪，故稱無作。何妨之有？不可必非也。「一一位具攝」等者，《華嚴·淨眼品》文云：「住於一地，普攝一切諸地功德。」賢首《旨歸》云：「即一位中，具一切位」。《孔目》、《探玄》云：「隨得一位，得一切位。一乘主伴相入，相即圓融故。」等（文），今亦可以助成。「初阿字門」等者，如《大品》等「阿字門，一切法初不生故……茶字門入諸法邊竟處故。」《大日經無畏疏》云：「謂以一字釋一切字義」等、「一字門中具無量義」、「一一字門皆言不可得者，為明中道義故。」（文）「妙乘三軌」等者，如《妙玄》五。「眾生由理具三千」等者，如《妙玄》四。「如月不下降」等者，《妙玄》六云：「如一月不降，百水不升而隨河長短，一時普現，此是不思議妙應也。」「神名天心」等者，如《妙玄》四。「化復作化」等者，如《妙玄》四。「十種利益」等者，如《玄義》六。「以十法皆即三千」下二解。初解《鈔》通結釋本文「不可不了」、「為成妙解」之述意也。次「若能知者」下，別解四明發明文外親指「《荊溪》為開妙解」十門述意。如序「十門出《釋籤》」、「荊溪妙解翻隱於時」，亦《指要》所由起也。[31]

【析】這段論證環環相扣、精彩紛呈。鳳潭點評某些真言僧之論已背離不空、無畏、空海等祖師之言。

先引空海的「六大」之說，認為真言教義從六大的現象界可直截迅速轉換至本體、「即身成佛」固然殊勝，而這恰恰說明了心、佛、眾生三者究竟平等的理論依據就是法體相同，也就是真言宗的六大體性平等之意，因此可以和天台之相即論會通。提醒真言宗人不可「棄諸妄外，別建立本」，即不可在妄之外另立一「本」，這和鳳潭在其他著作中時常所批評的山外派之別立真心，與澄觀、宗密之如來藏思想無異。

再引天台、華嚴之經論，從「漸、頓、超」角度論述天台、華嚴與真言的相通之處以支持前論。

最後再著重引大段江戶真言宗門重視之論書——無畏述、一行記《大日經疏》來闡述真言祖師所謂「一字釋一切字，一字具無量義，一即中道義」與《華嚴經》淨眼品、賢首各論之「一即一切、一具一切、一切即一，一切具一」之說相通，提醒真言宗僧不可違背。

鳳潭以層層遞進的論述方式，不時引經據典對真言宗慧光一派之顯密二教見解展開批評之後，常用「私會」、「不揣當否，遂會通耳」等語展開自己的論述。由此可知，事實上鳳潭批評的目的不為決裂或為顯密做教判高下，最終目的是顯密會通。選取天台、密乘各宗教理思想發展歷程中，鳳潭認為最能展現圓教教義的部分而融會貫通之，昭告各宗天台圓教與密宗之意同途，不應互相貶斥、強論高低。

原隆政認為鳳潭繼承了東亞佛教的會通之教判思想。[32]事實上，此處與鳳潭在《匡真鈔》、《幻虎錄》、《鐵壁雲片》等各著作內所主張的大同小異。有更深層的目的，也就是他要在華嚴教學中剔除澄觀、宗密的「知」的真心觀、天台教學中剔除山外派的如來藏思想與終教之說，試圖會通宋代天台性惡與華嚴事事無礙等思想內容，從而建立華嚴、天台融通的圓教一乘至上的教判理論。[33]

四、結論

透過對《選翼》的分析可知，鳳潭試圖跨越宗門界限，從批判性佛教思想立場評述山家、山外論爭，確立知禮教學的正統性。另一點是企圖對抗日本由來已久的宗學師資傳承的歷史現實，從圓教角度切入，採華嚴法藏教學與天台知禮教學為正說並加以融通華嚴、天台二教，摒除他認為不究竟的華嚴內澄觀、宗密以及天台內山外之說，確立自己的華天圓教一致的新思想體系，頗具理想主義色彩。從鳳潭其他著作的橫向關聯比較中也可發現上述共通性。

究其原因，首先是和東亞整體的大環境有關。中國從明到清的政權更迭，使得東亞的文人和知識分子有了「華夷之變」後關於日本思想之定位的思考，例如藍弘岳所言「中國政權的夷狄化可謂是十七世紀以後，東亞儒學中復古思潮的共通背景」，[34]或許這也同樣適用於佛學。江戶中期的佛教一面是對本地歷史脈絡上中世佛教潮流的反抗，另一面清朝不再是日本可借鑒之樣本的觀念推動了江戶佛教曹洞、天台、華嚴的徒孫紛紛向東亞之古風回溯探尋的風氣。

此外，從晚明吹入的黃檗新風、從安樂律院反中世、復興古學（宋代天台教學）的成功或許都鼓舞了他大膽嘗試變革。

此外支持他形成這種特性的另一原因，是其綿密的文獻考證工夫與豐富的東亞佛教文獻在日本得以匯流與激蕩所致。從唐宋所傳的、豐富的古代各層佛教文獻脈絡，與從明代輸入的以《嘉興藏》為代表的新層中國佛教思想的不同，使他敏銳地意識到了文獻文本的問題。

因此，鳳潭的佛教思想既有超越宗派立場、前瞻性的近現代批判性佛教研究的元素，又帶有中國近世佛教融通性格影響的時代特性。這種二合一特性是研究江戶中期之後佛教思想匯流變革的好例子。

附錄：江戶—明治期《十不二門指要鈔》註疏、會本一覽表

（筆者略統計，按年代及人物順序）

序號	作者	書名	卷數	版本
一	寂靜集	《指要抄釋疑》	一	正保二年（一六四五）刊本
二	等譽注	《十不二門指要鈔》	二	正保三年（一六四六）刊本
三	佚名	《指要抄見聞》	三	慶安五年（一六五二）刊本
四	佚名	《指要抄見聞記》	三	慶安五年（一六五二）刊本

五	日存述	《指要鈔科解》	三	寬文九年（一六六九）刊本
六	良運述	《指要鈔竹隱草書》	五	寬文十一年（一六七一）刊本
七	主海撰	《指要鈔略解》	十／二十	延寶年間（一六七三—一六八〇）撰，貞享元年（一六八四）刊本
八	堯延編	《指要鈔詳解私記》	一	元祿一一年（一六九八）寫本
九	日觀述	《十不二門指要鈔集考》	三	寶永七年（一七一〇）刊本
十	可度解	《指要鈔詳解會本》	五	正德二年（一七一二）刊本
十一	慈觀撰	《指要鈔詳解考》	四	正德六年（一七一六）寫本
十二	鳳潭述	《十不二門指要鈔詳解選翼》	二	享保五年（一七二〇）刊本、享保十二年（一七二七）刊本、安永五年（一七七六）刊本
十三	佚名	《指要鈔備忘記》	二	享保九年（一七二四）寫本
十四	靈空光謙述	《十不二門指要鈔詳解辨訛》	一	正德三年（一七一三）寫本
十五	靈空光謙述、慈泉記	《指要鈔詳解幻幻錄》	一	享保十二年（一七二七）寫本
十六	靈空光謙述、慈泉記	《指要鈔詳解幻幻錄》	一	享保十三年（一七二八）刊本
十七	靈空光謙述	《指要鈔詳解諺詮》	三	享保十三年（一七二八）刊本
十八	靈空光謙述	《十不二門指要鈔詳解評》	一	江戶寫本
十九	靈空光謙述	《指要鈔聞書》	二	江戶寫本
二十	佚名	《十不二門指要鈔冠考》	二	享保十三年（一七二八）寫本

二十一	重華述	《十不二門指要鈔助解》	一／二	享保十六年（一七三一）寫本
二十二	守篤本純述	《指要鈔雜套》又名《十不二門指要鈔雜纂》	二	寶曆年間（一七五一－一七六三）刊本
二十三	佚名	《指要鈔序注解評林》	一	安永六年（一七七七）寫本
二十四	靈潭述	《十不二門指要鈔見聞雜錄》	一	寬政十年—明治七年（一七九八－一八七四）寫本
二十五	經歷記	《指要鈔玄談》	一	寬政十一年（一七九九）寫本
二十六	經歷記	《指要鈔私解》	一	寬政十二年（一八〇〇）寫本
二十七	義辨述	《十不二門指要鈔講義》	一	文化二年（一八〇五）寫本
二十八	戒順述	《十不二門指要鈔要決》		文化七年（一八一〇）刊本
二十九	周泉記	《十不二門指要鈔鑽仰》	二	文化十三年（一八一六）寫本
三十	一如述	《十不二門指要鈔聞書》	一	文政二年（一八一九）寫本
三十一	秀嶺述	《十不二門指要鈔講義》	二	天保十一年（一八四三）寫本
三十二	癡空慧澄述	《十不二門指要鈔聞書》	一	江戶寫本
三十三	癡空慧澄述	《十不二門指要鈔講義》	?	嘉永二年（一八四九）刊本、明治二十五年（一八九二）刊本，另有寫本
三十四	慧澄口述、普潤錄	《十不二門指要鈔》	二	明治三十六年（一九〇三）刊本
三十五	大寶守脫述	《十不二門指要鈔講述》	二	明治十三年（一八八〇）刊本
三十六	慈室述	《十不二門指要鈔講錄》	二	明治二十五年（一八九二）寫本

三十七	知禮鈔	《指要鈔會本》	二	嘉永六年（一八五三）刊本、明治十九年（一八八六）刊本
三十八	法住述	《十不二門指要鈔聽記》	一	明治寫本
三十九	上田照遍述	《十不二門指要鈔精義》	一	明治二十八年（一八九五）寫本
四十	櫻木谷慈薰	《十不二門指要鈔國字疏》	二	明治三〇年（一八九七）刊本
四十一	上田照遍述	《指要鈔疑義》	一	明治三十四年（一九〇一）寫本
四十二	鳳千述	《十不二門指要鈔試贊》	四	明治三十七年（一九〇四）寫本
四十三	鳳千述	《十不二門指要鈔講義》	三	明治四十四年（一九一一）刊本
四十四	達門記	《十不二門指要鈔詳解折疑錄》	十二	江戸寫本
四十五	慈泉記	《十不二門指要鈔詳解事義》	一	江戸寫本
四十六	佚名	《十不二門指要鈔詳解私考集》	五	江戸寫本
四十七	日統述	《十不二門指要攝塵集》	？	江戸寫本
四十八	佚名	《十不二門指要鈔詳解聞記》	二	江戸寫本
四十九	佚名	《十不二門指要鈔科》	一	江戸寫本
五十	佚名	《指要鈔修性離合述聞》	一	江戸寫本
五十一	佚名	《十不二門指要鈔詳解條箇》	一	江戸刊本
五十二	佚名	《指要秘決》／《指要鈔決》		江戸刊本
五十二	佚名	《指要鈔詳解條目》	一	江戸刊本

註解

1 江戶時代又稱「德川時代」、「德川日本」，是江戶幕府統治之歷史時期，前後將近二百六十年左右。關於起始年有四種不同意見，如以一六〇三年三月二十四日（慶長八年二月十二日）德川家康江戶開幕府之劃分，也有以一六〇〇年德川家康的關原之戰獲勝為始年，或以一五九八年豐臣秀吉去世、一六一五年豐臣一族滅亡為起始年等各種見解。關於終期，有以德川慶喜向明治天皇奏請「大政奉還」的一八六七年十一月九日（慶應三年十月十四日）為終，也有以天皇頒布今後奉行一代天皇一個年號〈一世一元の詔〉的一八六八年十月二十三日（慶應四年／明治元年九月八日）為終期，另有以各種歷史事件為劃分標誌的一八五三年至一八七一年等各說。本稿以日本高中歷史教材參考書，山川出版社之《山川　詳說日本史》（二〇二〇年第八版）為依準，以一六〇三年至一八六七年共二百六十四年為江戶時代。
關於江戶時代內的細分，史學界一般分為三個時期，即前（初）、中、後三期。而所謂江戶時代中期，一般認為從四代將軍家綱即位到八代吉宗約百年跨度（一六五一—一七四四），家綱從前三代將軍的武力治國轉為文治，社會也從初期的動蕩進入政治安定期，尤其以五代將軍綱吉治下的元祿文化為代表，迎來獎勵學問及藝術文化發展的高峰期。本稿的江戶中期即參考此劃分，即江戶時代分為前期（一六〇三—一六五〇）、中期（一六五一—一七四四）、後期（一七四五—一八六七）三期。做為主要研究對象的鳳潭生卒年皆在此範圍內。
以筆者陋見之所及，佛教史及佛教思想史學界並未特別提出異於日本史學者所定的近世歷史劃分，大都以「暗默的了解」之心態直接進入近世佛教（思想）史的主題論述，也甚少對二百餘年的近世佛教做進一步精準的劃分和定義。不過，筆者期待隨著江戶佛教（思想）史的深入研究，未來佛教學界因應本專業領域之特色，或可對江戶做更為細緻的次級分期與定義。

2 此處僅指對本土佛教勢力及周邊的相對影響力而言，即明清天台宗僧侶之講學、著作在明代較之於安樂律院與起對江戶教界與知識界等的影響力來說略為遜色。中國本土當然傳承不輟，如明代中興之師幽溪傳燈（一五五四—一六二八）等，且重要的一點是，明代的天台宗及他宗的人物與著作透過《嘉興藏》及（又）續藏等書籍在日本的傳播，明顯地影響了包括安樂律院在內的江戶學問僧。

3 例如比叡山靈空光謙一系的學問僧大雲亮潤、清求妙乘，秀雲等僧於日本元祿、正德、元文年間校訂或重刻了明末崇禎本《十不二門指要鈔詳解》、南都興福寺本《維摩經疏記》（湛然述）、《觀無量壽經義疏正觀記》（元照述、戒度記）、《金剛錍論義解》（善月述）等諸多唐宋天台宗文獻。關於亮潤，可參考尾上寬仲，〈安樂院に於ける宗典講學〉，《印度學佛教學研究》，第五卷第一號（一九五七年），頁一二四—一二五。

4 參王芳，〈鳳潭の《鐵壁雲片》にみられる禅理解について〉，《印度學佛教學研究》，第五十五卷第二號（二〇〇七年），頁二四五—二四八；〈鳳潭と永覺元賢の曹洞偏正五位理解について〉，《インド哲學佛教學研究》，第十五號（二〇〇八年），頁一三一—一四三；〈鳳潭の生沒年及び出身地に對する一考察〉，《インド哲學佛教學研究》，第十九號（二〇一二年），頁一一九—一二九；王芳，〈《嘉興藏》と江戶佛教〉，《インド哲學佛教學研究》，第二十四號（二〇一六年），頁六三—八〇。

5 參林鎮國，〈論證與釋義：江戶時期基辨與快道《觀所緣緣論》註疏的研究〉，《佛光學報》，新四卷第二期（二〇一八年），頁三八〇。

6 例如關於明代唯識學在江戶的接受史與傳播，可參考政大林鎮國教授和臺大卓越青年學者簡凱廷教授近年的多篇論文及編註成果；林鎮國、簡凱廷，《近世東亞〈觀所緣緣論〉珍稀注釋選輯》（高雄：佛光文化事業，二〇一八年）；陳帥、簡凱廷編，林鎮國監修，《明清〈因明入正理論〉珍稀注釋選輯》（高雄：佛光文化事業，二〇二一年）。

7 學界對鳳潭之生年及出生地有幾種看法，經筆者考證，結論認為生於萬治二年（一六五九）大阪（攝津國難波即浪華）的可能性最大。除其弟子覺洲所撰的鳳潭傳記中明確記載其出生大阪之外，最重要的佐證是鳳潭自己在諸多著作中的「攝津浪華　僧濬鳳潭」等題名。詳見拙論〈鳳潭の生沒年及び出身地に對する一考察〉，《インド哲學佛教學研究》，第十九號，頁一一九—一二九。另一說為越中礪波郡（即現在富山縣小矢部市），如十九世紀富田景周等編的《燕臺風雅》所載；另有高岡市所藏武內七郎所編《鳳潭研究資料》中認為其出生地為富山縣高岡市佐野村。

8 一、豐島元雄、米內穗豐，〈鳳潭のにんぎよう〉，《幼年クラブ》，八月號（一九五〇年），頁一二六—一二七。

二、池田林儀，〈小僧鳳潭〉，《少年俱樂部》，第五卷第七號（一九一八年），頁四一—四五。

三、池田林儀，〈鳳潭〉，收入東京高等師範學校附屬中學校國語漢文研究會編，《新定國文讀本參考書》（東京：目黑書店，一九二八年），卷一，頁三四—三六。

9 如杜順初祖否定說，呂澂提及鈴木宗忠（一八八一—一九六三）參考了鳳潭及其弟子覺洲之說：「那兩家都是日本的華嚴宗學者，他們跟當時的真言宗徒辯論華嚴的宗旨，旁及杜順。因為真言宗的空海用十住心的說法判教，認華嚴為第九極無自性心，並非至高無上。華嚴宗反對此說，以為此判根據清涼的著作，而清涼實際不是賢首的肖子，他對賢首的學說早已有所改變了，因此，清涼、杜順為華嚴祖師之說也連帶被否認了。鈴木據此說華嚴宗創始者是智儼……。」《中國佛學源流略講》（北京：中華書局，一九七九年），頁五二一。

10 呂澂，《因明入正理論講解》（臺北：大千出版，二〇〇三年）提到商務印書館一九二八年排印了此書。卷末附錄《因明本支經論疏記總目》，記載了印度因明的一部分原典和中國、日本學者所撰因明疏記的目錄，有重要參考價值。

11 可惜手稿、寫本等資料卻因火災原因亡佚。近年該寺召集關西各大學學者合作整理資料中。

12 《卍續藏》中，中野達慧（一八七一—一九三四）收錄許多宋代天台孤本使其重見天日，並將日僧之註疏另收錄於《日本大藏經》中。其中與宋代天台教學深刻相關的七種著作中鳳潭占二，分別是《大方廣圓覺修多羅了義經集註日本訣》、《起信論幻虎錄解謗》，前者是對南屏系元粹所編纂《圓覺經集註》之註釋，後者是鳳潭關於法藏、澄觀宗密思想論爭中的重要組成部分。

13 神田喜一郎有此推測，見氏著，〈鳳潭餘話〉、〈鳳潭・闇齋・徂徠〉，《墨林閑話》（東京：岩波書店，一九七七年），頁六七—九〇。

14 靈空光謙，為比叡山延曆寺安樂律院第二祖。法名光謙，號靈空、幻々庵等。筑前國（今福岡縣）人。師事於立志復興戒律的慈山妙立，主張《梵網經》大乘戒與四分律戒大小兼學，推崇宋代天台教學，尤其是知禮之說。是安樂律院與比叡山中興的關鍵人物。元祿七年（一六九四）成為安樂律院住持。弟子有守篤本純等。

15 關於嗣法論爭時期及天桂嗣法思想源流，可參考榑林皓堂，〈嗣承論に於ける天桂の思想的源流〉，《駒澤大學研究紀要》，第十三號（一九五五年），頁一三—三二。

16 慧光（一六六六—一七三四），真言宗僧，受真言宗中院流的傳法灌頂，著作甚豐。

17 參考原隆政，《鳳潭と實詮〈密乘菩提心戒義〉の一考察》，《智山學報》，第六十五號（二〇〇二年），頁三一—五二。

18 京都法然院僧人。曾於寶永三年至七年（一七〇六—一七一〇）費時四年多，對建仁寺藏《高麗版大藏經》與《黃檗版大藏經》進行對校，有一百卷對校錄。

19 參見文後附錄，無法確定著作年代的未收錄入內。

20 日遠於慶安二年刊行《十不二門文心解私抄》。

21 不過值得注意的是，鳳潭身上批判性學問的性格鮮明，並非完全接受靈空的所有學說，觀點不同之處一樣進行論戰。例如鳳潭晚年七十一歲時，就即心念佛問題，著《念佛往生明導箚》二卷，與光謙（《即心念佛安心決定談義本》系列著作）進行切磋探討，也與另一天台僧三井法明院性慶、淨土宗僧義海等筆戰。詳見《大日本佛教全書》第五十八冊所收光謙、性慶、鳳潭、義海之著。

22 又稱首楞大師、無極東堂可度。生卒年不詳，活躍於南宋十三世紀的武林僧人，南宋臨濟楊岐派佛光法照禪師（一一八五—一二七三）之法嗣。除《十不二門指要鈔詳解》外，另撰有《楞嚴經箋》、校訂師正所撰《科南本涅槃經》一卷（一二七三年）。法嗣有雙溪道弘。

23 參考早稻田大學圖書館線上圖版：https://www.wul.waseda.ac.jp/kotenseki/html/chi10/chi10_03869/index.html（取於二〇二二年十二月二日）。

24 西山五郎（一八六四—一九四〇），舊名加藤吉忠，一八六四年四月生於江戶（今東京都）四谷，男生中排行第四，父親為漢方醫師。東京帝國大學醫學部畢業，由山岡鐵舟介紹前往靜岡縣稻取町成為開業醫生。以下西山五郎之照片、資料及山岡鐵舟介紹資料皆源自東伊豆ＥＣＯツーリズム協議會編，《西山五郎と稻取》。內含深津山水樓著〈西山五郎翁〉，曾於《黑船》雜誌第十七卷第五—十號（一九四二年）連載。關於向東大贈書細節詳見於第七號。網路公開資料：https://www.chikujohseki.com/sanshu/nishiyama.pdf（取於二〇二二年十二月二日）。

25 山岡鐵舟（一八三六—一八八八）江戶幕府末期幕臣、武士、政治家。為幕末時江戶無血開城的功臣之一，與勝海舟、高橋泥舟合稱「三舟」。精於劍道、禪宗、書法。

26 大正十二年（一九二三）九月一日，日本發生關東大震災（關東大地震），死傷慘重火災頻發，當時的東京帝大所藏書籍燒毀嚴重。許多有識之士陸續捐贈圖書。西山五郎的這批圖書也屬此因緣。參見《寄贈圖書目錄》（東京：東京帝國大學圖書館，一九二四年—一九二七年）以及線上東京大學附屬圖書館之總合圖書館藏書一覽下：https://www.lib.u-tokyo.ac.jp/ja/library/general/collectionall/nishiyama（取於二〇二二年十二月二日）。

27 陳英善認為，湛然的〈十不二門〉所收攝之範圍除了主要的「迹門十妙」，還涵蓋了「本門十妙」、《摩訶止觀》之「一念三千」等。見氏著〈從湛然十不二門論天台思想之發展演變〉，《中華佛學學報》，第九期（一九九六年），頁二六一。

28 一七一一年慧光出版的《密軌問辨》是對鳳潭的反論。鳳潭隨即又在一七一二年秋天讀到慧光之作，再撰《密軌問辨破書》反駁，又在一七一三出版《圓宗鳳髓》（別名報密軌問辨）應酬。

29 從鳳潭與天桂傳尊之間短短三年內完成一個半回合的文稿往來應酬中可知當時江戶僧侶間的思想交流是多麼快速頻繁，經院佛學的活躍程度可見一斑，並非如辻善之助所言的死氣僵化。天桂傳尊於享保二年（一七一七）仲春七十歲時在大阪府藏鷺庵對徒眾開講《碧巖錄》，次年（一七一八）完成《碧巖錄》相關註解《報恩篇》草稿本並流出。鳳潭讀此草稿本後迅速於同年撰寫、翌年（一七一九）出版《鐵壁雲片》提出嚴厲批評。天桂讀後，又在次年（一七二〇）的正式刊本中針對鳳潭的批評做了若干修訂做為回應。參見松田陽志，〈天桂傳尊撰《報恩篇》の研究（一）：卷上《參同契毒鼓》について〉，《駒澤大學佛教學部論集》，第三十七號（二〇〇六年），頁二一九—二五四；〈天桂傳尊撰《報恩篇》の研究（二）：卷中《寶鏡三昧金〔ベイ〕》について〉，《駒澤大學佛教學部論集》，第三十八號（二〇〇七年），頁二二五—二五八；〈天桂傳尊撰《報恩篇》の研究（三）：卷下卷下《（洞上）五位弁的》について（前）〉，《駒澤大學佛教學部論集》，第三十九號（二〇〇八年），頁三二五—三七五。

30 之後鳳潭又著《紅爐反唾劄》反駁，實詮再撰《反唾汚己情笑編》駁斥，煞是激烈。

31 《選翼》卷一，十五右—十八左。

32 原隆政，〈《圓宗鳳髓》（僧濬鳳潭著）について〉，《智山學報》，通號六十三號（二〇〇〇年），頁七九—九三。

33 當然鳳潭的願望並不止步於佛教內部的思想統一，安內結束的下一步是「攘外」，希望把自己去蕪存菁整合後的圓教教理內容和思想打包為一個整體，試圖和當時的儒學者、國學者做交流。史載他曾有心去找荻生徂徠切磋一番，無奈機緣不佳，沒有如願見到徂徠。這部分是今後研究課題之一。

34 藍弘岳，〈荻生徂徠的古代中國史觀與政治思想——聖人之道的重構與宋學批判〉，《漢學研究》，第三十三卷第三期（二〇一五年），頁一九一。

附記：本文主要成稿於任佛光山人間佛教研究院副研究員期間，研究院院長妙凡法師非常支持東亞佛教的學術研究、關心此計畫，感激之至！在出版過程中，臺灣大學中國文學系簡凱廷教授、聖嚴教育基金會張家珊老師、編輯胡琡珮老師等為此文及文獻篇之成書、統稿及編輯付出了諸多心血，在此一併致以誠摯的謝意！

論大寶守脫《教觀綱宗釋義會本講述》

——國立臺灣大學中國文學系助理教授　簡凱廷

一、問題的提出

聖嚴法師（一九三一—二〇〇九）在一九六九年春天赴日本立正大學留學，師從坂本幸男（一八九九—一九七三）教授，一九七一年以《大乘止觀法門》為研究對象取得碩士學位，並繼續往上攻讀博士。博士論文的擇題，在坂本先生的建議下選擇以晚明僧人蕅益智旭（一五九九—一六五五）為研究對象，四年後（一九七五）便以「蕅益智旭の研究」為主題，完成博士論文，成為臺灣第一位在日本取得博士學位的僧人。同年（一九七五），該博士論文改以「明末中國佛教の研究：特に智旭を中心として」為名，在日本知名的佛教出版社山喜房佛書林出版。十餘年後（一九八八）此書則得到了關世謙的翻譯，流通於中文學界。[1] 聖嚴法師的研究成果是第一部對於智旭生平、思想全面展開研究的現代學術性作品，至今仍是後進學者無法繞之而過的典範之作。

關於受指導老師坂本幸男建議以智旭為研究對象一事，聖嚴法師曾在一篇弔念性的文章中這樣說道：

> 說起我的博士專攻主題之選擇，也是出於坂本先生的指示。他說中國的佛教，當由中國人繼往開來，論學術，那是沒有國界之分的，論宗教信仰，絕不能忽視了當時當地的民族文化和特殊的背景。因此他希望我沿著中國以往的佛教芳軌，開出新的局面。他本身雖是日蓮宗的大僧正，但他在思想信仰上的含融性，是了無宗派色彩的。他以

研究華嚴成名，但他的崇拜，毋寧是更重於天台的。……天台宗，從慧文、慧思，而至智顗，雖都被稱為禪師，天台宗即有唐代九祖湛然的中興，宋代四明知禮的再興，一直到明末之際，又有蕅益智旭的統合大小乘各宗而匯貫於天台。其之所以未被禪宗湮沒，因其主張「教觀並重」，教是理論，觀是禪觀，故其可補禪宗啞羊暗證之缺，又有禪宗禪修之方，蕅益大師雖云私淑天台，實是整個中國佛教教學思想史上，最後的一位集大成者。坂本先生最感興味的，是蕅益大師用唯識論的觀點，解釋《大乘起信論》，又用天台圓教的理念，來解釋相宗諸書。這在中國佛教史上是創見，所以囑我研究蕅益大師，如果研究好了，也等於接觸滲透到了中國佛教的各宗教學。而此正是開發新敘的起點。[2]

又說：

坂本先生對於蕅益大師的著述，最初是因島地大等先生告訴他，有一部《靈峰宗論》，被人認為：「古人有言曰：讀孔明〈出師表〉而不墮淚者，其人必不忠；讀令伯〈陳情表〉而不墮淚者，其人必不孝；讀退之〈祭十二郎文〉而不墮淚者，其人必不友。余亦嘗言：讀蕅益《宗論》而不墮淚者，其人必無菩提心。」（此係日本江戶時代，相當於我國清朝康熙年間，一位天台宗的光謙比丘之語，光謙和玄道、觀國三人，乃是日本佛教史上致力於蕅益著述之弘揚的最卓成績者）坂本先生聽到此話之後，很快地即以高價在古書店裡買了一部。現在我用的一部《靈峰宗論》，便是由坂本先生的藏書影印得來的。[3]

聖嚴法師博士畢業後展開布教弘法生涯，先離日赴美，後再返回臺灣，最終創建法鼓山。直到古稀之年後，在長年弘揚漢傳佛教思想的心願下，希望透過導論性的綱要書，讓初學者能很快的有一整體的把握，而對於智旭《教觀綱宗》一書進行註釋及白話語譯，撰成《天台心鑰——教觀綱宗貫註》。該書在二〇〇二年獲得了「中山學術著作獎」的殊榮。該獎項創立於一九六六年，有獎勵全國學術研究之目的，雖說獎項設立有特定的歷史時空背景，但《教觀綱宗貫註》做為第一部以佛教研究獲獎的作品，某個程度而言，可說是佛教界從學術的層面獲得全國性質獎項的肯定。

在當代學界的一般認知中，智旭與憨山德清（一五四六—一六二三）、雲棲袾宏（一五三五—一六一五）、紫柏真可（一五四四—一六〇四）三人合稱為明末四大師。實際上，智旭活躍的年代晚於德清等三人，在世時的影響力恐也無法與此所謂「萬曆三高僧」相比。四人合稱乃有其接受史上的因緣。漢語圈的接受史上，智旭在中國佛教史地位的提高，清末民初是一關鍵。誠如聖嚴法師的觀察所說：「蕅益大師是我國的明末四大師之一，明末的另三位大師，蓮池、紫柏、憨山，均在蕅益之先，且均受到蕅益的尊仰，然從深廣面來衡量，實在不能不說，蕅益大師是明末四大師中，最有思想、最能影響後世的一人了。本（一九七三）年元月二十四日至二十六日，印順法師赴美療養，道經東京，我告訴他，我在研究蕅益大師，又談到西藏的宗喀巴大師和太虛大師，在氣派上頗有類似處。印老說，太虛大師既受宗喀巴大師影響，也受了蕅益大師的影響。事實上，直到今天，乃至臺灣的淨土道場，也以蕅益大師的著述為依準。並且翻印了不少其他著述。弘一大師弘揚律宗，也以蕅益大師為尊崇。」[4]

智旭撰作的《教觀綱宗》一書是對於天台教觀的綱要書，清末以來受到關注，頗有註釋者。[5]一直到現在，無論是中文教界或學界，對於此書的研究與教學，所資取的資源絕大部分仍不脫這個註釋傳統。然而，唯聖嚴法師《教觀綱宗貫註》一書除外。曾留學日本的聖嚴法師在該書中除了中國的註釋書外，還提到了另一個註釋傳統，說：「在日本的注釋更多，自十八世紀以降，有行謙的《釋義講錄》、慧雲的《釋義則解》、德義的《贅言》、守脫大寶的《釋義會本講錄》、高覺的《略解》等。」[6]並且在解釋上一定程度應用了慧陳德義（生卒年不詳）《教觀綱宗贅言》的說法。此外，筆者還注意到大寶守脫（一八〇四—一八八四）《教觀綱宗釋義會本講述》此份文獻。按查今法鼓文理學院圖書館藏有此文獻之複本（索書號：B 826.7 4337），鈐有「昭和　年　月　贈立正大學圖書館」章一枚。此複本應為聖嚴法師的舊藏。[7]

守脫是江戶後期天台宗重要學問僧，晚年已入明治時期。他曾開講法華三大部，留下《法華玄籤講述》、《法華文句記講述》及《止觀講述》等作品，與其師慧澄（一七八〇—一八六二）並目為近代日本天台宗最後之巨匠。[8]據學者指出，近代日本天台教學者多出於二人門下。[9]《教觀綱宗釋義會本講述》亦是守脫教學留下的講義，然詳查《國書總目錄》、國文學資料館「日本古典籍總合目錄データベース」，乃至《昭和現存天台書籍綜合目錄》等皆未見著錄。此份文獻並未刊行出版，是以抄寫本的形式流傳於世，獲見不易。

做為天台宗一代宗匠，講授、註釋諸如《法華玄籤》、《法華文句記》等唐代祖師的大作，理應當然，不足為怪，甚至，更是自身豐厚學問底蘊的一種展現。然而又是出於什麼樣的原因，需要針對近世中國僧人如智旭者的作品進行研究與講授呢？《教觀綱宗釋義會本講述》一書又有何特點？其存世的意義與價值何在？這是本文以下想要展開的討論。

二、大寶守脫生平事蹟及其歷史定位

關於大寶守脫的生平，佛教大系本《摩訶止觀》書前〈摩訶止觀解題〉記載頗為詳細。[10]本文以之為基礎，參及《望月佛教大辭典》「守脫」條，[11]摘述如下：[12]

守脫，字大寶，號清淨金剛。俗姓中川，伊勢國三重郡水沢村人（今三重縣四日市市水沢町）。文化元年（一八〇四）於家鄉真宗大谷派淨願寺出生。十六歲時登比叡山入橫山飯室谷安樂院律師聖寶守良（一七六三—一八五一）之室。十九歲受菩薩戒。天保元年（一八三〇），二十七歲，隨從慧澄癡空（一七八〇—一八六二）到江戶寬永寺淨名院，並列癡空之講席。天保三年（一八三二）守脫移住洛東聖護院有門庵。天保四年（一八四四）接受癡空傳法灌頂。同年受大和多武峰召請，於吉祥院講內、外典。此後每年春、秋回多武峰開講，成恆例。永嘉二年（一八四九）任安樂律院輪番。隔年任終移居坂本世尊寺。此後，比叡山三塔大眾因慕守脫博學廣識而請開講筵者多，聲名頓時高揚。安政五年（一八五八）至六年（一八五九）曾於妙音院里坊講《秘密儀軌》。安政六年（一八五九）冬因講經教學學風多有與其師癡空不合者，不為安樂律派所容而受擯，離開世尊寺，短暫留錫湖東雪野寺。隔年應日光山學頭招請，於日光山修學院講《法華玄義》、《觀經妙宗鈔》。同時亦講《秘密儀軌》。此外，亦曾受山門大眾招請，於惠光院覺林房等處講《秘密儀軌》。慶應三年（一八六七），守脫六十四歲，因講授《秘密儀軌》受安樂律派僧的批判，脫去安樂律院僧籍。後受園城寺華王院寬達、喜見院修瑛等人的庇護，潛居園城寺山內上光院，專心著述。明治二年（一八六九）僧籍轉入寺門派。從此往復於比叡山、園城寺間開講。明治六年（一八七三）受請至東京天台宗總黌講內、外典。同年任園城寺日光院住持。隔年補任大講義。明治八年（一八七五）三月於神佛大教院講《大乘起信論》。五月補任權少教正。隔年升任中教正。明治十一年（一八七八）任寺門管長。時七十五歲。明治十三年（一八八〇）四月受真宗本願寺請於京都西六条大教校講《教誡律儀》、《六合釋》、《四教儀集註》、《十不二門》等。明治十五年（一八八二），更受本願寺大谷光尊招請於大教校開講法華三大部，隔年十二月講畢。明治十七年（一八八四）二月一〇日，示寂於園城寺寶壽院。安葬於園城寺南院墓地。世壽八十一。

守脫除精通天台教學外，亦該通儒學，又長於音韻之學。當時儒者等嘗親往受教。所著書繁多，除三大部講述外，尚有《觀經疏妙宗鈔講述》、《觀音玄講述》、《觀音玄疏科》、《金光明玄講述》、《金光明玄記科》、《菩薩戒疏講述》、《十不二門指要鈔講述》、《十不二門指要鈔科》、《四教儀集註講述》、《四教儀集註科》、《天台四教儀講述》、《教觀綱宗講述》、《小止觀講述》、《金錍論講述》、《天台傳佛心印記講述》、《始終戒要始終箋要講述》、《彌陀經要解講述》、《大乘起信論講述》、《八識證義規矩講述》、《三十三過本作法講述》、《教誡律儀講述》、《秘密大儀軌傳授鈔》、《胎金兩部傳法相承譜》、《悉曇字紀講述》、《悉曇連聲捷徑切韻口訣》、《磨光韻鏡講述》、《神道古事記講述》、《華嚴講述》、《俱舍講述》、《唯識講述》、《三論講述》、《日月行品須彌說》、《大學講述》、《中庸講述》、《論語講述》、《字彙韻圖講述》等等作品。然刊行於世者未及二三。

守脫晚歲已入明治時期，是日本天台宗從近世過渡到近代的重要學問僧。關於守脫生涯的講經教學活動，渋谷慈鎧的《日本天台宗年表》亦有所記述，本文摘引整理如下，可併參看：[13]

天保九年（一八三八）	七月二十一日開講《摩訶止觀》，隔年十二月三日講畢。
天保十二年（一八四一）	二月六日開講《法華文句》，隔年六月十九日講畢。
天保十三年（一八四二）	十月四日於談山吉祥院開講《妙宗鈔》，隔年十月二十一日講畢。
天保十四年（一〇三八）	九月十四日開講《始終心要略解》，同月十八日講畢。
弘化元年（一八四四）	二月九日於多武峰開講《三十三過本纂法纂解》，三月二十一日講畢。 三月二十七日開講《圓頓章句解》，四月四日講畢。 四月二十二日於安樂律院開講《始終心要》，同月二十八日講畢。

弘化三年（一八四六）	四月二十一日於安樂律院開講《天台四教儀》，五月二日講畢。 五月二十一日於安樂律院開講《教觀綱宗》，六月二十日講畢。 九月十七日於多武峰吉祥院開講《教觀綱宗》，十月二十一日講畢。
明治二年（一八六九）	二月二十四日開講《大學集注講述》。 六月八日開講《四教儀》，十一月二十九日講畢。 六月九日開講《中庸集注講述》。 九月二日開講《法華文句》。
明治三年（一八七〇）	四月二十五日於上光院開講《大學集注講述》。
明治四年（一八七一）	十月八日開講《六合釋》。
明治六年（一八七三）	二月受東京天台宗總黌請，講內、外典。

明治十五年（一八八二），守脫接受大谷光尊（一八五〇—一九〇三）的邀請，於本願寺大教校開講法華三大部。根據《望月佛教大辭典》「守脫」條，列講席者有齊藤聞精、鈴木法琛等，陪聽者有中山玄航、村田寂順、佐伯旭雅、荻野獨園、養鸕徹定、黑田真洞、名和淵海、華園澤稱、日野澤依、細川千嚴、吉谷覺壽、岩佐普潤、吉水智泉等。這些人中不乏後來在日本佛教史上，無論是教界或學界，扮演重要角色者。再則，本願寺大教校是龍谷大學的前身。龍谷大學的天台學，被認為是繼承了守脫的天台教學。

至於明治以降，對於守脫的著作進行整理的情況，佛教大系刊行會從大正六年（一九一七）十二月到昭和十三年（一九三八），費時二十餘年，編輯了一套收錄重要經典及相關註釋的叢書。其中，《法華玄義》以註釋的形式收錄《法華玄籤講述》，《摩訶止觀》

收錄《止觀輔行講述》，《四教儀集註》收錄《天台四教儀集註講述》。昭和十至十二年（一九三五－一九三七）刊行的《天台宗全書》則收錄了《觀經疏妙宗鈔講述》、《十不二門指要鈔講述》、《觀音玄義記科》、《觀音玄義記講述》、《光明玄疏科》、《金錍論講述》、《菩薩戒疏講述》、《大乘起信論講述》等八種守脫作品。而一直要到二〇〇〇年，因著園城寺勸學院藏書調查的工作，發現了包括守脫親自批校、註記之藏書、著作之草稿、寫本，乃至與安樂律院有關之經典等二百餘種，因而有了「大寶守脫關係聖教資料群」的出版計畫。此計畫分為四期。第一期於二〇〇九年出版了包括《法華玄義釋籤會本》、《法華文句記會本》、《摩訶止觀輔行會本》、《天台四教儀科文》、《觀經疏妙宗鈔會本》等書上記有守脫研究筆記的五部典籍。而後的刊行計畫包括了第Ⅱ期「既刊著作關係草稿寫本類」（預定二〇一二年刊行）、第Ⅲ期「未刊著作、記錄並びに關係手択本類」（預定二〇一三年刊行）、第Ⅳ期「安樂律關係聖教類」（預定二〇一四年以降刊行）。可惜直至目前為止，還未見到第Ⅱ期以降成果的出版。

三、關於《教觀綱宗釋義會本講述》

法鼓文理學院圖書館所藏《教觀綱宗釋義會本講述》複本，複製自立正大學圖書館藏本，為明治時期曹洞宗僧人逸雄（生平待考）所抄。此外，根據 CiNii 網站登載，身延山大學圖書館藏有一部《教觀綱宗講錄》，題為「守脫大寶述、小林修禪錄」。CiNii 對該書的詳細註記如下：

写本
題簽：教観綱宗講録
巻首題：教観綱集釋義會本講述（上）教観綱集釋義會本講述
巻首題：教観綱宗釋義會本講述（下）
識語：無し
四つ目袋綴　灰色表紙
無辺無界　一五行二五字前後　注文双行　双白口無魚尾
蔵書票：「縁山／如意窟藏／南塔」
上：〔五三〕丁・下：〔四〇〕丁，〔二〕丁（教観綱宗釋義講述跋）[14]

根據身延山大學圖書館的註記，此書屬「坂本文庫」。「坂本」指的即是聖嚴法師的指導老師坂本幸男。上文曾提到聖嚴法師博士論文之所以以智旭為研究對象是受到了坂本幸男的提點與鼓勵。上引文，聖嚴法師提及「坂本先生對於蕅益大師的著述，最初是因島地大等先生告訴他，有一部《靈峰宗論》」云云，因而在古書店高價買下一部。他即是藉由坂本幸男此一藏書的影印本進行博士論文的研究。而身延山大學圖書館所藏《教觀綱宗講錄》亦可證坂本幸男對於智旭的學問確實有所留心與關注。然而根據筆者親訪，該書

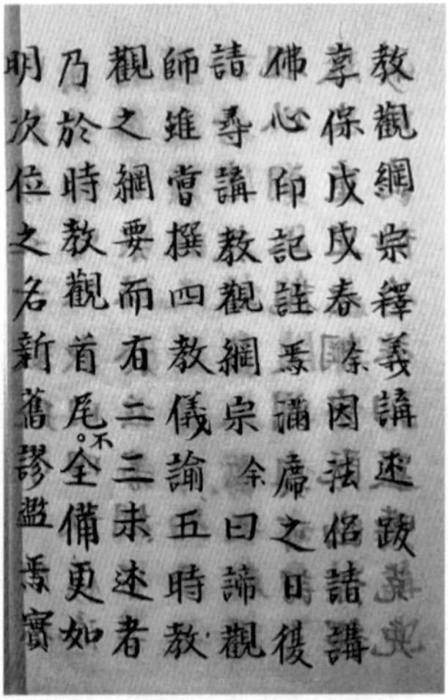
教觀綱宗釋義講述跋
享保戊戌春余因法侶請講
佛心印記註焉講席之日復
請尋講教觀綱宗余曰諦觀
師雖嘗撰四教儀論五時教
觀之綱要而有二三未述者
乃於時教觀首尾不全備更如
明次位之名新舊謬濫焉寶

身延山大學圖書館藏《教觀綱宗講錄》書影（作者提供）

並未有如CiNii網站所言「守脫大寶述、小林修禪錄」的文字記載，且下冊書末跋文作者提到：「享保戊戌春，余因法侶請講《佛心印記註》」云云，[15]享保戊戌為一七一八年，守脫尚未出生，則此書不可能是他的作品。CiNii為何註記為守脫作品，有待進一步確認。

至於逸雄所抄《教觀綱宗釋義會本講述》，他在書前有一序文，提及此本文獻之由來，說：

> 大寶中川守脫大和上之講本，為三井山內法泉院藏什，現存焉。明治三十二年台麓留錫中依道友龍山清水二樂師借覽，特抄錄其箋及格註等為別冊，乃成上下兩卷，私題名講述，是其從和上自題他書末註之例也。[16]

逸雄說此為守脫的講本，藏於三井山法泉院。他於明治三十二年（一八九九）時借覽此講本並進行抄錄。由於守脫的著作多以「講述」為名，故依例題以「講述」之名，稱「教觀綱宗釋義會本講述」。上引渋谷慈鎧的《日本天台宗年表》多處提到守脫曾開講智旭的《教觀綱宗》。此當為守脫開講《教觀綱宗》的產物。

智旭所著《教觀綱宗》是一部天台教觀的綱要書，顯示他對於天台教觀的整體把握與理解。他並著有《教觀綱宗釋義》，針對《教觀綱宗》中需要進一步解釋的字詞觀念進行解說。這兩部書後來隨《嘉興藏》流傳到江戶，受到關注。其中，慧陳德義曾將兩書會為一書以便閱讀。該書曾多次出版，筆者所掌握到的共有享保二年（一七一七）、享保三年（一七一八）、天保四年（一八三三）、明治十二年（一八七九）四次。守脫《教觀綱宗釋義會本講述》即是在會本的基礎上進行註釋與疏解。唯《講述》中守脫曾提到「一本會本有此格註。未詳。今本削之」，[17]他以哪一個版本做為底本，尚待進一步確認。

守脫此書主要是引用內外典乃至韻書、字書，證釋智旭《教觀綱宗》及《釋義》原文中的字詞、語句。若與默庵行謙《教觀綱宗釋義講錄》相對比可知，守脫基本是以行謙一書為據而有所增刪。至於在義理方面，《講述》中多次出現「舊云」，如說：「舊云旭師以別五時謬混不定化儀者可笑。」[18]由此可推知，除行謙《教觀綱宗釋義講錄》，守脫尚掌握其他《教觀綱宗》的註解書。

林鎮國老師在〈論證與釋義：江戶時期基辨與快道《觀所緣緣論》註疏的研究〉一文中援引末木文美士的觀點，指出「在釋義方法上，江戶佛教有濃厚的訓詁考據之風」。[19]做為教學相關的講本，《教觀綱宗釋義會本講述》等《教觀綱宗》的註解書也展現了這樣的特質。就其所徵引的內外典籍的分量，也為我們展現了彼時做為一名學問僧，養成過程中所受的訓練以及其漢文文史知識的淵博。

四、《教觀綱宗釋義會本講述》的詮釋立場

當代天台學研究大家池田魯參曾以高麗諦觀的《四教儀》為參照，討論歸納智旭《教觀綱宗》暨《釋義》幾個值得注意的特點。其一，是相對於諦觀《四教儀》的別五時說，智旭特別標舉強調通五時的重要。其二，對於化儀四教下各各再細分為二義，即頓教分為頓教部及頓教相；漸教分為漸教部及漸教相；祕密分為祕密教及祕密咒；不定分為不定教及不定益。其三，智旭在化法四教中各教中皆論六即及十成觀法，而諦觀《四教儀》的六即說只出現在圓教位次的討論中。第四，智旭在《釋義》中附說「三慈體相」，在《教觀綱宗》中附說「轉接同會借說」，從而突出天台教判中的「被接義」，並給予詳細的論說。[20]

池田魯參歸納的幾個特點，守脫《教觀綱宗釋義會本講述》大多也有關注並有所討論。其中，相對於諦觀《四教儀》的五時說，智旭特別區分出別五時與通五時。之所以著意這樣做的原因，守脫從智旭著作中所說的「《四教儀》流傳而台宗昧」云云來解釋。亦即由於諦觀《四教儀》的流行影響了後世對於天台教觀的五時說的偏差理解，然而諦觀的五時說僅只是別五時而已，天台教觀中的通五時說從而被忽視了。守脫從此一詮釋觀點出發，用以解釋智旭《教觀綱宗》中有別於傳統舊說的主張。他在述作意一節中表明了此一詮釋觀點與態度。茲徵引全文如下：

教觀綱宗述作意者，時人唯讀《四教儀》一卷，謂足達一家教觀，至台宗甚昧，旭師救時弊，述作此書。

且檢上卷九紙有通、別五時論。又十二紙已下有化儀四教說中頓教部、漸教部，祕密分別：祕密教、祕密咒，不定分別：不定教、不定益。又十八右七行《釋義》釋藏教十二因緣，依《唯識論》意，斥他人一概依《俱舍》義。小乘論云因緣唯緣覺行。又十八左十行明界方便即析空觀。又十九右已下四教各論六即，別在圓教一家解釋，本通四教各論六即。又時人但認本具言為圓教，謂一家獨談，故旭師殊於藏教，立本具名，二十二左七行《釋義》意令他簡其旨。

《宗論》一初〈蕅益大師自傳〉四左云：「生平嘗有言曰：『漢宋註疏盛而聖賢心法晦，如方木入圓竅也；《隨機羯磨》出而律學衰，如水添乳也；《指月錄》盛行而禪道壞，如鑿混沌竅也；《四教儀》流傳而台宗昧，如執死方醫變證也。是故舉世若儒、若禪、若律、若教，無不目為異物，疾若寇讎。』」斥時人但讀《四教儀》一卷。此《綱宗》十右，又《會義》六之四十五之文之書キ入レヲク。往見。又六之三九〈重刻大佛頂經玄文自序〉云「習台宗者昧唯識，習法相者迷圓理，所以眾解咸失綱要」至「後因雙徑坐禪，始解文字之縛，復因數番講演。深理葛藤之根，並探二宗，融以心鏡」。

今據此等說，案今書多用唯識法相釋，意為台宗及法相宗失意者。

又「綱宗」題號，意含融禪、教，故《釋義》中引《臨濟》語解釋綱宗題號云云。

同四之三四左云：「宗者無言之教，教者有言之宗，至言也。三藏十二部，默契之，皆宗也。既無言矣，安得謂之教？千七百公案，舉揚之，皆教也。既有言矣，安得謂之宗？云云」[21]

我們可以將引文中守脫提到的議題以疑問句的方式呈現，當成是時人在閱讀《教觀綱宗》時產生的疑問，如：「為何智旭要提出通、別五時說？」、「為何智旭在化儀四教中做出以下區分：頓教部；漸教部；祕密分為祕密教、祕密咒；不定分為不定教、不定益？」、「為何智旭在解釋藏教十二因緣說時要援引《成唯識論》的說法？」、「為何智旭要在四教中各論六即？」、「為何智旭在關於藏教的討論中要提出本具的概念？」等等。

其中，「為何智旭在解釋藏教十二因緣說時要援引《成唯識論》的說法？」具體指的是《教觀綱宗》化法四教說中論及三藏教「亦詮思議生滅十二因緣」時用了《成唯識論》的理論，而不是小乘教說。而「為何智旭在關於藏教的討論中要提出本具的概念？」指的則是《釋義》在解釋《教觀綱宗》化法四教說論及三藏教中修行位次「世第一」時說：「由五根增長成力，能破五障而階見道，于諸世間有漏位中最為勝妙，故名為世第一。以此有漏聞思修慧為增上緣，資助本具無漏種子，令發現行，而人見道。」智旭一來用了唯識的名相「無漏種子」，二來又用了「本具」一詞。對此，守脫則詮解道：「此用《唯識》法相。彼論則通方等，義含四教，以此解釋，無往不通。是故用之小乘，雖不言種子，既云發真無漏，或云苦忍名發，若無種子，豈得發耶？」又說：「今用《唯識》，其意有二：一者，時人不知本具名相則通四教，其旨各異，是故用彼本具名。二者，時人謂《唯識》新譯，非台教所關，是故多用《唯識》法相，令知彼亦不出天台判釋。」

從上引「時人但認本具言為圓教，謂一家獨談，故旭師殊於藏教立本具名」、「案今書多用《唯識》法相釋，意為台宗及法相宗失意者」、「時人不知本具名相則通四教，其旨各異，是故用彼本具名」、「時人謂《唯識》新譯，非台教所關，是故多用《唯識》法相，令知彼亦不出天台判釋」云云，可知面對《教觀綱宗》特出或有別於傳統舊說的主張，守脫是從動機論的角度為智旭詮說，指出智旭這些論說不是對絕對真理的正面表述，而是為導正時人之偏而說的。

上文提及的這些問題，或是守脫閱讀過程中所產生的疑問，也可能是守脫在講演過程中學生所提出的疑難。無論如何，可以確知的是他們在面對智旭《教觀綱宗》此一文本，並非一味地接受智旭的觀點，而是有自身的思辨涵藏其中。而守脫解決疑難的策略，則代表他在面對《教觀綱宗》並非採取批判拒斥的立場，而是表達了同情的理解的態度。

五、如何看待《教觀綱宗釋義會本講述》的出現

守脫為什麼會有《教觀綱宗釋義會本講述》一書呢？我們應該考慮他所承接的江戶天台教學的傳統。在江戶時期，各宗檀林制度的整備是佛教學術發達的基礎，而從中國傳進的佛教典籍，則是當時學問思想激盪上的重要資源。智旭大部分的著作是隨《嘉興藏》傳

入江戶而得到注意，特別是天台宗安樂律院一派的僧人，從而刊行、講演、註釋等活動不斷。單就安樂律院派實際創始人靈空光謙（一六五二—一七三九）來說，對於智旭著作的註釋就有以下數部：

《大佛頂嚴經文句講錄》	享保十三年（一七二八）刊本
《法華經會義錄外》	享保十七年（一七三二）刊本
《阿彌陀經要解俗談》	享保二十一年（一七三六）刊本
《心經釋要俗談》	元文元年（一七三六）刊本
《金剛般若經破空論俗談》	元文元年（一七三六）刊本
《歙浦本彌陀經要解俗談》	元文二年（一七三七）刊本
《遺教經解俗談》	元文三年（一七三八）刊本
《教觀綱宗講錄》	天明三年（一七八三）寫本
《四十二章經解事義》	江戶寫本
《妙法蓮華經綸貫俗譚》	江戶寫本
《法華經台宗會義講錄》	江戶刊本

而智旭的著作不唯為天台宗人所注意、研讀。根據川口高風整理的《尾張高野八事文庫書籍目錄》，江戶中期淨土宗的僧人妙龍諦忍（一七〇五—一七八六）即著有《法華會義講錄》，而查其傳記資料又可知他年輕時曾聽人講過智旭的《法華會義》。至於《教觀綱宗》，根據筆者初步的調查，除去守脫的《教觀綱宗釋義會本講述》，江戶的註解本至

少還有二十種，數量不可謂不多。[22]可以說，智旭的著作已成為江戶天台教學乃至佛教思想資源的組成部分。

不唯《教觀綱宗釋義會本講述》，單就現有對於守脫生平、著作介紹性的文章中，我們已可察覺守脫學問裡的智旭因素。如上引的傳記材料提及守脫還著有《彌陀經要解講述》。此外，寺井良宣在為守脫《菩薩戒疏講述》一書撰寫的題解中提到該書顯現了對於智旭《菩薩戒經會疏集注》的尊重。[23]此事亦為《大寶守脫關係資料群　第一期　解說》所提及。[24]此外，《解說》還提到守脫《大乘起信論講述》在引用唐譯本《大乘起信論》時，實際運用的是智旭《大乘起信論裂網疏》一書。[25]

守脫學問受有智旭的影響一事已不成問題。那麼，接下來的問題是其影響的深淺樣貌究竟如何？而在江戶以降智旭著作閱讀接受史上，守脫占據的又是怎樣的一個位置？凡此皆還有待未來進一步釐清。

六、未盡的旅程

守脫晚歲雖已入明治時期，然其學問養成在江戶時代。新舊時代雖然轉換，舊的傳統也不可能頓時消失。做為江戶佛教思想資源的一部分的智旭著作，進到明治時期，仍然有閱讀研習的受眾。以《教觀綱宗》為例，明治時期還有幾部出版品。一是上文提及的德義《教觀綱宗釋義會本》，明治十二年（一八七九）由京都出雲寺文次郎出版。一是《冠註教觀綱宗會釋》，作註者為狩野白堂，明治一二年（一八七九）由福山默童（曹洞宗僧，一八四一—一九一六）出版。還有便是義水智泉的《校本教觀綱宗釋義》，明治二十二年（一八八九）由寺田榮助出版。書名中的「釋義」非指智旭自作之《釋義》，而是指智泉的刪補。他在〈校刻教觀綱宗序〉中說：

> 余每曰諦觀《錄》與《教觀綱宗》一雙法門也。何者？諦觀明別五時，令知一代設化之大綱；《教觀綱宗》示通五時，使達如來逗機之巧妙。若讀諦觀《錄》，不讀《教觀綱宗》，則罔逗機無方之佛意；讀《教觀綱宗》，不讀諦觀《錄》，則無了一代化意之大綱。故曰一雙法門也。是以學佛乘者必不可不兼覈之。蕅益大師有言，曰「《四教儀》行而台宗衰」。是斥時人惟讀諦觀《錄》，偏執一代化意之陋習，故作此書，揚通五時以抑別五時。其意可謂深切。雖然，往往至于錯雜大、小，辭過通方，却汙穢法門體面，豈不瑕瑾乎！予也不敏，不堪其任，茲因講次，盡校正文義誤謬，且加以鼇頭旁注，便于初學。請四方閱讀諸子，宜察之云爾。
>
> 時明治廿一年三月寓於洛陽大佛妙法精舍權大僧都義水智泉敘[26]

序中「往往至于錯雜大、小」，具體指的是智旭以唯識的教理解釋藏教的十二因緣。智泉說：

原本所釋十二因緣，唯識二世一重，約八識，據種子、現行道理，於小乘教意甚不相應。旭師用之釋藏教十二因緣可謂謬也。且唯識二世一重，實師《俱舍疏》中却為繁芿斥之。旭師殊貴此者，人師意樂之不同乎？依今改正，學者宜察焉。[27]

並在釋義中引用宋代從義《四教儀集解》對藏教十二因緣的解釋，取代智旭的說法，與守脫為智旭詮說的立場明顯不同。

筆者手上智泉的《校本教觀綱宗釋義》，原為村上道素（一八七五—一九六四）的舊藏。他為曹洞宗僧人，大正十年（一九二一）曾遊中國，巡拜祖塔。書上的朱筆註記當為他的閱讀筆記。以道素的例子及上文提到的福山默童出版《冠註教觀綱宗會釋》，乃至逸雄抄寫《教觀綱宗釋義會本講述》，不僅說明了智旭的《教觀綱宗》到了明治時期仍有人關注，而且不限於天台學僧。然而另一方面，明治時代以降，從事佛教學術研究的場所逐漸從各宗檀林、學寮移轉到西方學術體制概念下的大學。綜觀日本學界歷來發表在期刊、專書的關於智旭《教觀綱宗》的研究，無論是梳理文本中的概念乃至評騭得失，幾乎看不到對於江戶相關註本成果的資取與援引。而

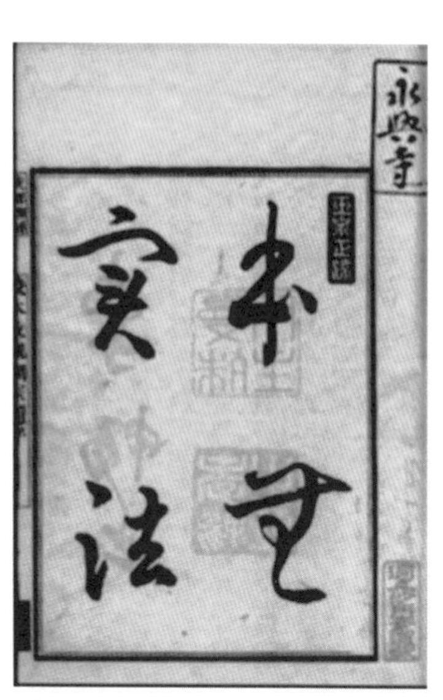

村上道素舊藏《校本教觀綱宗釋義》書影（作者提供）

從對於江戶佛教研究的一面看，亦甚少看見把這些註本當作研究對象。池田魯參〈《教觀綱宗・釋義》の教判論〉一文的末尾曾這樣提問道：

> 換言之，智旭採純原典主義的解釋學立場，要求不再透過後世的註釋書來閱讀，而是從天台智顗的宗教層面出發來理解。他主張，我們應該不依賴後世的註釋書，而是直接追求智顗的宗教核心觀點，然後再自由評論後世的註釋書。智旭的這種立場實際上是將自己的閱讀方式限制在歷史背景之內，並將自己的解釋合理性置於歷史評斷之中，詭論性的主張，只有這樣，根本教學才能在後世被解放，擔負起無限可能的意義。
>
> 至此，我們正面臨一個重大問題，即如何評價湛然的教學，他與智旭一起，將自己做為對祖師文獻的註解而保持權威地位。例如，智旭沒有對湛然的著作如《十不二門》和《金剛錍》做出註解，也基本上沒有詳細討論湛然的教學內容，因此我們需要將這個問題做為今後的課題來考慮。[28]

如前所述，智旭的著作早已成為江戶佛教學術資源的一部分。無論是這裡提及的湛然或是智旭的作品，都是江戶僧人面對天台教學時必須講習研究的典籍，那麼，上引池田魯參所提出的問題，江戶僧人是否已曾作出回答，便成為一個耐人尋味的問題。

至於在漢語教界或學界，面對智旭《教觀綱宗》，幾乎不曾考慮自身以外的傳統。只有聖嚴法師除外。雖然他也未曾針對江戶這些註本深入進行研究，但至少為後來的漢語圈研究者留下了一條昭示未來的線索。視域的轉換意味著更多研究議題的浮現。《教觀綱宗》為起始，從接受史的角度重新評價智旭在佛教史上的地位，現在正是一個起步點。

註解

1 見釋聖嚴著，關世謙譯，《明末中國佛教之研究》（臺北：臺灣學生書局，一九八八年）。

2 釋聖嚴，〈敬悼我的指導教授坂本幸男先生〉，《悼念・遊化》，《法鼓全集》（臺北：法鼓文化，二〇〇五年），第三輯第七冊，頁五五。

3 同前註，頁五七。

4 同前註。

5 此如默庵《教觀綱宗釋義紀》、諦閑《教觀綱宗講義》、靜修《教觀綱宗科釋》等。

6 釋聖嚴，《天台心鑰——教觀綱宗貫註》（臺北：法鼓文化，二〇〇二年），頁二二。

7 以上參見簡凱廷，〈《教觀綱宗》在江戶略論：從聖嚴法師《教觀綱宗貫註》提示的線索談起〉，《聖嚴研究》第十四輯（臺北：法鼓文化，二〇二一年），頁九九—一〇三。

8 原語為「近代台門掉尾の巨匠」，見清原惠光，〈《大寶守脫關係資料群》の公刊をよろこぶ〉，天台寺門宗教文化資料集成教學編編纂委員會編，《大寶守脫關係資料群　第一期　解說》（大津：園城寺，二〇〇九年），頁十九。此份材料不易獲見，由林鎮國教授、林恕安博士惠賜，特此申謝。

9 中川光熹，〈《大寶守脫關係資料群》の刊行を祝して〉，天台寺門宗教文化資料集成教學編編纂委員會編，《大寶守脫關係資料群　第一期　解說》，頁二一。

10 參見佛教大系完成會編，《摩訶止觀第一》（東京：佛教大系完成會，一九二三年），頁一〇—十二。

11 望月信亨著，塚本善隆等編纂，《望月佛教大辭典》（東京：世界聖典刊行協會，一九八四年），第四冊，頁二四八七。

12 經比對，《望月佛教大辭典》「守脫」條應是以佛教大系本《摩訶止觀．摩訶止觀解題》為基礎歸納增補。而《大寶守脫關係資料群　第一期　解說》所整理的大寶守脫略歷一表基本依從《望月佛教大辭典》而來。

13 渋谷慈鎧，《訂正日本天台宗年表》（東京：第一書房，一九九九年）。該書的引用書目提到《大寶和尚年譜》，年表記錄守脫行跡多引自此書，可惜渋谷氏未註明藏處，筆者嘗試查找各類書目工具書及網路資源亦皆無所獲。

14 CiNii 網站，https://ci.nii.ac.jp/ncid/BB02420992，二〇二〇年九月二十二日瀏覽。

15 不詳，〈教觀綱宗釋義講述跋〉，《教觀綱宗講錄》（山梨：身延山大學圖書館藏江戶寫本）。

16 守脫，《教觀綱宗釋義會本講述》，本書頁四三一。

17 同前註，本書頁五七四。

18 同前註，本書頁四七九。

19 林鎮國，〈論證與釋義：江戶時期基辨與快道《觀所緣緣論》註疏的研究〉，《佛光學報》新四卷二期（二〇一八年七月），頁四〇九。

20 參見池田魯參，〈《教觀綱宗・釋義》の教判論〉，《駒澤大學佛教學部論集》第七號（一九七六年十月），頁八七—九八。

21 守脫，《教觀綱宗釋義會本講述》，本書頁四三四—四三五。

22 簡凱廷，〈《教觀綱宗》在江戶略論：從聖嚴法師《教觀綱宗貫註》提示的線索談起〉，《聖嚴研究》第十四輯，頁一〇三。

23 天台宗典編纂所編，《正續天台宗全書　目錄解題》（東京：春秋社，二〇〇〇年），頁三七。

24 天台寺門宗教文化資料集成教學編編纂委員會編，《大寶守脫關係資料群　第一期　解說》，頁四三。

25 同前註，頁四九。

26 智泉，〈校刻教觀綱宗序〉，收入智旭著，智泉刪補，《校本教觀綱宗釋義》（筆者私藏明治二十二年刊本）。

27 同前註，頁十三。

28 池田魯參，〈《教觀綱宗・釋義》の教判論〉，《駒澤大學佛教學部論集》第七號，頁一〇二。

在日本重新發現印度實在論

以一七七九年初刊本基辨《勝宗十句義論釋》為中心

——浙江大學哲學學院教授　何歡歡

一、引言

古印度勝論派論師惠月（慧月）所造之《勝宗十句義論》是唯一一部流傳有古代漢譯的勝論派文獻，即玄奘大師（六〇〇／六〇二—六六四）於貞觀二十二年（六四八）在弘福寺翻經院譯出，共六千餘字。該論無藏譯本，亦未發現梵文本；漢譯本主要闡釋了不同於勝論派根本聖典《勝論經》（*Vaiśeṣika-sūtra*）之「六句義」學說的「十句義」體系。雖然該論所述思想並非印度勝論派的傳統主流，卻是近現代以前之東亞社會了解這一種印度實在論的最主要依據。

中國古代沒有流傳下來關於《勝宗十句義論》的註釋文獻。儘管日本興福寺沙門永超（一〇一四—一〇九六）編集的《東域傳燈目錄》中出現了應為《勝宗十句義論》之註疏的《勝論十句義章》這一書名，且永超記「一卷，同上，可入因明、不可載正錄」，[1]但該文獻不見於漢地經錄，恐早已無處可尋。

與中國佛教界歷來不專門註釋外道典籍不同的是，在隔海相望的東瀛，十八、九世紀突然出現了不少致力於研習、解讀勝論與數論之漢譯典的佛教僧人，並傳有不少撰述保留至今。根據日本學者興津香織的研究，江戶時期關於印度外道的研究以一六九七年（元祿十年）出版單行本之真諦譯數論派經典《金七十論》[2]為標誌，在其後的二百年間，同時還出現了不少《勝宗十句義論》的註釋書，而這種註釋外道典籍的情況在日本佛教史上的其他時代是不存在的。[3]

目前所知流傳下來的江戶時期最早的《勝宗十句義論》之註釋應該是成書不晚於一七五一年的南竹堂《勝宗十句義論要解》（一帖）。此外，其他完成於十八世紀的《勝宗十句義論》之註釋文獻，按年代先後順序排列，主要有以下九種：[4]

法住，《勝宗十句義論記》（二卷），一七五二年完成、一七五八年修訂；

虎喝，《科註勝宗十句義論》（一冊），一七六〇年刊行；

賢基，《勝宗十句義論釋》（二卷一冊），一七六〇年完成；

元相，《勝宗十句義論講要》（一冊），一七六五年完成；

基辨，《勝宗十句義論釋》（二卷二冊），一七七二年完成、一七七九年刊行；

快道，《勝宗十句義論訣擇》（五卷五冊），一七七八年完成、一七九六年刊行；

伯義，《勝宗十句義論要解》（一冊），一七七八年完成；

觀山，《勝宗十句義論講要》（一冊），一七八〇年完成；

嚴藏，《勝宗十句義論釋記》（二卷二冊），一七八四年完成。

這些集中出現於十八世紀後半葉的《勝宗十句義論》註釋書，連同江戶時期關於悉曇學、八囀聲與六合釋的梵文文法學，以及數論派經典《金七十論》之註疏等其他「非佛教」文獻一起，構成了濫觴於江戶、流行直到現代的日本「印度學」之熱忱潮流與豐碩成果。

在上述多種《勝宗十句義論》的註疏中，最具代表性的是基辨的《勝宗十句義論釋》。該釋分上下兩卷，含《勝宗十句義論》原文在內共約四萬三千字，被中野達慧（一八七一——一九三四）收入了所編的《日本大藏經》（藏經書院刊，一九一四——一九二一）。[5]幸運的是，中野達慧編輯時所用的底本，即初次出版於安永八年（一七七九）的刊本，在一九三三年連同其他七百九十七冊珍貴書籍一起寄贈給了京都大學（圖書館），被歸類稱為「日藏既刊本」，現今均於「京都大學貴重資料數位檔案館」（京都大学貴重資料デジタルアーカイブ）網絡線上公開了高清圖像，為各國學者的研究提供了極大的便捷。[6]

另據「日本古典籍綜合目錄數據庫」（日本古典籍総合目録データベース）的刊載，這一出版於一七七九年的《勝宗十句義論釋》，現還收藏在大谷大學、東洋大哲學堂、高野山金剛三昧院、高野山三寶院、高野山持明院、高野山真別處、茶圖成簣、成田山、藥師寺等地。[7]由於二〇二〇年以來受到COVID-19疫情的影響，筆者短期內無法赴日本核實這一重要刊本的具體收藏情況，實屬遺憾。

職是之故，本文僅以京都大學線上公開的一七七九年刊本《勝宗十句義論釋》之高清圖像為主要研究對象，試圖以此重要的江戶文獻為個案，考察基辨解讀外道文獻的方式與其所理解之勝論哲學的深廣程度，藉此探討江戶時期佛教學者掀起學習「非佛教」思想之熱潮的原因，並嘗試在此基礎上進一步討論，日本自十八世紀以來勃興的這一「重新發現」實在論等印度哲學的學思取向，對當時及其後的佛教學乃至更廣泛的學界與社會來說，意味著什麼？

二、基辨其人

基辨（一七一八—一七九一），俗姓井上，號大同房，尾張國（今愛知縣）人。生於享保七年（一七一八），八歲時在山城（今京都府）西明寺無染房妙適（？—一七三五）處出家。曾師從山城蓮華寺無幻道空（一六六六—一七五一）學習密教、奈良藥師寺基範（？—一七五〇）學習法相、東大寺懷賢（生卒年不詳）學習三論。做為法相宗的傳人活躍於京都、奈良等地，弘揚教學並講學撰述。寬政三年（一七九一）十二月二十七日圓寂，世壽七十四歲。

除了上述簡要的「履歷」外，關於基辨的生平資料不多，只是有一事特別值得一提。在林鎮國、簡凱廷編《近世東亞〈觀所緣緣論〉珍稀注釋選輯》一書中，輯錄了京都大學圖書館藏基辨《觀所緣緣論釋》新寫本「日藏未刊本」[8]書末基辨父親所作的跋文（奧書），即如下：[9]

> 大同房基辨者，吾六子之中第二子也。八歲而出家，專學法相，造此《論釋》一卷，草稿已成，請予令清書，予歲七十四，拭老眼書之。願以功德，先祖諸靈增進佛果，子子孫孫富貴安穩。
>
> 大同房基辨父
>
> 寬延四辛未年二月十五日　小門庄左衛門　忠宣（花押）

這篇短跋寫於一七五一年，當時基辨三十四歲，時為入奈良藥師寺的第二年。基辨父親七十四歲，為兒抄寫《觀所緣緣論釋》一卷，同年還抄寫了《勝宗十句義論釋》二卷，現藏於藥師寺。[10]又，林鎮國教授在探討《觀所緣緣論釋》之成書背景時，還述及了《勝宗十句義論釋》存在相同的情況，故林教授的以下考察與推測對於了解做為《勝宗十句義論釋》之作者的基辨來說亦十分重要，特抄錄於下：

寬延四年是西元一七五一年，基辨年三十四，可以推測《論釋》講於該年或更早。同年基辨亦出《勝宗十句義論釋》，講於京洛四條道場金蓮寺，亦可推測《觀所緣緣論釋》講於京都，均屬於他早期的講錄，未見錄於相關傳記資料，不論是山崎慶輝所據的藥師寺藏基辨撰《大乘五種姓玄論鵝珠光》「自序」，或是高次喜勝後來發現翻刻的《藥師寺大同房基辨律師傳》，皆未提及該論釋。從這些傳記資料倒是可以看出，當時南都佛教傳承嚴格，宗派意識強烈。基辨時入藥師寺，基範即教以「《肝心》（善珠《唯識論疏肝心記》）、《真理》（實範、貞慶《真理抄》）、《要決》（良遍《真心要決》）觀心行要，仁者由是須觀唯識。觀門既熟，告知四方，以恢張慈氏之傳焉」。可以想見，資歷尚輕的基辨初登講座，當初選取陳那《觀所緣緣論》可能受到明末佛教典籍東傳的影響，理由見於他在《釋》[11]中對真界、智旭的批評。其傳記資料未提及該釋，或因時風所致，或自認為未熟之作，都有可能。[12]

然而，需要說明的是，根據本文所錄《勝宗十句義論釋》上下卷的跋文（詳見本文第四部分），可知基辨最終完成《勝宗十句義論釋》的時間是一七七三年八月，時年五十五歲，與基辨父親《觀所緣緣論釋》跋文所記時間相差甚遠（二十二年）。一種可能的解釋是，如林鎮國教授推測《觀所緣緣論釋》「或自認為未熟之作」，《勝宗十句義論釋》的情況也同樣，即基辨在年輕時雖著有《勝宗十句義論釋》之初稿，但直到經過二十餘年多次在興福寺等處講授後，才最終由弟子校訂成稿，又待出版機緣成熟遂至刊行。

目前所知基辨著作，除了上述兩種「論釋」外，還有《大乘一切法相玄論》、《大乘法苑義林章獅子吼抄》、《補缺法相義》、《二十唯識論別錄》、《因明大疏融貫鈔》等等。

基辨是江戶佛教名僧，做為法相唯識學的代表人物，百年來所受日本學界之關注可謂「不絕如縷」，根據林鎮國教授的統計，迄今已有十餘篇日文研究成果問世。[13]

三、基辨造《勝宗十句義論釋》的意圖

在《勝宗十句義論釋》的開篇，基辨用三句頌文精鍊地概括了撰寫這一外道註釋書的目的：

諸有異生類，起二我迷執，淪沒生死海，三苦遂不已；

邪師妄構畫，聖者真摧伏，所破若不明，能破何得正；為正法無盡，度脫諸有情，從先賢所訓，解釋斯異論。

這三句偈頌的大意是：一切有情眾生，因為沉迷於「我執」和「法執」而淪沒在生死輪迴大海，飽嘗無盡的痛苦。外道邪師的虛妄之說，只有聖者佛陀才能真正摧毀之，而如果不明白佛教批破的外道理論，又如何能真正確立做為能破的佛陀教義？為了弘傳佛教正法，度脫有情眾生，（基辨）追從先賢所訓，解釋這種異端之論。也就是說，基辨認為，只有弄清楚了反對者的理論，才能更好地批判破斥之，並由此真正確立佛說的地位。

基辨把整部《勝宗十句義論釋》分為五大部分：一、辨教起因，二、彰論體性，三、顯論宗旨，四、釋題目，五、隨文判。其中，「辨教起因」又分為「初、正明教起」和「二、辨造釋意」，在「辨造釋意」部分，基辨進一步具體闡述了撰寫此「論釋」的意圖：

入釋門，閱我諸經論疏中，至叙勝論所執文，鴻疑關塞，義意難通，商確日久，漸得辨六句、十句名相。然未解彼宗，由此句義如何建立世、出世間？遂捨卷言：此是外道，雖不解得，何痛之有？復竊以為，此是外道膚淺之論，而解了不容易。因識我觀諸法之智猶劣於彼，又以為生來所修慧業劣於彼，故不能知彼伏彼，何其不羞焉！

> 又以為今世學者，以不及外道智，概覽廣大深遠佛教，隨文固執名相，自稱為解得佛教，何其不慎焉！今世大乘學者，不辨外道所執，不識自以固執心地揣大乘教，口說大乘，心不及外人見，何其不懼焉！
>
> 故間推窮斯論既有年矣，周審六句，練觀十句，徐悟得彼建立本旨，遂造斯釋，講演教授，以誡大乘膚受學者。然有作難，佛日既沒，法寶行墜，佛教萬差難得其真，豈空講外論費日時耶？謂今釋外論，專在法住，利生志也，故務以為大乘者焉。蓋大聖世尊《涅槃》等經說外所執令審察以除自固執，聖慈氏及無着、龍樹、提婆等亦廣說外計，令除邪執。即是諸佛菩薩為度衆生，應作事故。小見學者，豈敢忖度耶！《瑜伽論》中，令諸菩薩一日為三分，其一分學外論，此其意也。故今亦令大乘膚受學者，必先識外執心如是，如是生厭怖心，安住大乘真實心地，是即今務釋外論由致也。

基辨在這裡首先敘述了自己學習佛典時一種頗具普遍性的經歷與心路歷程：閱讀佛教的各種經、論、疏時，碰到所敘述的勝論派理論，覺得「鴻疑關塞，義意難通」，思考斟酌的時間久了，才逐漸明白「六句義」和「十句義」的名相意思，然而卻始終不懂勝論派如何能根據這種句義理論構建起世間和出世間的學修體系？於是就把經卷扔在了一邊，自我安慰道「這是外道邪說，雖然不明白，但又有什麼損失呢？」

然而，仔細想來，勝論外道雖然是膚淺之論，但要弄懂卻著實不易。基辨從三個方面痛斥了不知外道學說的悲哀：首先，如果由於佛教徒觀察諸法的智慧與修行不如勝論派，因而不能認識勝論，更不能破除之，這是一種巨大的羞恥！再者，如今（江戶時期）的佛教學者，用不及外道的智慧，粗淺地了解廣大甚深的佛法，只根據表面文字而固執於名相之囿，卻自稱為理解了佛教，這是極不嚴謹的作法！第三，如今（江戶時期）的大乘佛教學者，尤其是法相宗人，不辨別外道所執理論，固執己見，嘴上說著大乘佛法，心內卻不如外道，這是非常危險的事！「何其不羞焉」、「何其不慎焉」、「何其不懼焉」三句話，足見基辨感慨之強烈。

基辨推度、鑽研《勝宗十句義論》已有數年（「既有年矣」），仔細審讀「六句義」與「十句義」之說，慢慢悟得了勝論派建立世、出世間的宗旨，然後才造了這一論釋，並且演講教授，用以教誡大乘學者中的膚淺之人。然而，有人就此責難說：釋迦牟尼圓寂後，佛法日漸衰落，佛教教義本身千差萬別難得其真，更何況再空講外道理論，豈不是浪費時間？基辨的回答是，現在解釋外道論典，是專門立志於使佛法久住、饒益眾生，而這才是大乘者的當務之急。釋迦牟尼所說之《涅槃經》等經文中，都讓人仔細審查外道的理論，並以此破斥自身的執著；彌勒、無著、龍樹、提婆等聖人也都廣說外道，從而令人破除錯誤的執見。諸佛菩薩為了普度眾生，尚且如此講說並破除外道，狹隘膚淺的學者，豈敢忖度之！再如，《瑜伽論》把諸菩薩的一日時間分為三部分，其中一部分就用來學習外道論典，也是同樣的道理。所以，為了大乘膚淺學者認識到外執心，生起厭怖心，然後安住於大乘的真實心地，這才是現在解釋外道之論所要達成的目的。

簡言之，基辨自述的「辨造釋意」是從宏觀的角度講，正因為看到了江戶時期佛教學者研習內道教法時存在著故步自封、不求甚解等流弊，基辨才倡導透過學習《勝宗十句義論》等外道論典來通達佛陀教義，實現自利利他的大乘理想。

此外，基辨也從微觀的角度闡述了為何自宗法相人必須深入認識勝論而不是其他外道的原因，即在註釋「意云何？謂：是覺、樂、苦、欲、瞋、勤勇、行、法、非法不和合因緣，起智為相，是為意」一句的最後，基辨比較了唯識教相與勝論宗義的異同：

> 學法相大乘人，必須審察勝宗所立，除固執，住中道。若不爾，唯識教相悉成勝宗，為非大乘，所以者何？大乘說唯識教，成立自本有種現行諸法，皆是識變，識謂能緣心識。若不離實有，固執而談，則與勝宗我意合起智、從實有詮緣因、造果而為所知境，雖言異意全同。又彼言：無分別、無我之見緣實我，離六句得涅槃。若不離，固執而談，癡詮妙理或唯識性等，全同彼云離六句、得無我之我。又我宗所言，法爾本有種子，於識變依他緣起而談，說種子虛妄假法，故識變幻有亦全圓成實而談，說圓成實於彼故。若不達此理，談唯識教，全同彼所立，故今勤解釋此外論也。

在基辨看來，唯識學說與勝論宗義有很多相似處，特別是「心識」之變現生起理論，如不仔細審查，祛除對「實我」、「實有」的固執，所謂唯識教將等同於勝論義，即墮入外道邪見。這是從具體的根本教義之比較來看，唯識宗人必須學習《勝宗十句義論》且仔細甄別其與唯識義理之同異。這也就是基辨必須解釋清楚勝論外道之理則的直接原因。

最後，基辨在完成整部《勝宗十句義論釋》後，再次強調了學習勝論、數論等外道思想對於法相學者來說的特殊重要意義：

聞今世不識法相大乘心玄者之講說，逐相數名、刻苦名相差別，未始問真勝義中「心言俱絕」文義如何？大唐三藏遊印度受正法藏流傳舊邦，四重真俗家珍妙義，徒為長物，所以八識心所本有始起有無漏種，現等反為固執，悉墮勝宗，非徒失大乘益，遂招莫大之罪，有智之人豈不恐懼乎！傳聞數、勝二論謬先佛教法所成立也，竊以不離固執實有之見數，我法相八識心所成彼覺等，本有始起成彼詮因。有無漏智，彼邪正智，無分別、無所得、彼無我見，心言俱絕，成彼離六句、證涅槃。真如淨法界成彼我實，蓋我法相大乘《深密》、《楞伽》等說，今也澆季綿力薄才，但數名相不知一名一相無非離言，至諸佛證智不可言境，彌以為遠，偏懼今佛大乘亦行將墮勝論所立。《顯揚論》說，無上大乘，施設建立於離言絕境界。夫珉玉精麁，蓋是耳目所覩，尚混昏明，而實殊鏡，況中道玄旨，言亡慮絕，豈易分哉！故今為護遺法，聊報佛恩，釋斯外論，以誡膚受大乘學者，冀觀離言中道，簡擇大乘法相云爾。

由此可見，基辨對江戶時期法相宗人追逐名相的學風深惡痛絕，認為法相宗人對於「八識心所」的固執，已然等同於勝論外道。可以說，基辨是把《勝宗十句義論》做為一面鏡子，讓法相宗人觀照對比自身，從中簡擇出真正的大乘教法。

值得注意的是，這段位於最後的「跋文」中反覆出現的「離言」、「中道」等語詞，讓基辨身上濃厚的唯識宗風添了一層般若中觀的色澤。

四、盛範刻《勝宗十句義論釋》的緣由

在《勝宗十句義論釋》的全書之首有一「刻《勝宗十句義論釋》敘」，落款為「安永三年龍集甲午夏五月／興福寺竹林院相宗學道沙門盛範謹敘」。安永三年即一七七四年，盛範的生平事蹟不詳，由該「敘」可知是在奈良興福寺聽受基辨講學的法相宗門人弟子：

> 明人議《象祠》言：「為舜非為象」，於是舜德益見矣。蓋此《十句義論》者，印度之外論也。相傳謬於先佛之教，所封執焉。大抵勝論之為宗也，自有為生本，無我為淨道。由斯觀此論，相詮自有，心遊言外，豈易解哉？奈何輓近法與世降，講學我法相大乘者，有不與真俗即離，而但逐相數名之弊，可謂墮勝論也。不可不慎焉。
>
> 大同房基辨法師，懼令佛之大乘亦行墜外焉，愍不辨珉玉者焉。以作斯釋，意但在為內，非為外已矣。師掛錫于本寺，講唯識因明之日，予廁資見此論釋，未脫艸稿，遂

請得焉。閱猶有惑，從以問答決擇。勝論玄旨，昭昭乎如看日矣。師不以我庸愚，命校刊旌決意。校成韞匱重襲，以自寶焉。屬日有近事真明者，請師以公諸世。予不待善賈，為出授焉。亦非但為內，非為外，亦為廣益有情也。庶幾吾黨，昏明無失，進取法相大乘，則詎與獨益舜德，不及餘之論云爾。

盛範的這一「序言」開篇引用中國明代大儒王陽明（一四七二—一五二九）被貶為貴州龍場驛丞時所作的《象祠記》：

君子之愛若人也，推及於其屋之烏，而況於聖人之弟乎哉？然則祀者為舜，非為象也。

王陽明原文的意思是：君子如果愛戴這個人，便推及到連他屋上的烏鴉也喜歡，更何況是對於聖人舜的弟弟象呢！既然這樣，那麼興建象祠是為了舜，不是為了象啊！盛範徵引此文意在表明，刊刻《勝宗十句義論釋》是為了佛教，而不是為了勝論派，也可謂是「愛屋及烏」，這一旨趣顯然相承於基辨自述的造此論釋之目的。

然而，盛範對於佛學時弊的批判似比基辨更為尖銳，如他指出講學法相之人，盲目追逐名相法數，不知「有不與真俗即離」的甚深奧義，實是墮落於勝論之流。在盛範看來，基辨唯恐當時的大乘佛教徒，特別是法相宗人固執謬見，悲憫其不辨正法，所以作了《勝宗十句義論釋》。

盛範在序言中還清晰陳述了《勝宗十句義論釋》成書與刊行的過程。由此可知，基辨曾經在興福寺講授唯識與因明，盛範參與聽講之餘看到了《勝宗十句義論釋》，當時尚為草稿，向基辨請得用以學習。盛範閱讀時有疑惑處，就向基辨請問，抉擇疑難。用「昭昭乎如看日」形容勝論玄旨，可見在盛範看來該論的難度極大，當然亦可能有自謙的成分。基辨命盛範校勘文本，校成後，盛範一度將其藏於櫃中，「以自寶焉」。直到有明理之居士請基辨將講稿公諸於世，盛範於是「不待善賈」，便授予其人。如此刊行《勝宗十句義論釋》，不是為了外道，而是為了佛教，也就是為了廣泛地利益眾生。與基辨一樣，盛範也希望同為法相宗人能明白佛教與外道之黑白良莠，精進於真正的大乘教法。

《勝宗十句義論釋》上、下卷末則分別記有盛範的跋文，上卷為：

安永改元辰年十二月，以大同房上人自筆本書寫功訖，至難解文義，頗受指麾校正已。

南都興福寺竹林院，相宗學道沙門盛範

「安永改元辰年」即一七七二年，是年基辨親自完成了《勝宗十句義論釋》上卷，並指導盛範校正難解文義。

下卷的跋文有兩段，分別如下：

安永二巳年秋八月望日，於興福寺慈門院，沙門基辨造斯釋竟。

安永三午歲五月，以大同房基辨上人自筆本書寫，至難解文義，頗受指麾校正已。南都興福寺竹林院，相宗學道沙門盛範。

安永二年和安永三歲分別是一七七三年和一七七四年。由此可知，基辨自筆書寫《勝宗十句義論釋》與盛範的校訂工作基本同時進行，上卷同步完成於一七七二年十二月；而下卷的工作，基辨完成於一七七三年八月，但直到一七七四年五月，盛範才在基辨的指導下完成校訂。前文所述盛範的「刻《勝宗十句義論釋》敘」同樣寫於一七七四年五月。也就是說，基辨完成整部《勝宗十句義論釋》的時間是一七七三年八月，但經過盛範校正的定本則成書於一七七四年五月。

關於《勝宗十句義論釋》的刊行，上卷末尾記錄了資助刻印之人的銀兩與姓名，即「刻料助銀」，錄文如下：

施銀貳兩　下總葛飾郡西平井村　某等

施銀四兩　善行院法清日顯信士　同村藤原清石右衛門

施銀貳兩　武州　葛西　小合村　某等

施銀八兩　同　足立郡北三谷村　某等

施銀壹兩　秋岸皋阿信士　同村長谷川八郎兵衛
施銀壹兩　一家聖靈　同村同姓五左衛門
施銀三兩三錢目　普賢寺村　某等
施銀壹兩　辰沼新田　某等
施銀壹兩　大谷田村　某等
施銀貳兩　蒲原村　某等
施銀壹兩貳錢目　某等

下卷末尾則附有刊行出版相關的時、地、人等關鍵訊息：

安永八己亥孟秋吉旦
皇都書林
寺町通五條上町　中野宗左衛門
河原町三條下二町目　藤井吉次郎
東六條中數珠屋町　池田屋七兵衛
同下之珠數屋町　西村九良右衛門
五条橋通高倉東江入町　北村四郎兵衛

從一七七二年完成上卷之際，到一七七九年刊行出版之時，不僅可以看出基辨撰寫、盛範校正所耗費之時日，也可推知刊行於安永八年（一七七九）的京都大學藏本應是初版，完整保留至今，實屬不易。

需要說明的一點是，現存於京都大學的藏本上卷末的「刻料助銀」和下卷末的「皇都書林」相關人士等紀錄，均不見於《日本大藏經》所收之文本，應為中野達慧編輯時所刪除。但是，這兩處信息對於現代人了解十八世紀日本的書籍刊行情況，確是別有意義之處，尤其是從所記錄的「刻料助銀」可知，刊刻《勝宗十句義論釋》耗費錢財不少，皆由佛門居士供養而來，一方面正是盛範所謂「屬日有近事真明者，請師以公諸世」的具體體現與明證，另一方面也足見基辨頗受時人敬戴。

五、《勝宗十句義論釋》的主要內容與特色

《勝宗十句義論釋》是對玄奘譯《勝宗十句義論》的逐句註釋，如前所述共分為五大部分：「一、辨教起因，二、彰論體性，三、顯論宗旨，四、釋題目，五、隨文判」。其中「隨文判」是主體，占了全《釋》約百分之九十五的篇幅。基辨按照《勝宗十句義論》的文脈，詳細逐個解釋了「十句義」——實、德、業、同、異、和合、有能、無能、俱分、無說——的內涵外延，以及各句義的特性差別，複雜難懂處做詳細解釋，簡單淺顯處則一筆帶過。讀來詳略得當，酣暢淋漓，讓人對勝論派之句義理論體系頗生洞明之感。

林鎮國教授在大作〈論證與釋義：江戶時期基辨與快道《觀所緣緣論》註疏的研究〉中很好地闡述了以基辨和快道為代表的江戶僧人所體現出來的實證主義、語文主義以及批判性的早期現代學問風格。筆者不憚以狗尾續貂再來談基辨的註疏特色，僅就《勝宗十句義論釋》做三點補充：

首先，基辨逐句引用《勝宗十句義論》原文，逐個解釋重點詞彙，確如林鎮國教授所言，「在釋義方法上，江戶佛教有濃厚的訓詁考據之風」[14]，「這裡可以看到江戶佛教學問的特色之一，就是有意識地從文法學的角度來研究佛教漢語……對於江戶佛教學者而言，漢語也是外國語，需要借助於文法分析，才能更為精確地掌握其義。將八囀聲和六合釋用來分析漢語文法，可以說是江戶佛教的特色」。[15]然而，縱觀《勝宗十句義論釋》，筆者認為，這種訓詁考據或說文法學角度的研究方法，相比於中世日本佛教強調口傳主義的學風，[16]縱然可以說是一種特色，但若放置在更為綿長的東亞佛教歷史譜系中，則毋寧說仍然只是在繼承慈恩大師（六三二—六八二）等法相宗祖的傳統解經註疏方式，而可能與所謂的「近世」這一鮮明的時代標籤並無必然之聯繫。

具體來看，《勝宗十句義論釋》只在兩處用到了「八囀聲」，即如下：

1. 初義，遍言屬業，遍家所依，第六囀依主釋；後義，遍即所依，持業釋也。
2. 以者，由，第三囀聲也。

關於「六合釋」，除了上例1.中談及「依主釋」和「持業釋」各一次之外，《勝宗十句義論釋》中提及「依主釋」十六次、「持業釋」六次、「相違釋」八次，未出現「有財釋」、「帶數釋」、「鄰近釋」等。限於篇幅，僅舉下述三列：

1. 勝宗之十句義，依主釋也。又勝宗者，彼宗名。十句義者，勝宗所立，非他家所立。若云，離十句更無餘立勝宗法，則十句義即勝宗，持業釋也。
2. 一云：眼之觸，依主釋也；二云：眼與觸別，所取同時，取是相違釋。
3. 若但云眼皮，則但相違釋義，彰依主得名，義遂不相彰，所以云眼觸而不云眼皮。今云眼觸，故顯皮取亦有皮之觸，一名兩義全備。

誠然，相比於禪門語錄等經驗主義元素較多，或密教儀軌咒釋等信仰色彩較重的文本，上述幾例包含「八囀聲」與「六合釋」在內的文句確實體現了濃厚的訓詁與文法學之風。但是，如果考慮到基辨做為經受嚴格訓練，且嚴守宗風的法相宗傳人，這種程度的訓詁與文法角度的語義分析，不管是深度還是廣度，全然沒有超出慈恩大師所流傳下來之「範本」的模式。也就是說，類似的註解方式在基師的「百部」註疏之中可謂隨處可見，且擷取若干例如下：

《成唯識論述記》：「所知之障，依主釋也。」[17]

《說無垢稱經疏》：「要斷障得名為解脫，為滅想受之解脫，依主釋也。上七解脫，皆持業釋。」[18]

《因明入正理論疏》：「相違之決定，決定令相違，第三第六兩囀，俱是依主釋也。」[19]

《唯識二十論述記》：「若作及義，於六釋中，顯相違釋。」[20]

從《勝宗十句義論釋》的內容與文風來看，基辨秉持文獻主義的立場是十分明顯的，但這種立場是否因「近世」而應彰顯其特殊性，則似可待商榷。更重要的是，談及（梵文）文法學會很容易讓人聯想到近現代日本在西學影響下所興起的梵語學習熱潮，以及後次在佛教研究領域形成主流範式的「文獻學」（Philology）方法。由此，聯想到一件並不直接相關但十分有趣的事情：以真言宗的傳統方式獨自鑽研梵文文法、完成了一千卷大作《梵學津梁》的慈雲尊者（一七一八—一八〇五）與基辨的生活年代基本重合。

其次，《勝宗十句義論釋》徵引的文獻數量多、涉及範圍廣，但以唯識、因明類文獻為主，出現的書名有：《三十唯識疏》、《瑜伽》、《顯揚》、《成唯識疏》、《因明疏》、《慈恩傳》、《俱舍光記》、《俱舍》、《成實疏》、《唯識了義燈》、《唯識演祕》、《因明前記》、《因明後記》、《因明邑記》、《二十唯識疏》、《唯識義演》、《基疏》、《周記》、《中觀論》、《涅槃經》、《三十論疏》、《義蘊》、《法苑義鏡》、《金七十》等。由此足見基辨做為法相宗人的學脈傳承與博學廣識，當然也可以說從側面體現了「訓詁考據之風」。

第三，基辨對諸古德先賢所傳教義不止於簡單羅列，而是有所辨析與評判，尤其對關鍵詞句、重點內容的剖析甚是專入精深，這部分類似於現代學術的比較研究，所占篇幅雖然不大，卻是最能體現基辨所理解之勝論哲學的內容，較多原創性的觀點。

例如，註釋「我云何？謂是覺、樂、苦、欲、瞋、勤勇、行、法、非法等和合因緣，起智為相，是為我」一句，針對其中的「等」字，基辨引述了六種不同的解釋，然後評價道「以邑師義為勝，第五解亦勝」；針對其中的「和合因緣」一詞，先詳細列舉了六家古釋，即分別轉述了《因明論疏》、《唯識了義燈》、《唯識演祕》、《因明前記》、《因明後記》、《因明邑記》之論，然後逐一進行評判，最後在此基礎上詳細剖析了與唯識教學最為相關的勝論派之「我」，並提出了自己的解讀，即概言「謂我實是常住、實有、有德故，我與覺等九德和合，我實為所依託，起智為我實體相也」。

林鎮國教授認為：「從歷史發展來看，十八世紀江戶佛教的批判實證學風可以說是為明治時期接納歐洲佛教歷史文獻史學鋪路，成為日本現代佛教研究得以發展的本地土壤；若缺乏江戶佛教具有的早期現代學問性格，很難想像十九世紀的歐洲實證佛教史學可以順利地在日本佛學界落地生根。」[21] 對此，筆者深以為然，批判性的學風確實是基辨《勝宗十句義論釋》的一大特色，但似乎還應該在此基礎上再加一「思辨性」。這是因為，基辨所做的批判已然不同於宗派爭鬥時的簡單否定，而是對前人的不同見解有著深刻的認識與反思。因此，如果說「思辨性的批判實證學風」或許能更完整地體現以基辨為代表的十八世紀江戶佛教所展現出來的學問性格。

六、餘論：江戶佛教與印度哲學

林鎮國教授的雄文〈論證與釋義：江戶時期基辨與快道《觀所緣緣論》註疏的研究〉給了筆者很多啟發，特別是關於如何解讀江戶時期出現的研究數論與勝論等印度外道思想的熱潮，其興起原因與背景是什麼，對後來的日本佛教學界又有何影響或意義？既有高論在前，此處只略再提幾點淺見做為結語，以求教方家。

在《勝宗十句義論釋》的序跋文中，基辨與盛範反覆強調學習外道的目的是要校改大乘法相宗人之陋習，以弘揚佛陀正法。但事實上，基辨和盛範似乎都沒有把話說通透，或者，基辨與盛範都留有言外之意而不盡言。然而，在江戶早期和明治時期刊行的外道論書之跋文中，我們卻看到了另一種更直觀反映時代潮流的印記。

如海日妙（？—一七一一）在《金七十論》最早的刊行本，即元祿十年（一六九七）版的跋文中指出：「印度哲學雖然敵不過我佛教之教說，但比中國的孔子、老子思想來得優越，是一種深淵……迄今為止，日本佛教的研究中，有關數論派思想內容的理解不夠充分……以佛教為頂點，其次優秀的是印度哲學，中國的孔子和老子思想在其下。」[22]

明治二十八年（一八九五），齋藤隆現（一八六八—一九四七）在東京出版連存教纂《增補科註冠導勝宗十句義論》時，寫有跋文：「所破不明能破不立者，因明之定則也。

宜哉前賢，兼綜大小內外。此論印度之哲理，而幽玄深邃傑出耶蘇天主教，進一步則入佛教之域矣。」[23]

如海日妙的跋文比《勝宗十句義論釋》的刊行早了將近一百年，而齋藤隆現之言恰好晚了約一百年，基辨處於兩者之間，不可謂不受世易時移之影響。換句話說，雖然在《勝宗十句義論釋》中，我們只讀到了大乘法相宗人與勝論外道之間跨越巨大時空差異的張力，但實際上，十七、八世紀的日本，充斥於知識界甚至一般社會的是以「中國的孔子和老子思想」為代表的漢學，以及以「耶蘇天主教」為旗幟的洋學。前者雖然古已有之，但在新時代展開之際，與後者一樣，給江戶時代的佛教僧人帶來了重大衝擊。因此，如海日妙和齋藤隆現才會分別把「中國的孔子和老子思想」與「耶蘇天主教」排位於「印度哲學」之下，且在此基礎上把佛教奉為最高頂點，這種作法可謂是「廣域的判教」甚至是「全球化」視域下的新型判教，其最終目的當然亦是要弘揚佛法。

這裡就出現了一個問題：從江戶到明治，前後相距二百年，兩位佛教徒為什麼不直接判定漢學與洋學皆不如佛學，偏偏都要選取佛教研究中長期處於「默然」狀態的印度哲學做為橋樑或中介來進行重新架構？——在《勝宗十句義論釋》中，基辨事實上也把勝論派的「實在論」思想做為通向真正大乘思想的橋樑。佛教徒這一作法的緣由與動力，可以認為主要來自面對新時代、新世界所產生之新世界觀的影響，以及為了適應變動的時局於自身框架內構建新思想體系的需求。

就漢學領域來說，十六世紀以降，朱子學、陽明學等儒學大興，排斥佛教。在儒學的影響下，元祿時期（一六八八—一七〇三）前後興起了一股追求純日本古代國風為宗旨的國學之風，頌揚古典神道精神，批駁佛教傳入後所形成的神佛融合現象。豐臣秀吉（一五三七—一五九八）入侵朝鮮，開啟了日本打破華夷秩序的歷史進程，而所謂的「水戶學者」在「排佛」的同時亦否定了傳統儒學中「華夷之辯」的理念，以「日本之都才可謂中華」的新觀念取而代之，加深了「排華」的程度。[24]從如海日妙到基辨的一百年間，江戶佛教的傳統正當性受到了各個社會與學術圈層的多面衝擊，僧人不得不開展各種形式的「護法」行動，其中之一就是註疏古譯佛典，但其實質目的是藉此刊行新思想，以應對此起彼伏的挑戰。

就洋學方面來講，早在一五四九年，沙勿略（Francis Xavier, 1506-1552）乘中國商船抵達九州鹿兒島，將基督教介紹到日本。一六〇〇年，荷蘭探險船首次到達日本。隨之而來的就是西歐諸國一邊傳播基督教、一邊進行貿易往來。雖然在一六三三年至一六三九年間幕府先後下達了五次鎖國令，禁止傳播天主教。但是，基辨出生前兩年，即一七一六年，德川幕府第八代將軍吉宗（一六八四—一七五一）展開了著名的「享保改革」，積極引進西洋文化，內容涉及醫學、語言學、理學、植物學、軍事學、經世學等廣泛的領域。洋學的傳播，大大開闊了日本人的視野，知識界已經具有新的、基於近代科學的世界觀。[25]如海日妙口中的「中國的孔子和老子思想」變成了齋藤隆現筆下的「耶蘇天主教」，正是這種時代變遷的直接反映。

做為寺院僧人（如基辨八歲出家，僅受寺院教育），若不在西洋人所辨的私塾裡專門受學，則無法掌握這些新知識，也就無法直接應對洋學所帶來的問題與挑戰。此時，如果跳出傳統的東亞視角，特別是「華夷」聚焦觀，而以日本為中心來看待整個世界版圖的話，由中國傳入、為漢文所寫的《勝宗十句義論》與《金七十論》實際上並非「漢學」、亦非「佛學」，而是更接近「洋學」的「印度哲學」。印度，不再僅僅做為佛陀的故鄉來說是「西方」，而且在全球化的地理方位與航線中，也是沙勿略等西洋傳教士在進入日本之前停留傳教的地方。因此，在一定程度上，《勝宗十句義論》和《金七十論》是江戶時期的佛教徒在自身能力範圍內所能夠對付的為數不多的、代表著新知識的「洋學」，也可以說是其能夠主動參與「全球化」之新世界的一種重要方式。

再者，做為佛教的古老對手，勝論派與數論派在佛典裡一直都是被徹底批駁的形象，可以很容易地被納入佛教所擅長的「判教」圖式。當江戶佛僧把印度哲學看作某種意義上的西學洋教之時，他們對《勝宗十句義論》與《金七十論》的註疏研究就擁有了一種迴異於傳統佛學研究的全新意義，即給古老的印度外道披上了西式新衣，用以在江戶時期所面對的新世界、新挑戰中重新刻畫佛教的至上地位——連宿敵印度外道都優於「中國的孔子和老子思想」、也優於「耶蘇天主教」，更何況自始至終都能制伏外道的佛教呢！

對於江戶時代的日本而言，以近現代科學為核心的洋學所帶來的不僅僅是一種新的知識體系，更重要的是一種新的世界觀、方法論，甚至可以說是做為現代人的根本精神。如果把這種精神用於解釋基辨等江戶僧人的學問風格，自然可以和批判性、思辨性、文獻學等相關聯，但必須同時注意的是，自玄奘而來的法相宗、因明學傳統從來就不缺乏激烈的理性論辯與深邃的廣徵博引。所以，如果我們考慮到，江戶時期「鎖國」狀態下日本民眾所接受的帶有限定條件的外來文化，不管是漢學還是洋學，實際上在加深了日本文化之多樣性的同時，也刺激了日本文明的獨立發展；那麼，江戶時期的僧人們所做的印度哲學研究就是這種謀求獨立之文明、建立自主之思想的一種具體體現——這或許也可以用來解釋，為何同時期的中國未出現對數論與勝論等外道思想的研習。而這種獨立意識與自主追求，才真正使得近現代日本的佛教研究能夠在汲取歐洲學界之方法論的基礎上，快速地「青出於藍而勝於藍」，建立起龐大的佛學學術帝國，並源源不斷地向外輻射。

註解

1 「同上」指的是西明寺道世撰《法苑珠林》（百卷），CBETA, T55, no. 2183, p. 1162c。又，林常快道在《勝宗十句義論訣擇》中指出慈恩大師曾著有《十句義論章》：「基法師造此論鈔令文義通，題以曰《十句義論章》，卷僅成一，見《東域錄》，只藏古剎，令飽蠹口，未有公行，嗚呼多恨。」財團法人鈴木學術財團編，《增補改訂・日本大藏經》卷五十九（東京：講談社，一九七五年九月），頁一一六二。

2 關於江戸時期的《金七十論》註疏研究，與津香織做了大量工作，發表了一系列成果，可參見如下：〈日本における《金七十論》とその注釋書について〉，《仙石山論集》第二期（二〇〇五年九月），頁三一—五九；〈江戸時代における《金七十論》研究〉，《印度學佛教學研究》卷五十八第一號（二〇〇九年十二月），頁一四一—一四四；〈江戸期における《金七十論》研究の背景〉，《印度學佛教學研究》卷六十四第二號（二〇一六年三月），頁一四三—一四八。

3 與津香織，〈江戸期における《金七十論》研究の背景〉，《印度學佛教學研究》卷六十四第二號，頁一四三。

4 「日本古典籍綜合目錄數據庫」（日本古典籍総合目録データベース）收錄了各註釋本及其現藏情況，詳見 http://dbrec.nijl.ac.jp/infolib/meta_pub/CsvSearch.cgi，二〇二一年二月四日瀏覽。

5 財團法人鈴木學術財團編，《增補改訂・日本大藏經》卷五十九，頁一—六二。同卷收入的還有：快道（一七五一—一八一〇）《勝宗十句義論訣擇》（五卷）、寶雲（？—一八四七）《十句義論聞記》（一卷）；也就是說，《增補改訂・日本大藏經》共收入《勝宗十句義論》的註釋書三部。

6 https://rmda.kulib.kyoto-u.ac.jp/collection/zokyo，https://rmda.kulib.kyoto-u.ac.jp/item/rb00019171，二〇二一年二月四日瀏覽。

7 參見「日本古典籍綜合目錄資料庫」，http://dbrec.nijl.ac.jp/KTG_W_34708，二〇二一年二月四日瀏覽。

8 「日藏未刊本」是指京都大學圖書館在一九二五年（大正十四年）從中野達慧處購入的兩千零六十五冊珍貴文獻，這批典籍原本是中野達慧為刊行《日本大藏經》第二部而蒐羅的稀見資料，然而《日本大藏經》第二部最終並未完成，故相對已經刊行的《日本大藏經》（如前述《勝宗十句義論釋》等）之「既刊本」而歸類稱為「未刊本」。詳見 https://rmda.kulib.kyoto-u.ac.jp/collection/zokyo，二〇二一年二月四日瀏覽。

9 參見〈江戶．基辨《觀所緣緣釋論》解題〉，收於林鎮國、簡凱廷編，《近世東亞〈觀所緣緣論〉珍稀注釋選輯》（高雄：佛光文化，二〇一八年五月），頁一五九。

10 同前註，頁一三四。

11 筆者註：指《觀所緣緣論釋》。

12 參見林鎮國，〈論證與釋義：江戶時期基辨與快道《觀所緣緣論》註疏的研究〉，《佛光學報》新四卷第二期（二〇一八年七月），頁三八二。

13 參見註九，頁一三四。關於基辨的研究論文主要有如下：高次喜勝，〈大同房基辨の研究：藥師寺藏《藥師寺大同房基辨律師傳》翻刻〉，《南都佛教》第九十八期（二〇一三年），頁四七—七二；野呂清，〈基辨撰《大乘一切法相玄論》における心識說〉，《龍谷大學佛教學研究室年報》第十三期（二〇〇七年三月），頁一九—二三；高岡善彥〈大同房基辨の研究：「無種姓」とその「改転」に關する問題〉，《龍谷大學佛教學研究室年報》第十三期（二〇〇七年三月），頁一—一八；大谷由香，〈江戶時代における唯識教學：基辨撰《大乘五種姓玄論》を中心として〉，《龍谷大學佛教學研究室年報》第十三期（二〇〇七年三月），第三三—五一頁；山崎慶輝，〈基辨撰《大乘一切法相玄論》〉，《龍谷大學論集》第四百二十四期，（京都：龍谷大學，一九八四年五月），頁二三—四五；橋本凝胤，〈藥師寺基辨大德の事蹟及び其著書〉，《佛教學雜誌》卷一（一九二〇年），頁二六—三〇。

14 參見註十一，頁四〇九。

15 同前註，頁四一一。

16 林鎮國教授在該文中引用末木文美士教授的觀點，「相對於日本中世佛教之強調口傳主義，近世日本佛教的學問採取明顯的文獻主義的立場。」參見末木文美士，《近世の佛教：華ひらく思想と文化》（東京：吉川弘文館，二〇一〇年七月），頁一〇三—一〇五。同註十一，頁四〇九。

17 CBETA, T43, no. 1830, p. 235c.

18 CBETA, T38, no. 1782, p. 1037b.

19 CBETA, T44, no. 1840, p. 126a.

20 CBETA, T43, no. 1834, p. 997b.

21 參見註十一，頁三八四。

22 轉引自註三，頁一四三—一四四。

23 連存教纂《增補科註・冠導勝宗十句義論》（東京：森江商店，一八九六年二月）；日本國立國會圖書館線上公開，https://dl.ndl.go.jp/info:ndljp/pid/816693，二〇二一年二月四日瀏覽。

24 肖平，〈論日本江戶時期的排佛思想〉，《日本學刊》一九九八年第六期（一九九八年），頁一一三—一二七。

25 王家驊，〈幕末日本人西洋觀的變遷〉，《歷史研究》一九八〇年第六期（一九八〇年），頁一三五—一四九。

戒定與江戶時代《唯識二十論》的講論熱潮

——國立政治大學哲學系名譽教授、法鼓文理學院特設講座教授　林鎮國

一、江戶時期窺基《唯識二十論述記》的發現與註疏熱潮

世親的《唯識二十論》傳至中土，凡有三譯。在諸多唐疏中，唯窺基《唯識二十論述記》至今獨存。[1]然考之《日本現存八種一切經對照目錄》，[2]未見《二十論述記》抄寫紀錄，亦未見於《高麗藏》、《金藏》、《北藏》和《嘉興藏》等。無怪乎窺基之後，直到十八世紀初之前，不論是在中國或日本，既未見《二十論》之註疏，亦無任何《二十論述記》複疏的出現。[3]相對於歷史上《唯識三十論》及《成唯識論》註疏眾多，《唯識二十論》可說是庭前寂寥，乏人問津。這情況到了江戶前期突然有了巨大變化。據大內青巒所指出，《唯識二十論述記》於元祿十五年（一七〇二）被意外地發現並予刊刻：

> 然往時學者、單講《三十》而不及《二十》、志士深慨之。元祿中、仙台龍寶寺實養比丘、得之於古剎藏中。壬午二月校刻、始公于世、其功實可謂偉也。尋明和丁亥之秋、南都東大寺基辨法師、更刪補貽於學者。今二本並行、而互有得失、皆未盡美。天明五年春夏之交、豐山林常快道和尚、對照諸本、審考精訂、乃著《權衡鈔》十卷、科段明晰、解釋詳悉、此疏之精彩、方得燦然。然疏之與抄、皆未印行、學者每以為憾。[4]

由此可知，窺基《唯識二十論述記》出土於日本元祿年間，經二次刊行，始重見於世。[5]其詳情可見於實養訓點、基辨校，《唯識二十論一卷坿唯識二十論述記二卷》（元祿十五年京都井上實氏等刻本），其中實養與基辨（一七二二—一七九一）均有刻序。[6]

長與實養，卒於元祿十五年（一七〇二），新義真言宗學僧，任仙台龍寶寺住職。[7]他在刻序（一七〇二）中提到該《二十論疏》乃「得諸古剎藏中，將加點校，以公於世」，但也提到「第惜書誤甚多，得此失彼，雖間可是正，而不能盡」，[8]可推測其所發現於古剎藏中的版本應是抄本，故多舛誤。[9]雖然實養已加點校，從相隔六十多年後（一七六七）的基辨看來，實養校本仍然非常不理想：

> 然近來坊間之疏本，先有比丘實養者，自勤剔抉，以公於世，作序以憾善本之難得而是正之不盡焉。其本之為形也，義旨缺謬，起于魚魯渾淆；文辭聱牙，誇于國訓繁鄙。脫落錯亂，文理不屬。毫氂乖爽，或謬大義，非只一條，難具陳述。[10]

然後「校諸三本，刪整譌舛，綴補紕闕」，才有可讀的校勘本。[11]天明年間，基辨作《二十唯識論講錄》，謂：「近來學者，好講《三十論》等，不好講此疏。所以疏主明中道之實意自難炳然焉。後來學唯識者應審觀之，常講此疏也。」[12]及至一七八五年，快道（一七五一—一八一〇）出《唯識二十論述記權衡鈔》十卷，被視為窺基《唯識二十論述記》之後堪稱「完璧之解釋」，「學徒爭寫以持歸東西」，[13]流布於世，影響甚廣。文化二年

（一八〇五），戒定（一七五〇—一八〇五）出《二十唯識論帳秘錄》，合基辨與快道的講錄，共為此時期《二十論述記》註疏的代表作。

據結城令聞《唯識學典籍志》所載，江戶時期的《唯識二十論》註釋計有十本，《唯識二十論述記》註釋則有二十七本，若再加上基辨的《唯識二十論順釋論夾註》一本，[14]則約有四十本註疏之多，可謂蔚為大觀。如何解釋出現在十八世紀江戶佛教學術史上的《唯識二十論》研究熱潮是本文的主要關注。

二、戒定及其《二十唯識論帳秘錄》

學界至今不重視江戶佛教的研究，對江戶時期唯識學的研究更少。一九三九年，結城令聞出版〈江戶時代諸宗唯識講學及其學風〉一文算是異數。他在該文開宗明義指出，現代的佛教教理學是以江戶時代的研究成果為基礎所構築而成。他的這項說法修正了當今學者對於江戶佛教研究的忽視或貶視，後者多誤以為日本現代佛教學僅僅繼承了歐洲印度學與佛教學的發展。以世親《唯識二十論》的現代研究來說，萊維（Sylvain Lévi, 1863-1935）於一九二二年在尼泊爾發現《唯識二十論》（*Viṃśatikā*）和《唯識三十頌》（*Triṃśikā*）是重大的分水嶺。從此之後，日本學界無不以梵、藏、漢對勘的方法展開唯識學的研究。[15]然而，在萊維於一九二五出版其校勘本之前，大谷大學的佐佐木月樵和山口益漢藏對譯，出版《唯識二十論の對譯研究》（一九二三），其導言部分即參考了快道的《權衡鈔》。[16]佐佐木月樵卒業的真宗大學藏書仍保留於大谷大學圖書館中，其中可看到真宗大谷派寮司德霖（？—一八六六）《唯識二十論述記揮毫記》（一八四九—一八五〇）和齋藤聞精（一八四〇—一九〇四）《唯識二十論述記講義》（一八九三）等諸多江戶講錄。現代學者之中直承江戶唯識學統，特別是普寂、戒定和快道的法相學，是宇井伯壽。他曾提到《唯識二十論述記》在日本長期淹沒，直到實養自古剎藏中發現與刊行之後，才有學者的註釋與研究。他也特別提到基辨《講錄》、快道《權衡鈔》和戒定《帳秘錄》，指出《講錄》可用不多，《權衡鈔》雖有所得，然過於繁瑣，惟戒定《帳秘錄》雖有誤處，然頗有識見，可資參考，例如戒定首度區分二種類型的三性論，貢獻很大。[17]從這些線索來看，我們可以合理地推測，快道《權衡鈔》和戒定《帳秘錄》所代表的江戶學統仍在一九二〇年代和現代的佛教研究有銜接的關係。[18]

結城將江戶唯識學劃分為四期，並將新義真言宗豐山派的快道與戒定歸於從元文到享和（一七三六—一八〇三）的第三期。結城概括此時期的學風為繼承前期祖述《述記》、《三箇疏》研究之外，更發展出批判的自由探究的學風。在方法論上，此批判性研究一方面表現在文獻批判，另一方面則表現在思想批判，其代表性人物有華嚴的覺洲（一七五六年卒）、鎮西的普寂（一七〇七—一七八一）和豐山的快道、戒定。可以注意的是，普寂和戒定的唯識學特色是站在華嚴性相融會的立場，以真諦舊譯批判玄奘新譯，從華嚴判教的觀點會通唯識學。[19]從十七至十八世紀東亞佛教來看，江戶唯識學的發展類似明末的唯識復興，其基調仍環繞在中世以降性宗（唯心）與相宗（唯識）的思想張力上，例如明末通潤（一五六五—一六二四）攝相歸性就足以和戒定的詮釋立場相比較，二家反映出某些共通的趨勢。

戒定，號金猊園，真言宗僧，上野國群馬郡贇倉人，生於寬延三年（一七五〇），卒於文化二年（一八〇五）。十二歲時依高崎石上寺弁快出家。明和六年（一七六九）赴豐山長谷寺修學。寬政三年（一七九一），任江戶大塚護國寺代補。寬政十年，再登豐山，住於地藏院。享和三年，任武藏寶仙寺住職。著有《華嚴五教章帳秘錄》、《顯密二教論帳秘錄》、《成唯識論戒定鈔》、《二十唯識論帳秘錄》、《秘藏寶鑰帳秘錄》、《六合釋帳秘錄》、《讀書二十則》、《周易述贊》等。[20]

戒定與快道年紀相仿，同在豐山修學。在《二十唯識論帳秘錄》，戒定屢屢提及快道：

> 我友林常者，與予同州之人，住豐山，不下山者三十有餘年。擲尺璧、競寸陰，天資明敏，好學過古人。幸無一日草露之憂，倍寧越憤學之年。是故博覽佛書，所講究不少。其所發揮者，多得古人之心。（《帳秘錄》，卷上，頁九）

讚許他「於西方窮理之說如常者，我邦未易得之人也」。然而對於快道的漢文寫作，則有所保留，謂「惜不學外典之文雅，是故理深刻，失溫雅文思之理；且至漢文之文意，有隔靴抓痒之憂」。[21]對於快道的漢文常有詞不達意，不易閱讀的缺點，戒定並未曲為之諱。

戒定特別提到其《帳秘錄》和快道《權衡鈔》之間的關係，後者始講於天明五年（一七八五），二十餘年間講論數次，故傳抄甚廣。[22]戒定撰《帳秘錄》時自云，「昔我已知其說」，「多取師之說頗談予之所欲」，予以發揮。他說：

> 曩者有常師之《權衡記》，廣博難持。我今不遑《論》、《疏》一看，況能得讀彼《記》乎！雖然，昔我已知其說。其善者，我豈不依乎？多取師之說，頗談予之所欲。凡《權衡》所記，廣大而備，可謂太過矣。是故我不作玄談、講錄之類，要覽之人披彼耳。此中所論，皆所無彼也。[23]

驗之《帳秘錄》，戒定多處提及快道《權衡鈔》，並多所商榷。[24]

三、做為權教的《唯識二十論》

戒定針對《唯識二十論》及基《述記》的批判性詮釋之前，多先提出自己的哲學立場，華嚴的唯心形上學。他稱這種直接陳述自己哲學主張的方式為「安立」，不同於在論辯的脈絡提出主張的「成立」。[25]「安立」與「成立」是來自因明的區分：僅「明自所立意」，稱為「安立」；「對他人新成立」自己的主張，則稱為「成立」。[26]「成立」涉及論辯的對象，其論證程序必須從雙方「共許」的前提出發。戒定即仿照佛教的論述方式，先「安立」自己的哲學主張。

戒定在《帳秘錄》開宗明義，安立其形上學立場為「唯心」：

> 夫大道者，周遍於萬有，而微妙神化，不可測者也。何謂大道？曰：一以貫萬者，其唯心矣乎！有天地之心，而後有天地之形，周遍乎形，而皆天地之心焉。有天地而後有萬物，周遍乎萬物，而皆天地之心焉。乾道主心，坤道主形。心與形，非一非異，是即天地萬物之自相也。（《帳秘錄》，卷上，頁一a）

如果讀者知道戒定兼學《易經》，著有《周易述贊》，則對於他在上述段落結合易學和佛學的論述就不會覺得奇怪了。其「唯心」之「心」指天地萬物之心，也是超越心物（心、形）二元之上絕對真心。此真心享有做為最高存有的存有論地位，也享有做為本原的宇宙論地位。就這意義來說，戒定的唯心論看似非僅停留在禪觀現象學的層面而已，而是帶著強意義的唯心存有論或海德格說的「本體神學」（onto-theo-logy）的色彩。然而如下所見，其「看似」絕對意義的唯心論仍然只是「看似」，實質上還是必須從修道的實踐角度來抉擇其義。戒定這種結合了華嚴唯心論和易經形上學的論述是否為江戶時期的常見現象，或可在中國找到淵源，如智旭的《周易禪解》，需要進一步考察。可確定的是，戒定之前，普寂即從法藏《華嚴五教章》判釋唯識為始教，針對法相宗提出批判，足見性相之爭的日本傳承仍然相當程度地規範著後期的江戶佛教思想。[27]後來宇井伯壽傾心安慧古學，也跟他的唯真心立場有關。

戒定一開端即依華嚴宗法藏與真言宗空海的判教為其詮釋的立場，做為定位世親《唯識二十論》的根據。他在解讀《唯識二十論》開端契經「三界唯心」時，全文引述法藏的五教十宗，其中第一、二、三門（「相見俱存故說唯識」、「攝相歸見故說唯識」、「攝數歸王故說唯識」）約初教（始教）說，第四、五、六、七門（「以末歸本故說唯識」、「攝相歸性故說唯識」、「轉真成事故說唯識」、「理事俱融故說唯識」）約終教說，第八、九、十門（「融事相入故說唯識」、「全事相即故說唯識」、「帝網無礙故說唯識」）約圓教別教說。[28]戒定雖未明說，但他很清楚地將《唯識二十論》歸入始教的相見俱存門，也就是五重唯識中第一重的「遣虛存實唯識」，「謂唯遮外境，存內相分境及見分」（《帳秘錄》，卷上，頁三三b），而終教四門則為《起信論》所攝，「皆佛心造作佛世界無盡三業依正等，即是淨法界緣起」（《帳秘錄》，卷上，頁三五a），和真言密教之旨相同。其中，始教和終教的區別乃在於唯識以「有為心」為能造一切法的根據，而《起信論》則以「無為心」為能造一切法的根據。戒定接著詳述華嚴圓教與真言密教的根本立場，結說密教「三界唯心」，以色心六大為能造。總之，在其展示的顯密判教架構中，戒定將《唯識二十論》定位為始教，並試圖在唯識學內部開發出朝向終教解讀的可能性，而此可能性即繫於真諦舊譯與安慧的解讀。必須注意的是，此詮釋已見於普寂的法相批判：「余竊謂護法所計乃大乘始門之義，安慧等說是從始向終之義。」[29]

以上的背景決定了戒定在《帳秘錄》中解讀《唯識二十論》及《述記》的詮釋方

向。《唯識三十頌》與《二十論》是世親的根本論典，前者的註釋有玄奘揉譯的《成唯識論》，後者則有窺基的《唯識二十論述記》。[30]此二論均以各種類型的實在論為批判對象。從形上學的型態來說，瑜伽行派的對論者包括肯定外境存在的直接實在論（說一切有部）和間接實在論（經量部），也包括勝論的範疇（「句義」）實在論和數論的二元實在論。對《二十論》來說，辯破以上各類型的實在論比正面建立唯識理論更重要。問題是，其所立的「唯識」義，特別是心識的體性，究竟為何，《二十論》並沒有給予太多正面的著墨，傳統的疏解則多訴諸《成唯識論》。戒定註釋《二十論》也延續此詮釋進路。值得注意的是，它的詮釋並非局限在唯識論傳統內部，而是站在華嚴判教的高度，批判地為唯識論定位。換言之，戒定試圖將《二十論》定位於從外境實在論（小乘、外道）升進到虛妄唯識論（大乘始教），再從虛妄唯識論朝向真常唯心論（大乘終教）的判教進程上，將「唯識」解為「唯真心」。從《二十論》註疏史來看，戒定的詮釋十分獨特，標識著唯識哲學在十八世紀東亞佛教被真常唯心論主流所吸納的發展。

在此判教框架下，戒定對《二十論》及其基《疏》的註釋重心便置於抉擇玄奘新譯所傳或是菩提流支和真諦舊譯所傳，護法、窺基所傳或安慧所傳，才是真正的唯識立場這問題上。事實上，這問題意識遠在唐代即已支配玄奘學派內部窺基與圓測二系的內部爭論，也支配了現代日本唯識學界（例如，長尾雅人與上田義文）的爭論。[31]我們將看到，此問題意識可溯自江戶後期的唯識學，特別是戒定的《帳秘錄》。要言之，戒定在《帳秘錄》中批判窺基與護法，同情真諦與安慧，說明了戒定旨在於透過解讀《唯識二十論》與《述記》以展示其真常唯心論的立場。

在《帳秘錄》〈第一聖人無執章并方便不可已章〉，戒定先區分唯識與唯心，權教與實教：唯識是權教，而唯心是實教。此權實之分是教法的區分，也是修道論意義的區分：

> 夫人者，萬物之靈，含三界於一心矣。不知其本，而欲以智勝理者，咸輕侮其心、重愛心外之物。此謂迷惑也。惑之品非一。日夜擾惱我心極，此之謂煩惱；覺知之不至其本，此之謂小覺，所謂小乘也。大道唯在我心，而遍我身，而見聞覺知之境界不入乎心，則我不能以為我境，我不能以領之。色、聲、香、味、觸、法，即我眼、耳、鼻、舌、身、意之境界也。能當乎心，則為有境；不入乎心而離于心，則為無境。何以故？不能緣故。是故凡至為心之境，則名為心之境。即是心中之境相分是也。故云「萬物唯心」。此是唯識權分方便之說也。若大乘真實義，我心自在有無，之謂中道。心有時，萬法亦有，有所緣故；心無時，萬法亦空，無所緣故。如是自在有無，故此心即非有非空之中道也。（《帳秘錄》，卷上，頁一a－二a）

戒定視小乘的有境論、大乘權教（唯識論）的無境論和大乘實教（唯心論）的非有境非無境的中道論為判教的辯證歷程，有其必然性，然也是修道的歷程，非僅視為理論型態的形上學而已。若僅做為理論型態的形上學問題，採用哲學的分析和邏輯的論證即可解決相關的爭辯。然而，戒定明白地指出因明做為形上學論證方法的局限，這可從他批評窺基偏好以因明解論可以看出：「疏主作《記》，偏依因明解義是但一途之義，基豈視論止局此乎？理，圓也；言，偏也。一舉而不可盡者古人之書也，况如此書。」（《帳秘錄》，卷下，頁四八a）這提示了《唯識二十論》的根本旨趣不可局限於採用因明來論證外境的存在或不存在，而應該關注外境之有無對於心識的實存性影響。

戒定指出，實在論者以邏輯論證外境的存在，往往重物多於重心，忽略了心為本，物為末。本末顛倒，即是迷惑。迷惑造成煩惱，而為了斷煩惱而考察吾人的認識對象（所緣），卻未能反證自性清淨的本心，戒定稱之為「小覺」，也就是「小乘」。此「小覺」、「小乘」以境為有。「色、聲、香、味、觸、法，即我眼、耳、鼻、舌、身、意之境界也。能當乎心，則為有境。」相反地，「不入乎心而離于心，則為無境。」如果色、聲、香、味、觸、法等對象（境）入乎心而且當乎心，則稱之為「有境」；若色、聲、香、味、觸、法等對象（境）不入乎心而且離于心，則稱之為「無境」。很顯然，這裡關注的不是一般形上學所討論的境有或境無的問題，而是著重觀修時面對對境的現象學態度問題。觀修時在心上觀色聲香味觸法等對象，心境相應，境做為心的意向項，稱之為「有境」；若在觀修上，唯有觀心，將色、聲、香、味、觸、法的存在懸擱起來，則稱之為「無境」。唯識論即出自於「境無」的觀修，了知到境無而識有。此「無境」僅懸擱其外境，內境（相分）依舊在心識上呈現，而未進至境識俱泯的階段，因此「唯識無境」仍是「權分方便之說」。

在觀修上，有境與無境做為方法是相互對治的。強調有境，則心著於有；強調無境時，則心著於無。如何解除有境與無境（有與空）的執著，得到心的絕對自由，讓心「非有非空」，「自在有無」，處於中道，才是「大乘真實義」，也就是「唯心」的本義，戒定所持的根本立場。

此唯心實義在經論上體現於《大乘起信論》，其核心理論是真如（無為法）與心（有為法）的同一，而非如《成唯識論》視真如（無為法）與心（有為法）為二，真如只能做為凝然不動的所緣，而不能做為與心同一的主體性根據。這一點是華嚴唯心論和唯識論最根本的分歧，也是戒定的強調處。

關於權實的區分，戒定在《帳秘錄》〈權實章〉再度就此做了簡潔的說明：

> 問曰：《起信》、《唯識》，皆說唯心，而說心相何甚不同乎？答曰：《起信》，大乘隨自意直顯之法也，故不說色心種種性相，唯皆為一心變作矣。《唯識》，破邪顯正隨他意故，多儀擬小法之性相，寄顯唯心之旨，是故權而非實。（《帳秘錄》，卷上，頁四b－五a）

在此區分中戒定強調大乘終教（《起信》）是「隨自意直顯之法」，而始教（唯識）則是「隨他意破邪顯正」。「隨自意」與「隨他意」，「直顯之法」與「破邪顯正」是說法方式的區分，也就是方法論的區分，不是就內容說。就內容說，《起信》與《唯識》有種種不同，例如上引唯識主張心與真如、有為法與無為法的嚴格二分。就說法方式而言，大乘終教（《起信》）隨自意地說，直顯地說，而大乘始教（《唯識》）則是隨他意，破邪顯正地說。前者是非論證地說，而後者則是論證地說。既是論證，就必須根據因明，從雙方共許的概念與因喻出發，以共許的推論法則，進行立破的論辯，以決定勝負。此即戒定如下所言：

> 夫凡為議論之法，必於共知之法爭理之是非，則可決其是非；若以一向不共知之法對之，則彼外小以為狂者之言，不敢與議，彼短智故。是故雖非我本旨，且隨順彼等共知之法，爭外境之假實。……天親《二十論》亦復爾。（《帳秘錄》，卷上，頁二）

世親既然在立破上隨順外道與小乘，不得不權宜地接受小乘主張的真如與心之二分，有為法與無為法之二分，心與境之二分，以及心、心所別體，以做為論辯的共許前提，進而破其外境實有論。然戒定認為，這不表示世親不了解「心與真如本是一」（《帳秘錄》，卷上，頁三a）：

> 《成唯識》中雖云「凝然真如，不作諸法」；天親《三十頌》云：「此諸法勝義，亦即是真如。常如其性故．則唯識實性。」此是以真如為即心之性，心性實即真如也。然一念念起以去，別為有為性之心，無念心性，別為真如，其實就位為別爾。歸于本原，則雖相宗，非安立也。實是無有有為、無為之別也。然安立門以下隨轉小法，故

建立百法，以明性相。皆此為摧邪方便門。後以理學為宗者，隨好惡判，或以此為至論，豈天親、護法等之本意哉？（《帳秘錄》，卷上，頁三a－b）

戒定主張，真如既為識之實性，真如與心識為一，乃為世親在《唯識三十頌》所明言。《成唯識論》即使有「凝然真如」之義，[32]根據戒定的解釋，那仍是隨順小乘的權宜說法，實際上世親、護法當然清楚「實是無有有為（心）無為（真如）之別」。究極而言，有部（小乘）與唯識（大乘始教）所預設的有為法和無為法的區分只是「就位為別」，也就是修道次第階位上的方便區別而已。若從證悟無分別的「本原」來看，有為（心）無為（真如）的方便區分取消了，真理的世界全幅開顯，此即是唯真心（大乘終教）的境界。相反地，若在一念念起的階位，始有有為心與無為心性（真如）的二分。換言之，有為法與無為法的區分只在於面對小乘教時，權宜地「建立百法，以明性相」，以摧破小乘教的法執，因而此區分只是「方便門」，不是世親本意。戒定此一定詮很重要，決定了他對新舊二譯的抉擇，也決定了他對窺基《述記》的批判立場。

四、會通二種類型的唯心論

戒定進一步指出，此權教與實教，始教與終教，或相宗與性宗的會通，其端倪實早見於安慧與真諦。戒定的《帳秘錄》既然是以解讀《唯識二十論述記》為主，就無法回避窺基抉擇新譯與舊譯，護法與安慧之異同的問題。窺基所持的立場是宗新譯與護法正義，相對地戒定則稱揚舊譯與安慧。

戒定解讀《二十論》，捨玄奘新譯而採真諦舊譯，其決定有文獻上與義理上的理由。從文獻上看，戒定屢屢批評奘譯的誤謬。當時既沒有梵本可資對照，他採取的方法，除了三譯對照，主要是從義理上疏解著手。例如，於論端論主必須先立宗，隨後才可起難。「立宗」是論主提出的主張，而難則是敵論的質疑。如此，有難才有破，破後才能證成論主的所立。這是印度哲學性文本的議論格套。《二十論》一開端立宗如下：

māhāyāne traidhātukaṃ vijñaptimātraṃ vyavasthāpyate.[33]

於大乘中立三界唯有識。（真諦譯）

安立大乘三界唯識。（玄奘譯）

戒定解讀：

又文云：於大乘中立三界者唯有識，「立」字在「於中」下。「於中」言簡餘乘，唯取自宗，故「安立」非「成立」，大乘中無違此者故，何用「成立」？新譯「安立」言在「大乘」上，於理不純正矣！（《帳秘錄》，卷上，頁三九b）

他主張，世親所安立的宗（主張命題）應是「三界唯識」，不是「大乘三界唯識」。於真諦譯，「於大乘中」則用來限定該立宗，說明該宗僅提出（安立）於大乘中，不包括大乘之外的其他學派。真諦譯的長行「大乘中立義『外塵實無所有』」，「立義」就是「立宗」，此宗是「外塵實無所有」，這清楚地表示「於大乘中」立宗，也就是說，世親提出的主張是有條件的，只在大乘中提出，排除大乘之外的餘乘。玄奘譯則將「大乘」置於「安立」之後，「大乘」成為所立宗（「大乘三界唯識」）的構成部分，「大乘」用來修飾「三界唯識」，而非安立的所在處。戒定的意思是，就因明規則而言，立宗唯取自宗所欲，不必為敵論者同意。「於大乘中」即表示該立宗唯取自宗（大乘）所欲的主張。因此，他下結論：「真諦梵本可謂正本」，「新譯『安立』言在『大乘』上，於理不純正矣。」又說：「新譯『大乘』上有『立』字，譯文者之謬，陳譯正矣。」（《帳秘錄》，卷上，頁四〇b）

戒定並未見到梵本，然斷言真諦採用的梵本是正本，而奘譯「於理不純正」，乃「譯文者之謬」，其根據就是義理分析以及對文法的重視。[34]以此例來說，於今見的梵本上，“mahāyāne” 是處格（locative），可以佐證戒定解讀的正確。[35]

再舉一例說明戒定的文本解讀和版本抉擇多依其義理上的了解。對於三譯的抉擇，他以真諦譯本為主，認為「真諦梵本為正梵本」（《帳秘錄》，卷上，頁四二a），而菩提流支譯本則是未經修訂的草稿，[36]玄奘「新譯梵本蓋非正本」（《秘帳錄》，卷下，頁一三a），且「多有闕失」（《秘帳錄》，卷上，頁四三a）。雖然如此，戒定從菩提流支譯本對「三界唯心」的解讀上，確定世親的唯識論應該包含奠基於自性清淨心的淨分唯識，使得從始教通於終教成為可能，蓋終教以真如與心為一的如來藏清淨自性心為依，不同於奠基於染汙阿賴耶識的始教。[37]

菩提流支魏譯明白地區分了二類型的唯心論：阿賴耶識論的唯心論和自性清淨心的唯心論，前者可用於說明生死流轉（三界虛妄），而後者則適用於說明解脫成佛。若唯心論僅訴諸阿賴耶識，不講自性清淨心，則佛世界無法開顯，正如戒定所言：「凡諸顯教大乘以一心為世出世間一切人法能造，於中《成唯識》大乘以有為心為能造，是故佛世界寂寥焉。」（《帳秘錄》，卷上，頁三五）護法等《成唯識論》解釋「三界唯心」的「心」為「有為心」，也就是生滅的阿賴耶識，無法充分說明佛世界的可能，故說「佛世界寂寥」。「寂寥」即是「不得開顯」的意思。相反地，唯有「三界唯心」的「心」是「無為心」，也就是心與真如為一的自性清淨心，開顯覺悟的世界（佛世界）才有可能的基礎。此開顯佛世界的可能性見於菩提流支的舊譯，卻未見於新譯，戒定即透過舊義以掘發世親原義。這是他的解經策略。

五、批判基《疏》錯謬

戒定《帳秘錄》批判基《疏》，幾乎無章不有，可說是十分嚴厲。他評斷基《疏》「皆草卒，不遑于精正」，原因是窺基「有好先之病」，在奘門下爭先出版疏記，以至於多有疏漏。他指出，《唯識二十論》始譯於龍朔元年六月一日，同月八日譯畢，前後八天。其間，窺基筆受之後，又「受指麾略述斯疏」，其時多長，不得而知，但戒定認定窺基倉促出疏，以至於未遑於精審。[38]惟可注意的是戒定的批評態度。他區分了讀論與讀疏的不同態度：「讀論是聽世親言，即以為師，從而游焉；讀疏聽基言，即以為友，從而游焉。」（《帳秘錄》，卷上，頁七b）戒定以世親為師，以窺基為友；師事之，則傳其道，友事之，有過則諍，「往往質其過以補此宗，助基贊論旨」（《帳秘錄》，卷上，頁七b），強調批評該有的建設性態度。

以下從二方面舉例略述戒定對窺基的批評：

（一）文獻學的批評

在《帳秘錄》上第六章「釋題號」，論及舊譯立宗偈而新譯無，[39]窺基為新譯辯護，謂「校三梵本及勘題目，都不合有（立宗偈）」。理由是，「名《唯識二十》，何得有（立宗偈）焉？」意思是說，參校三譯的梵本及《唯識二十》題目，都不應該有立宗偈，且該論既名為《唯識二十論》，除去最後歸結一偈，怎麼還會多出立宗偈呢？[40]

戒定則認為《唯識二十論》不是世親所命名，而是「傳者簡別之俗稱」，在文本傳承過程中為後世所加上，例證就是二本舊譯及護法的《成唯識寶生論》皆無「二十」之名。他因此質疑窺基所宣稱的梵本校勘：

基數云「撿三梵本」者，不可信之言也。魏季顛覆，梁陳土崩，中原大亂，于斯極矣。譯經傳者尚半亡，況唯一貫貝葉，兩三藏之糟粕，恬然入基手，誰知乎？設幸雖入，而基公必不違撿之。何以知者，基公未曾自讀留支譯論，而公然議偈增減。故其云撿梵本者，皆此類耳。豈能實撿而論之？有識君子，審而曉之。蓋無他故焉，為服愚方便耳，智人豈能欺乎！（《帳秘錄》，卷上，頁四五b－四六a）

窺基連魏譯都沒核校，怎麼能宣稱「撿三梵本」呢？戒定指謫窺基未讀魏譯，理由是窺基指「覺愛增初一頌及第二十一偈」，第二十一偈「諸法心為本，諸法心為勝。離心無諸法，唯心身口名」是引經之偈，不是《唯識二十論》的本頌。窺基未能查實，卻將所引經中偈誤認為《二十論》本偈。戒定因此認定：

基不讀了魏論，昭昭乎可見。然則至如勘梵本，亦多類此耳！如云依梵本無一言，以暗推稱梵本，只欺愚人令信耳！（《帳秘錄》，卷上，頁四七b）

戒定的窺基批評皆類此。然詳撿之，窺基稱魏譯將引經偈列入，因此論有二十三頌。戒定此批評固然沒錯，然窺基還是明白區分了偈和頌。戒定由此強烈質疑窺基「勘梵本」的說法，證據似乎不是很充足。他對窺基的嚴厲批判，相對於他對舊譯的肯定，恐和他的判教立場有關。

（二）因明學的批評

戒定也屢屢批評窺基因明立量之謬，謂其「泥於因明」，[41]「不可為軌範」。[42]其批評雖亦及於因明內部的專門問題，例如「法差別相違因」、「比量相違」（《帳秘錄》，卷上，頁五八－五九）等，他真正關注的不是專技性的邏輯分析，而是如何在解經上暢明義理，以接引眾生，入於大道。這可見於區分因明與內明的二種證成道理，後者對佛教來說遠重要於前者。此見《帳秘錄》〈因明評章〉：

或問曰：基釋謬甚者莫大乎因明矣。而其好作量，可辨其非乎？答曰：夫因明者，別一處之學也。欲學因明，唯就《因明論》可也。於他抄、疏中雖有立量等，本非為立量作之，唯模擬因明，使義理明而已。故其立量言有過、無過，不可議之。一、作者無此精意故。二、言過無用故。但宜以證誠道理解之。凡西方論議之法雖不依因明門建立一義者，必依三義，謂立義、證義、喻義。此三備則為有一理。此舊譯魏論具說此事。陳譯雖略，亦有此意。謂云「實無有外塵」，立義也；「似塵識現故」，證義也；「猶如翳眼人見毛月等」，立喻也。如是但以道理宗因喻說法，非因明言陳門也。故此《論》及《三十論》疏中種種立量唯以道理可得義，其因明之法不可議也。……不爾，因明不學可也。夫學問之術多端，有必用、有必解、有無用、有希用。而因明之學，在西方為必用，為急務；在我邦實為屠龍之術。是故學，可也；不學，亦可也。（《帳秘錄》，卷上，頁二五b－二六a）

戒定區分「四種道理」中的「證成道理」（upapattisādharmayukti）和因明（hetuvidyā）的不同，這見地頗令人驚訝，因為該區分一直到現代的佛教邏輯研究時才受到注意與釐清。關於四種道理，宇井伯壽早在《佛教論理學》中指出，《解深密經・如來成所作事品》的「證成道理」部分除了包含「現量」和「比量」外，還納入「聖教量」，帶有濃厚的論爭法性格，也有開始朝向邏輯論證發展的趨向。宇井將證成道理視為佛教初期論理學的觀點被梶山雄一所繼承，雖然梶山在很多方面（如《方便心論》的定位）質疑宇井的解釋。不同於宇井和梶山的因明解釋，史坦因克爾納（Ernst Steinkellner）則透過對 Prajñāsena《成他世論》（*Paralokasiddhi*）的研究，批評將「證成道理」視為佛教邏輯的觀點。他稱「四種道理」為「四種方法」，一種做為組織架構傳教說法的重要工具，「當然不是一般認為的邏輯教本」，而是傳法、說法時所用的解經法。[43]有意思的是，戒定早於史坦因克爾納區分道理與因明，指出前者「唯模擬因明，使義理明而已」，藉由立義（提出主張）、證義（陳述理由）、喻義（舉例說明）的論議方式，以闡明佛教的主張。「如是但以道理宗因喻說法，非因明言陳門也」，強調證成道理是「說法」（pedagogy），「使義理明」的方法，不是「因明言陳門」。二人均同意，佛教的證成道理是做為說法的解經學方法，不同於著重於立破的因明三支作法。此所以戒定在解釋論文時，但「約內明證誠〔成〕道理取之，不依因明證誠〔成〕道理取之」。[44]

雖然嚴批窺基的因明立量，卻不表示戒定不精熟於因明。相反地，戒定在批判窺基的因明案例中涉及「四相違」的「法差別相違過」，展示其深厚的因明學訓練。在日本因明學傳統，「四相違」特別受到重視，江戶時期亦然。[45]在《帳秘錄》涉及的法差別相違因過出現在窺基在《二十論述記》中對世親論證的解讀。窺基認為，世親的論證指出敵論者犯「法差別相違因過」。

世親的《唯識二十論》旨在於證成外境非實有，其中世親舉地獄中的獄卒為例，試圖證明獄卒雖非實有，仍具有逼害地獄中有情的作用（第三頌）。世親的論證指出，如果獄卒是真實存在的有情，那麼他們會和在地獄中受苦的人一樣，遭受「鐵地炎熱，猛焰恆燒」之苦，然而這是不合理的。相反地，實在論者質疑，若進地獄的人皆因他們過去造了同樣性質的業所致，那麼獄卒就不應該和地獄受苦眾生同處，因為他們造的業不同。但這和事實相違背，因為同一處所，不論是天趣、人趣或地獄，都會有不同的存在共處。在人趣可以看到餓鬼、畜生，在天趣可以看到畜生，如龍、麟等。同理，在地獄也可以看到擔任獄卒的餓鬼或畜生。這些天、阿修羅、人、餓鬼、畜生、地獄中的人都是實有的存在。[46]

針對以上的爭論，窺基在《二十論述記》先以三支論式重建外境實在論的論證：

論式一（實在論）：

宗：地獄中應有餘趣生。（語譯：地獄中應有其他趣的存在。）

因：許善惡趣隨一攝故。（語譯：因為善惡趣的存在可以同處於一趣中。）

喻：如上天中有傍生等。[47]（語譯：就好像天趣中許有動物等。）

根據窺基的解釋，若宗（主張命題）的後陳有歧義，其未明言的歧義稱為「法差別」，而明言的後陳則稱之為「法自相」。就上述的論式而言，宗的後陳「有餘趣生」是「法自相」。該後陳有歧義，「受彼器果」（地獄中人承受該趣的惡果）或「不受器果」（地獄中人不承受該趣的惡果）。論式以共許的「生於天趣的傍生（動物）」為同喻，以推演出和敵論相反的主張：地獄中應有其他趣的存在，如鬼或畜生，擔任獄卒，並和地獄中的有情同處，承受了該趣的惡果，例如被地獄的烈火所焚燒。這結論相違於敵論所意許的差別（不承受該趣的惡果）。由此，敵論犯了「法差別相違過」，因為敵論的宗法（後陳）有歧義，該歧義允許反論得以成立。

如果將意許的法差別重新陳述論式，那麼可以得出敵論和反論的論式如下：

論式二（實在論）：

宗：地獄中應有餘趣生，不受彼器果。

因：許善惡趣隨一攝故。

喻：如上天中有傍生等。

論式三（世親反論）：

宗：地獄中應有餘趣生，受彼器果。

因：許善惡趣隨一攝故。

喻：如上天中有傍生等。[48]

論式一和論式三都是有效的推論，但卻從論式一相同的前提（因）導出論式二和論式三的矛盾結論（宗），此矛盾來自未明言的意許前提。由此顯示論式一犯不成過。

針對窺基的解釋，戒定提出如下的批評：

1. 窺基重建的論式是以同喻分別宗的差別，不是以因分別宗的差別。因此，不能成立「法差別相違因過」。[49]

2. 相違產生於主張命題的意圖和陳述之差異，而不在於二種意許之間的差異。考察論式一，看不出主張命題的真正意圖是「餘趣生」，並沒有其他意許之意，因此沒有由意許引生的相違過。

3. 窺基此處所說的法差別相違和天主的《因明入正理論》不同，後者舉數論的論式為例：

宗：眼等必為他用。

因：積聚性故。

喻：如臥具等。

數論以此論式證明神我的存在：臥具等是積聚性，故可為他用。眼等亦是積聚性，故必為他（神我）用。此論式犯相違因過，因臥具等是積聚性故，為他所用，此「他」亦是積聚性的存在，如人身。同理，眼等是積聚性故，必為他用之「他」也應該是積聚性之他，不是非積聚性他（神我）所用。因此，此論式與論主所意許的所立之「他」相違。然而在《唯識二十論》，敵論主張命題的後陳是「餘趣生」，並未有其他的意許，「不受彼器果」，因此無「法差別相違過」可言。

戒定最後下結論：「今此基法差別，因明正家所無也。天親分別所例，顯其不符合之失，只是內明證誠[50]正道理，非依因明證誠之法。」[51]認為應該從「證成道理」的方式來解讀世親的文本。這也揭示了解讀經論時，必須避免從後出的理論，如陳那與天主的新因明，來解讀世親的論典，後者仍屬於古因明的階段。就這一點來說，戒定在解讀時回到做為早期解經法的證成道理是有其洞見的。

六、戒定的唯識譜系批判與重構

除了上述文獻學與因明的批判之外，戒定的根本批判指向窺基所建構的唯識譜系，也就是陳那—護法—戒賢—玄奘—窺基一系，卻認可德慧—安慧—真諦—圓測的旁系。關於這唯識二系，現代學界多借用八世紀的蓮華戒（Kamalaśila）的學派區分，稱前者為「有相唯識」（Sākāra-vijñāna-vāda），稱後者為「無相唯識」（Nirākāra-vijñāna-vāda）。[52]雖然如此的學派區分是否能夠恰當地套用到七世紀的漢傳唯識學是有爭論的，但是不爭的是，古來即有安慧與護法，真諦與玄奘，圓測與窺基，唯識古學與唯識新學之區分。這二系的區分並為日本法相傳統所繼承，並且形成一性皆成與五性各別的長期爭論，延續至今，影響很大，造成上田義文和長尾雅人的爭論。[53]正如結城令聞所指出，這種二分的唯識學譜系從明治末期到昭和初期構成了日本唯識學研究的基本框架，顯示了當時日本學界普遍接受安慧、真諦的教義，認為其近於無著、世親原意。[54]

重要的是，結城指出明治以降的研究框架事實上可溯自江戶時期的普寂和戒定。對結城來說，自江戶時期至昭和時期以「境識俱泯」與「境無識有」的區分來匹配唯識古學與新學的作法是有疑義的。問題是，結城指出，當該區分進一步被理解為「見相俱無」（安慧）與「見無相有」（護法）的區分時，學界忽略了該區分原指唯識修道次第上不淨品唯識（方便唯識）和淨品唯識（正觀唯識）不同階位的區分，而非學系的區分。換言之，在《成唯識論》中見相有無的爭論乃出現於根本無分別智的修道脈絡，卻被混淆於涉及境識有無的存有論問題，並進一步被聯繫到二系的區分。[55]

結城的批評是否可以成立並非本文的重點，然他揭明普寂和戒定在此問題史上的先驅性，卻讓我們清楚地看到現代唯識學的詮釋框架可上溯至江戶佛教，特別是普寂和戒定。值得注意的是，結城此論得到橘川智昭的呼應，對於唯識譜系在東亞（中國、韓國和日本）的構成與流衍有更深入的析論。[56]橘川的研究主要是從圓測切入，重新考察圓測是否在思想譜系上歸於真諦系，順此理路重理結城的老問題。

至於安慧與護法思想的差別，窺基的看法為何?窺基在《二十論述記》引《成唯識論》三師之說，回答內境是有或是無的存有論問題：「雖知離心實境非有，心內之境，為如於心，亦是實有，為有異耶？」[57]意思是，既已經討論過外境非實，那麼內境究竟是實有或不是實有呢？此有三師之說的不同：

（一）見相俱無說：見分、相分是識所變現，為遍計執，故非實有。識本身，包括識內境，是依他，故是實有。[58]

（二）見有相無說：諸愚夫迷執於境，起煩惱業，生死沉淪。哀愍於彼，但說唯識，令自觀心，解脫生死，故說外境是無，內境是有。[59]

（三）見相俱有說：見、相分皆是識性，故皆是有。[60]

窺基總結時說，第三師是安慧等，前二師是護法等。「合而論者，第二師說勝，無過失故。」[61]戒定對於三說的歸屬判定則不同。他認為，第一說主張「相見非實」是安慧的論點。也就是說，相分和見分皆是遍計執，為無；識體是依他起，為有。第二、三說是護法的主張，「三分如幻」，「二分非無」。[62]見分與相分皆是依他起，為有，故曰「非無」。然依他起有如幻，故曰「非有」。值得注意的是，戒定將「相見俱無」說歸於安慧，同於上田義文的解釋。雖然如此，這尚無法看出戒定意圖從終教（《起信論》）會通始教（唯識論）的密意。

待戒定後說：「今以理詳安惠意。安惠立義高妙，非基家所知。夫安惠有漏心不許三分，其見相但由迷妄起，故有之。離迷妄則唯心獨存，妄起執相都無矣。」（《秘帳錄》，卷下，頁三七b）安慧不接受陳那的三分說，主張「唯心獨存，妄相都無」，其獨存的是唯一的真心。見分與相分則僅是虛妄分別的產物，也就是遍計執的產物，在修道上必須除滅。所謂「見相二分即能取所取，妄執之所成，舉體皆非真實自體心分」（同上），此「真實自體心分」即是魏譯所言之「不相應心者，謂第一義諦常住不變自性清淨心故」（《帳秘錄》，卷下，頁三八ｂ）。換言之，一旦遍計執除滅，自性清淨心便可全幅顯露。顯然戒定揄揚安慧，乃出於安慧傾向於心體即是如來藏自性清淨心的立場，其說可做為由始（教）向終（教）之橋樑的道理始明。

戒定高抬安慧之外，對於護法則採取不同於窺基的解釋，而是從終教（《起信論》）予以會通。其會通的關鍵是闡發密而未明的「意趣」、「微旨」：護法接受陳那的三分說（見分、相分、自證分），此識之三分實乃承繼《大乘起信論》的體、相、用三大。[63]不論是有漏妄心或無漏真心：自體分是體大，見分是用大，相分是相大：

> 凡緣境心為必有三分者，擬三大也。真心有三大，故準之有漏妄心亦應有三大義，故約分立之。自體分擬體大，見分擬用大，相分擬相大。是一心三分故，為妄心依他法。其相分即似外，而內境不離心體故。雖有分別虛妄人，而唯心無外境義易曉。故方便言三分俱實，為令漸離心外著，漸取內境。漸捨內境，住離念之自體分。故立三分皆染分依他也。無漏後得智亦有三分，此是依安立性相門。故就有為無漏心亦擬真心三大，以立三分。佛住真理不可言境，即體大自體分；變佛土現前等，相分相大；說法教化，見分用大。此三分互用，無礙自在，故名一切種智。（《帳秘錄》，卷下，頁四〇ａ—ｂ）

戒定認為唯識與《起信論》，或始教與終教，只是修道次第的分位差別。在有漏位時，說唯識教是為了讓有虛妄分別的眾生去外境執，而歸於本心，故有三分之說。在無漏位，真心亦有三分，對應三大：法身即體大、自體分，化身即相大、相分，應身即用大、見分。[64]唯識是就有漏因位說，而《起信》是就無漏佛果說。戒定說：「夫此唯識者，但在有漏位所安立，故其論佛果，唯且齊有為無漏位而明之。」然「其義則與《起信》等無以異」。因此，戒定明言「護法非不許真如隨緣，有為、無為體一」，只是因為唯識「齊有為位立緣起，故不論無為緣起」。若從佛果位說真如緣起成八識，只是說法所在的分位差別而已，並沒有本質上的差異。戒定的結論是，護法立第四分（證自證分）正是指三分之外的真心。[65]最後戒定不忘批評窺基：「基等學奘，傳奘於西所學，稍有謬學，無明師故，是以所授旨多非《論》旨。」（《帳秘錄》，卷下，頁四一）以上是戒定從《起信》終教會釋唯識始教的明確立場。[66]

七、結語：戒定遺產的現代回響

二百年後的今天，如何評價戒定的《唯識二十論》解讀？他的解讀只是東亞佛教性相之爭的過時產物？他高舉安慧，低貶護法，進而臧否玄奘、窺基家法，歸宗華嚴，在原典主義為主流的現代唯識研究看來，代表什麼意義呢？當結城令聞從明治、大正、初期昭和的唯識學上溯至江戶時期，我則試圖在現代的唯識研究尋找戒定的回響。

一九六七年上田義文在《東西哲學》（*Philosophy East and West*）發表〈瑜伽行哲學二系的思想流派〉一文，批評玄奘新譯的護法唯識學乖違本義，主張安慧詮釋的真諦舊譯才真正符合彌勒、無著、世親的正義。他開宗明義地指出，日本學界皆熟知唯識新舊學的區分，歐美與印度學界則對此一無所知，以至於「他們對瑜伽行哲學核心問題的詮釋往往含混不清，甚至錯誤，未得正解」。[67]雖然他並未進一步說明日本學界熟知此新舊唯識學的區分究是何指，我們有理由相信，猶如結城令聞指出，接受歐美語言文獻學洗禮的現代日本唯識學研究，在諸多議題與框架的設定上可追溯至江戶佛教。

上田該文藉由考察梵文本的《唯識三十頌》，特別是第十七頌的「識轉變」（vijñānapariṇāma），指出該頌的原意是「識的轉變是分別」，而「轉變」（pariṇāma）意指前識異於後識，異時剎那轉變，並無如數論所採用的形上學涵義。於此，安慧的《三十唯識頌疏》（*Triṃśikābhāṣya*）有正確的詮釋。相對地，護法在《成唯識論》則將「轉變」解為「三能變識及彼心所皆能變似見相二分，立轉變名」，謂心識轉變為見分與相分，識所變的見分為分別（vikalpa），相分為所分別（vikalpyate）。分別與所分別之間是認識的關係，而認識的主體與客體則為識所變。就這一點，護法的識轉變理論被了解為知識論奠基的形上學，說明構成世界的主體與客體為識轉變而現。此形上學立場，上田稱之為觀念論（idealism），不同於世親與安慧一貫地站在認識論的立場，在分別（識／依他起）和所分別（境／遍計執）架構下，區分正確的認識（無分別的認識）與錯誤的認識（分別的認識）。[68]

上田的解釋引發了他和長尾雅人之間有名的論辯，後者為護法與玄奘的唯識新學辯護，主張見相二分為識所變，是依他起性，因此唯識哲學是唯心論。[69]雖然上田與長尾之爭是唯識學內部的詮釋之爭，不同於戒定從華嚴唯心論的立場以揄揚安慧與真諦，貶低護法與玄奘，但不可否認地，上田和戒定在表面上分享了相同的結論，亦即正面肯定了歷史上做為旁系的安慧與真諦。[70]這譜系的建構究竟始於何時，固然說眾說紛紜，[71]可以確定的是，江戶時期的普寂與戒定是其中重要的路標，直接影響了明治以後的唯識學研究，其中宇井伯壽屢在其著作中提及普寂與戒定對唯識新學的批評。[72]他提到戒定《帳秘錄》從法藏十門唯識的角度解讀《唯識二十論》，可以說是世親《唯識二十論》註疏史上十分獨特的一章。宇井伯壽重視戒定，這和他高度評價元祿時期的江戶佛教學問有關。

如何評價戒定的《二十唯識論帳秘錄》，第一步應該做的工作是全盤地考察世親《唯識二十論》的註疏史，審視《帳秘錄》在註疏史全體的地位。印度時期的註疏有護法的《成唯識寶生論》和調伏天的《唯識二十論釋疏》；前者有漢譯，後者有藏譯。到了七世紀漢傳佛教，唐疏中僅剩的窺基《述記》流通，歷來為東亞佛教解讀《唯識二十論》的圭臬，此權威直到江戶後期才遭到挑戰：戒定高舉批判大纛，從華嚴判教的立場，開啟一條截然不同於印度佛教的詮釋途徑。然而，將戒定的批判性詮釋置於十七、十八世紀東亞佛教（主要是明清時代與德川時代）以性宗為主流的趨勢來看，這種改變就不足以太令人驚訝了。明末的唯識學復興即出現在以禪宗、淨土、天台、華嚴為主流的泥土上，當時這些唯識學者的註疏活動必然受到性宗的影響，甚至以和會性相為職志。以《唯識二十論》為例，如何從性宗的角度進行詮釋，確實是不容易的挑戰。然由於明末未見窺基的《二十論述記》，來自性宗的《二十論》詮釋並不存在。在德川日本，情況完全不一樣。《唯識二十論述記》的重新出土使新詮釋成為可能，戒定從華嚴與真言密教的角度解讀《唯識二十論》便開啟了註疏史的新頁，形成和護法《寶生論》和窺基《述記》截然不同的詮釋景觀。

從判教的角度來看，《唯識二十論》主要批判的對象是實在論（小乘），而性宗（終教）批判的直接對象則是相宗（始教）。雙方的問題意識有所不同。對虛妄唯識論來說，批判外境實在論是主要任務；對真常唯心論來說，開顯清淨的覺悟世界則比批判外境實在論更為根本。顯然，在近世東亞佛教思想的發展進程上，十七、十八世紀已進到絕對唯心論的階段。有趣的是，這種情況類似德國觀念論發展自康德的批判哲學，卻批判了批判哲學。在東亞漢傳佛教，世親與陳那所開啟的批判哲學（量論）始終未受到主流佛教的重視，實在論與反實在論的知識論考察也未能真正登上佛教哲學議程。相反地，強調開顯真理世界的終教（《起信論》、《楞嚴經》、《圓覺經》）、圓教（天台、華嚴）與禪宗蔚為主流，並和佛教知識論產生對立緊張的關係。

在此唯心論主流下，戒定《唯識二十論帳秘錄》的出現雖然看似突兀，其實不難理解。若從更寬廣的哲學史發展來看，包括當時盛行的陽明心學，唯心論成為時代精神的具體表現。因此，留下的問題便是如何了解這唯心哲學的真正內涵。

附錄：《唯識二十論》江戶註疏書目

（整理自結城令聞《唯識學典籍志》、國文學研究資料館日本古典籍總合目錄データベース、龍谷大學圖書館、大谷大學圖書館）

	書名	作者	出版年代	藏處／附註
1	唯識二十論冠解　二卷	性均（一六八一—一七五七）		現刊
2	唯識二十論大略旨歸　一卷	興隆（一六九〇—一七六九）		
3	唯識二十論順釋論夾註　一卷	基辨（一七二二—一七九一）		藥師寺
4	唯識二十論玄義　一冊	勝緣	享和二年（一八〇二）	龍谷錄
5	唯識二十論帳秘錄　二卷	戒定（一七五〇—一八〇五）	文化二年（一八〇五）	現刊
6	唯識二十論記　二卷	寶雲（一七九一—一八四七）		
7	唯識二十論聞書　一卷	義閑	天保九年（一八三八）寫	真宗大谷派學僧義閑於天保九年講於高倉學寮。
8	唯識二十論管窺鈔　二卷	亮範	嘉永五年（一八五二）	
9	唯識二十論聽記　二卷	玄鳳臈滿		龍谷

10	唯識二十論分科 一卷	柏端主皡公講辨		長谷寺
11	唯識二十論略解 二卷	慶忍（一八一六—一八八三）		
12	唯識二十論述記鈔記	有慶（一七〇九—一七七五）	寬保元年（一七四一）	
13	唯識二十論述記略鈔	興隆（一六九一—一七六九）		
14	唯識二十論述記纂釋 七卷	興隆		
15	唯識二十論述記講錄 二卷	基辨（一七二二—一七九一）		現刊
16	唯識二十論述記講林 三卷	榮天（一七三七—一八〇一）	天明四年（一七八四）	東文研
17	唯識二十論述記權衡鈔 十卷	快道（一七五一—一八一〇）	天明五年（一七八五）	現刊
18	唯識二十論述記集解 六卷	快光（一七五一—一八一〇）	寬政五年（一七九三）寫	東文研
19	唯識二十論述記文集 十卷	得峰	寬政四年（一七九二）	龍谷錄 大谷錄
20	唯識二十論述記冠註拔萃 二卷	海應（一七七一—一八三三）	寬政十年（一七九八）	
21	唯識二十論述記注釋 二卷	不詳	文化七年（一八一〇）寫	長谷寺
22	唯識二十論述記補忘記	龍尊豁善	文化八年（一八一一）	長谷寺

23	唯識二十論述記要纂　三卷	桂潭	文化十三年（一八一六）	龍谷
24	唯識二十論述記分科　一卷	惠劍	文政五年（一八二二）	大谷
25	唯識二十論述記夏錄	惠劍	文政五年（一八二二）	不詳
26	唯識二十論述記聞記　二卷	寶雲（一七九一—一八四七）		大谷
27	唯識二十論述記錄　一卷	寶雲	安政六年（一八五九）寫	大谷
28	唯識二十論述記聽記	寶雲	天保九年（一八三八）	龍谷
29	唯識二十論述記聞書　一卷	寶雲	天保九年（一八三八）	龍谷
30	唯識二十論述記講義	義順（一七九一—一八五八）	天保十二年（一八四一）	
31	唯識二十論述記揮毫記	德霖	嘉永二—三年（一八四九—一八五〇）	大谷
32	唯識二十論述記聞記　二卷	得聞（一八二六—一九〇五）講、誓鎧記	文久元年（一八六一）	龍谷
33	唯識二十論述記草考　五卷	戒如		法隆寺
33	唯識二十論述記草考	不詳（戒如？）		大谷
34	唯識二十論述記義寶　二卷	法溟		大谷
35	唯識二十論述記筆錄　三卷	觀影		大谷
36	唯識二十論述記別錄	不詳		長谷寺

37	唯識二十論述記玄談　四卷	千巖（一八三四—一八九七）	江戶—明治	大谷
38	二十唯識論述記講義	齋藤聞精（一八四四—一九〇四）	明治二六年（一八九三）	
39	唯識二十論述記纂釋　六卷六冊	博全		京大
40	唯識二十論述記聽記　一卷	亮惠述、真量記		龍谷
41	唯識二十論聽記	玄風		龍谷

註解

1 戒定力言以「窺基」為名是「不思之佞」，實際上僅有「基」一字之名：「基，疏主名，蓋一字名也。古者僧皆法于西方釋氏，故皆一名無字。自唐以後，仕官僧始往往有似俗士具字僧，然玄奘實無字，其高弟基必無也。又一字名者古者多。然僧傳等『基』為『窺基』，字曰『洪道』，皆後人所附會也。基一代著述皆云『基』，不云『窺基』，故一字名必矣。」（戒定，《唯識二十論帳秘錄》，上，二〇a—b）本文從俗，採「窺基」二字名，為求順口也。戒定則多稱「基師」、「基公」。

2 國際佛教學大學院大學學術フロンティア實行委員會，《日本現存八種一切經對照目錄》（東京：國際佛教學大學院大學，二〇〇六年）。

3 結城令聞，《唯識學典籍志》（東京：大藏出版社，一九六二年），記有護命（七五〇—八三四）著《唯識二十論略鈔》一卷和《唯識二十論略釋》一卷，均亡佚。此為江戶之前唯一所知的日本古註。（頁五四八）

4 見大內青巒《冠註唯識二十論述記》例言，然上引未見於日本國立國會圖書館數位收藏版本（東京：鴻盟社，一八八六年），乃轉引自結城令聞，《唯識學典籍志》，頁五六六。

5 此亦見於小野玄妙《佛書解說大辭典》（十一／一〇〇）。

6 井上實氏（等）藏版（一七〇二）及河南四郎右衛門（等）多種刊本（一七六八）均藏於龍谷大學圖書館，惜尚未過眼。底下引自《和刻本佛典邦人序跋集成——成田山佛教圖書館之部》（東京：二松學舍大學日本漢文教育研究推進室，二〇一三年），頁八〇—八二。此資料蒙簡凱廷分享，於此致謝；其他代蒐之資料，致謝不一一。

7 奥野光賢，〈仙台龍寶寺實養について—吉藏『二諦義』刊本校勘に關連して—〉，《駒沢大學院

佛教學研究會年報》第二十二號（一九八九年），頁一—八。奧野氏引湛仁為《成唯識論述記序解》所撰之引：「常與養公闍梨久在洛之智積院，浴教河之廣，探密海之深。俊智內朗，光華外著。陸奧太守一瞻其風采，欣然而迎請主仙台龍寶之席。且思學兼之，追逐頃歲，回錫於本山，彌堅前志，孜孜〔不〕倦，日益日新，名重一寺。」可略知其生平。實養著作有《成唯識論述記序解》（一六九六）、《俱舍論頌疏賈曾記纂註》（一六九七）、《鐫二諦章敘》（一六九七）、《教理或問集》等。關於仙台龍寶寺實政實養所得之經藏目錄，「惠澤山經藏目錄」或可考察，該錄藏於一關市芦東山記念館。見芦東山記念館收藏資料目錄，「龍寶寺書籍目錄　表紙書付『實政實養所納』か。一丁目に『惠澤山經藏目錄龍寶寺什物實政寄附』とあり。」https://www.city.ichinoseki.iwate.jp/index.cfm/6,34974,146,html，二〇二〇年八月十七日瀏覽。

8 長與實養，〈刻二十唯識論述記序〉，《和刻本佛典邦人序跋集成——成田山佛教圖書館之部》，頁八二。

9 長與實養於古寺藏中也發現吉藏的《二諦章》殘卷，點校初版。見實養，〈鐫二諦章敘〉：「噫嘻中世以隆。其學不傳。其書將泯。余屬日名寺藏中得此之錦本。欣戴捧讀不堪雀躍。率加點挍授書林。」（CBETA, T45, no. 1854, p. 78, a5-7）案，「隆」恐為「降」之誤抄，待勘之元祿、寬永抄本。參考奧野光賢，〈仙台龍寶寺實養について—吉藏『二諦義』刊本校勘に關連して—〉，頁一—二。可見那次的發現應是一批古寫經卷。

10 基辨，〈校刻二十唯識論述記敘〉，《和刻本佛典邦人序跋集成——成田山佛教圖書館之部》，頁八一。

11 《大正藏》注明窺基《唯識二十論述記》的版本來源：「【原】承久二年校大屋德城氏藏寫本，【甲】元祿十五年版本，【乙】知恩院藏古寫本，乙本上卷缺之。」大屋德城藏寫本，待考，然不妨害實養在古剎中發現《述記》的實質影響。

12 基辨，《二十唯識論講錄》（東京：東京書林，森江藏版，一八八六年），頁一。

13 勝又俊能、寺嶋富咲，《唯識二十論述記權衡鈔》出版前言。

14 據國文學研究資料館日本古典籍総合目録資料庫，該《夾註》藏於藥師寺，未見。值得注意的是，快道與戒定皆相當深入地研讀了護法這本艱澀難讀的註疏。例如，戒定曾評曰：「或問：按護法《釋論》，不見有釋敬發頌文，又不見牒釋立宗偈。然則新本為梵本正者乎？答曰：彼《寶生論》，非如基《疏》等隨文消釋之書，唯捃摭此要義，廣論其義故，至本論文往往牒釋也。是故不可以《釋論》不論而推偈有無也。……其文體格如是，實失格法，似殘闕書，決不類全璧之文也。《論》終無有本論結歎能釋，既無牒文，其他紛擾甚不少。學者應知，義淨得殘闕之本來所譯也。」《帳秘錄》上，四四b—四五a。

15 Sylvain Lévi, *Vijñaptimātratāsiddhi Deux Traités de Vasubandhu Viṃśatikā (La Vingtaine) et Triṃśikā (La Trentaine)*. Paris: Librairie Ancient Honoré Champion, 1925.

16 佐佐木月樵、山口益譯著，《唯識二十論の對譯研究》（東京：國書刊行會，一九二二年初版，一九七七年再版），頁九。

17 見宇井伯壽，《四譯對照唯識二十論研究》（東京：岩波書店，一九五三年），頁一〇一。又參見宇井伯壽，《印度大乘佛教中心思想史》（東京：東京佛教學會，一九三四年），頁一四六、二八三。

18 直到戰後，戒定對真言宗豐山派的學術傳承仍然清楚可見。做為同派的學僧，勝又俊教在其以《成唯識論》為研究主題的《佛教における心識説の研究》中，歷數日本的研究史，其中江戶的《成唯識論》註疏最多。他參考戒定的研究甚多，特別是戒定以文獻批評的方法質疑歷來所傳《成唯識論》為糅譯之說，另提「九釋燒失」說，此說後為權田雷斧所駁。見勝又俊教，《佛教における心識説の研究》（東京：山喜房佛書林，一九六一年），頁一〇—一二、二七—二八、三四—三五、一九二—一九四。

19 結城令聞，〈江戶時代に於ける諸宗の唯識講學とその學風〉，頁四三八—四四〇。

20 參見《國書人名辭典》（東京：岩波書店，一九九九年），第一卷，頁四二四。又參見村上專精，《大乘佛說論批判》（東京：光融館，一九〇三年），頁一一四—一一五。村上將戒定與法住、快道並列為豐山派三大代表性學者。

21 戒定，《二十唯識論帳秘錄》（京都：一切經印房，一八九四年），卷上，頁九。

22 勝又俊能、寺嶋富咲，《唯識二十論述記權衡鈔》出版前言：「師天明五年二月於豐山柏學精舍起筆，而其六月始竣工矣。其後二十有四年間，每數回講筵，加若干刪補，而後大乘矣。」（頁三）

23 同前。

24 又見《帳秘錄》卷上：「此《疏》，我友快道，字林常，作《記》，都十卷，名《權衡》，今尚未脫稿。其隨文注解及科解，引文旁通，無不至焉。既足備掌故矣。今予所論，苟有彼《記》所論而可者，不論之。其所未論及其所未可，則往往論之。至其細少可否，則皆今所不論也。前後皆倣此。」（頁四九b）

25 「成立」（sādhana），因明術語，分為能立與所立。

26 戒定，《帳秘錄》卷上：「安立者，《疏》有多義，以成立為本義。然此云安立者，必非成立也。何者？此立宗一章明大乘自所立意，故唯是安立也，非對他人新成立此一宗故。」（頁三八b）

27 關於普寂的法相批判，參見西村玲，〈可知と不可知の隘路—近世普寂の法相批判—〉，《近世佛教論》（京都：法藏館，二〇一八年），頁二五五—二八一。

28 《帳秘錄》，卷上，頁三一—三三。

29 普寂，《攝大乘論略疏》，T.68.121.c.19-20。

30 護法的《成唯識寶生論》為義淨所譯，戒定雖偶提及，然不特別重視，蓋因《寶生論》非為全璧：

「彼《寶生論》非如基《疏》等隨文消釋之書，唯捃摭此要義，廣論其義故，至本論文往往牒釋也。……其文體格如是，實失格法，似殘闕書，決不類全璧之文也。《論》終無有本論結歎能釋，既無牒文，其他紛擾甚不少，學者應知，義淨得殘闕之本來所譯也。」《帳秘錄》，卷上，頁四四b—四五a。

31 關於長尾雅人與上田義文的爭論，陳一標提供簡要而清楚的整理，見其〈譯序：上田義文唯識思想研究的回顧與前瞻〉，上田義文著，陳一標譯，《大乘佛教思想》（臺北：東大圖書公司，二〇〇二年），頁一一一〇。本文完稿後，陳榮灼關於此爭論的多年研究終於出版，提供該爭論總結性的哲學新詮，見上田義文著，陳榮灼譯，《色即空・空即色：上田義文唯識學論文集》（臺北：政大出版社，二〇二二年）及陳榮灼，《上田唯識思想之研究：現象學的進路》（新竹：國立清華大學出版社，二〇二二年）。

32 查《成唯識論》，未見此引言，然見於釋一行，《大日經疏指心鈔》卷十一：「有人云：相宗有多師，玄奘、護法等義立凝然真如義，或有真如緣起之義。」（CBETA, D18, no. 8863, p. 424, b3-4）

33 引自 Vasubandhu: *Viṁśatikā vijñaptimātratāsiddhi*（= Vvs）, Input by Takamichi Fukita, http://gretil.sub.uni-goettingen.de/。

34 戒定在《帳秘錄》即提到「字法」七次，反映出江戶時期的文法學在佛教解經上的應用，有一定的普及。關於江戶佛教關於梵文文法八囀聲的研究，參見 Jakub Zamorski，“Sanskrit Grammar in Early Modern East Asia — a Study of Kiben’s Guidelines for Studying the Eight Cases of the Chinese Language”，《佛光學報》新五卷第一期（二〇一九年一月），頁二六七—三〇六。

35 參見 Stefan Anacker, *Seven Works of Vasubandhu: The Buddhist Psychological Doctor*（Delhi: Motilal Banarsidass, 2005）, p.161: “In the Great Vehicle, the three realms of existence are determined as being perception-only.”。

36 戒定，《帳秘錄》，卷上：「流支梵本亡敬發，且譯出蓋草稿，未經校正，故論體勢殊失於初章，況其文句繁多不易簡，是所以為草稿也。」（頁四三）

37 戒定引述菩提流支譯本：「如大乘經中說三界唯心。唯是心者，但有內心，無色香等諸境界。此云何知？如《十地經》說：三界虛妄，但是一心作故。心、意、識及了別等（等字無用，草稿故，未削之。）如是四法，義一名異。此依相應心說，非依不相應心說。（此二句者，通妨釋也。）心有二種，何應（「應」字可削。）等為二？一者，相應心，二者，不相應心。相應心者，所謂一切煩惱結使、受想行識，與心相應。以是故言心、意與識及了別等，（「等」字無用。）義一名異故。（「故」字無用。）不相應心者，所謂第一義諦，常住不變，自性清淨心。故言：三界虛妄，但是一心作。（已上廣釋通妨意也。）」《帳秘錄》，卷上，頁四三。

38 《帳秘錄》，卷上，〈不精章〉。

39 真諦譯，《大乘唯識論》的立宗偈：「實無有外塵，似塵識生故，猶如翳眼人，見毛二月等。」（CBETA, T31, no. 1589, p. 70, c27-28） 關於世親《二十論》是否有立宗偈，John Taber 提出了質疑，認為並非世親本人的立宗，而是論敵為論辯服務的重構。參見 John Taber, "Kumārila's Refutation of the Dreaming Argument: the *Nirālambanavāda-Adhikaraṇa*," in R. C. Dwivedi (ed.), *Studies in Mīmāṃsā: Dr. Mandan Mishra Felicitation Volume*. Delhi: Motilal Banarsidass, 1994: 28-31; Birgit Kellner and John Taber, "Studies in Yogācāra-Vijñānavāda Idealism I: The Interpretation of Vasubandhu's *Viṃśikā*," *Asiatische Studien/Études Asiatiques*, 68, 3, 2014: 736。另見胡志強，《知覺、他者與邏輯：護法《成唯識寶生論》之哲學研究》（臺北：國立政治大學哲學系博士論文，二〇一八年），〈《唯識二十論》主要的立、破：護法的因明分析〉一節。

40 《唯識二十論述記》卷一：「其次最初立宗之偈，舊二論有，唯新論無。校三梵本及勘題目，都不合有。名《唯識二十》，何得有焉？覺愛增初一頌及第二十一偈，家依乃增初之三頌，故知所餘二十一頌，三論皆有，是根本文。以二十頌顯暢唯識，是故名為《唯識二十》。末後一頌，結歎歸能，非明宗義。」（CBETA, T43, no. 1834, p. 979, c24-p. 980, a1）

41 戒定，《帳秘錄》，卷下，頁二〇 b。

42 戒定，《帳秘錄》，卷上，頁六〇。

43 參見林鎮國，〈邏輯或解經學——初期大乘瑜伽行派「四種道理」理論性格之探究〉，《臺大佛學研究》第十四期（二〇〇七年），頁七一一一二。

44 戒定，《帳秘錄》，卷上，頁五二 a。

45 後藤康夫，〈東アジアにおける佛教論理學の展開〉，《岐阜聖德學園大學佛教文化研究所紀要》第十八號（二〇一八年），頁一四五—一六九；同氏，〈唐代における『因明入正理論』についての一論爭：中國・日本での理解（上）〉，同《紀要》第十六號（二〇一六年），頁五一—七三；〈唐代における『因明入正理論』についての一論爭：中國・日本での理解（下）〉，同《紀要》第十七號（二〇一七年），頁五七—九六。

46 窺基，《唯識二十論述記》卷一：「第三救言：如上天處處雖是勝，猶有惡趣傍生等生。其下地獄雖惡者處，何妨得有傍生、鬼生為獄卒等。其人處等諸趣通生，理極成立。」（CBETA, T43, no. 1834, p. 988, a1-4）

47 窺基，《唯識二十論述記》。（CBETA, T43, no. 1834, p. 988, a5-6）

48 《唯識二十論述記》卷一：「論。頌曰：如天上傍生，地獄中不爾，所執傍生鬼，不受彼苦故。述曰。此下別非。初二句頌，顯喻不成。下二句頌，顯不成理，與外比量立宗中法差別相違。彼宗法言有餘趣生，名『法自相』。此上所有受彼器果、不受器果等，是『法差別』。今但與彼宗差別為違：天中餘趣，受彼器果，汝宗所執地獄中餘趣，不受器果故。」（CBETA, T43, no. 1834, p. 988, a13-20）

49 戒定，《帳秘錄》，卷上：「然於此量作法差別相違因過，分別宗二意許，皆以同喻分別之，不以因分別，並皆非正因明也。」（頁五九 a）

50 「證誠」應是「證成」。

51 戒定，《帳秘錄》，卷上，頁五九 b—六〇 a。

52 橫山紘一，《唯識思想入門》（臺北：東大，二〇〇二年），頁三九；Yuichi Kajiyama, "Controversy between in the sākāra- and nirākāra-vādins of the yogācāra school—some materials," *Journal of Indian and Buddhist Studies*, 14/1, 1965: 429-418。

53 上田義文的唯識新解表現於挑戰傳統的唯識古學的看法，他認為真諦的唯識學並非傳統所認為的真常心形上學，也不是觀念論，而是合於世親原意的認識論取向。他的觀點和他的老師宇井博壽不同。宇井博壽在唯識新古學之爭中，維護了真諦所傳的古學。宇井此詮釋立場在日本唯識學史上，淵源流長，主要是受到江戶時期唯識學，特別是普寂和戒定的唯識學的影響。上田則批判唯識古學的傳統詮釋，抉擇真諦對《攝大乘論》三性說之「二分依他」，指出其與《起信論》在因位上說「真妄和合」截然不同，提出了在唯識新學與古學之外的第三條路詮釋。參見陳榮灼，《上田唯識思想之研究：現象學的進路》。又見前註三二。

54 結城令聞，〈近世唯識研究の或る系譜についての評論〉，《結城令聞著作選集・第二卷・華嚴思想》（東京：春秋社，一九九九年），頁四六九—四七二。

55 同前，頁四七四—四七五。

56 橘川智昭，〈唯識系譜考〉，《豐山教學大會紀要》第四十七號（二〇一九年），頁五四—六一。

結城和橘川論文皆承簡凱廷分享，謹此再謝。

57 窺基，《唯識二十論述記》。（CBETA, T43, no. 1834, p. 983, c7-9）

58 《唯識二十論述記》卷一：「第一師說，然相分等依識變現，非如識性依他中實。不爾，唯識理應

不成，許識內境俱實有故。」（CBETA, T43, no. 1834, p. 983, c10-12）

59 《唯識二十論述記》卷一：「第二師說，或識相見等從緣生，俱依他起，虛實如識。『唯』言遣外，不遮內境。不爾，真如亦應非實。境既同識，何名唯識？應名唯境，虛實同故。識唯內有，境通外故。恐濫於彼，但言唯識。或諸愚夫迷執於境，起煩惱業，生死沈淪。哀愍於彼，但說唯識，令自觀心，解脫生死，非說內境如外都無。雖有內境，亦不如心。此中但說如心實者。」（CBETA, T43, no. 1834, p. 983, c12-19）

60 《唯識二十論述記》卷一：「第三師說，或相分等，皆識為性。由熏習力，似多分生。真如亦是識之實性。故除識性，無別有法。」（CBETA, T43, no. 1834, p. 983, c19-21）

61 《唯識二十論述記》卷一：「此第三師安慧等，前二師義護法等宗。然有別說，合而論者，第二師說勝，無過失故，識者自知。然《佛地論》但有一說，同第一師。」（CBETA, T43, no. 1834, p. 983, c21-24）

62 《帳秘錄》，卷上，頁五二b—五三a。

63 《大乘起信論》卷一：「所言義者，則有三種。云何為三？一者、體大，謂一切法真如平等不增減故。二者、相大，謂如來藏具足無量性功德故。三者、用大，能生一切世間、出世間善因果故。」（CBETA, T32, no. 1666, p. 575, c25-28）

64
　　體大—自體分　　法身—自體分
真心—相大—見　分—妄心　佛身—化　身—相分
　　用大—相　分　　應身—見　分

65 《帳秘錄》，卷下，頁四一b。

66 《帳秘錄》，卷下：「夫此唯識者，但在有漏位所安立故。其論佛果，唯且齊有為無漏位而明之。未論彼唯識實性，圓成實性，三大妙覺位，是方便安立故也。護法非不許真如隨緣，有為、無為體一。然且齊有為位立緣起，故不論無為緣起。但無為位為不變真如，其八識有為因果，但是有為位，故為有為緣起。而其自性體即圓成實故，與言真如緣起成八識，於理無差，但以位分而已。「凝然真如」者，《起信》所謂不變自性如無異也。雖不言真如隨緣，而總括因果心為三性明之。其依他與圓成，唯體相別。圓成是體，依他是相。是以有為為相，以無為為體，不離而非一非異。是在因則八識，在果則中道四智也。《成唯識》意皆有此微旨。基等學奘，傳奘於西所學，稍有謬學，無明師故，是以所授旨多非《論》旨。」（頁四〇b—四一b）另參考橘川智昭，〈唯識系譜考〉，頁五八—六一。

67 Yoshifumi Ueda, "Two Main Streams of Thought in Yogācāra Philosophy," *Philosophy East and West*, Vil. 17, No. 1/4, 1967: 156.

68 *Vijñānapariṇāmo 'yaṁ vikalpo yadvikalpyate //*
Tena tannāsti tenedaṁ sarvaṁ vijñaptimātrakam // 17 //
是諸識轉變　分別所分別
由此彼皆無　故一切唯識（玄奘譯）
《成唯識論》：「是諸識者，謂前所說三能變識及彼心所，皆能變似見相二分，立轉變名。所變見分說名分別，能取相故。所變相分名所分別，見所取故。由此正理，彼實我法離識所變皆定非有。離能所取無別物故，非有實物離二相故。」（CBETA, T31, no. 1585, p. 38, c18-23）

69 陳一標，〈譯序：上田義文唯識思想研究的回顧與前瞻〉，收錄於上田義文著，陳一標譯，《大乘佛教思想》，頁七。又參見前註三四、五七。

70 實際上，上田義文所了解的安慧哲學不同於戒定的了解：前者認為安慧哲學以知識論為主，而後者則認為安慧哲學通於如來藏或自性清淨心的立場。

71 慧沼在《成唯識論了義燈》批評西明圓測、道證，被視為法相宗分系的源頭。現代學界，包括橘川智昭，則試圖為圓測翻案。可參考楊得煜，《圓測是否為玄奘門下歧出？——以「種姓問題」與「本覺思想」為核心》（臺北：國立政治大學哲學系博士論文，二〇二〇年）。

72 宇井在其《印度大乘佛教中心思想史》注意到了戒定抉擇玄奘譯與真諦譯《攝大乘論》中二種類型的三性論。見橘川智昭，〈唯識譜系考〉，註二七，亦參見宇井伯壽，《佛教汎論》（東京：岩波，一九四七年），頁三七七、七〇九—七一〇。

文獻篇

統譽圓宣

《挫僻打磨編》

——青山學院大學國際政治經濟學系教授　陳繼東整理

解題

統譽圓宣（一七一七—一七九二），肥前國伊萬里（今佐賀縣）人，俗姓藤山（一說為片山）。七歲於本村常光寺出家，寺主係其叔父，十九歲於江戶（今東京）增上寺承受宗、戒兩脈，學涉神道、天台和律學。一七七一年任增上寺學頭，統括義學和教育，其後歷任瀧山大山寺（今橫濱）第二十七代主持（一七七二—一七八〇）、太田大光院（今群馬縣太田市）第四十一代主持（一七八〇—一七八四）以及傳通院（今東京）第四十二代主持（一七八四—一七九〇）。一七九〇年陞任增上寺（今東京）第五十二代住持，兩年後因患疾退職，不久病故。著作有《傳書五重辨釋》、《起信義記講錄》、《天台戒疏講錄》、《觀經妙宗鈔講錄》、《挫僻打磨編》等多種。

《挫僻打磨編》係統譽圓宣於一七七五年前後撰寫的著作，對淨土真宗創始人親鸞的《教行信證》一書進行了全面的批判，顯示了江戶時期日本佛教宗學論爭的一個重要的斷面。本書係未刊寫本，分上下二冊，見存於日本京都佛教大學圖書館，其為圓宣自身書寫，還是後人抄寫，因缺乏相關信息，難以斷定。

上冊封面寫有「挫僻打磨編　卷上」，扉頁有以下朱筆題字：

此書ハ統譽圓宣上人當時十八檀林中武州瀧山大善寺ノ貫主後ニ增上寺大僧正ニ轉任シ給ヘリ邪流ノ本書タル教行信證ヲ破斥シ給ヘル破邪顯正ノ盡理未曾有ノ寳冊ナリ

此書ニ依リテ研究セハ邪正ノ分別思ヒ半ヲ過ン

明治十一年十一月十二日　西京知恩院宗學校寓小松淨音識

（此書由統譽圓宣上人，當時十八檀林中武州瀧山大善寺之貫主，後轉任增上寺大僧正，為破斥邪流之要書《教行信證》而撰寫的，完全顯示了破邪顯正之道理，是未曾有之寶冊。若依此書研究，邪正分別則思過半矣。）

下冊封面題有「挫僻打磨編　卷下」，無題跋等。上冊標有五十三頁，另有追加兩頁，下卷標有七十五頁，半頁十行，行二十三字。其中上卷正文之外的餘白處，有不少補寫段落，而下卷無此現象。此外，在書名、人名處，均有朱筆提示標誌，或雙線或單線，對文中誤字也以朱筆訂正，引文處又用朱筆提示，有的還標明出典頁數。這些對於整理均有幫助，多有採用。

此外，此書雖未刊出，但淨土宗僧伊藤祐晃於一九二四年，將之譯成日語出版問世，其內容與現存抄本完全一致。但伊藤自身整理的抄本至今尚未發現，所以無法參考對照。

凡例

一、此書係漢文著作，原文標有日語片假名訓點，而無斷句標點，整理時全部省略其日語訓點，只存漢文，而進行標點時，則多參酌其訓點。

二、原書行文基本先引親鸞《教行信證》一書原文，然後以「挫云」展開著者批駁論述。整理時，《教行信證》引文以標楷體表示，並內縮二字元，以示引用文與論述文之區別。此外，所引淨土真宗後學峻諦《佛說無量壽經會疏》亦為批判對象，同《教行信證》引文處理。

三、原書正文餘白處，多頁有補寫文字，均未明示當補入正文何處。整理時，參考伊藤祐晃《教行信證破壞論　原書　挫僻打磨編》（一九二四）日譯本，進行處理。

四、原書正文雙行小註，整理時以單行小字處理。

五、原書引用文多在文末以小字「文」或「已上」表示，整理時，依照原樣，不作改動。

六、原書引用文中誤字，對照原典並參考伊藤日譯進行校正。

七、原書行文不分段落，為便於閱讀，依照內容加以分段。

書影

耳涅槃経説譬如真金三種試已乃知其真謂焼打磨今準
此説欲以三種試験臣此書偽濫何也謂還承其経論諸釈
用為砧槌表我丹心以為炭火而乃焼之打磨之令其濫真
鍮錫爽然銷壊也予昔来未見彼家書恐其空居諸悪醜其
邪氣也然是歳春有我宗之與彼徒相訟於朝家之事以故
愚僧綱拒衆傳住至緑山寓居浹旬晨夜息々不暫遑寫當
此劇务之際借他之所畜書偷間渉猟之一遍而此中抄写
邪僻之尤者若干文持還而后随文挫破之見者無其蹤
漏罪者幸甚
次牒文挫破者

第一顕真實教云謹按浄土真宗有二種回向一者往相
二者還相就往相回向有真實教行信證
挫云撿彼所計僻謬二種回向以為之如来回向然此二種
本出於論経而是則行者能発之心導師祖之所釈亦爾
昭晰如麗日断無可惑者然彼横僻以為如来回向於衆生
之義顛跡執見一隅至于茲乎具當至下辨
同段云夫顕真実教者則大無量寿経是也斯経大意者
弥陀超発於誓願廣開法藏致哀凡小選施功德之宝釈迦
出興於世光闡道教欲拯群萌恵以真実之利是以説如
来本願為経宗致即以仏名號為經躰
二

亦遂経現文其旨如向加之鸞師釈易行道云便得往生彼
清浄土佛力住持即入大乗正定之聚所言正定聚者若約
初入之時則宗祖判為處不退故非生彼土無由得入往家
云即入者是亦約處不退也若言獲往相回向心行即時當
果支定故雖身在於此而猶入彼土海衆之数故不相違者
是亦不爾身尚在於茲者非彼国人天豈是堪自国願所摂
之機耶且夫往明難行道而出五種難相以對易行道然此
五種是在土境界故身在於此者尚不能免此難故得生浄
土已住正定聚永離五種退縁是名易行道也僻者須熟思
法性即是真如真如即是一如然者弥陀如来從如来生

示現報應化種々身也
挫云從即時入正定聚滅度常楽等展轉鉤鎖乃至一如按
此語勢彼計謂一念信行即時入正定聚現生獲證大般涅
槃契會一如理則與本覚弥陀同躰故今此男女大小禿頭
結髪種々之身即同彼如来從法身理地示現報應化等種
々身應也思是稟彼成覚僻計者勅修御傳廿九巻本成覚計
云引入浄土法门於本習天台宗而立本迹二门弥陀謂十
劫成覚是迹门弥陀本门弥陀者無始本覚如来故与我等
所具佛性全無差別聞此所謂一念名之是一念聞而信而足矣多
念数返甚無益此是也又此書中往々有円融無礙語是亦
二

《挫僻打磨編》卷上

此書由統譽圓宣上人當時十八檀林中武州瀧山大善寺之貫主，後轉任增上寺大僧正。為破斥邪流之要書《教行信證》而撰寫的，完全顯示了破邪顯正之道理，是未曾有之寶冊。若依此書研究，邪正分別則思過半矣。

明治十一年十一月十二日　西京知恩院宗學校寓小松淨音識

一、敘撰述由

今撰此編，分為三段，一敘撰述由，二牒文挫破，三問答遣疑。

初敘撰述由者，有書名「教行信證」，是則僻首親鸞之所著，而彼者流邪僻之藏窟也。此中分為六段，所謂顯真實教、顯真實行、顯真實信、顯真實證、顯真佛土、顯化身土。然彼欲證成斯義，而多引經論諸釋，謂正依三經、《大本》異譯、《十住論》、《淨土論》等，並鸞、綽、導、空及慧信釋也。雖然，取用其文義甚奇僻，而總非佛祖之意。是故六段成立，亦惟出於己胸臆之僻解，而絕無可證者。且其書之為體，迂曲其文，隱密其義，而勉文不可解。

予嘗見《三階集錄》，其體頗相類，蓋是僻解者流之風格耳。《涅槃經》說：「譬如真金，三種試已乃知其真，謂燒打磨。」今準此說，欲以三種試驗匡此書偽濫。何也？謂還舉其經論諸釋，用為砧槌，表我丹心，以為炭火而乃燒之，打磨之，令其濫真鍮錫爽然銷壞也。

予昔來未見彼家書，恐其空居諸惡觸其邪氣也。然是歲春，有我宗之與彼徒相訟於朝家之事，以故應僧綱招棄傳往，至緣山寓居浹旬，晨夜悤悤，不暫遑寧。當此劇務之際，借他之所畜書，偷閒涉獵之一過，而此中抄寫邪僻之尤者若干文持還，而後隨文挫破之，見者無以其疏漏罪者幸甚。

二、牒文挫破

次牒文挫破者，

第一顯真實教云：謹按淨土真宗有二種迴向，一者往相，二者還相。就往相迴向，有真實教行信證。

挫云：撿彼所計僻謬二種迴向以為之如來迴向，然此二種本出於《論註》，而是則行者能發之心，導、空兩祖之所釋亦爾，昭晰如麗日，斷無可惑者。然彼橫僻以為如來迴向於眾生之義，顛眸執見，一奚至于茲乎？具當至下辨。

> 同段云：夫顯真實教者，則《大無量壽經》是也。斯經大意者，彌陀超發於誓，廣開法藏，致哀凡小，選施功德之寶，釋迦出興於世，光闡道教，欲極群萌，惠以真實之利，是以說如來本願為經宗致，即以佛名號為經體。

挫云：依光明、吉水釋，顯彰真實義者，三經同轍，故為之正依三部。何以故？取要言之者，同詮稱名一行，是為本故。是故〈散善義〉云：就行立信下。「此《觀經》、《彌陀經》、《無量壽經》等。」等有二義，謂齊等及等取。於中齊等義為一家本意。所以知者，《漢語燈》一（二十三）云：「所言等者，指上三經全非等取餘經典也。」又〈定善義〉云：「是故諸經中處處廣讚念佛功能，如《無量壽經》四十八願中，唯明專念名號得之。又如《彌陀經》中一日七日專念彌陀名號得生。又此經定、散文中唯標專念名號得生。」又《般舟讚》云：「《觀經》、《彌陀經》等等取大經。說即是頓教菩薩藏，一日七日專稱佛，命斷須臾生安樂。」《選擇》云下之三十一：「凡按三經意，諸行之中，選擇念佛以為旨歸。」又云：「三經共選念佛以為宗致耳。」及三經釋等，往往明此旨矣。

然愚禿偏以《大經》為顯真實教，豈非背兩祖之所判耶！且汝崇我元祖，屢稱本師，而不由其軌，妄自判宗，云本願為宗者何乎？

末徒所著《大經會疏》峻諦作，有十卷，初紙。云[1]：

然就淨土教，有傍正、本末、具足不具足，謂總以一代為傍正，三部妙典為正依；於三部中以餘二經為枝末，以今經為根本；以餘二經為不具足，以今經為具足。所以者何？淨土教義廣，雖亙一代，未是正宗，唯至三部是為正宗。然於此中又有具不之異，謂餘二經雖勸讚熾，未具明因德、果德，信願往生彌陀利物悉備足者，其唯今經耳，故為具足，亦為根本也。已上

是謬解《大經》釋文也。

問：《漢語燈》一之三紙明淨教本末云：「以此經文指《大經》，意通三經。為根本，名正往生教，名有功往生教，名具足往生教，以餘諸經為枝末，名傍往生教，名無功往生教，名不具足往生教。」文此釋似特就《大經》顯真實。

答：如其釋者通指三經，稱此經是則示三經一致之旨也。所以知者，次下云以餘兼明往生淨土，諸經而為枝末。故準此，對彼《華嚴》、《法華》等兼明往生之諸經，通該三經，稱此經明矣。是故《選擇》云：「往生淨土門者，就此有二，一者正名往生淨土之教，二者傍明往生淨土之教。初正明往生淨土之教者，謂三經一論是也。傍明往生淨土之教者，《華嚴》、《法華》、《隨求》、《尊勝》等明諸往生淨土之諸經是也。」

第二顯真實行云：諸佛稱名之願，淨土真實行，選擇本願行。謹按往相迴向有大行有大信。大行者，則稱無礙光如來名。斯行即是攝諸善法乃至然斯行者出於大悲願，即是名諸佛稱

揚之願，復名諸佛稱名之願，復名諸佛咨嗟之願，亦可名往相迴向之願，亦可名選擇稱名之願也。

挫云：淨影、憬興、義寂、智光等師，剖判六八願為身土生三願。由此凡自、他釋家解此願文者，大率無不由此軌躅。一家釋亦有此義。謂四十八願酬因之身，《玄義》四十八願莊嚴起，《禮贊》一一誓願為眾生《舟讚》也。如此三文舉主伴合論六八互通一邊，以顯主判、分判，則三願別之義也。然僻首之所出願，是其攝法身願，而願其作佛之時，為諸佛稱歎也。

《大經會疏》四七十二云[2]：

稱我名者，此有三義，一諸佛稱揚彼佛德號，二諸佛咨嗟稱名之人，如彼《小經》六方諸佛證誠護念稱名之人，三諸佛亦咨嗟亦有稱念彼佛名，如釋言三世諸佛依念彌陀三昧成等正覺。又云：佛若不讚，則何以得聞？若不聞，則何生信？若無聞信，何以往生？若不往生，則彌陀大悲何以滿足？應知我等生粟散邊地，末法濁亂時，得聞無上大利名號，即是當願成就故也。

而今僻首將諸佛嗟稱口輪為之眾生所行者，何異以冠為履？若言約生佛無差之邊者，是亦不爾，曾無實證而既已等佛者，此是闇證者之僻謬故。若言託佛願教然者，亦復非理，佛願但願自身為諸佛嗟稱，而不誓以諸佛稱歎口業即為之眾生之所行故。又若言彌陀有為諸佛所嗟稱之德號，故回施之眾生即為其所行，是以纔一念之時，全獲其所施功德者，是亦甚違文理。先違文者，願文唯誓諸佛不嗟稱我名者不作佛，而未曾願回之眾生即為其行業故。

次違理者，謂違佛法大道理也。凡諸佛本行菩薩道時，修三種迴向。菩提、眾生、實際於中眾生迴向者，極愛一子心，深念眾生故，回己所修一切善法以施與他，雖然不能令他直受之，唯作其助緣而已。是故《大乘義章》九之四紙云：「佛法雖無自業他人受果，亦無他業自己受報，非無彼此互相助緣。以相助故，得以己善回施與彼，以迴向故，於未來世常能不捨利益眾生，助令修善故須迴向。又復迴向，即是己家能化之因，迴向力故，未來世中眾生見者敬順受法，即是己家能化之果，良以佛法自作自受故，須迴向以成己家能化之因，使未來世成就己家能家之果，堪能益物。」已上

按彼立二種迴向者，蓋據斯眾生迴向之義乎？若爾，大失經論諸釋之旨矣。凡辨菽麥之類，誰惑此計耶？子註選擇本願行者，是的背導、空諸祖明判也。導師云：又如《無量壽經》云：若我成佛十方眾生乃至當知本誓重願不虛，眾生稱念必得往生。《禮讚》後序又云：「弘誓多門，四十八偏標念佛最為親。」《法事讚》元祖云：第十八念佛往生願者，於彼諸佛土中，或有以布施為往生行之土乃至今則選捨前布施、持戒乃至孝養父母等諸行，而選取專稱佛名，故云選擇也。已上生因本願者唯局第十八願，兩師之所決判也。然僻首讚美我元祖者，不一而置，而復其背逆之者如斯。于嗟，邪魔見網深入人心腑，悲夫！

《大經會疏》五（二紙右）云[3]：

> 竊以彌陀思惟大本、釋迦悅豫之洪基、列祖弘通之肝心、淨土真宗之綱領，唯在此一願耳。《選擇集》云：「凡四十八願皆雖本願，殊以念佛為往生規故，善導釋云：弘誓多門四十八，偏標念佛最為親（乃至）知人。」（已上）故知四十八願之中既以念佛往生之願而為本願中之王也，餘四十七願為今信此願也。所以者何？餘願一一既滿足，此願豈不成就乎？次願若成就，則眾生往生有何疑？故釋曰彼佛今現在世成佛等。（已上）
>
> 此末徒之所言，還勝於僻者也。而若汝知念佛往生願唯在此一願者，僻首依第十七願而顯真實行者，奈何信忍之耶？乞一居于茲。
>
>> 爾者稱名能破眾生一切無明，能滿一切眾生志願，稱名則是最勝真妙正業（乃至）南無阿彌陀佛即是正念也。
>
> 挫云：所言稱名者，應是指經稱我名者文，若爾，此是諸佛嗟稱彌陀名也。所以嗟稱之者，依諸家釋義，為令十方有緣眾生之歸向彌陀心殷重也，各其國眾生聞其嗟稱而後稱念禮觀，方始獲破惑滿願等益。諸佛稱名何由直破眾生無明？若言我亦約展轉因者，僻首之所言決不然。何者？上引本願及成就文，次下承之，言爾者稱名等，又云稱名則是最勝

真妙正業，正業即是念佛等，故知是約諸佛稱名直破眾生惑之義邊也。既然也僻謬太矣，不爾者，其言有不了過。

次南無阿彌陀佛即是正念者，是亦不可，稱名是口業，正念以對失念是意業故，是故《臨終要決》云：「死至之時，心識散亂，仍慮他人惑動正念。」僻首今言，即是正念則成二業諸亂過也。若言約念聲是一之義者，是亦不爾。或云十念念佛等者，念即是聲，如元祖之所釋，未曾聞正念通口稱之說故，應言即是正行而可矣。次引《十住論・易行品》往生論本末易行道下。及《安樂集》、《禮讚》前後序等，而證成之，皆為證不成。所以者何？《十住論》偈云和本第五之二：「若人疾欲至，不退轉地者，應以恭敬心，執持稱名號。」長行云：「菩薩欲於此身得至阿惟越致地，成阿耨多羅三藐三菩提者，應當念是十方諸佛，稱其名號。」文是則眾生自稱佛名至不退地，名易行道也。一品顛末，畢無以諸佛之所回施眾生之善本，名易行道。自下引證準之，應知。

> 爾者南無之言，歸命。歸言，至也。又歸，說也。說字，悅音。又歸，稅也。說字，稅音，悅、稅二音，告也，述也，宣述人意也。命言，業也，招引也，使也，教也，道也，信也，計也，召也。是以歸命者，本願召喚之勅命也。

挫云：解歸命出許多字訓，縱令字典有此字訓，然未曾見自、他釋家之解歸命用此等字訓者，是皆出於禿頭愚懷，可謂新奇矣。僻計意謂歸命者，如來本願招喚眾生之勅命，是則偏約佛邊而解歸命也。然該括先哲諸解，通有二義。一歸屬眾生能歸心命，約佛陀教命，如《起信法藏疏》云：「歸是敬順義，命謂諸佛教命是也。」一歸命並屬眾生，如同《疏》言歸者是趣向義，命謂己身性命，盡己所尊重之命，歸向三寶。又《九品義》云「南無，或翻歸命，或云歸身，或云救濟，或云度我，雖有異譯，又歸一途。謂歸身命於佛陀，救獲於我，滅罪生善」是也。凡諸家《華嚴玄談》二、《宗鏡錄》廿六、《名義集》四、《止觀》二之一、《述記》一本、《釋氏要覽》中之所釋雖許多，而括之不出此二義而已。加之，註家解《論》「歸命」云：「歸命即是禮拜門。何以知歸命即是禮拜？龍樹菩薩造阿彌陀佛讚中指《十住論・易行品》。或云稽首禮，或云我歸命，或云歸命禮，此論長行中亦言修五念門，五念門中禮拜是一，天親菩薩既願往生，豈容不禮？故知歸命即是禮拜。」文此釋偏約眾生解之也。況《玄義》此文明六字果號具足願行，故謂翻南無為歸命，歸命亦是發願迴向之義。所言發願者，謂眾生發願往生心也，迴向心白道心喻云：眾生貪瞋是煩惱中能生清淨願往生心也。亦惟約眾生之邊解歸命也。然僻首對此文為如是異計實可怪。

> 言發願迴向如來，已發願回施眾生行之心也。

挫云：撿尋此釋乃由會通攝論家別時意來也。會意謂彼唯發願而不論有行故別時意，此願行具足故得順次生。願行具足者，謂今此《觀經》十聲稱佛，即有十願十行具足。云何具足之者？言南無者即是歸命，亦是發願迴向之義。言阿彌陀佛者，即是其行故。然此所謂願行者，俱約眾生所具安心起行而言之也。何者？對彼《攝論》唯願不生，言願行具足故，彼既約眾生願，今若不爾者，何以成會通？況導師願行相對言之者，多約眾生。〈散善義〉云「三心既具，無行不成，願行既成，若不生[4]者，無有是處」，是其類也。且夫發願迴向者，迴向心，釋云「又一切行者，行住坐臥三業所修，無問晝夜時節，常作此解，常作此想，故名迴向發願心」是也。然此釋上標一切行者，而下結云故名迴向發願心，標結照映，約眾生願心必矣。彼釋既爾，今文更無可惑者。

然僻首局之如來發願者，僻謬太矣。《十地論》讚金剛藏辨才，稱任放無礙。如僻首者，可謂任放無礙，僻謬辨矣。

《大經會疏》五六左曰[5]：

問：依《觀經疏》閱三心釋，但為行者策勵，全無他力迴向之文，何讓功於佛心便私我耶？

答：凡三心義廣通一切真假安心，故《疏》文亦自含攝。若見此文，以自利各別心則通為行者策勵，以正信念佛機則全勸他力心，其義冷然。其猶水乳和合，鵝王喫乳。妙樂云：善判經文，決斷諸釋，豈過龍樹？每於一文存於眾解，而亦不決藏否者，以佛意多含，順部類故。故天台釋義隨一經文各附四教之判，隨義句頭文點亦大異矣。弘法云：文隨執見隱義，逐機根現而已，譬如天鬼見別，人鳥明闇，請勿以管闚之局晝大觀之判。然彼《疏》意以離虛假雜毒，三業真實為至誠心，則常沒凡愚，誰離虛假，誰無雜毒？假令至三賢十聖尚迷悟混淆，若以不能離虛假雜毒為不得往生，則於萬修中不得一生。若然者，心偏憫念常沒眾生之判，悉廢焉，何以為易行大道乎？汝執見太不自量。是故我祖深達玄旨，以虛假雜毒為諸有群生海，從無始來機生得迷心，至清淨願心，則為如來迴向大悲心。以此拜《疏》文如合符節，所謂信機信法文，眾生貪瞋煩惱中能生清淨願往生心釋，以光明名號攝化十方，但使信心求念等言，皆拋自力善惡雜心，仰他力迴向之淨信也。下廣敘彼僻解。

言即是其行者，即選擇本願是也。

挫云：僻首先標諸佛稱名願，而夾注云：選擇本願行准驗，今亦以諸佛稱揚願是為其行也。而今指的稱阿彌陀佛，言即是其行，則是第十八念佛往生願之所選定行也。是故元祖云：《漢語燈》七之四十一「此即六八願中以第十八為根本也。故善導云：『弘誓多門四十八，偏標念佛最為親。』」文況今次下文云：「但能上盡一形，下至十念，以佛願力，莫不皆往。」此釋正敘第十八願意。然則此言行者，眾生所修生因行業，而非如來之所回施行也。

言必得往生者，彰獲至不退位也。經言即得，釋云必定，即言由聞願力，光闡報土真因決定時尅之極促也。

挫云：此段意謂信願力之一念金剛心成就，而往生業因決定，即時至正定聚，是言必得往生也。于嗟，僻謬哉！今應引祖釋辨白之。此有二，先明此文由致，次引文證成。先明此文由致者，此文對《攝論》唯願別時意而成立，願行具足必得順次往生也，是故上引經言願孤、行孤、無所至，願行相扶，所為皆尅。次云今此論中直言發願，不論有行，是故未即得生，與遠生作因。後述《觀經》十聲稱佛即是願行具足之義而結成之，言以斯義故必得往生，一段鉤鎖粲乎，無可惑者。但未即得生言，對願行具足者之順次生而言，唯願遠生耳，非言願行具足者即時生之謂。

次引文證成者，《禮讚》前序問曰：若約安心起行作業，定得往生。答曰：信知彌陀本弘誓願，及稱名號，下至十聲一聲等，定得往生。又云：具此三心必得生也。此釋前後照應，明心行具足，必得往生也。又〈散善義〉云：「三心既具，無行不成，願行既成，若不生者，無有此處也。」今云必得往生，即是此釋之旨歸耳。是故元祖云：（《觀經釋》四十三）必生彼國言，可有深意歟？必者對不必也，修正行者必生彼國，修雜行者不必生彼國，通人天等故。又修雜行往生，百中三五，故云不必修。專者百即百生，千即千生，故云必生。（文）此中云百即百生者是依《禮》序。彼云若能如上（指上所明三心、五念、四修。）念念相續，（無間修）畢命為期（長時修）者，十即十生，百即百生是也。是則就心行具足，無間長時相續者，云必得往生，何即至不退位之謂乎？次經言即得者，願成就文云：「乃至一念至心迴向，願生彼國，即得往生。」

《大經會疏》七（五紙）云：

即得往生者，橫超金剛大益也。願誓若不生者，遂成就即得往生，信心觀喜一念之時，橫截五惡趣，超入彌陀海，故云即得往生也。

問：往生者是離此穢國，生彼淨域義，未聞此土益，何泥即得之言，立橫超自義耶？

答：就往生有體有相，約體則一念發起時，斷無始已來妄業，入正定不退之位，預心光提獲益，為三業不離身故，雖住穢界，自入大會之數，是名為往生。約相則捨命之後，生彼佛前，是名為往生。三國宗祖皆存此義，豈言自義乎？但諸行人不蒙攝取，故無即得義，是故為念佛往生不共大益耳。

又大凡大乘法門以即之言，明頓極頓促義，其例非一。所謂父母所生身，即證大覺位。或唯真言法中，即身成佛。又如三諦即一，欲即菩提，煩惱即菩提，生死即涅槃等，是皆啐啄同時義，此經豈不爾哉！應知即之言，非隔時迂迴之義。此釋述僻首意也。

今云此文既言「乃至一念至心迴向，即得往生」，是則約臨終回心者也。臨終一念，無後心，無間心故，即時業成往生，例如《小經》是人終時，心不顛倒即得往生，然為之平生一念業成之證者僻謬甚矣。《和語燈》七、十三紙、東大寺十問答云、本願ニハ十念、成就ニハ一念ト候ハ平生ニテ候カ、臨終ニテ候カ。答去年申候キ聖道ニハ左樣ニ一行ヲ平生ニ修シツレハ罪即時ニ滅シテ、後ニ又相続セサレトモ成佛スト云フコトアリ、其ハ猶ホ緣ヲ結ハシメントテ佛ノ方便シテ説キ玉ヱルコトナリ、順次ノ義ニハ非ス。華嚴禪門真言止觀ナトノ至極甚深ノ法門コソサルコトハアレ是ハ眾生本ヨリ懈怠ノ者ナレハ一度申ヲキテ、後申サストモ往生スル思ヒニ住シテ數遍ヲ退轉センコトハ、口惜カルヘシ。十念ハ上盡一形ニ對スル時ノコトナリ。晩ク念佛ニ逢ヒタラム人ハ命ツツマリテ、百念ニモ及ハヌハ十念ナリ、十念ニモ及ハヌハ一念ナリ。此ノ源空カ衣焼捨テコソ麻ノユカリヲ滅シタルニテハアラヌ、此カ有ン限リハ麻ノ滅シタルニテハ無キナリ。過去無始ヨリ已來罪業ヲ以テ成セル身モ本ノ如ク、心モ本ノ心ナラハ何ヲカ業成シ罪滅スル驗トスヘキ、罪滅スル者ハ無生ヲ得、無生ヲ得ル者ハ金色ノハダエトナル、彌陀ノ願ニ金色ト成ント誓セ玉ヘトモ、念佛申人誰カ臨終已前金色ト成ル、只物サカシカラテ一發已後無有退轉ノ釋ヲ仰テ、臨終ヲ待ヘキナリト已上。此語與僻首徒之針砭，冀少住心於茲。

或應指即便往生文，彼僻解此文，以為一念信行直下即時決定報土往生真因，說言即便往生。然今依鸞、綽、導、空等所判而解之者，三心具上更有業事成辨，而衆生根機不一，唯其回心有平生、臨終。平生回心者，以是有後心，有間心，故不能於三心具一念行即業成。臨終回心者，以是無後心，無間心，故一念直下亦能業成。按《大論》云：三十四之二十二、四十二之十八「即時有二種，一者同時，二者雖久更無異法，亦名即時。」準此論解，今即便亦應有同時、異時。謂若約平生回心者，發三心而不退，則心必定應業成得生，雖非即時業成，無有異緣間隔故，亦云即便，是則異時即義。若約臨終回心者，心行具足，一念十念端的即成往業故，言即便是其同時即義，經含此二機而說即便往生也。

元祖曰：《漢語燈》十一〈答博陸問書〉「《觀經》所說十念往生，是臨終事，非平生時，臨終、平生豈可混同！平生行人，縱起決定信心，成就一念十念，其人自其而後不復稱念，則順次往生，恐難尅果，後念罪惡障往生故。又縱犯小罪，若不懺悔，則尚成往生之障，況犯四重、五逆重罪而不用懺悔者，豈可得往生乎？是反不免惡趣者也。或曰縱起深信，常專稱念，若犯重罪，即當能懺悔念佛，若其不然，則難得順次往生也。此義尤善矣，乃至然一稱念後，不復用念，且信心決定之後，犯罪亦不妨往生也。如此信者雖是似深信，反成就邪見者。近來自住此邪見者，世間甚多，誠可悲也。」文此中言世間甚多者，僻者自當其一矣。嘗蓋醒悟之耶？又假令如汝之所計者，西河決往生得不於善導入定，千福修念佛三昧三年而後方始取業成驗，惠信出聞街占而決必生之想。凡如斯之類，奈何會之！若言彼等師修方便門故然者，汝何盛引其所釋為證耶？若亦言誘引權謀者，是亦非也。示此權謀者，還應誘人於猶預之路故。

次引證中引《要集》云：

雙卷經，三輩之業，雖有淺深，通皆云一向專念無量壽佛。三、四十八願中於念佛門別發一願，云：「乃至十念，若不生者，不取正覺。」四、《觀經》極重惡人乃至得生極樂。

挫云：僻首上標真實行本願，云諸佛稱名願，而今所引證之諸文並是念佛往生願之所選定也。直釋、引文倏然牟盾，俄頃變態，猶如夏雲，於嗟可怪哉。

次引《選擇．付屬章》文云：

夫速欲離生死，二種勝法中且閣聖道門乃至依佛本願故。已上明知是非凡聖自力之行，故名不迴向之行也。

挫云：僻解意謂彌陀如來以諸佛所嗟稱德號回施之眾生，故迴向在佛邊，是則他力迴向而非凡夫、聖人自力迴向之行，故名不迴向之行也，如斯者大背祖判也。先依宗祖正統分別自、他二力者，《論註》云：下之五十三紙「以斯而推，指上引三願。他力為增上緣，得不然乎？當復引例，示自力、他力相。如人畏三塗故，受持禁戒，乃至以神通故，能遊四天下，如是等名為自力。又如劣夫跨驢不上，從轉輪王行，便乘虛空，遊四天下，無所障礙，如是等名為他力。」《安樂集》上之二十九亦用此譬而合釋云：「眾生亦爾，在此起心立行，願生淨土，此是自力，臨命終時，阿彌陀如來光臺迎接，遂得往生，即為他力。故《大經》曰：『十方人天欲生我國者，莫不皆以阿彌陀如來大願業力為增上緣也。』」文此譬說中，言劣夫乘空者，即由輪王力故。僻首謬計，以為唯由如來迴向力是為他力，而未曾知此譬偏顯增上緣之一邊，而更別有行者，因緣也。

《和語燈》二四左云[6]：

問：自力トハ云何？

答：煩惱具足シテ惡キ身ヲ以テ煩惱ヲ斷シ悟リヲ顯シテ成佛スト心得テ晝夜ニ策トモ、無始ヨリ貪瞋具足ノ身ナルカ故ニ、永ク煩惱ヲ斷スルコト難キナリ、カク斷シ難キ無明煩惱ヲ三毒具足ノ意ニテ斷セントスルコト喻須彌ヲ針ニテ挫キ大海ヲ芥子ノヒ杓ニテ汲尽サンカ如シ、縱ヒ針ニテ須彌ヲクタキ芥子ノヒサクニテ大海ヲ汲盡トモ、我等カ惡行煩惱ノ心ニテハ曠劫多生ヲ經トモ成佛センコト難シ、乃至カカル身ニテハ争カ修行學道ヲシテ成佛スヘキヤ、是ヲ自力トハ申スナリ。已上

如此語者，此土入聖偏言自力故，具縛凡夫託佛願力願生報土者，是為他力，此外更

無分別自、他二力也。

所言增上緣者，此有與力及不障義，而今他力為增上緣者，是其與力之義。若無行者因緣者，其對孰與力？是以《註》云：「推他力為增上緣。」《集》云：「大願業力為增上緣。」俱是對行者因緣之語。又《集》言「十方人天欲生我國者」，略抄第十八願，若具之者，應言至心信樂欲生我國乃至十念，是則示行者有因緣也。又《玄文》云：「若論眾生垢障實難欣趣，正由託佛願以作強緣，致使五乘齊入。」此釋但是約凡夫之生報土，以彰他力義耳。謂雖有隨分修因，然以是垢障，凡夫不能得生其生報土者，正由託佛願他力也。此中言強緣者，顯行者亦有內因也。又元祖所謂不迴向者，選擇意，謂正、助二行純極樂事故，縱令不別用迴向，自然成往業。是則對雜行非極樂事故，必別用迴向而後方成往因也。與彼所計，其義霄壤應知。

問：彼亦言真實信業識為內因，光明名父母為外緣，何得言不知行者有因緣？

答：彼縱使有其言，而唯立一念信行，而廢多念。其勤多念者，總局之自力，斷然不取之，豈非撥無內因耶！凡夫平生一念信行，不成往業，如先引元祖語而辨。若不成往業者，曷足稱內因乎？

《大經會疏》七四左云[7]：

凡就迴向有自力迴向，有他力迴向。如回自因行，趣向來果，是為自力；專投佛願，不用自策勵，是名他力。是非凡情迴向故，亦名不迴向。《大品般若》云：菩薩如是迴向，則不墜想顛倒、見顛倒、心顛倒。何以故？是菩薩不貪著迴向故，是名無上迴向乃至以是有所得心迴向者，諸佛不說有大利益，何以故？是迴向名雜毒苦惱，譬如美食，其中有毒，雖有好色香味，以有毒故，不可食之。愚痴無智人若食此食，初雖香美可意，食欲消時，有大苦惱。然當今行者雖係名於弘願他力，妄浮慕真言止觀難行，蒿目蹙眉為薰發直出工夫，唯衒名利，無顧佛意，其猶幹棄周鼎寶康瓠等。已上

僻見太矣，努力可挫破。

爾者獲真實行信者，心多歡喜故，是名歡喜地。是喻初果者，初果聖者尚睡眠懶惰不至二十九有，何況十方群生海，歸命斯行信者，攝取不捨，故名阿彌陀佛是曰他力。

挫云：先獲真實行信乃至名歡喜地者，是依《十住論》而僻謬也。今應引彼文而對匡。彼曰：《論》第二之二紙「常念於諸佛，及諸佛大法，必定希有行，是故多歡喜。如是等歡喜因緣故，菩薩在初地中，心多歡喜。念諸佛者，念燃燈等過去諸佛、阿彌陀等現在諸佛、彌勒等將來諸佛，常念如是諸佛世尊，如現在前。念諸佛大法者，略說諸佛四十不共法，念希有行者，念必定菩薩第一希有行，令心欣喜。又念十地諸所行法名為心多觀喜，是故菩薩得入初地名為歡喜。」文

今將具縛凡愚纔獲一念行信者，直目之聖位，僭濫之咎非少矣。彼若言非言獲其位之

謂，只是一分比擬者，是亦不可。何者？《論》次文云：有凡夫人未發道心，或有發心者，未得歡喜地，是人念諸佛即諸佛大法及希有法，亦得歡喜，而不名歡喜，何以故？餘者不能行初地念故。抄略。彼復言如來難者，但據自力一途故爾，而今約他力之邊故不例者，是亦非也，背宗師釋故。西河云：「若得往生彌陀淨國，娑婆五道一時頓捨，故名橫超。」導師云：「《觀經》、《彌陀經》等說即是頓教，菩薩藏一日七日專稱佛，命斷須臾生安樂。」元祖云：〈大經釋〉「明未斷惑凡夫直出過三界長夜者，偏是此教故，以此教為頓中之頓也。」如是等釋，皆是約往生之後得處不退，永絕五道因果，而成他力不共頓超之義也。豈只釋家，馬鳴論判亦爾矣。《起信論》修行信心分。

然僻首言獲一念行信端的名歡喜地者，就未得、已得之邊目之者，是為見取見，或約邪推度之邊者，應稱大邪見。于嗟，可畏[8]哉！

次是喻初果等者，《十住論》第一之二十二偈云：「如得於初果，究竟至涅槃，菩薩得是地，心常多歡喜。」長行云：如得初果者，如人得須陀洹道，善閉三惡道門乃至不可傾動究竟至涅槃，斷見諦所斷法故，心大歡喜，設使睡眠懶惰不至二十九有，如以一毛為百分，以一分毛分取大海水若二三滴渧。苦以滅者如大海水，餘未滅者如二三滴，心大歡喜，菩薩如是。文依《論》文以心生歡喜，初地之與初果分際類同，喻之初地也。然僻首引文約略隱密其義，令不可解，亦惟僻見者流手段[9]而已。

引文約略者[10]，南山《業疏》第三，引古語述作文三難。第三難云：援引事義，翳文略指，相似餘辭，未能顯別，自非對讀，更須解出三難也。《濟緣記》二下云：「翳文謂不顯所出，略指謂引詞不備，相似餘辭[11]等者謂隱而難見，若欲解者須用本文對讀，不然又須注解。」已上僻首此文的當彼第三難也。

次何況乃至他力者，此況釋意謂《十住論》以小乘初果猶能喻之初地，何況歸命斯行信者，非啻名歡喜地，更目果佛也。若爾，可謂僻見之極矣。《論》文之所比類，如上已辨。然汝將具縛群萠纔發一念歸命者，還超過之見諦無漏聖者，罪戾何窮！且夫攝取不捨者，名義不離而所獲利益，是故《禮》序云：「以光明名號攝化十方。」《觀念法門》云：「又如前身相等光，一一遍照十方世界，但有專念阿彌陀佛眾生，彼佛心光常照是人，攝護不捨。」又《讚文》云：「唯有念佛蒙光照，當知本願最為強。」《選擇》云：「餘行非本願故。」當知本願最為強。所言本願者，指第十八願，名號者即此願之所選定也。

然汝既計言至心信樂願是真實信願，諸佛稱名願是真實行願。若爾，歸命斯行信者，何由獲不捨之益乎？若強言得之者，忽背兩祖所判，汝何崇稱宗師耶？

次故名阿彌陀佛者，彼意約因中說果乎？曰：否。約即心是佛？曰：否。若爾，奈何彼計苟一念歸真實行願，第十七願真實信願則如來永劫所修行信，全成群生海行信。何以故？由彼佛之所迴向成就力故也。所以知者，下文三本十五紙云：爾者若行、若信，無有一事非阿彌陀如來清淨願心之所迴向成就，非無因、他因有無有一事已下依《論註》文勢而其義大異。故，是則既成如來行信，故名阿彌陀佛成此行信，併由佛迴向力故，云他力也。如斯則大背兩師所判。導師云：「正報難期，一行雖精未尅；依報易求，所以一願之心未入。」元祖曰：「成佛雖難，往生易得。」豈唯背兩祖，總違逆如來一代教旨，悲夫！

《大經會疏》五[12]、三十右云：

或喻初果，或比初地，是全非約斷證地位，唯仰信難思妙益之言也。已上

今謂喻初果者，謂以歡喜地喻初果也，所引《論》文即是此義。又僻首既言是名歡喜地，是則全名初地。然云仰信難思妙益之言者，非是僻首意。

是以龍樹大士曰「即時入必定」，曇鸞大師云「入正定之數《註》本作聚。」。

挫云：按《十住論》和本第五初〈易行品〉易行道有二種，謂現身不退及往生不退。現身不退者，文云：「若菩薩欲於此身得至阿惟越致地，成就阿耨多羅三藐三菩提者，應當念是十方諸佛，稱其名號。」又偈云：「人能念是佛，是別指彌陀一佛也。無量力威德，即時入必定，是故我常念。」文是則執持諸佛即彌陀名號，藉此他力，速獲不退，亦稱易行道也。往生不退者，偈云：「若人命終時，得生彼國者，即具無量德，阿惟越致獲益在於此中。是故我歸命，若人生彼國，終不墮三趣，及與阿修羅，我今皈命禮。」此是生彼土，而後終至越致地。或約得處不退，今所引下偈文是也。言易行道也。然註家等宗祖皆取往生不退之邊，以立易行道故，《註》云「易行道者，謂但以信佛因緣，願生淨土，乘佛願力，便得往生彼

清淨土，佛力住持即入大乘正定之聚，正定即是阿毘跋致」等。元祖引此文云：「難行道者即是聖道門也，易行道者即是淨土門也，難行易行、聖道淨土，其言雖異，其意是同。」列祖所判咸同軌于茲。

然僻首今引現身不退文而證成己所計義，的然背曩祖垂範，誰忍見之！況且《註》文非唯今汝所引，是約往生，彼註處處文皆爾，且出其一二者，《註》上云：「便得往生安樂淨土，即入大眾正定之聚。」又下云：「生安樂眾生，亦復如是。生彼正道世界，即成就出世善報，入正定聚。」文經曰：「生彼國者，皆悉住於正定之聚。」祖師之所釋典據，此文也，末學盲徒豈得任胸聽耶！

《大經會疏》四、六十二云[13]：

問：宗祖云：正定初土益，滅度淨土益，若準異譯，此經定聚即當等覺，[14]薄地凡夫豈現得之乎？答：願力無窮，得益千差，彼所判只是約難思議往生機耳。若廣論則總有三類。何者為三？一約必至義，通攝一稱南無佛機，皆名定聚。謂依《法花》、《大悲經》、《觀佛三昧》、《念佛三昧》等經，說一聲稱念，人必定至佛果故，此如言煗必至涅槃，雖中間或退墮，終必尅證，如吞金剛喻。

二生後定聚，謂如三輩九品往生人生淨土已，得不退位，增進佛道，或經多劫至滅度故，是諸師通用義也。

三現生定聚，謂橫超金剛妙益，謂開闡選擇願海，則一念發起時，即住定聚，蒙光觸者，心不退故，齊入大會眾數故，西方便有一蓮生，故約機則雖薄[15]地底下，約佛願德則臨時一念之夕，超證大涅槃故，亦名定聚，亦名等覺也。又云：七初若約橫超義，一念發起時，入大會眾數，即住此位。釋云：聖眾莊嚴即現在彼眾及十方法界同生者是。又云：本國他方大海眾窮劫算數不知名，蓋此意也。已上

此中引證導師二文者，並是僻謬，初文即現在彼眾等，謂舊來往生，現在彼淨土之眾及十方法界等者，謂從十方剎土今正往生者，是通舉新往、舊往之二眾也。後文言本國眾者，謂此娑婆界等凡夫願生安樂者；他方眾者，謂先生他方佛剎已，為自熟、熟他等因緣故，更往安樂之眾，如《大經》東方段說及十四佛國不退菩薩等是也。文意既以如斯，何成汝僻計之證耶？餘如本文挫破。

> 凡就往相迴向行信，行則有一念，亦信有一念。言行之一念者，謂就稱名遍數開顯選擇易行至極，故《大本》言：佛語彌勒，其有得聞彼佛名號乃至無上功德。已上光明寺和尚云「下至一念」，又云「一聲一念」，又云「專心專念」。已上智昇師《集諸經禮讚儀》下卷云：深心即是真實信心也，信知自身乃至故名深心乃至經言乃至，釋曰下至乃下，其言雖異，其意惟一也。復乃至者，一多包容之言。

挫云：是正立僻見基礎，信行一念之文處。有僻首消息書、題云《末燈鈔》、其中云無礙光如來ノ攝取不捨ノ御

憐ノ故ニ、疑心ナク歡ヒマイラセテ一念ニテ往生定リテ、誓願不思議ト得心候ヒナン、又タ云サテハ仰セラレタルコト、信ノ一念、行ノ一念フタツナレトモ、信ヲハナレタル行モナシ、行ノ一念ヲハナレタル信ノ一念モナシ、ソノユヱハ行ト申ハ本願名号ヲ一聲トナヱテ往生スト申コトヲ聞テ、一聲ヲモ唱モシハ十念ヲモセンハ行ナリ、コノ御誓ヲ聞テ疑フ心ノ少シモ無ヲ信ノ一念ト申ナリ、信ト行トニツト聞ケトモ行ノ一聲スルソト聞テ疑ハネバ、行ヲハナレタル信ハナシト聞テ候又、信ヲハナレタル行ナシト思召ヘシ、コレミナ彌陀ノ御誓ト申コトヲ得心ベシ、行ト信トハ御チカヒヲ申スナリ穴賢々々。

此中先引《大經》證成行一心，是則為證不成，何者？經言乃至者，即顯上盡一形等多念故，是故《選擇》上之三十七云：「既以一念為一無上，當知以十念為十無上，又以百念為百無上，又以千念為千無上，如是展轉從少至多，念佛恆沙無上功德，復應恆沙。」文 汝何不省此釋，而偏執一念無上耶？彼將言非不知多念，雖然，經既說一念往生而顯易行至極，則一念而足矣，何必須勞多念？責云：汝不精經釋文義，故為此僻執耳。

經說一念十念者，唯就臨終回心者，而不通尋常，《觀經》下輩人即是其證。是故《選擇》上之六紙引《西方要決》云：「上盡現生一形，下至臨終十念，俱能決定皆得往生。」又〈大經釋〉《漢語燈》一之十三云：「善導通言念佛往生願，上從一形，下至臨終十聲一聲，稱念皆生也。」及上所引〈博陸答書〉等皆然。《和語燈》四、三十九紙云、問本願一念ハ尋常ノ機ニモ臨終ノ機ニモ遍スヘキカ。答一念ノ願ハ命促リテ二念ニ及ハサル機ノ為ナリ。尋常ノ機ニ通ズヘクハ、上盡一形ノ釋有ルヘカラヌ、此釋ヲ以テ意得ニ必シモ一念ヲ本願ト云フヘカラス。念々不捨者是名正定之業、順彼佛願故ト釋シ玉ヱリ。此ノ釋ハ數遍積ランモ本願ト聞ヱタレハ、只本願ニ遇フ機遲速不同ナレハ、上盡一形下至一念ト發シ玉ヱル本願ナリト意得ヘキナリ。又タ云ク（二、九紙）、十聲一聲ト申スハ最後ノ時ノ事ナリ、死スル時一聲申スモノモ往生ス、十聲申ス者モ往生スト云フ事ナリ、往生ダニモ齊クハ功德、何ソ劣ナラム等。而汝於其尋常立一念業成

者，非唯背宗祖素意，抑亦違逆金口誠說，可謂逆路伽耶多矣！

次引導師釋，是亦不成證，何者？《禮讚》後序云「若有眾生稱念阿彌陀佛，若七日及一日，上引《小經》故約七日耳。下至十聲乃至一聲一念等。」又前序云：「上盡一形，下至十聲一聲等。」凡如是等文，皆兼言一形而後云十聲一聲者，但約臨終回心者而已。然汝恣只斷取其一聲一念而證己所計之義，何得成乎？

次引《禮》序深心釋者，亦不成證。〈基親取信本願章〉《漢語燈》十之十七引此文云：「基親熟案此等文，自啟發信知，雖為罪惡生死凡夫，深信本願，唱佛名號，乘彼願力，決定往生，如是信知焉。是以稱名念佛，日五萬聲，更無他事。」文如斯領解以啟問元祖，元祖深嗟稱印歎！如斯，則此文非汝所計一念之證必矣。

《大經會疏》五八右云[16]：

乃至十念者為安心？為口稱？

答：《書》云：凡就往相迴向行信，行則有一念，信有一念，例此文今十念亦含行信。初行十念者，口稱佛號乃至十聲是名十念。《選擇集》云：問曰：經云乃至釋云下至其意云何？答：乃至下取一念之故也。是約口稱義也。

次約信心者，若至極短命機雖不及口稱，信樂開發則必得往生。準之，論則今此十念，不必限口稱，但是信樂圓滿之義故，《書》云：信知至心、信樂、欲生，其言雖異，其意惟一。何以故？三心已疑蓋無雜故，真實一心是名金剛真心，金剛是名真實信心，必具名號，名號必不具願力信心也，是故論主建言我一心也。文是此約橫超金剛行人論而已。

問：今十念為約平生？將約臨終乎？

答：若約自力稱名人，則當為臨終，由此機故，開出第十九願。若約本願相應人，則一念發起時，即得入必定故，非臨終非平生，但是信樂開發時，業事成辦，乃至十念也。

問：於此願標信、行二種定，以何為宗體耶？

答：往生生因，信不離行，行不離信，何局一邊？若強分信、行，則應以第十七為大行願，以此願為大信願耳。如《大阿彌陀經》及《平等覺經》以兩願結一種願，彼文言今我名字皆聞八方上下無央數佛國等，是第十七願義，言諸天人民蜎飛蠕動之類聞我名字，莫不信心歡喜踊躍等，正當願義也。是以明知上願立大行，此願誓大信矣。雖然，不思議行、信故，全不相離也，所以彼經結一願歟。已上

由此末徒消釋而益顯僻首之邪計意，既然者，背逆導、空諸祖諸判，昭昭然矣，應知。

釋云專心即一心，形無二心也。云專念者即一行，形無二行也。

挫云：彼引此文而證成信、行一念之義，大謬矣。若如汝所計者，如《禮讚》前序云：「所謂專心，若晝若夜，一切時一切處，三業四威儀所作功德，不問初中後，皆須真實心中發願，願生彼國。所謂專心，若自作善根及一切三乘五道一一凡聖等所作善根，深生隨喜。」此文云何通之？既云一切時處，四威儀所作，亦云自他、凡聖所作善根，而若如汝所計專心唯一心而不續二心者，何能涉於一切時處，四威儀所作等乎？是故導師所言專心者，誠勗長時無間相續修中，無餘心間雜之語，而非如汝所見也。

次專念者，謂相續修中不以餘行來雜也。是故《選擇》上之三十釋三輩一向專念，念佛餘行相對設廢立等三義，且言準《觀經疏》中，上來雖說等釋意且解之者，上輩之中雖說菩提心等餘行，望佛本願，意唯在眾生專稱彌陀名，而本願中更無餘行，三輩共依上本願，故云一向專念。何況〈散善義〉云：「上盡百年，下至一日七日，一心專念。」又云「一心專念彌陀名號，行住坐臥」等，此等文云何通乎？

> 《安樂集》云：「十念相續者，是聖者一數之名耳。但能積念凝思，不緣他事，使業道成辦，便罷不用，亦未勞記之頭數乎？又云：若久行人念多，應依此；若始行人念者，記數亦好。此亦依聖教。」已上斯乃顯真實行明證。

《大經會疏》五云[17]：

言乃至十念者，願成文，言乃至一念十念者，明信樂開發業事成辦相耳，不必約頭數。一念者，顯信開發時尅極促。經言乃至，釋曰下至乃下，其言雖異，其意惟一也。仰惟本願誓十念成就足一念，是則因位願力至果上彌強盛故也。其猶藍出於藍，青於藍，冰出於水，寒於水，是以置乃至言，而不局念之頭數也。

挫云：今此引證略有三過，一違自所立行過，二不解所引文義過，三混臨終平生心品過。始違自所立行過者，僻首先顯真實行云斯行出於大悲願，即是名諸佛稱揚之願，然所引集，釋《觀經》下品十念，是則念佛往生願之所成，註家引此願文下下品十念。何由言真實行明證乎？是為違自所立之過。

次不解所引之義過者，僻首引此文，其旨歸唯在聖者一數之句而已，其意欲為之真實行一念之證也。而今此一數者，於上盡百年，下至七日一日一時，及臨終十念一念等若干頭數之中，是其隨一之數，故稱一數也。豈如汝所計耶？是為第二過。

聖者一數，[18]《註》曰神通者言而已，今文倣彼也。此文謂下下品說十念相續者，大聖知此人稱十念以業成之事，就若干數中隨一之數而言十念耳，是則傍知其業成之時節者言之也。若其行者，但能積念凝思，不緣他事，稱念相續，使往業成辦便罷，未必用記稱念頭數也。而若為之一念業成之證者，積念凝思，文云何通之乎？實愚禿哉。

後混臨終平生心品過者，引臨終業成釋來證平生一念業成者，是由不分其兩位心品也，云何分別之者？《大論》二十四云：「臨死少許時，心云何能勝終身行力？答曰：是心雖時頃少而心力猛利，如火如毒，雖少，能成大事，是垂死時心決定猛健，故勝百歲行力，是後心名為大心，以捨身及諸根事急故，如人入陣，不惜身命為健人。」已上又鸞、綽等師所謂有後平生無後、臨終有間平生無間臨終之二心，是為兩位心品別然。汝混同之，而以臨終業成釋，證成自所立一念業成故，是為不分兩位心品之過也。

> 凡就誓願有真實行信，有方便行信。其真實行願者，諸佛稱名願。其真實信願者，至心信樂願。斯乃選擇本願之行信也。

挫云：此計背反導、空兩祖正流之尤者也。何者？諸佛稱揚願，此是攝法身願，願自身為諸佛嗟稱故。然其願眾生生因行體者，六八願中特立第十八願，故導、空等祖相傳稱之念佛往生願也。由此導師引此願文於其三心者雖有略之，至其行體必也舉之。如《觀念法門》云「若我成佛，十方眾生願生我國，是只舉迴向心也。稱我名字下至十聲」是也。《禮讚》後序云「若我成佛，十方眾生稱我名號，下至十聲」是也。《選擇》上之二十二云：「即今選捨前布施、持戒乃至孝養父母等諸行，選取專稱佛號，故云選擇也。」又云：〈特留念佛章〉「凡四十八願皆雖本願，殊以念佛為往生規。故善導《法事讚》釋云『弘誓多門四十八，偏標念佛最為親』等。已上故知四十八願之中，既以念佛往生之願而為本願中之王也。是以釋迦慈悲，特以此經止住百歲也。」已上準此等釋，願文雖心行兼願，而其行為正體耳。

然禿頭妄兩祖所立願目之外，更立異名，而還唯取信樂之邊，疎於永劫所選定之行體，耕舌之殃何免？且汝結成其妄計云：《大無量壽經》之宗致，他力真宗之正意也。而今準繩兩祖釋，汝所計決非經宗致也。《選擇》（上之四十）云：「若依善導和尚意者，此經之中已說彌陀如來念佛往生本願，釋迦慈悲，為留念佛，殊留此經，餘經之中未說彌陀如來念佛往生本願故，釋尊慈悲，以而不留之也。」然僻首既不為之念佛往生願故，（不為之念佛往生願者，僻首雖亦言念佛往生願，而只立其願名，而不以念佛為其願體，故有名無實立目也。剋體而論，則成不為之念佛往生願也。）逆世尊特留之意，安能得經之宗致？既非宗致，則非真宗必矣。

〈顯真實信〉文云：

> 謹按往相迴向有大信，大信心者則是長生不死之神方，欣淨厭穢之妙術，選擇迴向之直心，利他深廣之信樂，金剛不壞之真心（乃至）真如一實之信海也。斯心即是出於念佛往生之願，斯大願名選擇本願，亦名本願三心之願，名至心信樂之願，亦可名往相信心之願也。然常沒凡愚流轉群生，無上妙果不難成，真實信樂實難發，何以故？由如來加威力故，博因大悲廣慧力故。遇獲淨信者，是心不顛倒，是心不虛偽，是以極惡深重眾生得大慶喜心，獲諸聖尊重愛也。至心信樂本願文，《大經》言。（下引經文。）

挫云：按此段僻計意，謂一切群萌從無始來，其心虛偽而無真實，是故如來選擇至心信樂願，以本行菩薩道時，永劫所修真實信樂回施之諸群生故，是故言利他真實也。今所牒文中云選擇迴向直心、利他深廣之信樂、金剛不壞之真心、真如一實之信海，又下文云一本十五若行、若信，無有一事非阿彌陀佛如來清淨願心之所迴向成就者，是其義也。

然如我真宗正義者，三心是行者所具安心，而非如來之所施之心，但至本願云至心信樂等者，此是願眾生所修心行具足念佛也。何以故？眾生雖隨分策修之，而不託佛願，則無由生報土故。是以《疏》云：「欲明一切眾生三業所修解行，必須真實心中作。」《選擇》云：「此三心者，總而言之，通諸行法，別而言之，在往生行，行者能用心，敢勿忽緒。」絕無似彼所計之釋。然僻首往往稱導、空等，言宗師，而其所立都不範於其所釋，不知尅立何等宗乎？

> 問：如來本願已發至心信樂欲生誓，何以故論主[19]言一心也？
>
> 答：愚鈍眾生解了為令易，彌陀如來雖發三心，涅槃真因，唯以信心，是故論主合三為一歟？私闚三心字訓，三即合一乃至今按三心字訓，真實心而虛假無雜，正直心而邪偽無雜，真知，疑蓋無間雜故，是名信樂。信樂即是一心也，一心即是真實信心，是故論主建言一心也。

挫云：此有三過，一混同經之與註三心過，二合會三心違祖判過，三論一心還害自所立過。初混同經、註三心過者，此段倣註家合三信而歸一心之釋。《註》云「一信心不淳，二者信心不一，三者信心不相續」等。所以知者，今結文云是故論主建言一心者，即是註家釋故。然彼反不淳、不一、不續三失而義立三信故，尅其體則只惟一箇信心耳。以本末一信心故，註釋之會歸論一心，非合三而後方始為一之謂。而如經三心者，三種體本別，何同註三信耶？然僻首妄仿註家合之為一，可謂畫虎成貓矣。是為不辨經、註三心過。

二合會三心違祖判過者，彼出許多字訓，合會至心等三心為之唯一信心，雖是似巧妄，總背導、空等諸祖垂範也。

《和語燈》六四十五云[20]：三心ト申候モ總ネテ申ストキハ唯一ノ願心ニテ候ナリ、其願フ心ノ偽リカサラヌ方ヲハ至誠心ト申候、此心ノ實ニテ念佛スレハ臨終ニ來迎スト云フコトヲ一念モ疑ワヌ方ヲ深心トハ申候、是ノ上我身モ彼ノ土ヱ生レント思ヒ、行業ヲモ往生ノ為ト向ルヲ迴向心トハ申候ナリ、是故ニ願心偽ラスシ候ヘハ、自ラ三心ハ具足スル事ニテ候ナリ。

如導師釋三心，唯至誠心出其字訓，而後二心都無訓釋。然今專任胸臆，重累字訓，逞新奇解，豈非牽強附會耶？且夫如導師之合三為一者，歸之願往生一心也。是故《玄文》云：「言南無者即是歸命，亦是發願迴向之義。」又疏云〈散善義〉：「三心既具，無行不成，願行既成，若不生者，無有是處。」又云：「眾生貪瞋煩惱中，能生清淨願往生心也。」上喻中云一心正念直來，又云一心直進念道而行，此文合之。所言歸命者，歸性命於佛陀境，以求救濟之義，即是仰他力悲願而願求往生之心。此心橫具三心，故言三心即一心。吉水傳斯義云橫三心是即兩祖稟承之正統，而今汝所立的違之故，是為違祖判過。

三論一心還害自所立過者，將論一心來附會所立真實信者，還害自己立義也。所以者何？註家釋云：「我一心者，天親菩薩自督之詞。督者，《爾雅》督正也。準此訓督，正其馳散，令心純一，是謹慎之義。言念無礙光如來願生安樂，心心相續，無他想間雜。」文此中心之相續句釋心字，無他想間雜句釋一字，是則願生心相續，無他想間雜，名為一心也。《大論》八十三云：「相續次第生總名一心，以相續次第生故，雖多名為一心，是時不令貪瞋等心相續得入。」文然汝所立唯一念信，而不須後續念，汝今附會之者，豈非害自所立邪？是為第三過。

問：彼依《禮讚》不相續念報彼佛恩文，而亦許相續念，何遮之言不續？

答：彼計本願唯是一念也，二念已後為謝佛恩，是以引《禮讚》釋證其計耳。是則其續後念者，但為謝恩而非願生念，然註言願生安樂心之相續，是故彼相續者併是不續也。

又問：如字訓，論主意以三為一義，其理雖可，然為愚惡眾生，阿彌陀如來已發三心願，云何思念也？

答：佛意難測，[21]雖然，竊推斯心，一切群生海自從無始已來，乃至今日至今時，穢惡污染無清淨心，虛假諂偽無真實心。是以如來悲閔一切苦惱眾生海，於不可思議兆載永劫，行菩薩行時，三業所修一念，一剎那無不清淨，無不真心。如來以清淨真心，成就圓融無礙不可思議不可稱不可說至德。以如來至心回施諸有一切煩惱惡業邪智群生海，則是彰利他真心故，疑蓋無雜斯至心，則是至德尊號為其體也。是以《大經》言：不生欲覺、瞋覺、害覺乃至令諸眾生功德成就。

令諸眾生等[22]，《大經會疏》六十五云：勵行於佛體而讓功於無善凡夫故，菩薩功德成就，一一回施十方三世一切群生，為彼功果，所以云令諸等。〈信卷〉云：竊推斯心，一切群生海自從無始已來，乃至今日至今時乃至令諸眾生功德成就。又〈證〉卷云：夫按真宗教行信證，諸如來大悲迴向之利益乃至因淨故果亦淨也。

挫云：《大經》說眾生所發安心，云「十方眾生，至心信樂」等；《觀經》云「若有眾生願生彼國者，發三種心，即便往生」等。《疏》釋此經文云「欲明一切眾生三業所修解行，必須真實心中作」，是約勸門，略釋眾生所發真實心也。次不得外現下至此必不可也已來，廣約誡門，釋虛假心相，且誡如是者，不得往生也。次何以故下至亦皆真實已來，正明不生所由也，意謂彼佛因行皆真實故，所感果報不容諂曲故，欲生彼土者，必須真實而與所求相應。《淨名》云「直心是菩薩道場，菩薩成佛時，不諂眾生來生其國」，是之謂而已。但菩薩真實強，行者真實弱，強弱雖異，應須隨分相順；不爾者，不得生也。夫勸、誡二門，佛道通範故，今因勸真實心，誡虛假雜毒之心也。

然汝此段所言以群生從無始至今日，數習虛假而不能真實故，以如來永劫所修清淨真心施與之群生海，令之成真實心，是則見約誡門之釋，妄計以為一切群生毫無發真實心之分。如斯則縱任於其久習自棄而不改，杜絕勸善懲惡之門也。《和語燈》一、四十紙云、無始ヨリ已來今身二至ルマテ思ヒ習ハシテサシモ久ク心ヲ離レヌ名利ノ煩惱ナレハ、斷ントスルニ易ラカニ離レ難キナリケリト、思ヒ許サルル方モ有レトモ、又許シ侍ヘルヘキ事ナラネハ、我心ヲ省リミテ誡メ直スヘキ事ナリ。已上。此語為僻首此計之藥石矣。

于嗟，無慚甚哉！縱令其垢障凡愚，而尚庶幾少有慕藺之情。釋云：佛遣捨即捨，佛遺行即行。汝何不毫省此釋乎？又見釋不生所由文，謬謂是如來回施眾生之本行。若如汝所見者，何以故者，正由語奈何消之。何者？何以故者，以承上起下之語，正由下出其所由故，應成雜毒不生，由彼佛回其因行施眾生故之義，豈有此理！

又以尊號為至心體者，是亦不應道理。何者？尊號是名，乃是無漏行蘊中不相應法所攝，且依佛果功德猶三科所攝義。而至心是心所法，若出其體者，應言大善地法中行捨心所，《品類足論》說捨言身心正直，故又有至誠心以後二心為體之說。元祖云「至誠心者，深心迴向發願心為體」，是亦一義。《和語燈》一、三十六云、又至誠心ハ深心ト迴向發願心トヲ體トス、此ノ二ヲ離レテハ何ニヨリテカ至誠心ヲ顯ハスヘキ、廣ク外ヲ尋ヌヘキニ非ス、深心モ迴向發願心モ實ナルヲ至誠心トハ言クルナリ。

次引大經是亦為證不成，如所引文者，明修淨佛土之因行。凡淨佛國土成就眾生之行，一切菩薩發報覺道之通軌，是故《大經》說十方往觀菩薩所行，云通達諸法性一切空無我，專求淨佛土，必成如是剎。《淨名》、《大品》其說非一，然汝引此通範說而證之者，豈得成乎？若言約別願不共之邊者，亦復不可。六八願中，未曾誓不能以己淨土行因施與眾生為其生因者不作佛。故但至具足眾行，令諸眾生功德成就文者，《玄籤》所謂自行暗妙宗，無由益他之謂而已，必非如所計矣。

又次引證疏，欲回此雜毒等已下文，其意以為利他真實者，是如來以所修真實因行回施眾生之義。所以知者，彼下結成言宗師釋義乃至迴向利益他之真實心故。然疏雖標列二種真實，而至其釋之，唯自利而闕利他釋，所以其闕之者，二利並是行者所具故，以自身所具，教他發之故，知自利已，利他自可知，是則推己及人之謂耳。然若如僻首所言者，經論未曾有義故，不可無別釋，而既無其釋，當知非如汝所計也。所謂義有異趣應別說，既無別說定與彼同也。

又《論註》下之五十云：「出第五門迴向利益他，行成就應知。成就者，謂以迴向因證教化地果。若因、若果，無有一事不能利他。」此釋明願生安樂土菩薩現在修還相迴向，以此為得生之後教化地之因也。故是與汝所計之義，其旨霄壤焉。

次言信樂者，則是如來滿足大悲圓滿無礙信心海，是故疑蓋無有間雜，故名信樂，即以利他迴向之至心為信樂體也。

挫云：疏略釋機法二種信，云一者決定深信自身現是罪惡生死凡夫乃至二者決定深信彼阿彌陀佛四十八願攝受眾生等，之如至下廣釋，就別解別行、異覺異見人立信，就正辨二行立信等，皆是敘列行者對自他、凡聖、人法之境，發信心之相，昭昭如懸日月而觀。

然僻首計之為如來滿足大悲信心海者，是何所由？古今解謬未嘗聞如斯甚者。又至心行捨為體，如上已辨，而今以至心為信樂體者，猶言以溫為火性。汝若遮此難言，如所難者性相一途之判，而且因位分際，今如來之所迴向信樂故，非所難之限者，是亦不爾。縱令佛果無漏位，無亂心心所分位，故加之信樂者，即是大善地法中信心所，何須更出其體耶？

然從無始已來，一切群生海流轉無明海，沉迷諸有輪，繫縛眾苦輪，一清淨信樂法爾，無真實信樂，是以無上功德難叵值遇，最勝淨信難叵獲得。一切凡小一切時中貪愛之心，常能污善心，嗔憎之心常能燒法財，急作急修，如炙頭燃，眾名雜毒雜修之善，亦名虛假之行，不名真實業也。以此虛假雜毒之善，欲生無量光明土，此必不可也。何以故？正由如來行菩薩行時，三業所修，乃至一念一剎那，疑蓋無雜斯心者，即如來大悲心故，（指上所謂滿足大悲圓滿無礙信心。）必成報土正定之因。如來悲憐苦惱群生海，以無礙廣大淨信回施諸有海，是名利他真實信心。本願信心願成就文，經言諸有眾生聞其名號，信心歡喜乃至一念。（已上）

挫云：此中一切凡小至燒法財之文，蓋仿二河喻之合釋也。然彼喻中，有中間白道，至其合釋，言眾生貪瞋煩惱中能生清淨願往生心。是則行者從無始來所積習四流煩惱，所發起安心，既自具此安心為內因，託他力佛願為增上緣，因緣相扶而方成往業，奚唯如來迴向力乎？然僻首但言貪瞋燒濕於善心，而都不省顧亦有清淨願心，概然委任於如來迴向力，何其謬哉！次急作急修至一剎那之文，依至誠心釋，然此釋中約誡門，非如僻首所引意。其旨如上已辨。

次斯心者即如來等者，僻計意謂如來因地所修真實心，疑蓋無雜，即是利他大悲心，亦是廣大淨信，故回施之諸群生，令之成生報土住正定之因也。然如來因地所修真實心非唯利他，亦通自利。何者？文既言凡所施為趣求亦皆真實，故此中下化眾生為施為，上求菩薩云趣求，故知不局利他。又此二利心乃是淨佛國土成就眾生行，而非回施眾生之心，亦如上斥。

次引願成就經文證所計一念信心，然依導、空兩祖所判，則是稱名一念。《選擇》云：上之三十六紙「今此言一念者，指付屬流通歡喜踊躍乃至一念文。是指上念佛願成就之中所言一念，與下輩之中所明一念也。願成就文中雖云一念，未說功德大利，又下輩文中雖云一念，亦不說功德大利。至此一念說為大利，歎為無上，當知是指上一念也。」已上又本願言乃至十念而未說一念，然導師往往言一念者，以由此成就文也。是故《選擇》云：「善導總言念佛往生願者，其意周也。所以然者，上取一形，下取一念之故也。」僻首先引付屬流通一念證所計行一念，彼一念若行者，此亦應爾，彼此一念無箇別故。汝若強言彼此不同者，倏背兩祖所判，既違之則非真宗必矣。

《大經會疏》七四紙云[23]：

信心歡喜乃至一念者，是願信樂也，信謂信心，樂乃歡喜，乃至一念者，信心無二心義，亦可是正因成滿時尅極促也。上通言信樂，未顯其相，所以釋迦慇懃開示，明往生正因唯在信一念，不依念多少故。義寂云言一念者，以事究竟為一念，非唯生滅剎那等，謂聞佛名歡喜迴向願生，此事得成以為一念。又異譯言聞名號乃至能發一念淨信故至心迴向者，願至心也。是則明是信不迷情所起，發於佛至心迴向。

問：若爾者，無乃至十念所配，云何？

答：信一念自含行一念，信、行不離故，自攝在乃至一念中。已上

今挫云：若就信、行具足行者而言之者，應言信、行不離。然若尅其法體者，行是口業，信是意業。是故汝言之信一念則不可更云行一念，若言不離故相攝者，口、意二業混而不分，乞就其一邊而莫踟躕於兩楹之間矣。

次言欲生者，則是如來招喚諸有群生之勅命，即以真實信樂為欲生體也。

挫云：汝僻解欲生為之如來迴向群生之心，且為招喚之語，然如第十九及二十願十方眾生者，廣舉所化機；次發菩提等，明其機發心修行相；第十九願 聞我名號乃至欲生我國，明其機聞名繫念迴向願生相。第二十願 如斯解者，支那、本邦諸釋家之所同軌也。今此願說相全同下兩願，故諸師之解之亦不異轍。然特有僻首禿頭而作為此奇怪解故，至其末徒，欲生傍註國字云欲生之多麻不，頑愚太矣。若如漢人直讀而求解者，讀之葦編三絕，豈得其妄解耶？又《觀念法門》引此願云「若我成佛，十方眾生願生我國，稱我名字下至十聲」等，此願生屬之如來願者，下稱名亦應爾。若言佛稱自名下至十聲者，可呵呵絕倒矣。

次信樂為欲生體者，是亦非也。信樂，大善地法所攝，而欲生，大地法中善欲故，分位既殊，何得為體乎？

誠是非大小、凡聖、定散自力之迴向，故名不迴向也。

挫云：修定、散二善行者，自回其所修善，願生報土者，只是仰賴他力悲願也。何言自力，謂行者有隨分修因，而以是具縛凡夫，報佛土非其分，自非託他力者，何由得生？是故迴向即是求他力救濟而已。《漢語燈》〈基親取信本願章〉云：「或云須多分者，是自力心，故不信本願也。一念已足，多念又何為乎？僻首所計。予云：凡自力、他力者，聖、淨二門相對論之，淨土門中雖有正、雜二修之別，共乘彼佛願故，皆名他力。聖道門者，即難行道也，以是自力故。淨土門者，即易行道也，以是他力故。然則雜行尚非自力，何況稱佛多念乎？」文 元祖深印歎此語，僻首徒思之。又迴向不迴向者，是正、雜二行對辨，而非開預於自、他二力，如上已辨。

然微塵界有情流轉煩惱界，漂沒生死海，無真實迴向心，無清淨迴向心，是故如來矜哀一切苦惱群生海，行菩薩行時，三業所修，乃至一念一剎那，迴向心為首，得成就大悲心，故以利他真實欲生心回施諸有海。欲生即是迴向心，斯則大悲心，故疑蓋無雜，是以本願欲生心成就文，經言至心迴向，願生彼國，即得往生。

挫云：莫論有情漂流煩惱有海，然依導師釋義，隨凡夫分對治虛假心，則是真實心。雖貪瞋競起於其中間，隨犯隨懺，復於願生心名清淨迴向心。而今僻首言一切無之者，是則自傍自棄而故不發起之也。豈唯自損，令將來稟汝教盲徒相率隨邪見深坑，悲夫！

次引成就文，至心迴向局之佛邊，若爾，願生彼國句亦應屬之彌陀勅命，迴向願生，言異義同故。依導師釋。若言然者，宜言我國彌陀自稱其國故，而既不爾，當知此文釋尊指安養，令眾生願生之言也。如斯推撿，唯至心迴向句屬之彌陀者，竟不成文理。若汝逞僻解，云上句屬彌陀，下句約眾生者，經文迴向願生二句，一貫而無能別言，何得作其解？況《寶積經》所有善根迴向願生，足為的證矣。

《淨土論》云：云何迴向？不捨一切苦惱眾生，心常作願，迴向為首，成就大悲心故。已上 又云：註文 淨入願心者，非無因、他因有。已上 又《論》曰：「出第五門者，以大慈悲觀察一切苦惱眾生，示應化身，迴入生死煩惱林中，遊戲神通，至教化地，以本願力迴向故，是名出第五門。」

挫云：僻首引此三文者，其意欲證如來之迴向眾生之義也。今破之有二，一通辨，二別會三文。初通辨者，撿《論》本末不毫似汝所計之義，咸明願生者迴向。《論》總標文云：「若善男子、善女人修五念門行成就，畢竟得生安樂國土。」此文通舉五門能修人而言善男、善女，何由第五門特屬之如來耶？是故註家釋迴向名義云：「凡釋迴向名義者，以己所集一切功德施與一切眾生，共向佛道。」此釋若如汝所言者，為如來以其所集功德施與眾生共向佛道乎？若爾，果人更何所向？可笑矣！由此觀之，凡修迴向者，唯在因位。

迴向唯在因位者[24]、《和語燈》一、七丁云、其中彌陀如來因位時專我名號ヲ念セン者ヲ迎ント誓給テ、兆載永劫ノ修行ヲ眾生ニ迴向シ玉フ、濁世我等カ依怙、末代ノ眾生ノ出離、此ニ非レハ何ヲカ期ンヤ、是レニ依テ彼ノ佛モ自ラ我建超世願ト名乘リ玉ヘリ。

何以故？《華嚴》等所說三種迴向實際、菩提、眾生三種。該提一切迴向，而不出菩薩上求下化心故，實際、菩提為上求，眾生迴向為下化。亦是成佛果三德之因故，實際迴向成法身德、菩提迴向成般若德、眾生迴向成解脫德也。而至其果滿者，二利已圓德窮滿故，不須回求酬因位迴向力，其可度者自受其化耳。故淨影云：「迴向力故，未來世中，眾生見者，敬順受法，即是己家能化之果。」

後別會三文者，初引文不捨一切等者，是明凡大士之所為作，皆為物而不為己身之旨耳。故下《論》曰「菩薩巧方便迴向者，謂說禮拜等五種修行，即集功德善根，不求自身住持之樂，欲拔一切眾生苦故」是也。然引之證如來迴向之義，何其謬哉！

《註》解此文云「迴向有二種相，一者往相，二者還相。往相者，以己功德回施一切眾生，作願共往生彼阿彌陀如來安樂淨土」等。若如汝所引證者，共往生等文，云何消之？次淨入願心者，《論》曰：「向說觀察莊嚴佛土功德成就、莊嚴佛功德成就、莊嚴菩薩功德成就，此三種成就，願心莊嚴應知。」《註》解云：「應知者，應知此三種莊嚴成就，由本四十八願等清淨願心之所莊嚴，因淨故果淨，非無因、他因有。」文此釋意謂彼國三種莊嚴成就，因位清淨願心所起，而非由外道所執無因、他因而有也。無因亦一類外道執無因有果。他因者，一類外道執大自在天等生萬物。今簡之也。《佛地論》云：「如是淨土用出世間無分別智、後得智善根為因而得生起，非是無因，非大自在天等為因」是也。

然僻首所見與此異也。上文云：若行、若信，無有一事非阿彌陀如來清淨願心之所迴向成就，非無因、他因有也。是則以如來迴向力為因之義。後出第五門等者，是則還相迴向，謂眾生生彼國，已乘神通輪，遊戲六道，拔濟有緣之類義，而非僻首所引證之意。是故《註》解云：「還相者，生彼土已，得奢摩他毘婆舍那方便力成就，回入生死稠林，教化一切眾生，共向佛道。」文既云共向佛道，豈是如來之所迴向耶？《萬善同歸集》云「《往生論》曰：遊戲地獄門者，生彼國土，得無生忍已，還入生死園」等，亦是之謂耳。

光明寺和尚云：又迴向發願願生者，必須決定真實心中乃至即失往生大益也。

挫云：現本迴向傍註國字云之多麻惠留，是則僻首意也。然疏上文云迴向發願心者，過、現二世所修世、出世善根及隨喜他之所修，以此自、他所修善根，悉皆真實深信心中迴向，願生彼國。如來過去所修善應通世、出世，而今現在三覺已滿身，更何所修？若修之者，必應熏其種，若修而熏種者，應有前佛勝於後佛之過。又若如來之迴向者，宜言迴向願生我國，彌陀焉稱自國言彼國乎？

二河譬喻中言白道四五寸者，白道者，白之言對黑也。白者，即是選擇攝取之白業，往相迴向之淨業也。黑者，即是無明煩惱之黑業，二乘人天之雜善也。道之言對路也，道者，則是本願一實之直道，大般涅槃無上之大道也。路者，即是二乘三乘萬善諸行之小路也。言四五寸者，喻眾生四大五蘊也。言能生清淨願心者，獲得金剛真心也。本願力迴向大信心海，故不可破壞，喻之如金剛也。

《大經會疏》五（七紙）云[25]：

我祖深達玄旨，以虛假雜毒為諸有群生海從無始來機生得迷心，至清淨信心，則為如來迴向大悲心，以此拜《疏》文如合符節，所謂信機信法文，眾生貪瞋煩惱中能生諸淨願往生心釋，以光明名號攝化十方，但使信心求念等言，皆拋自力善惡之雜心，仰他力迴向之淨信者也。應知此信心者不簡貴賤緇素，不謂男女老少，不問造罪多少，不論修行久近，非[26]行非善、非頓非漸、非定非散、非正觀非邪觀等。

挫云：初解白云往相迴向之淨業，後釋清淨願心，言本願迴向力大信心海，並約如來之所迴向，上是的背《疏》文也。《疏》云「善心微故喻如白道」，是則明熾然貪瞋中猶生微劣願心也。若如來之所迴向心，奈言微善乎？如其云清淨心者，乃約懺淨之邊耳。所謂隨犯隨懺，常使清淨義。（清淨願心、《和語燈》三、二十七紙云、中間ノ白道四五寸ト云フハ即チ眾生ノ貪瞋煩惱ノ中ニ能ク清淨ノ願往生ノ心ヲ生スルナリ、貪瞋強キニ由ルガ故ニ、則チ水火ノ如シト喻ルナリ、願心少キカ故ニ、白道ノ如シト喻ルナリ。）又解黑云無明

煩惱黑業、二乘人天雜善，此中無明煩惱置而不論，二乘人天善屬之黑業者，總違《疏》文及諸經論說。違《疏》文者，《疏》貪瞋之與願心相對而以願心喻白道，準知黑唯局不善貪瞋也。

違諸經論者，《群疑論》五之二十一云：「如諸論中《俱舍》十六、《雜集論》第八等。俱引契經，《涅槃》北本三十七、《優婆塞戒經》第七等。說有黑黑業、白白業、雜業、非黑非白無異熟業。黑黑業者，欲界不善業也。白白業者，色、無色界善業也。雜業者，欲界善業也。非黑白無異熟業者，無漏業也。」文依此釋二乘業，通三界有漏善及無漏業；人天業，白白及雜業所攝。若言以對選擇攝取白業，通奪之屬黑業者，是亦不可，《小經》稱名、餘善相對之時，雖貶餘善，言少，而猶稱善故，餘準挫。

> 信知至心、信樂、欲生，其言雖異，其意惟一，何以故？三心已疑蓋無雜故，真實一心，是名金剛真心。金剛真心，是名真實信心。真實信心，必具名號，名號必不具願力信心也。是故論主建言我一心，又言如彼名義，欲如實修行相應故。

挫云：此中先解三心惟一，以疑蓋為所對治而歸信一心者，背導師所判。《疏》以虛假疑心不迴向，如次為之三心所對治故，是故至誠心下云內懷虛假，深心下云無疑無慮，迴向心下言迴向願生彼國者，舉能治而顯所治也。不願生彼國而異求者，是其所治故。而且歸之信心而為一心，亦違《疏》釋，如上已辨。

次真實信心，必具名號等者，是甚妄誕，忽與汝所計相違故。〈一念義停止書〉《漢語燈》十、三十五紙左。出汝計云：「信知彌陀本願一念名號，則必往生極樂淨土之業，乃於是滿足焉。一念即生，不勞多念，一念之外，何重唱之？又有究竟實義只是信知本願而已矣。」文如斯則汝信心還害持名之業，何具之有乎？是故元祖云〈答博陸書〉：「一稱念後不復用念，且信心決定之後犯罪亦不妨往生，如是信者雖是似深信，反成就邪見者。」已上又相續持名號者，有行還勸信，其實者，信之與行展轉相由，猶如旋火輪。然今云名號必不具願力信心者，苟修多念者，嫌之為自力，故有此書也。元祖言反成就邪見者，不亦宜哉！

次引證《論》文，然此文是口業讚歎門故，稱名為要行，是故首標言稱彼如來名也。謂若稱名則蒙彼光觸，除無明黑暗，亦能滿志願，是名名義相應也。雖然，信心不淳一者，修行不如實相應故，無其益也。然今僻首省其要行，唯舉信心淳一邊而證己義者不可。

凡按大信海者，不簡貴賤緇素乃至非行非善、非頓非漸、非定非散、非正視非邪視、非有念非無念、非尋常非臨終、非多念非一念，唯一不可思議、不可說、不可稱信樂也。

挫云：所列敘諸非中，先非行非善者，若心行相對，則心而非行。雖然，亦有是行。如《起信論》云修行信心分等是也，不可一概。又信心若非善者，汝先釋清淨願心云本願力迴向大信心海，然《疏》釋此願心言微善。若非善者，奈《疏》釋何？

次非定非散者，是亦非理。凡一切行門，信為能入故，是故《疏》三心結釋云：「又此三心亦通攝定善之義。」《選擇》云：「此三心者，總而言之，通諸行法，別而言之，在往生行。」又《大原》〈永辨問答〉明淨土真宗教旨，雖言非頓非漸、非權非實，未曾言非定非散。兩三昧為宗者，以是亦定亦散故，僻首背宗祖垂範，妄逞異計，恣稱真宗，誰肯忍之乎？

又此信與定善相應，則是正觀，其定在思惟位則是有念，在正受位則是無念。曰尋常，曰臨終，非信則其行孤，尋常所具是多念，臨終所具或是一念，是故並應為雙亦句也。

然就菩提心有二種，一者豎，二者橫。又就豎復有二種，一者豎超，二者豎出。豎超、豎出明權實、顯密大小之教，歷劫迂迴之菩提心、自力金剛心、菩薩大心也。亦就橫復有二種，一者橫超，二者橫出。橫出者，正雜、定散他力中之自力菩提心也。橫超者，斯乃願力迴向之信樂，是曰願作佛心。願作佛心即是橫大菩提心，是名橫超金剛心也。

挫云：此有四過。初豎超、豎出中，通攝權實、顯密大小之教，而是為歷劫迂迴菩提心者，違祖宗所判也。《選擇》〈聖淨二門章〉云：「就大乘中雖有顯密、權實等不同，今此集意唯存顯大及以權大，故當歷劫迂迴之行，準之思之，應存密大及以實大。」文按此釋稱聖道門，則汎通顯密、權實。言迂迴或漸教，則除密大、實大也。如導師云「《瓔珞經》中說漸教萬劫修功證不退」，亦是之謂。

彼若言密大、實大雖是頓教，然彼斷惑證理故，猶是漸教，故屬之迂迴者，是亦不爾。對未斷橫超而論斷惑證理之日，雖且屬之漸教，而其斷或頓速者，不可言歷劫迂迴，故若亦言迂迴，言唯在豎出而不被豎超者，既無能別言，何以得成其義乎？是其第一過。

次就橫料簡中橫超、橫出者，若夫西河等師《漢語燈》一：《大經》釋云以橫截五惡趣文釋二教差別，道綽、淨影、龍興、曇鸞同之。唯以聖淨二門，如次為之豎截、橫截，而不於橫截中更分別超出。故《安樂集》云：「若依此方修治斷除，先斷見惑，離三途因，滅三途果，後斷修惑，離人天因，絕人天果，斯乃漸次斷除，不名橫截。若得往生彌陀淨國，娑婆五道一時頓捨，故名橫截。」導師云「橫超斷四流，願入彌陀界」，亦是同集意也。元祖云：〈大經釋〉「抑三乘四乘聖道，正、像既過，至末法時，但虛有教，無有行證，故澆末之世求斷惑證理、入聖得果之人，是甚難得。然則濁惡眾生，何以得離生死？然往生淨土法門，雖未斷盡無明煩惱，依彌陀願力生彼淨土，超出法界，永離生死。」文此釋全依西河、光明釋義，而且不分超之與出，聯用云超出三界。然汝妄分之而背祖判，是為第二過。

次正雜、定散之自力等，是亦妄計。如鸞師等所釋者，難易二行、自他二力言異意同，而無於他力中更分別自、他二力。其旨如先引《論註》及《安樂集》辨。又《選擇·三輩念佛章》中，念佛諸行相望，雖有廢立等三義，然並是託願力往生之機，故通為之他力。上所舉〈基親取信本願書〉乃依之也。又《論註》云下之六十紙「凡是生彼淨土及彼菩薩人天所起諸行，皆緣阿彌陀如來本願力故。何以言之？若非佛力四十八願，便是徒設」等。

然僻首於他力中忞分二力者，豈非宗祖意外耶？《語訓》云「文外莫增，增則意外」是也。汝計唯緣無因，而後方為純他力，是故勤修多念及策行定、散諸行者，雖託佛願，概攝之自力，是則汝僻見耳。

但《安樂集》言在此起心立行，願生淨土，此是自力者，是謂不託佛願而唯自力願生諸佛淨土也。然西方行者，隨分雖策勤念佛及諸行，而其生報土者偏託佛願故，舉止動念無是不他力。故元祖言：「若住自力心，一聲十聲猶是自力，若憑他力，聲聲念念皆他力也。」《和語燈》二、廿一紙云、罪ヲ造クラシト身ヲ慎シミテ善カラントスルハ、阿彌陀佛ノ願ヲ軽シムルニテコソアレ、又念佛ヲ多ク申ントテ日々ニ六萬遍ナトヲ繰リ居タルハ、他力ヲ疑フニテコソアレト云フ事ノ多ク聞ユル、加様ノ僻事ユメユメ用ユヘカラス先何レノ処ニカ阿彌陀佛ハ罪造レト勸メ玉ヒケル、偏ニ我身ニ惡ヲモ止メヱス、罪ノミ造リ居タル儘ニ、カカルユクヱホトリモナキ虛言ヲ巧ミ出シテ、物モ知ラヌ男女ノ輩ヲスカシホラカシテ、罪業ヲ勸メ煩惱ヲ起サシムル事、返々天魔ノ類ナリ外道ノ所為ナリ往生極樂ノ怨敵ナリト思フヘシ、又念佛ノ數ヲ多ク申ス者ノヲ自力策ムト云フ事是レ亦物モ覺エス淺增キ僻事ナリ、唯一念ニ念ヲ稱フトモ自力ノ心ナラム人ハ自力ノ念佛トスヘシ、千遍萬遍ヲ唱フトモ百日千日夜晝策ミ勤ムトモ偏ニ願力ヲ賴ミ他力ヲ仰キタラム人ノ念佛ハ聲々念々併ラ他力ノ念佛ニテアルベシ、サレハ三心ヲ起シタル人ノ念佛ハ日々夜々時々尅々ニ唱レトモ併テ願力ヲ仰キ他力ヲタノミタル心ニテ唱ヱ居タレハカケテモフレテモ自力ノ念佛トハ云フヘカラス。僻首未嘗思之，是為第三過。

次願力迴向信樂即是橫大菩提心者，是混安心起行也。何者？信樂是安心，菩提心是起行，亦有總安心菩提，然僻首所言是當起行。是以汝所引《註》云：三輩生中雖行有優劣之心，莫不皆發無上菩提心。《疏》十一門料簡，辨定三心與受法不同，（受法不同中，上下品說菩提心。）分為異門（辨定三心為第四門，受法不同為第六門。）也。然汝所言願力迴向信樂者，以是其安心，而大菩提心是其起行混淆之者，是為第四過也。

夫按真實信樂，信樂有一念。一念者，斯顯信樂開發時，尅之極促，彰廣大難思慶心也。是以《大經》云：「諸有眾生聞其名號，信心歡喜乃至一念。」

挫云：證成所計一念以願成就文者，大謬矣。何者？彼說一念者是稱名一念，如上引《選擇》辨之。且夫因願乃至十念是稱名故，願成乃至一念稱名必然矣。不爾者，不可為彼願之成就文故。況此文鈎[27]鎖相局，無可惑者，謂聞諸佛所歎名號，欣喜信樂故即便稱念，稱念故，心行既具，迴向願生也。但《寶積》雖言「聞無量壽如來名號乃至能發一念淨信」等，異譯不正，非適于今，是以導、空等諸祖以《無量壽經》為正依也。況汝依此經而顯真實教焉，還用異譯乎？

光明寺和尚云「一心專念」，又言「專心專念」。

挫云：《選擇》〈正、雜二行章〉云：初正業者，以上五種之中第四稱名為正定之業，即文云一心專念（乃至）順彼佛願故是也。又釋本願十念，而具示念聲是一之旨。且夫元祖依一心專念文頓捨餘行，而方始課日別六萬稱名也。然汝引此文還證所計一念，而復稱我元祖為本師者何乎？專心專念，如上已辨。

言乃至者，攝多少之言也。言一念者，信心無二心，故曰一念是名一心，一心則清淨報土真因也。

挫云：汝既知乃至言攝多少，若爾，何更言無二心而計一念信耶？若言我唯取其一念而足矣，更不須多念者，經兼勸多念，然汝棄其多而偏取一念者，是不肯領佛勸導也。海不厭深，山不厭高，力不厭利，善不厭積，庶幾少注心于茲！

言橫超斷四流者，橫超者，橫者對豎超、豎出，超者，對迂、對回之言乃至亦復有橫出，而三輩九品定、散之教化土懈慢迂回之善也。

挫云：註家解《論》速得成就阿耨菩提文，引三願中引一聲補處願超出常倫諸地之行文，而結成云以超出常倫諸地行故，所以得速如斯。經釋但一聯熟語，而其義不異，汝奚背經釋，妄立橫出義乎？

且三輩九品行皆託佛願則頓超苦域，故無不並是橫超，是以註家解速得菩提，引念佛往生願，合之下品十念，云十念念佛便得往生，得往生故，即免三界輪轉之事，無輪轉故，所以得速。

然汝計一念信行現住正定之聚，唯此法是橫超，若如所計者，三世諸佛淨業正因釋尊所說淨土法門無一不橫出者，且其傳化列祖如導、空等師，悉是無不橫出之機。何以故？三世佛陀之所說、列祖之所傳，皆是真正而無僻謬故。《漢語燈》十一、十九紙云：「於淨土門諸行、念佛俱是往生之因。」已上

大願清淨報土，不云品味階次，一念須臾頃，速疾超證無上正真道，故曰橫超。

挫云：《註》解《論》「即見彼佛，未證淨心菩薩畢竟得證平等法身」等文有二義，初義云：言畢竟者未言即等也，畢竟不失此等，故言等耳。下註云：畢竟當得清淨法身，以當得故初義乃同此義也。後義云：案此經上引一生補處願，故今指之。推彼國菩薩，或可不從一地至一地。言十地階次者，是釋迦如來于閻浮提一應化道耳。

《和語燈》四卅六云[28]、極樂ノ九品ハ彌陀ノ本願ニ非、四十八願ノ中ニモナシ、是レハ釋尊ノ巧言ナリ、善人惡人一所ニ生ルルト云ハハ惡業ノ者トモ慢心ヲ起スヘキカ故ニ九品ノ差別ヲ有ラセテ、善人ハ上品ニ進ミ惡人ハ下品ニ下ルト說玉ヘルナリ。已上此語示其所生之處，實無九品之別耳。然其位階者，能生之人所經而是進修淺深，於彼土者，有漸次、超越二義，而釋家未決斷之，勿是與輩品無差一混。

設此二義而未去就，所以然者，良以由報土階位遲速，以念劫融即，凡情不可輙定其

長短故也。然汝擅愚懷，就其一邊為斷，禿頭豈勝於註家者乎？且夫言橫超斷四流者，諸有生淨土者之獲益，而不關預於位遲速，生彼土之後，縱令經劫者皆悉是，故西河云：「若得往生彌陀淨國，娑婆五道一時頓捨，故名橫截。」然汝上標淨土早作佛益，而結之以橫超文，胡為標結相違耶？

《大本》言「超發無上殊勝之願」，又云：「我建超世願，必至無上道，名聲超十方，究竟靡所聞。」又云：必得超絕去乃至之所牽。

挫云：引《大本》三文中先超發等者，依義寂釋，觀見鏡王所現土已進入證位，便發此願，故云超發，謂從地前超入初地而方發願也。若依一義者，超諸佛願，故云超發，並皆不成今證也。

次我建等者，依義寂等師，通指上六八願，稱超世願，超地前世間位而方建此願故也。若依一義者，超出世成道諸佛本願也。必至等者，從建願之時，指當得之果。與《寶積》云「當證無上菩提果」，同此文，亦非今證。次必得等者，如上引《安樂集》解，然今引昇道已下文者，實為餘剩。

言真佛弟子者，真言對偽、對假也。弟子者，釋迦諸佛弟子金剛心行人也。由斯信行必可超證大涅槃，故曰真佛弟子。《大本》曰：設我得佛，十方無量乃至超過人天

名不爾者，不取正覺。設我得佛乃至聞我名字不得菩薩無生法忍諸深總持者，不取正覺。已上

挫云：由汝所計一念信行必可超證大涅槃名曰真佛弟子者，的然背《疏》釋也。《疏》文自一心，唯捨至即去已來，明得真佛弟子稱行相。是名至佛願已來，承上三遣，為名佛弟子之所由，謂由順佛教意願故名佛弟子也。《梵網》云「孝順父母、師僧、三寶」是。是名下結成遣行去者，凡止惡修善，諸佛垂範，順此垂範名真佛弟子。且準三經所說言之：《大經》捨三毒、五惡而令行三善、五戒，又捨諸行而令行念佛。《觀經》令捨九域而樂西方，又令捨亂想，及以小心破戒不孝十惡五逆而行定善乃至念佛，又捨定、散，唯勸念佛。《小經》令捨少善根而行名號。所言去者，三經並令去火宅也。如斯既信佛語，而且依行能捨、能行、能去，而順三佛教意願者，名曰真佛弟子。《疏》文昭晰如麗天日。又真佛弟子語，蓋據《涅槃經》也。彼經《會疏》七之十二紙云：眾生若不護持禁戒者，云何當得見於佛性？一切眾生雖有佛性，要因持戒，然後乃見，因見佛性，得成菩提。九部經中無方等經，是故不說有佛性耳。經雖不說，當知實有，若作是說，當知是人真我弟子。

然元祖曾誡汝曹云：「如是之人非止妨餘教法，乃亦失念佛行，勸懈怠無慚之業，示捨戒還俗之儀，此即附佛法之外道，天魔儻類，破滅佛法，過外道之外道。」〈遣北越書〉已有此嚴誡，而還稱唯立行信一念者真佛弟子，縱使千佛出世，恐不能度汝類。

次所引證兩願非是汝所引意，先觸光柔軟者，心行具足行者蒙彼清淨歡喜等三善根所發光觸者，三毒稍微而不類常途之倫，是名超過耳，豈是超證之謂乎？次聞名得忍者，眾生因聞果號，發心修行，而後方得菩薩法忍總持也，非謂聞名直下有此得益，是以《觀念法門》釋次下願聞我名字云稱佛名號也。又常修梵行願云聞我名字，壽終之後常修梵行。人天致敬願云聞我名字，五體投地，乃至修菩薩行。準此等願，聞名下應有修行語，而無之者存略耳，如斯則汝所引證可謂圓柄方鑿矣。

真知彌勒大士窮等覺金剛心，故龍華三會之曉當極無上覺位，念佛眾生窮橫超金剛心，故臨終一心之夕超證大般涅槃，故曰便同也。加之獲金剛心者，則與韋提等即可獲得喜悟信之忍，是則往相迴向真心徹到故，藉不可思議之本誓故也。故曰便同者，[29]上文云：王日休云：「我聞《無量壽經》，眾生聞是佛名，信心歡喜乃至一念，願生彼國，即得往生，住不退轉。不退轉者，梵語謂之阿惟越致。《法華經》曰彌勒菩薩所得報地也。一念往生便同彌勒。佛語不虛。此經寔往生之徑術，脫苦之神方，應皆信受。」已上《大經》云：「佛告彌勒，於此世界有六十七億不退菩薩，往生彼國，一一菩薩已曾供養無數諸佛，次如彌勒。」又言：「佛告彌勒，此佛土中有七十二億菩薩，彼於無量億那由他百千佛所，種諸善根，成不退轉，當生彼國。」抄出挫云：引王日休釋成已計有二過，一不分彼此二土過，二不辨不退轉位淺深過。初過者，日休已引經即得往生，住不退轉文而釋成云一念往生，便同彌勒，故以生後得益，分同彌勒，以欲令眾生增欣慕心也。然汝謂其所計現生不退，輒言便同彌勒，豈非不分二土得益耶？

後過者，經論所說不退有三種，所謂位、行、念也。三賢所得云位不退，初地至七地已來所得云行不退，八地已上所得云念不退，人師更加處不退，通有四種不退也。然經說新生人得益言不退者，釋家多約之處不退。日休所引經說即得往生住不退者，正是其處不退。然彼引之同彌勒所得者，蓋約畢竟所得也，謂於彼土增進道位而終應進得念不退，同彌勒故也。日休奄含此義而言便同彌勒，是則令眾生競欣慕心之巧釋。然僻首闇短，不察釋意，不辨不退淺深，妄引成謬計，是為後過也。

次引《大經》二文者，《會疏》第十述僻首所見，云：問：不退菩薩指何人耶？答：一云三賢已上諸位，如龍樹菩薩、婆數槃頭菩薩等，若依宗祖不然，是則指本願相應行者也。[文] 所謂本願相應行者者，稟彼僻計信行一念邪徒是也。果言指之而稱不退菩薩者，的灼背所引經文也。初文云已曾供養無數諸佛，次文云於無量億佛所種諸善根，親近供養無數無量諸佛而種殖善根者，豈直也具縛之類乎？是故《涅槃經》以三恆五恆等供佛多少，判四位大士位階淺深也。諸釋家解此文而對當三賢已上諸位者，是依此義耳。

《往生要集》[下末] 判往生多少中引僻首所引初文及小行菩薩及修少功德者文，而自釋云：「此諸佛土中，今娑婆世界有修小善當往生者，我等今幸遇釋尊遺法，億劫時一預小善往生流，應務勤修，莫失時焉。」先德猶自當己分於小善往生之類，然一念信行邪徒還自謂彼不退大士。于嗟，瞋眸解見，豈有過之者哉！

次文言次如彌勒，次，鄰近為義，謂三賢已上諸位漸進鄰次彌勒也。如斯者則經文正旨，諸家通判，而汝輩文外推度，豈非邪僻惡見耶？但《大經》說值教因，雖言若人無善本而次顯其善本，云清淨有戒者，是則只殖戒善等者耳，而未說供養無量佛故，與賢聖種善天淵焉，莫混同矣。

挫云：先真知彌勒等者，是則至見取具之極者。此中略有三過，一混同凡聖二心過，二妄僭濫極位過，三踰越《經》次第過。

初混同凡聖二心過者，謂不辨等覺所入金剛喻定與行者所發金剛心也。等覺菩薩金剛喻定者，《大般若》三百九十三〈嚴淨佛土品〉云：「從此無間以一剎那金剛喻定相應妙惠，永斷一切煩惱、所知二障麤重習氣相續，證無上正等菩提。」梁《攝論》云：「有四義故以金剛譬三摩提。一能破煩惱，二能引無餘功德，三堅實不可毀壞，四用利能令智惠通達一切法無礙。」已上此定唯局鄰極位而不通下地也。

然行者所發金剛心者，汝依《玄義》偈，故今亦將彼文來辨之。偈言共發金剛志者，上二句云生死佛法，難厭難欣故，此承之而言共發等也，謂對生死佛法二境，厭欣堅固猶如金剛也。所以知者，〈序分義〉欣淨緣，釋云：「無為之境不可輕爾即階，當佛法復難欣句。苦惱娑婆無由輙然得離，當生死甚難厭句。自非發金剛之志，永絕生死之元。」文是則不輕爾輙然，即隨凡夫分，策發厭欣心，是名金剛志也。又迴向心，《疏》云：「此心深信，由若金剛，不為一切異見、異學、別解、別行人等之所動亂破壞。」文是願生之心深固，而不為異見等類破壞之分際，云由若金剛。如是既凡聖二心相隔，非啻霄壤焉。然汝不辨之，其過甚矣。

次潛濫極位過者，令具縛之族僭因滿聖位，其過非輕。夫天台之立六即也，令行人免闇證誦文之過耳。是故約理同之邊，則雖盛談融即，望事異之邊日，未曾濫明晦潛深分際，故言實相理地雖無位階，而修證實相之人須論位階。至其論之者，南嶽言僅契相似位，天台云位至五品也。

若夫密教，雖談父母所生身即證覺位，覺鑁自言得除蓋障三昧，當顯教初地。如弘法頂上湧起五佛寶冠，亦惟示現而非實證。何由知之者？彼師入唐之時，惠果稱師云第三地菩薩故，彼宗於頓極即證之家，尚除南嶽、天台、弘法、覺鑁等之外，未曾聞有觀心相應人。是以元祖曰：一實圓融窗前，疲多念即是妙觀，三密同體牀上，于今失現世證入，何況指方立相，而淨土為所歸之宗致，豈放縱談速證耶？是以《玄義》云：正報難期，依報易求。《大原》云：成佛雖難，往生易得。

然僻首輒然言便同彌勒者，自思勝於導、空兩祖乎？諦觀嘗誡闇證者云：「何處有天然彌勒、自然釋迦？」當知五百載之前，懸為汝輩言之也。

按彼所計全同彼自然外道計也。[30]所以知者，僻首自筆語云：自然ト云フハ本ヨリ然ラシムルト云フ言ナリ、彌陀佛ノ御誓ヒノ本ヨリ行者ノ計ヒニ非スシテ南無阿彌陀佛ト頼セ給ヒテ迎ニト計ラハセ給ヒタルニ依テ行者ノ善ントモ惡ントモ思ハヌヲ自然トハ申スソト聞テ候誓ヒノ様ハ無上佛ニ成ラシメント誓ヒ給スルナリ、無上佛ト申スハ形モナク在ス形チモ在サス故ニ自然トハ申スナリ、形チ在スト示ス時ハ無上涅槃トハ申サズ、形モ在サス様ヲ知セントテ始メニ彌陀佛トソ聞習ヒテ候、彌陀佛ハ自然ノ様ヲ知セン料ナリ、コノ道理ヲ心得ツル後ニハ此ノ自然事ハ常ニ沙汰スヘキニ非ス、常ニ自然ヲ沙汰セハ義無キヲ義トスト云フ事ハ尚ヲ義ノ有ルヘシ。已上

又《大經疏》八釋經念道之自然云：「念謂能念，道謂所念。道亦有二，一彌陀本願是名他力大道，不藉自力修善，一超直入故名自然。」已上

所言自力修善者，彼指定、散諸善及與多念數遍念佛等，而唯言佛他力迴向而為他力。苟有自分造修，通屬自力，是則無因有果自然外道計也。若爾，經念道之自然文何會之者？彼文說修因感果必然之義，是云自然非無修得果之謂。故淨影云：「念道以下明修利益，念道者自然往生，名念自然。」義寂云：「自然為善得樂道之自然，非有別主使之然也。此顯因果法爾道理，非如外道所計，彼說無因自然有故。」已上 今更引經文證二師釋者，《經》云「但作眾惡，不修善本，皆悉自然入諸惡趣」是也。然如云十地願行自然成，三明自然乘佛願等者，是謂淨土修證由見佛聞法等勝緣故，未藉思量之功而任運成就也，是與此土修因非同日之論。是故《大經》云：「於此修善十日十夜，勝於他方諸佛國土為善千歲，所以者何？他方佛國為善者多，為惡者少，福德自然無造惡之地，唯此間多惡無有自然。」《會疏》解念道自然者，的然背此經說矣。悲夫！

後踰越《經》次第過者，必至滅度願云：「設我得佛，國中人天不住定聚，必至滅度

者，不取正覺。」註家引之解速得菩提云：「緣佛願力故，住正定聚，住正定聚故，必至滅度，無諸回伏之難，所以得速。」然汝云臨終一心之夕，是一踰越，踰《經》國中人天。又云超證涅槃，是二踰越，踰《經》住正定聚。是為踰《經》次第過也。彼應會此難，言我立一念信行端的往業成辨，而便住正定聚，住定聚故，既入聖眾之數，不證大涅槃者，其亦何為？故無踰越之難。是亦乖經文，何者？願文攝所被機，有攝自、攝他二種，然此必至滅度願，是其攝自國願，而攝其身已生安樂了之類，故云國中人天。若如汝所計者，攝自、攝他二願混而不分，有亂本願攝屬之過，故不成會通。

次獲金剛心者則與韋提等者，此有二過，一前後相違過，二不辨根、緣差別過。初前後相違過者，上合念佛眾生金剛心，齊等覺所入三昧。此等信前所發厭欣心，僻首言與韋提等者，依欣淨緣，自非發金剛之志，永絕生死之元釋故。是為前後相違過。

信前所發，[31]〈序分義〉云：「言心歡喜故得忍者，此明阿彌陀佛國清淨光明忽現眼前，何勝踊躍，因此喜故即得無生之忍，亦名喜忍，亦名悟忍，亦名信忍，此乃玄談未標得處，欲令[32]夫人等悕心此益，勇猛專精，心想見時方應悟忍，此多是十信中忍，非解行已上忍也。」已上韋提至第七華座觀時，方始得忍故，其〈序分〉欣求淨土之時，尚在信前薄地也。

然《大經會疏》云：

> 一家判此位從容不定，或云因茲喜故即得無生之忍，亦名喜忍，亦名悟忍，亦名信

忍，此以韋提所得無生同喜、悟、信之忍，不約菩薩地位。文

挫云：得名雖有喜、悟、信之異，而併是十信所得忍，故云多是十信中忍。言多是者，只是恐慮古解之語耳。諸經說菩薩階次，有立十信而為位、不為之二說，而導師依其為位之說也，何妄言不約地位乎？宜哉，為愚禿之徒。

後不辨根、緣差別過者，謂如來在世根、緣俱勝，故韋提雖垢凡，其根是利，且加以佛勝緣，是故即聞即觀，立地悟無生，而至其滅後，根、緣兩劣，是以當此澆季之時，發得口稱三昧者，尚殆希矣，何況於無生忍？故元祖云：「韋提，此即最上利根人，信知他力本願之利，現世證得往生也。此義重可思擇之。」然僻首卒爾令一念信行之族可輒獲得之，是非啻不辨根、緣差別，抑亦未得、已得執見之所構而已。

言假者，即是聖道諸機、淨土定、散機也。故光明師云：佛教多門八萬四，正為眾生機不同，又云：方便假門等無殊，又云：門門不同名漸教，萬劫苦行證無生。已上

挫云：〈散善義〉云：「真宗叵遇，淨土之要難逢。」所言淨土之要者，即是定、散兩門。故《玄文》云：「其要門者，即此《觀經》定、散二門是也。」然別言之，則以兩三昧為淨土宗要，亦稱真宗也。又如頓教一乘海等者，並是真宗之異稱，而兼通兩三昧也。是故元祖云：〈大原問答〉「淨土宗者實教也。」此故或云真宗，或名真門，或名頓教，

或名一乘。」又元照云：《小經疏》「一切淨土法門皆是大乘圓頓之法也。」是亦彰真宗異名也。但如《五會讚》云「念佛三昧是真宗」者，且就其一邊耳，觀稱兩三昧中一邊。或可念佛言汎通觀稱也。

然僻首該定、散機，目之為假，而以欲對己所計真實。其計意謂勤修諸善，制斷眾惡，並是方便假門，縱令其念佛勵至多念者亦然矣。作善唯取一念，造惡至不禁四重謗法，而後方始足契佛願他力深奧，彰如來迴向大悲。用此他力奧旨，迴向大悲，以為真實宗致矣，豈其不爾乎！若言不然者，何以定、散兩門都貶之屬假門乎？元祖云：〈遣北越書〉「奸弘一念之偽法，以文懈怠之過也。剩立無念之新義，猶廢一稱之小行，善根削跡，惡火增勢，為受剎那五欲之樂，不畏永劫三途之苦矣。」汝盍少思此嚴誡乎？

次引證中佛教多門等者，《般舟讚文》此二句明如來一代說教各授眾生機宜。《玄文》云「門餘八萬四千，漸頓則各稱所宜」，是之謂也。而次句云「欲覓安身常住處，先求要行入真門」，此二句意謂若欲安身於涅槃常住境者，應就多門中求其要行，入真如門也。《玄文》云：「然娑婆化主因其請故，即廣開淨土之要門，其要門者，即此《觀經》定、散二門是也。」又云「若欲學行者必藉有緣之法」，是之謂也。是故要行之中有定、散兩門，然汝不照映前後而妄為引證，何成證乎？次方便假門等者，《法事讚》下之初紙具文云：「諸佛大悲心無二，方便假門等無殊。」是明諸佛教化法門，更無異路也。如《妙經・方便品・三世佛章》意也。今按現流本，咸作假門，汝就錯本為引證耳，或可詐改之而強證己所計之義。

次門門不同等者，《般舟讚文》此門中不攝《觀經》所說定、散法門。所以知者，上偈云《瓔珞經》中說漸教萬劫修功證不退，《觀經》、《彌陀》等說即是頓教菩薩藏故，唯是局聖道中漸教，而猶不通彼頓教，何況淨土定、散法門乎！故亦不成證也。

《挫僻打磨編》卷下

謹顯真實證者，則是利他圓滿之妙位、無為涅槃之極果也，即是出於必至滅度之願，亦名證大涅槃之願也。然煩惱成就之凡夫、生死罪濁群萌，獲往相迴向心行，即時入大乘正定聚之數，住正定聚故，必至滅度，必至滅度即是常樂，常樂即是畢竟寂滅等。

挫云：汝據必至滅度願顯所計真實證者，大謬矣。何者？汝先既言臨終一念之夕獲大般涅槃，是則約現世證入，以臨終是現世所攝故。然此願說國中人天故，是攝自國願，而非願今現在穢土者獲此益故，且言一念信行即時入正定聚，是亦違《經》現文，其旨如向，加之鸞師釋易行道云：「便得往生彼清淨佛土，佛力住持，即入大乘正定之聚。」所言正定聚者，若約初入之時，則宗祖判為處不退故，非生彼土，無由得入。註家云即入者，是亦約處不退也。若言獲往相迴向心行，即時當果決定故，雖身在於此而猶入彼土海眾之數，故不相違，是亦不爾。身尚在於茲者，非彼國人天，豈是攝自國願所攝之機耶？且夫《註》明難行道而出五種難相，以對易行道，然此五種是穢土境界故，身在於此者尚不能免此難，故得生淨土。已住正定聚，永離五種退緣，是名易行道也。僻者須熟思。

法性即是真如，真如即是一如。然者彌陀如來從如來生，示現報應化重重身也。

挫云：從即時入正定聚、滅度、常樂等，展轉鉤鎖，乃至一如。按此語勢，彼計謂一念信行即時入正定聚，現生獲證大般涅槃，契會一如理，則與本覺彌陀同體故，今此男女、大小、禿頭結鬟種種之身，即同彼如來從法身理地示現報、應、化等種種身云也。思是稟彼成覺僻計者，《敕修御傳翼讚》廿九舉成覺計云「引入淨土法門於本習天台宗，而立本、跡二門彌陀。謂十劫成覺，是跡門彌陀；本門彌陀者，無始本覺如來故，與我等所具佛性全無差別。聞此所謂一念，應是聞而信，知之一念而足矣，多念數遍甚無益」已上是也。又此書中往往有圓融無礙語，是亦稟彼計之一證。

于嗟，極大邪見哉！附佛法外道古今非無，然未曾聞如斯甚者，佛子應努力挫破之。不爾者，非真報佛恩者。然彼末徒解《經》從如來生解法如如文，云：《大經會疏》七之四十五亦一義，云：從如來生者，從如實道來現故。〈證卷〉云：然者，彌陀如來，從如來生示現報、應、化種種身也。又釋《經》光中所出諸佛文，云：六卷《楞伽經》云：「十方佛刹中，所有法、報身，應身及變化，皆從無量壽極樂界中出。」蓋同此文。又《梵網》葉上葉中佛，准之，應思忖。〈證卷〉云：然者，彌陀如來乃至身也。文如次釋者，唯約彌陀法身所現之報、應等身而解之，非是僻首意，應知。

《淨土論》曰：莊嚴妙聲功德成就者乃至不[33]斷煩惱，得涅槃分，焉可思議。

挫云：《註》釋彼世界勝過三界之由，云有凡夫煩惱成就，亦得生彼淨土，三界繫業畢竟不牽，則是不斷煩惱，得涅槃分，是則明身生彼土之後，煩惱不現起故，不為三界繫業所牽繫，是故清淨也，安成汝所計之證乎？且分者是因義，而非即涅槃，例如彼順解脫分、順決釋分之分也，應知。

光明寺《疏》云：言弘願者，如《大經》說：一切善惡凡夫得生者（乃至）唯可勤心奉法，畢命為期，捨此穢身，即證彼法性之常樂。（已上）

挫云：此引文還害汝要計也。所以者何？此中唯可勤心等者，從一發心已來，畢命為期，無間長時，多念相續，則捨此穢身而生淨土已，即證彼常樂故。汝曷見此等文，而猶不能省悟？

夫按真宗教行信證者，如來大悲迴向之利益，故若因、若果，無有一事非阿彌陀如來清淨願心之所迴向成就。因淨故果亦淨也，應知。

挫云：《論註》解三種世間清淨，云如來願力之所起而非無因、他因有。然今僻首之所執計教行信證，悉是藉如來迴向力成就者，是則他因所成。若爾，與彼計自在天、梵天等為他生因者何以異乎？汝果隨外邪惡見了矣。又汝此語蓋依出第五門註也，彼曰：「成就者，謂以迴向因證教化地果。若因、若果，無有一事不能利他。」文汝僻謬此文耳。然此文意謂到彼淨土證教化地果者，是酬於此土迴向之因力也。大士利物為懷故，若因，還相迴向，若果，教化地果，皆為利他。

二言還相迴向者，則是利他教化地益也，則是出於必至補處之願，亦可名還相迴向之願也。顯《論註》故不出願文，可披《論註》。

挫云：今按《論》文云善男、善女修五念門行成就，畢竟得生安樂國土，註家釋其第五迴向門之時，開出往、還二種相，故此二種並是願生者之修因，出第五門註即其義也。然為之如來迴向者，皆出於僻首妄計耳。又一生補處願，是願他方來菩薩早作佛，以為其願體，是故稱一生補處願也。然除其本願至正真之道之文，雖說遊戲度生相，此是當願之所除，而非其願體，例如人天長壽願除其本願修短自在文。是故註家解速得菩提《論》文引證此願，以取其早作佛義也。然僻首就願文所除之處，妄認為之還相迴向願者，謬甚矣。若出迴向願者，應是第十八願。彼中兼願三心，故依導、空等所判，《觀經》三心與本願三心以一同。然《疏》釋迴向心而有還相迴向釋，故知第十八願亦應兼為還相迴向之願也。

《大經會疏》五、二八云：

三除其本願已下明其所除。此亦有二義，一以除其等二句為所除，以為眾生故已下為補處德。二通以至使立無上正真之道為所除。雖二義俱存，若據高祖意以初為正，以此為還相迴向願故。四明補處德，此亦例上有二義。若依初義以為眾生故已下，若依後義取超世常倫等四句也。

問：上既願必至滅度，今何還願補處耶？

答：一生補處，菩薩所期，為按彼眾故立此誓，有一類菩薩不求補處故為所除。又若約宗祖意，上願往相迴向妙果，今則誓還相迴向利益也。

問：約上願以等覺為現生益，以滅度為彼土益，若爾，僻首上言臨終一念多獲大涅槃者，何乎？所以宗祖以念佛行者為齊彌勒，依今願文實是彼土益也。何甚矛盾乎？

答：上對人天示遠近益，今約菩薩誓所求益，所對別故，實不相違也。又一宗意，一到彼國永不經生死，長時起行果極菩提，然則於成佛唯隔娑婆一生，例之菩薩其猶一生補處故，仰橫起金剛大益，名齊彌勒等。餘如上引。

挫云：末徒明敬其祖而以除其等二句為其所除，然《經》文除其等二句，是其標為眾生下為其釋，謂上標言自在所化，故下釋其自在攝化相，云為眾生故等也，是其所除之類悲增菩薩故，損己益他被佛誓鎧，遊戲生死也。又上願云國中人天，是則彼土獲益，在文昭灼，何言等覺為現生益耶？且夫彼土人天只是因循餘方之假名，而其實自然虛無之身，即大菩薩。唯為分自國、他方二眾，故立人天、菩薩名耳。然汝云二眾所對別故，示遠近益，誓所求益者，何成會釋耶？又一宗意等者似是尋常會通，然僻首計意決不爾，何者？以金剛心同金剛喻定而言，便同彌勒而無簡別之語，故知彼意約全[34]同義也。

> 謹按真佛土者，佛者，則是不可思議光如來，土者，亦是無量光明土也。然則酬報大悲誓願，故曰真報佛土。既而有願，即光明壽命願是也。《大經》曰：設我得佛光明乃至不取正覺，又願言：設我得佛壽命乃至不取正覺。下引二願成就文及異譯諸經、《涅槃》等經。

挫云：以酬報因願之義解報佛身土者，應通取六八願，汝只舉光、壽二願者為未盡理。是故《玄文》云：「又《無量壽經》云：法藏比丘在世饒王佛所行菩薩道時，發四十八願，一一願言：若我得佛十方眾生乃至不取正覺。今既成佛，即是酬因之身也。」文此文意欲顯本願設我得佛不取正覺言，是彌陀報身之義耳。六八願各有此言故，是故云一一願言也。然所以別舉第十八願者，以是願王故舉一顯諸而已。又《嘉祥疏》問安養報化而答曰解不同一：「江南師云是報土，何者？以破抑性空位中以四十八願所造故也。二北地人云八地已上法身位，以願通指六八所造故云報土。」文是則非特宗祖，他家碩德皆總約四十八願之所酬而成報佛身土義也。而今僻首偏舉光、壽兩願，是為真佛土願，且不引《同性經》等明文，而引《涅槃》，都背導師芳躅者，何乎？況汝所引《涅槃》曰解脫者名曰虛無，虛無即是解脫等者，是明三德中解脫德之說，而通諸佛，非預彌陀身上是報之義，何須引此文耶？

《大經會疏》四六十四云：

問：佛德無量，何唯願二耶？答：此有四義，一選擇攝取義，二以少攝多義，三寂照互用義，四攝化為要義。一選擇攝取義者，諸佛所證平等是一。若以願行來收，非無因緣。然彌陀世尊本發深重誓願，以光明名號攝化十方，但使信心求念故。二以少攝多義者，雖佛德無量無不攝，此中謂光明無量橫遍十方，壽命無量豎貫三世，神通說法等所有佛事依之發揮故。三寂照互用義者，謂佛所證真如妙理，湛然、常寂、不遷、三世不變四相，是無量壽德也。佛真智炳煥靈明，周照幽顯，除世癡闇，是無量光德也。寂而常照，照而常寂，是名如來，然則三身、三德、三諦等所有佛法，無不括囊故。四攝化為要義者，若雖光明無量，壽命有量，則如靈山一會去而無跡，設雖壽命無量，若無光德，則如太虛頑然，周而無益。今則以無量光明莫不攝化，而亦壽無窮故，三際不易，大悲善巧，以之曲成。〈真佛土卷〉曰：謹按真佛土者等。

挫云：所設四義中，如初選擇攝取義，依導師釋者，此是六十萬億佛身具德，故《讚》云彌陀身色如金山等。又汝所引然彌陀世尊等文，全同《讚》文。然僻首既稱六十萬億身為化身，汝何以此義為所計真佛德耶？且引文中改名號而作壽量，強附會僻首釋，失卻名義不離之本旨。奸計百端，罪戾何窮！所餘三義併是《觀經》所說，真身所具，豈以此別成汝所計真佛德義乎？

夫按報者，由如來願海酬報果成土，故曰報也。然就願海有真、有假，是以復就佛土有真、有假，由選擇本願之正因成就真佛土。

挫云：此中先就願海分真假，忽違經釋，其過莫大焉。《經》說法藏比丘覩見鐃王所現二百一十億諸佛刹土，天人之善惡、國土之麁妙，具足五劫思惟，攝取莊嚴佛國清淨之行，而若於此願海猶有其假者，應有其所選擇未盡善妙之過，若爾，五劫思惟劬勞倏為徒設矣。是以《選擇》云：「此中（指上所引《大阿彌陀經》）。選擇者，即是取捨義也，謂於二百一十億諸佛淨土中，捨人天之惡、取人天之善，捨國土之醜、取國土之好也。《大阿彌陀經》選擇義如是，雙卷經意亦有選擇義，謂攝取二百一十億諸佛妙土清淨之行是也。選擇與攝取其言雖異，其意是同。」次於佛土別真假，是亦背經釋也。《經》云「時彼比丘於大眾之中發斯弘誓，（指上所說四十八願。）建此願已，一向專志，莊嚴妙土，所修佛國恢廓廣大，超勝獨妙」等，是則明通以六八願總莊嚴一箇妙報土，而其所修刹土廣大獨妙也。是故導師云：「四十八願莊嚴起，超諸佛刹最為精。」又〈明報佛義〉云：「四十八願酬因之身。」經釋如斯已昭矣。僻首依何妄分別真假乎？又《漢語燈》一（三十四）云：

問：四十八願雖皆微妙殊勝，於中亦有要不？何願最要？

答：淺見曷輒辨其優劣，然善導出其要，云弘誓多門，四十八偏標念佛最為親（乃至）於念佛門獨發此願，於諸行門更無別願。（已上）

如此語者，六八願都無優劣，然唯念佛往生願為之最要耳。雖則稱要，而猶未言優，乃恐慮之言，曷輙辨其優劣也？然愚禿輙然恣分其真假，誰有識肯忍之乎？

言真佛者，《大經》言：無邊光佛、無礙光佛，又云：諸佛之中王也，光明中極尊也。已上《論》曰：歸命盡十方無礙光如來。言真土者，《大經》言：無量光明土，或言諸智土。已上《論》云：究竟如虛空，廣大無邊際乃至既以真假皆是酬報大悲願海，故知報佛土也，良假佛土業因千差，土復應千差，是各方便化身化土，由不知真假，迷失如來廣大恩德。

挫云：先無量光明土等者，汝以光、壽無量二願為真佛土願，故取其光明無量願所酬之邊，立此稱乎？將亦依下卷即時無量壽佛放大光明，普照一切諸佛世界乃至唯見佛光明曜願稱等文乎？若爾，此立目為孟浪矣。何者？光明無量願是攝法身願，不可此願所酬為剎土之名故，又如下卷說者，願王應阿難請，現身土之時所放光明，而此是佛隨時所現起之者，何預國土之稱耶？又云諸智土者，是亦妄誕。佛智等五智，教主所具智德而不關涉剎土之事，故若言具諸智佛之土，故以教主德目國土者，三世佛陀，何佛不具此智？若爾，一切佛土悉應稱諸智土，豈局安養？凡佛土立名，唯應依經論明文。愚解如禿頭之類，那得恣立佛土異稱耶？

今按諸經論說佛身開合不同，謂曇無識所譯《金光明經》說真、應二身。〈四王品〉云：「佛真法身，猶如虛空，應物現形，如水中月。」《光明玄記》釋為二乘。真諦所釋經，七卷《金光明經》開之為真、應、化三身，佛陀扇陀所譯《攝大乘論》說真、報、應三身，《十地》、《金剛般若》等論說為法、報、應三身，《唯識》、《佛地》等新翻論，說自性、自、他受用、變化四身等也。所言真、應二身者，《大乘義章》十九七十云：「自德名真，隨他所現說以為應，真則法門之身，應則是其共世間身。」對之《地論》等所說三身者，《義章》又云：「法、報兩佛名為真身，王宮所生道樹現成，說為應身。」

次真、應、化三身者，「經說云其化身者，與佛同事，同諸佛如來變化事。其應身者，與佛同意，同諸佛如來顯揚佛法化益之意。其真身者，與佛同體，一切諸佛以如如法、如如之智而為體」文，是則從前二身中應身，開出化身也。為化眾生示現佛形，名為應身，示現種種六道之形，說為化身。故而其真身者，於《十地論》、《金剛般若論》等所說三身中，合法、報兩佛之身。

次辨《攝論》所說三身者，真身者即是《地論》等所說法身，故《華嚴》等說法身為真法身，是故與《地論》等所說三身同。次新翻諸論開為四身者，謂開第二報為自、他受用二身，自受用法樂名自受用，令化地上諸大士受用法聖財目他受用故，加之以自性、變化二身而為四身也。是則開二身中真身以為自性、自受用，開其應身為他受用、變化故，《五教章》下云：「二、生身、法身，謂他受用與化身合名生身，自受用與法身合名法身，如《佛地論》說。」今真、應二身，准釋應知。

然今僻首所言真身者，未審當何經論所說真身乎？若言取真、應二身中真身者，淨影釋之，既言自德名真等，則非攝化之身。然汝所計真佛，猶有攝生之用，故知非彼真身也。若言七卷經所說真身者，彼經既說如如及如如智而為體，則是同新翻經論自性受用為真身。然則亦非彼經真身，何者？自性自受用諸佛所證平等無差，而非別願力之為別異者故，是故《遊心安樂道》云：「法性實報（自受用身），一味平等，周遍法界，非餘所測，受用（他受用身）變化，酬願垂感。」然汝已言光、壽二無量願之所酬，故知非彼經真身也。或言用《攝論》所說者，彼說真身者即是法身，而無有色相，縱令說有相，其猶如無作色，非可見相。然汝以《大經》十二光顯其身相故，應非彼經真身。若言他受用報身者，是亦不爾。《觀經》六十萬億佛身，今家判之為報身者，乃是他受用報身。然汝僻首言之化身，而別立真佛，故汝所計真佛非是他受用報身也。如斯推徵汝所謂真佛者，定是何等身乎？乞明指的焉。

問：一家讚云「釋迦如來真報土，清淨莊嚴無勝是」，《元祖》語云：（《漢語燈》七之初）「今且就真、化二身讚歎彌陀功德分，此真、化二身出雙卷經，三輩之中先真身者，是真實之身也。謂彌陀因位之時，於世自在王佛所，發六八願之後，兆載永劫之間，修布施、持戒、忍辱、精進等六度萬行，所得修因感報之身也。」《觀經》云：無量壽佛身，如百千萬億夜摩天閻浮檀金色，佛身高六十萬億那由多恆河沙由旬（乃至）此是不限彌陀一佛，一切諸佛亦皆如是。（已上）此兩祖之所言稱他受用報身而為真身。僻首或應依是等文，若爾，何為挫破？

答：其文還為能破潤色也。何者？一家對八相示現應化身，而稱他受用實報身土云真報，故下文云「為度娑婆分，化入八相，成佛度眾生」。元祖亦然，故下釋化身云「無而欻有云化」，然隨機應時化現其身大小不同等，此文實報身所示現大小身，是名化身，而對之言實，因所酬之身為真身也。

然僻首貶兩祖所言真身屬之化身，而對之別立真佛故，縱令其真化名依兩祖而其義大背逆矣，豈可不推挫耶？又上云真假皆是酬報大悲願海故報佛土，而下結其假言，是名方便化身化土者，是則汝計報中更有化身土也。《大經會疏》七云：問：三輩所見土為報？為化？答：〈真佛土卷〉云：既以真假皆是乃至是名方便化身化土，以是可知是於一報土中對機判真、化也。此計大背經論文義矣。何者？凡真心之體，本隱今顯，說為法佛。其猶如真金，其體為因位行願，熏發萬德生起，是名報佛。《漢語燈》一至二十云云。其猶如金莊嚴具，雖是有作行德而一發已後，盡未來際永無起滅之相，是故稱相續常，或不斷常也。《起信論》云「如是功德，皆因諸波[35]羅密等無漏行熏，及不思議熏之所成就，具足無量樂相故，說為報」是也。然其化身暫為一緣所示現，而終皈盡滅故，無而欻有，有已還無，名之為化。是以彼七卷《金光明》說一化身非應，如來為物等示現一切龍鬼等，不為佛身，名化非應。又言佛涅槃後以願力故，遺身益物，此亦其化身非應。二應身非化，謂地前身地前菩薩所見佛身，乃從三昧法門中現，非是人天六道所攝，以此義故名應非化。三亦應亦化，謂諸聲聞所見佛身，彼見如來相好之形隨道成佛，故名為應。見佛在於人中受生相同人類故名為化。《大乘義章》十九之三十八准此說，示同人天鬼畜等類之身，說為化也。或有王宮所生佛身稱化者，亦惟約人中受生之邊，或約暫變之義耳。酬報因位願行之身名之化身者，非啻經論無具說，抑亦違佛教大道理，唯是彼僻謬之所搆而已。

謹顯化身土者，佛者，如《無量壽佛觀經》說，真身觀佛是也，土者，《觀經》淨土是也。復如《菩薩處胎經》等說，即懈慢界是也，亦如《大無量壽經》說，即疑城胎宮是也。

挫云：如古德之判《觀經》身土者，天台等師隨觀行淺深而立四種身土，慈恩等師望能生人位，令身土通報、化，感師兼存二義（唯報義通報、化義。）而不去取。然吾祖光明大師判此《觀經》特立唯報之義，指定古今，擅秀芳乎千古。且通凡夫往生難云「正由託佛願，以作強緣，致使五乘齊入」，由此，我高祖嘗示曰：他宗諸師雖兼勸西方，而尚未許凡夫往生。今依善導開一宗者，正為成凡夫入報土也。（《漢語燈》十一之十紙左）

然僻首數言此兩師稱宗師，而還為斯背逆者何乎？彼若通之言我豈不先云真假皆是報佛土，而此云化者是其報中之化，故不背宗師者，此會不成。《玄文》報化相對施設問答，對八相示現之化身（下釋云：無窮八相，名號塵沙，剋體而論，眾歸化攝。）而言報身，是則酬因感成之地受用報。凡三身配立，經論定量，但於其報身，新、舊兩譯雖有開合不同，然就其他受用，更分真假，且稱報名化者，斷無其說。是以《玄[36]文》報、化二身分判差別，然汝稱報為化者，莫論違諸經論，亦的然逆《玄文》也。又汝引《大本》十二光佛以證真佛，貶《觀經》真身觀佛為化身，然導師並舉三經釋彌陀名義，（《禮讚》前序夾註）謂《小經》彼佛光明等，《觀經》光明遍照等，《大本》十二光文「此中光明遍照」等，豈非是真身觀佛之所放者耶？然導師並之，汝所言真佛所照無礙等光，合釋彌陀名義以成一箇報身，於是乎知就報佛更分真、化者，只是汝妄計，而非宗師意也。

次復如《菩薩處胎經》等者，是亦不應道理。汝先於酬因願之報土中而分真假，然此懈慢亦其假土所攝，若爾，亦應是因願之所酬。若言爾者，懈慢界取此閻浮十二億裡而與彼安難界遠近遙隔，因願何由得共感之乎？是故《讚》文但言「觀彼彌陀極樂界，四十八願莊嚴起」，而未嘗論其餘也。

《大經會疏》十十六云：

三廣判真假，證信疑得失二。初辨定真、假二土二，初真土三，一證定淨土。《經》「爾時佛告阿難及慈氏菩薩，汝見彼國從地已上至淨居天，其中所有微妙嚴淨自然之物，為悉見不？阿難對曰：唯然已見。」《疏》：汝見彼國者，證定第一及第三十一二之願成就相，至淨居天者，與云：諸說淨土無天地異者即違此文。云云今謂因順娑婆相故，爾實是無量光明土也，願力所成之莊嚴，是名自然之物。二證定法身，《經》：「汝寧復聞無量壽佛大音宣佈一切世界化眾生不？阿難對曰：唯然已聞。」既證定第二十三及第十七願成就相，大音宣佈一往解則當班宣法時音聲，再往言則是正覺名聲周遍十方世界也。次引異譯諸文。

三證定攝眾生，《經》：「彼國人民乘百千由旬七寶宮殿無有障礙，遍至十方供糧諸佛，汝復見不？對曰：已見。」《疏》：是則證定餘四十二種攝眾生願成就之相，人民總攝自他、凡聖也。次化土二，初證定正報，《經》：「彼國人民有胎生者，汝復見不？對曰：已見。」《疏》：是則證定上所誡生彼邊地七寶宮殿，五百歲中受諸厄也之義。若據宗祖，此中通攝第十九、二十願成就之三輩九品等往生也。《略論》曰：邊地者乃至非八難之中邊地也。

問：三輩往生是所勸讚，邊地胎生是所誡制，今何為一類？況鸞公既為別類乎？《略論》云：又有一種往生安樂不入三輩中，謂以疑惑心修諸功德，願生安樂，不了佛智不思議智等，今指此文也。

答：雖勸誡說殊事相少異，皆是不信佛智，猶信罪福之義同，故如鸞公則約事相異，是為別類。今師亦不遮之故，云化佛土業因千差，故土亦千殊。且如真土者，言自然化生，須臾之頃，身相光明，智惠功德如諸菩薩。鸞師亦云不謂品味階次，豈同輩品七日，乃至十二大劫蓮華不開乎？准之可知。

次證定依報，《經》：「其胎生者所處宮殿，或百由旬，或五由旬，各於其中受諸快樂，如忉利天上亦皆自然。」《疏鈔》云：或百等者，疑有輕重故，致使所居有大小也。例如憬興云：百由旬下輩疑生，五百由旬中輩疑生。准之思此，五百歲亦順機不定，如彼《觀經》所說華開遲速，應知。已上

挫云：先科爾時佛告已下經文，為證定真土中身土生三種者，是僻謬矣。何者？汝所科判《經》說與《觀經》等說相更無差別，故汝師徒判彼《觀經》等所說屬之化身土。彼若化土者，今所說亦應爾。今說是真佛土相者，《觀經》等說何由化身土乎？若有其異者，乞明指陳焉。

今汝判屬真土文云從地已上乃至自然之物等，此說之與《觀經》所說地下地上虛空等莊嚴說，求其差別終不可得。次證定真佛文云無量壽佛大音宣佈等，若爾，《觀經》第九觀佛，為唯默坐，無所說不？若言有所說者，與此經文何以分之？又[37]汝再往解云正覺名聲周遍十方，然《觀經》說光明遍照十方世界，名聲不遍者，光明豈得遍攝耶？名義不離而方有不捨益故。

次真土攝生文云彼國人民乘百千由旬等，此文之與《觀經》上輩生經須臾間，歷事諸佛偏十方界，飛行偏至十方，歷事諸佛等說，更有何差殊耶？於上來身土生三文，《大》、《觀》兩經真、化之別不辨白之者，汝所立果然妄計耳。次判化身土中會《略論》云皆是不信佛智等者，是為惡見之最也。所以者何？謗三輩生，三心具足，廢惡修善者，言疑惑不信，美不信罪福，而隨惡無遍見者，還為真土往生之機故。汝若言三輩生人雖具生化身土之信，而兼信罪福故，闕信佛五智之信者，是亦太僻矣。由信佛五智，三心既具而得三輩往生故，是故《略論》云：經中但云疑惑不信，不出所以疑意，尋不了五句，敢以對治言之，不了佛智者，謂不能信了佛一切種智，不了故起疑。此一句總辨所疑，下四句一一對治所疑。疑有四意，一者疑但憶念阿彌陀佛，不必得往生安樂，何以故？《經》言：「業道如秤，重者先牽。」云何一生或百年或十年或一月，無惡不造，但以十念相續，便得往生，即入正定聚，畢竟不退，與三途諸苦永隔乎？若爾，先牽之義何以所信？又曠劫已來俱造諸行有漏之法，繫屬三界，云何不斷三界結惑，直以少時念阿彌陀佛，便出三界乎？繫業之義，復欲云何？對治此疑，故言不思議智者，謂佛智力能以少作多，以多為少乃至譬如百夫百年聚薪，積高千仞，豆許火焚之，半日便盡，豈可得言百年之薪積半日不盡乎？又如躃者寄載他船[38]，因風帆勢，一日至千里，豈可得言躃者云何一日至千里乎等。文

翻《論》所敘列之疑相以為信相，則是不出《疏》機法二種信也，當知具二種信者，即是不疑五智也。既然也，由信五智故，方能得三輩往生也。加旃《論》言十念相續等者，正敘《觀經》下輩說也。然彼既信十念能滅多罪，則是信佛智，何言疑惑不信人？又會《略論》、僻首之相違，云不信佛智之義同，事相異者，此會釋不成。凡修因感果之道，猶如形聲影響，毫不差錯。然今不信佛智修諸善本三輩生人所修三福即是善本。者，是其修因，事相者，是其感果，彼此修因既同，事相何由分三輩邊地之異耶？雖縱彼言業因千差故，而括之不出心、行二種，謂猶信罪福為心，修諸善本為行，心、行二種業因以一同，事相之異終不可成。是故汝《略論》意者，信佛智故生九品域中，疑惑之故招邊地果也，豈如汝妄會耶？又不信罪福者，不信佛一切種智，何者？照了真俗二境，稱一切種智，而其了俗諦則照知一切眾生善惡業果，毫不差失。然汝輩不信罪福者，即是不信佛種智知見也，可不畏哉！

然濁世群萌、穢惡含識，乃出九十五種邪道，雖入半滿、權實之法門，真者甚以難，實者甚以希，偽者甚以多，虛者甚以滋，是以釋迦牟尼佛顯說福德藏，誘引群生，阿彌陀如來本發誓願，普化諸有海，既而有悲願名修諸功德之願，復名臨終現前之願，

復名現前導生之願，復名來迎引接之願，亦可名至心發願之願也。是以《大經》願言設我得佛乃至不取正覺。已上此願成就文者，即三輩文是也，《觀經》定、散九品文是也。

挫云：此段文義殊隱密，故分為二。先敘計意，次正挫。敘計意者，此段畢竟成生真佛土者，不假來迎願，唯為邪定聚之生化身土者，建來迎願也。上標云至心發願之願，邪定聚機等者，舉本願所被機，今言虛偽者、甚滋者，是舉其邪定聚機類也。

《大經會疏》五十四云：

此中指至心信樂人，以為真者、實者，指當願所應機，以為虛者、偽者，是則廣以定、散善三輩九品眾類為所對故也。又云：言福德藏者，總指《觀經》一部所說也。修諸功德者，總攝三輩九品、定善散善等萬善萬行。至心發願則皆為往生因，故云修諸功德也。言至心發願欲生我國者，是則定、散諸機名別、自、力三心也。至心者至誠心，發願欲生者即迴向發願心。此中自含深心，謂深心無別體，但以決定深信，發餘二心故也乃至於此中強弱久近、專雜萬差，故名諸機各別也。

又有集僻首消息者，題云《末燈鈔》，彼《鈔》中述真實信心行者，不須來迎之義。

鈔云ク來迎ハ諸行往生ニアリ自力ノ行者ナルカ故ニ臨終ト云フ事ハ諸行往生ノ人ニ云フヘシ未ダ真實ノ信心ヲ得サルカ故ナリ。又十惡五逆ノ罪人ニ始メテ善知識ニ遇テ勸メラルルニ取テ云フ事ナリ。真實信心ノ行人ハ攝取不捨ノ故ニ正定聚ノ位ニ信心ノ定ル時住ス是故ニ臨終ヲ待コトナシ來迎ヲ頼ムコトナシ信心ノ定ル時キ往生亦定ルナリ。來迎ノ儀式ヲマタス正念トハコハ本弘誓願ノ信樂定ルヲ元フナリ。此信心ヲ得ル故ニ必ス無上涅槃ニ至ルナリ。又正念ト云フニ付テニアリ一ニハ定心ノ行人ノ正念二ニハ散心ノ行人ノ正念アルヘシ。此二ノ正念ハ他力ノ中ノ自力ノ正念ナリ。定散善ハ諸行往生ノ言ニ収ルナリ。此善他力ノ中ノ自力ノ善ナリ此自力ノ行人ハ來迎ヲ待ズシテハ邊地胎生懈慢界沾モ生スヘカラス。是故ニ第十九ノ誓願ニモ諸善ヲナシテ淨土ニ迴向シテ往生セント願フ人ノ臨終ニハ我現シテ迎ント誓ヒ玉ヘリ。臨終ヲ待事ト來迎往生ヲ頼ムト云フ事ハコノ定心散心ノ行者ノ云フ事ナリ。今之所言，亦是之意而已。

次正挫者，夫初遷神佛國者，若聖、若凡垂其終必也感佛來儀，是故諸經論咸說臨終見佛，況我彌陀有本誓願，以普導其終焉。然廢撥之，而為不足仰止者，豈非僻見之甚者耶？

問：修因決定感果，定有設垂來迎，何不往生？推此理，僻首之所計未必妄謬。

答：出離曠劫大慶，是以魔族嫌忌之，競來作障礙，且無始業繫諍責宿債，非由佛迎，那得輒出離？如《俱舍論》云「將得忍不還，無學業為障」是。如次將離惡趣、欲界、三界之繫縛時，故宿業來逼為障，何況今將到勝過三界報土，豈無留難耶？是故《悲華經》云「以見我故，離諸障礙」；《稱讚經》云「慈悲加祐，令心不亂」；〈定善義〉云「命欲終時，佛與聖眾自來迎接」等；《語燈錄》《漢語燈》七之六左云：「又為對治魔事來迎者，古曰道高魔高，佛道修行必有魔障難也。真言宗中云：誓心決定，魔宮振動。修行天台止觀四種三昧，十種境界發中云：魔境來。又菩薩三祇百劫修行既成，唱正覺時，魔王來至，種種障礙，何況凡夫具縛行者！設雖修往生行業，不對治魔障難者，遂往生素懷

難也。然阿彌陀如來圍繞無數化佛菩薩，光明赫奕，現行者前，此時魔群不能近前障礙，然則來迎引接為對治魔障也。」文

彼更遮之云：如所出道理文證者，咸是約邪定聚之類生化土耳，奈關於吾黨正定聚者。我亦挫云：汝等無戒無修，而自謂住正定聚，是為邪僻執見。又假令汝住正定聚，以其位在三賢，尚應不廢棄臨終見佛，何以故？《寶性論》云：「依此諸功德，願於命終時，見無量壽佛，無邊功德身，願得離垢眼。」論主位雖不可測，豈降於三賢而尚願臨終見佛？加之〈普賢行願品〉云：「願我臨欲命終時，盡除一切諸障礙，面見彼佛阿彌陀，速得往生安樂國。」法界海會鄰極大士所生剎土，其高妙，非啻汝所計真佛土，亦其位鄰大覺，豈唯正定聚乎，而猶願面見佛迎！又《華嚴．賢首品》舊經七之十一說：「又放光明名見佛，彼光覺悟臨終者，念佛三昧必見佛，等終之後生佛前，見彼臨終勸[39]念佛，又示尊像令瞻[40]敬。」是則遮那為分階佛境海眾所宣說，何只正定聚哉！

如僻首莫論其僻執，或假使正定聚尚不可廢棄來迎，其又理如斯。是以導師云《法事讚》：「十方凡聖專心向，分身遣化往相迎。」已言凡聖，豈除正定聚耶？又依《西域傳》云：「祇園西北角日光沒處，為無常院，院內安一佛像，若有病比丘必送到此，令為隨佛往生之想，是為恆範。」《探玄記》四一之八十四 佛滅後未幾，賢聖繼踵之際，猶有此方法，此時豈只邪定聚者乎？又光明大師別著《臨經要訣》，勸其要心者諄諄焉。吉水亦於此苦口殷勤，載在傳文語錄，且舉示其一文者，《語錄》云《漢語燈》七之五：「凡平生之時已成往生之行業之人，彼所謂現生入正定聚。臨終必得聖眾來迎，已得來迎之時，即由佛力住正念也。然

今時行者，多不辨其旨，於尋常行懶惰不營，至臨終時俄祈正念，是僻見也。」汝曹非唯於其尋常不勤修，更亦廢於其臨終祈求正念，無慚一何至于茲哉！

問：《觀念法門》舉來迎釋證生增上緣，而判其所攝機，云佛滅後凡夫，若爾，來迎不被聖人。

答：彼且就本意之邊耳，淨教本意以為是凡夫故，又指定、散二善、三輩九品眾類為之虛偽者，則謗極聖修因也。《觀經》讚三福行，說三世諸佛淨業正因，然若如汝所言者，三世佛陀悉應虛偽者，故累劫尚何脫耕舌之罪乎！

又彼末徒言：《大經會疏》五之十七

問：來迎者佛化最要，往生大益，何今云假令乎？

答：是對定、散自力眾機，假設迎接靈儀，隨其輩品感相亦異，權說無邊，不斷光佛上之化用，故云假令。若念佛往生人，鎮預攝取不捨光益，故強不期臨終迎相也。故書曰：佛心光明不照攝餘雜業行者也，假令誓願，良有由哉！

問：若爾，念佛往生人定無來迎儀乎？

答：真實信心行人，現生具三緣，彼此三業不相捨離，朝朝暮暮與佛起臥。釋云：彼佛心光常照是人，攝護不捨，平生既爾，臨終豈疎哉？雖然，即得往生故，不慮終焉好惡，唯任法體之德，無容機情之扱。古人云：開池不求月，池成月自來。感應道交，豈有間然乎？已上挫云：此中先解經文假令者，大謬矣。文既言假令不與等，是則明其實皆現耳，意謂假令有不現者，我終不作佛也。如斯者，則只言不現之不實而云假令，例如假令身止諸苦毒中，假使有人折其一毛，假令此人在帝王邊等文意也。

次念佛往生人，鎮預攝取光蓋故不慮臨終好惡者，甚違宗祖教誡也。導、空等諸祖為無間相續念佛行者之蒙心光攝護利益者，示臨終用心懇款焉，然汝忽撥之言不慮終焉，好惡豈非背逆之甚耶？凡若爾念佛往生已下一問答，決非僻首意。何者？彼既云來迎在諸行往生機，真實信心行人無賴來迎，不待來迎儀式，故都撥無佛迎，已撥之則絕無感招之機，奚有應來之儀？然今設此一雙問答者，其祖之所立的灼背經論諸釋，故欲蔽其過非，而為此縱容之釋耳，謂若欲順其祖，則背諸典，欲順諸典，則倏逆祖文故也。

問：《大本》三心與《觀經》三心，一異云何？

答：依釋家意，按《無量壽》、《觀經》者，有顯彰隱密之義。言顯者，即是定、散諸善，開三輩三心，然二善三福非報土真因，諸機三心自利各別，而非利他一心，如來異方便、忻慕淨土善根，是此經之意即是顯義也。言彰者，彰如來弘願，演暢利他道入一心，緣達多闍世惡逆彰如來微笑素德，因韋提別選正意，開闡彌陀大悲本願，斯乃此經隱彰義也。

挫云：此段分為二，一敘計意，二正挫。初敘計意者，若約顯露義邊，則兩經三心各別，何者？《觀經》顯說定、散諸善，開三輩三心，而未歸之一念信，故三心隔歷。《大經》三心，其旨歸只是一念信心，而亦是如來利他所迴向之心，故望此義則兩經三心是異。若彰經所隱密之義而言之者，兩經三心惟一也。

後正挫者，將顯彰隱密義，料簡兩經三心者，全出於僻首胸臆，而且其義奇僻而甚難忍許，所以者何？顯彰語雖在《玄文》，而彼言顯彰別意之弘願者，顯彰聯貫以對上廣開淨土之要門，而更不分顯之與彰之異，然今剖判之者，是一妄誕。且其義也，蓋仿彼顯露、秘密兩教，若爾，大謬矣！彼秘密教約如來語密而設之，謂佛以一音演法，眾生隨類得解。如《大論》等說「鹿園阿含會中，陳如證小果，八萬諸天得生[41]生忍」等。然其密益唯局在會，不通滅後。在會之中，其獲益者尚互不知之，傍知者言之而已，是故經家唯就其顯說之邊結集也。如今此《觀經》等其會，縱使有獲密益者，以既是密，經家不傳之，末[42]代釋家何由得彰之耶？如斯推撿，汝此料簡竟不成。然彼末徒釋：《大經會疏》五之六紙

問：顯彰隱密名義是何謂也？答：如來對定、散等眾機說《觀經》，亦開真實利，暢此經其顯說表不同，名顯義；兩尊出世密意，暗彰經中，經歸一致，名隱彰義。例如言顯說法華，隱密法華。《守護章》曰：「於一佛乘者，根本法華教，分別說三者，隱密法華教，唯一佛乘者，顯說法華教。妙法華之外，更無一句經。」文若如此解者，亦不相例也。《守護章》所謂顯說、隱密法華者，顯說一乘，名顯說法華；法華一會以三乘隱一乘，曰隱密法華。爾前諸經謂據顯說一乘，開會三乘，而體解念處道品即摩訶衍，則爾前諸教無非是法華，故得隱密法華稱也。

然僻首言《觀經》說二善、三福自利各別三心者，是顯義故，顯說之邊屬之方便，彼亦言《觀經》說為假門方便。若爾，豈可例之彼法華顯說耶？彼以顯說真實稱顯說法華故。又如愚禿特稱《大經》為真實教，而乃依此立利他一心、如來迴向、信行一念便同彌勒等義者，唯是彼臆度妄計，而非經之所顯說，何亦得例彼顯說法華耶？經既無顯說，況有所隱密！既無其隱密者，亦有何所彰！故隱彰義亦自不成也。如斯推徵，顯彰隱密料簡亦惟出於彼僻計耳。而今依宗祖判兩經三心一而不異，故元祖云：「此經三心即同本願三心，謂至心者，即至誠心也，信樂者，即深信也，欲生我國者，即迴向發願心也。」《漢語燈》第二、《觀經釋》四十二非唯其異之義，其一之邊亦違宗祖義也。汝所計彰其隱密義之時，以《觀經》三心歸之一信心，而方與《大經》一同故，次二善、三福非報土真因等者，計意謂是方便假門，而化土生因，亦是三心各別而不歸一信，亦惟自力而不藉如來迴向力故。此中如自、他二力者，上已辨了矣。二善、三福若非報土真因者，經說此三種業，三世諸佛淨業正因，依此說諸佛本行之，以為得道之正因。當知此福業，十方婆伽梵，一路涅槃門，而今汝貶之云非真因者，是謗無三世佛陀正因也！如其孝養等世福，回之則成報土真因，例如念處道品即摩訶衍。

是以經言：「教我觀於清淨業處。」言「清淨業處」者，則是本願成就報土也。言教我思惟者，即方便也。言教我正受者，即金剛真心也。言諦觀彼國淨業成者，應觀知本願成就盡十方無礙光如來也。言廣說眾譬，則十三觀是也。言汝是凡夫，心想羸劣，則是彰為惡人往生機也。言諸佛如來，有異方便，則是定、散諸善顯為方便之教也。言以佛力故，見彼國土，斯乃顯他力之意也。言若佛滅後諸眾生等，即是未來眾生，顯為往生正機也。言若有合者，名為麁想，是顯定觀難成也。言於現身中，得念佛三昧，即是顯定觀成就之益，以獲念佛三昧為觀益，即以觀門為方便之教也（乃至）良知此乃此經有顯彰隱密之義，二經三心將談一異，應善思量也。《大經》、《觀經》依顯義異，依彰義一也可知。

挫云：此段句頭標顯之與彰二字，以指示《觀經》有方便、真實兩說之文處也，下云《觀經》顯彰方便真實之教是也。於中初言清淨業處者，即是本願成就報土者，是的違經釋也。夫人上通請所求土，云「唯願世尊為我廣說無憂惱處，我當往生」，《疏》科之云：「通請所求。」而下云教我觀於清淨業處者，更舉上通請之處，以亦通請生其土之行也。故《疏》科云：「正明夫人通請去行，此明夫人上即通請生處，今亦通請得生之行。」於是佛酬先通請，光臺廣現十方佛國，是故清淨業處者，廣通所現諸國也。然汝言本願成就報土，則偏指安養也，而其求安養者，方在下別選所求之處，（我今樂生極樂世界。）通、別既異，何為混同乎？

次以思惟正受配之方便及金剛心者，是亦謬矣。僻首所言方便者，蓋指定、散諸善，下云定、散諸善方便之教故。然《玄文》引《華嚴經》云思惟正受者，但是三昧之異名，則唯局定善；如淨影、天台云三種淨業，散心思量，名曰思惟者，是局散善，汝所解並違自、他諸德也。且夫方便有多種，《大乘義章》十五云「一進趣方便，如見道前七方便，二權巧方便，如二智中方便智」等。下更有二種方便。《疏》所謂觀前方便者，正觀之前方便而即此進趣方便，亦如彼《止觀》二十五方便等，然禿頭誤認以為是權巧方便義，豈不妄昧乎？

次金剛真心者，〈顯真實信〉中云「真實信心即是金剛心故」，即是所計一念信心，既然也此是散心分際，彼雖言非是非散，而尅體而論則散心分際耳，若依宗家並通定。然經說十三觀門者，正為答此請也。若如汝所解者，此經觀門何由起？是故《玄文》云：「又請言教我思惟正受雖有二請，唯是定善，又散善之文都無請處，但是佛自開。」又思惟言雖通定、散，正受言諸經論皆悉目定而無可諍者，以故解思惟，諸師有異途，釋正受僉然同轍。今僻首此解，總背經論諸釋矣。于嗟，膽勇哉！

次言諦觀彼國乃至無礙光如來者，如此解者唯局正報。然經說彼國者廣通依正故，《疏》科之云：「明答前夫人別選所求之行。」所言所求行者，即下所說十三定門故。次諸佛如來乃至方便之教者，上文言汝是凡夫，心想羸劣，未得天眼，不能遠觀，而方有此文故。若如所解者，則成天人垢障，不能遠觀，故如來有定、散方便行力，加之令得見之義，豈有此理耶？何以故？如來若可加被，唯應以不測威神力，何為須方便行力？是故此所謂異方便者，異猶如與世超異之異，讚美佛方便之力奇異語耳。若假門方便者，不可美之稱異方便，故此文意說佛有超異善巧智力故，令得能見也。《疏》釋云：「明若依心所見國土莊嚴者，非汝凡能普，悉歸功於佛也。」亦是之謂。

次言若有合者乃至難成也者，是第八像觀結文。上經云「此想成時，行者當聞水流光明及諸寶樹、鳧鷹、鴛鴦皆說妙法，出定、入定，恆聞妙法。行者所聞，出定之時憶持不捨，令與修多羅合，若不合者，名為妄想」，《疏》云：「從令與修多羅合，下至見極樂國界名為麁想次下文也。已來，辨觀邪正之相。」依此經釋明行者定中見聞所觀之境，而至出定之時憶持不忘，是與經說校對，驗於境之邪正也。然其言若有合等，亦明與經說合者是正境耳。何以言顯定觀難成乎？

次言現身中得念佛三昧乃至即以觀門為方便之教者，凡於念佛門有其通、別，通則事理觀稱皆名念佛故，《華嚴疏鈔》舉古解云：「一稱名往生念佛門、二觀像滅罪念佛門、三攝境唯心念佛門、四心境無礙念佛門、五緣起圓通念佛門。」別則唯局稱名，如經念佛眾生，及若念佛者文，及導師對觀佛稱念佛是也。然此中約其通名之邊，而以觀佛稱念佛也，故《疏》釋云：「尅念修觀，現蒙利益。」若為之口稱三昧，則有像觀、有修行，而缺觀成之益，口稱三昧無修因而孤成之過故，今此得念佛三昧者，指第九觀成益也，謂當觀為方便而遂得真身觀成，故元照云「像觀若成，真身必見故，云現身即得」也，知禮所解亦同之。而今如僻首者，固執別局之邊，故爾可謂守杌者矣。又觀門為方便，非經釋意，佛答請之說正在觀行，故題名「觀經」，是以疏主及天台等諸祖皆云觀佛為宗也。而其宗者，名於一經之所尊崇、所歸趣、所要領，若言之方便者，何稱一經宗致耶？

按方便之願有假、有真，亦有行、有信願者，即是臨終現前之願也。行者即是修諸功德之善也，信者即是至心發願欲生之心也。依此願之行信，開顯淨土之要門，方便權假，從此要門出正、助、雜三行。就此正、助中，有專修、有雜修。就機有二種：一者定機、二者散記也。又有二種三心，亦有二種往生。

挫云：僻首異稱第十九願云修諸功德願故，今言從此願開出正、助、雜三行也，是則諸行本願妄計而背導、空等正統也。《敕修傳》云《翼讚》四十八之十紙：長西黨於住心執諸行本願之旨，背《選擇集》，故門第之列除之。僻首亦其黨類耳。導師云：「望佛本願意，眾生一向專稱彌陀佛名。」所言本願者，乃是念佛往生本願。此外更有願諸行者，一向言竟不消。又云「弘誓多門四十八，佛標念佛最為親」，又云「如《無量壽經》四十八願中，唯標專念彌陀名號得生」等，皆是此義也。《選擇》釋第十八願云「今則選捨前布施、持戒，乃至孝養父母」等諸行，而選取專稱佛名，故云選擇也，又明選擇捨諸行、選取念佛之所由，以勝劣、難易二義而懇款殷重，如斯，則建前願之時取捨已了矣，至來迎願何再取之乎？但有修諸功德言者，由來迎非唯念佛人，兼通諸行機故而已。然非為之願體，若為之願體，則此有三過：一違願成就過、二一願兩體過、三念佛通局過。初過者，若諸行為本願者，至成就文，不可說一向專念而廢已願諸行。一向言雖有三義，元祖以廢立為正，若為之經正意而以望之本願，則成廢已願之行過也。第二過者，若諸行為本願者，一願中兼有生因及來迎之兩體故，應成四十九願。然《觀經》及《大論》等皆云四十八願，故知不可有兩體也。第三過者，所願諸功德為通念佛將局餘善，若言通者，上既誓之了矣，何煩再願之乎？若言局者，感佛迎之機唯局餘善已然者，念佛行者應不能得佛迎接。若爾，成大過，故非如汝所計也。

又次信者即是至心發願欲生之心者，是亦違祖判。如元祖等所釋者，至心為至誠心，發願為迴向心故，且歸之一箇信心者，亦是僻解者流妄計耳，如上已斥。又次顯開淨土之要門乃至三行者，此文成自語相違過。何者？汝先既言三經真寶，選擇本願為宗，此語蓋依《選擇》云三經共選念佛以為宗致也。若爾，正行之中有念佛，散善之中亦有口稱，而今一概言之方便權假，豈不自語相違耶？

又末徒解云：《大經會疏》五之十四

問：於此願以何為其體耶？答：正是以來迎為體，發菩提心等非本願，是但所應眾生所迴向行也，故〈化身土卷〉云「然濁世群萌、穢惡含識乃至而有悲願，名修諸功德之願，復名臨終現前之願」等。文

此解決非僻首意也，何者？凡立願目者，諸願皆標目其體，然彼既並標兩目，知存一願兩體之義也。且兩目中以修諸功德願目標之初首，由之推之，僻首意以修諸功德為願之正體也，何還言來迎為體耶？況亦云依此願開出《觀經》二善、三福諸行，若不為之願體者，何由得為此願所開？故知汝所解非僻首意也。

二種往生者，一者即往生，二者便往生。便往生者，即是胎生邊地、雙樹林下往生也。即往生者，即是報土化生也。

挫云：經中即便語非一，謂即便捨劒、即便微笑、即便往生等也，此等即便皆二字一貫詮一義耳。按《字彙》云：便，宜也、順也、安也、利也、即也。又近便也。而今聯用，言即便則用即也訓，故知即便全同其義也。凡如從事於屬文者，二字聯用云究極、畢竟、滅盡等，未必分離之而取義，惟欲增其所敘義勢故爾矣。若如汝所解者，亦應有即捨劒、便捨劒，即微笑、便微笑，堪絕倒矣。雙樹林下往生者，彼稱化身土云雙樹林下也。所以知者，僻首所著《讚阿彌陀佛偈讚》云「七寶講堂道場樹，方便化身淨土」也，何由彼作此言者？見道場樹願文及成就文，說樹量云高四百萬里，以是其樹量比之報佛身量甚短小故，彼以為此是化身土樹量，是故云其生化土而稱雙樹林下往生也。《大經會疏》六會佛身之與樹量相違云：今彼佛量既他受用，故此道樹即化土，故不相違。亦是之謂。

然此有二過，初以入涅槃樹混稱道樹過，後不辨報、化二土過。初過者，准娑婆八相之儀，雙樹林者，枯榮兩兩四方相雙故，乃設此稱，是則入涅槃樹。道場樹者，孤特而無雙偶，曷得稱雙樹乎？後過者，既酬因願而感成道樹，實因之所感，豈是化身土？汝計報中有化者，是其僻謬，如上已挫。然彼末徒指六十萬億佛身云他受用身者，實順經釋，可謂闡提猶有佛性之驗矣。而背其祖之所計，僻首屬之化身，故寧背其祖解計而順註釋正理乎？彼若會言吾祖云化身者是報中之化，故不相背者，是亦不可。何經論釋稱他受用身亦言化身乎？速援據來。

次即往生者，報土化生者，《大經會疏》十科經「若有眾生[43]明信佛智」已下文云真土因，科此「諸眾生於七寶華中自然他生」等文為其獲果，而其解釋云自然化生者，即所謂如來淨華眾生、覺華化生也。不空《羂索神變真言經》第二十一云：汝當生處是阿彌陀佛清淨報土，蓮華化生常見諸佛（乃至）釋曰：極樂無為涅槃界，隨緣雜善恐難生，故使如來選要法，教念彌陀專復專。（文）

此末徒所引文皆是說九品往生也，九品生人悉蓮華化生故，然汝等貶彼九品生為之化土生，而唯以此一文為真土果相者，是何所由乎？若言明信佛智為其所由者，凡夫之生報土者偏託佛願，其依託佛類者即是信佛智也，若疑之者，豈可仰賴難思願力耶？其旨如《略論》辯。次一家釋誡雜修而勸專念，是則欲長時無間相續而修也。汝等何引用此釋，而還計信行一念？可怪！

> 亦就正、助有專修、有雜修，就此雜修有專心、有雜心。就專修有二種，一者唯稱佛名，二者有五專。就此行業有專心、有雜心。五專者，一專禮彼佛（乃至）五專讚歎供養，是名五專修。專修其言一而其意惟異，即是定專修、散專修也。專心者，專五正行而無二心，故曰專心。即是定專心，復是散專心也。雜修者，助、正兼行，故曰雜修。雜心者，定、散心雜，故曰雜心也。應知。

挫云：僻首正、雜二行料簡，其名目雖依我宗祖，然其義懸隔。先就正、助更分別專修雜修、專心雜心者，文義俱乖也。依《選釋》五番相對中第五純、雜對釋，以修正、助二行者為純修，所餘之行者為雜。既以純、雜對分正、雜二行，則不須更於正行論專、雜也。然彼助、正兼行稱雜修者，不符文理，何者？雜者，彼此間雜為義，縱使助、正兼行，偏局極樂之事，而不通餘事，豈可言雜？是故《選擇》云：「雜者是非純極樂之行，通於人天及以三乘，亦通於十方淨土，故云雜也。」僻首言順稱師，而心恆懷背逆，故往往吐露其逆意者，如斯可謂心口各異，言念無實者矣。

據經家披師釋，雜行之中雜行雜心、雜行專心、專行雜心，亦正行之中專修專心、專修雜心、雜修雜心，此皆邊地、胎宮、懈慢界業因故，雖生極樂，不見三寶，佛心光明不攝照餘雜業行者也。假令誓願良有由哉，假門之教，忻慕之義，是彌彌明也。

挫云：僻首先云依臨終現前願行信，至心發願為信，修諸功德為行。顯開淨土要門，方便權假，從此要門出正、助、雜三行等，而今將其所出正、助、雜三行，為之邊地、胎宮、懈慢業因，且以為假門，於嗚邪僻背逆之甚矣哉！《禮》序中舉正行益云十百即生，但於助行者雖不全許之，然助正兼行則亦許有此益，是故將雜行簡之，而云無外雜緣，得正念故也。又如其雜行猶許一二三五往生，且夫心行相續，不雜疑滯，遮邊地、胎宮。願心牢固者，遮懈慢界。非啻正行者，縱令其雜行之類亦能超入九品界域，而得見佛聞法。何以故？以經說具三心必生彼國，釋云：三心既具，無行不成者，皆約報土九品生因故，然胎宮、邊地，由帶疑惑，懈慢稽留，因執[44]心不牢固。

《漢語燈》一云：「《群疑論》云：『問曰：前後發意眾生欲生阿彌陀佛國者，深染著懈慢國土，進不能生阿彌陀佛國土千萬眾，時有一人生阿彌陀佛國，以此經準難可得生何？答曰：由此經有斯言教故，善導禪師勸諸四眾，專修西方淨土業者，四修靡墜，三業無雜，廢餘一功諸願諸行，唯願唯行西方一行。專修之人千無一失，雜修之者萬不一生。何以故？皆由懈慢執心不牢固。是知雜修之者，為雜心不牢固之人，故生懈慢國也。正與《處胎經》文相當。若不雜修，專行此業，此即執心牢固，定生極樂國。』」云云

問：導師既許雜修者一二三五往生，此中何言萬不一生乎？

答：是約與奪義耳。謂雜修之人有堪、不堪，為其堪雜修者，與而許三五往生，為其不堪機，奪而言萬不一生也。凡如斯釋，諸釋家恆範，何足疑訝？而今僻首言此皆邊地、胎生、懈慢業因故，尚不許其雜修者三五往生，且正行者之專修專心等，屬之胎宮往生者，忽背經釋也。若亦以九品生為邊地、胎宮者，的背《略論》現文矣。

心行具足之人，何以生彼耶？由此理故，我真宗列祖之所向傳，以如斯故，凡志於西邁之侶，率從同軌于茲。然恃彼僻見者流，為此妄計者，是無他，由彼執一念信行，以為報土真因。

《大經會疏》十科「若有眾生，明信佛智，乃至勝智，作諸功德，信心迴向」文，云：真土因而其釋云明、信等者，明對惑，信對疑，佛智等所信法即選擇本願也。作諸功

德者信上之大行也，信心迴向者他力迴向，是即不迴向之迴向。師常言：我宗意不來迎而不無來迎，不迴向而不無迴向，其旨深哉！若配願文，明、信、佛智等者，至心信樂也，作諸功德，乃至十念一念也。今此大行，攝諸善本，具諸德本，故云功德。信心迴向者，欲生我國也。已上此中解作諸功德文，以為十念一念諸功德，言為之名號具德。

于嗟，僻謬哉！若如此解者，汝何釋第十九願修諸功德，言《觀經》二善、三福等諸行開出于此文乎？曰作諸，曰修諸，是有何差別？若言彼願是方便假門願，此文說真土修因故不同轍者，如其所解者，亦惟僻首妄計，而絕無其典據，何成會通耶？信心迴向為之他力迴向等，如上已挫。

不來迎者，謂不要期來迎；不無來迎者，雖不自期而信心決定，則自感來迎也。不迴向者，不自迴向；不無迴向者，有如來他力迴向之謂。此中不無來迎者，非僻首意，如上已辨。

偏任佛之迴向以為他力，解信心迴向云：他力迴向者是他力迴向者是。心存求濟，助終身勤淨業，總屬之自力，且是為方便假門故而已。次假令誓願良有由者，彼計來迎願有假令言者，是顯其不實也，謂依定、散等方便門而修行者，必待來迎而方得化土生，具真實行信者，業事成辦[45]而現住正定聚故，必不須期佛迎，由此義故言假令之謂。然有假令言者，意說其實皆現，而若假令有不現者不作佛也，是則不現非實故云假令，准若不生者，若字應知，何言有現、不現之謂乎？汝惡見翳膜，蔽其眼精，而不能見經正理而已，悲夫！

又問：大本《觀經》三心與小本一心，一異云何？

答：今就方便真門誓願有行、有信，亦有真實，有方便願者，即植諸德本願是也。

挫云：依宗祖及他家諸德，義寂、慈慧等第二十願是繫念定生願，而非植諸德本為願體也。謂前生繫念而植德本，今生至心迴向，後生遂生彼土也。而今為顯此機宿世之善因，言植諸德本，是則果遂之所由，而非當願所誓行體。何由知之者？此有三由，一准異譯、二依植諸果遂言、三驗導師引文。初准異譯經者，《大阿彌陀經》及《平等覺經》並約三世果遂義故，若言異譯不成證者，不順正依經者，雖不用之，順則須用無過，故導、空兩祖往往引之，況僻首此中盛援引之。

次依植德果遂言者，按《字書》云「植者，種也」，准此訓植德者，是顯前生下種德本也。經云「兆載永劫，積植菩薩無量德行」，又云「皆生前世不植德本」是也。次果遂者，《玉》云「果，草木實也」，是則對前世下種而言將來果實也。後驗導師引文者，《觀念法門》中引此願而省植諸德本一句，由此准驗植德非此願之體必矣。已上《東宗要》二之三十紙

又元祖云：《漢語燈》一〈大經釋〉「於念佛門獨發此願，於諸行門更無別願。」然今僻首是為植諸德本願，而以開出善本、德本者，咸任其愚懷，總背導、空諸祖之所判，何得稱真宗耶？

又末徒釋二十願云：《大經會疏》五至十八

述云：見或國土，眾生聞其國嚴淨，雖係念欣慕，因行微劣，不果願志，長懷茫茫，虛涉生死，故與大悲願，不論心厚薄，不簡行輕重，於我國苟係念者，皆悉令果遂也。此願正攝疑心稱名行者，下云：若此眾生識其本罪深，自悔責求離彼處，即得如意往詣無量壽佛所，是其成就也乃至此文言繫念我國者，即往生行也。私按：凡此本願，開出《小經》所說所謂言少善根福德因緣者，是即當《觀經》所說定、散二善，亦是第十九願所詮也。言多善根多福德者，正此願所詮植諸德本也。故聞我名號者，當聞說阿彌陀佛文。係念我國植諸德本者，彼經「執持名號，一日七日」也。至心迴向欲生我國者，彼經「一心不亂」也。不果遂者，則彼彼經「心不顛倒，即得往生」之因願也。就中至心迴向等，是即三心也，三心即一心，故彼經云「一心不亂」也。

問：《觀經》三心與《小經》一心，一異云何？

答：《觀經》於定、散二善上建立三心，《小經》專就念佛一行勵一心，故其義大異。雖然，至心即至誠心，迴向欲生者即迴向發願，此中自含深心，雖所皈法異，能發心相更無異，共是自力心也。回植諸德本之善而趣向往生故名迴向。

問：《小經》則是諸佛證誠金典，兩尊出世本意也，何屬果遂益為真門中方便耶？

答：准知《觀經》，此經亦應有顯彰隱密之義。言顯者，雖嫌貶一切諸行少善，開示善本、德本真門，猶立一日七日期限，勵一心不亂自心，斯由猶信罪福，以本願嘉號為己善根故，對乃至一念即得大益，是為真門中方便，此是經顯義也。言彰者，彰真實難信之法，斯乃光闡不可思議願海，欲令歸無礙大信心海乃至開隱彰義也。故知彼經「一心」、《觀經》「三心」，全是至心信樂之大信也，應知。

問：古來相傳以此願名三生果遂，附過現、現未等分別，今亦用此乎？

答：願文無定量言，豈偏局三生哉！今委料簡於念佛門，有通、別二義。言通者，此亦有二種：一遠生果遂、二近生果遂。一遠生果遂者，如《法華經》「一稱南無佛，皆已成佛道」。二近生果遂者，如《念佛三昧經》說：若彼世間，無量無邊億那由他百千眾生，但能耳聞此三昧名，必定成等正覺。乃至若有善男子善女人者，但能聞《念佛三昧經》於耳者，彼輩不久盡得成於阿耨菩提。是雖未指定其時量，總言不久可謂近生，上來通約念佛利益，故名為通。

次別約當願正意。疑惑佛智之人，雖係念彼國，有疑障故，生胎宮邊地，不能見三寶。由此願力故，遂除疑障，得至佛所，是名果遂。此中自應攝二生、三生等果遂義。若又廣求願意，則亦有一生果遂人，如彼韋提等，別選西方，求其去行，可謂係念頓至第七觀初，廓然大悟，得無生忍，是則果遂也。已上

此中，先此願正攝疑心稱名行者等者，是大僻謬矣。彼疑佛智而生邊地，後悔其疑罪，得到佛所者，不經壽終，不改生邊地之身，而只遷移其所處耳。以是，彼國界內不須死此生彼也。是故經說離彼處，往詣佛所，而不言死彼生佛所。然今願文上云「十方眾生」，下言「欲生我國」，又汝所引《大阿彌陀》及《覺經》說八方上下、他方佛國人民

欲生我國等，況異譯[46]兩經更有壽終之語，是則他方眾生壽終之後，生於彼國之說相，何預於一界內遷移其處耶？然汝以彼悔疑罪之文，為當願之成就者，豈不謬之甚耶？

次言顯者，真門中方便等者，是亦太非矣！汝先引《守護章》顯說隱密釋，而例顯彰隱密義。然彼章顯說真實云顯說法華，以方便隱真實言隱密法華；准例，經顯說一日七日持名，一心不亂者，應是真實，何還言之方便耶？又所謂難信之法者，指七日持名，順次生淨剎，速證阿耨菩提之謂也。除之外，經中更稱何等法而言難信之法乎？無別所指之法，則所妄計之隱彰義竟不立矣。

次破三生果遂古解者，亦是妄誣。汝所引《大阿彌陀經》及《覺經》云前世作惡，聞我名字等者，是過去係念，即便及正已下是現生修因，即生我國在心所願，是順後果遂。准此今經亦應爾，故諸師多約三生果遂義釋之也。僻徒、僻徒，莫作螳螂當車轍之態。又舉韋提得忍說，而成一生果遂義，而若一生可辨之者，係念言、果遂語忽為徒說。又若一生頓成者，為此建此願而有何所須乎？況今經說欲生我國，異譯兩經更有壽終言。向此經文立一生果遂義者，是罔誣經說也，可不畏哉。

行者，此有二種，一者善本，二者德本也。信者，即至心迴向欲生之心是也。就機有定、有散。往生者，難思往生是也。佛者，即化身。土者，即疑城胎宮是也。

挫云：准彼上云來迎願開出《觀經》定、散諸善，今亦計此二十願德本開《小經》善根福德也。蓋以為言植諸德本者，括囊《小經》善根福德之語，然《小經》所說善根福德者，其體惟一而非可分而為二種者，何者？如布施、持戒、立寺、造像、禮誦等業，若善惡分別則是稱善根，罪福分別則是為福德，只是名異體同耳。是故《靈芝疏》云：「布施、持戒、立寺、造像、禮誦、坐禪、懺念、苦行一切福業，若無正信迴向願求，皆名少善。」此釋上云福業，下云少善，故知一體異稱也。

次土者即疑城等者，大逆經釋明文。經既舉往生護益，云「諸上善人，俱會一處」，又云「即得往生阿彌陀佛極樂國土」，若其疑城胎宮者，其因是暫信、暫不信，何說一心不亂？又若疑城者，彼無見聞三寶，何得與上善人俱會，聞水、鳥、樹林所演妙法？是以元祖等皆判此經為九品往生淨土之樞鍵也。若言如所出文者說隱彰之邊者，是亦非也。顯彰隱密料簡，唯是汝妄計，而非共許義故。

> 准知《觀經》，此經亦應者有顯彰隱密之義。言顯者，經家嫌貶一切諸行少善，開示善本、德本真門，勵自利一心，勸難思往生。是以經說多善根、多功德、多福德因緣，釋云：九品俱回得不退，或云無過念佛往西方，上盡一形至十念、三念、五念，佛來迎。此是此經示顯義也，此乃真門中之方便也。言彰者彰真實難信之法，斯乃光闡不可思議願海，欲令歸無礙大信心海，良勸既恆沙勸、信亦恆沙信，故言甚難也。釋云：直為彌陀弘誓重，致使凡夫念即生，斯乃開隱彰義也。經言「執持」，亦言「一心」。執言彰心堅牢而不移動也，持言名不散不失也。一之言者各無二之言，心

之言者名真實也。斯經大乘修多羅中之無問自說經也，爾者如來所以興出於世，恆沙諸佛證護正意，唯在斯也。

挫云：此段分為二，初敘計，後正挫。初敘計者，此中設顯彰隱密二義，以辨兩經三心與《小經》一心之一異，剖判方便、真實二門也。謂若約《小經》顯露義邊，則《小經》一心是行者自力一心，而望之大本則異，對之《觀經》，則與彼經約顯義之三心以一同，若約隱彰義則兩經三心之與《小經》一心，並是一同，行者自勵其一心而持名，至多念者是真門中之方便，以是多善根雖稱真門，對三福等諸行言假門也。然自勵一心而多念相續者，自策、自勵分際，而尚未至利他一心、信行一念，不委任如來迴向力故，更屬之方便也。次引《法事讚》二文中，初引九品俱回文者，彼意謂此句敘自回所修九品之行生彼而後，方得不退，故是順方便義。次引無過念佛等句者，此句偏初多念而不言一念，故亦攝之方便也。

後正挫者，先顯彰隱密分別三心一異者，如先已挫，次如若以多念屬之方便者，《般舟讚》將《小經》七日念佛往生對《瓔珞經》萬劫不退以成頓義，更望之聖道頓，則是頓中之頓，而凡佛教中無過之者。然汝屬之方便，而更立一層真實，明知汝所立是一代教外，而且宗祖意外也；況汝所引《事讚》後文上，舉世尊一代設教結之，云種種法門皆解脫，而次有汝所引句。此句彰念佛恃勝而言無過等，是則正準《法華》言「雖示種種道，當種種法門皆解脫句。其實為佛乘；當每過念佛往西方句。開方便門，示真實之說」也。由此當知，光明等師上從一形，以至十念一念，皆悉為之最勝真定法門也。

《漢語燈》十一云：「或人問曰：善導和尚意以聖道教為方便教，出在何文？師答曰：《法事讚》曰：如來出現於五濁，隨宜方便化群萌乃至每過念佛於西方是也。難云：已云種種法門皆解脫，何以此文為方便證據乎？答曰：上云隨宜方便化群萌，次云種種法門皆解脫，至下云每過念佛於西方，明知念佛往生之外，皆為方便說也。」彼妄計益明。

餘如先挫，次言彰者乃至故言甚難者，依導、空兩祖所判，此義亦非矣。導師以凡夫所修一形十念並是為報土生因，以爾甚難義無過念佛至即生之文是也。元祖亦爾，故〈《小經》釋〉云：《漢語燈》三之十四「又疑：設雖善人，云何具縛凡夫僅以一日七日念佛、一念十念念佛之力，直離三界穢惡，入淨土不退境？言凡夫往生者或是誘引之言乎？或是別時意趣乎？今為如是疑惑不信之人有此證誠也。又五逆十惡罪人，自於其身為疑，謂我是十惡五逆罪人，業障年深，設修念佛，如何得生極樂？如是自疑，敢不信往生，是故有證誠也。」文其有證誠者，為甚難信故，是故亦為甚難義也。而今如僻首所言者，指其所計一念行信為真實難信之法，而且為欲令歸此信有恆沙證，誠僻謬甚矣。

次引直為彌陀等二句以為隱彰義，是亦不可。此二句接上偈以成一致，故謂一形十念等行，咸得佛迎者，是無他，為弘誓深重，致使[47]凡夫[48]所修十念等，即得生報土也，上云十念三念五念故，下指之言凡夫念，是偈文，故略三五等言耳。是故元祖引此文云。《漢語燈》七之四十一又釋《阿彌陀經》所說一日七日念佛，曰「直為彌陀弘誓重，致使凡夫念即生」等，又云「善導以念佛三昧，相對一切解脫法門，釋判出離遲速、勝劣」，其文云如來出現於五濁乃至念即生，是則連接上文，以成一致之的證。又舉示其類文者，《玄文》云：「上盡一形，下至十念，以佛願力，莫不皆往。」又《禮讚》後序云：「稱我名號，下至十聲，當知本誓，重願不虛，眾生稱念，必得往生。」又〈散善義〉云：一心專念彌陀名號乃至念念不捨者，是名正定之業，順彼佛願故。此等釋皆明雖多念相續，而全託佛願之旨也。然汝恣兩斷一連偈，令其義路離隔，罪戾曷極乎？

次一之言，名無二之言等者，上僻解云：《小本》言一心二行，無雜故言一也；復就一心有深、有淺，深者利他真實之心是也，淺者定、散自利之心是也。由之觀之，今就彼深者言之也。彼所謂利他者，約如來之利他而言之，謂此一心即是如來之所迴向心，故言利他，非是行者所自策發之心故也。是故彼先云：若行、若信，無有一事非阿彌陀如來清淨願心之所迴向成就。此計先已挫破了矣。

> 就真門之方便，有善本、有德本，復有定專心，復有散專心，復有定、散雜心。雜心者，大小、凡聖一切善惡，各以助正間雜心稱念名號，良教者頓而根者漸機，行者專而心者間雜，故曰雜心也。

挫云：此中定、散雜心者，按蓋是嫌毀口稱三昧也，言之助正間雜者，口稱是正行，然行之時住見佛之心，制止餘緣，專注一境，其專注一境之心是等持定一分故，約此義邊而為助。彼意以屬之觀察助行也。然則口有正行而心有助行，故言助正間雜，亦名定、散雜心，畢竟忌憚要期見佛，所修之別時念佛而已。若爾，毀謗列祖芳躅，是阿鼻罪愆，可畏。

> 定、散專心者，以信罪福心願求本願力，是名自力之專心也。善本者，如來嘉名。此嘉名者，萬善圓備，一切善本之本，故曰善本也。德本者，如來德號。此德號者，一聲稱念，至德成滿，眾禍皆轉。

挫云：定、散專心者，以信罪福心等者，此計意謂信罪福故，感疑城胎宮生。若爾，邪僻之尤者也，是名撥無因果惡見。《大經》說：「雖疑五智，然猶信罪福，修習善本故，生彼胎宮。」謂若此人不信罪福者，必應墮三途，受苦無窮，以猶信罪福，怖來報，而修善本故，得生胎宮也。然彼計唯仰願力而足矣，何必心信罪福之為，兼信罪福故成自力過，終隨胎宮，如斯者則背向所出經說也。又經云：「若有眾生明信佛智，作諸功德，信心迴向，於七寶花中自然化生。」然若如汝所計者，雖信五智，兼信罪福，作諸功德者，應生胎宮猶如舊，以是定、散專心之機故，而經何說生寶華中耶？是故當知縱令信願力，若不信罪福者，必不得順次往生也。何者？偏委身於本願而不恐造罪者，毫無改悔之心，無悔心則絕滅罪術，不滅罪則無業成期，乃至臨終積罪如毘浮羅，競來逼切，而尚頑然無一念慚愧者，本願其奈之何？佛亦拱手悲痛而已。是以高祖結論曰：罪者信十惡五逆尚攝，而思少罪不犯之惡人猶生，況善人念佛者，信一念十念能生，而勵多念，一念猶生，況多念！此語並勸本願、罪福之二種信也。謂信知逆惡尚攝之，一念亦能生者，是信本願之相，思少罪不犯之，策行多念者，是信罪福之相。如是既苦口懇勸，當時僻首何不聽受之而傳此醜辭乎？

又末徒釋《經》以疑惑心乃至猶信罪福、修諸善，本文云：《大經會疏》十之十九

> 疑惑心者，定、散諸機各別自力之心也。綽公曰「在此起心立行，願生淨土」，此是自力之心也。導師曰「如炙頭燃者，眾名雜毒之善」，皆是謂也。修諸功德者，三輩九品及定善諸觀之行也。願生彼國者，即迴向發願心也，非本願行故，必用迴向。於別釋中不了至疑惑不信八句，明疑惑相。佛智等者，是所疑法，即選擇本願是也。此五智，諸師異解，且如《略論》以初一句為總辨所疑，下四句一一對治所疑，具如彼文。又云：罪福即是所信法，自力機情以為能信，諸惡莫作，諸善奉行，總是佛道通範，諸宗同軌，以信之為信罪福。然於遮罪福有通、有別，言通者，若於諸經約真性遮之，所謂《普賢觀經》言「我心自空，罪福無主」，《大集經》云「無福無罪，故名如來」乃至此等所說，為大乘極談、諸宗奧義，非今所詮。言別者，約橫超信樂遮之，謂選擇本願，不簡破戒罪根深，不簡多聞持淨戒故，滯已分罪福，則不能信難思弘誓，所以失真土往生也。前言修諸功德十九願意，今言修習善本二十願意，前後綺互舉化土因而已[49]。已上

此中先釋疑惑心，云定、散諸機自力心者，忽背一家釋矣。《疏》釋三心，令通之定、散諸善故，行此二善者具深信，則決不疑五智。若疑之者，豈稱心行具足耶？疏深信中機法二種略釋，全是信五智之相，與《略論》所釋交映者，自應明之。言不肯忍汝所計，現在一念信行，住正定聚等惡見，而為之疑惑心者，總非佛教正理，皆出於僻首妄計，曷足係齒牙乎？

次引證《安樂集》文，是亦為證不成。文言起心立行自力者，不依賴彼佛願而唯自策心行。願生諸佛淨土者，此是自力之謂。然修定、散諸善，願生安樂者，皆是仰賴彼願力，故言正由託佛願以作強緣，豈預於所引文意乎？況自他二力，難易二道，言異義同。然彼[50]集依論注釋二力二道，而通言淨土門易行道，稱他力，在文昭然，豈只此一文如汝所見耶？

次引如灸頭然者，文亦甚謬矣。此文約誡門，而誡虛假雜毒行也。而若凡夫隨分不起虛假名利心，則足稱誠心具足行者，此外有何所嫌，更言雜毒？是故不起名利心而修定、散諸善，仰彼願力而求生淨土者，即是他力之心。

次修諸功德者，三輩九品等者，汝下釋真土因而解作諸功德文，云一念十念，作諸修諸，有何等差，而於一連經說，作此異解乎？後釋猶信罪福中選擇本願，不簡破戒罪根深等者，此解猶為僻謬。本願不簡重罪者，是約信罪福，恐其來報，深心改悔，而回心念佛人，故次文云但使回心多念佛。然汝輩思本願，不簡重罪，不忘造罪，故言滯著己罪福，則不能信弘願也。汝等既住此見，則毫無改悔心，若無悔心者，何得乘本願耶？既墮惡無過僻見矣，當知此人永為本願所除簡也。況善本者，如來嘉名等者，蓋是就六字果號，分阿彌陀名之與佛號，為之善本、德本也。此中略有二過，一善德局名號過，二分別善之與德過。初過者，撿《大本》善本、德本言非一，今應引之解汝惑。上卷經說入涅槃相，言「消除諸漏，植眾德本」，憬興釋云：「德謂福智，潤益為功，即涅槃之因，本亦因。」文佛涅槃之因何只稱名？又云「皆坐前世不植德本」，是謂前世造作眾惡，不作諸善，故德本言廣通施戒等也。又云「汝等於是廣植德本」，是統六度稱德本，所以知者，次下別列之云布恩施惠，勿犯道禁，忍辱精進、一心智惠故。

又善本語許多，且出一二者，「若人無善本，不得聞此經」，是言戒善為善本。次句云「清淨有戒者，乃獲聞正法」，故戒者運善初章，故稱善本也。又云「因其前世不信道德，不修善本」等復為惡，是明宿世不修諸善。何者？為今世造五逆之因由故。准此等文，以德本、善本為之名號者，局見太矣。彼若通之，言名號者，善本、德本之本故，以認從別特稱善本、德本者，是亦不可。汝此言本出於植諸德本願，而彼願只言德本而未言之本，安恣添加之特稱名號乎？經唯歎無上大利多善，而未曾讚之言善本之本等故。後過者，善之與德者只是一法異聲，所以知者，《十住論》第一十二紙云：「厚種善根者，如法修習諸功德，名為厚重善根。」以修習功德釋厚種善根。又天台《觀經疏》會本二之三十九紙云：「滅惡故言功，生善故言德。」以生善釋德，故知是一也。但如《大乘義章》十四云「此功是行善家德，如清冷等是水之德」者，雖似體用善為體，德為用。分別善之與德，而研究其義，終歸一揆，謂取目善之行持戒、禮誦等。以為體故，其善、德者，並是美行體之稱，故亦無違耳。若強體用分別者，不順德本言。何者？本者目體質而用末，那言德本耶？

真知專修而雜心者，不獲大慶喜心，故宗師云：不相續念報彼佛恩故，心生輕慢，雖作業行常，與名利相應故，人我自覆，不親近同行善知識故，樂近雜緣，自障、障他往生正行故。

挫云：僻計意謂專注一境稱佛名者，不獲信心歡喜一念，故宗師誡之云云。然所引文《禮贊》前序專、雜相對而誡雜修之文，而非汝所言正助間雜之義也。是故次下結釋云：「解行不同，專、雜有異，但使專意作者十即十生，雜修不至心者千中無一。」文助正兼行皆稱專修，何以得證汝計？又〈散善義〉云：「除此正、助二行已外，自餘諸善悉名雜行，若修前正、助二行，心常親近憶念不斷，名為無間也。」專雜、正雜，言異義同。又僻首示門弟語云云。《末燈鈔》ニ云ク直道ヲ求メ得テ正シキ真實報土ニ到リ候ン事此タビ一念聞名ニ至ルマテ嬉シサ御恩ノ至リニ候ソノ上彌陀經義集ニオロオロ明カニ仰セラレ候。而ルニ世間ノ忽々ニ紛レテ、一時若ハ二時三時懈ルトイエトモ晝夜ニ忘レス。御哀レミヲ喜フ業ハカリニテ、行住坐臥ニ時處ノ不淨ヲモ嫌ハス。一向ニ金剛ノ信心計リニテ仏恩ノ深サ師主ノ御恩徳ノ嬉シサ報謝ノ為ニタビタビ御名ヲ唱ル計リニテ日ノ所作トス。

又〈基親取信本願章〉《漢語燈》十之三十八云：「或又云：本願是一念也。二念已後為報佛恩。故導師《禮讚》云：『又不相續念報彼佛恩故。』已上知是相續為報佛恩也。予云：佛好功德彌多，品味彌高，是故行者相續多念則稱佛意，是乃為報佛恩，非汝所謂報謝也。」文

今引前序之意准之應知，然基親所言，元祖既印可之，故僻首計嘗已為元祖挫了矣。加之元祖〈答光明房書〉曰：《翼讚》廿九之七紙「彼邪見人被此難而答曰：我所言取信於一念

而可念也。雖言一念亦非不可念。」此語全同先所引《末燈鈔》言。是亦詞雖似尋常，心不離邪見，所以爾者，決定信心一念之後雖不亦念，十惡五逆尚不為障，況餘小罪可信之也。彼言不信罪福是真土生因，果此見。住此思者，縱令雖多念，豈可契阿彌陀佛意！何經論、何人師說乎？是偏懈怠、無道心、不當、不善之類，欲恣造惡而所發言也。凡如是人附佛法外道也，獅子身中蟲也。又疑為天魔波旬奪精氣輩之為妨請往生人歟？依此嚴誡，苟為元祖之徒者，不可不努力而挫破，冀同志之容從事于茲！

> 凡大小聖人、一切善人以本願嘉號為己善根，故不能生信，不了佛智，不能了知建立彼國故，無入報土也。是以愚禿釋鸞仰論主解義，依宗師勸化，久出萬行諸善之假門，永離雙樹林下之往生，《大經會疏》五註云：二十九歲入專修門。回入善本、德本真門，偏發難思往生之心。註云：同空師群弟而猶助、正兼行故。然今時出方便真門，轉入選擇願海，速離難思往生心，欲遂難思議往生，註云：建立淨土真宗果遂之誓，良有由哉！是則一生果遂義也。果遂之誓，良有由哉！

挫云：此段分為二，初敘計意，後正挫。初敘計意者，以本願嘉號等者，彼以植諸德本願為稱名之願，故云本願嘉號。然凡諸行者，持之以為之己所作善根，而不知如來之所迴向至德圓滿果號，故自策而修多念，不能生一念之信，不了佛智有難思力，而能攝一念行信，是以不知所以建立生彼真實報土之因也。次依宗師勸化，至難思往生之心已來，蓋敘值我大師勸諭捨雜行而歸專念也。萬行諸善假門者，指《觀經》所說定、散善，永離雙樹林下往生者，上〈化身土段〉云邪定聚機，雙樹林下往生，《無量壽佛觀經》之意也。難思往次回入善本等者，謂歸入一向專修門，下云建仁辛酉曆棄雜行，今歸本願等是也。難思往生者，〈化身土〉文云不定聚機，難思往生，《彌陀經》之意也。彼計依《小經》說專持名號者，得難思往生故，言持名偏發生彼土之心也。然今特出至難思議往生已來，述辭元祖座下之後，終背其教化而生異計。方便真門者，上引無過念佛往西方，上盡一形等文，言此乃真門中之方便是也。轉入選擇願海者，顯真實行中，舉諸佛稱揚願，云亦名選擇稱名之願是也。今意捨彼植諸德本願之所誓多念持名，而轉入諸佛稱揚願，而歸其所選擇之真實一念行也。速離難思往生者，彼將《觀》、《小》兩經所說淨土屬之化身土，《大經》所說土為真實報土，故今意離願生化土之心，而欲遂真報土往生也。

後正挫者，僻首以繫念定生願為植諸德本願，且認之為名號者，既是妄謬，先已辨了矣。言以持名為己所作善根，故不能生信者，凡諸佛之示因果道也，但因不成，但緣不成，因緣相由而方有所成，或違此理者，是言六師之徒也。然名號所具功德是其外緣，行者持之以為己所作善者，是其內因，是故《往生要集》云：「問：以幾因緣得生彼國？答：依經案之，具四因緣，一自善根因力，二自願求因力，三彌陀本願緣，四眾聖助念緣。」僻首偏報佛外緣，不省自內因，豈非彼計梵天等他因之類耶？法藏發願之日，雖有值遇鐃王等諸佛勝緣，而尚自彊不息，永劫積植無量德行，禿頭之輩豈勝於法藏大士者哉？

龍樹云：「若人種善根，疑則華不開。」如此文者，行者雖自修諸善，但由疑惑故處胎宮，而未曾言為之已善根故，況《小經》舉能修人云善男、善女，揚所持法言執持名號，是亦明男女等持之為已善根也。而今特出方便真門等者，如僻首自言者，「建仁辛酉年入元祖之門，歸專修要路」，由此我祖手自書《選擇》內題及與綽空字以付與之。如是既恩遇優渥，良應慎服膺其教誡，誓期來際永不忤，然汝毫不思其恩遇，孑然奸生異計，將其教示道還為之方便，非人面獸心而何乎？更立一念新義，而廢多念勸導，毀破所受大戒，而恣於淫肉，以為持機之所宜，而不恐其愆。雖盛援經論諸釋，曲文隱義，而無一適其旨者，何真宗之有？且汝稱歎《選擇》，云：「真宗簡要，念佛奧義，稱在于斯，見者易諭，誠是希有最勝之華文，無上甚深寶典矣。」既然者，真宗要義不出此集者，僻首之所自許也，然汝所立絕無似此集所明之義者，則是其非真宗決定矣。

> 然據正真教意，披古德傳說，顯開聖道淨土真假，教誡邪偽異執外教，勘決如來涅槃之時代，開示正、像、末法旨際。是以玄忠寺綽和尚云「然修道之身相續不絕，逕一萬劫始證不退位，當今凡夫現名信想輕毛」等。（下廣引聖、淨二門之釋。）爾者穢惡濁世群生不知末代旨際，毀僧尼威儀，今時道俗思量己分，按三時教者，勘如來般涅槃時代，當周第五主穆王五十一年壬申，從其壬申至我元仁元年（後堀川院諱茂仁聖代。）甲申二千一百八十三歲也。又依《賢劫經》、《仁王經》、《涅槃》等說，已以入末法六百八十三歲也。批閱《末法燈明記》曰「夫範衛一如以流化者法王，光宅四海以垂風者仁王，然則仁王、法王互顯而開物，真諦、俗諦遞因而弘教」等。（下所引率盡一卷文。）

挫云：此段述當分末法之時，化、制二教俱衰，而無修行之、奉持之者，唯應歸入他力願海也。於中初引《安樂集》認明二教衰損，次敘當今正是末法之時而引《燈明記》別證時之行事。此《記》中引《大集》、《十輪》、《大悲》等經，明末法唯有身著袈裟片、蓄妻挾子等名字比丘，如是之類尚可歸敬之，故以此欲證自己行狀也。然傳教撰此《記》者，其所為與僻首之所見異矣，何也？謂延曆之際，既入末法，（《記》有二義，今依初義。）或有僧尼之徒戒撿稍緩者，故恐有朝廷命有司撿照之而遺佛門之污辱，是以為欲扞禦法城，衛護僧尼，及令君臣不失護法之信，故有此舉而已。所以知者，初云「爰愚僧等率容天網，俯仰嚴科，未遑寧處，然法有三時，人亦三品，化制之旨，依時興替」等。結文言：「僧尼不絕跡，鳴鐘不失時，然乃允末法之教令，有國之道故也。」而僻首之引之者，其所為偏在欲為之己依據，以避時之毀謗耳。

蓋以世尊四悉應物善巧，其設教有二何乎？謂一為國王宰臣，二為內五眾也，然傳教此撰本於其為國王宰臣之說耳。其說奈何？《十輪經》曰：「依我出家，若持戒、若破戒，我悉不聽輪王、大臣、宰相，不得謫罰、繫閉，加諸鞭杖，截其手足，乃至斷命，況亦餘輕犯小威儀。破戒比丘雖死人，是戒餘力猶如牛黃，是牛雖死，人故取之，亦如麝香，死後有用，能大利益一切眾生。惡行比丘雖犯禁戒，其戒勢力猶能利益無量人天。以是因緣，一切白衣不應侵毀輕蔑破戒比丘，皆當守護尊重供養。」

《大集經》云：「爾時一切諸天、一切諸龍，乃至一切迦吒富單那等，於三寶中得增上信，作如是言：我等一切，從今已往護持正法。若諸國王見有如是為佛出家，受持禁戒，乃至為佛剃鬚髮，著袈裟片，不受禁戒，受而毀犯，無可積聚，如其事緣，治其身罪，鞭打之者，我等不復護持養育如是國王，捨離彼國（乃至）若有世尊聲聞弟子，乃至但著袈裟片者，若有宰宦鞭打彼等，其剎利王不遮護者，我等亦當出其國土。」又云「剃頭著袈裟，持戒及毀戒，天人可供養，常令無有乏，如是供養彼，則為供養我」等。《薩遮尼犍子》等經說亦同《大集》，此是為國王宰臣護信敬由之心也。

二為內五眾者，《梵網》曰（輕戒第四十三無慚受施戒）：「若佛子，信心出家，受佛正戒，故起心毀犯聖戒者，不得受一切檀越供養，亦不得國王地上行，不得飲國王水，五千大鬼常遮其前。鬼言：『大賊。』若入房舍城邑宅中，鬼復常掃其腳跡，一切世人咸皆罵言：『佛法中賊。』一切眾生眼不欲見，犯戒之人，畜生無異，木頭無異。」

又《涅槃經》云：若有比丘「出入遊行不淨之處，所謂沽酒、婬女、博弈，如是之人，我今不聽在比丘中，應當休道，還俗役使」。又云：「破戒比丘，當於百千億萬劫數，截身肉以償施主。若生畜生，身常負重。所以者何？如折一髮為千億分，破戒比丘尚不能消一分供養，況能消他衣服、飲食、臥具、醫藥？」

又《寶積經》一百十三曰：「破戒之人於此大地，乃至無有涕唾分處，況舉足下足去來屈伸。何以故？過去大王持此地施與持戒有德者，令於中行道故」。（已上）

既有此二為故，國王宰宦聞其為內眾之說以自為，則不解佛意；內眾見其為王臣者以自為，則亦不解佛意；各依其所為順奉而方為解佛意也。若爾，傳教亦有奉其為己之說以不？師是名世之器、國家之寶，而開台宗乎？本邦盍有之？是故彼師嘗著《顯戒論》，愬勸一紀籠山之際持五十八戒以調自行，限滿出山而赴化他之日，假受五篇小戒也，豈唯傳教，如我元祖亦爾矣！

《傳》云：上人指所坐席示禪勝房云：以有此席故，論破之與不破也。若本無席者，爭論其破、不破？如席，戒亦然。末法之中無持戒，無破戒，唯有名字比丘，故《末法燈明記》云云，引此記為證。雖然，自奉持大戒，兼勸他以隨分之受持，是以當時天下顒望為受戒大和尚也。又明慧極口罵譏而歎其戒德。《莊嚴記》云：《選擇集》作者上人傳聞有深智，有戒德，久為世福田。若為犯戒人、愛51行人者，誰人其一門？誰信其撰集等見也？

法蓮房追報師恩，偏美戒珠瑩明，法蓮房為滅後四七日導師，其〈諷誦文〉云戒行瑩珠，摩尼之光雙明。是則對正法之時，堅固戒學，則引《燈明記》證末法無戒。約其隨分之受持，則末法亦有戒分，是以元祖畢世兼奉行之，以為二利之具也。曰傳教，曰吉水，並既如斯，然僻首未曉此《記》之所為乎？將亦雖曉之，佯為不曉者乎？今盛引之，以欲莊飾己過非，乃至末裔遂其非，可謂聖益聖，而愚亦愚矣。愚禿自稱，良宜哉！

夫據諸修多羅勘決真偽教，誡外教邪偽異執者，《涅槃經》云：歸依於佛者，終不更歸依其餘諸天神。略出。《般舟三昧經》言：優婆夷聞是三昧欲學者乃至自歸命佛，歸命法，歸命比丘僧，不得事餘道，不得拜於天，不得祀鬼神，不得視吉良日。已下廣引《大集》等諸經及外典，恐煩省之。

挫云：此段廣引諸經及與外典，示除佛之外，總不可敬一切神祇之義也。諸經論往往有此說故，卒然見之，則僻首之所言稍似有理。雖然，子細撿尋，是亦不可。何以故？夫神有邪正，有權實，《涅槃》等經不許拜事鬼神者，或就其邪者，實者不可一概量裁之。然則孰是邪正？孰是權實？初邪正者，謂墮鬼趣而不得子孫祭祀之類，附依林藪孤樹等以為變怪，或有屬天趣者之求屠殺之享祭，亦是之類也。或有不思議解脫大士，逆行攝物之權作，是外似邪而悲救為懷，莫一混。《大灌頂經》第六云：「或是鄉親新命終之人，在世無福，又行邪諂，應墮鬼神，或為樹水雜物之精，無天福可受，地獄不攝，縱橫世間，浮遊人村，既無天膳，恐動於人，作諸變怪，扇動人心。或有魑魅，邪師以倚為神，覓諸福祐，欲得長生，愚癡邪見，殺生祠祀。」又《俱舍論》云：「眾人怖所逼，多歸依諸仙，園苑及叢林，孤樹制多等，此歸依非勝，不解脫眾苦。」又《臨終要決》云：「世人迷惑，反更求邪，殺害眾生，祭祀鬼神，徒增罪業，倍結怨讎，反損壽。」文及如殺羊祭婆蘇天等，是其邪者也。或有雖未脫三界而不至歆邪祭者，是為實類之中正也。

次權實者，未脫三界繫縛者，稱為實神，久既脫三界縛，唯為利物故，和光同塵，垂跡乎世間者，皆是古佛或上地大士之所權示。而本邦諸神多是此類也，何者？吾邦以是神產別界故。按《大成經．帝皇本紀》云：「推古天皇二十年夏五月端午，皇大子命博士學哿奉問事於三輪神，學哿便齋戒，至於三諸山聚巫奏神樂，大神託於巫，飛御於空虛，須臾逍遙之，還立湯釜上，告學哿曰：『吾元常世神也，從未始天地先，在於世間尋出借氣於至勇大神之天精，為此國主王，能補成此國，出於天竺國，成牛頭輪王，而為四時元，於震旦國成牛頭大王，能補成百藥之功，皆吾神之化也。五月端午吾牛面神得依日也，敬祭之吾元神形者，十有一聖面比於聖頭上，以這尊像鏡面鑄為懸於祠中心，國中惡神多來拒神明祠，見此像恐退，諸人見此像消禍而得福。神有二類，常世大聖化成大神，天極大魔化成荒神。其荒神等皆嫌鏡像，這大神等皆有元像，宜鑄鏡像。』」略抄依此託宣三輪大神，本地乃是十一面觀世音。又桓武帝延曆二年五月，八幡大神託曰：「我無量劫來，化生於三有，修善巧方便，濟度諸眾生，我名曰大自在王菩薩。」又如彼華嚴會中主畫神、主夜神等雜類神眾者，皆是佛菩薩普門示現法界身雲。如是已有權實差。

然汝概而不簡，以其權神依同於彼像託叢林孤樹，而待淫祀之類輕蔑之，言外教邪偽是罔於和光方便也。又莫論於其垂跡之神，縱令其實類者世世值佛，深歸三寶，親稟世尊屬累，護持正法之神祇，敬之無過。是故《法事讚》舉三十三天虛空山林等神祇，及天曹地府閻羅司命等，是為懺悔所對境也。然《梵網》說出家人法，鬼神不禮者，非是貴己之謂，惟在令重戒器而已。故《順正理論》曰：「諸天神眾不敢希求受五戒者禮。」准此說，若其具戒比丘，雖心敬之而當不至稽首禮也。然如彼無戒名字之流者，本不關預於此論矣。

我嘗見聞，邊氓野民之族受僻首教者，有至蔑視和光神明，齊之鬼魔，伐其樹木，毀壞其祠，遺棄其秡簡如土芥者，思非是彼輩之過，率由僻首教之不盡耳。其不盡者何？謂自既孟浪，不辨神有多類，而旋之及他，故其弊至于茲，可痛哉！

三、問答遣疑

第三問答遣疑者，

問：如上所挫破者，彼所立大背我真宗列祖高判，故彼稱淨土真宗者，實為僭濫矣。然彼末徒言云源空上人之所教授固有方便、真實二門，而其勸多念者，是被純根之徒方便，若對利根之機而示其實義，則一念而足矣。是彼上人已心中秘頤而授之，必誒其器，我祖正當其器，是故稟真實奧義也。若爾，未必可言僭稱。

答：按《敕修御傳》廿九及《漢語燈》等，第十末徒之所言，是傳彼僻首語耳。《錄》曰：「又近聞北越有一邪人大作妄語，云：『法然上人日課七萬遍念佛，只是外方便也，內有實義，人未知之。所謂實義者，信知彌陀本願一念名號，則必往生極樂，淨土之業乃於是滿足焉。一念即生，不牢多念，一念之外，何重唱之。又有究竟實義，只是信知本願而已矣。彼上人門人中，遲鈍之人未聞此義，利根之輩僅有五人得此深法，我即其一人也。』」《傳》二十九粗同之。此中言邪人者，蓋指斥彼僻首也。然我大師遮之曰：「如是邪說一無有實，虛訛之甚，雖不足論，今為疑者自立誓詞，貧道所述心行之外別有所秘之法門者，十方三寶當垂知見，日別七萬遍念佛，併空失其利益。」文如斯既有激烈盟誓，彼妄誣可知矣。

問：當時立一念義者，非特親鸞，行空、成覺等皆是，其義雖有少差而皆一念義之所屬。然則《傳》、《錄》斥言邪人者，何必親鸞乎？

答：定之為親鸞者率有三由：一《名義集》指之云成覺房弟子善心房故。二《傳》、《錄》並稱其國云越後，即是親鸞之所配流之國故。三《語錄》等所敘邪人之語，全同愚禿所立信行一念計故，加之彼末徒所言方便、真實語，亦全符邪人妄誕故。由此三義，指親鸞必矣。

問：《名義集》作善心，九卷，《傳》亦同之。然彼家傳記皆作善心，既有此差，鎮西所謂善心者，或應是別人，何輙的指是愚禿乎？

答：音韻相通者，假借呼之，其例非一，且示其一者，〈賢首傳〉《宋傳》第五之初云「復號康藏國師」，而倭邦章疏多作香象，故《谷響集》五廿四云：「推康藏與香象音近，故借音呼香象乎？」又如尼聖如房，傳文《翼讚》十九作聖如，《和語燈錄》第四之廿二作正如，又仁和寺慶雅，一作景雅等，是亦可例，況其方域及年月，傳文、《語錄》之所載，與《名義集》所記全同，傳文、《語錄》、〈一念義停止書〉中指其所處並言北越，紀其年月俱云承元三年六月十九日。《名義集》云成覺房弟子有善心房者，於越後國專立此一念義，有光明房者怪思之，而承元三年夏頃奉消息以尋之上人等。豈以其少異蔽多同耶？

問：傳文汎言成覺房弟子等，於越後立一念義，而未局指一人，何必特善信乎？

答：傳文不指斥唯一人者，蓋不欲逼切於人，且取其語之優長耳。而今偏指親鸞者，彼所立一念與《語錄》所敘者全同故也。《語錄》所敘邪人計，如先已出，此計全同彼所著《教行信證》等所立義也。凡計一念有行之與信二，然幸西所計似信、行相兼也。所以知者，〈原[52]流章〉云：「幸西大德立一念義，一念者，佛智一念，正指佛心為念心。凡夫信心冥會佛智，佛智一念是彌陀本願行者，信念與佛心相應，心契佛智，願力一念，能、所無二，信、智唯一，是其信一念。」

又傳文舉基親之與成覺對論語云：「或云：指成覺。信本願人一念，然則五萬遍無益，是不信本願也。基親答云：念佛一聲之外百遍乃至萬遍，有不信本願之文乎？」文是其行一念。近頃愚禿末徒言成覺所立唯是行一念者，非矣。然親鸞亦並計信、行一念，如彼所著《教行信證》等，又〈遣北越書〉述彼計云「一念名號則必往生極樂，淨土之業乃於是滿足焉」，是行一念。又云「又有究竟實義，只是信知本願而已矣」是信一念。是也，是則稟成覺計由此稱弟子也。又傳文、《語錄》之所指斥，假使非是親鸞，而彼所立一念義及其行狀正當彼傳錄所載者，則自成彼文所破矣。何以故？以是黨類故。《涅槃經．邪正品》《涅槃會疏》第七之三紙云：迦葉菩薩白佛言：世尊！如佛所說有四種魔，若魔所說及佛所說，我當云何而得分別？佛告迦葉：我般涅槃七百歲後，是魔波旬漸當壞亂我之正法，譬如獵師身服法衣，魔王波旬亦復如是，作比丘像、比丘尼像乃至壞我正法。是魔波旬壞正法時，當作是言：佛在舍衛祇園精舍聽諸比丘受畜八不淨物。如是經律悉是魔說。若有說言：佛在舍衛祇洹精舍等之處說言比丘不應受畜八不淨物乃至如是種種不淨之物，於施主前躬自讚歎，出入遊行不淨之處，所謂沽酒、婬女、博弈，如是之人，我今不聽在比丘中，應當休道，還俗役使。當知如是等經律所制悉是如來之所說也。若有隨順魔所說者，是魔眷屬，若有隨順佛所說者，即是菩薩。又云：復有說言：無四波羅夷十三僧殘二不定法乃至五逆等罪及一闡提。若有比丘犯如是等墮他獄者，外道人悉應生天。何以故？諸外道等無戒可犯。此是如來示現怖人故說斯戒。若言佛說我諸比丘若欲行婬，應捨法服[53]，著俗衣裳，然後行婬，復應生念婬欲因緣非我過咎。如來在世亦有比丘習行婬欲，得正解脫，或命終之後生天上。於古今有之，非獨我作。如來雖說犯突吉羅，如忉利天，日月歲數八百萬歲，墮在地獄，是亦如來示現怖人乃至如是言說，是魔經律。若復說言，於諸戒中，若犯小戒乃至微細，當受苦報，無有齊限。如是知已，防護自身如龜藏六乃至我於經中亦說有犯四波羅夷，乃至微細突吉羅等，應當苦治。眾生若不護持禁戒，云何當得見於佛性？一切眾生雖有佛性，要因持戒，然後乃見，因見佛性，得成菩提。九部經中無方等經，是故不說有佛性耳。經雖不說，當知實有，若作是說，當知是人真我弟子。文

準此說，當知背元祖一代勸誡而作異計者，總是傳文、《語錄》之所破也。當佛涅槃之後，欲驗知法之邪正者，應當依大聖親宣經律。今亦如斯。在我祖示寂之後，辨教之真偽者，只須據傳文、《語錄》等明誥也。今此〈一念義停止書〉，可謂吾宗邪正品矣。

問：如彼成覺者，元祖在世之日既擯出，載在傳文，然未嘗聞親鸞被擯之說。七箇制誡之時，彼尚在門下而受其垂誡，然則彼背教之事未可輒定？

答：凡於其擯也，有面擯者，有懸擯者，何乎？謂如來在世訶擯調達、善星等，是其面擯者。又如《涅槃經》說《會疏》七之八紙：我經律中，如來說言：我涅槃後，惡世當有不正經律，所謂大乘方等經典，未來54之世，當有如是諸惡比丘乃至如是說者非我弟子。又云：若有不受方等經者，當知是人非我弟子，不為佛法而出家也，即是邪見外道弟子。略

抄此是佛在世懸擯將來弟子也。故在佛滅後而逆佛說，則自被《涅槃》訶擯，明矣。是亦然。如彼成覺者，是其面擯；如愚禿者，是其懸擯。何者？〈七箇制條〉第四云：「停止

言念佛門無有戒行，專勸婬酒食肉，希見守律儀者，名雜行人。反說憑彌陀本願者，勿恐造惡。」又其第七云：「停止自說邪法言為正法，偽稱師說。」且其結制文曰若背此制者，非我門人，乃魔眷屬也，當擯斥門下，不復對面矣。愚禿親受茲制誡而自署其名以順奉之。元祖遠遷坐於西海之後，窺窬其虛，利其謫罰，而終捨戒，縱於異計，於是乎則背先制約了矣。于時，元祖謫參雜居，邈阻山海，雖不面擯之，而先已有嚴制約在，豈非懸擯耶？何況〈答光明房書〉既言天魔之黨，附佛法之外道，其擯棄語無過之者。按愚禿所言，謂承元丁卯年，真宗興隆大祖源空法師，並門徒數輩，不考罪科，猥坐死罪，或改僧儀，賜姓名，處遠流，予其一也。爾者已非僧非俗，是故以禿字為姓。此是其捨戒之辰。又云「然今特出方便真門，轉入選擇願海」等。如上已引而辨。是言其發異計之時也。愚禿建仁元年辛酉春初謁我大師，享年二十九，元文元年甲子冬被七箇條垂誡，同二年乙丑得恩恕，拜寫《選擇》，承元元年丁卯春流於北越，從初拜謁之年至流謫之時，歷前後七年也。然鎮西上人建久八年五月，初入元祖門，先於愚禿入門，前後五年，應知。其自言既然，不須苦諍耳。

問：懸擯之旨已得聞矣。若爾，舜昌師傳，安不載之乎？

答：〈傳〉云：《翼讚》四十八之十紙「法本房行空、成覺房幸西，倶立一念義而背上人命，因此擯出門徒矣。覺明房長西，上人沒後，依止出雲路住心房，執諸行本願之旨而違背《選擇集》，此三人雖隨分名譽之器，由上人冥慮難測，門第列所不載之。」文憑此文舉其面擯而以准知其懸擯。又出不載三人所以而以推驗其餘之不載者，並是非門第而已。

問：元祖在世之日，宗於天台者，如彼聖覺等亦畜妻孥，非啻聖覺，傳中往往稱真弟者皆謂其胤子，然未敢非議之。且如其聖覺者，元祖厚遇之，而今特咎親鸞者何乎？

答：凡修道之要有其二種，曰戒、曰見。戒謂四重禁等，以防七支大乘兼通十支。業非。見謂世、出世正見，以防心過。猶如目、足之於人，似雙輪之於車，闕一則無所到也。凡為學佛之徒者，縱令託佛願，踐易行之類，苟稱沙門者，應隨分相兼，若不能兼具而可缺其一者，破戒尚可恕焉。破見者，即是闡提之屬，而難生佛道根芽，是故《涅槃經》《會疏》十之九紙云：若犯四重，作五逆罪，自知定犯如是重事，而心初無怖畏慚愧，不肯發露乃至如是等人亦名趣向一闡提。又云：純陀復問：「如是破戒，可拔濟不？」佛告純陀：「有因緣故則可拔濟。若被法服猶未捨遠，其心常懷慚愧恐怖，而自考責：『咄哉，何為犯斯重罪！何其怪哉，造斯苦業！』深自改悔，生護法心，欲建三法乃至我說是人不名破戒。」略抄

此中初文是破見人，後文是難破四重等，而猶未破正見，故佛說不名破戒也。然如僻首者，戒、見俱破，安齊之彼但破戒而不壞正見者哉？何由得知僻首戒、見俱破者，其破戒不須論，破見者，彼言以信罪福心，願求本願力，是名自力之專心也，是則謂信他力本願者，不須更信罪福也，不信罪福者，豈非彼一闡提之黨耶？然則彼所立義，猶未得內外相對，而所目真宗之稱，何況於權實相對真宗乎？

問：何以得知聖覺等唯破其戒而不壞見？

答：今且舉聖覺而辨之者。《敕修傳》第十七云：安居院法印聖覺，深歸上人化導，而稟淨土口訣。大和前司親盛入道，問上人云：御往生之後應決疑於誰人？上人答曰：聖覺法師知於我意，不殘所存，應知。文大師既許可其滅後之教導，彼見識豈不正流耶？且

撿法印之所撰述諸籍之現流者，總不違傳文、《語錄》等教旨，故知是正見之人也，非與彼背教僻首同日之論。

問：僻首之徒動舉他宗之中顯露畜妻孥者及私竊違犯者為之口實，而以自傲云：於其祖之不聽尚亦如斯，何特毀謗吾曹乎？是亦有辨否？

答：彼所謂露畜妻孥者，言彼真言、天台等中希有娉妻之屬也。然嘗聞彼宗接待之者，於其娉妻之類者，大率不同其席，或有事不得已而同席，不依僧臘而齒，只比之門下在家耳。而其被待者亦甘心而肯之，未敢違忤。蓋彼等雖無戒撿，而各奉其宗致，未必壞佛門正見，是故尚足為其門下之徒也。凡佛之設教也，有化教，有制教，然我邦傳來十宗之中，除戒律宗，而其餘諸宗皆以化教為其宗致。如其制教者，以是佛門通軌，出塵者之體，縱其何宗，不兼而奉之，則雖實乖緇門之道。然依大小、權實化教正理而不壞其見解者，猶有為各其宗徒之分也。然僻首之徒放言吾祖深鑒時機，而所垂宗傲然，毫不慚恥，以為末世相應真僧寶，故還陵蔑他宗梵行之侶，如斯既壞正見而陷外魔邪坑者，曷得齊彼他宗娉妻之屬乎？

又如彼私竊違者，此是其人過惡，而非關其法。世尊在世，猶有六群之黨，善星、俱伽離之類，言之佛教道而可乎？豈只佛教，如彼儒道教，以孝悌忠信而學其道者，或有不定省父母，罔其君，兄弟鬩牆，禮儀曲存，而有不免朽木之譴者，其不孝悌忠信、旦晝寢者，言之尼父道而可乎？又如彼武道唯在當世之亂，一震怒，把斧鉞，止干戈乎四方，救黎民乎塗炭之中，置國家乎泰山之安而已，故言武王一怒，安天下民。然如彼貪國虐民，蠶食土地為其務者，言之武道而可乎？凡如是類不由其道而為之者，豈非唯在其人過耶？然彼輩以此為其宗過，而強同於己者，頑愚甚矣！

問：如西山之徒所立，亦未符元祖正統，尚何為之淨土真宗之所屬耶？

答：彼流祖善慧上人親炙於我元祖前後二十三年，十四歲至三十六歲。晨夜浹洽法澤，何為其生異見？是以課號六萬稱，日別兼讀三部經，孜孜不懈，夜以繼日，未嘗安眠，如《傳》具之。但至其流末者，或有稍亂其教者，雖然，非是彼祖教之不至也，是故《傳》云將念佛相續臨終正念，應為往生之指南之義，云消息，云記文，為此聖之素意明矣。然當世號彼門流者之中，或有言不可劬勞多念，不可沙汰臨終者，此義既違彼消息、記錄等，故全非善慧房義。末學今按，聞流之濁，勿疑源之清。文於流末之混濁者，不足議焉。今就其濫觴之清，亦為淨土真宗之所屬耳。

問：彼僻首所立，背真宗所依經論，且違其列祖之所判，故非淨土真宗所屬者，既得聞矣。然彼所計，假使別有可稱真宗之義者，亦可許此稱乎？

答：縱令毫有可稱真宗之義，而尚不可許之。所以者何？我元祖應月輪禪閤來，建久九年戊午撰《選擇集》，而既開立淨土真宗竟矣，然後漸經歲霜，迄元仁元年甲申，後堀川院御宇僻首方著《教行信證》，盛唱真宗。考其年序，自撰《選擇集》年至著《教行信證》之歲，中間歷二十五年也。歷此年序而後更別立一宗者，應當用別號。以倭邦傳來諸宗，今古都無同號者，故僻首何特得蹈襲已立宗號耶？

問：僻首云：「本師源空明佛教，憐愍善惡凡夫人，真宗教證興片州，選擇本願弘惡世。」又云「真宗興隆大祖源空法事」，又歎《選擇》云「真宗簡要念佛奧義，攝在於斯，見者易諭，誠是希有最勝之華文，無上甚深之寶典也」。見此等文，彼真宗稱號，正據此《集》也。[55]若爾，盍許之乎？

答：彼依據《選擇》故還不許之也，何者？自既讚此《集》，唱己真宗，而其所立，僉然都背《集》之所明矣。已失卻其所據之旨，真宗之稱何由立耶？立量云：汝依《選擇》所立真宗，應非真宗，背《選擇》故，如九十五種計。

問：彼門葉傳云：「我祖初投台宗出家，學業既就，而後憂出離之難，往詣六角堂而懇求大悲靈告，於是救世大士入其夢，告之以四句偈曰：『行者宿報設女犯，我成玉女身被犯，一生之間能莊嚴，臨終引導生極樂。』祖師感此告夢之後，建仁元年辛酉春，入黑谷門，而乃改名綽空。其後因月輪禪閤之請，黑谷上人聽許我祖娉妻，以欲為末代在家者流往生之模範。」此傳可信忍以不？

答：此傳說決不可肯領，何以故？略有三由，一吾祖諸傳所不載故，二違制條故，三不順傳文、《語錄》故。初諸傳所不載故者，設如彼所傳者曰大士靈告曰開許棄欲之徒娉妻，尤是奇事，必也不可不載，而吾祖諸傳中無一載此事者，只是彼徒私竊所傳耳。且彼所謂大士偈者，甚鄙俚浮偽，而非大聖之言。又其為往生之機也，乍出家，乍在家，各隨其分，回心皆往焉，經釋之所明，傳記之所載，元祖之所教示，而禪閤本已浹洽其法潤，久熟誘諭，是故禪閤應以奮來在家往生傳記所載為之模範，何由得故請令出家娉妻而後為其模範？若言實請之者，禪閤恐非信佛之人，元祖豈容受此妄請耶？

二違制條者，〈七箇制條〉第四云：「停止言念佛門無有戒行，專[56]勸婬酒食肉」，「戒是佛法之大地也，眾行雖區，同依於此。是以善導和尚不舉目視女人，此其行狀過本律制，淨業之徒若不順之，遠違如來之遺教，近背祖師之嘉躅，都無據者哉！」文此制條起於元久元年甲子十一月，然如彼徒所傳者，建仁元年十月已娉妻，若爾，何能得奉順此制條？無奉順之意而自署其名者，是欺誑嚴[57]師也。欺其師者，罪戾當逆。若言娉妻者，上人之所開許故，不違其制條者，是亦非矣。彼既納娉者，的然乖此制條現文，何等厚顏以署其名乎？由此推驗其時，未有娉妻之事也。自建仁元年至元久元年，經中間二年也。

三不順傳文、《語錄》者，〈遣北越書〉誡不應斷婬、肉之僻見云：「嗚呼，是何言也！弘法大師釋異生羝羊心云：『但念婬食如彼羝羊。』此輩即其人也，亦是十住心中三惡道心也。誠可悲哉！如是之人非止妨餘教法，乃亦失念佛行。勸懈怠無慚之業，示捨戒還俗之儀，此即附佛法之外道、天魔儻類，破滅佛法過外道之外道。又〈基親奉上人書〉曰：「又有邪人曰：『深信本願修念佛者，出家、在家，共不應避婬酒食肉等諸惡業也。』予曰：『在家且措，出家犯婬、食肉，無有此處等。』」上人答書曰：「邪人妄說，固不足言，離聖教文，恣立私義，實附佛法外道、天魔所為。」傳文同之。吾祖既有如斯嚴誡，然於一投其門下而稟戒者，輒開許其娉妻者，先所稟誡條為虛設矣。其說若不覈實者，恐自餘門弟子緩慢於欽奉之心。既然者，非主大教鐸師之所作，於我元祖也決無此事，彼末裔等欲強飾其祖過，非奸設許多妄誕，媟黷救世大聖，且誣罔吾祖清德，是則還推其祖陷入無間深坑也，可不畏哉！

問：僻首親鸞有見識而立一家，不可言無智，其所到能懷來於人，不可言無德。且耇壽而遂其事，至其沒也，子孫綿綿，日滋蔓故，受其遺姨者，于今轉熾如斯者，豈可輕蔑之而為邪僻耶？

答：凡見有邪、正，邪僻而能立一家者，古來不少，且出其一者，如彼三階魁首信行等之類是也。而其起僻見者，是癡惑之極者，而不得稱智。其能懷人者，非德之懷之，誑惑愚民而網帽之也。如其耇壽亦有多類，謂稟性賢善而有宿福，天神祐之，賜以延壽，或宿業成熟而牽其壽果。若其邪僻而足障出離道者，外魔相喜，欲令之遂其事，故亦與壽齡耳。或容有宿報也，然則其耇壽亦未必可德。其子孫蕃滋，而受其教者日盛者，唯是澆季之令然而已。何也？謂今也第五五百年已過，而當白法隱沒之秋也。是以正法日就衰，邪風月扇動，彼徒正乘此期運者也。于嗟，悲夫！

問：元祖之明達，何由一容網邪僻若人乎？

答：元祖縱使雖避而不納之，而斯僻首出而禍於佛門者，終不可除焉。何以故？時已屬末法，聖道一門唯有教而無行證。應此期會，我祖初出於叡谷，而唱專念道，駕說而布四方，於是朝野駸駸歸其化者，如眾星之拱北，似萬流之朝海，故受其教導而得往生者日多矣。紫雲晨垂於都鄙，異香夕滿於宮盧，出離之路頻通焉。於是乎則蔽魔深妒忌之，而為障礙之計，伏察人間，鑒其當發起僻見，而障出離之道者，便入其心腑，助成僻解力，令此人尅遂其事也。是故元祖〈答光明房書〉曰：「為天魔波旬所奪精氣之輩，將妨諸往生人歟！」又〈一念義停止文〉云：「是既天魔之所構也，破滅佛法，惑亂世人。」又

〈答基親書〉云：「實附佛法外道天魔所為。」文《群疑論》四之十四引經曰：「內有邪三毒，外感神鬼魔。」《論》釋云：「有邪三毒不能覺察，作身語意諸麁惡業，毀壞正見，此名內有邪三毒，外感神鬼魔也。」文廣如《首楞嚴經》等說。夫於此魔障也，縱令其大聖威力亦無奈之何。是故世尊坐道樹之時，尚有魔障也，如《付法藏因緣經》三之七紙說：憂波毱多尊者大化眾生，[58]皆得聖果，魔王波旬便生愁怖，而作是言：「憂波毱多大集眾會，必當教令出吾境界，我今當往壞其眾意。」於說法時，雨真金寶，或雨華瓔乃至現為女人，端正奇特，舉眾會觀視，無聽法心，於三日中演深法味，乃至無有一人得道。魔王歡喜，深自慶幸。尊者入定觀察，知是魔之所為而終伏之。略抄又《新婆沙[59]》九十九說：當佛滅後百年，無憂王出，統御閻浮而大起佛法時，雞園僧伽藍多集賢聖眾，四事供養。後有大天者出家住雞園，終起五事惡見，與賢聖眾相諍，紛然不息。無憂王聞已生疑，尋問大天以其孰是孰非。大天白王：「戒經中說，若欲滅諍，依多人語。」王遂令僧兩朋別住。賢聖朋內耆年雖多而僧數少，大天朋內耆年雖少而眾數多，王遂從多依大天眾等。略抄有毱多道力，而猶不免魔障；以賢聖眾耆德，尚不能防遏大天惡見。由此當知，正法興起則必有邪教礙之者，古今常理自爾也。然則明達如元祖亦云之何？嘗閱《正法念經》言：帝釋之與修羅空中列陣交戰。下界人民修善者多，則修羅軍敗；造惡者多，則帝釋軍敗。准驗將來魔黨盛衰，職由吾曹緇徒之進止，可不慎哉！

四、略真辨

略真辨。

或問曰：元祖立宗名之時，何由不具稱淨土真宗耶？

答云：所以略真字者，此有三由：一淨土宗名自含真宗義故，二準倭邦將來諸宗立名故，三為便稱呼故也。初自含真宗義故者，凡解真宗通有四義，依散記及《大原》。謂若內外相對，望外教則通稱佛教為真宗，然淨土宗是其佛教，不須論故自含真宗義也。或如《五會讚》云色性本來無障礙，無來去，是真宗者，大小相對，小乘立心外實色故是有質礙，大乘所明色、心不二故無障礙。通大乘名真宗。然淨土宗名唯局大乘，何者？小乘不明淨土故，《決疑鈔》云：大乘勝故明淨土，小乘劣故不明淨土。慈雲云：小乘經部括盡唄書，曾無一字說有淨土，何況勸生？是故稱淨土宗則自含真宗義也。或於大乘中權實相對，則實教目真宗，然淨土宗即是實教，故自含真宗義也。是故《大原》云淨土宗者實教也，此故或云真宗，或名真門。又元照云：一切淨土法門皆是大乘圓頓實教之異稱也。之法也，或如《五會讚》云念佛三昧是真宗者，別以所崇要行而稱真宗。然今淨土宗以兩三昧為宗旨，故稱淨土宗則自含真宗義也，經說真實之利，若依宗家者，念佛為真實之利。由此義含故且略真字耳。若表顯其義而具稱之，則名淨土真宗也。

次準倭邦將來諸宗立名者，傳來吾朝之諸宗立名，唯局二字，而未曾有至三字者，所謂俱舍、成實、戒律、法相、三論、華嚴、天台、真言、佛心若稱禪宗則只一字。等宗也。元祖初立宗名之時，欲準此立名軌躅故且略真字耳。所以知者，《選擇》「問曰：夫立宗名本在華嚴、天台等八宗、除佛心宗。九宗，加佛心宗。未聞於淨土之家立其宗名，然今號淨土宗有何證？答曰：淨土宗名，其證非一」下引三釋。等是也。後為便稱呼者，夫宗名者，自、他諸宗之所常呼，故字數多則其稱呼不便利，是以且隨略名也。今舉其例者，如真言陀羅尼宗云真言，十地論宗云地論宗，攝大乘論宗言攝論宗，常住佛性宗言常住宗之類也。

註解

1 「末徒所著」至「是謬解大經釋文也」文，為原書頁三左上補寫，依伊藤日譯（頁四）增入此處。
2 此段文，為原書頁四左上補寫，依伊藤日譯（頁六）增入此處。
3 此段文，為原書頁五左上補寫，依伊藤日譯（頁八）增入此處。
4 按，「生」，原寫本作「成」。
5 此段文，為原書頁七—八左上補寫，依伊藤日譯（頁十二）增入此處。
6 此段文，為原書頁十三右上補寫，依伊藤日譯（頁二〇—二一）增入此處。
7 此段文，為原書頁十三左上補寫，依伊藤日譯（頁二二）增入此處。
8 按，「畏」，原寫本作「鬼」。
9 按，「段」，原寫本作「談」。
10 此段文，為原書頁十六左右上補寫，依伊藤日譯（頁二五）增入此處。
11 按，「辭」，原寫本作「指」。
12 此段文，為原書頁十四右上補寫，依伊藤日譯（頁二七）增入此處。
13 此段文，為原書頁十七—十八左上補寫，依伊藤日譯（頁二八—三〇）增入此處。
14 按，原文缺「覺」一字，依伊藤日譯補入。
15 按，「薄」，原寫本作「場」。
16 此段文，為原書頁十八右—十九左上補寫，依伊藤日譯（頁三二—三四）增入此處。
17 此段文，為原書頁二一右上補寫，依伊藤日譯（頁三五）增入此處。
18 此段文，為原書頁二一右上補寫，依伊藤日譯（頁三六）增入此處。
19 按，「主」，原寫本作「至」。

20 此段文，為原書頁二五左上補寫，依伊藤日譯（頁四一）增入此處。
21 按，「測」，原寫本作「惻」。
22 此段文，為原書頁二七右上補寫，依伊藤日譯（頁四三）增入此處。
23 此段文，為原書頁三一左上補寫，依伊藤日譯（頁四九—五〇）增入此處。
24 此段文，為原書頁三五左右上補寫，依伊藤日譯（頁五四）增入此處。
25 此段文，為原書頁三七左右上補寫，依伊藤日譯（頁五六—五七）增入此處。
26 按，「非」字，原書缺。
27 按，「鈎」，原寫本作「鈞」。
28 此段文，為原書頁四五左右上補寫，依伊藤日譯（頁六六）增入此處。
29 「故曰便同」至「莫混同矣」為追加第一、二頁內容，依伊藤整理插入此處，見《教行信證破壞論》頁七〇—七二。
30 「按彼所計」至「悲夫」文，原為小字註，接於「自然釋迦」之後。因註文過長，依伊藤日譯（頁七四—七五），另起一段，作正文標出。
31 「信前所發」至「為愚禿之徒」，為原書頁五一左右上補寫，依伊藤日譯（頁七七—七八）增入此處。
32 按，「令」，原寫本作「明」。
33 旁有小字，曰：「已下《註》文。」
34 按，「全」，原寫本作「金」。
35 按，「波」，原寫本作「婆」。
36 按，「玄」，原寫本作「云」。
37 按，「又」，原寫本作「文」。
38 按，「船」，原寫本作「般」。

39 按，「勸」，原寫本作「觀」。
40 按，「瞻」，原寫本作「膽」。
41 按，「生」，原寫本作「無」。
42 按，「末」，原寫本作「未」。
43 按，「生」，原寫本作「主」。
44 按，「執」，原寫本作「報」。
45 按，「辦」，原寫本作「雜」。
46 按，「譯」，原寫本作「設」。
47 按，「使」，原寫本作「便」。
48 按，「夫」，原寫本作「又」。
49 按，「而已」，原寫本作「已而」。
50 按，「彼」，原寫本作「破」。
51 按，「愛」，原寫本作「受」。
52 按，「源」，原寫本作「原」。
53 按，「服」，原寫本作「眼」。
54 按，「來」，原寫本作「乘」。
55 按，「正據此《集》也」，原寫本作「正據此也《集》」。
56 按，「專」，原寫本作「傳」。
57 按，「嚴」，原寫本作「儼」。
58 按，「生」，原寫本作「主」。
59 按，「婆沙」，原寫本作「婆娑」。

鳳潭僧濬《十不二門指要鈔詳解選翼》（節選）

——花園大學國際禪學研究所兼任研究員　王芳整理

解題

鳳潭僧濬（一六五九—一七三八），攝津（現大阪府大阪市）人，江戶中期著名學問僧、近代文獻學研究方法的先行者。少時出家，為黃檗宗鐵眼道光（一六三〇—一六八二）的侍者，隨之習禪法、刻印大藏經及參與社會救濟。鐵眼圓寂後在靈空光謙（一六五二—一七三九）處習得天台，遊歷八年廣搜散佚古籍並熱心出版。鳳潭勤於著書立說，一生約有六十四部二百三十餘卷等身之作，內容廣涉華嚴、天台、禪、真言、淨土等等，就諸宗教理與各門學僧大打筆戰，推進了江戶中期各宗派間的思想交流與佛教學問的發展。

《十不二門指要鈔詳解選翼》現存皆為刊本，二卷四冊，最早刊於享保五（一七二〇）年、享保十二（一七二七）年版次之、安永五（一七七六）年版最晚。東大、京大、東北大以及大谷、龍谷、高野山等大學皆有館藏。

本書之點校底本為東京大學圖書館所藏享保五（一七二〇）年華嚴寺出版之本（以下略稱東大本）。華嚴寺為鳳潭五十一歲時所擁有之寺院，內設印書坊，此書板木藏於該寺法庫之內。享保元（一七一六）年鳳潭最著名的弟子覺洲募資刻印鳳潭之上課講義《選翼》，一直到享保五（一七二〇）年才完工。東大本歷經曲折，最後由東大醫學部校友、佛教藏書家西山五郎（一八六四—一九四〇）於「關東大地震」發生三個月後的大正十二（一九二三）年十二月九日捐贈給母校，因彼時大量圖書被震後火災燒毀。東大本分卷上、卷下，上下又各分本末，實際為四卷四冊——上卷之本、上卷之末、下卷之本、下卷之末。

關於《選翼》的構成，簡而言之是一個四層複式註疏形式的合刻本。即中唐天台大家荊溪湛然（七一一—七八二）之單獨流通本〈十不二門〉（論祖師智顗《法華玄義》中的「迹門十妙」）↓北宋山家派代表人物四明知禮（九六〇—一〇二八）對湛然前作的註疏《十不二門指要鈔》↓南宋僧人無極可度（生卒年不詳，活躍於一二七三年前後）對知禮前作的註疏《十不二門指要鈔詳解》↓日本江戶僧鳳潭僧濬《十不二門指要鈔詳解選翼》。鳳潭推崇天台山家性惡性具之說，將其納入華嚴圓教思想中，完成了華嚴天台圓教一致說的理論創新，恰恰映射出江戶中期佛教新思潮匯流和碰撞的時代特色。《選翼》就是此說的代表之一，對江戶中期佛教思想的研究頗具參考價值。

凡例

一、底本採東京大學總合圖書館西山文庫所藏的享保五（一七二〇）年鳳潭所立華嚴寺之木刻刊本（以下簡稱東大本），是標有片假名訓點的漢文著作，書上並有手寫朱批。校本為臺灣新文豐版《卍字續藏經》第一百冊收錄之《十不二門指要鈔詳解》，本書註中稱為「校本」。

二、句讀校釋，主要以東大本的訓點為基準，並以東大本手寫朱批為首要參考，聶士全校釋《十不二門指要鈔校釋》（北京：中華書局，二〇二一年）次之。原文不分段落，為方便閱讀，根據文意分段之。

三、湛然《十不二門》、知禮《十不二門指要鈔》、可度《十不二門指要鈔詳解》之引文和鳳潭《十不二門指要鈔詳解選翼》原文分別以【十不二門】、【指要】、【詳解】、【選翼】來代表四者之間的註疏關係。序文標為【慈雲序】或【知禮序】。然並非每一段【十不二門】、【指要】、【詳解】、【選翼】俱全，時有缺湛然文或知禮文之狀況，全依東大本忠實錄之。

四、東大本的所有雙行夾註均改為單行小字，並以（）表示。原書引文多在文末以小字夾註「文」表示，點校時依原樣不做改動。

五、東大本的日文異體字、俗體字等原則上改為目前臺灣通行的繁體字，如「玅」改為「妙」、「葢」改為「蓋」、「舍」改為「捨」、「麁」改為「麤」、「窻」改為「窗」、「踈」改為「疏」等。若二字皆為通行字，則保留東大本中的原字，如「谿」和「溪」。

六、東大本出現的梵文字母因其下有漢字一一對應說明，因而省略。

七、東大本原文頁碼以〔〕表示在每段文字的開頭，如〔卷一正文、十八右—十九左〕，表示第一卷正文的第十八頁之右起到十九頁之左止。

書影

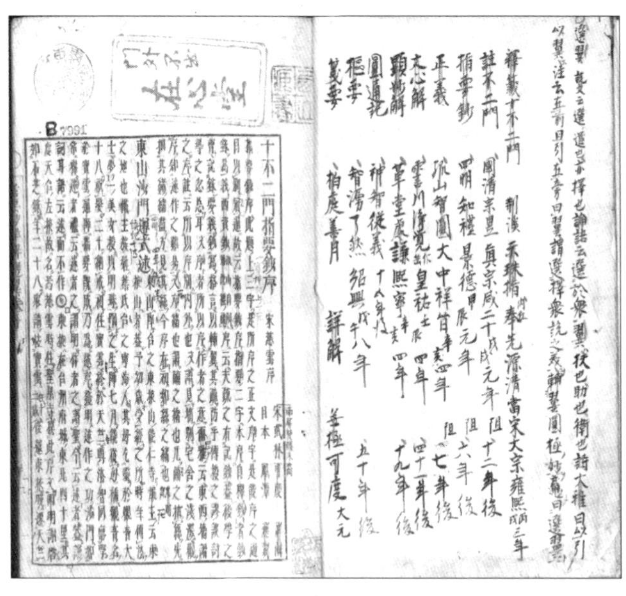

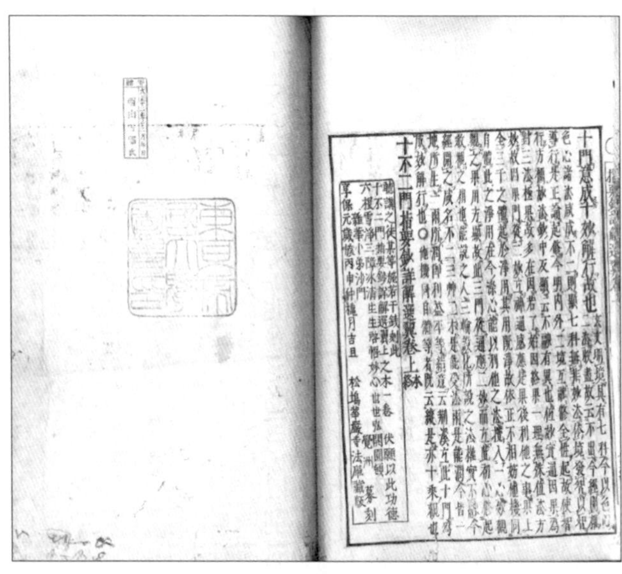

宋・慈雲序〈十不二門指要鈔序〉節選（卷一、一右—八左）

【慈雲序】《十不二門指要鈔》序[1]

【選翼】宋　慈雲序
宋　武林可度　詳解
日本　鳳潭　選翼

【詳解】「指要鈔序」，此題上三字是所序之正文，「序」字是能序之通目，以別冠通，故云「指要鈔序」。「指要」二字，本序自釋。「鈔」者，鈔錄為義。《西資鈔》（孤山自解《彌陀經疏》）序云：「夫疏之有記、鈔，蓋後學之曹記錄要義、抄寫格言，以輔翼其疏，防乎傳受之謬誤、討尋之忽忘耳。」（文）序者，所以序作者之意。《爾雅》云：「東西墻，謂之序。」註云：「所以序別內外也。」（文）謂見墻別宅舍之淺深，觀序知述作之難易。又，序，緒也。「謂繭之緒也。凡繭之抽絲，先抽其緒，緒盡方見其絲，今序在初，如絲之緒也。」（《光明記》[2]）

【慈雲序】東山沙門遵式述

【詳解】東山，即台之東掖山能仁寺。懺主[3]云：「東掖山者，蓋予幼歲受經之所，時年傳法之地也。」懺主族姓葉氏，台之寧海人。其母乞靈於觀音大士，夢一美女授以明珠，咽之生師。七月能從母稱觀音名，十八祝髮，二十納戒，初住寶雲，終於天竺。與法智同稟學於寶通雲師。《指要》既成，乃為述序，發明述作之功。沙門，如常釋。「述」者，《禮》云：「述者之謂明；作者之謂聖。」今云述者，蓋謙詞耳。《語》云：「述而不作。」

【選翼】東掖在台州府城東北四十里，其處天台左掖，故名焉。慈雲時住聖果寺撰此序文。四明謝啟如石芝錄。[4]年二十八眾請住寶雲（住十二歲），後還東掖，晚遷天竺。

【慈雲序】大教隆夷存乎其人，

【詳解】通敘教法興衰在人。通指佛法以為大教（《教行錄》同）。《妙玄》總序云：「大法東[5]漸。」《籤》[6]云：「通指佛教以為大法。」（文）此對西土外道、此方儒教，約內外而分大小。隆，盛也。夷，平也（選註）。《文選》云：「道有隆夷。」（文）即興衰之義。《易》曰：「神而明之，存乎其人。」（文）存，在也。謂教法興衰在人。得人則興，失人則亡。《禮》云：「文武之道布在方策，其人存則其政舉，其人亡則其政息。」

【選翼】隆，高也，盛也。夷，易也，平也。《輔行》序云：「大教陵夷」，言教法頹替若丘陵之漸平也。夫大教法本無榮衰興亡，祇係得失於人而已。須知，存關得失，如云其人存則舉。存但在得，而不涉失。不可一律混焉。

【慈雲序】諸祖既往，玄化幾息，

【詳解】諸祖者，通指荊溪已前。諸祖在世，教法盛行；諸祖既往，則幽玄之化幾近於息滅矣。《文選》云：「仲氏既往，玄化幾息。」《繫辭》曰：「易不可見，乾坤或幾乎息矣。」

【選翼】今謂：此承[7]上「夷、替」義，別敘其人亡則大化漸平，幾乎夷滅。有云「非承上事」者，未必然歟。又有云：「《行錄》『諸祖荊溪已下諸師』者，不穩。準慈雲祭四明文（《教行錄》出）曰：『章安既往，荊溪次亡，誕此人師，紹彼烈元』。《詳解》『荊溪已前』者，著矣。」以上乃明「其人亡則統化息」，次下敘「得人則興」。

【慈雲序】時不可久替，必有間世者出焉。

【詳解】替，廢也。（《爾雅》）間世，即名德間生於世。《孟子》曰：「五百年必有王者興其間，必有名世者。」（文）以時節不可久廢，不遠而復必有間生者出興於世，荷負斯道。《四明塔銘》云：「天欲久其道，世必生其[8]人。」（文）間世者誰，故出其人。

【選翼】《爾雅》云：「替，廢也。替，滅也。」郭註云：「亦為滅絕。」昺疏云：「替，謂廢已也。」《小雅》曰：「子子孫孫勿替，引之是也。」今同此意。謂時不可久廢已。滅，絕也，對上「隆夷」之際。潘岳《西征賦》云：「人之升降，隨政隆替。」故不可替，謂可高隆矣。間世者，間，謂其中間；又隔也，代也。朱《註》曰：「間世者，五百年後出。」據《古今註》：「又，名世者，遷《史記》云：『信命世之宏才。』」《索隱》曰：「命者，名也，言賢人有名於世也。」《注漢書》師古曰：「命者，名也。」膺膺千時運，有命世才人出也。

【慈雲序】四明傳教導師禮公，實教門之偉人也。

【詳解】別敘傳弘之德。四明乃慶元府南面山名。有峰最高，四穴在上，每澄霽望之如戶牖，相傳謂之石窗，謂四畔。通日月星辰之光，故曰四明。人尊其道，故以處名人。傳，轉也，以己之道轉以授人。導師者，《法華》云：「有一導師聰慧明達。」（文）尊者上字諱知，下字諱禮。二名不偏諱，故稱下字。公者，尊之稱也。偉，大也，謂奇偉卓絕。一家教觀，賴師中興，故稱偉人。此且總歎。

【選翼】四明山在寧波府城西南百五十里。唐初改餘姚郡。宋紹熙中，陞州為慶元府，即今寧波府鄞縣也。山跨紹興台州之境。高一萬八千丈，由鄞縣入則稱東四明。由紹興府余姚縣入則稱西四明。由寧波府奉化縣雪竇入則直謂之四明。唐陸龜蒙曰：中最高曰芙蓉峰。有漢隸刻石上，曰四明山心。其右四穴在上，相傳謂之石窗，如《四明圖經》。言公者，有議。嘗據南山《尼鈔》（致敬篇）舉《經》（增一）《律》（五分）曰：「喚師僧應言『和尚』、『阿闍黎』、『好學』。今時僧尼，和尚、闍黎為『阿師』、喚同學為『某公』，此無識之甚也。」余謂宜師姑，據律耳。今依茲土文體，尊老稱公，遂無咎矣。準淨影、天台、賢首諸師皆喚什、肇、生、遠稱「公」，則自疇[9]咸爾。

【慈雲序】童子受經，便能思義。天機特發，不曰生知之上性者乎？

【詳解】童子即太和未散之時，幼稚之稱。《爾雅》云：「人未冠曰童。」《禮》云：「人生十年曰幼學，二十曰弱冠。」（文）弱冠已前，皆名童子。尊者七歲屬母喪，為報鞠育，急於出家。從里中太平興國寺洪選為弟子，即童時也。受經思義，雖不見所出，尊者之母既夢梵僧遺童子曰「此佛子羅睺羅」，從而有孕。初出家時，從師受經，必能思義。懺主與師同門，必知其事。天機特發者，天然之機，挺特而發。《莊子》云：「其嗜欲深，其天機淺。」（文）「不曰」即豈非之謂。《語》云：「生而知之者，上也。」今借用以擬本有性德，宿習開發。義似「生知」。《止觀統例》云：「生而知之者，蓋性德也。學而知之者，天機深也。」

【選翼】「弱冠已前，皆名僮子。」此恐不然。《爾雅》可作《說文》，有字書云：「男十五以下，謂之童子。」童，獨也。《眾經音》釋云：「梵言究磨羅。八歲以上未娶者總名。」故若二、三歲小兒，另曰孩提之童也。《十誦律》云：「不滿十五歲，不應作沙彌，最下七歲，聽驅烏沙彌。」《莊嚴論》云：「七歲沙彌須陀延，得羅漢等。」今公七歲出家，十五祝髮，則十五已前正童子時也。然石芝《行錄》云：「凡言童子，乃十歲以上至二十弱冠中間大和未散者，總稱童子。」《詳解》依彼，云弱冠已前。方知十歲已上，不足也；弱冠已前，過也。應云：七歲已上十五以前，可也。「七歲屬母」至「為弟子」，取全〈實錄〉。母夢梵僧至而有孕，即〈行業碑〉之文也。〈塔銘〉文中祇云父以嗣未生，母乃相與祈佛，因而有妊，及生，乃以佛子羅睺羅而名之。〈實錄〉亦不紀夢事也。天機者，《說文》：「主發謂之機。」如下具解。

【慈雲序】及進具，稟學於寶雲通師。初預法席，厥父夢其跪於師前，師執瓶水注於口中，其引若泉，其受若谷。於是乎天台大教圓頓之旨，一受即了，不俟再聞。師謂之曰：「子於吾言，無所不達，非助我也。」逮師始滅，公復夢貫師之首擐於左臂而行。

【詳解】敘師資授受。自行化他，事匪偶然，故有奇相形於夢寐，預表彰焉。「進具」謂進受具戒。「稟學」者，按〈實錄〉[10]曰：「十五受具戒，專探律部，二十從寶雲學天台教。」（文）通師，本高麗君族，壯遊中國。當晉天福年間見螺溪寂法師，了天台宗旨。會漕使顧公[11]捨宅為寺以為傳道之所，即寶雲寺也。「初預」者，預，廁也、入也，初入寶雲師輪下。

其父之夢蓋受學之先讖也。父金姓[12]諱經，夢尊者跪於通師之前，通持瓶水注於口中，其引若泉來之而不竭，其受若谷注之而不盈。孟子曰：「源泉混混，不捨晝夜。」谷者，《說文》云：泉出，通川，曰谷。《爾雅》云：「水注川曰溪，注溪曰谷。」謂師之樂說無窮，如泉之不竭。尊者之容納，如谷之不盈。谷音欲，若作穀音者，訓空谷、窮谷也。「於是」，猶自此也。「天台大教」，特言「圓頓」者，別於藏等四教。舉其極者言之，一家所談，功由「即」、「具」。

尊者自此於寶雲言下，一遍受之即能解了，不俟再聞。「師謂之」言，即印可之語。凡師資授受，難疑問答更相啟發，今一聞即了、不假再詢，其於啟發之道何有哉？故曰

「非助我也」。《語》云：「回也，非助我者也。於吾言無所不悅。」（文）顏子於聖人言下默識心通，無所疑問，故曰非助我也。尊者亦然。通師深讚之言也。

「逮」，及也。通師示寂於端拱元年，初入滅時，尊者又得傳持之讖。「貫」，穿也。「擐」，音患，帶也。《左傳》云：「擐甲執兵。」蓋夢穿師之頭帶於左臂而行，夢雖似異，有所表故。

【選翼】有云：「〈實錄〉所云十五受具戒者，恐應四明時值律學衰，故不如法受。更專探律部，則四明憚何而不改受，惜哉！」

今謂：已言「進具」，年甫十五祝髮受沙彌戒，將二十進受具足戒，以通名為苾芻律儀故，童子迦葉不滿二十受具戒得須陀洹，名第一受戒，何必可煩改受乎？況一受，了圓頓旨，不可讁也。

如「擐甲」者，擐亦貫也。然則貫師首者，「師」表諸祖，「頭」表三諦，貫穿即表中道，左臂是定，「擐……行」正表三觀智行如歸宗道。一鏃破三關，蓋自宗祖已往來，台家化道庶幾乎萎矣。四明出後，匡持教觀，排斥山外之狂瀾者，可仰中興之洪績焉。今實合表而慈雲作種智頭，則恐濫乎極聖，所表徒虛其師未得種智，於義不太便耳。

【慈雲序】嘻！得非初表受習，若阿難瀉水分瓶之莫二也；後表傳持，操師種智之首而行化也。

【詳解】此示：夢不徒然，有所表。[13]嘻，歎聲。初、父之夢表尊者受習通師之道，如水分瓶。猶如來說法、阿難傳受，如水分瓶、更無二也。《大經》[14]云：阿難「自侍[15]我來，持我所說十二部經，一經於耳，曾不再聞，如分瓶瀉水，置之一瓶。」（文）「後表」等者，後夢即表持於種智之首，行化於他。法門身，以種智為頭，即中道種智、即三而一也。《光記》三[16]云：「一切智是萬行首，故以為頭。」

【選翼】會，總也、合也、計也。孟子云：「會計，當而已矣。」一本作「曽」，未穩。[17]前後夢表者，雖小乘有白象瑞夢，在凡虛實不定、聖則恆一莫夢。況法智中心之動，不竢夢表。燎然叵磨，不可朽木乎？

【慈雲序】淳化初，郡之乾符寺請開講席，諸子悅隨，若眾流會海。繇是堂舍側陋，門徒漸繁，未幾遂遷于保恩院焉。《法華》、《止觀》、《金光明》諸部連環講貫，歲無虛日。

【詳解】敘遊化處所、說法年代。淳化即宋朝太宗年號，二年辛卯歲也。尊者年三十二，出世住持。〈誓辭〉曰：「予居寶雲，既值鶴林，始遷乾符西偏小院。乾符改承天，今為能仁，西偏小院即今法華附庸院也。」悅隨者，所謂道不求揚而四方盡聞；眾不待召而千里自至。《易》曰：「剛來而下柔，動而悅隨。」（文）梁學士云：「學者悅隨，如群流之會通川也。」（文）繇，由也。側謂偪仄、陋謂隘陋，住處狹陋，學徒加多，遂遷居焉。未幾，猶言居無幾何。〈實錄〉曰：「淳化辛卯，受請乾符寺，綿歷四祀，遂遷於保恩院。」（文）即今之延慶。《法華》該乎《玄》、《句》諸部，總包諸章疏也。〈實錄〉曰：「專務講懺，常坐不臥，足無外涉，修謁盡遣。前後講《法華玄義》七遍、《法華文句》八遍、《摩訶止觀》八遍、《大般涅槃經疏》一遍、《淨名疏》二遍、《金光明玄疏》十遍、《觀音別行玄疏》七遍、《觀無量壽佛經疏》七遍，《金剛錍》、《止觀義例》、《止觀大意》、《十不二門》、《始終心要》不計其數。」（文）連環者，莊子云：「連環不可解也。」荀子曰：「始則終、終則始，若連環之無端。」（文）講貫者，講說之道。使義理貫通無礙。《國語》云：「朝而受業，暮而講貫。」（文）尊者四十餘年專務講說，連屬循環，未嘗一日虛棄。

【選翼】「郡」、「乾符」者，《行錄》云：「乾符居明（今寧波府。唐曰餘姚郡。宋為慶元府。即明外也。）市心，續改承天，今為能仁。師所住者，即法華附庸（年譜但云「即今法華也」）院也。」〈誓辭〉云：「始遷舊乾符寺，于西偏小院，學徒爰止，盈千莫容，遂圖此城東南隅。」〈塔銘〉所謂：「道不求揚而四方盡聞，眾不待召而千里自至。」（文）「側陋」者，側與仄同。《毛晃》云：側陋，卑隘也。「遂遷保恩」者，《使帖》云至道二年七月，院主僧居朗顯通，捨保恩院，與知禮求作十方住持。〈院記〉云：「此院年深頹毀，至道三年，乃與餘姚釋異聞勠力經營，適值丹丘僧覺圓發心陳力，三載訖役。先佛殿而后僧堂，右藏教而左方丈。」（文）景德元年撰《指要鈔》。據《四明圖經》，延慶寺在（明志曰在寧波府城東十里）縣（鄞縣）南三里。舊號保恩院。周廣順二年[18]建，宋大中祥符三年改為延慶院。紹興十四年改賜寺額。禮住延慶四十餘年。天禧四年特賜法智大師號。五年撰《妙宗鈔》。太聖六年正月五日跏趺而逝，獲五色舍利。

【慈雲序】嘗勗其徒曰：「吾之或出或處、或默或語，未始不以教觀權實之旨，為服味焉、為杖几焉，汝無怠也。」大哉！

【詳解】尊者常以弘持教觀為己任，即以自行而為化他，勉勵來學。勗，誡也。出處語默者，《繫辭》曰：「君子之道，或出或處，或默或語。」（文）今借用其語以示四儀常在教觀。故云「未始」等也。教即能詮之教，觀即所修之行。教行二途，缺一不可。權謂權謀，實謂真實。若權實不分，則味於化意。所謂為實施權等，服則被身，味則充口，行則倚杖，坐則凭几，皆日用不可須臾缺也。其於「教觀權實」未始暫忘，亦猶是也。《解謗》云：「予自濫講四十餘年，[19]凡釋一文申一義，未嘗不以部味教觀而為憑準。」（文）以己所行勉勵其徒，故云「汝無怠也」。既自彰於言，可得稱讚曰「大哉」也。

【選翼】勗，勉也。《教行錄》注云：勗，勉勵也。《周書》曰：勗哉夫子。[20]柳宗元韋賦曰：孰不頌茲之盛德……恢大雅之所勗。[21]然《教行錄》注以「大哉」句屬下，為辯次之「不可稱」義也。[22]服味，謂衣缽也；杖几，謂拄杖几案也，言日用四儀之所。勉勗似如，以之印導，擬授法器，自行標準如是顛密[23]且恢，同門孰不稱歎之於冠首乎哉！

【慈雲序】若夫被寂忍之衣，據大慈之室，循循善誘人，不可得而稱矣。

【詳解】言其三軌匠物，人莫能知。然涉世弘經，必須柔和忍辱、運大慈悲、了諸法空，[24]方能取成大利。若夫，發語之端。衣座室三，缺一不可；今成文體，且言其二。〈祭文〉[25]則曰：「開慈悲之室、踞法空之床」，其義是同。「循循」者，《語》云：

「夫子循循然善誘人。」尊者訓人，循循有序，亦如是也。其化導之功莫大，故云「不可稱矣」。

【選翼】「循循」者，次序貌。然「三軌」不可必有次序，而《經》所說先室次衣後座，謂觀自在解脫神通之力，並善令入眾生慈悲心室；普賢法身三昧法界威猛大勢之力，悉善令著眾生柔忍心衣；文殊般若降伏師子奮迅之力，皆善令坐眾生一切法空之床。實三各具三，本是胎藏三部互三，其如來室即蓮華部、如來衣者即是佛部、如來座者是金剛部，序而無序、不次而次，「不可得而稱乎矣。」

【慈雲序】《釋籤》十不二門者，今昔講流以為一難文也。或多註釋、各陳異端，孰不自謂握靈蛇之珠、揮彌天之筆，豈思夫一家教觀，殊不知其啟發之所。

【詳解】正明述《鈔》由致。「釋籤」者《玄》文有疑、弟子籤出、荊溪釋之，師資合標。門師（自號普門子。禪師謁荊溪、學止觀，待以友道，造兩序）《序》云：「因籤以釋，思逸功倍。」（文）荊溪於本迹二門之間述此十門。後人錄出，別行於世。自昔至今，講解之流皆為難曉之文。蓋斯文乃本迹之文心、三部之綱要；教觀旁正之意，彼此相成之說。事理二造，一念三千；修性離合，即具隨緣；本法總別，揀境立陰；種種大義，蘊在其中。文約義豐，誠不易曉，由謂之「難」。

解釋者眾，如清師（奉先源清）《示珠指》、昱師（慧光宗昱，螺溪之徒）《註》文，更有他師著述，故云「或多」。諸師消文，曲隨己見而不得一家正意，故云「各陳異端」。孝經序：「異端起而大義乖。」（文）雖所見暗短，莫不自矜己能，謂得佛祖之意，故曰「孰不」等。「靈蛇珠」者，《史記》云：「楚臣隋候出行，見牧童打傷蛇腦，侯憐之，用藥塗治而去。一夜，偶見庭中有光，燭之，乃一蛇銜珠在地，自言：我本龍子，變形遊戲，為牧童所傷，賴君以救，今攜珠以謝。侯得之，進楚王，王置殿上，發光如晝。」（文）「彌天筆」者，梁《僧傳》云：「道安法師文理通經、德望隆重。時習鑿齒，鋒辯天垂[26]，特[27]往謁見。既坐，稱言「四海習鑿齒」；師曰「彌天釋道安」。時人以為名對」。「筆」者，蓋取三分[28]分經，符合經論，故云也。文意謂諸師自言所述之文除後學之疑，如靈蛇珠光耀破暗，契佛祖之意，若安公秉筆，分經合論；龍子變形，故曰靈蛇。《文選》云：「人人自謂握靈蛇之珠，家家自謂抱荊山之玉。」（文）「豈思」等者，《鈔》中所破清師解「今一念」為「真心」、昱師「不立陰境」、「唯觀不思議境」。「一家教觀」揀一念妄心為入理之門、起觀之處，若唯觀真及不思議，則不知「啟發之所」矣。

【選翼】「各陳異端」者，言皆非正道也。如楊戲贊曰：造此異端，亦如《語》朱註。「鋒辯天垂」者，《易．繫辭》云：「天地變化，聖人效之天垂象」。石芝《行錄》云「多注釋奉先《珠指》、孤山《證義》之類」者，非矣。《證義》在《指要》後也。

【慈雲序】公覽之再歎：豈但釋文未允，奈何委亂大綱。山隤[29]角崩，良可悲痛！

【詳解】尊者披覽諸師所述失旨，咨嗟不已，故云「再歎」。「允」，當也。

「委」，墜。「紊」，亂[30]。非但釋文未為允當，抑且委墜紊亂大綱。「大綱」者何？即一念三千即空假中。山外棄妄觀真及不思議，即墜亂大綱也。「未允」者，「之字訓往」、「造謂體同」，「改二十來字」[31]。「山頹」者，《禮記·檀弓》曰：「泰山其頹乎？梁木其壞乎？哲人其萎乎？」「角崩」者，《書》云：「百姓懍懍[32]，若崩厥角。」言民畏紂虐，危懼不安，若崩摧其角，無所容頭。（蔡註[33]）今取二事，喻解行不正委亂教門綱紀，如泰山之頹；邪說暴行使學者無所趣向、危懼不安，若畏紂之虐。

【選翼】「委亂」者，「委」，棄置也。「委委」，行委曲也。「亂」，失實也。如《易·象》云：「其命亂也。」楊子雲云：「周室昏亂」。夫教觀者，實為解行之總綱，而山外棄委墜亂夫大綱爾。「頹」者，暴風自上下也。「隕」，音允，從高墜也。山隕[34]人萎角崩民畏，《教行錄》註云：「二文嘆人之興亡，此中擬法之凋弊。」（文）「角」，頭髻。「崩」，壞也。自上墜下曰崩。懍懍，作「凜」，非矣。懍懍，危懼也[35]。

【慈雲序】將欲正舉，捨我而誰！遂而正析斯文、旁援顯據，綽有餘刃，兼整大途。教門權實、今時同昧者，於茲判矣，別理隨緣其類也；觀道所託、連代共迷者，於茲見矣，《指要》所以其立也。

【詳解】正明述作。將欲扶顛持危、正舉斯道，捨我其誰哉。《孟子》曰：「如欲平治天下，當今之世捨我其誰哉。」（文）析，剖也。《楞嚴》云：「析出精明。」（文）正則剖析十門奧旨、義理泠然；旁則援引佛祖誠言顯據，免生疑謗。綽，寬裕也。《孟子》曰：「豈不綽綽然有餘裕哉。」（文）刃者，庖丁解牛數千而刀若新發硎，恢恢然其於遊刃必有餘地。（文）言得其妙處也。

「兼整大途」，謂消文合理之外，復能整大途，即「教門權實」、「觀道所託」。權實者，前之兩教教證俱權，圓教教證俱皆是實。別教教權證實，意稍難曉。「今時同味」即齊、玄、穎三師[36]，但見荊溪有圓教隨緣之說，尊者深究圓別教旨，以別教真如「既能生法，安不隨緣」特立別教理隨緣之義，以圓、別同詮中道而「但、不但」殊。別則教權故「但」、理實故「中」，以理實故，亦說隨緣；以教權故，顯非「即、具」。他宗於終頓圓三教，皆明隨緣，只云性起不云性具，驗非圓教，故尊者格量他宗所談，但齊今家別教。「類」謂「流、類」，《鈔》中引《妙記》「專緣理性」是別教義等。[37]「觀道所託」，即介爾妄心。一家入道，不可遠求，即剎那心，顯三千法，豈同山外棄妄觀真？始因慈光恩師兼講《華嚴》，以《華嚴》心造為真心，自此奉先清師、梵天昭師、孤山圓師謬有承襲，皆謂觀真。故《義書》云：「蓋由上人師祖已降，皆謂心獨是理。」（文）[38]若此之迷，非始今日，故云「連代」。四明立宗，則指介爾之心為事理解行之要，以此正說格彼謬談，故曰「於茲見矣」等。逸堂云：「教門權實、觀道所託……所以四明得為中興教觀，功在於茲。」[39]

【選翼】析，分也。琳音云：「剖析，分析文義，令人解也。」《俱舍疏》序云：「剖析底理。」今義思之。「泠然」者，正應作「冷」，清甚也。泠乃水名，故非也。「綽、有餘、刃」，語勢[40]《孟子》，事實《莊子》。《孟子》「餘裕」，裕亦寬容，與

「有餘地」、其間無滯礙地，義意同也。今言「游有餘地之刃」之謂也。

「他宗」等者，此固不善他宗。徒由四明錯認「《起信》圭山注疏，竊稟清涼，改削藏疏。長水承襲為賢首判」，妄誣於「他」。何也？且彼終教，正明隨緣。頓、圓不然。他家頓教，謂訶教勸離、泯一切相，是故賢首正以《起信》心真如門約體絕相之義，判為頓教，此豈可明隨緣乎哉？又明「性起」，凡有二種。若終教，則姑容可爾；若圓「性起」，不起為起，是具造之別稱也。所謂法性所具，諸法融通門義，若圓「隨緣」，所謂緣起相由十玄法爾，法界恆起，非因無明成染淨法，於焉方驗。台徒以毫不知他家奧判，妄謂「明隨緣」、「驗非圓教」者，噫！孟浪也。餘如另辨。

宋．知禮〈十不二門指要鈔序〉節選

〔卷一正文、一右－三左〕

【指要】十不二門指要鈔詳解選翼卷上（本）

唐　荊溪尊者湛然　釋籤

宋　四明法智尊者知禮　鈔

宋　武林　可度　詳解

日本　華嚴　鳳潭　選翼

【指要】十不二門指要鈔卷上（并引[41]）

【詳解】上四字是所釋，下三字是能釋。上六字是別，別在今題；「鈔」字是通，通於諸鈔。上四字入文委釋，「指要」二字，本序自明。「鈔」字如向。「卷」者，卷舒為義，文凡二卷，故以上下甄之。并序者，《摭華鈔》[42]云：「疏題，兼目於序，故云『并』也，蓋序後不再列題目故。」（文）

【選翼】「卷舒為義」者，實而非舒為義，對舒之卷故。《廣韻》云：舒卷之卷。《增韻》云：可舒卷者曰卷。《清涼鈔》云：「舒則閱之，卷則思之，展卷自在，故謂之卷。」[43]（文）以義言耳。

【指要】宋四明沙門知禮述。

【詳解】能述人號，讀者避之，此非臨文不諱之例。

【選翼】既稱沙門，西竺道俗俱無諱。

【知禮序】十不二門者，本出《釋籤》，豈須鈔解？

【詳解】先寄問辭徵起，以明述《鈔》之由。此文乃荊溪釋迹門十妙之後，搜括十妙大意而立十門。《釋籤》已是能釋，何須作《鈔》解之，得非能所重煩[44]乎？《文心解》（霅川仁岳[45]）亦曰：「《玄義》申《經》[46]，《記》[47]釋《玄義》，文已三矣。詎假染筆，以四其說。」（文）

【選翼】原夫佛說《深密》示一切識，天親製《三十頌》，護法等師總成十釋，基《述記》之，沼《義燈》焉，周更《演秘》。則從上已有準繩，最為繁重。雖不可徵，而此解亦特設妨礙，助成徵意。此亦攀例舊之一矣。

有斥可度凡為三失。一，麤看「豈須」二字，故豈須是「無用」義意，謂《籤》已釋了，更以《鈔》解，豈不無用。非謂能所煩重。然《詳解》意不止四明，亦應荊溪。有能所煩重之失，豈云《指要》煩重耶。二，不會四明平常意故，謂四明《鈔記》曾於天台，不於荊溪。在能易通而以《鈔》解，豈非無用是此意也。則知與此殊也。三，中興意，釋《十不二門》，由起異端委亂教觀，此宗講者師範乎上，尚昧於此，事不獲已，此《鈔》起矣。然今引《文心解》，彼所謂「四其說」者，良由如法難觸圓宗牢，通在乎上智，文若過矣。至於中人，猶若不及。為其上中致解釋，故與四明由意如是齟齬，爭可援彼證乎此哉。

議云：「豈須」二字，可度所解亦為「無用」之義，而於能所，《玄義》能釋，但為一重，而培《指要》，豈非重煩乎。大凡假設徵辭，助寄不會正意，亦莫有妨《釋籤》，已能易通，更以《鈔》解，令其易通，豈不倍重？引《文心解》所由雖殊，且為徵重須無用之助例，不可強責。

【知禮序】但斯宗講者，或示或註，著述云云。而事理未明、解行無託。荊谿妙解翻隱於時；天台圓宗罔益于物。

【詳解】答出山外著述之謬。雖非山家正說，亦稟學台教，故云「斯宗講者」。「或示」，奉先清師《示珠指》也。「或註」，天台昱師《註不二門》。[48]二師著作撰述皆有云云之言。《汲黯傳》云：「吾欲云云。」師古註曰：「猶言如此如此也。」史略其辭爾。《漢劄[49]》諸文橫註云云二字。《輔行》云：「未盡之貌。云者，言也。《說文》云：象雲氣在天回轉之貌。言之在口，如雲潤物。《廣雅》云：云者，有也。下文尚有如雲之言。」（文）

忠法師[50]曰：「吾祖法智尊者，始因錢塘奉先清師製《示珠指》[51]解《十不二門》。總在一念之文為真心；別分色心為俗諦。改「造謂體用」為「造謂體同」，凡改二十來字。天台昱師《註不二門》立唯觀不思議境，消一念三千唯色唯心之文為真諦。法智愍而

救之，所以《指要》之所由作也。故序曰：或示或註，著述云云。」（文）

孤山《正義》乃祥符四年作，在《指要》後。「事理」等者，一家所明事理有乎多義，今為山外迷於三法事理也。圓論三法，各具事理兩種三千。若欲造修，須揀生佛之高廣，唯觀一念妄心，此心當體圓具三千即理造；此心能變造三千即事造。如此解之名為妙解；如此觀之名為妙行。山外諸師乃以三法抗分事理，謂心法屬理，是能造；生佛屬事，是所造。心既屬理更指真心，則初心依何開解立行？故知山外三法事理未明，則妙解妙行無所依託。故忠法師曰：「清師又立心法三千為理造，生佛三千為事造，殊不知三法各具事理二造，故《指要》破曰「據他所釋」至「無差之文永失」矣。「故序云『事理未明、解行無託』，是皆破於清公也」。[52]

「荊溪」等者，荊溪玄解十妙、作此十門，門門結歸一念三千。令[53]修觀者易入。諸師異說夐指真心，翻使荊溪妙解隱沒於時矣。吾祖依法華開顯妙旨、建立圓頓宗乘、點示諸法圓具事理三千。意令物機開解立行、柬[54]境修觀，即一念妄心達陰，成不思議、顯三千法。若唯觀真，但眾生在事未曾悟理，是杜初心入理之門、起觀之處，則天台圓宗何益於物機乎？

【選翼】「漢劓」者，有作雋字，非也。雋，慈演切，鳥肥，又肥肉，非今義也。劓或作劏[55]，戶圭切，剜、刲、削也。正應作「鐫」，子全切。刻也、雕也、削也。「《汲黯傳》云」者，正應云作「武帝曰」。「《說文》云」者，彼云：山川氣也。从雨云，象雲回轉形。《註》云：古文省雨，亦古文雲。（文）

「孤山《正義》」等者，有云：此釋破清含昱而欠正義之疑。今謂：此斥石芝解式公序「或多註釋」云「蓋指荊溪之後奉先《珠指》、孤山《證義》之類也」。[56]景德元年撰《指要鈔》，自阻七年，后至大中祥符四年孤山造《正義》，故知《教行錄》註謬矣。

【知禮序】爰因講次，對彼釋之，命為《指要鈔》焉。蓋指介爾之心，為事理解行之要也。

【詳解】正明述作，仍釋命題之義。「爰」，於也。「講次」者，因講《玄》、《籤》之次，對清、昱二師而釋之。下文「有人解今一念」是破清師；「有人不許立陰」等是破昱師。命此能釋之文為《指要鈔》。

「介爾」者，《輔行》云：「弱也，謂細念也。」[57]（文）介爾有心，三千具足，圓論諸法，皆具三千。若欲造修，須從近要，的指一念為事理解行之要。此心圓具三千即理之要；心能變造三千即事之要。文云：「若事若理，皆以一念為總」，[58]解此一念具兩種三千，依解立行，於一念心觀此三千。文云：「教行皆以觀心為要。」[59]特指「心」者，萬法之本、眾病之源。心能具故、心能造故。荊溪門門結歸一念，天台的論境體唯在識陰，蓋以此也。推而廣之，一大藏教無越此心，故曰：「一期縱橫不出一念」，[60]故知《指要》其功莫大。

【選翼】「爰於也」者，爰，於是也。《爾雅》曰：「爰，曰也，于也。」疏云：「皆謂語辭發端。」《說文》云：「曰，從開口，象氣出於口也。」「介、弱、細念」

者，《止觀》：「介爾念起」。[61]但生一念為介爾。介者，助也。助，謂微弱之心念。《易》云：存乎介。韓康伯曰：介，纖介也。劉瓛曰：介，微也。[62]又釋名曰，心，纖也。所識纖微，無物不憑於心也。準此，則一念心起謂之介爾，為最襯焉。

「文云」者，即下《指要》之文。噫！可度子雖語舉「境體唯在識陰」，而考實不克涓許「識知」，如後辨斥。曰「一期縱橫」等者，乃舉下〈不二門〉示妙體文。一代五味四教，如下所解可知。

【知禮序】聊備諸生溫習，敢期達士披詳耶？時大宋景德元年歲在甲辰正月九日序。

【詳解】謙己。以記歲月。聊備學徒溫故誦習，豈敢期望明達之士批覽研詳？景德乃真宗年號。

【選翼】「諸生」者，先生，師之稱；諸生，弟子之稱。《漢書註》：「師古曰：生，猶言先生。文穎曰：諸生也。」韓愈《進學解》云：「招諸生……弟子事先生，于茲有年矣」。「披」，開也；披，閱也。作「批」，推也，轉也，示也，手擊之也。作「披」為是。《說文》云：「旁持曰披。」「詳」，審議也。[63]

《十不二門指要鈔詳解選翼》正文節選一〔卷二正文、七右〕

【指要】◯釋文為三：[64]初、總敘立意，二、從「一者」去，列門解釋，三、「是故十門」訖文，結攝重示。此三即擬三分也。

【詳解】「結攝重示」者，「門門通入」，乃結十門而攝十妙，重示一念三千三諦，觀行易明。鈔末云「結文示意」，以「十門、十妙、理一」結文[65]。「重示」即示意也。「擬三分」者，三分本為分經，但可比擬而已。總敘立意，擬序分。以今正明十門先總敘玄文以立十門之意、列門解釋正明十門，可擬正宗。結攝重示，既結十門、重示觀意，可擬流通也[66]。荊溪科節《止觀》，亦擬三分。

【選翼】《珠指》亦三分。

【指要】初又四：初敘前文立述作之意。又二：初、敘前。又二：初、敘教廣。二：初、十妙意。[67]

【詳解】科「十妙意」者，迹門所談境等十法，意開一代教門，無不皆妙故也。初三句十妙，後二句明意[68]。

《十不二門指要鈔詳解選翼》正文節選二〔卷一正文、十右—十四右〕

【指要】樞即門之要也。機謂機關，有可發之義。蓋一切教行皆以觀心為要，皆自觀心而發。觀心空故一切法空，即所修諸行、所起諸教皆歸空也，假中亦然，豈不以觀心為樞機耶？

然今《玄》文未暇廣明，寄諸文末，略點示爾。又雖據義一一合有，為避繁文故有存沒，如十二因緣境後則有、四諦則略。蓋有《止觀》對此明乎教觀旁正，如常所說，託事則借彼事義立境立觀，如王舍、耆山等；附法則攝諸法相入心成觀，如四諦、五行等。既非專行，故十乘不委。此即《義例》約行等三種觀相也。

【詳解】上二句就譬釋。「樞」謂門臼，門若無樞則無開閉之功，故云「要」也。「機」謂弩牙，弩若無牙則無啟發之用，故機有可發之義也。「蓋一」下，就法釋。以觀心為要，合《樞要》[69]義。觀心為教之要，果上偏圓，漸頓諸法皆我心具。行者必須攝法歸心修觀，故至果成，稱性設化。《四教義》：「問：四教從何而起。答：依三觀起。」[70]觀為行要者，所修六度萬行皆因心本具故，全性起修，名無作行。皆觀心而發，合上「發」義。由觀心故理顯，由[71]觀心故果成。若非三千空假中，安能成茲自在用？故教行「皆自觀心而發」。「觀心空故」等者，一切諸法，若教若行，皆心本具。若觀心空，則所修六度萬行、果上所起諸教，皆歸空寂。空觀既爾，假中亦然。說雖次第，用在一心；只於一心，宛有三用。此亦為下起教觀之張本也。「然今」下，釋「仍且略點」等。「未暇廣明」者，觀心雖為樞要，以《玄》文正明開解，未暇[72]委明乘、境，「寄」者，「非部正意」故。「因緣境後則有」者，《玄》二（十九）明「觀心者一念無明即是明」乃至「一念之心既具十二因緣，觀此因緣恆作常樂我淨之觀，其心念念住秘藏中」[73]（文）。「四諦則略」，《玄》二（廿二[74]）「觀心可知，不復記也」[75]（文）。以「有」釋「存」，以「略」釋「沒」。非全無為沒，但觀心語略，其文隱沒耳。或云：二句並釋「或存」，沒則不釋。《箋要》[76]云：「以「略」釋「存」。「沒」固可知，不復更出也。」「教觀旁正」者，《樞要》云：「此文興致正為於觀。教觀旁正須知二意：一約三部所自之文，二約一家傳通之旨。三部所自則傍正互有。如《義例》云『如《法華玄》，雖諸義之下皆立觀心，然文本意明五重玄義出諸教上，則教正觀傍。託事興觀，義立觀心。……若今止觀，縱用諸教，意在十法以成妙觀，則觀正教傍』[77]。一家傳通則唯觀為正，是故三部皆以觀心而為正要。」乃至「以從文故，《玄》既觀傍，故於十妙[78]觀有存沒；今用旨故，《玄》亦觀正，故攝十妙為此十門。門門既乃即心，妙妙無非是觀。若談觀文言望於《止觀》，此中極略；若談宗旨望於《止觀》，今文頗周。以《止觀》宗旨，無出三千即在一念。今以三千不二點示一心，心[79]全是妙，妙不出十。若曉十妙，《止觀》可知，故云一期縱橫」[80]等。

「既非」下釋「或辯十觀」，謂《玄》文既非專明觀行，是故十乘不暇委明，但列名耳。然後總結指向所明「託、附」二觀，顯名所出，即《義例》文中約行、附法、託事三種觀相也。

三種觀法，初名義。三種觀法義蘊經疏。天台依諸大乘經立四種三昧，修十乘觀法，直就陰心顯三千法，即從行觀義，又依諸經，於《玄》、《句》約事相、法相「入心成觀」。「託事」謂心為能託，依正事為所託。「附法」謂心為能附，諸法門為所附，即事法兩觀之義。荊溪考覈其義立三種名，故《義例》云：「夫三觀者，義唯三種。一者從行，唯於萬境觀一心，萬境雖殊，妙觀理等。二約法相，如四諦五行之文，入一念心，以為圓觀。三託事相，如王舍、耆闍，名從事立，借事為觀，以導執情，如《方等》、《普賢》，其例可識。」（文）

次用與。此三種觀，《妙玄》、《文句》各有事、法。《玄》約四諦五行等，即是附法，託感應等事修觀，即託事也。《句》釋如是我聞等，即附法；王舍耆山，即託事也。以《玄》、《句》消經，而於事相、法相文末令行者附、託觀心，免數他寶，故缺從行。《止觀》正明十法成乘，如正修章；專約一心，修乎十觀。前六章廣開妙解，縱明事相觀心，亦只助成約行觀爾。若《義例》以三種敵對三部者，乃引三部三觀顯文，示其觀相也。

三修不。問：事、法二觀可造修不？修則乘境不備，不修則立觀何為？答：山外一宗謂事法觀門不通修習，所以《玄》、《句》立觀心者有二義焉。一為已修止觀者，令其不忘本習故。二為未修止觀者，忘於封滯，令知起行必依止觀故。四明《義書》引《妙玄》

「觀心即聞即行」、《釋籤》「隨聞一句，攝事成理，不待觀境，方名修觀」等文示之。乃轉計云「不論立陰」，四明引「正當觀陰，具如《止觀》第五去文」、「又諸觀境不出五陰」等文逐之。又轉計云「我本自問於陰揀境諸文所無，不問通立陰境。」四明又引妙樂「揀境及心」、《妙玄》「由一心成觀」等文為證。既被四明前後窮逐，義皆破壞，不足評矣。四明建立三種觀法皆可造修。《義書》五云：「三種觀法皆為行立、俱可造修。若但論教義，不觀己心，如貧數他寶。」（文）尊者之說，懸合吾祖所立觀心之意，深符「即聞即行」、「立陰揀境」之文。然乘境不備，若為修習？據《義書》有乎四意。

一者咨稟口決，如云「豈非大師說諸《玄》、《疏》，多在圓頓止觀之前所談。《玄》、《疏》正開座下行人圓解，蓋兼有觀行之機。欲修觀法故，託於事相法相，立乎觀門令其即聞即修，得益者何限？豈待玉泉唱後尋之方修耶？或於事法觀道，有壅則咨稟口決而通達之。」

二以廣決略。文云：「大師滅後，傳持此教，為師之者……必須懸取止觀之意而開決之。荊溪數於《記》中指乎《止觀》，乃令講授之人取彼廣文決茲略觀。既得決通，乃於事法觀門便而修習。豈須背今見講，自尋《止觀》耶？」

三從行度入。文云：「若於師門先聞止觀，久曾研習，今覩《玄》、《疏》事法觀門，則用本習觀法，度入事法觀門而修。或因茲得悟，乃名事法觀門悟入。非是約行觀中得悟也。」

四略論三觀。文云：「又一種根性，只於事法觀門修之得悟，亦不待尋止觀。故法華三昧只約一念妄心，略論三觀，乃有三品證相。」（文）已上四義，並是《十義書》發明隨聞事相法相，攝歸內心成乎理觀，不待尋彼止觀專示觀境方名修觀。若山外既謂事法不通修習，釋彼文云：隨聞一句，事相法相攝歸真理便是觀心，不待託陰修觀。此與四明說義優劣可見矣。

四兼獨。事法二觀皆有兼含之義。如《光明玄》「觀心三菩提」云：「若知即空真諦菩提心，度妄亂心數之眾生」、「若真即假俗諦菩提心，度沉空心數之眾生」、「雙忘二邊，即發中道第一義諦菩提心，度二邊心數之眾生」（文）。菩提屬法，眾生是事，法中兼事，故《記》作附法含託事釋。《光句》以「四方佛表四諦智」，[81]佛即是事，四諦屬法，事中含法，故《句記》作託事兼附法釋。云：「行者應知，借四方佛表四諦智，此乃託事含附法也。」[82]（文）且行人心無並慮，何得兼含而修？當知，但約兼含釋義，不約兼含修觀。若從行一種無兼含義。舊謂「《淨名疏》[83]釋『法無眾生』等諸句，一一皆以生空觀，歷心及餘陰入諸法而觀。」《義書》判云：「乃是用於約行觀門，修附法觀。」以為附法含從行。[84]又據《方等》歷幡壇道具是從行兼託事。今謂：「法無眾生」之文，四明謂以從行觀，修附法觀，觀成即附法觀成，非法含從行，若方等乃修三昧者，傍歷幡壇等事，非從行兼事也。

五內外事理。從行通觀內外，事、法惟局內心，如四三昧屬從行觀，四行中修十乘觀，正觀內心，至例餘陰入，歷緣對境，則通觀內外。《十六觀經》觀佛亦從行外境。附法，乃附四諦、五行法相入心成觀；託事，則借事表託內心，唯局內心不通外境。通事理者上三三昧并諸經行法屬理，縱任三性是事。理觀，觀陰心本具三千；事觀，觀變造三千。舊謂事法亦通事理，今不取焉。

六料簡。問：《輔行》標歷結託，《義例》引歷例託，其義云何？答：諸文凡約事相明觀，皆名託事。《文句》借城、山事，表對五陰，正論修觀。《止觀》以正觀心，傍歷事儀，表對法門修觀。觀門雖異，表託義同，故得諸文通稱託事。則標歷結託、引歷例託，二俱無妨。《請觀音疏》以大林精舍明託事觀，與城、山同。《義書》云：「大林精舍是依報色入，以理智體之，正同《方等》、《普賢》歷尊容道具，用法門體達，此則方是託事之觀。」（文）[85]《大悲懺儀》云：「二託事者，觀音一身有千手眼，手有提　之力，眼有照明之用，即是一千神通智慧也。」又云：「三種觀門，相須而進。」（文）此與《止觀》傍歷義同，皆可稱託事也。問：「四種三昧收諸行盡」，且四三昧自屬從行，何云收諸行盡？答：諸經所明行相不出四種，故云「收盡」。事法二種，乃吾祖於《玄》、《句》事相、法相，立此觀心，令行人攬彼事法，入心成觀，不可為難。

【選翼】「機關者」，《妙樂》一云：「機謂機微，可發之義；關謂關節，假人而動。」[86]（文）經有機關木人之喻。關，緊要處。《說文》云：「關，以木橫持門戶也。」今言樞機之機，即謂樞有主發之機，然《詳解》單就樞臼謂開閉之功，開閉之所由豈非機發之義？而更謂「弩牙啟發之用」者，何也？[87]言「觀心為教之要」至「名無作行」者，有評隲云：「此乃退作而發，釋亡慮失為要解。」謂「果上漸頓等法皆我心具，歸心修觀、果成設教」者，皆自觀心而發之義，引《四教義》不成為要之證。其依三觀，

「依」言彼作「從」字。[88]

又「為行要」下，亦徒作「而發」解。「全性起修，名無作行」未曾揭露為要之功？太不可也！此中釋意，須夫如《教行錄》四明〈復楊文公書〉「立一切行，以此觀導達之」乃至「設一切教，以此觀敷暢之」（文）。南岳釋萬行曰：「無量佛法功德，一切皆從禪生。」[89]乃至「吾昔於夏中，一念頓證，諸法現前」[90]等意。大約自觀演教，以觀導行為「要」且「發」，[91]皆此意也。

今謂：有所例辯，「以觀導達、此觀敷暢、萬行皆從禪生、一念頓證、諸法現前、畢竟自觀說出四教」，[92]此等指決，還是尚非亦成「自觀而發」之旨耶？今審《詳解》釋能得為要而發二義，何以爾者。前來已解所謂介爾有心、三千具足，須從近要，的指一念為解行之要，一大藏經無越此心，教行以觀心為要，教不觀心，如貧數寶，故云「果上漸頓皆我心具」。必須攝法歸心修觀，豈非以觀心為教之要耶？至「果成去」，復疏永為要之由而已。又前云「於一念心觀此三千……特指心者萬法之本、眾病之源、心能具故」行不觀心。非涅槃因故云「所修六度萬行，皆因心本具故，全性起修，名無作行」，豈非以觀心為行之要耶？既「無作行觀心具」者，具之一字，振我宗故，非為「要」而為何耶？請宜前後照應驗焉。「或云二句並釋或存」者，淨覺《解》云：「且如境妙七科四諦十二因緣則存；二諦三諦等則沒。」[93]（文）柏庭《箋要》意謂「鈔主以『則略』釋『或存』，而『或沒』不復更出」者，若爾「則有」、「可略」、「存」並合，未廣明故，「或沒」屬乎全沒。《詳解》不爾。就「略點示」，則有，有長存；則略，有隱沒。既於「點示」、「寄在」之中言「或沒」、「則略」，若為遍沒，豈云「示在」乎？如《義例》云：「《玄》雖諸義之下皆立觀心」乃至「十妙觀有存沒」、「若談觀文望於止觀，此中極略」，如次下云：山外一宗者，梵天[94]、孤山如《顯性錄》[95]等引《義書》文，多有脫差。可撿《光句》「以四方佛表四諦智」。台宗消釋且爾。若約密乘，非止借事表法，《深秘》更搜取焉。「舊謂事法亦通事理」者，有云「亦」字恐誤寫歟。若實作「亦」者，甚不可矣。若破「亦通」，「亦成」破。《妙宗》曰「托事付法二種三觀，有事有理」[96]，若用事法，縱任三性是事；觀心之具是理。今謂：恐應分會者筆誤耳。「觀音提拔照明千神通照明」者，此皆臆說。不知大聖人無畏三昧，光中湧出二十五菩薩，有各四十手，息災、增益、敬愛、降伏四法各當十手，總為千手。

《十不二門指要鈔詳解選翼》正文節選三〔卷一正文、十五右—十八左〕

【指要】二、「故不」下，正明今述意二。初、為成妙解。[97]

【十不二門】故不可不了十妙大綱（文）。

【詳解】不可不了，即誡勸之辭。玄文十妙科目繁夥，猶如網目。舉其大綱則網目可尋。大綱即三千也。若欲立行造修，先須解了，三千三諦之法體。此之法體是如來當時一番修證自他因果之法，今欲修證此從因至果之法，先須解了，依此妙解方可立行。

【選翼】故字，[98]《說文》云：「使為之也。」《爾雅》曰：「故，今也。」郭璞注曰：「故，亦為今，今亦為故。此義相反而兼通者。」邢昺疏云：「因此，起下之語。」。[99]又云：「語更端辭也。」（文）今可准知。

【指要】欲知此十皆妙，須了開顯大綱，即三千世間俱空假中，是今經之大體、能開之絕妙。境即此故事理俱融，智發此故無緣，行起此故無作，位歷此故相攝，三法究盡此故果滿，生具此故一念能感，佛得此故無謀而應，神通用此故化化無窮，說法據此故施開自在，眷屬全此故天性相關，利益稱此故無一不成佛。今此十門正示於此，若能知者名發妙解。

【詳解】釋「為成妙解」。初總明三千妙解。「境即」下別明十妙所依[100]，「今此」

下結。顯十門所示，「三千世間俱空假中」者，世是隔別，十種五陰、十種假名、十種依報，隔別不同，故名世。間是間差，三千種世間差別，不相謬亂，故名為間。以三千法皆因緣生，是故一一即空假中。「今經大體」者，法華三周開顯，並以三千為體。《輔行》云：「十妙是今經權實正體，亦大車體，亦寶所體。」（文）「能開」等者，《妙樂》云：「若不先了能開之妙，將何以為所開之麤。」（文）「境即」等者，「此」字即指三千大綱。七科諦境不出三千，理本圓融，事寧隔異？理即性具，事即變造，具變不二故曰「俱融」。色心門從境妙立，故荊溪名事理不二門也。「智發」等者，以智緣境，智為能緣，境為所緣；以境發智，境為能發，智為所發。三千妙智既全境而發，境智一如，緣即無緣。「行起」等者，進趣名行，即修治造作。全性德三千、起修德妙行，以性奪修，修德無功，故稱無作。「位歷」等者，位位皆具三千，故一一位具攝諸位功德。初「阿」字門具四十二字，後「荼」亦爾[101]，故云「相攝」。「三法」等者，妙乘三軌，真性遍周，觀照圓導，資成助發，唯佛究盡，故稱「果滿」。「生具」等者，生雖在迷，理體本具。眾生由理具三千故能感。「佛得」等者，諸佛由三千果滿故能應。所謂任運真化，不須謀作，如月不下降、水不上升，水月一際，感應道交。「神通」等者，「神」名天心，「通」名慧性，與六法相應，用此三千，任運化物，化復作化，化化無窮。「說法」等者，五時說法。憑據此三千，「施」則稱性被機分隔而說，「開」則稱理示妙無不圓融。「眷屬」等者，前機受道，即成眷屬。既全三千，故得父子天性自然相關。「利益」等者，十種利益稱三千故，七方便人來至今經，咸成佛道，如三艸二木皆一地所生、一雨所潤也。「今此十門，正示」此十妙大綱，以十法皆即三千三諦，故皆稱妙。能知此者名發妙解，為此義故，十門所由作也。「若能知者，名發妙解」是發明荊溪開發妙解故，述此十門不離一念，令修觀者易入。序云「荊溪妙解」，蓋謂此也。

【選翼】「三千世間俱空假中」者，《隨釋》（處元[102]）云：「須應知達三千者即妙三觀。實而言之，三千已是空假中。今文寄分別說，且以三千為妙假耳。餘文有云三千世間即空假中者，法智云乃是殷勤叮嚀之辭。恐人不識即空假中，即示云三千世間即空假中。」（文）

「世是隔別、間是間差」者，台家一往釋也。梵云「路計」，此云「世間」。具如《般若》說「世界」、「出、由世間」等。相宗作八轉聲釋，非止隔別、間差義，審者可計。十種五陰等者如《止觀》一。有「三千種世間」者，「千」字正應作「十」，如別行《玄》二。[103]

「三千法皆因緣生」者，有云《中論》偈文三諦總句，而四明往往所謂「因緣生法」、「無自性」等。有真言乘貶斥台宗為「劣於密奧旨」，今私會云：彼若纔聞一家性具之說，方知諸因緣生法皆是法界，不與別人已去同致？言有似偏意則實圓，豈與夫六大無礙同瑜伽意，有何殊耶？予此會說未曾經師授，則不揣當否，遂會通耳。後學恕之。

議云：猗歟惜哉！台宗諸侶固由未諳知真言立義，叵有邪說多所違失已家秘奧，其來已久，卻欲和會，全同乎彼者，真可謂之懷寶迷國之儔也歟。蓋夫真言者流嘗陵蔑云：天台但知緣起無性，齊住第一實際，認為法華極理。猶如昏醉，自忘其醉，都酩酊者，偏執法性真如，作諸法基而已。今真言教固由如實能知六大體性，以此立為能生本源。元為此體作法所依故，有即身成佛義能成立，何以故？謂眾生六大能究竟，則無非佛體六大，謂之生佛無差。蓋密宗意指自他身本覺，為佛為生為心是三無差意故，即是六大體性平等一味，凡諸眾生肉身所具六大種子，真俗無二，名為佛體。若自他身客塵業惑，各互殊隔，皆非無差，故《相承決》[104]云：「能生體大，生佛平等，而其所生四曼相大，三密用大，迷悟各異，不無差殊。應知本地無礙六大，與諸緣生事法，永不相應。」以是推之，彼指六大，必為能生。以相用法，局為所生。體及相用，俱不相融，終不能成「諸法趣心趣色，一為無量，無量能一」。棄諸妄外，別建立本。殊不能達「生滅去來，皆如來藏。煩惱染惡，體全性德。總在一念，事之陰心。體俱三千即空假中。生死滅變皆是常住。標幟之相從本自爾非今始。」

然則知彼縱令言有似圓而意皆偏。余竊核，[105]夫無畏、不空所明奧旨，大不同其。則驗由稟其授示者之封執，致錯謬誤矣。苟理然，則今台家圓宗，豈可甘濫同於彼得其宜哉？嗟乎！此邦台侶自曩皆該顯密而不識密義，其學密徒始未曾與聞開顯圓意，圓密同途而異其轍，各保一邊矢石不入。所以爾者，凡真言乘，秘要入門有漸、頓、超入者。

漸，則初法明道，獲除障三昧，逗入初地。此借別名，實是圓位。觀行相似，登住。真言行者，先就著處，但觀一念識等，全與《止觀》從行觀同。法界心蓮，以略顯廣故。頓，則入曼陀羅，頓覺速證。與《妙玄》等「即聞即證」、《華嚴》「不住學地」侔而不殊。超，則如《金光明》「超登十地」，《法華》龍女、身子「一念增損」，《華嚴》

「六位圓滿」，「地獄天子三重成佛」，「善財三生一念屆等」，《大妙經》說「不轉肉身證無漏果」，豈異軫耶？然保密璧者，旨逞高貢，偏誇嚴乎頓超法門，抑挫玉泉從行觀道，而反昧沒己宗真言行菩薩漸修秘要觀門者，豈非甚迂乎哉？思之思之。

《詳解》「今經大體者」至「亦寶所體」者，十妙三千，三諦異稱。為今《法華》開顯大車寶所大體，正如《妙玄》、《止觀》。若約妙密真言作釋者，如《大日經》說娑字門，諦不可得故，《無畏疏》曰：「梵云薩跢也，此翻為諦。諦謂如諸法真相而知不倒不謬」乃至「有無量相及一實諦（字相），……然本不生乃至無相無見無斷無證無修，如是見斷證修悉是不思議法界，亦空亦假亦中、不實不妄無定相可示，故云諦不可得」[106]，妙，寶蓮花是也。梵語娑字具阿形音，娑一阿三，謂有空中，所謂三千即空假中、三諦大體等。「一大車」即是一心三諦也。胎藏大日寶所三昧，顯現于世，一切諸乘莫靡皆寶，破有法王，出現世間[107]，唯以一大事因緣故，平等說法，充足普潤。所謂如是相，即相三諦。如是內緣本末，皆復三諦是也。阿、阿、暗、惡[108]，開示悟入，《妙句》云「秖開即具示悟入」。[109]梵毘婆舍那，此翻云「觀」。毘婆，能遍知義。若那，云「智」，佛之知見。闍那、若那並具阿音，即空假中一心三觀。白牛肥壯、全性起修、智行無作，諦、觀名殊而體莫別。全此顯略，即是深秘，皆不思議也。

《詳解》「七科諦境」至「名事理不二門也」者，有云：「解七科諦境中事理，直云性具變造者，且似相違而從成妙邊釋義之故，非誤耳。而名事理不二門者，不爾。《荊溪》本申修證不二，今云色心門，故非是也。《詳解》以性奪修、修德無功，故稱無作者，又云此亦不穩。何者？上句出《別行記》，謂修即性就體死句，下句出《光明》句，修德功寂，是就義理活底之句。凡約奪修，修德亡泯，奪體成無，但云無功，亡體家用，其體未奪故，取二處別文，合為一義。死活不稱，故非是也。」

今謂：《解》意本雖別文，隨義轉用，此中為成修德無作妙行，雖云奪修，非亡泯體，且推修德體上功用，即性無作，故云奪修無功。其實體不泯絕，不奪而奪，故稱無作。何妨之有？不可必非也。

「一一位具攝」等者，《華嚴．淨眼品》文云：「住於一地，普攝一切諸地功德。」 110
賢首《旨歸》云：「即一位中，具一切位」。《孔目》、《探玄》云：「隨得一位，得一切位。一乘主伴相入，相即圓融故。」等（文），今亦可以助成。「初阿字門」等者，如《大品》等「阿字門，一切法初不生故……荼字門入諸法邊竟處故。」《大日經無畏疏》云：「謂以一字釋一切字義」等、「一字門中具無量義」、「一一字門皆言不可得者，為明中道義故。」（文）「妙乘三軌」等者，如《妙玄》五。「眾生由理具三千」等者，如《妙玄》四。「如月不下降」等者，《妙玄》六云：「如一月不降，百水不升而隨河長短，一時普現，此是不思議妙應也。」「神名天心」等者，如《妙玄》四。「化復作化」等者，如《妙玄》四。「十種利益」等者，如《玄義》六。「以十法皆即三千」下二解。初解《鈔》通結釋本文「不可不了」、「為成妙解」之述意也。次「若能知者」下，別解四明發明文外親指「《荊溪》為開妙解」十門述意。如序「十門出《釋籤》」、「荊溪妙解翻隱於時」，亦《指要》所由起也。

註解

1 遵式此序亦收錄於宗曉編纂之《四明尊者教行錄》（以下簡稱《教行錄》）卷七中，並加有註釋。鳳潭有參考此註，後文屢屢引用，稱「教行錄注」或「行錄注」。南宋天台僧人宗曉（一一五一—一二一四），人稱石芝宗曉、四明石芝。為四明知禮—尚賢—繼忠下一脈弟子。著有《四明尊者教行錄》、《樂邦文類》、《樂邦遺稿》等。

2 校本為「光記」二字。引自知禮述《金光明經文句記》卷一。《卍續藏》原文為「謂繭之緒也。凡繭之抽絲先抽其緒。緒盡方見其絲。今以五事在初如絲之緒也。」（CBETA, R31, p. 56b14-15）

3 懺主，即北宋天台僧慈雲遵式。

4 鳳潭意即四明知禮對慈雲此序之回謝啟收在石芝宗曉編纂的《四明尊者教行錄》中，檢今《大正藏》本《教行錄》為卷五〈謝聖果法師作指要序啟〉。慈雲序亦收於《四明尊者教行錄》卷七。另有疏文，鳳潭認為此疏為宗曉所作，在後文中常有引用並補充說明。

5 《妙玄》為智顗說、灌頂記《妙法蓮華經玄義》之略稱。「總序」指《妙玄》之灌頂所述序文〈法華私記緣起〉，「大法東漸」乃灌頂此序的首句。

6 《籤》指湛然《法華玄義釋籤》。

7 （東大本卷一、慈雲序之第一丁左）日本漢字為羕，上羊下水，即漢字「様」之右半。有時又刻為上中下結構的「八王水」（東大本卷一、正文第十七丁右第九行之《相承決》），江戶時期刻本中為「承」的異體字。「此承上『夷、替』義，別敘其人亡則大化漸平，幾乎夷滅。有云非承上事者，未必然歟。」鳳潭意即「這如同上文所言『夷、替』之義，再次說明『人亡則大化漸平，幾乎夷滅』。有人認為和上文所言不同，但我認為他的看法未必對」。

8 校本為：必生「有」人。查四明知禮塔銘（《教行錄》卷七）：天欲久其道。世必生其人。

9 同「儔」，指同輩。檢現存之《大正藏》，《選翼》這一段引文有漏「喚」字。加之則較通順。道宣《四分比丘尼鈔》卷二：「又，小比丘向大比丘稱『長老』，大比丘稱小比丘為『好學』（尼亦準同）。《五分》云：不得展轉作俗人相喚『阿婆、阿母、阿兄、阿弟』。喚師僧應言『和尚』、『阿闍梨』（今時僧尼，喚和尚、闍梨為『阿師』，喚同學云『某公』，此無識之甚也。）」（CBETA, X40, no. 724, p. 738c3-6 // R64, p. 115b5-8 // Z 1:64, p. 58b5-8）

10 現存《大正藏》，《四明尊者教行錄》卷七之〈四明法智尊者實錄〉記為：「十五祝髮受具，二十從寶雲通法師學天台教觀，始及二載。」（CBETA, T46, no. 1937, p. 919b）而同卷七〈實錄〉之前〈塔銘〉內文更接近可度所言：「十五受具戒，而專探律部。二十學天台教法于寶雲（義通）法師之席。」（CBETA, T46, no. 1937, p. 918b）

11 據《寶慶四明志、郡志卷十一》載〈寶云院〉條目：子城西南二里。舊號傳教院。皇朝開寶元年建，太平興國七年改賜今額。先是有僧義通自三韓來，振譽中國。漕使顧承徽舍宅為義通傳道所，乞額寶云，昭其祥也。中國哲學書電子化計劃，https://ctext.org/wiki.pl?if=gb&chapter=765658（二〇二二年十一月二十二日瀏覽）。

12 校本為「性」。

13 此處脫「必」字。校本作「必有所表」。

14 即南本《大般涅槃經》。

15 查《大般涅槃經》原文作「自事我來」。

16 即知禮述《金光明經文句記》卷三。

17 「會，總也、合也、計也。孟子云：『會計，當而已矣。』一本作『曾』，未穩。」此句或為寫本或刊刻時錯植．可能是鳳潭對下段序文中「眾流會海」之「會」字的校釋。查此段無論慈雲序文或可度詳解文皆無「會」字。

18 即西元九五二年。廣順為五代後周之年號。

19 《卍續藏》原文為：「予自濫講逮四十餘年矣。凡釋一文申一義，未嘗不以部味教觀而為憑準。」指知禮述、繼忠集《法智遺編解謗書》一卷，收於《卍續藏》之《四明仁岳異說叢書》內。繼忠為知禮—尚賢—繼忠一脈之法孫。

20 此處鳳潭與宗曉《教行錄》註兩處不同：一、語序不同。鳳潭取「勗哉夫子」，宗曉取「夫子勗哉」。鳳潭註為《尚書》下之「周書」，宗曉為「尚書」。參《大正藏》，《教行錄》卷七原文：勗，勉勵也。《尚書》：夫子勗哉。

21 鳳潭引文縮兩句為一句。柳宗元《佩韋賦》：「寬與猛其相濟兮，孰不頌茲之盛德。克明哲而保躬兮，恢大雅之所勖。」《全唐文》卷五六九。

22 鳳潭指出宗曉《教行錄》註的斷句與可度此處的不同，而是將「大哉」歸入遵式的下句而合並理解。

23 原文「顛宻」（顛密）之「顛」疑為「縝」字，與下「密」字合為「縝密」方符合文脈。

24 引自羅什譯《妙法蓮華經》卷四〈法師品第十〉：「是善男子、善女人，入如來室、著如來衣、坐如來座，爾乃應為四眾廣說斯經。如來室者，一切眾生中大慈悲心是；如來衣者，柔和忍辱心是；如來座者，一切法空是。安住是中，然後以不懈怠心，為諸菩薩及四眾廣說是法華經。」（CBETA, T09, no. 262, p. 31c）

25 即遵式撰「祭四明法智大師文」，收於《教行錄》卷七。

26 校本作「逸」。鳳潭隨宗曉《教行錄》之註。

27 校本作「時」。鳳潭隨宗曉《教行錄》之註。

28 即道安分佛經為序分、正分、流通分。

29 校者註：隤，異體字頽、墤、頹。四字音皆同「頹」。墜下之義。此處皆按照東大本之字體抄錄。

30 此處東大本似有誤，應以校本為正，即「亂」，紊。

31 此處可度舉出知禮認為奉先源清《示珠指》等山外之作不當解讀《十不二門》的典型例子。把「之」字訓為「往」字來解讀湛然「法性之與無明，遍造諸法，名之為染；無明之與法性，遍應眾緣，號之為淨」的句意。把「造謂體用」改為「造謂體同」。共改二十來字。詳見《指要》及《詳解》。

32 校本為「凜凜」。

33 鳳潭或參考的是南宋學者蔡沈（亦作蔡沉）之尚書註《書集傳》。

34 此處鳳潭校「隤」、「頹」字，取了郭璞《爾雅注疏》「暴風自上下也」之義，而不取「墜下」之義，所以他認為應以「隕」字為正，字義也相符。

35 鳳潭認為正確的是「懔懔」，認為校本的「凜凜」錯。因此東大本刻為「懔懔」。危懼，即憂慮恐懼的樣子。

36 齊玄穎三師：「齊」指永嘉繼齊（生卒年不詳），梵天慶昭弟子，奉先源清法孫。「玄」指嘉禾子玄，即長水子璿（965-1038）。長水、嘉禾、秀州等為歷史地名，皆指今嘉興與南湖一帶。「穎」指天台元穎（生卒年不詳）。活躍於大觀、政和年間，傳授天台。著有《天台宗元錄》等。以上三人皆為北宋僧，皆批駁知禮「別理隨緣」之論。「別理隨緣」是知禮在《十不二門指要鈔》及《別理隨緣二十問》中提出的其代表性理論之一。可度《詳解》卷下有三處相關註釋，說明繼齊、子玄、元穎三人與知禮往來辯論的詳情。參見可度對《指要鈔》「世人見予立別教理有隨緣義，惑耳驚心，蓋由不能深究荊溪之意也……」一段之註釋（CBETA, X56, no. 931, pp. 471c20-472b17 // R100, pp. 429a09-430a18 // Z 2:5, p. 215a9-18）。

37 《鈔》中引《妙記》「專緣理性」：《指要鈔》中引用湛然《法華文句記》卷一文：「今背迷成

悟、專緣理性而破九界。」（CBETA, T34, no. 1719, p. 171b3-4）

38 《四明十義書》卷二：「蓋由上人師祖已降，皆謂心獨是理，生佛諸法唯是於事，故妄認談於真性便是觀心。」（CBETA, T46, no. 1936, p. 846a14-15）

39 逸堂（生卒年不詳），即逸堂法登，南宋天台僧。為知禮—繼忠—月堂法脈。可度引法登《議中興教觀》：「中興其教，不在茲乎?」（CBETA, X57, no. 959, p. 97b8-9 // R101, p. 408b8-9 // Z 2:6, p. 204d8-9）

40 原刊為勢之異體字「勢」，上下結構。上部左生右丸，下從力。

41 校本「并引」作「并序」。

42 即《盂蘭盆經疏摭華鈔》，據孤山智圓自序，原是傳與對圭峰宗密的《盂蘭盆經疏》作註疏，而後智圓將其重輯而成。

43 檢今《大正藏》之澄觀《華嚴經疏》（CBETA, T35, no. 1735）及《華嚴經隨疏演義鈔》（CBETA, T36, no. 1736），未見。

44 「重煩」與校本同。詞義上，與後文鳳潭所指「繁重」、「煩重」類似。另，可度校本另有二處使用「繁重」。然檢《大正藏》，意思類同條件下，「重煩」較之「重繁」少用。可見，表示「重複繁瑣」之義時，以上各詞通用。

45 校本《詳解》無此四字。

46 指《妙法蓮華經》。

47 指知禮《觀音玄義記》（CBETA, T34, no. 1727）。

48 即國清宗昱，又名宗翌，五代宋初天台僧人，淨光義寂（九一九—九八七）法嗣。著《註法華本迹十不二門》一卷，又名《註十不二門》。

49 校本中「儁」字為「雋」字。或指（宋）林鉞（一名林越）所輯《漢雋》。此後鳳潭對此字有一段說明。

50 忠法師，即扶宗繼忠（一〇一二—一〇八二），北宋天台宗山家派僧人，知禮之法孫。

51 奉先源清（？—一〇〇〇）北宋天台宗山外派僧人，慈光晤恩法嗣。弟子有孤山智圓、梵天慶昭等。作《法華十不二門示珠指》。

52 《四明尊者教行錄》卷四所引的扶宗繼忠原文：「吾祖法智尊者，始因錢塘奉先清師製《示珠指》，解十不二門總在一念之文為真心，別分色心為俗諦，改造謂體用，為造謂體同，凡改二十來字。天台昱師《註不二門》立唯觀不思議境，消一念三千唯色唯心之文為真諦。法智愍而救之，所以《指要》之所由作也。故序曰：或示或註著述云云。是此也。清師又立心法三千為理造，生佛三千為事造，殊不知三法各具事理二造，故《指要》破曰：據他所釋，心法是理，唯論能具能造；生佛是事，唯有所具所造。則心造之義尚虧，無差之文永失。又序曰：事理未明、解行無託，此皆破於清公也。」（CBETA, T46, no. 1937, p. 896b）

53 校本中「令」字為「合」字。

54 校本中「柬」字為「揀」字。東大本的「柬」字，字跡潦草，應是重刻時出現不一致。

55 東大本顯示為嶲。左邊「雋」上部加「山」。

56 鳳潭這裡指可度之評說糾正了石芝宗曉在註釋〈指要鈔遵式序〉的四字內文「或多註釋」時，弄錯《指要鈔》與孤山智圓《證義》二文的時間順序，錯把後者也算在遵式所謂的「或多註釋」的範圍之內了。宗曉《四明尊者教行錄》卷七：「『或多注釋』，蓋指荊溪之後奉先珠指孤山證義之類也。」（CBETA, T46, no. 1937, p. 921a）

57 湛然《止觀輔行傳弘決》卷五：「又介爾者。介者弱也。詩云：介爾景福。謂細念也。」（CBETA, T46, no. 1912, p. 296a）

58 知禮《十不二門指要鈔》卷一：「若事若理，皆以事中一念為總。」（CBETA, T46, no.1928,

p. 708c）

59 知禮《十不二門指要鈔》卷一：「蓋一切教行皆以觀心為要，皆自觀心而發。」（CBETA, T46, no.1928, p. 705c）

60 湛然《法華玄義釋籤》卷十四：「若曉斯旨則教有歸，一期縱橫不出一念，三千世間即空假中，理境乃至利益咸爾。」（CBETA, T33, no. 1717, p. 918a）

61 智顗《摩訶止觀》卷五：「介爾念起。所念、念者，無不即空。空亦不可得。」（CBETA, T46, no. 1911, p. 56c）

62 鳳潭引玄應《一切經音義》卷五：「《周易》悔若者在乎介。韓康伯曰：介，纖介也。劉瓛曰：介，微也。」（CBETA, C56, no. 1163, p. 891c）

63 知禮自序及可度、鳳潭之註到此為止。以下是正文內容。

64 《十不二門指要鈔》分為兩大部，即科分所謂的「初釋題、二釋文」。「二釋文」又下分三部分，即如後所述。

65 《十不二門指要鈔》卷二：「初、約十門明「理一」。門門皆顯三千即空假中。十門既然，十妙亦爾，故云「通入」及「理一」也。二、如境下，約十妙釋「理一」。」（CBETA, T46, no. 1928, p. 719b11-13）。即科分中所謂「約十門明理一、約十妙明理一」。

66 可度把「釋文」分成三個部分：總敘立意、列門解釋、結攝重示即結文示意。分別比擬佛經的「序分」、「正宗分」、「流通分」。

67 這段意思是「釋文為三」一共五層論義結構，用科文加阿拉伯數字表示如下：

2. 二釋文（共分三點：總敘立意、列門解釋、結文示意）

2. 1. 初總敘立意（下分四點。分別為：初序前文立述作之意、二例後義彰法理無殊、三別示玅體，令解行俱成、四結示立名使詮旨斯顯）

2.1.1.初序前文立述作之意（下分二點。分別為：初敘前、二立意）

2.1.1.1.初敘前（再下分二點：初敘教廣、二敘觀略）

2.1.1.1.1.初敘教廣（再下分二點：初十玅意、二眾釋意）

2.1.1.1.1.1.初十玅意

68 此處鳳潭並未加註。

69 即《十不二門樞要》二卷（《卍續藏》新文豐版第一百冊）。兩宋天台宗僧人智涌了然（一〇七七—一一四一）著，法嗣為四明知禮—神照本如—法真處咸—安國元惠—智涌了然。

70 智顗《四教義》卷一：「問曰：四教從何而起。答曰：今明四教還從前所明三觀而起。」（CBETA, T46, no. 1929, p. 724a）

71 校本中「由」字為「出」。

72 東大本刻為「假」，但對照《指要鈔》、可度《卍續藏》之校本、東大本之點校朱筆等，可知應為錯刻，故點校者改為「暇」。

73 可度引智顗《妙法蓮華經玄義》卷二文：「四、觀心者，觀一念無明即是明。《大經》云：『無明明者，即畢竟空。』空慧照無明，無明即淨。譬如有人覺知有賊，賊無能為。既不為無明所染，即是煩惱道淨。煩惱淨故則無業，無業故無縛，無縛故是自在我。我既自在，不為業縛，誰受是名、色、觸、受？無受則無苦。既無苦陰，誰復還滅？即是常德。一念之心既具十二因緣，觀此因緣，恒作常、樂、我、淨之觀。其心念念住祕密藏中，恒作此觀，名託聖胎。觀行純熟，胎分成就。若破無明，名出聖胎。」（CBETA, T33, no. 1716, p. 700c）

74 校本作「二十二」。

75 智顗《妙法蓮華經玄義》卷二：「觀心可知，不復記也。」（CBETA, T33, no. 1716, p. 702a）

76 可度所引即南宋僧柏庭善月（一一四九—一二四一）所著《附鈔箋要》，現已遺失不傳。鈔即《指要鈔》。法系為四明知禮─廣智尚賢─扶宗繼忠─草堂處元─息菴道淵─圓辯道琛─月堂慧詢─柏庭善月。

77 湛然《止觀義例》卷一：「一者部體本意。凡欲釋義，先思部類。如《法華玄》，雖諸義之下皆立觀心，然文本意明五重玄義出諸教上，則教正觀旁。託事與觀義立觀心。教中則以權實本迹為主。常以五味八教。以簡於權。並以世界塵數以簡於迹。若本迹交雜教味疏遺。無以顯於待絕二妙。餘味餘部以類求之。則可知矣。若今止觀，縱用諸教意在十法以成妙觀，則觀正教旁。為顯實理，旁通諸教；復為生信，旁引諸經。」（CBETA, T46, no.1913, p. 448c）

78 東大本作「觀」，應是錯刻。依校本及《卍續藏》《十不二門樞要》改為「妙」。

79 東大本作「念」，應是錯刻。依校本及《卍續藏》《十不二門樞要》改為「心」。

80 了然《十不二門樞要》卷一：「然此文與致，正為於觀。教觀傍正須知二意：一約三部所自之文，二約一家傳通之旨。三部所自則傍正互有。如《義例》云『凡欲釋義，先思部類。如《法華玄》，雖諸義之下皆立觀心，然文本意明五重玄義出諸教上，則教正觀傍。託事與觀義立觀心。……若今止觀，縱用諸教意在十法以成妙觀，則觀正教傍』。一家傳通則惟觀為正，是故三部皆以觀心而為正要。以從文故，《玄》既觀傍，故於十妙觀有存沒。今從旨故，玄亦觀正，故撮十妙為此十門。門門既乃即心妙，妙無非是觀。若談觀文言望於止觀，此中極略；若談宗旨望於止觀，今文頗周。以止觀宗旨，無出三千即在一念。今以三千不二點示一心，心全是妙，妙不出十。若曉十妙則止觀可知。故云：『一期縱橫不出一念三千世間即空假中，理境乃至利益咸爾。則止觀十乘成今自行因果；起教一章成今化他能所。』（《十不二門》引文）」（CBETA, R100, p. 219b）

81 即智顗《金光明經文句》卷一〈序品〉「觀心解者，四方是四諦，四佛是四諦智……」的前後部分。（CBETA, T39, no. 1785, p. 49c）

82 知禮《金光明經文句記》卷一：「行者應知，借四方佛表四諦智，此乃託事兼附法。」（CBETA,

T39, no. 1786, p. 94a）

83 即孤山智圓《維摩經略疏垂裕記》。

84 《四明十義書》卷二：「故淨名疏釋法無眾生等諸句。一一皆以生空觀。歷心及餘陰入諸法而觀。雖附三脫法相。於陰境理境。用觀破惑。證體起用。一期略足。乃是用於約行觀門。修於附法之觀也。」（CBETA, T46, no.1936, p. 851a）

85 《四明十義書》卷二：「且大林精舍是依報色入，以理智體之，正同方等普賢歷尊容道具，用法門體達。此則方是託事之觀。」（CBETA, T46, no.1936, p. 851c）

86 指湛然《法華文句記》卷一〈釋序品〉：「言『機關』者，機謂機微，可發之義；關謂關節，假人而動。」（CBETA, T34, no. 1719, p. 171a）

87 此處鳳潭先引湛然《法華文句記》（即《妙樂》）對「機」與「關」的釋義之後話鋒一轉，以兩個反詰句批此處可度對「樞」、「機」的兩條釋義都放錯重點。鳳潭認為湛然文脈中「樞機」二字的重點在「樞」字、即「機要」之義，以述觀心是教行之要點。知禮之釋自然也在「樞」上，因而接述「一切教行皆以觀心為要」。

88 即鳳潭校字：可度用「依」三觀，但四明原文為「從」……三觀而起。

89 慧思《諸法無諍三昧法門》卷一：「無量佛法功德，一切皆從禪生。」（CBETA, T46, no. 1923, p. 627c）

90 出天台祖師傳記，如《佛祖統紀》卷六慧思傳：「吾昔於夏中，一念頓證，諸法現前。」（CBETA, T49, no. 2035, p. 180b）

91 所謂「要」且「發」，鳳潭意即呼應《指要鈔》前文「蓋一切教行皆以觀心為要，皆自觀心而發」。

92 關於「畢竟自觀說出四教」，鳳潭應指《維摩經玄疏》中智顗以觀對應四教之文：「若破眾生一念無明心者，則一切諸佛所說之經皆顯現也。若行人能用觀心尋讀心經，即見佛性，住大涅槃也；於一切頓、漸、祕密、不定諸經，皆得明了。所以者何？

觀心生滅，見一切三藏教橫竪分明；觀心不生滅，見一切通教橫竪分明；觀心假名，見一切別教橫竪分明；觀心中道，見一切圓教橫竪分明。」（CBETA, T38, no. 1777, p. 549b4-11）

93 淨覺仁岳《十不二門文心解》：「且如境妙七科四諦十二因緣則存；二諦三諦等則沒。」（CBETA, R100, p. 172a）

94 即梵天慶昭（錢塘慶昭，九六三—一〇一七），北宋天台僧人，奉先源清法嗣。據《教行錄》知禮年譜所載，四明曾著《觀心二百問》呈於慶昭問義。

95 孤山智圓《顯性錄》共四卷，金錍註釋。

96 知禮《觀無量壽佛經疏妙宗鈔》卷四：「問：《義例》三種皆是理觀，今之十六歷依正事，何預三種邪？答：託事、附法二種三觀，有事有理，且置未論。從行三觀以何義故不得歷事？既言從行，必四種行。常坐一種縱直觀理，餘三三昧豈不兼事？如般舟三觀歷念佛事，方等三觀歷持咒事，法華三觀歷誦經事，請觀音三觀歷數息事，覺意三觀歷三性事。此等歷事若非從行，攝屬何邪？」（CBETA, T37, no.1751, p. 217a）

97 承上科分2.1.1.初、序前文立述作之意。下分2.2.1.1.1.初敘前、2.1.1.2.二立意。「二立意」下再二：2.1.1.2.1.初、重示大部意；2.1.1.2.2.二、正明今述意，下分二點：2.1.1.2.2.1.初為成鈔解、2.1.1.2.2.2.二為成鈔行。

98 此處鳳潭未在教義上發揮，僅引用《說文》、《爾雅》及其郭璞注、邢昺疏中「肆」的內容稍作改動，對「故」字做了詳細說明。

99 校：據現存的《四部叢刊續編》刻本內之邢昺疏為：因上起下之語。https://zh.wikisource.org/wiki/Page:Sibu_Congkan_Xubian021-%E9%82%A2%E6%98%BA-%E7%88%BE%E9%9B%85%E7%96%8F-2-1.

djvu/40（二〇二二年十一月十六日瀏覽），又《康熙字典》中「故」字釋義：《禮・曲禮・疏》「故者，承上起下之語」。

100 校本作「別示」。

101 校本作「茶」。

102 鳳潭註記宋代處元所作《摩訶止觀義例隨釋》卷二：「又復應知。達三千者即妙三觀。而餘文中或云三千世間即空假中者。乃是鄭重叮嚀之詞。」（CBETA, R99, p. 845a11-12）然而，《選翼》引文亦含下文「恐人不識即空假中，即示云三千世間即空假中」。尚未檢出。或鳳潭所參《隨釋》版本不同於大正藏，或學生註記有誤。

103 鳳潭指出可度引用智顗《觀音玄義》有誤，應為三十種世間。此處或是鳳潭記錯，或當初所閱之版本在卷二，存疑。《大正藏》為《觀音玄義》卷上：「世是隔別，即十法界之世，亦是十種五陰、十種假名、十種依報，隔別不同，故名為世也。間是間差，三十種世間差別，不相謬亂，故名為間。」（CBETA, T34, no. 1726, p.884a18-21）

104 亦稱《相承口決》，鳳潭或許參考的是日本天台密教（台密）的文獻。尚未檢出。

105 原文為核之異體字「覈」（正文十七丁右第十七行）。

106 鳳潭所引《大日經疏》，參考《大正藏》二十卷本《大毘盧遮那成佛經疏》卷七：「『娑字門，一切諸法一切諦不可得故』者，梵云薩跢也，此翻為諦。諦謂如諸法真相而知不倒不謬，如說『日可令冷、月可令熱。佛說苦諦不可令異。』集真是因，更無異因。因滅則果滅，滅苦之道即是真道，更無餘道。復次《涅槃》云『解苦無苦，是故無苦而有真諦。餘三亦爾』。乃至分別四諦有無量相及一實諦，如〈聖行品〉中說之。是為字門之相。然一切法本不生，乃至畢竟無相故、語言斷故、本性寂故、自性鈍故，當知無見無斷、無證無修。如是見斷證修悉是不思議法界，亦空亦假亦中，不實不妄無定相可示，故云諦不可得。」（CBETA, T39, no. 1796, pp. 655c-656a）《大日經疏》別版十四卷本《大日經義釋》卷五（收於《卍續藏》）之內容相同。唯一不同：二十卷本作「娑字門」，十四卷本《義釋》為「沙字門」之別。鳳潭很可能是參考在日本被稱為「無畏疏」的二十卷本。

107 見《妙法蓮華經》卷三〈五藥草喻品〉：「破有法王，出現世間。」（CBETA, T9, no. 262, p. 19c）

108 此處鳳潭應是引用《大日經疏》中「所謂字輪者，從此輪轉而生諸字也。輪是生義，如從阿字一字即來生四字，謂阿是菩提心，阿（長）是行，暗是成菩提，噁是大寂涅槃」（CBETA, T39, no.1796, p. 723b2-5），並與天台之「開示悟入」結合。

109 智顗《妙法蓮華經文句》卷四：「秖開即具示悟入。」（CBETA, T34, no.1718, p.51b23-24）

110 六十卷本《大方廣佛華嚴經》卷一，〈世間淨眼品第一之一〉：「住於一地，普攝一切諸地功德。」（CBETA, T9, no. 0278, p. 395b25-26）

大寶守脫《教觀綱宗釋義會本講述》

——國立臺灣大學中國文學系助理教授　簡凱廷整理

解題

守脫（一八〇四—一八八四），字大寶，號清淨金剛。俗姓中川，伊勢國三重郡水沢村人（今三重縣四日市市水沢町）。十六歲時登比叡山入横山飯室谷安樂院律師聖寶守良（一七六三—一八五一）之室。十九歲受菩薩戒。天保四年（一八四四）接受慧澄癡空（一七八〇—一八六二）傳法灌頂。永嘉三年（一八四九）結束安樂律院輪番工作，移居坂本世尊寺。此後，比叡山三塔大眾因慕守脫博學廣識而請開講筵者多，聲名一時高揚。慶應三年（一八六七）六十四歲的守脫因講授《秘密儀軌》，受到安樂律派僧的批判，脫去安樂律院僧籍。明治二年（一八六九）僧籍轉入寺門派。從此往復於比叡山、園城寺間開講。明治六年（一八七三）任園城寺日光院住持，之後歷任大講義、權少教、中教正、寺門管長等職。明治十七年（一八八四）示寂。守脫與其師慧澄並目為近代日本天台宗最後之巨匠，著作繁多，除精通天台教學外，亦該通儒學，又長於音韻之學。

《教觀綱宗釋義會本講述》一書，法鼓文理學院圖書館藏複本，複製自立正大學圖書館，為明治時期曹洞宗僧人逸雄（生平待考）所抄，並擬定題名。此抄本分為上下兩卷，半頁十行，行二十字，無版框，無行格。逸雄在書前提及成書因緣時說：「大寶中川守脫大和上之講本，為三井山內法泉院藏什，現存焉。明治三十二年台麓留錫中依道友龍山清水二樂師借覽，特抄錄其箋及格註等為別冊，乃成上下兩卷，私題名講述，是其從和上自題他書末註之例也。」

明末清初蕅益智旭（一五九九—一六五五）所作《教觀綱宗》及《教觀綱宗釋義》，傳入日本江戶後受到關注。慧陳德義（生卒年不詳）曾會此二書以「教觀綱宗會本」的題名出版和刻本，助之流通。《教觀綱宗釋義會本講述》一書是守脫講智旭《教觀綱宗》（及《釋義》）所留下的講本。此講本是研究智旭天台教學在日本江戶傳播、接受史的珍貴文本。

凡例

一、古今字、異體字、正俗字原則上改為通行字。

二、原書明顯錯別字直接以（）標示，改正字以〔〕標示，不另行出註說明。

三、原書有殘缺或難識者，以□表示之。

四、原書天頭文字改置於註腳中。

五、謹斟酌原書句讀、訓讀符號，以及文意，施以現代標點，幫助讀者閱讀。

書影

教觀綱宗尺義會本再述卷上

△教觀綱宗等　分会不是改正如左

教觀綱宗尺義會本卷上　日東沙門慧義會

教觀綱宗尺義　北天目蕅益沙門智旭述

教觀綱宗　原名〃〃〃〃類名　北天目沙門智旭重述

△日東　唐詩音注云日東日本国也在大海之東日

出之地故云日東ト

△北天目　姑　陶淵明詩云早晚發天目注云天目山名在於杭州

詩集注廿七　山名在於武林廣輿記沩云天目山在杭州

臨安縣通書第三十四洞天上有兩峯頂各一池名

《教觀綱宗釋義會本講述》逸雄道人修善序

大寶中川守脫大和上之講本，為三井山內法泉院藏什，現存焉。明治三十二年，台麓留錫中依道友龍山清水二樂師借覽，特抄錄其箋及格註等為別冊，乃成上下兩卷，私題名「講述」，是其從和上自題他書末註之例也。與本書傍註要併看。

洞上沙門

逸雄道人修善

《教觀綱宗釋義會本》大寶守脫大和尚講本箋並格註抄錄

朱書並細書，俱同師筆。

○開卷第一表紙貼箋

△問：《文句》[1]一之《記》止如何？

甚ヨシ。《文句》正就判釋部教相對而分綱目。モケツトスゲガタタ也。旭師約直就教體收一代所說數多教綱。各有其意。

化法為綱義未料簡イデ不申候。

△謹答：《妙句記》[2]據判釋名相。《綱宗》[3]據施化儀意。其義不同。

△問：往來八千返止如何？

既說往來八千，利根之人聞之，即破伽耶始成之執，達久成實本。旭師得是意，為顯本之說歟？

○序初紙入紙

問：聞被接但約菩薩，二乘亦被別、圓來接耶？

答：三藏一教被接義全廢。通教二乘菩薩顯露被接，二乘秘密被接。

問：若約密得者，藏教二乘次第純熟，得二蘇冥成通、別兩益，豈非密得被接義？

答：義當通、當別，是云密成通益、密成別益，非謂成通人、成別人，故接義不成。

問：若然，通二乘亦何論接一家教義？《法華》以前不許二乘改觀故。

答：三藏二乘必是根敗之士，菩提心死，於《法華》前生滅度想，故不得論接。通教二乘雖復不顯露改觀而不全同鹿苑滅想，稟教既巧，根性本利，空執淺故，兼見不空，故得密被別、圓來接。若以生滅度想者，便同三藏，非今所論。

○同二紙入紙云：

問：三藏界內不相即止其異如何？

答：三藏緣生存實故，六道事外別立但空理，析滅其事法別見偏真理，故云界內不相即。

別教於隨緣見差別相，於不隨緣為無差別，故攝相歸性，方顯平等真如理，是則事差別，理無差別，常隔異，故云界外不相即。

問：通教界內相即止其異如何？

答：通教緣生事亡實故，不離六道事顯空真諦理，故云界內相即。若然，不離之即非當體全是也。

圓教於緣生達性德故，即相顯性，是性具十界諸法，事當體全是理，故云界外相即。是當體全是，非不離也。

問：何故藏、通，能（全）〔詮〕即不即異，所詮同偏真無淺深止如何？

答：藏、通二教教意巧拙大異，（里）〔理〕外立法故俱歸隨情權，是所以理無淺深也。

別、圓二教，俱據中道，被界外利、鈍二機，有離邊、即邊之異，理分權實，故所詮不同也。若知界內之教俱權，界外之教權實有異，其義自可辨。

△將講此書，大分三門：

初述作意者（修曰：此一紙文全同《玄籤講述》[4]所出，故今省之）。

二、釋題號者，上四字，所釋，別號；釋義二字，能釋，通自教觀之綱宗；依主得名。綱宗釋義，即會本，同依釋也。綱宗釋義四字，今是會本題號，相違得名，非依主釋，綱宗與釋義會合本故。若釋義題，綱宗之釋義，依主得名。

三、入文解釋者，

○第二備考。教觀綱宗述作意者，時人唯讀《四教儀》一卷，謂足達一家教觀，至台宗甚昧，旭師救時弊，述作此書。

且檢上卷九紙有通、別五時論。又十二紙已下有化儀四教說中頓教部、漸教部，秘密分別：秘密教、秘密咒，不定分別：不定教、不定益。又十八右七行《釋義》釋藏教十二因緣，依《唯識論》[5]意，斥他人一概依《俱舍》義。小乘論云因緣唯緣覺行。又十八左十行明界方便即析空觀。又十九右已下四教各論六即，別在圓教一家解釋，本通四教各論六即。又時人但認本具言為圓教，謂一家獨談，故旭師殊於藏教，立本具名，二十二左七行《釋義》意令他簡其旨。

《宗論》[6]一初〈蕅益大師自傳〉四左云：「生平嘗有言曰：『漢宋註疏盛而聖賢心法

晦，如方木入圓竅也；《隨機羯磨》出而律學衰，如水添乳也；《指月錄》盛行而禪道壞，如鑿混沌竅也；《四教儀》流傳而台宗昧，如執死方醫變證也。是故舉世若儒、若禪、若律、若教，無不目為異物，疾若寇讎。』」斥時人但讀《四教儀》一卷。此《綱宗》十右，又《會義》六之四十五之文之書キ入レヲク。往見。又六之三九〈重刻大佛頂經玄文自序〉云「習台宗者昧唯識，習法相者迷圓理，所以眾解咸失綱要」至「後因雙徑坐禪，始解文字之縛，復因數番講演，深理葛藤之根，並探二宗，融以心鏡」。

今據此等說，案今書多用唯識法相釋，意為台宗及法相宗失意者。

又「綱宗」題號，意含融禪、教，故《釋義》中引《臨濟》語解釋綱宗題號云云。同四之三四左云：「宗者無言之教，教者有言之宗，至言也。三藏十二部，默契之，皆宗也。既無言矣，安得謂之教？千七百公案，舉揚之，皆教也。既有言矣，安得謂之宗？云云」

○釋《綱宗》文，大分為二：

1. 初總題

2. 二別文二

2.1. 初略示佛祖要旨二

2.1.1. 初標示「佛祖」下

2.1.2. 二釋義「觀非」下

2.2. 二正明教觀綱宗二

2.2.1.初且略敘二

2.2.1.1.初教觀大綱二

2.2.1.1.1.初雙標數「然統」下

2.2.1.1.2.二隨釋義二

2.2.1.1.2.1.初教綱「八教者」下

2.2.1.1.2.2.觀綱二「（義）（藏）以」下

2.2.1.1.2.2.1.初化法四種觀三

2.2.1.1.2.2.1.1.初舉四觀

2.2.1.1.2.2.1.2.辨因果「四觀」下

2.2.1.1.2.2.1.3.判權實「藏、通」下

2.2.1.1.2.2.2.二化儀三種觀「就圓」下

2.2.1.2.二教觀宗要「為（宗）（實）」下

2.2.2.二悉更明二

2.2.2.1.初五時二

2.2.2.1.1.初約五時略明「且約一代」下

2.2.2.1.2.二判通、別廣明三「然此」下

2.2.2.1.2.1.初標起三

2.2.2.1.2.1.1.初總標「然此」下

2.2.2.1.2.1.2.二旨趣「故須」下

2.2.2.1.2.1.3.三釋相「今先」下

2.2.2.1.2.2.二圖示

2.2.2.1.2.3.三正申三

2.2.2.1.2.3.1.初標示「通、別」下

2.2.2.1.2.3.2.二舉明文「《法華》」下

2.2.2.1.2.3.3.正決判二

2.2.2.1.2.3.3.1.初示意

2.2.2.1.2.3.3.2.二正明二

2.2.2.1.2.3.3.2.1.初通五時「先明」下

2.2.2.1.2.3.3.2.2.二別五時三

2.2.2.1.2.3.3.2.2.1.初就最鈍根具歷五味正明三

2.2.2.1.2.3.3.2.2.1.1.初標示「次明」下

2.2.2.1.2.3.3.2.2.1.2.二正釋「所謂」下

2.2.2.1.2.3.3.2.2.1.3.三結旨「然只」下

2.2.2.1.2.3.3.2.2.2.二明上中根二三四味入實「又有」下

2.2.2.1.2.3.3.2.2.3.三明鈍中之鈍待涅槃或滅後餘佛「復有」下

2.2.2.2.二八教二

2.2.2.2.1.初化儀二

2.2.2.2.1.1.初四種教三

2.2.2.2.1.1.1.初四種各部教相對明「頓有二義」下

2.2.2.2.1.1.2.二簡部中用教多少「頓教部」下

2.2.2.2.1.1.3.三示教教各有漸、頓二義「頓教相」下

2.2.2.2.1.2.二三種觀三

2.2.2.2.1.2.1.初標示「約化」下

2.2.2.2.1.2.2.辨異「今此」下

2.2.2.2.1.2.3.三科簡「問：但」下

2.2.2.2.2.二化法

《教觀綱宗釋義會本講述》卷上

△「教觀綱宗」等

分會不是，改正如左：

教觀綱宗釋義會本卷上　日東沙門德義會

教觀綱宗釋義　北天目蕅益沙門智旭述

教觀綱宗原名「一代時教權實綱要圖」，長幅難看，今添四教各十乘觀，改作書冊題名。　北天目沙門智旭重述

△日東

《唐詩音注》[7]云：「日東，日本國也。在大海之東，日出之地，故云日東。」

△北天目

《古文》[8]：陶淵明詩云：「早晚發天目。」注云：「天目，山名，在今杭州。」《詩集注》二之十七：「山名，在武林。」《廣輿記》十之三云：「天目山，杭州臨安縣，道書第三十四洞天，上有兩峰，頂各一池，若左右目，故名。周八百里，亙杭、宣、湖、徽四州界。」大師居此北方峰頂，故云北天目。《宗論》九之二之五云：「靈峰山，古稱為北天目。」《一統志》[9]五十七之三右：「靈峰山在江西瑞州府上高縣南二十五里。」《廣輿記》又舉福州府靈峰山，非也。是靈峰寺而非靈峰山。具如《一統志》第七十四之十一左之一。

△蕅益

《宗論》九之四之二十三：「賴有一串數珠，卻是生平秘訣，所以喚作蕅益。」稱名念佛求往生，極樂寶池蕅榮益。雲棲《鈔》[10]二之七十一：「此方念佛，華即標名，勤惰纔分，榮枯頓異。」《統記》二十九之十九云云。當知道人顯西方求生，志號蕅益。《宗論》六之三之十五：「雲棲號蓮池以明志。」例知。又《楞伽義疏・跋》「蕅益旭識於蕅華洲」ト云ウ語アリ。又《楞伽玄》[11]ノ方ニハ「蕅益沙門」トアリ，《疏》ノ方ニハ「沙門蕅益」トアリ云云。道人之行業，具如〈八不道人傳〉明。《彌陀經要解》「西有沙門智旭」等舊依西有，〈寱餘序〉云「西有」，非所名，亦是非號，祇標信西方有佛，現在說法，例如云淨業沙門、大菩提心沙門。

△沙門

此翻勤息如常。

△述

《論語・述而篇》：「述而不作，信而好古。」文《中庸》云：「父作之，子述之。」文《字典》云：「凡終人之言[12]、纂人之言曰述。」

△「一代時教」等

右云言如來一代時會所說之教，三權一實大綱宗要之圖。サテ一代時教之言ハ他宗ヨリ出ヅ。故ニ五時八教ト解スベカラズ。《碧巖》[13]十四則：「僧問雲門如何是一代時教？云云」《華嚴玄》八之二云：「今總收一代時教以為十宗。」

△幅

《玉篇》：「幅，布帛廣狹。」

△看

ミル。ナガメ入ルコト。《說文》：「从手下目。」徐[14]曰：「以手翳目而望也。」俗作看，非。

△四教各十乘觀

此依《八教大意》、《妙玄》[15]而明。《四教義》三之八、《四念處》、《四犍度略釋》三十六左並明四教十乘。圖の中ニハ教ト計リアレバ、觀ハ明サズ、故云今ハ觀ヲ添ル。

△冊

《小補》：「冊，測革切。」《字典》云：「簡也。」又《集韻》：「通作策。本作柵，省作冊。編竹木而為落也。」今時ハ竹木ヲ編ムコトナケレドモ、順古言書為冊，為簡，或云編。

△「教者，聖人」下，文二：

1. 初正釋名二

1.1. 初注教觀二字

1.2. 釋綱宗二義二

1.2.1. 初釋綱「教綱」下

1.2.2. 二釋宗「教觀」下

2. 雖禪、教二

2. 1. 初舉禪宗悟道「臨濟」下

2. 2. 會今家教義二

2. 2. 1. 初約教觀之綱明可識取「夫四」下

2. 2. 2. 二約教觀之宗明無實法「又為」下

△「教者」等

此出《妙玄》一上二十三、《止觀》[16]一之二四十七、《仁王疏》[17]上八。

△觀者

去聲，觀法也。體字若平聲時，能觀也。用字。

△攬

與擥同。ヒッパリトルナリ。《玉篇》：「手擥取也。」

△「藏、通」至「綱也」

如《序品記》[18]一四十八云「頓等是此宗判教之大綱，藏等是一家釋義之綱目」者，此就判釋名相部教相對而分綱目；今以化法為大綱者，約正就所說教體收一代所說數多教綱；各有其意。《私志》[19]三十一云：「如前八種大綱唯四要不出於權、實二法。」又三之二紙十之七紙云云。

△宗要也

《妙玄》一之上十七：「宗者，要也。」《籤》[20]一上五十八：「宗，猶尊也、主也。」《資持記》[21]中一之一之六右：「宗，即是本。」《孝經注》：「以一管眾為要。」《資持記》上一之二之四十云：「要，謂精當該攝。」

△「臨濟云」等

《臨濟錄》無此語。恐旭師暗記失也。《祖庭事苑》二之九：「臨濟，院名也。」臨濟義玄傳如《傳燈》22十二之五、《會元》23十一之一、《宋僧傳》十二之五。《紫柏集》二四十二：「巖頭奯くわつ禪師曰：『但了綱宗，本無實法。』」《智證傳》下之二十七、《林間錄》下之三十、《天樂鳴空》上之十七、《佛祖綱目》三十三之二十九並同。全奯傳如《宋僧傳》二十三之六。《傳燈》十六之三云「全豁」。

△施此四教

上云「夫四教四觀」，此但言「四教」者，蓋觀依教立，則言教者，觀自在其中故也。

△「須有頓、漸」等

謂以頓、漸、秘密、不定四種匙加減，施藏等四教藥味。

△「則不可」等

言為實施權，於一佛乘分別說三故，非實外有權，何為執實廢權！

△「佛祖」止「而已矣」

謂釋尊一代教法、十方三世佛法，雖廣大無邊也，不出教、觀二矣。《論語・里仁篇》：「曾子曰：『夫子之道，忠、恕而已矣。』」《注》：「而已矣者，竭盡而無餘之辭也。」有云「而已」者。「已」，《玉篇》：「止也、畢也。」《集韻》：「卒事之辭。」ノミトヨムハ和訓ナリ。漢字面ニテモ而已ナレバ、盡而無餘之言也。謂佛祖肝要トシテ施シ教エ玉ウ所ハ唯教觀二ツニ過ルコトナシ。[而已]コレギリデスム。コレヨリ外ナイ。

△罔（ボウ、モウ）

ナシ、クラシ、ムコウノ見エヌコト。無也。又罔罔，昏蒙無知貌。

△時教

《贅言》[24]云「五時之教」。未詳。今謂如來一代五十年間被下之言，是云「時教」。五時之教，傳エバモハヤ言葉ニ失アリ。

△「然統論」等

今對一代時教，八教為大綱。故與綱宗之宗少異云云。《私志記》一六十云：「統，是總要之義。」《序記》一四十七云：「佛教不出於八。」《輔行》[25]七之三二十七云：「以此八教收攝無外。」

△「觀非」止「四句」

此七字，別行釋義，如斯標之。今為會本，故似煩重。下皆準知。

△本無二理

約自行名觀，約化他名教。所以教、觀名異體同。

△「觀非教不正」下，文二：

1. 初據道理無二疑難

1. 1. 初就得意許來難「答得」下

1. 2. 就失意通文義「只因」下

2. 就人情認二釋通二

△教為法界

一色一香無非中道，何況教學。具如《妙玄》八之上十五釋通題中明。

△只

訳ツイタダ。謂ナンノコトモナキツイシタル氣味ナリ。

△因

訳ソレニ付イテ。

△但

譯外ナシニタダ。ナニガアルニモセヨナド云氣味也。

△認トメ、シルス

《韻會》：「認，而振切，識也。」《增韻》：「辨識也。」《玉篇》：「識，認也。」心オボエヲスルコト。

△但認工夫

有云：工夫亦功夫トモ云ウ。功ハ功行、功勞ヲ云ウ。夫ハ助字ナリ。造作、修行ヲ工夫ト云ウ。《要解百川記》26下十二右云：「工夫，亦作功夫。」《智度論》八十二云：「如是人有大功夫，故為諸佛所念。」又引虎關《正修論》云云。舊云：工謂巧，工夫謂士夫，本是人夫。工手間ナルヲ後世ニ至ッて思惟ノコトニ用ユル也ト。認，《語錄字義》ニトメルト訓ズ。留メ字義也。心ニヨクトメテカリソメニセヌコトナリ。

△不能與觀相應

教外無觀者，其觀與觀相應也。觀外無教，亦例可知。

△「設做作。コシラエルコト。工夫」等

《玉篇》：「做，藏祚切，作也。」子賀切。義同。「瞎，火豁切，一目合也。」《私志》七之三十七云：「印者，符順義也。」《妙宗》[27]二二十二云：「印即符印，亦信也。亦印定義。」《止觀》七之四九云：「一一句偈，如聞而修，入心成觀。觀與經合，觀則有印。印心作觀，非數他寶。」《三德指歸》[28]八二十五：「練字，從糸、從金，二體通用。」《珠叢》云：「煮絲令熟曰練，鎔金使精曰鍊。」[29]《新婆沙》[30]九十四音釋云：「練，連彥切，精熟也。」

△「所云思而」等

《論語．為政篇》：「子曰：『學而不思則罔，思而不學則殆。』」朱《注》云：「不求諸心，故昏而無得。不習其事，故危而不安。」《華嚴鈔》[31]六十二四十云：「罔，謂罔然，無所得也。」今引《論語》例者，意在以俗書尚如此說，況顯佛道。

△茫

《經音》[32]十四之十二：「茫然，謂身[33]不了也。」又三十三之三十一云：「茫然，冥昧不明也。」

△說食數寶

《如來首楞嚴》一五十八云：「雖有多聞，若不修行，與不聞等；如人說食，終不能飽。」舊《華嚴》六六云「非但積多聞，能入如來法」，「譬於[34]貧窮人，日夜數他寶，自無半錢分」。新《經》十三下二十九、《輔行》七之四九、《釋籤》[35]一上六十六。

△「化法四教」下，文二：

1.初、正約化儀名數多少

2.兼約化儀所該名數「又頓」下

△「頓、漸」止「圓觀」

從行相為三種，從教意但據圓。《止觀》一之一三十七云：「皆是大乘，俱緣實相。」文《玄籤》十上六十六紙。又漸、頓、不定隨法門，圓、頓但從理。

△化儀四教

《集解》[36]上三：「化儀者，為辨如來出世儀式也。化法者，蓋示如來化物之法也。」文《輔行》七之四六云：「藏等四教是教門法式，頓等四教是敷置引入。」

△「八教者」下，文二：

1.初明教觀大綱二

1.1.初教綱

1.2.二觀綱二

1.2.1.初化法四種觀三

1.2.1.1.初舉四觀「藏以」下

1.2.1.2.辨因果「四觀」下

1.2.1.3.判權實「藏、通」下

1. 2. 2. 化儀三種觀「就圓」下

2. 二明教觀宗要

2. 1. 總明五時意「為實」下

2. 2. 別判釋五時「且約」下

△如世藥方

明曠所錄《八教大意》云：「頓、漸、秘密、不定，化之儀式，譬如藥方。藏、通、別、圓，所化之法，譬如藥味。」《高麗錄》同。化儀藥方故，假而無體；化法藥味故，實而有體。然唯味無方，唯方無味，不能治病；方、味具足，方能治病。故雙明化儀、化法四教。

△藏、通二種

於事、理分即不即異，故教觀有四，而界內離分段因果，歸灰斷，界外顯十界因果，稱常住，故理但二耳。

△十法成乘

《輔行》五之二三十五：「次位下三雖非觀法，並由觀力相從名觀，故名十觀。又備此十令觀可成，故名成觀，亦名成乘。」文

△大般涅槃

具云「摩訶般涅槃那」，此云「大滅度」。具如《大經》[37]上卷一、《機要》[38]一十二。

△則權含實[39]

含者，非如菓內挾實，權即實云「含」，於一佛乘分別說三故也。未詳。機但見權，不能見實，故云「則權含實」。

△且約一代

《法華綸貫》一云「釋迦如來成道以來，已經不可思議劫」止「且據此番八相成道，說法四十九年，略為五時」。

△正說圓教

《華嚴》若論部意，正說圓，旁兼別，故《玄籤》六下七云：「《華嚴》頓部，正在圓真，兼申別俗。」若論說相，多說別，少說圓，故《止觀》七之二九右云《華嚴》偏多四榮。《輔行》釋云：「《華嚴》雖具二義，文多明別，故云『偏多四榮』。」此下《輔行》具辨說相多少。往見。

△兼說別教

既擬宜故，亦兼別教。問：華嚴報土只應說圓，何亦明別？答：教通報土為引地前，既非真報，何止圓教。《玄私記》[40]一末十四右。

△約化儀名頓

《釋籤》一上二十四云：「此是頓部，非是頓教，以彼部中兼一別故。」《妙玄》一上二十四云：「約法被緣，緣得大益，名頓教相。」若得別圓頓大益，云頓教相，非謂圓頓教相。

△二阿含時

《妙玄》十上四右明五時中第二，云：「若說四《阿含》義。」若《諦觀錄》[41]云：「二鹿苑時。」此約初轉處，今約所說法也。

△「對三藏」等

是以大斥小也。若約彈偏邊，雖從經說相，旁兼斥大方等部意，正在斥小矣。對：並對、相對、對破三義中，今含相對、對破。

△約化儀名漸初

《集解》上十一云：「漸者，漸次也，三漸次第也。」《諦觀錄》云：「此下三時，總名為漸。」《妙玄》一上二十四云：「約法被緣，名漸教相。」

△「喻出《大涅槃》」下，文二：

1. 初出處例顯
2. 判釋半、滿三
   2.1. 初約能詮教門大小對判「三藏正化」下
   2.2. 二約所詮理體真中對判「細而」下
   2.3. 三約能通行相偏圓對判「又藏」下

△出《大涅槃經》

出第五五〈四相品〉。《會疏》五之五紙。《籤》五之下二十六。《序記》一三十五。《輔行》六之二十二亦引第五文，彼文法、譬具足故也。

△小學、大學

△哆哆和和

〈大學序〉云「人生八歲」乃至「皆入小學」乃至「及其十有五年」乃至「皆入大學云云」。文《大經》十八三十一〈嬰兒行品〉、《會疏》[42]十八三十八右、《妙玄》一之上二十四右云云。《籤》云：「『大雖在座』等者，大人示迹隱在小中，『多跢』是學行之相，『嘍咧』是習語之聲，示為三藏始行初教，而三藏實行者謂之為實，故云『不識』。」已上然今書引作「哆哆」，此非學行之貌，是亦習語之貌也。故《廣韻》云「語聲」，《集韻》云「張口」也。「和和」者，《廣韻》云：「聲相應也。」是亦嬰兒ノ人語ノマネヲシテ、言イ習ウ貌ナリ。

△正化菩薩

藏、通二教被界內利、鈍兩機也。其中三藏為鈍根故二乘正意，通教為別根故菩薩正意也。《四教義》一之四云云。

△大乘初門

《籤》五之上云：「通是大乘初門，堪入後故。」《藥草記》[43]十八之五十紙同。今文云：「通教能通別、圓，是半而含滿。」故同《籤》記。有云：大乘初門凡有二義：一約受接、二約當教。謂通教居後三大乘初門，故云初門。然當通義依《華嚴玄鈔》四之四紙。未詳。

△「又藏教」等

上二義者，單分半、滿，自下一義，明通、別二教有半、滿相兼義。

△「別教須用」等

別用藏、通乃有二義：一者一住入空義，當藏、通；二者十行出假，橫學四教。今意在初義。《妙玄》四下五十二云：「生滅、無生滅四真諦慧聖行，即是十住。」文十住利人但用無生，鈍人亦用生滅為助道。或十信修生滅，十住無生等。《妙玄》四末四十八，往見。

△「三藏詮生滅」下，文二：

1. 初正判生、不生兩文三

1. 1. 初約教門巧拙、大小對判

1. 2. 二約教意各別事理對判「細而」下

1. 3. 三就通、別二教與奪兩判「又通」下

2. 二因釋界內、外立名「言界」下

○約四教對判

○約當教次第三觀

別教——空觀——空三界生死
　　　——假觀——空二乘涅槃

《觀經疏》[44]二之六右云：「二空為方便者，初觀空生死，次觀空涅槃，此之二空為雙遮之方便。」文評云：空涅槃者不可直為空變易。若變易，以中觀空之。

○約藏、圓相對

圓教——中觀——空生死——即體同居空
　　　　　　——空涅槃——即體變易空

《淨名疏》[45]七十二左云：「若空生死即同居空。若空涅槃即變易空。」文評云：此對二乘但空生死，不空涅槃，故云亦空涅槃。意亦空變易，究照寂光也，故云若空涅槃即變易空。

△以其雖不體變易空

別人非但空生死，亦空涅槃。如《觀經疏》二五等說。《淨名疏》七九：「若空生死即同居空。若空涅槃即變易空。」而今云以其等者，但是緣理斷九，以不如圓人知十界空故也。

△分段變易

《勝鬘經》十四、《唯識》八之二十二、《大乘義章》八之一、《止觀》三之三四十一、《筆削記》[46]二二十三。

△「言界內」等

界內、界外之言，出《釋義》中，《綱宗》文無，故置此圈外。

△方便、實報

《淨名疏》一八、《觀經疏》二三十二，如下卷引。

△無明為因

界內無漏即界外無明也。《妙玄》二上二十六云：「若依大乘，此無漏猶名有漏。」《籤》二上二十左、《輔行》二之五二十八下十四右〈別教章〉。

△變易生死

界外得法性身常住，壽命無復隔生之義，未免因移果易，色心漸漸勝妙，故名變易生死。

△「諸方等經」下，文二：

1. 初略釋

2. 二細論三

2. 1. 初大、小相對「然細」下

2. 2. 二真、中相對「或以」下

2. 3. 三偏、圓相對「或唯」下

△[47]「彈偏」等

今彈斥一處，舉歎褒一處列者，且從文便，若依義應云「彈偏褒圓」等也。彈：ツマハジキシテキライノケルコト。斥：指ザシキラウコト。歎：色々ノコトヲ言イ立テテキメルコト。褒：褒美シキレイニ云イナスコト。

△「彈偏斥小」等

《妙玄》十上四右：「若方等教折小彈偏，歎大褒圓。」文今依《高麗》但斥彼作折。《輔行》八之二十八云：「又古人云：《淨名經》意折挫聲聞，褒揚菩薩。失意同前。今家但云折小彈偏，歎大褒圓。同用八字，得失天隔。」《方便記》十之四十二。《集解》上三十六云「今列八字，且從文便。若從義便，應云『彈偏褒圓，折小歎大』。彈者，射也。偏者，僻也。折者，挫也。褒，謂褒美」乃至「故此八字該括《淨名》，罄窮方等云云」。

△或以通別、圓

《籤》十上四右、《私記》十二。

△「如《維摩經》」等

文出上卷，但彼但云「弟子品」。彼品文末云「如是五百大弟子各各向佛說其本緣」等，故義加五百言。〈弟子品〉中斥小歎大、斥小褒圓等種種不同。《天台疏》四十三紙已下。文往見。今文通總而言。

△「如佛與彌勒」等

《大經》三十三三十三〈迦葉品〉。此《大經》中述方等會對破事文也。《會疏》三十二之四十紙。《輔行》三之三十三具引經文而為經意，不知別教真、俗。《玄籤》二之下六十三亦同。然今引為不知別、圓二諦，蓋別尚不知，何況圓耶！

△「如《大佛頂》」等

此非一處文。初文出《文句》第一三十一。「次知」下出第一五十一。二種根本者，《經》一之五十一右云：「一者無始生死根本，二者無始菩提涅槃元清淨體。云云」彼文句精釋三乘者，經云「二乘」，此文次上云「不能得成無上菩提」，《文句》為權教菩薩，此中明以圓破偏故，義云「三乘」。

△「錯亂修習」等

凡夫起於貪著，為分段生死根本；二乘起於厭惡，別攀真諦涅槃；菩薩雙捨二邊，別緣但中，則為變易生死根本。

△正明圓教

《四教集注》上二十三云：「帶通、別二，正說圓教。此約圓實部主而說。蓋一代教主意在圓。如《輔行》十二之六十六云：『《般若》旁用通教，正用別、圓者，即明部意故。』《籤》二下云：『明不共者，說部意也。』」故知今文約部主，故云正說圓教。

△「會通一切」下，文二：

1. 初正釋帶二說圓二

1.1.初釋正說圓教

1.2.二追釋帶通、別「或說」下

2.二分別般若空理四

2.1.初簡共、不共「蓋般」下

2.2.二簡示即、離「若云」下

2.3.三結經大意「細玩」下

2.4.破他失意「後人」下

△「會通」止「摩訶衍」等

《般若》會一切法。「皆摩訶衍」者，意在融會二乘法，不異菩薩法，一家名之般若融通，亦云法開會。然不同《法華》三權即一開顯。「摩訶衍」語，泛指後三大乘。故《淨名玄》48六二十八云：「《摩訶般若》亦說無生四諦，而具明無量四諦，宣說歷劫修行，亦說無作四諦，別舉說教。會小乘法，皆是摩訶衍，令聲聞轉教。」總約部意。又《妙玄》十下十三云：「《般若》以滿通別、圓。洮練於半，藏教命領家業，明半方便，藏教生滅。通入無生，別指通教。今通指後三大乘。半字法門皆是摩訶衍，是合其法，而不悕取一餐之物，即是未合其人。」文今書唯指圓者，未見所據。且約圓實之部意歟？《集解》上四十一云：「融通者，至《般若》中會一切法，悉摩訶衍。衍是大乘，大乘乃是融通之法。應知此融非謂圓融，乃是三教融通之融。」文今謂從義通指三教者，且似得意。而以今融通語為後三大乘教意融通者，大失意矣。今謂融通大小教法，是即般若部意，非後三大乘教意。有師云通三教別唯圓者，且似有旨而無所據，亦難信用。問：《妙玄》九上四十九明圓行中云：「橫行者，如《大品》云：一切法皆是摩訶衍，以不可得，不可得故，即正實相也。」是非唯約圓耶？答：摩訶衍既通三教，故借之直明圓行，非謂五時化通《般若》部意。今論《般若》法開會部意，非直論圓人行相。「會通」者，謂開會融通。此以《般若》法開會部意融通，攝歸圓實教意融通而釋。「一切世、出世法」者，《大品》會法八十一科，始自色、心，終乎種智，是名一切世、出世法。《大論》[49]四十六十八。

△「或說諸法」等

《中論》三二十一〈觀法品〉云：「諸法實相，三人共得。」文《妙玄》九上四十四引已判云：「共得者，即偏真也。」《仁王疏》上六云：「實相亦有二種：一共，二不共。共者，但見於空，不見不空，不斷無明，但除見思，此偏真實相。不共者，名中道實相。」文舊《華嚴》二十七九云：「諸法實性相，二乘亦得此。」文《中論》即般若部論，故引之也。《順中論‧翻譯記》云：「龍勝菩薩依《大般若》而造《中論》。」

△蓋

《玄談‧序鈔》一四云：「蓋者，承前啟後，發語之端。」

△「後人判《般若》」等

《妙玄》十下四十六云：「人言第三時三十年中說空宗《般若》等。」文此晉武都山劉虬說也。彼云：「空宗《般若》等，三乘同觀。」故云「但得共意」。對如來在世說教云「後人」，指天台已前古師。《妙玄》十上十四。

△五《法華》、《涅槃》時

《法華》，會二乘入實；《涅槃》，令有心闡提成佛；故二經同醍醐味，故合為一時。

△一「《法華》開」至「之實」

此二句為明迹門開顯。

△「深明如來」止「廣遠」

此二句雙明本迹開顯。初句迹門意也。《妙玄》一上三十九云「此經明佛設教元始」等。文《籤釋》云：「且指迹中大通為首。」以可解今文。然設教始終之言，通則亙本、迹二門。《妙玄》十上五左云：「今經不爾。絓是法門綱目，大小觀法，十力無畏，種種規矩，皆所不論，為前經已說故。但論如來布教之元始，中間取與，漸、頓適時，大事因緣，究竟終訖，說教之綱格，大化之筌罤。」文《籤》云：「迹門以大通為元始，本門以本因為元始，今日以初成為元始。」文當知設教之言，通涉本、迹。

○問：《法華》，八教外耶？答：約相待妙意，是八教外。《序記》六二十六云：「始以《華嚴》至《般若》來，皆從一法開出，至《般若》時，頓、漸已竟，而人不知《法華》出頓、漸外。」又一之四十五云：「今經於八，為屬何耶？若非超八之如是，安為此經之所聞？」文若約絕待妙意，八教即歸一法，名為法華，故明八外。《輔行》十之二六十六云：「來至《法華》，會八歸一。」《序記》五二十三云：「開已唯圓，故云非也。」

△「《涅槃》重」等

〈方便品〉五千起去人、〈寶塔品〉人天被移者，是皆未入實類也。《涅槃》重為此等也。《大經》已前，經略談常住佛性旨者不一，如《法華》、《大雲經》等。今望彼略談，云「廣談常住」。又今文為圓常，被現在機，三權逗未來人者，一往大判。故《妙玄》十七十左云：「又涅槃臨滅，更扶三藏，誡約將來，使末代鈍根不於佛法起斷滅見，廣開常宗，破此顛倒，令佛法久住。」《輔行》三之三二十九云「權用三教，以為蘇息，實不保權，以為究竟」至「廉心若息，還依頓觀也」。《教儀》亦云：「為未熟者，更說四教，具談佛性。云云」

△「追說四教」等

《妙玄》二下四十一云：「《涅槃．聖行》追分別眾經，故具說四種四諦也。〈德王品〉追泯眾經，俱寂四種四諦。」文《籤》云：「追者，退也，卻更分別前諸味也。泯者，合會也，自《法華》已前諸經皆泯。此意則順《法華》部也。至《大經》中更分別者，為被末代。」文追說四教者，追說《般若》通、別、圓、方等四教，《阿含》三藏、《華嚴》別、圓故。《籤》云：「卻更分別前諸味也。」《格言》50下云：「追者，退也。謂卻更分別前方等之四。」不說。「追泯四教」者，《爾雅》「泯，盡也」，而《籤》註云「泯者，合會也」者，盡則無差別，無差別者，即合會意故也。

○三藏說、不說圖示

- 般若三藏
  - 為大乘人說之，蓋為對治常執，助道用無常觀，非正為斷證用之。
  - 今家判云《般若》不說藏教。
- 涅槃三藏
  - 二乘亦知圓常而未改觀，少習先熟，為其說爾。
- 淨土三藏
  - 多分他方淨土無實二乘、信願往生行人，都是別、圓菩薩所攝，且順本習及酬因願說爾，是故弟子存羅漢名。
  - 或有單為戒急乘緩人，藏佛出現淨土，對實二乘說三藏教。《妙玄》六上四十六云：以析空慈悲起淨國。文

（二乘亦知圓常……／多分他方淨土……）並是蘇息暫用，雖不保之而為究竟，正為斷證說之而非對治助道，故今家判為說三藏。

（或有單為戒急乘緩人……）與穢土說稍不異也。

△「重為未入」下，文二：

1\. 初釋追說二

1\. 1. 初正釋

1\. 2. 二辨異「雖復」下

2. 二釋追泯「既前」下

△「方等中之四教」等

此依高麗《集註》上之四十三紙。《楞嚴玄》[51]下二十二云：「然與方等四教同而不同有二分別。一者，方等是對半教以說滿教，《涅槃》是借三權以扶一實。二者，如今所明藏、通初、後等者，此約顯露當教而言別。」《玄記》[52]一二十六云：「凡言別、圓，初、後知常，蓋知人法不可灰斷。藏、通反之，故曰不知。」又《止觀》三之四五十五左云：「問：三權皆得知實否？答：別教初知。通教後知。三藏初、後俱不知。」《籤》一上四十云「初不知中故不及別」者，謂通教後心有被接義，知但不但中，如云別教初知者知但中也。今文云知不知者，並約圓不但中。「初、後」者，《籤》六下釋「別中」，云：「初心即是信、住二位，中心即是行、向二位，後心即指初地已上。」今文合被初心、中心為初，圓教例知。《集解》上六十三不是。

△「初心雖知中」等

《止觀》三之四三十七云：「別教初心知中。」又五之一、二十一右《輔行》三之四三十七云：「別亦知中。」今言不知者，前三不知圓理故也。《集解》上之六十三同四十三。初心之言通亙地前。此中云初心雖知中道者，別指十信。《妙玄》三上四十云：「十回向始正修中，此中但理，不具諸法。」十回向尚爾，況十信耶！「但中」者，《隨釋》[53]六三十五云：「佛性之理不具諸法，故名為但。但，獨也，一法界不具九也。」

△「今涅槃中」等

《止觀》三之四四十六云：「涅槃還與四種，皆入佛性，無所可隔。」又三十七云：「故涅槃之中得二乘之道，果不隔圓常。」又《妙玄》十下二十二、《輔行》三之四十四云：「彼經四教皆知常住，故本意在圓。」文五千起去等人，經《法華》之開顯，故雖取三教之權果而顯知圓常也。《輔行》三之四三十八云：「涅槃不隔，功由《法華》。」《化城記》[54]二十五十四云：「至《法華》中，化道已足，故於《涅槃》顯露教之中取小果者，皆知真實。」文

△「而秘密」等

《妙玄》十上六十六云：「不定教者，此無別法，但約頓、漸，其義自明。」〈喻〔疑〕顯正例〉[55]三十四云：「秘密、不定，通前四時。」《籤》十下十一左云：「復於味味皆有秘密及以不定。」味味，指前四味。《集註》上三十一、又《籤》一上三十五云：「不定遍前四味。」《四教儀》云：「然秘密、不定二教，教下義理只是藏、通、別、圓。」《集註》上二十六云：「今對前頓、漸顯露，即明秘密；若大本中先明不定，對前頓、漸定教為次第也。」云云《隨釋》五三十七。

△「唯《法華》」等

此依《妙玄》第一上之三十八文。《法華》非秘密，非不定相，下十二右文釋出。又顯露名則通爾前而其體異。《籤》十下四十云：「前八教中雖有顯露，望秘名顯，猶為權教，近迹所覆。是故不同《法華》之顯。」《法華》顯露，名是相待，體是絕待。

△「具足應云」下，文四：

1. 初具出二教名相
2. 二略釋二教名義「蓋一」下
3. 三因明秘密不傳「秘密」下
4. 四細判二教化儀二
   4. 1. 初異時立二化儀「又或」下
   4. 2. 二同時立二化儀「若此」下

△「蓋一音說」等

《淨名・佛國品》〈偈〉云：「佛以一音演說法，眾生隨類各得解。」《淨名玄》六二十九云：「此亦是秘密教之相。」《四教義》引明不定教。《玄讀教記》[56]一十八。「一音」者，如《藥草喻疏》[57]十九三十九、《輔行》一之二二十五、《集解》上四十七。此中一音通大、小乘。「異聞異解」者，今云同聽異聞，今且出異聞解也。《淨名記》[58]云：「一音異解，即通顯、秘二不定也。」古云：異解，證入，非了解。（已上格註。更有：更有箋如右。）

△同上

常云「同聽異聞」，今云「異聞異解」。旭師之意就不定化儀分別，教不定，益不空故也。謂同聽異聞之中開為二。一、同聽異聞，是不定教。二、同聽同聞異解，是不定益。故今教之不定名異聞，益之不定名異解。又復須知異聞必異解，異解不必異聞。教之不定必益不定，益之不定不必教不定。《妙玄私記》九三十八紙亦云：「同聞異解，亦

不定攝。」稍同今之說。而云同聞異解，不聞佛之口密者，恐與今不同。今說為正。十三右《止觀》及《輔行》之解釋ヲ書入レ置ク。見合スベシ。《諦觀錄》五右具記，《私記》之說ハリツケオク。

△就相知邊

相知、不相知者，若約聲聞自己智眼所知，應云：人法相知，人法不相知。若約實義，應云：相知，人知，法不知；不相知，人、法俱不知。故《玄私記》一本七十一云：「知、不知者，是約人也。」

△秘密故無可傳

《序疏》[59]一四十七云：「秘密者，隱而不傳。」《記》云：「秘密不傳者，降佛已還，非所述故，尚非阿難能受，豈弘教者所量？又阿難非不傳秘，赴機之密非所傳耳。故秘密所用全是顯教。是故傳秘秖名傳顯。」《私志記》三九右大同。《密軌問辨》上六破《序記》，非也。

△「又或一座說」等

上總約前四時，此別約一座而言。《妙玄》秘密中明三說，說默而相對。《集註》上二十七圖示。

△「以別定通」等

別ノ五時ハ華嚴等ト時節次第ニ隔別アルヤ。通ノ五時法ハ阿含ノ前ニ法華アリ。法華ノ後ニ阿含アル等、大小ノ說教時節通交シテ有ルベシ。ソレユエ、別ノ五時ノ義ヲ以テ、アチコチ入リ交リ散在スル所ノ教ノ義ヲ、是ハ華嚴ノ義、是ハ阿含ノ義、乃至是ハ涅槃ノ義ト印定シテマワルナリ。是云以別定通也。サテ其ノ印定シタル通ノ中ノ義ヲ、ソレゾレニ箇ビ分ケ攝シ來テ、別ノ五時ノ中ヘ入ルルナリ。故云攝通入別。

△次申通、別五時論

申：重々シクセツナル心ナリ。《史記》：「三令五申。」論：《玉篇》：「言議也。」《文選・序》云：「論則析理精微。」《金光疏》[60]七二十七：「論名覈實。」《筆削》一六十二：「論者，決判義也。」

《玄讀教》七十七云：「不明別五時，則不見化儀次第；不明通五時，則不見隨宜赴物。」文《集註》上四十八大同。

△兼、但、對、帶

《妙玄》一上七云：「當知《華嚴》兼三藏，但方等對《般若》帶。此經無復兼、但、對、帶，專是正直無上之道，故稱為妙法也。」文《私志》一本十八。

△通、別五時論，最宜先知

《四教儀》所明是別五時也。學者拘別五時，不知有通五時。是故今設通、別五時論。學者最先不須不知故細註云云。

△「《法華玄義》云」下，文二：

1. 初雙舉兩祖明判二

1. 1. 初舉天台對別立通

1.2.引章安據通斥他三

1.2.1.初斥《阿含》局十二年中四

1.2.1.1.初舉他「章安」下

1.2.1.2.二結難「若爾」下

1.2.1.3.三證成「經云」下

1.2.1.4.四結斥「何得」下

1.2.2.二斥《般若》局三十年中「人言」下

1.2.3.三斥《法華》局四十年後「大智」下

2.二正決通、別五時二

2.1.初敘先通後別意「論云」下

2.2.二正明兩種五時二

2.2.1.初通五時「先明」下

2.2.2.二別五時四

2.2.2.1.初正明頓根具歷五時

2.2.2.1.1.初列釋「次明」下

2.2.2.1.2.二結意「然只」下

2.2.2.2.二更明中根歷二三四「又有」下

2.2.2.3.三因判上根隨一悟入「若於」下

2.2.2.4.廣辨頓中頓至後「復有」下

△一「《法華玄義》」一等

出十下十七文。彼有總、別二釋。今出總釋。《金光疏》五二。半、滿於初、後者，言總意別也。半不通《法華》。《籤》十下十二云：「五味則一道豎進，味味有半、滿相成之流也。」一《止觀》三之四三十一云：「半、滿之語，直是扶成大、小。」

△人言第二時

《大乘義章》卷第一一云：「晉武都山隱士劉虬說言，如來一化所說，無出頓、漸。《華嚴》等經，是其頓教，餘名為漸。漸中有其五時七階。言五時者，一佛初成道，為提謂等說五戒十善人天教門；二佛成道已十二年中，宣說三乘差別教門，求聲聞者為說四諦，求緣覺者為說因緣，求大乘者為說六度，及制戒律，未說空理。三佛成道已三十年中，宣說《大品》空宗、《般若》、《維摩》、《思益》，三乘同觀，未說一乘破三歸一。又未宣說眾生有佛性。四佛成道已四十年後，於八年中說《法華經》，辨明一乘破三歸一，未說眾生同有佛性，是不了教。五佛臨滅度，一日一夜，說《大涅槃》，明諸眾生悉有佛性，法身常住，是其了義。云云」《玄私記》十五。

△四《阿含》、五部律

四《阿含》是修多羅藏也。下十五右文列釋名義。五部律是毘尼藏也。本一部大毘尼藏，佛滅後一百年後，毱多五人弟子遂分為五典。具如《大集經》二十三十九〈聲聞品〉、《序記》一十、《三德》七五十四、《南山戒疏》[61]一上十五並記。《集解》中二、《集註》

上（五十）。

△訖

訖，《字彙》：「訖與迄同。」迄，至也，及也。マデシマエルコト。

△人言第三時

武都山劉虬立五時七階，今其第三時，故與今家異。具如《妙玄私記》十之（五十一）引。

△舉手低頭

《西域記》二云：「致敬之式，其儀九等，一發言慰問，二俯首示敬，三舉手高揖，（手看胃也。）四合掌平拱，五屈膝，六長跪，七手、膝據地，八五輪俱屈，九五體投地。」（文）《三德》二（三十五）「示」作「承」，「踞」作「據」。《出曜經》五（四）云：「遙見菩薩，舉手讚歎。」《五分律》十六（二十二）云：「復有諸比丘，或隔障禮，或遙禮，或臥，口言和南，或直舉手，或小低頭。」（文）當知舉手低頭，致敬不至者也。《方便疏》[62]十二（二十）云：「合掌低頭，是中禮，是人業。」

△「若爾」等

如論所明，則《大品》在《法華》後。故《籤》十下（右七）引已云：「故知《法華》之後，更說《般若》明也。《般若》不殊，故結集者同為一部。」是後分《般若》。

△寓目

《類書纂要》四（三十）：「寓，寄也。謂得寄目也。」《左傳》七（十左）：「得臣與寓目焉。」

△「尚自訛傳」等

《集註》上七引五時說法，〈頌〉云：「《阿含》十二方等八，二十二年《般若》談，《法華》、《涅槃》共八年，《華嚴》最初三七日。」《集解》上十、《統記》[63]三三十七並云「方等八年」，然經論中無有誠證。《阿含》十二年，《法界性論》云：「十二年說《阿含》。」文是一往所判也。而人定執十二年說，故成妄說。《輔行》十一六云「大乘實教，本是實語，以其依語，各生見故，故成虛語」之類也。《會義》[64]六四十五云「此為最鈍聲聞，須經五味。若稍利者，四三二味即得入實。故此別五時教止約一類根性所聞，不可執別而難通也」止「今人僅讀《四教儀》一書，不知廣習台宗，寧知如來大機大用」。又七十一大同。《宗論》一四〈八不道人傳〉云：「《四教儀》流傳而台宗味，如執死方醫變證也。」又《楞嚴玄》下三十三紙。

△自有一類大機

《像法決疑經》云「今日座中無央數眾各見不同」，「或見報身坐蓮華藏世界海為百千億釋迦說心地法門」。《妙玄》十下十七。華藏界者，舊《華嚴》四云：「彼香水海中有大蓮花，名香幢常明莊嚴，持此蓮花藏世界海。」應說。《天台戒疏》[65]上三十：「世界形相似蓮華，故云蓮花藏華。」《華嚴疏》八二二云：「蓮花含子之處，目之為藏。今剎種及剎為大蓮花之所含藏，故云蓮花藏。」「舍那」者，《天台戒疏》上三十七云：「盧舍那者，《寶梁經》翻為淨滿。諸惡都盡故淨，眾德悉圓為滿。」《壽量疏》[66]二十五五十五云：「法身如來，名毘盧遮那，此翻遍一切處。報身如來，名盧舍那，此翻淨滿。」大師云法身名毘盧遮那者，依《普賢觀經》云：「毘盧舍那遍依一切處，其佛住處名常寂光。」以所居土定能居身，毘盧遮那具法身，是法身明矣。《梵網玄》[67]二右斥天台說云：「然晉譯皆稱為盧舍那，唐譯皆稱毘盧遮那，只是梵音楚夏，未必專以此分法、報。」文非也。《記》[68]主斥云：「近代翻譯，法、報不分，二、三莫辯。」文

△《華嚴》通後際也

後際謂三際中之未來際。《瑜伽》[69]五十六十九云：「過去為前際，未來名後際，現在名前後際，待過去世是後際，待未來世是前際故。」《方便記》[70]十三十六：「應知《華嚴》盡未來際。」又十三二右云：「小見三七停留，大覲始終無改，故二七之言，知非盡理。」《玄私記》十二十四釋云：「始即初成已來，終即盡未來際。」

△「只今《華嚴》」等

對上「後際」云「只今」也。只今流通。〈入法界品〉中出諸大聲聞證果者。舊《經》四十五十四、新《經》六十三十五。此乃後分《華嚴》，至方等、《般若》時故。《籤》十下十四云云。斷，《字彙》：「斷，去聲，都玩切，決也。」

△在三七日中

〈方便品〉云：「三七日中思惟如是事。」《釋籤》十上七十二釋云：「約大機即寂場之時，約小機即成已思惟未說之時。」又《十地論》一三云：「佛成道後第二七日《華嚴》也。」《籤》十上七十一、《玄私記》十二十二、《方便記》十三一左、《疏記》[71]三十五、《華嚴論》六二十三。

△（後）〔復〕有一類小機

「鶴林」者，《大經》一三十八〈序品〉云：「爾時拘尸那城娑羅樹林，其林變白，猶如白鶴。」《輔行》一之一十五。「唯聞《阿含》」等者，《像法決疑經》云：「今日座中無央數眾」，「或見如來丈六之身」。《妙玄》十下十八云「迦留陀夷云云」。《楞嚴玄》下二十一云：「現見四《阿含經》從初鹿苑至涅槃夜所說諸法，無不備載，而毗尼藏亦復如是。」

○一家意者，五時次第，明取證據，不拘定年限也。《釋籤》十下九右云：「初言次第，《華嚴》初一之初紙云『於菩薩道場，始成正覺』，在初明也。諸部小乘雖云初成，自是小機見為初耳。據〈信解品〉脫妙著粗，故〔知〕居次。《大集》云『如來成道始十六年』，故知方等在鹿苑後。《仁王》云《合疏》上四十二『如來成道二十九年，已為我說《摩訶般若》』，故知《般若》在方等後，亦知《仁王》在《大品》後。《法華》云『四十餘年』，《大經》云『臨滅度時』，當知次第有所據也。云云」應知。

△「且如方等」等

《大方等陀羅尼經・第二授記分》云：文（珠）〔殊〕白佛言：「世尊！如前所說，先於王舍大城授諸大聲聞記，今復於舍衛國祇陀林復授聲聞記。」文《籤》十下云：「舍衛國記，即指方等在《法華》後。」《楞嚴玄》下三十一云：「又十二年前豈遂一向不說大法，故知必應通前。」文《妙玄》十上四十五云：「如提謂時，無量天人得無生忍。成道六年已，說《殃掘摩羅》。《涅槃》云：『我初成道，恆沙菩薩來問是義，如汝無異。』當知鹿苑不應純半。」《如來藏經》初云：「成佛十年。」《集註》上四十八。

△「故云從初得道」等

《籤》十下二十一科云引經，未指云何經。《妙玄》十上二十一左引《大論》云如今所引，而《論》無此文。《華嚴玄》四二十一同，但第一八左云：「又《佛二夜經》中說從得道夜至涅槃夜，是二夜中間所說經教，一切皆實不顛倒。」文此文雖不云《般若》，一切皆實不顛倒是《般若》畢竟空義也，故義為《般若》歟？《四教義》向引《大論》文為經。《金剛仙論》第一云：「相傳如來一代成道乃至涅槃恆說《般若》。」文此為相傳說，具《妙玄私記》十八左。

△「復有根熟」等

《方便疏》十十云：「一音演說法，眾生隨類各得解，何必須待〈壽量〉耶？」又云：「若密教為論，未必具待五味，在《法華》方會，爾前密有入者，故名不待時。」文此意爾前《法華》為密說也。《梵網玄》七云：「問：開近顯遠，唯在《法華》，餘部之所不共。今方初示成道，胡得便約發本為解？若此經既已發本，又何須《法華》更開？答：《法華》兩番開顯，皆點示界內權機，令歸佛道。今經與《華嚴》同部，自被界外兩機。縱令二乘在座，猶然若啞如聾，況未與法席，那知絕唱！故須直至《法華》，方得開會，不可謂根已熟者亦至《法華》方開會也。」文旭師意似爾前《法華》為顯說矣。

△「且如經云」等

此〈譬喻品〉身子領解文也。《疏》十三三十六云：「只是方等教中聞大乘實慧，與今不殊，故言聞如是法也。」又格上云：出〈譬喻品〉，即《妙玄》十下二十一證秘密理無障礙之文。繼此云：「豈非證昔通記之文。」《釋籤》云：「云通記者，昔日授記，佛意不壅，小乘情隔，自無悕取，況約秘密已記二乘，據斯以論，通至鹿苑。」文

○爾前久遠論 所依《壽量品疏》。

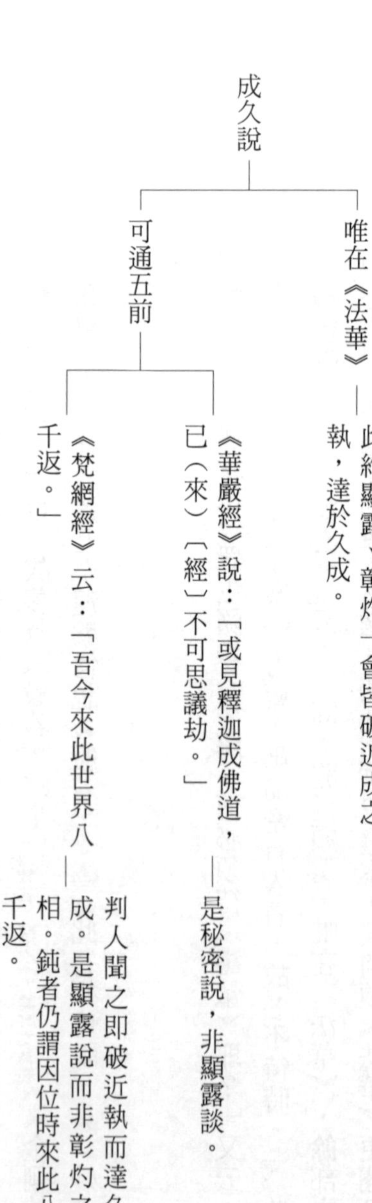

△「又《梵網經》」等

上文則證迹門實相通於爾前，此文則證本門久成通於爾前，故云「又」也。彼經下卷初云：「（若）〔吾〕今來此世界八千返，為此娑婆世界坐金剛華光王座，乃至摩醯首羅天王宮，為是中一切大眾略開心地法門竟。」《合注》三之一《梵網玄》七右引竟，云：「豈

非開顯數數示成正覺之事」[止]「若謂概論受生行菩薩道，則觀此大地無有一微塵許非是菩薩捨身命處。又何止八千返耶？」[文]舊云：此是密說句，謂爾前顯說，如此所引《法華》、《梵網》二文。此《綱宗》文為密說者，旭師附順天台，《梵網玄》文為顯說者，自意故。

△八千返

往來八千返為顯本，於蕅益意有其說，於談久遠實成局《法華》一家教義。未審何者往來八千返，法身菩薩變作八相耶？又其已前已成道耶？不的指定其實，初實本難為開迹顯本。

△「復有眾生」等

舊《華嚴》二十八[二]〈十地品〉明第十地中歎佛德云：「或見在兜率，教化於諸天，或見從兜率，來下處胞胎，或見初生時，或見夜出家，或見坐道場，而成無上道，或見轉法輪，或見入涅槃。」新《經》三十九[六]。

△「故曰八相」等

《華嚴玄鈔》一[十九]，又三[十]，又《疏鈔》十三上[十三左]。《籤》五上[四十五]引《華嚴》竟，云：「皆云或者，一一相中皆八相故。」《私記》五末[十五]：「問：彼文但明十方界機見不同，非一相中具諸相也。答：準餘卷文而引彼文。又一相中具諸相故，即有十方機見不同也。」

△「且《大般涅槃》」等

造逆之事出第三十一（三十一左）〈迦葉品〉。（《會疏》三十一之三十六已下）懺悔之緣出第十七、八〈梵行品〉始終。（《會疏》十七初紙已下）《會義》一（四十八）云：「《普超經》中先已懺悔滅罪，故於《法華》為證信眾，《涅槃》中追敘先事耳。」（《序疏》五之二十五並記。）又三十六〈陳如品〉云：佛化犢子外道，彼出家後滿十五日得須陀洹（云云）。此等大事非一日夜說明也。是乃《涅槃》則追說邊多，敘先事故也。舊講云：サテ《涅槃經》一日一夜說トイエドモ、所說最多且阿闍世王懺悔シテ苦ヲ免ルル因緣具說王是一事ニテ、カリソメノ短キコトニ非ズ。一日一夜說決スベカラズ。

△「追敘」等

此下未詳。既追敘故，且從別五時云追敘。通五時邊，《法華》以前說《涅槃》時有闍王懺悔事也。今謂追字誤，應作具字。後考益未詳。

△懺悔等緣

但是等闍王緣內，非等他緣，等王懺緣，廣敘劇病及六臣邪教、耆婆善誘等事也，故云等緣，不云緣等矣。

△陶鑄

《莊子．內篇．逍遙遊》一（九）云：「是其塵垢秕糠，將猶陶鑄堯舜者也。」希逸注曰：「陶鑄，做成之意也。」《經音》五（二十）云：「陶，謂作瓦器也。陶，化也。」《別玄記》（三）音釋：「鑄，朱戍切，鎔金入範也。」《說文》四（三十二）云：「鑄，銷金也。」今以五時成熟喻陶鑄金玉成器。楊子《法言》云：「孔子鑄顏子之類。」陶字，《資持

記》中三之一十左云：「音窑。」《南北音義抄》：南云陶タウ家，北云陶ヨウ家。人姓之時トウ也，朱等也。陶家之時音姚也。

△「《華嚴》前八會」下，文三：

1. 初明二乘不預《華嚴》

2. 二明縱預《華嚴》會，一向無益「至第九」下

3. 三因述成通五時義「然舍」下

△《華嚴》前八會中

《籤》十上六十四：「舊《經》七處八會，新譯更加普光明殿一會。云云」一菩提場乃至九逝多林，普光明殿有第二、第七、第八三會。是為九會。《統記》三十七。《華嚴論》七十明十處十會。又云：「此經中諸法皆以數十為圓（教）〔數〕，不可但言七處九會之說。」

△永無聲聞

《玄》十下十三云：「於彼初分，永無聲聞。」文。初分有聲聞之機而無證果之人故也。

△「至第九會」等

舊《經》四十五十四右〈入法界品〉云：爾時舍利弗等諸大聲聞在祇洹林而悉不見如來自在莊嚴等乃至亦無智眼能見聞覺知及生意念，亦不樂說，不能讚歎等。新《經》六十三十五。

△尚於菩薩境界

諸大聲聞於方等、《般若》時，聞《華嚴》頓大法故。

△如啞如聾

《方便記》十二十六引向〈入法界品〉文竟，云：「此即如啞如聾之文。」《機要》三二云：「聾故不能聞大。」文《集注》上十四所釋似迂。《別行玄疏記》[72]四二云：「此中乃證小之後遇大不聞，以驗在凡機不受大，以聾啞文在經後分。其時仍長，義當方等、《般若》之時。」

△「人胡略」等

《小學》云：「江東之婦女略無外遊。注：略，絕也。」《玉》[73]：「用功少曰略。」

胡：猶何。

△自悲敗種

《淨名經》中〈不思議品〉云：「時大迦葉聞說菩薩不可思議解脫法門，歎未曾有，謂舍利弗：我等何為永斷其根，於此大乘已如敗種？」」《壽量疏》二十七八云：「焦種二乘。」《授記品記》十九四十六。《華嚴玄抄》四三十七。

△密得通益

自、他俱不知內實機漸熟，故云「密」。實機內熟，恥小慕大，復入實之首，其分齊義當大乘初門通教，故云「得通益」。非謂成通教人。《輔行》十二六十六云：「方等密成通益，《般若》密成別益。」《籤》二下七十一、《集注》上四十六。

△轉教菩薩

〈信解品〉云：「又因如來智慧為諸菩薩開示演說。」《會義》六四十七。轉者，謂轉度也。《化城疏》二十[二十二]云：「夫轉者，轉此法度入他心。」

△領知一切佛法

《序記》四[二十八]云：「被加為奉命，所說名領知，名說為領，無別領也。」

△密得別益

密義如通益下得別益者，實機內熟，領知界內、外法門分齊，故義當別教無量教意為得別益，非謂成別教人。

△一音異解

一代五時次第，今番當機多人相望，則前四時雖非全無遲速而皆不失五番次第，乃判為別五時。又大判總歷顯露定教，然化自有遲速，則一音異解，得益不同，乃如來設化本有別五時混不定化儀，可謂如來神力自在。此是細論，旭師所發明也。舊云旭師以別五時謬混不定化儀者可笑。

△「或但經四番」等

次判中間三味隨一悟入為秘密、不定二種化儀所攝。若爾，四番三番二番入實亦應爾也。若旭師意，四三二番入實，義有進退，故不輙定判耳！何者？若四次為《般若》入實，乃至二番為鹿苑入實，則是秘密、不定二種化儀所攝也。若四番為鹿苑以來，乃至二番為《般若》以來，則並第五時入實，故顯露定教化儀也。

△（至）〔更〕待《涅槃》捃拾

《妙玄》十下[六]云：「若五千自起，人天被移，皆是後熟，《涅槃》中收。」

△或待滅後餘佛

〈方便品〉云：「若遇餘佛，於此法中便得決了。」〈化城喻品〉云「我滅度後」至「有異名云云」。《疏》二十之三十二左《方便疏》十一之三十九云：「是人雖生滅度之想，捨命已後便生界外有餘之國，值遇餘佛，得聞此經，即便決了。」又十一之三十九云：「南岳師云：餘佛者，四依也。」又十之十一云：「問：五千自去，應是失時？答：此等應以如來滅後弘經人受經也。」《私記》四本《籤》一上七左、《序記》二之二十五。

△「頓有二義」下，文二：

1. 初明化儀四教三

1.1. 初各標通名，簡判似類

1.2. 二分別部中用教多少「頓教部」下

1.3. 三總簡名相義理通濫三

1.3.1. 初約教部二門簡頓漸、通局「頓教相」下

1.3.2. 二分別傳、不傳簡密教、密咒「秘密」下

1.3.3. 三會不定教益歸頓、漸教益「不定」下

2. 二名化儀三觀三

2.1. 初正約化儀教立觀二

2.1.1. 初立三種觀門「約化」下

2.1.2. 二決定觀有無「蓋秘」下

2.2.二簡教、觀名同旨異「今此」下
2.3.三了簡三種並圓行二
2.3.1.初二十三種止觀由意樂別「內俱」下
2.3.2.二二十法無偏、圓，由受者心二
2.3.2.1.初決縱受權法，成圓實行「問：既」下
2.3.2.2.二決縱受圓法，成偏權行「又未」下

△頓教部

部、相分別如《妙玄》十上六十三明。《玄》云：「諸大乘經如圓、頓意義類例，皆名頓教相也，非頓教部也。」文《楞嚴玄》三十二下大同。

△不與三乘共

《諦觀錄》意為別教，獨菩薩法，不共二乘。三十三右圓教說佛境界，不共三乘。二十六右今意謂別、圓兩教不與界內藏、通三乘共比。又別，不共二乘；圓，不共菩薩。

△如《梵網》、《圓覺》等經

《梵網經玄》三十九云「此經於五時中是第一時」，「於化法中即是別、圓。」又云：「今粗定其相，則《華嚴》圓兼別，此經別兼圓。」文《圓覺經》結明通位，是方等部攝，文相多同《華嚴》，是華嚴部屬。如《妙玄私記》四末三十六料簡。等者，等取《瓔珞經》等。《閱藏知津》第一，《華嚴》部中列《圓覺》、《瓔珞業經》。《華嚴論》七八云：「如《瓔珞本業》等，即是說《華嚴經》竟，化諸三乘眾來詣菩提樹下，一一

重敘初成正覺時所說《華嚴》五位法門。」《節義》二十七云：「《瓔珞》有兩種：《菩薩瓔珞》二十卷、《本業瓔珞》二卷，為《華嚴》結經。」今宗所判，《四教義》九二、《妙玄》四下四十九並云：「今謂《瓔珞經》明五十二位，名義整足，恐是結成諸大乘方等別、圓之位也。」文

△頓教相

有師：化法頓、漸得頓詮教體，應云頓教法，下漸教相亦爾。未詳。

△方等、《般若》諸經

不言《法華》、《涅槃》，只是文略。《楞嚴玄》下三十二云：「二頓教相所謂初發心時便成正覺，則方等、《般若》、《法華》、《涅槃》皆悉有之。」《籤》十上六十三云：「始自《華嚴》，終至《法華》，皆有頓義。」云云

△如增上緣

《唯識》五八云：「異熟名通故，如增上緣，餘不攝者，皆入此攝。」《俱舍》七四云：「以即能作因為增上緣故，此緣體廣，名增上緣。」

△一「《法華》會漸」等

問：此中首標化儀四教說，釋出其相，《法華》超八，何故此中明之？答：《法華》雖出八，然化儀相通《法華》，今對前頓、漸，明非頓、漸故也。故上七左文云：「約化儀名會漸歸頓，亦名非頓非漸。」文不言《涅槃》，同味故也。

△隔歷未融

《阿含》、方等，人法俱隔，《般若》但人隔，此亦一往望《法華》開顯，法仍隔。是約橫四教相望也。歷謂經歷，即歷劫修行次第義，前三教各有。

△雙照頓、漸兩相

開權顯實，無權可捨故也。舊云：非頓非漸是開權顯實也；雙照頓、漸是為實施權也。文詳。為實施權，以今判昔，非直判今部也。思之。

△秘密教

此秘密教部也。秘密所用教體全同頓、漸所用，故不別立秘密相也。後更具記。

△一秘密教

《楞嚴玄》下三十二云：「二秘密相，所謂聞小法而密證大，聞大法而密證小，彼此互不相知，則《華嚴》、《阿含》、方等、《般若》皆得有之。惟《法華》是顯露教，俱有密咒，更無密相。然約一分最頓根人，始終不見佛說大法，亦可稱密。而五千退席，方乃正直捨方便，但說無上道，故一席中決無彼此異聞之相，非秘密也。」《籤》一上三十七云：「十方容有，一席定無。」

△二秘密咒

《楞嚴玄》云：「一秘密部則專指一切陀羅尼諸部。」文此秘密是微密、秘妙義，而與一家所立化儀秘密，其義大異。咒者，《法華玄贊》十四十二云：「咒，囑，以善惡之辭相囑曰咒。」文《止觀》二之二十二：「咒者，囑對也。」《請觀音疏》十右云：「咒，即是願也。」文舊云：マジナイヲ咒ト云ウ。祝字，音義同。《顯密圓通成佛心要集》

下十九云：準《神變疏》而有二門：一隨他意門，一切真言而有勝劣，諸部不同。二隨自意門，一切真言更無勝劣，皆是毘盧遮那大不思議秘密心印。取意。《大日經》四之三十一云：「乃至身分舉動住止，應知皆是密印台相所轉，眾多言說，應知皆是真言。」文今謂隨自、隨他，是則淺略、深秘二門與《法華》待、絕二妙同異云云。又此一段，《妙玄》不言，宗主加釋也。又教咒並次第與《楞嚴玄》異也。云云

△陀羅尼章句

陀羅尼即章句也。《金光明．功德天品》召陀羅尼直云章句。《文句》六之七十三《新記》[74]六云：「言章句者，《最勝王》《疏》五末十三云法句，諸經亦云真言，又云陀羅尼。章謂章段，句謂句逗，真言即是真誠法言。」

今家所言秘密有二
- 秘密教——化儀秘密——準前頓頓，應云秘密教部，然一家意，秘密所用教體全同頓、漸所用，不可對部別立秘密教相，是故立名對簡，不例前頓、漸也。下不定教亦爾。
- 秘密咒——陀羅尼——《法華》有陀羅尼等。妙樂《記》《會本》三十之二十二左云：「皆是如來難思秘密真言種子。」文

時人但讀高麗一書，不達一家教義，乃混化儀秘密與神咒秘密以議《法華》是顯露，非

秘密，而經中有秘密咒，是故簡判如此。又《楞嚴玄》下三十二云：新譯家所言秘密部，則專指一切陀羅尼灌頂諸部。台家所言秘密相，則指化儀秘密。取意。立名簡判各有意，與今不同。

△不定立有二義

通論教、益二義，通名不定教，故《妙玄》第十及《四教儀》同《集注》等並。記主《佛頂玄義》不定但為一義而釋。《備釋》上十云：「然益不定自屬機邊，何云不定教耶？教本被機，因教獲益，推功歸教，教成不定矣。」《集注》大同。今書準例上頓、漸、秘密各分二義，分別教、益，而立不定二義。其中第二不定益，亦關能化化用，故《止觀》三之二之四十六引《法句經》云：「佛說生法，於無生法得度。佛說無生法，於生法得度。」《輔行》：「問云：佛說生法，於無生法而得度者，乃是眾生自度，何關於佛？答：正由說生，悟無生法，乃是鑒機知因，說生而悟無生，功在於佛，何名自度？」文

△一不定教

此不定教部也。秘密、不定二種化儀所用教體全同頓、漸所用教體，故部外不可別立秘密相、不定相，是故不云也。《楞嚴玄》云：「秘密相即指部而言也。」

△「即是以頓」等

《妙玄》一上三十二云：「問云：何相資？答：小聞於大，恥小而慕大，是為頓資小。佛命善吉轉教大益菩薩，是為漸資頓。」文此二蘇中明相資也。今以相資釋不定教得益，

所諸抄未見。

△「隨聞《法華》一句」等

〈法師品〉云：咸於佛前……當得菩薩。[75]《疏》二十一之五十二舊云：別指《法華》一句一偈者簡異爾前經也。《記》云：「不同餘善，是故簡之。」文今注準前二段注，具應云《法華》部聞《法華》等，文相重累故略。格注云：隨聞《法華》，恐誤當作《法華》隨聞者，不知〈法師品〉文，但準前二段注為寫錯也。

△如善（未）〔來〕得阿羅漢

此舉藏教頓。若通、別頓義，《楞伽義疏》一中二十三四教頓、漸四句中云：「通頓頓者，一念不生即如如佛，不歷階位，而自崇最是也。別頓頓者，登地以後證道同圓是也。」廣說。《止觀》三之四之三十五亦云：「證道是頓。」《華嚴鈔》四之二十一頓、漸四句分別云云。又《玄》四下之四十四云：「利者於乾慧地即能斷結故，是初涅槃。」

△「圓教亦有漸義」等

《止觀》三之四四十一、《妙玄》九下十八、《信解疏》十六五十五、《淨信答問》三十四、《楞嚴文句》十三十、《占察疏》下五十三、《止觀》一之二四十八。今言漸者，從微至著之漸耳。

△「秘密教」等

《止觀》一之二四十七云：「聖能顯、秘兩說，凡夫宣述只可傳顯，不能傳秘。云云」《緒餘集》[76]下六。

△悉檀

《妙玄》一下云云：「南岳師例大涅槃，梵漢兼稱。悉是此言，檀是梵語。悉之言遍，檀翻為施。佛以四法遍施眾生故也。」《淨名玄》一六、《譯集》[77]四三十九、《機要》二六云云。《華嚴鈔》五十九十九云：「悉檀者，諸三藏譯皆云義宗。有云遍施，乃意釋耳。」

△「約化儀教」止「皆秘密耳」

此釋上四右所言，依教設觀，數亦略同。《止觀》一之二四十七：「發宿習人得論密觀。」《記》云：「如修生滅而發無作，顯露〔不〕定似密不定，義立密觀，故云得論。」

△設

謂假設也。譯。ナイコトデモ。モシ。ヤハリ。本義轉訓ナ。

△今此三觀

《止觀》一之一三十七云：「天台傳南岳三種止觀：一漸次、二不定、三圓頓，皆是大乘俱緣實相，同名止觀。」

△頓觀

《止觀》一之二九：「圓頓者，初緣實相。」又一之二一云：「圓頓初、後不二，如通者騰空。」《記》云：「頓人行、解俱頓。」

△漸觀

《止觀》一之二一云：「漸則初淺，後深如彼梯隥。」《記》云：「漸人解頓行漸。」

《止觀》一之二二又云：「漸初亦知實相，實相難解，漸次易行。」

△不定觀

《止觀》一之二三：「不定者，無別階位，約前漸後頓，更前更後，互淺互深，或事或理。云云」又一之二一云：「不定前、後更互，如金剛寶，置之日中。」《記》云：「不定，解頓，行或頓、漸。」文

△或超或次

舊云：約超次釋不定，《六妙門》其外一家解釋中未曾有之。今謂自有超次義故也。

△此本在高麗國

《宗論》五之二十二〈復張中柱書〉云：「《六妙門》、《維摩疏》二書久錮海東，倘佛鼎力，復照此地，乃千古奇事，日夜祝之。」

△神州

《釋迦方誌》上八右：「河圖云崑崙東方地方五千里，號為神州，亦稱赤縣。」蓋多神聖所都，又是陽明之地故也，斯乃通召震旦一國。《史記》七十四之二右：「騶衍言中國名曰赤縣神州。」《類書纂要》第二之二《華嚴玄談》一五十二言：「東夏者，謂蔥嶺之東，地方數千里，謂之神州大夏。」《疏鈔》四十五三十右、《正觀記》中十二、《鹽鐵論》十一四右。

△日劫相倍

語出《佛頂經》。《文句》四之四十九彼云：「若能於此悟圓通根，逆彼無始織妄業流，得循圓通與不圓根，日劫相倍。」孤山《疏》云：「佛意令依耳根修證，一日之功，倍餘根

一劫。」文今意轉用此語，謂圓人一日修證，別人相倍多劫修證。

△「法尚無」下，文二：

1. 初標自證平等

2. 二明化他差別二

2. 1. 初總明「乃如」下

2. 2. 二別釋「見思」下

△妙智

佛有權、實二智，實智照理，權智益物。今意不思議權智，名為妙智，非謂實智。《別玄記》二十二云：「化他之法雖有權、實，以順情故唯稱為權。」文今文例爾。

△「諸法寂滅」下，文三：[78]

1. 初約寂滅理亡教

2. 二攝施開化歸理「因病」下

3. 三結成法體不二「然所」下

△諸法寂滅相

自下四句出《方便品疏》十三之十一云：「中道無性，此理非數，又不可說。云云」《方便記》八之二十七云：「寂滅者，真、俗二理不可說故。」

△又諸法從本來

《楞伽疏》三下二十九云：「諸法從本來，常自寂滅相，譬如晴空本無狂華，於中起滅由

翳目，故妄見空華，但除其翳，無華可除。」文

△「《阿含》亦云」下，文二：

1. 初正釋三藏名相三

1. 1. 初阿含二

1. 1. 1. 初示名梵漢

1. 1. 2. 二簡名通別「通則」下

1. 2. 二毘尼三

1. 2. 1. 初示名梵漢「毘尼」下

1. 2. 2. 二簡名通別「通則」下

1. 2. 3. 三流傳始末「摩訶」下

1. 3. 三阿毘曇二

1. 3. 1. 初示名梵漢「阿毘」下

1. 3. 2. 二簡名通別「通別下」

1. 4. 二科簡立名所由二

1. 4. 1. 初名三藏教之由「問：半」下

1. 4. 2. 二不名小乘之由「問：何」下

△阿笈多

アギュウタ。天台家ノヨミアキッタ。法相家ノヨミ。

△阿笈ガウ摩

《經音》二十四之十六云「阿笈摩，渠業切，亦言阿伽摩」乃至「舊云阿含，訛略也」。《華嚴玄鈔》四五十六、《私志》一四十六、《譯集》四七。

△又翻法歸

《大經疏》六五十九云：「阿含翻法歸，眾法所歸。」文《應法記》[79]八右云：「阿含，此云法歸，謂眾法門所歸聚處。」

△又翻傳所說義

《經音》二十四之十六云：「或言傳，謂展轉傳來，以法相教授也。」文東春[80]三四十七云：「亦云傳，謂傳他佛之教也。」

△又翻無比法

《輔行》五之五之五十一右云：「阿含，此云無比法也。」妙樂[81]八七之一右云：「此云無比法，即言教也。」《私志》十五十二云：「阿含，舊云法歸，亦云無比。」《私記》五末二十五云：「阿含，此云無比法者，《長含．序》翻云法歸，唐三藏寺名，阿笈摩翻為傳，或名教分，但古譯中阿毘曇翻無比法。更檢。」《法華論疏》中八云：「今謂法歸、無比法，其義大同，以無比法，眾法歸聚，眾法歸聚，故無比法。」《雜阿含》一音釋云：「阿含，梵語也，正云阿笈多，此云教。」又云：「無比法，又云法歸。」《四教儀集注》上五云：「阿含，翻無比法。」《增暉記》一十七破，往見。

△通則大、小二教

《攝論》上三云「此中阿笈摩者，如《解深密經》說」等。《大經》十十四〈大眾所問品〉云：「方等、《阿含》中說有餘義。」章安《疏》六五十九云：「阿含通小、大，小直云阿含，大加方等。」天親《攝大乘論釋》十一十六云：「阿含，謂大乘阿毘達磨。」

△《長阿舍》

《輔正》[82]一七云：「說世界安立，劫初以來長劫事，故云長阿舍。」遁麟云：「說長偈，故云長。」《五分》云：「集一切長經，故云長。」今旭師依《輔正記》長遠義。

△《中阿含》

東春云：「其義不廣不略，故云中。」《補注》云：「不長不短。」[83]

△《雜阿含》

遁麟云：「雜人說。」《補注》：「集比丘及比丘尼、諸天等雜事也。」《分別功德論》上八云：「增一以一為本，次第至十。中者不大不小，事處中。長，說久遠事。雜，事多雜碎。」

○結集三藏事

《出曜經》五、《阿育王經》六五並《傳》三六、《四分》五十四之三、《母論》[84]三十九、《大論》二五、《三藏傳》三十六、《西域記》九十二。

△亦翻律

《行事鈔》中一十二云：「毘尼翻滅，從功能為名，非正譯也。正翻為律。律者，法也，從教為名。斷割重輕，開遮持犯，非法不定。」

△「通則佛所說」等

《大悲經》一十五〈商主品〉云：「如來所說正法毘尼。」文《俱舍》二十五十七三寶中云：「正法毘那耶。」文此佛所說大、小乘教，並防非止惡故也。阿毘曇通例知。

△五篇

南都五篇ヒン。北京五篇ヘン。波羅夷、僧殘、波逸提、波羅提提舍尼、突吉羅。南山《戒疏》二下十七、《事鈔》中之一之二。

△初唯一部

《序品記》一十：「佛滅度後一百年間，毱多持法所化眾生不相是非，但為一部大毘尼藏，即《八十誦律》。」

△「後因諍」等

摩訶提婆作三逆罪，深生憂惱，欲求滅罪，適逢大眾部僧，遂度出家，後與上座乘諍，所以二部抗行。新《婆娑》九十九之三、《三論玄》三十九、《三德指歸》十七二十九、《補注》十四八右，委示此緣。

△大眾、上座

依《西域記》，大竹林中有大石室，一千羅漢結集法藏之地。以大迦葉，僧中上座，謂之上座部。石室之西行二十餘里，此學、無學人結集法藏之處，而凡、聖同會結集，因謂大眾部。

△「乃至分別十八」等

越卻五部律，故云乃至。二部抗行，佛滅百有餘年事也。五部抗行，佛滅三百年後也。如《止觀私記》六末二。但《出三藏記》三之十九、二十三云：「百十餘年。」「十八部」等者，等二十部。《文殊問經》下卷〈分別部品〉明十八部等，謂根本二部，謂一《摩訶僧祇》，此云大眾，老少同會，共集律部也。二《體毘履》。此言老宿，淳老宿人同會，共出律部也。《摩訶僧祇》出（大）〔七〕部，《體毘履》出十二部，並根本二部，名二十部。廣說。《補注》十四七右、《資持記》上一之一二十四右、上一之二七左。又《舍利弗問經》二右說因緣。

△「《阿毘曇》亦云」等

《譯集》四二。《四教義》一二云：「無比法，聖人智慧分別法（華）〔義〕，世所無比，故云無比法也。新云阿毘達磨，此云對法。對有二義：一者，對向，謂向涅槃，以乘無漏聖道之因，感趣涅槃圓極之果。二者，對觀，對觀四諦，謂以淨慧之心觀察四諦之法，故名對也。法有二種：一者，勝義法，謂擇滅涅槃云云。二，法相法，即通四聖諦云云。」《俱舍頌疏》一二十三、《華嚴玄》三四十二。

△「《法華》云」等

《華嚴玄鈔》四四十八：「以羅什譯經多依《智論》，小乘三藏為欲成文，二言雙舉。」

△「答：此教」等

《集注》上五十三右。

《華嚴玄談》四五十云：「所以不名小乘教者，此教亦有大乘六度菩薩，三十四心，斷結成真佛故。」二十二左五行標云大乘。《增一阿含》十八十五名大乘。《妙玄》四上二十九右名大乘。

△生、異、滅三相

《止觀》一之三二十五。《輔行》釋云：「不立住相，與異合說，以人多於住起常計故。」又《隨相論》上十七。

△貪、瞋、癡等分

《金光記》七九十云：「三毒者，貪、瞋、癡偏發也。等分者，謂三毒等起也。然貪、瞋、癡性本相變，終非三心一時並起，但是不定雜雜而生，故云等分。」《華嚴疏》十七六十二云：「分是性義，各據偏多，受貪等名，名為不等，三分俱多，名為等分。」

△「三界二十五」下，文二：

1. 初列釋四諦生滅
2. 二了簡有為法相二
   - 2.1. 初問「問：有」下
   - 2.2. 二答四
     - 2.2.1. 初對顯二三廣略「答略」下
     - 2.2.2. 二示三相處中說「今處」下
     - 2.2.3. 三會釋住異存沒「住不」下
     - 2.2.4. 四結通理無增減「若二」下

△三相有為

三相即有為也。《大乘義章》二十云：「是集起、造作之義。法有為作故名有為。」

△八萬四千煩惱

新《華嚴》四十八之四十左、《大集經》十三八、《大論》五十九十四、《止觀》一之五七、《妙玄》一下三十一。

△善、惡、不動止業

十善、十惡俱動業也。《別行疏記》二十七云：「人天散善五戒十善名為動業。四禪、四定名不動業。」《俱舍》十五之十二。

△還於真諦之無

今家論滅諦二說，如《止觀》一之四初右引《大經・聖行品》十二六「滅非真諦」文，及《搜要記》一二十七云「惑滅滅生，故亦生滅」者，苦、集滅無，立滅諦名，說生滅義。如《別玄》一四十左云：「若觀真諦無為之理，即起誓願：無上佛道誓願成。」及《序品記》六三十九云「所證滅理即滅諦也」者，約所顯真理。今明四諦生滅，故據初義。《諦觀錄》十三左書入，往見。又此書二十右六行見合スベシ。

△有處

《楞伽》一二十左、《正法念經》四十一三右、四十九（六）、新《婆娑》百三十一十四、《聖教論》十四十二、《瑜伽》八十八十。

△但言生滅

《楞伽義疏》云：「次明二相者，生、住、異三既同屬有，故但名生；滅既屬無，故仍名滅。又住為生之成，故可屬生；異為滅之漸，或可屬滅也。」

△「生表此法」等

《唯識》二二右云「然有為法因緣力故，本無今有，暫有還無，表異無為假立四相：本無今有，有位名生；生位暫停，即說為住；住別前後，復立異名；暫有還無，無時名滅。前三有故同在現在，後一是無故在過去」止「生表有法先非有，滅表有法後是無，異表此法非凝然，住表此法暫有用」。「此依剎那假立四相，一期分位亦得假立。」廣說。今書據之。《華嚴玄鈔》五四十八、《俱舍》五十二〈分別根品〉。《筆削》一十云：「四相有三種。云云」

△以表無實

此依《唯識》二之二義，似混通教。若準三藏教意，應云表無常。然今意者，對辨法相廣略，故對略言生滅即表有為，無常便為生住異滅名相，更顯無實也。

△先非有後定無[85]

未詳。若如此云者，但合過、未無體，現在唯一剎那說耳，於三世恆有法體實有宗成妨。

△有為虛妄不實，平等平等

顯由因緣之為作，故不得且止。二、三、四相數異，並三顯有為法不實，故云「平等」。雖說二、三、四相而法無有增減，故重云「平等」。

△平等平等

《雜集論》六三云：「若六若八，平等平等。」《唯識》九十二、《正法念經》六十二十。《寶積經・菩薩藏會》往往有此語。《華嚴鈔》三十四六十一云：「以能證、所證俱離二取故有二平等。」今例知。天親《攝論釋》十八二十七釋。

△「亦詮」等

對上四諦生滅云「亦詮」。諦緣度三並思議法然。諦立生滅等名，度立事理名，緣立思議、不思議名。

△受緣愛

《輔證記》七二十六右云：「由樂受故起貪愛，由苦受故起捨愛，由不苦不樂受故起無明愛。」

△愛緣取

又云：「取上所愛之塵。又《婆娑》云：『初愛名愛，愛增長名取。』」

△取緣有

又云：「由取成業，能招來果，謂之為有。」

△有緣生

又云：「隨其結業而於來世六道受生，生故老死。云云」

△「發業無名」下，文四：

1. 初正依《唯識》釋十二支四

1.1. 初二世因緣相二

1.1.1.1.初約能所引釋前七支

1.1.2.二約能所生釋後五支「復由」下

1.2.二簡兩重能所「所已」下

1.3.三判一重因果「支十」下

1.4.四歎義趣無遺「依生」下

2.二結斥他謂止小乘行「此釋」下

3.三了簡發業潤生法相「問：十」下

4.四多門分別讓於論說「釋此」下

△「一者異熟果愚」等

此二種愚，出《唯識論》八十五。《述記》八末三左、《大乘阿毘達磨雜集論》七十六、四十三。《俱舍》六十三云：「異類而熟是異熟義。云云」又二九云：「或所造業至得果時變而能熟，故名異熟。云云」。《私志》十一三十九云：「報是報果。新云異熟，異世而熟，酬前因故。」

△三塗

《輔行》一之三四右云：「四解脫經以三途名火血刀也。途，道也。作此塗者誤。」《經音》四十三說非也，如《三德》四三十六破。

△受生識種

《會義》八十六云：「總報識種子。」《唯識論》二十一云：「酬引業力恆相續故，立異熟名，感前六識。」能招第八引異熟果名為引業，能招前六滿異熟果名為滿業。近如《八識規矩證義》二十八右。

△「所以無明（及）行」等

《雜集論》四九云：「能引支、所引支、能生支、所生支。唯由如是四種支故，略攝一切因果生起法盡。云云」同二十五。今依《唯識論》八十三。

△「足顯輪迴」等

《唯識》八十八云：「如是十二一重因果足顯輪轉及離斷常。」破斷常者，三世相續故不斷，三世迭謝故不常。《金光記》五六十同今文。約二世，例此可知。

△不墮無窮之過

《唯識》八十八云：「施設兩重實為無用，或應過此便致無窮。」《華嚴鈔》三十七下六右釋《論》文。

△「此釋出在《唯識》」等

《唯識論》八十三左已下廣說。今意斥他人一概依《俱舍》九之九等小乘論解。又謂因緣止緣覺行，如《唯識論》通方等部，故知因緣通大乘。《會義》八十六云「此十二法亦通大小、偏圓」，「《華嚴》二十六之三右六地菩薩十種觀察十二因緣，成就般若無分別智，豈可判作但辟支法」。文問：何故偏依《唯識》？答：以通方等故，義含四教。以此解釋，無往不通，所以偏依《識論》而釋也。

△多門分別

《識論》初假實門，乃至十五惑業苦攝門，凡十五門。《分別論》八三十一、《雜集論》四八、《華嚴疏》三十四下七十八、《三德》十二十紙。

△事六度

《法界次第》下四、《攝論釋》七七、《提婆記》86二十三十五。

△實有二諦

《妙玄》二下五十三明七種二諦。三藏所明名實有二諦。《占察玄》三十九。

△「此教但明」等

《楞伽玄》十左云：「一人無我，或名人空，或名我空，二法無我，或名法空。人者，五陰和合之假名也。法者，五陰色、心之實物也。」《大論》二十六、三十一三十、《淨名疏》七二十六、八五、《妙玄》八下三十四並《私記》八三十、《金光記》五三十六。

△此教但明人空，不明法空

此一往說也。故《別行玄》一三十一云：「若三藏有門觀眾生我人如龜毛、兔角，畢竟不可得，但有五陰之法，此即人空法不空。」文《記》云：「人空法不空者，非全不〔破〕實法，蓋此門觀行破假人時，未破五陰，且云不空，以此二空前後觀故。」《四教義》三六引《大智度論》云：「聲聞經中處處明法空義。」《輔行》六之一四十三明二空已，云：「人謂小乘不明法空者，未曉經意。」又《妙玄私記》八十三、《二百題》十五二十二左。況文云實法者，對所成人假名，能成五陰名實法也，非不明法空故云實法。

△故云五陰、十二入陰、十八界皆是實法，依此實法和合假名為人，人雖定無，法則實

有，名為俗諦

且如歸真則似不明法空，故云實法。改令「故云」二字貫至「名為俗諦」句，則無其過歟？

△直待修人空觀，斷盡見思方滅，三界陰入界等俗法復歸真空[文]

△「觀於地、水」等

此析破六界、十八界，空我、我所也。餘處名界方便，是亦析空觀也。《止觀》七之二[四、五]云：「毘曇以界方便破我。」[文]《輔行》七之二[之四十五]明若準《雜阿毘曇心論》五之二[右]析破六界，破我名界方便；若準《大經》分別十八界法，破著我，此與六界總別之異。[云云]詳知，往見。

△分段生死

分段、變易二種生死，本出《勝鬘經》。委判如《唯識論》八[二十]、又[二十二右]、九[三十、四十]。《止觀》三之三[六]云：「三世間隔，故名分段。」《大乘義章》八[初]說同。今謂此說善，對變易名義易見。又《名義集》六[五十八]、《起信論筆削》二[二十三]並言：「分即分限，段即形段，業力所感，身有長短，命有壽夭故。」又《集解》下[九]云：「言分段者，六道生死，三界六道支分形段。」《集註》意同。支分者，非支體義，三界六道生死相千支萬分。此與《名義集》等義亦不同。

△亦得約當教

《止觀》一之五[三十六]云：「當其教用之，胡為不得，而淺近非教正意也。」《輔行》一之五三十六云：「前之三教諸法非即通，雖名即，但是界內，是故即名唯在圓教。」《四念處》一十二左云：「問：大乘生死即涅槃，得有理即，乃至六即之義，三藏亦得作六即不？答：欲作亦得。三乘同有偏真之理，是理即。云云」今文「亦」字與常途對前不同。《四分犍度》十二左、《大雲經》一十九並云：「初語亦善，中語亦善，後語亦善。」彼「亦」字格而例後文。云云

△理即者

問：藏、通理即，別、圓理即，其異如何？答：藏、通且從但空理，始終不二，而不能約迷悟，因果之法無別；別、圓約迷悟，因果之法無別，其中別則歸性，圓據當相。

△「諸行無常」等

此四句文出《涅槃經》十三十七〈聖行品〉《會疏》十二之末九。《大悲經》二三、《因果經》一十三、《出曜經》一八等。又《瑜伽地》十八十五。《俱舍》四三云：「諸行即是一切有為。」

△「若論此四句」下，文二：

1. 初準《大經》追說部二

1. 1. 初總示

1. 2. 二別釋二

1. 2. 1. 初四句一一攝四教「初橫」下

1. 2. 2. 二四句次第攝四教「次豎」下

2. 二顯今文引用意「今但」下

△「亦能橫竪」等

舊云：對《中論》「因緣所生法」四句云「亦」。《淨信答問》三之九「《中論》一偈攝盡權實、事理」等。

△「通教亦以」等

常途通教言無生者，不見藏人見如實生實滅故也。今言生滅者，如幻如化故也。本不相違。

△皆非真（諦）〔常〕

別教九界為妄為無常，佛界為真為常住故也。《占察玄》二十三云：「別教明六道果報，是分段生死，三乘果報，是變易生死，皆名苦諦，永斷二死，證真中道。」

△四智菩提

《佛地經》並《論》三三。《唯識論》十十三云：四智相應心品：一大圓鏡智相應心品、二平等性智相應心品、三妙觀察智相應心品、四成所作智相應心品。故此四品總攝佛地一切有為功德皆盡。此轉有漏八、七、六、五識相應品，如次而得。取意。《大乘莊嚴論》三二十、《楞伽玄》十右。《占察玄》三十三云：「所證名為真如涅槃，能證名為四智菩提。」《金光玄記》上百十五。

△名安立諦

《瑜伽》七十二十二云：「諦有二種：一安立諦，二非安立諦。安立諦者，謂四聖諦。

非安立諦者，謂真如。」又六十四之四右云云。《聖教論》六十、又十六一右委釋。天親《攝論釋》十九十。《唯識述記》九末五十八云：「有差別名言者，名安立。無差別離名言者，非安立也。安立者，施設義也。」《私志記》六之三十一云：「安立者，存立義也。」《華嚴玄鈔》一三十九云：「一多不雜，故云安立。」《釋氏要覽》中云：「俗諦，又名安立諦。真諦，又名非安立諦，又名勝義諦。」

△「因滅會真」等

此二句《大經．聖行品》取意文也。《止觀》一之四初云「法性自天而然，集不能染，苦不能惱，道不能通，滅不能淨」至「卻煩惱已，乃見法性。經云：滅非真諦，因滅會真。滅尚非真，三諦焉是？」《記》云：「三藏既云身不能染，乃至滅不能淨，故四諦外別立法性。」《大經》十二六〈聖行品〉云：「聲聞、緣覺有滅非真。」《私記》一本四十二云：「今文云經言滅非真諦者，即引此有滅非真之文耳。」已上餘《諦觀錄》書入，往見。又《出曜經》二十二十六云：「四諦真如。」

△「不從時方」止「四大等生」

《唯識》一十四、《述記》一末二十三、《大經》三十五十三、《大論》七十三十、新《婆娑》百九十九十四、《金七十論》上二十一、《妙玄》二下二行、《輔行》十之一十一、《華嚴玄鈔》八四並《鈔》二十六十七、《止觀》三之三三十六、《華嚴疏》三十六上三十三。

△「名字位中」下，文三：

1. 初略明破凡外邪執二

1.1.初總敘能破之相
1.2.二別明所破二執「言法」下
2.二破別四教因緣生二
2.1.初總示「然知」下
2.2.二別釋三
2.2.1.初圓教「若知」下
2.2.2.二別教「若謂」下
2.2.3.三藏、通二
2.2.3.1.初總明「若已」下
2.2.3.2.二別簡「但通」下
3.三簡教所破廣狹二
3.1.初敘後三教意「故圓」下
3.2.二正明藏教意二
3.2.1.初簡示「今藏」下
3.2.2.二釋相二
3.2.2.1.初破邪無法執之相「既從」下
3.2.2.2.二破常一我執之相「若法」下

△我、法二執

《唯識》一二云：「我謂主宰，法謂軌持。云云」又一六云「然諸我執略有二種：一者俱生，二者分別。俱生我執，無始時來虛妄熏習內因力故，恆與身俱，不待邪教及邪分別，任運而轉，故名俱生」至「分別我執亦由現在外緣力故，非與身俱，要待邪教及邪分別，然後方起，故名分別，唯在第六意識中有云云」。又二七云：「然諸法執略有二種：一者俱生，二者分別云云」。例識可知。《筆削》五三十八云：「於染、淨境，執有自性，故名法執。」

△一切種識

《聖教論》十七十二云：「心性有二種：一異熟心，二轉心。異熟心者，即是阿賴耶識，亦名一切種子識。」《唯識》二十三云：「此能執持諸法種子，令不失，故名一切種。」又三之十九、七之二十五委釋。《華嚴疏》三十四下九十云：「為因義邊，名種子識。識支為果義邊，名異熟識。」

△展轉熏習

《楞伽義疏》二下二十八云：「五識則樂現在五塵境界，意識則偏樂三世假實境界，第七則樂虛妄我執，第八則受前七識熏，執持彼種，令不失壞。」是則五、六、七展轉熏習第八識。又《論》一三十六更檢。

△「若以六識」等

《唯識》四十五云：「說五識種為眼等根，五識相分為色等境。」四教因緣生法，具如《淨信答問》三之九。

△「外道」止「二執」
人執唯局外道、凡夫，法執通於凡夫、外及三乘人。《金光玄記》上八十三云：「以二乘人人執既忘，見思所熏第六事識轉成無漏。既塵沙未破，正住第七法執之中，不了生死法空，故有訶惡，不了涅槃法空，故有欣羡。」

△不從神我
《法界次第》上七。《大乘義章》六云：「神謂神主。我謂我人。」《熏聞記》五四十云：「明外道神我，即是六識，更無異事。」

△本際
本際謂過去際，本猶始也，即冥初也。《輔行》云：「過八萬劫前冥然不知。」《頌疏》一三十云：「八萬劫外，名極遠時。」《唯識心要》一之四十六云：「本際即是渾沌。」《玄談鈔》八十二云：「安荼論師計本際。言本際者，即過去之初首，謂計世間最初唯有大水時，有大安荼出生，形如卵，金色，後為兩段，上為天，下為地，中生一梵天，能作一切有命、無命物，是故梵天萬物因。此似此方有計天地之初，形如鷄子，渾沌未分，即從是生天地萬物。」

△資糧位□聲聞為至見道所修福智也。
《唯識》九四：悟入唯識位，有資糧、加行、通達、修習、究竟五位。廣說。

△五停心
停、亭通。《字彙》：「亭，均也，調也。」《四教義》四之八云：「停以停止為義。」

《集解》中四十一釋云：「斯乃修於五法，止住五過焉。」又《四教義》四之七云：「既調停，乃可習觀。」宗主亦在今文云：「調停其心。」下二十五右、七行。五停為止，是停止，即調停故。

△別相念者

《集註》中三十引《析玄》云：「別謂各別，身受心法不同故。相謂行相，觀此四法作不淨等行相故。處謂處所，謂身受心法，是念所緣住止之處故。」已上又念處四句，《四教義》五之八左、《妙玄》四下二十二。《四念處》一十四：「境、觀俱別、即今別相念是也。境總觀別、即今總相念是也。境別觀總、境、觀俱總。」《集注》中三十一、《集解》中四十六。《宗論》二之三之九明四教念處。

△觀身不淨

舊云ナレバノ點、大非也。下同。今謂觀身不淨點ト點スベシ、即《集註》ノ板點可依。後日案ズルニ、舊說為善。

△加行位也

《唯識》九九云：「近見道故立加行名。」《華嚴》內凡聖道入前故，一入修行勤加，故立加行名。《集解》中五十云：「言加行者，謂外凡中已修念處故，今內凡但是增加念處之功行耳。」《集註》亦非也。

△得色界有漏善根

即四禪也。《唯識論》云：「初起無漏唯色界後，決擇分善唯色界故。」《心要》七六十云：「決擇分位即煖等四加行位。所修善根要依四禪方發無漏，故云唯色界法。」謂四善根位，得色界四禪有漏清淨善根，方能入無漏見道也。舊《婆娑》八十二云：「色界修慧觀現在前，能入聖道。」《占察玄》四十五釋頂位：「得色界定，諦解分明。」《大經》三十三之三云：「煖法報得色界五陰。」

△「由四念處」下，文二：

1. 初別釋四位行相

2. 二總結四位進趣「以此」下

△「發四正勤」等

《輔行》七之一四十一云：「次明正勤……次明生善。」往見。

△「猶如鑽火」等

《法勝論》三十四云：「智於所知，如鑽燧相研，能窮盡諸有，生無漏智火。煖為相，故名煖。」《玉》：「鑽，所以穿也。」此能穿木云鑽，所穿是燧也。《字彙》：「燧，取火之本。」新《婆娑》六九、《四教義》五之十。

△「於諸世間」等

《法勝論》三十五云：「彼初開聖道門，故名世第一法。有說，世間中最勝，故名世第一法。」

△有漏聞思修

大、小經論並云：「三慧是有漏而在見道前。」《成論》十八之七〈定具品〉云：「聞法讀誦，為人說法，是多聞慧。思量諸法，名思惟慧。善取定相，是名修慧。」又二十二〈三慧品〉、舊《婆娑》三十三二右並委釋。《頌疏》一三十五。

△資助本具無漏種子

《唯識》二十四云「一切種子皆本性有，不從熏生，由熏習力，但可增長。如契經說：一切有情無始時來有種種界，如惡叉聚，法爾而有。界即種子差別名故」止「《瑜伽》亦說諸種子體無始時來性雖本有，而由染、淨新所熏發」。此本具無漏種子，不同一眾所立性具，但第八識執持。過去聞法結緣功德名云本具無漏種子，故修非性即舊熏也。此用唯識法相，彼論則通方等，義含四教，以此解釋，無往不通，是故用之。小乘雖不言種子，既云發真無漏，或云苦忍明發，若無種子，豈得發耶？《私志記》十三三十三云：「既云不現行故，是性中種子具足有也。」[87]

本具無漏種子：本出《唯識論》。此第八識中無始法爾具種子也。今從小乘意，謂第六識中無始法爾具無漏種。若據圓實意者，諸識皆具，何但六、八而已！色法亦具，何但心法而已！

今用《唯識》，其意有二：一者，時人不知本具名相，則通四教，其旨各異，是故用彼本具名。二者，時人謂《唯識》新譯，非台教所關，是故多用《唯識》法相，令知彼亦不出天台判釋。

△分證即

《輔行》一之五三十六：「見道為分真，羅漢為究竟。」

△見道位

《毘曇》有門，定無礙道斷，法忍解脫道證故。前十五心為見道，第十六心為修道。《成論》空門，定無礙道伏，法忍解脫道斷故。法智第十六心解脫道斷見位屬見道也。今依《毘曇》云云。

△猶潤一生

欲界九品潤生相，《輔行》六之一二十右。

△進斷上八地思

《集解》中五十三即色、無色界七十二品。《妙玄》四下二十七云：「阿（含那）（那含）有二種，亦是羅漢向攝。」文《四教義》六四同。今住果中兼明勝進，故云「進斷」等。

△修道位

重慮緣真名修道。舊《俱舍》十七七云：「由熏習所曾見故成修道。」新《論》二十三十三。《法勝論》二十八云：「修者，是數習義。」

△「欲界四諦」下，文二：

1. 初釋數

2. 二釋名「忍即」下

△法忍、法智、類忍、類智[88]

上二界苦不受難知，故比類欲界苦觀，故云「類」也。《唯識》九十三、《雜集》九一、《俱舍》二十三九、《頌疏》二十三二十、《華嚴疏》二十二三十一、《籤》三上二十左。《俱舍》二十三十三云：「最初證知諸法真理故名法智，此後境智與前相似故得類名。」《頌疏》云：「智是忍果，是等流果。」

△無間道

《頌疏》二十三二十二云：「前忍斷惑，名無間道。後智證滅，名解脫道。」又二十三之二十三云：「忍是無間道，約斷惑得，不被惑得之所隔礙，故名無間。智是解脫道，已解脫惑得，又與離繫得，俱時起故，名解脫也。」《論》二十三十二同。《輔行》六之一二十二。

△此含三義

《序疏》二三十六、《會義》一十八。《淨名疏》一三十五云：「殺賊，從破惡得名。不生，從怖魔受稱。應供，因乞士以成德。」《妙宗》三十二。又《四分犍度略釋》十左云：「應受九界眾生供養，故名應供。」今約六凡。應字有平聲圈則相應義也。《集解》中五十五云：「應赴人天之供糧也。」ト云ハ不允。應アタル，當也，平聲，或通去。應コタフ，答也，去聲。《玉篇》

△斷三界見思盡

此位所斷上二界七十二品思惑，今明智斷究竟，故總云「斷三界」等。

△子縛義

《大經》二十七五左〈獅子吼品〉有子果縛名。《輔行》六之四三十八引已，略釋。《集解》中五十五悉釋。《四教義記》五、《籤》二下二十八、《私志》五六十五。新《婆娑》三十二十六委釋二涅槃。

△灰身滅智

諸文皆云「滅智、泯智」。未考所出。灰身滅智，此名本出〈涅槃無名論〉《新疏》下十六七。義淨譯《無常經》「歸敬偈」亦云：「厭身滅智證無生。」《妙玄》六下二十九、《籤》三上五十二。《集解》中五十五云：「厭者，死也，滅也。」

△「逆順觀察」等

《中阿含》二十四一明逆順。《籤》三上四十九云：「又準《阿含》觀十二因緣有逆有順，從無明至老死名順，從老死至無明為逆。」新《婆娑》二十三十四。

△更侵習氣

今意少分斷云侵也。《字典》：「掠境曰侵。」掠カスレル，《玉》云：「劫取財物。」

△大乘佛果

《金光玄記》上百七云：「六度菩薩對二乘為大。」《集註》中六十四云：「此四菩薩於當教內亦稱大乘。」

△在頂位

《別玄記》三十云「問：聲聞根鈍」至「證位猶下」。文

△更住百劫

新《婆娑》百七十七十六云：「第三阿僧祇滿後復經九十一劫修妙相業。」《大論》四之十一《四教義》七四云：「問：菩薩幾時種三十二相？答：極遲百劫，極疾九十一劫。」釋迦因精進力超九劫，故九十一劫而已。

△「究竟即者」下，文二：

1. 初標示

2. 二釋出二

2. 1. 初二乘（「一小」下）

2. 2. 二佛界二

2. 2. 1. 初略敘因位行相（「三大」下）

2. 2. 2. 二正明八相成道（「次入」下）

△剎那

新《婆娑》百九十六音釋云：「剎那，梵語也。」此云極少，言時之極少也。《法華三昧懺儀》十五云：「剎那，此云一念。」

△真無漏

《成論》二十二十二。《月燈三昧經》十一二云：「真無漏中妄想盡。」又《佛地論》一十三有真無漏言。

△我空真如

我空亦名生空。《唯識論》十五說六轉依中云：五、下劣轉，謂二乘位，專求自利，厭苦欣寂，唯能通達生空真如。六、廣大轉，謂大乘位，為利他故，趣大菩提，生死、涅槃俱無欣厭，具能通達二空真如。略抄。《論》是大乘，故云：「菩薩通達二空真如。」今明小乘菩提，證同二乘，故但云「我空真如」。又上十八文云：「此教但明人空，不明法空。」故今亦云「我空真如」。然上十八左所言人、法二空，約假人五陰實法。《唯識論》十五明六轉依中人、法二空，約生死、涅槃也。不可一混。

△無始法爾

法爾是自然異名也，即與向本具同。《華嚴玄鈔》五四十云：「言法爾者，此明本有揀異新熏故。《瑜伽》云：種性略有二種：一本性住，二習所成。本性住者，謂諸菩薩六所〔處〕殊勝，有如是相，從無始世展轉傳來法爾所得等。習所成者，謂先修習善根所得。」舊云過去善種子言法爾者，第八識中所持故，望現行修云法爾也，不同一家性具云法爾也。

△「見道八忍」下，文三：

1. 初釋三十四名數

2. 二據唯識釋發真二

2. 1. 初約種子、現行釋發真所以「此之」下

2. 2. 二約增上、親因釋頓發所以「三大」下

3. 三釋無為墮數二

3. 1. 初約惑累品數，不約智體「然約」下

3. 2. 二約智用明昧，不約理體「所證」下

△擇滅無為

虛空、擇滅、非擇滅，名三無為。《俱舍》一三。《聖教論》一十五說八種無為。《唯

識》二六云：「由簡擇力滅諸雜染，究竟證會，故名擇滅。」《俱舍》六十五、《濟緣記》三下十二、《止觀讀教記》四六。

△頓斷見思正習

《輔行》一之五三十六云：「三藏菩薩至道樹下猶居似位，三十四心分真究竟。」

△「無為」至「諸數」

《淨名經》上〈弟子品·阿難章〉云：「佛身無為，不墮諸數。」《天台疏》五三十五云：「無為，非界內、外有為，即無二種陰入數法。」《華嚴疏》二十三七云：「數有二種：一數量之數，二色心有為，皆名為數。」《華嚴經》三十三十〈回向品〉云：「譬如真如，超諸數量。」然彼並約大乘，今文約小乘可解。

△「以無為」至「差別」

《金剛般若》十三左：「一切賢聖皆以無為而有差別。」《大論》八十四之八之二十左同無著《論》上十六、天親《論》上二十二。《天台疏》十三左云：「無為雖一解，有明昧、淺深差別。」《破空論》十六。《華嚴鈔》十一十五釋云：「俱學無為有淺有深，乃成差別，非無為法而有差別也。」又十七之二十三、《輔行》一之二六、《籤》下上五十五。今文所證我空真如為無為法，能證三十四心為差別也。

△「如釋迦丈六」等

《□多論》十左云：「佛身丈六，常人半之。」《業疏》四上十三：「佛在人倍，人長八尺，佛則丈六，並依周尺以定律呂也。」《彌勒來時經》二右云：「彌勒身長十六丈。」《善生經》六之二、《觀佛三昧經》十之三並同。旭師依之。如《統記》三二十一云「佛生人中，倍勝人形，故長丈六。如彌勒三十二丈時，人長十六丈」者，依《彌勒成佛經》云：「彌勒佛國人身悉長一十六丈。彌勒長釋迦佛八十肘。三十二丈。」又《彌勒下生經》三右云：「身長千尺。」《雜喻譬經》□右云：「彌勒身長百六十丈。」《大論》三十二左云：「百六十丈。」

△受梵王請

《寶積經》百八三云：「何以方待梵王請，然後說法？多有天人歸依梵王，尊重梵王，作如是言：『梵天王化生我等，世界最尊，若除梵王，無有能造世界者。』爾時如來如是知已——『今我當待梵王勸請。』若彼梵王一傾首者，諸可歸依。云云」《多論》二一、《大論》三十五左。《序記》五之十四：「既為一代請法輪主，請大則大，請小則小。」

△三轉法輪

《淨名經》上〈佛國品〉云：「三轉法輪於大千。」《天台疏》二二十一委釋。又《俱舍》二十四十八、《化城疏》二十十九、《集解》中七十八、《玄贊》二四左。

△緣盡入滅

問：緣盡入滅是通教佛，明三藏佛中不可言之，如云薪盡火滅者，通於藏、通故。《文句》七四十四左云：「如薪盡火滅者，小乘佛以果報身為薪，智慧為火，慧依報身，身滅智亡。大乘佛以機為薪，逗應為火，眾生機盡，應形亦滅。」今謂薪盡火滅既通藏、通二教，緣盡入滅，何局通教？通佛機緣盡入滅，藏佛業緣盡入滅。未詳。予《雜錄》第十一

二十九 並四教八相論題中詳科簡。

△無復身智依正可得

《止觀》二之五三十云：「二乘但有習果，無有果報。」《輔行》云：「果報之名，言不涉小，雖得羅漢，但名習果，習果謝已，不云應生故。小乘教不說二乘更有生處。」文 菩薩亦爾。

△最利者四生

問：聲聞三生六十劫。支佛四生百劫。若爾，似聲聞利，支佛鈍？答：聲聞但入見道，支佛頓證無學，故支佛勝。又聲聞專在自行，支佛稍兼度生故。云云

△「此教具三」下，文二：

1. 初辨三乘同異二

1. 1. 初簡行證不同

1. 2. 二結所歸全同「然所」下

2. 二明十乘觀法「十法」下

○十乘觀法

十乘觀法
- 前四行門正軌
- 中三隨宜方便
  - 此七修觀方法
- 後三進趣用意——此三行法所歷
  - 十法共成行者觀法

△不立分果

《四教義》六十七云「問：辟支佛何意不制果」止「直到所在」《四念處》一二十一。《俱舍》二十三八左云：「一座成覺。云云」

△必經三大阿僧祇劫

《起信論》云：「一切菩薩皆經三阿僧祇劫。」文舊云：此說大乘，且附三藏經劫云矣。舊《婆沙》十九之十六、《多論》二十三。故《寶雲經》六十六云：「但為淺近眾生說三阿僧祇修習所得，而實發心以來不可計數。」《二百題》五之三十三藏劫數說。若《裂綱》[89]五之二十約四教釋者，恐非《論》意。《瑜伽》七十八十五云：「經幾不可數劫，能斷如是粗重。經於三大不可數劫，或無量劫。」文據之，大乘有二說也。

△一觀正因緣境

《玄》八下四十。《私志》二十七云：「只此一言，正因緣法破一切外計，通顯一切佛法，無不畢盡。」

△入三脫門

《法界次第》中之下之十三左云：「空、無相、無作，此三通名解脫門者，解脫即是涅槃門。謂能通此三法，能通行人，得入涅槃故也。」《大論》二十四、《佛地論》一十七。

△是為要意

此十法，毘曇大綱要意故也。《妙玄》八下四十云：「阿毘曇中具此十意，其文閒散，論師設欲行道，不知依何而修，如惑岐路，莫識所從。今撮其要意，通冠始終，則識有門入道之觀也。」

《教觀綱宗釋義講本講述》 卷下

△「通教鈍根」下，文三：

1. 初得名
2. 二判釋「此無」下
3. 三所詮「詮無」下

△「通教鈍根」等

已下就通義作二釋。初釋依高麗《四教儀》。通前義者，高麗始立也。一家諸文，無有顯文。《備釋》下十二云：「通前之義，未見祖文。」《籤》八上四十七云通教菩薩頓同二乘。又九上四十六云：「通近同三藏，通遠如別教。」文並不直云通前。《四念處》二初明三通義中亦不云通前。

通有三義《四念處》二初左

- 一、因果皆通——當通
- 二、因通果不通——被接
- 三、通別通圓——別、圓因果皆與通異，籍通開導，得入別、圓因也。

△「無言說道」

《大品·三慧品》《大論》八十四之八右、《小品》九之十〈隨智品〉。《集解》下云：「言說在事，無言是理，道即觀智。」

△「體法入空」

《四教儀》云：「體色入空。」此對外道邪析，約一極微色，內道正析，亦約色而言，故通教體空亦約色也。《妙玄》三之二云：「體森羅之色，即是於空。」文今云體法者，義含色、心也。未詳。《止觀》三之四二十一云「小者但堪修析止觀，析於色、心」乃至「此皆外道，析色、心也」。

四教入空，大分為二

- 析法入空 —— 《止觀》三之四之二十三右：「析名本在外道。」彼於極微計斷常，雖破粗強，思惑、見惑益盛。藏教對破邪析而明正析，觀無常等，斷盡見、思。
- 體法入空 —— 體空本在通教，約不離即立之。別教十住所用，全同通教。圓人亦用。《光句》五之六十六左。天台別說空觀，約鈍人始行要術是也。然約當相即是，其義永異通、別。

△此無別部

《玄》三下三十二云：「不定部帙判通教，但取三乘共學法門，指此為通耳。」《籤》云：「不定部帙者，不同三藏、四《阿含》等，別有部帙，今以諸部方等、諸《般若》

中，但是三乘共行，即判屬通。」文《方便記》十一二十二。

△「苦無逼大急ナルコト迫セリツケラレルコト」等

此本出《思益經》一三十九。《四教義》二三所引大如經文，今《鈔玄》一下三十一右文。又《止觀》一之三二十六。

△無逼近相

舊云：近，誤作迫。或云：不必爾。《出曜經》一十八云：「然彼城郭逼近江河。」《婆娑》六十八紙云：「以逼近故。」下六右云：「皆如空華，無逼近相。」

△「三界色心」下，文二：

1. 初正釋
2. 二結簡「然此」下

△「所謂生死即」等

文出《占察經》下五十三。《思益經》二四、唐《攝論》下十三。經意約圓，今借明通意。

△「所謂煩惱」等

《大乘莊嚴論》六十五云：「煩惱即菩提。」《大莊嚴法門經》下云：「此煩惱性即是菩提。」《集注》含業惑而引證文，且約惑也，具應更云：業即解脫也。

△「然此但」等

《別行疏記》一四云：「通則但體生死即空，此偏空也。別、圓能體涅槃亦空，此中空也。離邊屬別，即邊擇法並心業攝也。」《心地觀經》三二十三〈報恩品〉云：「以無所得，三輪體空。」

△「癡即無明」下，文二：

1. 初總敘意

2. 二別釋文二

2. 1. 初約有名無體釋如空「癡如」下

2. 2. 二約似有無釋如幻「無明」下

△癡即無明也

據下牒云癡如虛空等者，此句似應有者字下，然在此者，此二行文先注文及並辨藏、通因緣名同意異，次五行文正釋十二緣不可得相故也。

△「癡如虛空」等

此注亦鈔《妙玄》二下十一左「癡如虛空」二句，是《大品·無盡品》文也。《大論》八十之一左《大品》文含後三教故，今用明通、別。《行疏》一引而明圓。「虛空」、「幻化」並出大乘十喻中。十喻出《大品》。《大論》六、《法界次第》下之上二十二左。

△「不在內」等

此三句出《大品·三假品》《大論》四十一初等，即根、塵、識也。又《禪門章》九十七左引《大品》云：「為自、他、共。云云」傍注此約推檢所在之處，故言根、塵、識三，此外無法，故不言四。

△「猶如虛空」等

虛空之喻，於破無因緣，義稍疏故，更用幻化之喻破之。

△「不自生」等

此約推能生之相，故言自、他、共、無因四也。

△一一三輪體空

一一者，指六塵也。三輪體即空，云「三輪體空」。《唯識》九之二十一之二：「施、戒、忍、進，並以三業為性，靜慮但以等持為性，後五皆以擇法為性。智有五種，故云後五。」等持言即空，是則不空中道被接別教也。

△「三界因果」下，文二：

1. 初雙釋
2. 二結簡「此則」下

△亦詮兩種含中二諦

就此須知二入通及被接，同異、寬狹。《妙玄私記》四末三十一云：「若分別之，斷本教惑，名為被接。若未斷惑，入後教者，名二入通。若總論之，不論本教惑斷、未斷，通入別、圓，並名二入通。云云」《觀私記》三本四十大同。《仁王合疏》上七標注云：「別入通，圓入通，亦即別接通，圓接通之意，謂接入也。」文《私志記》十二九十九云：「言圓入別者，圓接別。」文《方便記》十一三十二云：「別、圓入通，亦在方等、《般若》中明。」

△即空、不空共為真

問：受接之人見後教理，但應以中道為真，何故云共為真耶？答：若約接已，但見別理，今約正接，既是含中真諦，空為能含，中為所含，被來接時，於空見中故，正接共為真。

△「通含別者」下，文二：

1. 初釋別接通三

1. 1. 初標

1. 2. 二釋二

1. 2. 1. 初俗諦「幻有」下

1. 2. 2. 二真諦「幻有即空」下

1. 2. 3. 三結「故名」下

2. 二釋圓接通三

2. 1. 初標「通含」下

2. 2. 二釋三

2. 2. 1. 初俗諦「幻有」下

2. 2. 2. 二真諦「幻有即空」下

2. 2. 3. 三結「故名」下

△幻有即空為真

利人聞即空解攝相歸性，法無差別，屬圓。文《金光記》二云：「若其不解性具九界，但云體達諸法即理，全波是水，猶濫通、別，未顯圓修。」

△為迷悟依

別教不同，真如隨、不隨，通許真如能為迷悟依。《唯識》十七云：「迷悟依謂真如，由此能作迷悟根本，諸染、淨法依之得生。」文

△如來藏

《大乘止觀》一三十七：如來藏有三義：一能藏名藏，能含染、淨性事，無所妨礙故。二所藏名藏，即此真心而為無明所覆故。三能生名藏，依清淨熏力能生世出〔世〕法。廣說。《宗圓記》[90]一四十四、《圓覺疏》一三十九。

△「亦名為空」等

《大乘止觀》二十一云：空如來藏者，以此心性雖復緣起，建立生死涅槃違順等法，而得心體平等妙絕染淨之相。云云又二十云：不空如來藏者，此心雖平等一味，無差別而復具有染、淨二法。云云。廣說取意。《起信論》云「如實空，如實不空」是也。《義記》中本七

△圓中道理

就道理言，舉例證者，《方便疏》十三十八引光宅云：「令得修慧，入佛知見道理。」《金光疏》三三十六云：「行人若識此意，先當求覓法性道理為懺悔處也。」

△「有漏是俗」等

此依《妙玄》二下八十五左明三諦境有五種，謂別入通、圓人通、別、圓入別、圓。《占察玄》四十一。

△「蓋由前通含」等

《占察玄》四十一左云：「別入通三諦者，約通含別二諦，幻有為俗，幻有即空，不空為真。今分真諦以為兩諦，空即是真，不空即中諦也。」

△「二諦同前」等

此鈔《妙玄》二下八十五。《占察玄》四十一右云云。《私志》十十二云：「點即妙達也。」已上

《玉》：「點カンガエルシルス，檢點，又點注。」

△「正化菩薩」等

《四教義》一四云：「此教明因緣即空，無生四真諦理，是摩訶衍之初門也。正為菩薩，傍通二乘。」文舊云：此約當教而解。勿依正通實相，傍通真諦文《妙玄》八下三十九而解。已上今謂。欠釋。

△「諸法不自生」等

傍注 此四句出《中論》一上〈觀因緣品〉。四教可通用之旨，如《輔行》三之三二十八。更有箋具述云：「諸法不自生，亦不從他生，不共不無因，是故知無生。」四句破性本出〈觀因緣品〉，所依《般若》說通、別、圓，故能依《論》亦申三教意。然三藏觀因緣生滅亦無性計，是故四教亦可通用其旨，如《輔行》三之三之二十八。

○四教破性同異

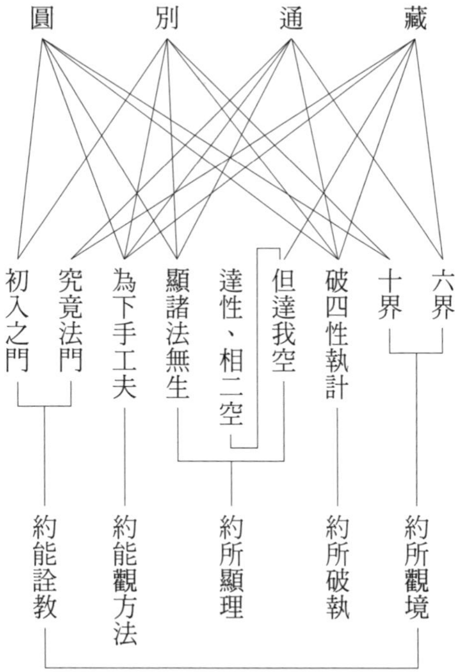

藏　通　別　圓

六界、十界——約所觀境
破四性執計——約所破執
但達我空、達性、相二空、顯諸法無生——約所顯理
為下手工夫——約能觀方法
究竟法門、初入之門——約能詮教

藏、通不詮中道，以空為究竟法，別教次第三觀以空為初門，圓教亦為始行要術故。《光明文句》五五十六左已下明初心人我見隆故，但觀真空，以為要術。四明《記》詳盡。又《宗論》二之四二左云：「一心三觀必以空為初門。云云」旭師意約通途初心皆以空為初門，故云必為初門。天台意，除最利人，故《光句》云：「更為鈍人說空觀相。」

○《教觀撮要》二十九論四教破性。

△「此四句」等

《順中論．翻譯記》云：「龍勝菩薩依《大般若》而造《中論》。」所依《般若》說通、別、圓三教，故能依《論》文，亦申三教意。

△即成圓教初門

《宗論》二之四二左：「一心三觀，必以空為初門，以無始妄認六塵緣影為自心相，未有真知妄想無性者。」

△成別教初門

謂空為初入之門而通中理。

△成通教法門

通教不詮中道，故以無生為法門也。若約被接，應云初門，今約當通，故云法門，不云初門。

△「四性推檢」下，文二：

1. 初總簡通局、廣狹

2. 二別明四教推檢四

2. 1. 初藏教「藏教」下

2. 2. 二通教二

2. 2. 1. 初總示無生教意「通教」下

2. 2. 2. 二別明四句推檢二

2. 2. 2. 1. 初定所推境「且如」下

2.2.2.2.二明能推觀四

2.2.2.2.1.初約能迷心「先約」下

2.2.2.2.2.二約所迷境「次約」下

2.2.2.2.3.三總結無生「是以」下

2.2.2.2.4.四釋通伏疑「此無」下

2.3.三別教

2.3.1.初略明推檢「別教」下

2.3.2.二簡異圓教「皆以」下

2.4.四圓教二

2.4.1.初略明推檢「圓教」下

2.4.2.二簡異別教二

2.4.2.1.初述釋圓融三諦二

2.4.2.1.1.初正述「隨一一」下

2.4.2.1.2.二結要「法住」下

2.4.2.2.二約橫豎雙融結「以是」下

△「四性推檢」等

《輔行》三之三二十八云：「故此破性雖有衍門，三藏多觀因緣生滅，既破生滅，亦無自、他、共等三計，況復生滅元破邪無，是故四教亦可通用。」又云：「準應教教各破四性。」

△「自種有故」等

《雜集論》四十三右。《華嚴鈔》三十七下二十云：「初句以自破他，如於外法以穀子為自，水等為他，內法識種為自，業種、增上緣為他。若無種子，絕不生果。次句以他破自，故云待眾故非自作。次無作用故不共生，即以和合無性破共。次有功能故非無因者，以共破無因。」文

△「心、境二字」等

《大論》二十七十四云：「一切世間中唯有名與色。」《華嚴玄鈔》一十七云：「因果萬法，心、心、境普收。」

△突トツ、タツ

ツキイヅル。《玉》：「徒骨、宅骨二切，犬從穴中暫出也。」《說文》：「犬在穴中。」徐云：「犬匿於穴中伺人，人不意之，突然而出也。」

△檢責

《玉》：「責，求也。」《字彙》：「征求也。」檢責、推尋同。

△又心念兔角

《輔行》二之三五左引《成論》云：「兔角、龜毛、鹽香、蛇足及風色等，是名為無。此取走兔、水龜為喻。若飛兔、陸龜，容有毛角。故《大經》云：如水龜毛，如走兔角。」

△「隨一一法」等

《華嚴鈔》六七十五云：「眾生塵心無不皆具，本有有之，故曰無生。」

△宛然

《輔行》一之五八左云：「邊高中下，邊下中高，名之為宛，顯了可見故也。」

△法住法位

《方便品》云：「是法住法位，世間相常住。」今家意者，謂是法住於法位。《文句》十二二十九右同《記》，二十九左往見。《妙宗》一三十一亦云：「即十法界三千世間，一一皆住真如法位。」《大日經》一十四〈入萬陀羅具緣品〉云：「金剛秘言佛法離諸相，法住於法位。」文此句可為一家解釋明證。嘉祥《義疏》四下二十六、蕅益《會義》四三十一並為法住、法位二名重舉。《義疏》云：「法住、法位，是佛性異名，亦是一乘別稱也。」文《會義》云：「此一乘者，即是法住，亦名法位，從無住本立一切法，此無住本不可動，故名為法住；種種諸法總不出此範圍，名為法位。」文《大品．莊嚴品》《大論》四十三之五，四十六之十二云：「諸法如法相、法性、法住、法位、實際。」文唐譯《楞伽》亦云：「若佛出世，若不出世，法住、法位、法性皆悉常住。」文此文可為嘉祥、蕅益明據。又《華嚴玄鈔》五十四云「言是法者，即前所知之法。所以常無性者，由住真如正位」，「言法位者，即真如正位。故《智論》說法性、法界、法住、法位皆真如異名也」。文此意似該上來兩義。

△「阿字即具」等

四十二字門出《大品・四念處品》《大論》四十八、新《華嚴》七十六二十一〈入法界品〉。《大品・四攝品》《大論》八十九之三紙云：「一切語言皆入阿字門，一字皆入四十二字，四十二字亦入一字。」文

△無工夫之工夫

即性故云「無工夫」。《演義》一云三十六：「若此之修，無修之修，修即無修，為真修矣。」文《四教義》十一十五云：「無次位之次位也。」今文準知。

△「解苦無苦」等

《大經》十二六右〈聖行品〉云：「諸菩薩等解苦無苦，是故無苦而有真諦。」章安《疏》云：「若見有苦則有苦生，若有苦生則有苦滅，既解苦無苦，苦則不生，苦既不生，苦則不滅。」文《妙玄》三上九十九釋云：「即是體苦非苦，故言無苦。即事而真，故言有諦。」文《四教義》八六右、《金光記》五三十四。今意解苦無苦，解苦無苦トヨムベシ。如釋義也。板點可笑。

△「三界果報」下，文三：

1. 初釋文義

2. 二述教理二

2. 1. 初正約苦諦「真諦」下

2. 2. 二總約四諦「于此」下

3. 三判他宗「今人」下

△三苦

逼身心故苦，苦不久住故壞，苦性遷流故行苦。《俱舍》二十二三、《止觀》七之三四、五、《法界次第》中十六、《輔注》八九、《要解》十五左。

△「今人談玄」等

《四教義》八十七：若什、生、肇注雖廣，同用通意。陳、梁諸師皆是通意釋此經耳。取意。《妙玄》三上五十九、《大經玄》上之二十三。壁立萬仞者，《世說》九十三〈賞譽〉上篇云：「王公目太尉巖巖清峙，壁立千仞。」顧愷之〈夷甫畫贊〉曰：「夷甫天形瓌特，識者以為巖巖秀峙，壁立千仞。」孔安國曰：「八尺曰仞。」鄭玄曰：「七尺曰仞。」《傳燈錄》二十六十四〈永明傳〉：「師曰：『奇巖萬仞無立足處，諸人向什麼處進步？』」《西方合論敘》三左：「潙山云：『壁立萬仞。』」《文選》三三十九〈江賦〉云：「絕岸萬丈，壁立赮駁。」[壁]カキ。《玉》：「垣也。」《字彙》：「屋壁也。又軍壘臨危謂之壁。」《字彙》第二義善應今意。

△伏見思惑

《止觀》六之一二十四：「乾慧性地，共伏見惑。」《四教義》五九云：「未得善有漏五陰相似理水，定水未霑，故名為乾，而有觀行能伏諸見，故名為慧。」又八之十二右云：「性地初中，後心解慧，善巧而俱伏見惑。」今家二說，今從一說，若據下十二文云十信伏三界見思，與通乾慧性地齊者，今文且從極云也。

△「入無間三昧」等

此鈔《妙玄》四下三十四。《止觀》六之一二十四云：「從世第一轉入無間三昧。」文此十六心並不出入觀，故云「無間三昧」。《輔行》六之一三十一云：「如十五心，雖已有於七智八忍，未入果位故，道比忍猶名為因。」文今八忍為分果者，《箋》四下二十四云：「至苦忍已，次第無間，必入初果。今從後說，通云『聖人』。」文

△如燒木成灰

《四念處》一亦同。《大論》二十七十九云：「緣覺智慧力勝如大火燒木，木然炭盡，餘有灰在。」文《高麗錄》云：「燒炭。」《集解》下四云：「能侵習氣，名為燒炭，而未全盡，如有灰存。」今謂《高麗》云燒炭成灰者，且附十地之次第，顯斷惑之淺深，今云燒木成灰者，約支佛之實修，斷正使時，即兼侵習。

△扶習潤生

正使斷盡，更無惑業引生，又以教門不明中道應本，所以扶持習氣，作利生之本，然習不能潤生，願力扶助，潤生三界。

△「別、圓二教」下，文二：

1. 初簡前後教意
2. 二正明當教之意「通教」下

△資于故業種子

《大乘止觀》上之三十六云「其未修對治者，即無始已來，具有一切故業種子。此種子中即應備有六道之業」止「後若作菩薩自在用時，以悲願力故，用故業種子，一時於六道中受無量身，教化眾生也」。《釋要》三之二《金光記》三五十五、《宗圓》四初、《二百題》

十三二十五，並約別、圓菩薩論古業也。今者旭師得意，約通菩薩而論，大乘菩薩所為通可爾故也。

△「非貪似貪」等

難陀貪習，畢陵伽慢習等也。《輔行》二之四十三、《大論》二十七十九、又八十四七、《五百授記疏》二十一二十四。《輔行》一之三五：「難陀示欲，身子示瞋，調達示癡。」又《釋籤》一下五十一。《雜套》云：「不云瞋使者，良由菩薩化導首斷瞋惑，故尚不欲扶起餘習，以違慈悲故，諸《大乘經》說寧起貪惑百千而不瞋眾生須臾等，又如《瑜伽》之開殺住善無記心行之。」

△「遊戲神通」等

《大品·必定品》《大論》九十四之五左云：「菩薩行般若波羅蜜時應如是，遊戲神通，能淨佛國，成就眾生。」《大論》九十四十二云：「戲名如幻師之種種現變，菩薩神通種種現化，名之為戲。」又七之十云：「戲名自在，如師子在鹿之中自在無畏，故名為戲。」《金光記》五九、《往生論注》下四十四、《五百問論》中三十二、《寶雲經》五五。《淨名經》中十七〈觀眾生品〉云：「已能遊戲菩薩之神通。」文《法華·信解品》並《大品》云：「成就眾生。」今云「成熟」，恐形誤歟？

△淨佛國土

《輔行》三之三十云：「淨佛國土者，通教出假菩薩，亦為眾生作淨土國，處處結緣，眾生成熟，斷習成佛，名淨佛土。結緣之時，名淨土行。」文舊云：今文淨土因行之中說果云淨佛國土。《集解》下六、《信解記》十七三十二。

△「藏教為化」等

《四教義》七十九云：「問：聲聞經何意不得論斷結受生？答：三藏之教，正化二乘，傍化菩薩，若說菩薩結盡受生，二乘即疑：若結盡而得受生者，諸聲聞人得羅漢果，將不更受生耶？是故不說菩薩斷結受生。」

△「豈有毒器」等

《大論》二十七之二十三破三藏菩薩云：豈以不淨心修菩薩之行？如毒瓶雖著甘露，皆不中食。若雜三毒，云何能具足清淨之佛法？取意。《妙玄》三下三右、五上五十五左、《別玄》三十三右並云：「龍樹破云：豈有不淨心中修菩薩之道？猶如毒器盛食，食則殺人。」《輔行》二之四一左云：「菩薩之身，猶如毒器，名為有毒，修習佛法如貯甘露，此法教他，令他失於常住之命。」《集注》中六十四。

△一念相應慧

《勝天王般若》四十四〈現相品〉、《止觀》二之二二十一右。

△斷餘殘習

《四教義》八十六：「所謂煩惱障，法障習氣也。」宗主意者，向云扶起三界思惑之餘習。

△現帶劣勝應身

《序品疏》二六：「帶比丘像現尊特身。」《仁王疏》上十四云：「帶丈六之像現尊特身。」《金光疏》一二十八云：「丈六尊特合身佛。」《序品疏》六二十云：「若尊特佛與丈六佛共放光者，通義也。」《神寶記》二一左云：「帶丈六像現尊特身者，通被衍門利、鈍二機，故所見相，勝劣不同。所謂合身尊特者，是而實一佛，機見有異，非謂大邊存小名之為帶。言合、言共，亦義云爾。」《金光記》一二十云：「只一佛身由利、鈍機見二種狀，故云合身。」今謂一家諸天並云帶劣現尊者，《妙玄》八下三十九所謂通教，正通實相，傍通真諦故也。故劣為所帶，勝為正現也。所帶，住空厭滅佛故名劣，非謂帶三藏劣應。今云現帶劣勝應者，依《高麗錄》二十右。《高麗》依合身義，移現字置句首，得意說也。故宗主亦承用。又約四教增勝意或通人體達，則判通當教佛而名勝應；若約真中大判四教，則當通佛亦名劣應。故《壽量記》二十六之三十六云：「藏、通二身是劣應耳，別、圓二身是勝應也。」文然帶劣勝應之勝應，定是尊特也。又《雜套》云：「《高麗》本促《法華疏》帶比丘像現尊特身之二句而作一句云現帶劣勝應身。然或並曰《高麗》帶上安現字者，恐非。蕅益亦同。何者？若有帶劣勝應身佛所化之機，雙聞生滅、無生之法輪，既云合身，又云雙住，豈與現帶其義同耶？思之，此說非是。」

△「分段生身故劣」等

應云：鈍根見佛住空故劣，利根見佛住中故勝。今約當通釋者，非也。如須彌山故勝者，據下文八左五、六行云世間最高大身，蕅益之意以分段生身長最高大喻山王也。《輔行》一之四八左引《密迹經》「或見十里乃至百億」之類也。《金光記》一二十云：「鈍根見佛，縱高十里，乃至百億，以依但空，亦非尊特。」文如《淨名・佛國品》《合疏》二之二十九左云「如須彌山顯于大海」者，喻尊特身，故與今文異也。

○《四教儀》略解

現
帶
劣——與三藏佛所證是同，故云帶劣。
勝
應——十里百億，放光巍巍，異於三藏丈六一里，故云勝應。
——此約當通而釋，非也。

○或說

現
帶
劣——當通勝應十里百億而與藏佛同歸灰斷，故云劣。
勝
應——所現身相無量無邊，別佛遍虛空中，圓佛是尊特也，故云勝應。
——此約被接解勝應為尊特，未約真中感應。

《大論》十一引《密迹經》云「一切天人見佛色量，或如黃金白銀諸雜寶等。云云或見丈六，或見一里，一也或見十里，乃至百億，二也無量無邊，三也遍二空之中，四也是則名為如來身密」乃至「皆以三藏如來而為境本，於色相上，四見不同」。此鈔《輔行》一之四之八左解釋。

△「正習俱除」等

《集解》下云：「佛地只是斷習成道，望因總奉，正習俱除。」

△如劫火義者，《大論》二十七之十九云：若劫盡時之火燒三千大千世界，無須遺餘，佛之一切智燒諸煩惱，無復殘習。

△「此教文具」下，文二：

1. 初明三乘行證六

1. 1. 初約共學標能通門

1. 2. 二簡利、鈍明所通異「然鈍」下

1. 3. 三判二中簡示二接「中道」下

1. 4. 四就二接各論三根「就此」下

1. 5. 五就三根各判兩種「就此」下

1. 6. 六結示有教無人義二

1. 6. 1. 初正判通教後位無人「既被」下

1. 6. 2. 二況顯藏教果頭無人「通教尚無」下

2. 二明十乘觀法「十法」下

△同以滅諦為初門

《籤》四下三十一云：「通教三乘以界內滅諦為初門。」通明如幻即空故也。

△「利根三乘」至「兼見不空」

《止觀》三之三九引《大經》第二十五〈師子吼品〉云：「二乘之人但見於空，不見不空。智者非但見空，能見不空。不空即大涅槃。」文此是二乘被接密故，不言菩薩不接，小在屬無，不言一往，二乘、菩薩相對而說接、不接也。《籤》二下六十七云：「二乘之人於《法華》前，不論被接。」又云：「接義本在《法華經》前，於此仍是菩薩。被接據根利，開會據機熟。」《化城喻記》二十五十三云：「顯露之接唯是菩薩，二乘密得無處不通。」文當知二乘密接而非顯接。然今蕅益下之十四右亦云：「通教三乘既被接後皆名菩薩。」不簡顯、密，通論三乘被接，顯通門教意也。良由時人不知一家教義，不許二乘顯露被接者，正約今昔部意，不據當機益物教意，故蕅益於此中殊作此釋。此是明於一家教義，非昧一家教義，故在他書解釋，則或亦約二乘、菩薩而論被接有無，且《四分犍度略釋》二十八左五行云：「二乘灰斷，與三藏同，止證偏真，唯有體析巧拙入明之異。菩薩既見於空，亦見不空，任運接入別、圓也。」文[91]此本依天台《四念處》二之四文意而書，故此文前二十右五行云「智者大師申此法門，共有四卷，指示四教行人下手方便」止「今聊陳梗概，以便初學」。文應知。

△一者上根八人見地

《高麗錄》云：「上根三地、四地被接，中根五地、六地，下根七地、八地。」文今文依此。《集解》下十二云：「三地次第〔無間，必至〕四地。從後而說，通云聖人。所以且云上根三地，剋定而言，須至四地。」文《輔行》六之四十七云：「四地為上，六七為中，八九為下。」《集注》。

△按位〔精〕〔勝〕進

《籤》二上三十云：「如從伏位來入伏位，名為按位。從伏惑位入斷惑位，名為引入。即勝進也。」又三上四十六云：「當體即按位，進入即不定。按，止也，止己分位，故云按位。」《輔行》三之四上十四云：「又按位入則在地前，勝進入者則至初地。」文《集解》。

△通教教道

教道言，於一家名相，不是，應云實行，後案小乘尚有教道名。《輔行》一之二四十九右。

△「仍存第九」等

《止觀》三之四五十三云：「八地名支佛地，從此被接，知有中道，九地伏無明，十地破無明，即名為佛。」《輔行》云：「仍本立名，名九、十地，入別、圓教，應云初地及以初住。」

△「非由通教教道」等

前三教並有教人無故也。《四教義》十二十左云云。通教尚等者，別教亦教道邊，有教無人也。今文約別教地上證道同圓故，但藏、通為有教無人。《止觀》三之四三十六並記，同《四教義》。

△來示世間最高大身

舊《華嚴》二十三二十一〈十地品〉說彼菩薩相，云得一切世間廣大身故。新《經》三十四上六十九云：「得一切世間最高大身故。」《鈔》三十四上七十五云：「即究竟身高一萬六千由旬，故云高大。」委釋。《起信論》云：「又是菩薩功德成滿，於色究竟處示一切世間最高大身。」《義記》下末十六右新《論》云：「得一切世間最尊勝身。」《裂網》五之二十二《筆削》六七云：「高大身者，色究竟天身量一萬六千由旬，自在天王身量三萬兩千踰善那，十地菩薩示為自在天王，身量倍增，故云最高大，色身之大莫過此天故。」《梵網玄》四右云「文中言示世間最高大身，知是應化，非指法報。而通教為大乘初門，前通三藏，令不滯化城；後通別、圓，令同歸寶所」止「於同居土中，最為高大，故名勝應。對方便土中，猶屬分段，故名帶劣」。文此文明判帶劣勝應之勝應，為應化身，故知前云如須彌山者，指此世間最高大身明矣。

△三安心如空之止觀

通教意事理不二，故云安心止觀而顯其旨也。其實，善以止觀安心法性也。故藏教文但云修定慧云云。

△七體三藏

通無生觀道多障真理，不發善體。三藏法生滅之相以此助道，如幻而治事障。

△「別教、圓教理」等

此依《八教大意》及《四教儀》而加私語。八別相者，如《四教義》一五、《四會處》三四、《淨名玄》三三。

△「教則獨被」等

此鈔《集解》下十六，少加私語。三智次第，《大品・三慧品》《大論》八十四之六紙、《集解》下二十一。因則一因等者，《妙玄》一上十八云：「一因迴出，一果不融。」《籤》云：「在因說理，不在二邊，故云迴出。復說果理，諸位差別，故云不融。」又《籤》一上十八云：「登地諸位，互不相收，乃至果地萬德，互不相關。」又《華嚴玄鈔》四四十二。

△「戒、定、慧三」下，文二：

1. 初釋五行
2. 二簡異前後「藏、通」下

△名為梵行

《妙玄》四上五十八云：「梵行者，梵者淨也，無二邊愛見證得，名之為淨。以此淨法，與拔眾生，即是無緣慈、悲、喜、捨也。」文 今謂十行所修唯是眾生緣，十向所修即是無緣也。

△十行、十向入假行也

常途云：十向修中。今意三諦並約證入，故行、向並在入假。

△「依理成行」等

《妙玄》四上六十一云：「天行者，第一義天。天然之理，此語道前。由理成行，此語道中。由行理顯，此語道後。今約由理成行，故言天行。」

△一行一切行

《大經》十一四：「復有一行是如來行，所謂大乘《大般涅槃經》。」《籤》三下二十六云：「問：一行一切行，其相如何？答：如四三昧，是菩薩行。一一三昧，無非法界。諸度具足，故一施一戒皆具三諦、三智、三德，成波羅蜜，攝諸善法，是故名為一切行也。」

△「正因佛性」下，文二：

1. 初正顯文意

2. 二簡異前後「藏、通」下

△「妙絕極果方證法身」等

《妙玄》一上十八云：「一果不融。」《籤》云：「復說果理諸位差別，故云不融。」有師云：「蕅益意約因果功德別，不合《釋籤》文。」今謂不爾。蕅益意云妙覺極果方證法身，湛然應一切，不云初發心時便成正覺，乃至湛然應一切，故說初住法身應於百界，二住應千界等諸位差別。

△無量四諦

《妙玄》二下二十二云：「無量者，迷中重故，從事得名。」《四教義》九六。

△「苦有無量相」等

此鈔《玄》二下三十三文也。佛界苦、集約分證佛界。《序記》三五十七：「別教佛界凡有三意：一者理性，二者果頭，三者以初地去分名佛界。」「五住煩惱」，本出《勝鬘經》十一右。《大乘義》五本二十三。《三德》一四十六云：「五住者，合三界見為一，開三界思為三，即四住也。無明是第五住。塵沙障事，置而不論。」

△苦有無量相

謂無明妄想和合，但中不守自性，變起十界法。

△滅有無量相

所證理無差別，從能證得隔別。如《華嚴》五十三知識云：「我唯知此一法門，不知餘。」

△「諸波羅蜜」等者

《要決》三「二」云：「即十度也。」或云：「《賢劫經》說三百五十度。」波羅蜜，此云到彼岸，到彼岸是涅槃也，故用明滅。

△「枝末無明」下，文二：

1. 初雙釋分段、變易因緣二：

1. 1. 初分段推前

1. 2. 二具釋反□二

1. 2. 1. 初方便十二因緣「根本」下

1. 2. 2. 二實報十二因緣「又不」下

2. 二總結佛界方亡二死「直至」下

△六度、十度

《輔行》七之二「二十一」云：「若六若十，既是開合，不應以此而判大、小宗教等別。」

《私記》七二十六右。云云。

△「於第六」等

此依《唯識》第九，彼九之二十二：「後五指第六般若及開四智也。皆以擇法為性，說是根本、第六後得智開四故。」文後得智即根智也。《止觀》七之二之二十一右意者，禪開願力二度，般若開方便、出假智也。智入中智也。二度。《私記》七二十七。《金光記》八六十八釋出十度義。應知一家所言，十度對判名別義通。第六慧入空智，第七方便出假智，第十智入中智也。《唯識》意，第六慧實智，後四都權智也。法相家云「根本智、後得智」，即當台家權智、實智名相也。《唯識》九二十一云：「方便有二種，謂迴向、拔濟。願有二種，謂求菩提、利他。力有二種，謂思擇、修習。智有二種，謂受用法樂、成熟有情。」文舊云：四中各二，即如此次自行、化他二行也。

△顯中二諦

顯中，對含中云。《妙玄》云「單中」，《維摩疏記》[92]云「顯中」也。彼《記》中卷四十五云：「於七重中藏、通即是無中二諦，別、圓接通名為含中，別是顯中，顯中或時《妙玄》三之上三十六右云：「次八智（圓八智、別八智）照顯中二諦。」復指於圓。」又云：「若顯中者，亦是別及圓入別之二諦也。」

△幻有幻有即空皆名為俗

問：何故不取別恆沙俗，但取通教真、俗？答：此中地前、地上分對真、俗。地前多依通無生，故舉通二諦合為俗也。未詳。今謂今對通教含中二諦之含藏中云顯中，故約通教二諦為俗別，分明言不有不空中道為真。

△「幻有幻有即空」等

此鈔《妙玄》二下五十三。又六十四云：「圓入別二諦者，俗與別同，真諦則異。別人謂不空，但理而已，欲顯此理，須緣修方便，故言一切法趣不空。圓人聞不空理，即知具一切佛法，無有缺減，故言一切法趣不空也。」

△「當教以真」下，文二：

1. 初對當教真顯圓接真
2. 二判今二諦簡單別圓「是十」下

△「顯中二諦」下，文三：

1. 初舉前二諦
2. 二開二為三
3. 三詰義理同「則二」下

△具足佛法

十界三千諸法云「佛法」也。《止觀》一之五二十七云：「於名字中通達解了，知一切法皆是佛法。」又《私志》三七釋佛法。《別玄記》一三十四云：「百界假實為佛涅槃，斯為圓觀。若唯佛界，故屬別也。」《妙玄》二下六十四圓入別二諦文亦云「圓人聞不空理，即知具一切佛法」等。文據此等文，今格注云：佛恐誤當作諸，非也。

△「開示界外」下，文二：

1. 初示教意

2. 二判次位「亦於」下

△無住涅槃

《唯識》十九明四涅槃謂性淨、有依、無餘依、無住處。今即第四是也。《論》云：「四無住處涅槃，謂即真如出所知障，大悲般若常所輔翼，由斯不住生死涅槃，利樂有情，窮未來際，用而常寂，故名涅槃。」天親《攝論釋》十七二十一、《雜集論》十四十八、《會義》二三十六、《遺教經解》並明四涅槃。

△理即

別、圓理即約迷悟，因果法無別，其中別從性平等，圓從當相即是。

△「仰信」等

別教談中道真如在地上，故從下地仰信上地中道。《別行疏記》三之十六云：「而知地上無作智嚴在今心性，乃緣此性通伏無明。」今意謂仰信佛教。

△真如法性

簡異藏、通偏真法性云「真如法性」。如名不實，性名不改。云云

△客塵

《補注》四三十六引《維摩疏》云：「愛見即是無明，不有而有名為客塵，能覆自性之心故也。」。《最勝王經》云：「煩惱、隨惑，皆是客塵，法性是主，無來無去矣。」長水《楞嚴疏》一下二十七。《通真記》上三十三云：「妄想即是無明，其性不住，喻之如

客，染污真性，名之曰塵。」

△緣修

《集注》下十二云：「地前為緣修，登地為真修。緣謂作意緣念，真謂任運相應。」

△十信位也

《妙玄》五十七判《華嚴》十梵行即十信位也。《籤》云：「彼經不列十信之名，唯於住前觀十梵行，自古講者判為十信。」《五教章》下十六云：「以信但是行，非是位故，未得不退故。《本業經》云：未上住前，有此十信，不云位也。」未詳。《金剛三昧經》上十五十信行、十住行、十行行、十回向行、十地行、等覺行。文此分明為位。況《如來首楞嚴》八三十四明十信、十住、十行、十向、四加行、十地及等覺，已云五十五位真菩提路。文

△尅證

《正字通》：「尅，同剋，音刻。」《字典》：「必也。又尅期，定約日期也。」又《小補韻會》：「尅通作克。」《玉》：「克，能也。」今意要期通證云。

△伏惑

《仁王經上．教化品》《合疏》中二十二右說：「五忍：伏、信、柔順、無生、寂滅。」《輔行》九之三五十六。

△與通乾慧性地齊

通教性地為內凡，今約伏惑同邊，對外凡十信。

△五方便具足住

此依《大意》[93]，《大意》依《四教義》九之十，《四教義》依舊《華嚴》八之十。《高麗錄》云「具足方便住」者，依新《經》也。

△與通已辦地齊

辟支佛更侵習氣，故不對之，或證同故略歟？《高麗錄》云：「與藏、通二佛齊。」亦約證同邊而言也。

△與通佛地齊

若《四教義》第七住下注云：「與藏、通二佛齊。」或曰：藏、通二佛既斷塵沙，應對後位，而對第七住者，後位伏界外塵沙，藏、通二教無此義，故約證空對第七住，今對第十住者，取斷界內塵沙也。

△名習種性

六種性出《瓔珞經》上之九〈賢聖學觀品〉。《大乘義》九五十五委注。《台宗集》三十六等不允。

△研習空觀

此中六種性下注並鈔《集注》下之十九。未詳。《大乘義章》云：「若言習種，對後立稱。依前觀解，習後性種所成行德，修而未成，說之為習。望後佛果，能生曰種。」

△從假入空觀

次第三觀出《瓔珞經．學觀品》上之五。《集解》下二十一。

△證位不退

《淨名疏》五四十三云：「若別教者，十住是位不退，行、向是行不退，登地三觀現前，即念不退。」文今說善合祖文。如《要解》二十八別七住名位不退者，據有身子六住退之教相故也。《高麗錄》二十四右云：「二住已去，七住已還，得位不退者，此等位斷盡三界思惑故也。」《二百題》五之二十三別教不退說，得矣。又《序疏》第四四十一引地師說云云。又《華嚴》十六之下一云：「慧住於理，得位不退，故名為住。」《鈔》云：「然位不退後有二義：一約三乘至第七住位方不退，二約終教入初住位即云不退，異輕毛故。今依後義，則通十住位皆不退。」文

△「一歡喜行」等

十行名依《大意》。《大意》依《四教儀》九之一十一，《四教儀》依舊《華嚴》十一之十二。瞋，《經》作「恚」，下十迴向同。

△性種性

《大乘義》云：「言性種者，對前望後以立其名，前習種中所修行德至此位中成就不壞，故名為性，望後佛果能生曰種。」文今云分別便性者，性種之性約所化而言。

△道種性

又云：「言道種者，當分望後以立其名，當分之中如觀道立，故名為道，望後佛果能生曰種。」

△分證即佛

別教分極，別加佛字，初住已上證同圓故。別初心知中但中故，前四即並不加佛字。藏、通無中教故，不云佛。圓教方即，並加佛字。

△聖種性

又云：「當分之中，念正名聖，望後能生，故說為種。」文今文未詳。

△十地聖種性

此十自行之邊能生佛智，住持不動化他之邊，能以無緣大悲荷負一切，故通名地也。

△等覺性

《瓔珞經》下上云：「於佛名菩薩，於下菩薩名佛。」《四教義》九四右、《集解》下二十六並同。今文亦謂去佛一等覺性。

△名見道位

《四教義》十之一云：「初地名見諦道，二地至六地名為修道，從七地已去名無學道。」廣說。

△一切種智

《觀經疏》二九云：「一切種智，寂滅相，種種行類相貌皆知也。寂滅相者，是雙亡之力。種種相貌皆知者，雙照之力也。」

△實報無障礙土

《觀經疏》二三十四云：「行真實法，感得勝報，色、心不相妨故。」文

△「更破一品」等

《四教義》十十五云：「雖（無）〔說〕一品無明而實不可說品，何以得知？後心菩薩無功用道，其疾如風，一日之間，能破無量品無明。云云」

△大寶華王座

《楞伽經》二上三十八云：「住大蓮華微（明）〔妙〕宮殿，坐大蓮華寶師子座。」《佛地論》一十八云：「紅蓮華大寶所成，於眾寶中勝故名大，於諸華中最為殊勝故名華王。」

△圓滿報身

修德究竟滿足名為圓滿報身。《占察玄》二十二、《別行疏》三三十八、《釋氏要覽》中二十五。

△量同塵剎

《梵網玄》三右云：「他受用報身，即地上菩薩隨其心量所見剎塵相好，一一相好皆無分齊者也。」《釋迦成道鈔》下七云：「塵剎者，無數佛國也。」《釋籤》六下十七云：「土田，梵云佛剎。物所生處，名為土田，即佛生處所也。亦是一切諸法之所生處。」《輔行》二之一二十六、《譯集》。今謂塵剎喻身量高大，剎塵喻相好無量。《華嚴疏》三十四上二十九云：「無量雖多，其言猶漫，人不謂多，今假以剎塵，一塵一剎，一剎一佛，便謂細而叵測。」

△「此教名為」下，文二：

1. 初總結教相二

1. 1. 初正結

1. 2. 二釋伏疑二「而能」下

1. 2. 1. 初約接通疑獨菩薩法

1. 2. 2. 二釋通「通教」下

2. 二略明觀法「十法」下

△以界外道諦為初門

《釋籤》四下二十一釋示總、別二意，三藏三乘初門不同云時，菩薩順六度義，故道諦為初門，並三藏義也。釋此三藏一教中分三乘初門，故別意下通教三乘以界內滅諦為初門，別教菩薩以界外道諦為初門，釋此總意。今分住別教菩薩，故《籤》所謂總意以釋之。

△定愛慧策

《法界次第》上二十六云：「定愛慧察。」《別行玄》二一引《大論》云：「靜愛觀策。」《記》[94]云：「由寂靜故能愛攝諸行，由觀照故能策進諸行，愛而不策則生凝滯之心，策而不愛則成散越之慧，愛、策具足方有趣果之功。」

△傳傳

《經音》四八：「驅傳，知戀切，謂轉次行也。」《爾雅》：「馹，遽傳也。」郭璞曰：「皆傳車驛馬之名。」《詳解》一本四十七：「傳，音轉，驛遽之義。」此ツギ郵子、ウマツギヲ云フ。ソレカラソレト、相傳至ナリ。義與展轉同。展者，轉也。

△寶炬陀羅尼

《大集》四十四〈陀羅尼自在王菩薩品〉。《五觀》七之一二十八引《大集》云：「三十七品是菩薩寶炬陀羅尼。」《輔行》云：「寶具諸法炬能破暗，攝一切法名陀羅尼。」又四之二十七云：「具足佛法名之為寶，遍照法界名之為炬，總持一切名陀羅尼。」

△三解脫門

《止觀》七之二之三：「空、無相、無作門，亦名三解脫門，亦名三三昧。」《成論》十四十四〈三三昧品〉云：「若行者不見眾生，亦不見法，是名為空。如是空中無相可取，即是無相。無所願求，即名無願。」《俱舍》二十八十七、《大經》二十三六〈德王品〉、《瑜伽》十二八右。

△證中無漏

揀藏、通真無漏云中無漏。此依《八教大意》十八右也。其外一家解釋未見此言。《止觀》七之四三十五云「發真中道」。又有中道亦名真無漏。《淨名疏》一八云：「此觀實相，發真無漏，所謂果報。」

△終不謂我叨極上聖

《妙玄》八下五十四。《大意》95十八左並與今文同言不謬，謂我身即佛，叨濫極上聖妙覺。《止觀》七之四一云：「終不謬，謂未得，謂得，計四善根以為初果，初果為無學。」叨者，《止觀》八之二三右：「叨濫上位。」《輔行》云：「叨者，貪也。」《經音》十九六：「叨，貪也。」《書言故事注》八二十七：「叨，叨濫也。」《字彙》：「叨，濫也。」舊云：叨、濫有貪求意，故注叨，貪也。格注大非也。寫倒書，文盲錯置，又寫錯書。

△「所謂圓伏」等

《止觀》一之二十二云：「此菩薩聞圓法，起圓信，立圓行，住圓位，以圓功德而自莊嚴，以圓力用建立眾生。」文今合聞入信從行開伏斷，然此全依《高麗錄》二十六，恐可錯置。應云：圓信、圓行、圓伏、圓斷、圓位等。《方便疏》十一四右云：「初心能圓信、圓受、圓伏，而未能斷，不名為開。」文

△圓建立眾生

《止觀》一之二七十。《輔行》一之二之十八云：「問：莊嚴建立有何差別？答：度生即建立也。」文安住眾生四悉益中云建立也。宋譯《楞伽》云：「禪師以何法，建立何等人？」文魏譯《楞伽》云：「教何等人修，令住何等法？」

△適宜

《經音》七之七：「適，尸亦切。」《三倉》：「宜，悅也，謂稱適也。」《廣雅》曰：「宜，召也。」謂事物善好，稱人之心也。

△無作四諦

《玄》二下三十四云：「無作者，迷中輕故，從理得名。」《止觀》一之三二十八：「無作四諦者，皆是實相不可思議。」

△塵勞

義通三惑，或別指見思，能污真理，勞役眾生，令住生死故也。

△「故《大經》云」等

《輔行》三之三三十上云：「十二因緣即佛性者，即三佛性。」文然今家意，十二因緣即佛性有通、別二意。今文且明前意。故《止觀》九之三三十六云：「若通觀十二緣真如實理，是正因佛性。觀十二因緣智慧，是了因佛性。觀十二緣心具足諸行，是緣因佛性。若別觀者，無明、愛、取即了因佛性，行、有即緣因佛性，識等七支即正因佛性。云云」

△施為法界

《大品·知識品》、《大論》七十一三十一左、《輔行》九之三四十一。

△幻有幻有即空皆為俗

別、圓二俗，法本無異，二教俗異，本由真理但、不但故。今圓俗全舉別俗，就真示異。

△「三千性相」下，文三：

1. 初約義判真俗

2. 二據體融真俗三

2. 1. 初正融「三千之外」下

2. 2. 二證成「故云」下

2. 3. 三例顯「亦可」下

3. 三雙結二不二「真俗」下

△「法身德」下，文二：

1. 初釋圓證

2. 二揀偏證「藏、通」下

△更不縱橫並別

《金光記》二四十七云「三皆在性則並，（三）〔二〕從修有則別」，「別異故縱，並一故橫」。

△但有修得生空

《隨釋》一二十五云：「生法從所執之境得名，性相從能執之情受稱。生境亡處，性相觀成。性相觀成，生境則亡。」文又云：「生、法二空通乎四教。」文今謂如上卷十八云三藏教但明人空，不明法空者，約假名實法也。次上二之十四右明藏教佛果云能證我空真如，今云藏、通二教但有生空者，約空生死名生空，亦名人空，空涅槃名法空也。

△「前三雖約」下，文三：

1. 初約斷惑比前五即

2. 二約教義通奪即義「又就」下

3. 三約末解總攝理即「是故」下

△無非法界

《三觀義》上十八云：「法界者，法名自體，界以性別為義，此十種法體，因果不同，事性隔別，不相（雜亂）〔混濫〕。」文今謂有事法界、理法界二種名相。

△「初信任運」等

《輔行》七之四之二十六。《序記》四之四十二云：「若先以不次寄次第說者，則七信名位不退，八信已去名行不退，初住已去名念不退。今從初住已具三德，名三不退。」文《輔行》七之四二十六云：「五品已能圓伏五住，豈至此位別斷見思？但是圓修，粗惑先斷，猶如冶鐵，粗垢先除。」文

△「證位不退」等

《別教章》十住總為證位不退，今從斷見同邊，與別初住齊。《四教儀》三十左文與今同矣。

△「故永嘉」等

本是《妙玄》五上四十七位妙中文也。然《高麗錄》引云永嘉云者，有錄，如《統記》十之十八。今只依《高麗》耳。玄覺，俗姓戴氏，永嘉人也，如《宋僧傳》八之十五。

△一心三智

《大論》二十七之十七云：「三智實在一心中得。」《妙宗》二九云：「惑滅理顯，豁然妙證三種智慧實在一心。」

△分證常寂光土

《妙宗》二三十六：「問：分證寂光三障未盡，何得一向就理立名？答：障未盡邊自屬實報，今就因果分忘之處，名為中下常寂光土。」

△妙覺極果

《別教章》云：「究竟即佛者，妙覺性也。」今無「也」字，應改句作逗，與下一連而讀。

△「名最上佛法」等

《方便品疏》十三之初云：「微妙最第一。」《譬喻品疏》十四之四左云：「最妙無上大法輪。」《金剛經》三十五云：「最上乘。」〈方便品〉云：「說無分別法。」《疏》十三之二紙

△當體即佛

此四字重舉圓實教理，謂當體即佛。若約能詮，是教；若約所詮，是理。

△「此教名最」下，文二：

1. 初總結教相二

1. 1. 初正結

1. 2. 二科簡二

1. 2. 1. 初明圓實教理，雙接通、別三

1. 2. 1. 1. 初雙標「當體」下

1. 2. 1. 2. 二雙釋二

1. 2. 1. 2. 1. 初接別「當體」下

1. 2. 1. 2. 2. 二接通「接通」下

1. 2. 1. 3. 三雙證二

1. 2. 1. 3. 1. 初引證「故曰」下

1.2.1.3.2.二釋成「以別」下

1.2.2.二明三藏一教接義全廢「若藏」下

2.二略明觀法三

2.1.初正明十乘「十法」下

2.2.二判根利鈍「上根」下

2.3.三總結文意「又復」下

△究竟〔登〕涅槃山頂

《本業經》上十九〈學觀品〉明等覺中云：「登中道第一義諦山頂。」《玄》五上二十二、《四教義》十一之十五並云：「斷最後窮源微細無明，登中道山頂，與無明父母別。」文經在等覺而言，今加究竟言為妙覺。

△成清淨法身

《集注》云：「成清淨法身者，指修即性增勝而說也。若論教主，亦名尊特，亦名勝應。」《占察玄》三十二云：「圓教妙覺性德究竟圓顯，名為清淨法身。」

△「居上上品常寂光」等

《占察玄》三十二云：「雖亦證上品實報，以事從理，總名寂光。」文今約究竟事理而立二名，上上品言顯至極相，常全所言上品寂光是也，非上品之外有上上品。《輔行》一之三二十九：「初住已上，名下寂光，等覺為中，妙覺名上，出《淨名疏》。」

△觀不思議境

《止觀》五之一二右：「觀心是不可思議境者。云云」《讀教》一五云：「忘能所故，從境受名。」《隨釋》一二十六云：「初乘觀法，不從觀為名，特謂之不思議境者，意彰忘修之相也。」

△其車高廣

注文並〈譬喻品〉大車文也。《疏》十五之二十三大車文合十乘次第者，如《輔行》七之四之四十七。《止觀大意》。

△車外枕亦作軫

《輔行》八之三之一云：「軫者，枕也。」《會義》五三十一云：「若車外枕，亦名為軫。」《玉》：「軫，車後橫木。」《纂要》六二十云：「軫，礙車輪木也。」《妙樂》十五之二十四云：「即車外枕，車住須支，軫之恐昂。」《輔行》云：「若車外枕，或動或靜，動靜只是通塞義也。」

△「有大白牛」等

《止觀》云：「四念處慧，……名為平正。」往見。

△能安忍等

《止觀》七之四二十八。《禪門》四二十一：「若能安心道門，道高則魔盛，故須善識魔事。」《三觀義》下二十三。

△「離法愛」等

《止觀》七之四三十四云：「行上九事，過內外障，應得入真，而不入者，以法愛住著而不得前。」又九之三六十三云：「無順道法愛者，一似，二真。云云」

△「乘是寶乘」等

初二句，偈中譬文也。《疏》十六之十七左但乘彼云車。直至道場，偈中法文云：「乘此寶乘，直至道場。」《疏》十六之二十二右四方，《止觀》七之四三十八云：「十住得真實乘，遊於東方，十行遊南方，十向遊西方，十地遊北方，輪環無際得空而止，止於中央即妙覺。直至道場，是此意也。」《疏》十六之二十二、《妙玄》五上二十八、《四教義》十二之三左大同。《會義》六十六云：「此乘圓頓，無委曲相，故言直至道場。」然今以遊於四方置第十無法愛者，《輔行》云：「遊於四方，即次位也。」此為第八之知次位也。《止觀大意》亦同。今文依《八教大意》及《四教義》。蓋此後三並位故也，安初顯後，安後顯初故，非相進。

△「上根觀境」等

《止觀大意》十一云：「又此十法雖俱圓常，圓人復有三根不等：上根唯一法，中根二或七，下根方具十。」《四教義》大同。但六、七進退異耳。《八教大意》二十六云：「知中下修觀十法，具須上根體境含諸，或一二三不定。」未知此說依何文。《輔行》五之二二十五，又八之三三十紙。

△「上根」止「至六」

依《釋義》，上根有上中下，中根亦上中下。今云上根，即上上根，其餘中上根、下上根及上中根、中中根、下中根五人皆今中根，故云「從二至六」也。

△「說前三教」等

舊云：《史記纂》凡例云：「〇者，關鍵主意。者，字法。」今主意合作〇點。

△「第一觀不思議」下，文二：

1. 初別明十乘修相八

1. 1. 初上根二

1. 1. 1. 初明不思議境二

1. 1. 1. 1. 初通取

1. 1. 1. 2. 二揀境四

1. 1. 1. 2. 1. 初揀生佛就自己「但初」下

1. 1. 1. 2. 2. 二捨界入取五陰「又捨」下

1. 1. 1. 2. 3. 三去四陰取識陰「又捨」下

1. 1. 1. 2. 4. 四於八識觀意識「又七」下

1. 1. 2. 二明十乘具足二

1. 1. 2. 1. 初明初乘修觀之相「若頓」下

1. 1. 2. 2. 二明觀成所顯十相「則能」下

1. 2. 二上中根「若雖觀心」下

1. 3. 三上下根「若雖發心」下

1. 4. 四中上根三「若雖以止」下

1.4.1.初明修第四破遍二
1.4.1.1.初總敘「若雖」下
1.4.1.2.二委簡二
1.4.1.2.1.初利根「其根利」下
1.4.1.2.2.二鈍根三
1.4.1.2.2.1.初約因成假「若根」下
1.4.1.2.2.2.二約相續假「若猶」下
1.4.1.2.2.3.三約相待假「若仍」下
1.4.2.二明餘九乘自成「則知」下
1.4.3.三總結十乘具足「是謂」下
1.5.五中中根「若雖約因」下
1.6.六中下根「若雖識」下
1.7.七下上根「若雖調」下
1.8.八餘二根二
1.8.1.初總敘下中、下下二根「然時」下
1.8.2.二別明下下根之修相二
1.8.2.1.初雙約修因證果釋二
1.8.2.1.1.初修因十法之相「倘不」下

1.8.2.1.2.二觀成十法之相「入分」下

1.8.2.2.二總結具修十法乘「是謂」下

2.二總結妙觀旨趣「乘是」下

△心、佛、眾生

《別玄記》二五十八云：「應知生佛、依正及己色心皆是法界，無不具足三千三諦。故內外、自他皆是妙境，但為觀境近而復要，莫若內心。」《妙宗》一十四、《指要》三十九。

△「但初機之人則謂」等

《妙玄》二上四十一云：「佛法太高，於初學為難，然心、佛及眾生是三無差別者，觀己心則易。」文《義書》上十左引已，釋云：「是則諸佛亦有心，眾生亦有心。若隨淨緣，作佛界心，則高遠難觀。若隨諸染緣，作一切眾生心，則廣散難觀。故輒取一分染緣熏起，自己即今剎那陰等之心，依之顯性也。云云」《二百問》十五左云：「心、佛、眾生既是事用，故分高下廣狹，初心修觀，遂有難易去取。若〔三種〕三千本來融攝，……。」

△「又捨界入」等

三科揀境，《止觀》五之二三十四。

△「但觀識陰」

《止觀》五之二三十四揀境文云：「但觀識陰，識陰者心是也。」《輔行》云：「乃至心名復含心及心所，今且觀心王，置於心所。」文舊云：心王、心所必無相離，譬如主從故。《唯識》十之三十一云：「識言亦說心所，心與心所定相應故。」文心王、心所相離レ

ヌモノナレドモ、目當處ヲ心王ト繫ル、故云且觀心王。

△「又七、八二識」等

《止觀》依小乘法相，故約六識，不言七、八識等。今依《唯識論》七、八等。《唯識》七九、《楞伽義疏》一中十三，又一上二十三云云。七、八二識行相微細者，《楞伽義疏》一中二云：「阿賴耶識，具足一切種子，無始恆轉，如急流水，流急不見，非是無流。故隨四緣風擊，便生轉識波浪矣。」又一中四右云：「藏識微細行相，惟如來究竟了之，住地菩薩分證了之，二乘、外道所得定慧，一切不能測量決了也。」《瑜伽》五十一四左云：「阿羅耶識緣境微細，世聰慧者亦難了故。」

△近而復要也

《義書》上十云：「隨緣不變之性，攝佛攝生，亦高亦廣。不變隨緣之心，非佛非生，不高不廣，近而且要，是故初心最可託之修觀也。」《妙宗》一十四云：「何故經論多以一心為諸法，總立觀境邪？良以若觀生、佛等境，事既隔異，能所難忘。觀心法者，近而復要，既是能造，具義易彰，又即能觀而為所照，易絕念故。」文心，是內外、自他中，是內，是自，故近也。要者，《指要・序》云：「蓋指介爾之心，為事理解行之要也。」《詳解》上本十六釋云：「此心圓具三千即理之要，心能變造三千即是事之要，文云『若事、若理，皆以一念為總』，解此一念具兩種三千，依解立行，於一念心觀此三千。」文當知七、八二識即自心，故近也。而行相微細難觀故非要，前五識亦是自心故近也，而起時少，不起時多，故非要也。《俱舍》二十九云：「五識唯緣現在，意〔根〕〔識〕通緣三世、非世也。」

○追加圖解

《妙玄》二上四十一三法難易

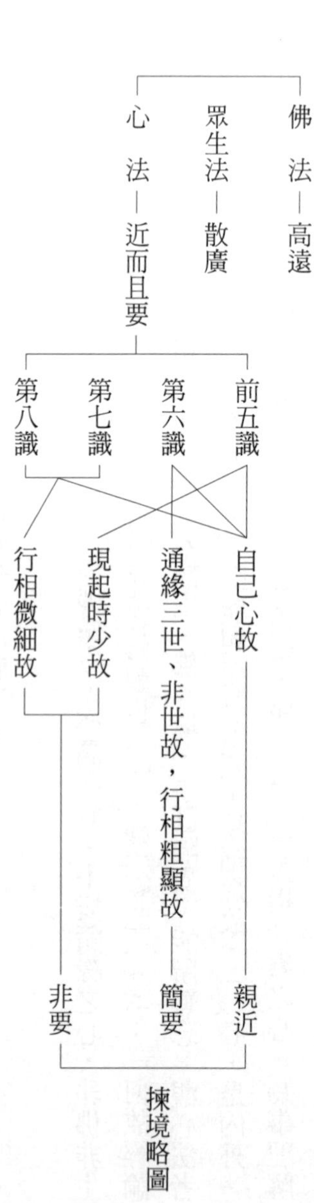

《止觀》五之二三十四揀境文且依小乘法相，故約五、六識，不言七、八。今依《唯識論》七、八等。近而且要者，唯是第六意識，與《止觀》同。

△不起則已

「則已」之「則」，次下起則之「則」，諸文或有用「即」字。《史記》四十八二〈陳勝傳〉云：「壯士不死即已，死即舉大名耳。」又七十五之七左云：「孟嘗君不西則已，西入相秦則天下歸之。」文今言不起則已者，意識不起則其ノ儘ニシテオクベシトナリ。

△必落一界

《妙玄》二上四十二云：「觀根、塵相對，一念心起於十界中，必屬一界。若屬一界，即具百界千如。」文旭師依之。《淨信答問》一之十三亦同。然《集注節義》三十五云：「乃不落第二念之心王，非三際，絕對待，名不思議，三千三諦悉具其中，乃為十界通體，以不落十界故。孰謂一念心起，必落一界之心耶？若落一界即思議心矣。」文此欲破旭師而不知破天台，如《法華開題》評破。

△三德秘藏

《妙玄》一上四十六云：「多所含容而無積聚名藏。」又九上四十二云：「無所積聚而含眾法，名秘藏。」

△「一切諸法」止「安樂性」

《大經》三十一〈長壽品〉《會疏》三之十七右云：「一切諸法中，悉有安樂性。」《三德》十二之十八云：「安樂性者，即是佛性。」《華嚴鈔》三十四中七十九云：「安樂性者，即涅槃性。」《金光疏》七十六云：「安樂性者，即正因佛性也。」文《記》云：「安樂乃是涅槃之義，具足三法，今就合說，但名正因。」文今謂安樂性與上三德秘藏同。

△八魔

《大經》二十十九〈德王品〉《會疏》二十之二十左、《禪門》四二十六、《輔行》八之三六十八、《私記》九三十九。

△十魔

舊《華嚴》四十三三右〈離世間品〉云：「有十種魔。云云」新《經》五十八之十一左、《疏》

五十八二十九右、《輔行》八之三四十八引經。

△「心心流注」等

《本業經》上十七明初地中云：「心心寂滅，自然流入薩婆若海故。」《大論》二十七十七：「薩婆若，秦言一切智。」《私志》十二六十一云：「薩婆若，此云一切智，有通有別。今是通指果地一切智慧功德深廣如海，非別指也。」流注者，下文云「流入」。

《私志》十二之六十一云：「自在流注，正明入義，即造會也。」注ハ、銚子ナドニテ、ツギ入ルル如ク、一道ニ流レ入ルルヲ云フ。

△一發一切發

《觀經疏》一四十二云「初發心住，一發一切發」乃至「發一切境界」。《妙宗》釋云「諸佛、眾生」乃至「緣了亦發」。

△相續假

三假有大小。小，《大品・三假品》《論》四之十一、《淨名玄》二十七，並《疏》五二十、《止觀》五之五四十三。大，《淨名玄》二七、《止觀》五之五四十五、《別玄記》一二十二、《隨釋》一之四之二十四、《華嚴疏》三十六之上之七並《鈔》。

△相待假

《輔行》三之一之三左云：「相待者，彼此互形曰相，以他望己為待，如長短、大小，互受其名。」

△「但除其病」等

此二句出《淨名經．問疾品》。《天台疏》七之三十一廣釋。《闡義》一二十八釋云：「病謂妄情，法謂三障，妄情若去，障體元真。若破三障，即是破德，故但除病不除其法。」《楞伽義疏》一上十八、《大乘止觀》三二右、《籤》二下八十九，又九下三十四、《宗圓記》三五十二。

△如金錍去膜養珠

《止觀》七之一二十三云：「但破塞存通，如除膜養珠。」《輔行》云：「膜者，皮間薄膜。此膜覆眼，名為眼膜。」

△「如郢匠」等

《莊子》八之十二〈徐無鬼篇〉云：「郢人堊慢其鼻端若蠅翼，使匠石斲之。匠石運斤成風，聽而斲之，盡堊而鼻不傷，郢人立不失容。」《書言故事注》六二十一。《口義》：「堊，白泥也。」《玉》：「郢，故楚都南郡江陵。」《戰國策》注三下二十五云：「文王徙江陵，是為郢都。」

△如聖王輪寶

《大經》十三十五〈聖行品〉云：「譬如聖王所有輪寶，未降伏者能令降伏，已降伏者能令安隱。」文能安者輪寶，力能守護此人，令他不惱也。又十一之四十二云：「已摧伏者，力能守護。」此主兵寶相。例知。

△圓心念處

《楞伽玄》十五委。〈圓道品〉。《止觀》七之一三十六。《金光記》三之十九云：「念者，即空、假、中三妙觀也。處者，身受心法四妙境也。非此觀〔境〕，三身不顯。」

△「定」，恐誤，當作「足」

一本會本有此格注。未詳。今本削之。

△圓三解脫門

同二之上三十三云：「生死涅槃二邊中道不可得故，名空解脫門。此空離一切相，名無相解脫門。此無相者，即是實相，無有作者，無可願求，名無作解脫門，亦名無願解脫門。」

△豁然

《經音》九之四：「豁，呼活切。」《廣雅》：「豁，空也。」《正觀》四下之四十三：「豁，通達貌，空也。」

△「是謂下上根」等

文但明下上根，略下中、下下二根，具存應有。下中根人，於第八知次位具足十乘。下下根人，於第九能安忍具足十乘。故下文總結下根中之三根云：「是謂下根人，具修十法。」格注，據下結文，但云「下根人」，輒云「上字恐剩」者，不得意也。

△「然對治助開」等

根鈍遮重，故用對治，是故用之之時，縱最鈍根，必皆有益，當知對治助開是觀法終。知次位等三，並非觀法，但下中根人則起增慢及諸塵，故更修第八、第九，下下根修第十。

△僅僅小輕安耶

《聖教論》一五云：「輕安者，謂遠離粗重，身心調暢為體，斷粗重障為業。」《述記》十二之二十二云：「離重名輕，調暢名安。」外凡觀行伏惑而無斷證，以伏惑故身心小輕安也。僅，《說文》：「纔能也，又少也，劣也。」

△分得大理

《戒疏》上十二。《妙玄》五上二十三明此十法已，云：「即是十觀成乘，圓極竟在於佛。」《籤》云：「自爾已前，……名（竟究）〔究竟〕乘。」文彼約妙覺，今約初住，分得極果十大。舊云：無住下，一本《戒疏》並《妙玄》並有「大」字，故句逗違。

△附：三慈體相

《地藏經直音》十五左：「附，音付，寄付也，依也。」《佛心印記》云：「一心三觀附。」故知附字上下用之而其意同。「三慈」，出《地持》六六、《善戒》六六、《大集經》二十四、二十五、《大經》十四十一、《大論》二十十五、《瑜伽》四十四九右等。《別行玄》四一、《禪門》三上十五、《妙宗》四二十七。

○《別行玄》四初紙次第三慈

凡夫外道 別十行出假	眾生緣	凡夫外道 藏教二乘 通教三乘 別十住入空
藏教二乘 通教三乘 別十住入空	法緣	藏教二乘 通教三乘 別十行出假
別十向修中	無緣	別十向修中
《教觀釋義》下二十三紙		

三種慈悲，今家依用《大經》十四之十一、《大論》二十之十五。論意眾生緣慈，多在凡夫及有學人未漏盡者。法緣慈，凡夫無分。是故《別行玄》中緣空法所起名法緣慈，屬藏、通聖人及十住入空。緣假名所起名眾生緣，屬凡夫及十行出假。《妙宗鈔》四二十七亦同。然論文分明云：「為世俗法，故名為法緣。」二十之十六右 蕅益據之。三慈如次第對住、行、向，亦可承用，如是相違，本由論說多含。

△一凡夫修生緣慈

《大論》二十之二十二云：「天竺國常多婆羅門，婆羅門法，所有福德盡願生梵天。若眾生聞行慈生梵天，皆多信，行慈法，是故說行慈生梵天。」今云：成梵王福，取梵天果，一往分之，故《法界次第》下之上初 明凡夫亦取梵果。

△生緣慈

《大經》云：「慈之所緣一切眾生，如緣父母、妻子、親屬，名眾生緣。」《瑜伽》四十四十三云：「有情緣者，與外道共。若法緣者，與二乘共，不共外道。若無緣者，不共一切二乘及諸外道。」

△我人等執

《法界次第》上七云：若於陰等中妄計有我、我所之實，故名為我也。於陰等中妄計我是行人，異非行人，亦計我生人道，異於餘道，故名為人。云云

△十信析空

《別行玄記》一四十二。《四教義》九八 明十信位，修慧聖行即是三藏生滅四諦。又九之十 釋

初住云：「此即體假入空觀，成發真無漏，見通教真諦之理。云云」

△法緣慈

《大經》云：「不見父母、妻子、親屬，見一切法皆從緣生，是名法緣。」

△隨力濟度

《籤》一下二十五云：「雖有部行，但是悲心，如身子云：『我非知機，但憐愍故而為說法而為說。』」文

△無緣慈

《大經》云：「不住法相及眾生相，是名無緣。」

△以從空入假觀為體

《別行玄》四初右云：「若法緣，無人無我無眾生，從假以入空。」文 蓋《別行玄》意者，假為生緣，空為法緣，生緣共論凡、外，法緣共論藏、通二教及別住行故也。今凡、外、藏、通等各別論之而不共論，故別教三慈如次配對空、假、中，各有意也。未詳。

△「不緣十界」等

《別行玄》四初左與今不同，蓋今意者，假名之言顯空，五蓋言顯假。

△以相（俱）〔似〕中道為體

對地上真中云相似中道，十向但中云相似中道。如《別行玄記》四初云別教十向、圓教初心修此慈悲者，且別、圓教共論故也，非必約別向圓修，與圓共論。

△「二圓人初心」下，文二：

1. 初正釋圓教無緣慈二
1. 1. 初正釋無緣
1. 2. 二通結三慈「只一」下
2. 二總釋四教四無量二
2. 1. 初舉慈例悲、喜、捨「如慈」下
2. 2. 二略辨四無量相「但約」下

△「但約與樂」等

《成論》十五二、《雜集》十三十八、《俱舍》二十九一、《大論》二十十二、《禪門》六一、《法界次第》上二十三、《濟緣》三下三十六、《寶雲經》五三、《禪經》下十三、《大經》十四十七並委釋。四無量心，《三法度論》上四云：「慈、悲、喜、捨，是四假想。」

△腳跟未牢

《傳燈》十八二〈玄沙傳〉云：「師曰：忽遇明鏡破時如何？雪峰曰：胡漢俱隱。師曰：老和尚脚跟猶未點地。」跟クビス：《玉》云：「柯恩切，足踵，亦作峎。」踵ショウ、シュ：《玉》云：「之勇切，足後曰踵。」

△接

據《文句記》六十左五、六行並釋。若通論者開會，自成接義歟！

△但

譯：外ナシニ、ナニガアルニモセヨ。ナド云氣味也。

△「但存教道」止「成妙」

《輔行》三之二五十六云言但初地已上仍存教道隔歷不融之相，以是義故，須待《法華》開會，方成圓妙。《釋籤》一下三十九云：「若取地前為教道者，既有若取之言，當知初地以上仍有教道之義。」又三下之八十九云：「初地已上仍存教道。」

△藏七賢

有云：「七賢」二字當作「菩薩」。藏二乘轉入義，未見祖文故，更詳。

△「如云歡喜地」等

《止觀》六之一二十八名別義通明三借中單借別十地名通十地章云：「若約此別名判三人通位者，則初地斷見惑，二地斷欲界一兩品思，三地斷二品思，四地斷七、八品思，五地斷九品思，六地斷七十一品思，七地斷七十二品思，八地已上侵習斷無知等，例前可知。云云」《十地論》五五十一。

△「如云須陀含」等

《大品・遍學品》《大論》八十六之五紙云：「八人若智若斷，是菩薩無生法忍。須陀洹若智若斷、斯陀含若智若斷、阿那含若智若斷、阿羅漢若智若斷、辟支佛若智若斷，皆是菩薩無生法忍。」文又〈六喻品〉《大論》八十八之五紙。今文「含」字寫誤，當作「洹」字。一本會本格注云「今恐誤當作『洹』」，善矣。文意者，《止觀》六之一三十一云：「二乘取（果）〔證〕宜判智斷，菩薩望佛，猶居因位，但受忍名。」文此雖說三乘共相文，而菩薩忍是別位也。《輔行》九之三：「《仁王》用五忍以判別位。」故為名別義通證據。問：《玄》四下三十五名別義通章：「初、就三乘共中，菩薩別立忍名而義通也。」《止觀》六之一三十二單菩薩名別義通章亦引明之，何用此文為名通義別？答：今文隨義轉用，蓋通人中於此一法門或有得名別義通益，或有得名通義別益。云云問：忍名何局屬別？《妙玄私記》四末十四引《止觀》云：「四忍是通，五忍是別、圓。」答：此乃文意多含故也。

△「如云初住」止「猶有微苦」

舊《起信論義記》下末十二云「菩薩發是心故，則得於少分見於法身。以見法身故，隨其願力，能現八種利益眾生，所謂從兜率天退」止「入於涅槃。然是菩薩未名法身，以其過去無量世來有漏之業未能決斷，隨其所生，與微苦相應，亦非業繫，以有大願自在力故」。文《裂網》五十五云：「此約漸教所明初住僅斷界內見惑，與小乘初果齊，所以或猶有微苦也。」問：玩文中「然猶」二字，即指八相成道之人，何得別作漸教釋之？答：發心名同，權實迥異。云云初住能現八相，借圓也，猶有微苦，明別住有苦也，然《起信論》文，荊溪意為圓十住相，《分別功德記》[96]二十七之三十四云：「唯《華嚴》、《起信》彰灼明文十住八相。」

△「如云三賢」等

文出《仁王經．教化品》。《合疏》中五十四。《隨釋》六四十三云：「蓋借別名名圓位也。何者？住果報者，即是實報土，唯圓聖生，餘罔能及。借別名者，圓無三賢，以住、行、向皆破無明，咸證三德，故皆屬聖。別無住果報，以住、行、向唯破見思、塵沙而已，不生彼土。是故三賢十聖皆破無明。生彼土者，圓聖位也。」文《妙宗》二三十四、《集解》下三十、《集注》下二十九。

△等

唯佛一人居淨土。此下四段釋中，第一、第二云欲接，第（二）〔三〕、第四云欲含。接、含二字，記主分別，沉思可解。

△「問曰：但（信）〔依〕」下，文二：

1. 初論禪家來難二

1.1. 初以禪道難台教

1.2. 二據禪祖通台教四

1.2.1. 初引六祖彰難家謬「答曰」下

1.2.2. 二引臨濟責難家失「臨濟」下

1.2.3. 三引永明諭難家愚「永明」下

1.2.4. 四總結斥昧祖曉諭「法喻」下

2. 二釋今家教相三

2.1. 初判簡藏、通究竟相違「問曰：藏」下

2.2. 二科簡四教賢聖得名「問曰：一」下

2.3. 三科簡藏、通相似分齊「問曰：藏」下

△「直指人心」等

禪家初祖達摩造三部論，謂《破相論》、《悟性論》、《血脈論》也。《悟性論》云：「直指人心，見性成佛，教外別傳，不立文字。」《碧巖集》第一則評云：「達摩遙觀此土有大乘根器，遂泛海得得而來，單傳心印，開示迷途，不立文字，直指人心，見性成佛。」文《佛心印記》云：「乃指真心成佛，非指妄心，故有人云：即心是佛，真心也。」《要覽》下二十八。《傳燈錄》四二十二〈天台山雲居禪師傳〉云：「嘗有華嚴院僧繼宗問：見性成佛，其義云何？師曰：清淨之性本來湛然，無有動搖，不屬有無、淨穢、長短、取捨，體自翛然，如是明見乃名見性，性即佛，佛即性，故云『見性成佛』。」

△痛快直捷

《續字彙》云：「痛，甚也。」《文選注》三十二之四：「捷，疾也。」《楞嚴直音》：「捷，音絕，疾也，勝也。」又云：「音截，徑也，成也，勝也。」

△「六祖大師」等

《六祖壇經》下九：「師告智常曰：萬法盡通，萬法俱備，一切不染，離諸法相，一無所得，名最上乘。」文《宗論》五之二十五詳釋。又《楞伽義疏》三中十四。六祖傳如〈六祖緣起外記〉等。

△「永明大師」等

《宗鏡錄》四十四二十四云「一目之羅不能得鳥，得鳥者羅之一目耳。眾生心行，各各不同，或多人同一心行，或一人多種心行」止。此「須廣施法網之目，捕心行之鳥耳」。此依《止觀》第五之四之四十二之文。《淮南子》十六之十三云：「有鳥將來，張羅而待之，得鳥者，羅之一目也。今為一目之羅，即無以得鳥也。」《萬善同歸集》中三十。收功者，棋之一著者，《宗鏡錄》、《心賦》、《萬善同歸集》等中不見此文，未考依何書。一著者，棋大切一手云。[97]《宗論》二之三二十三云：「高著。」《世說（雜）〔新〕語補》十四二十三云：「養直指一子，笑視師川曰：『今日還須讓老夫下此一著。』」《宗論》二之三二十三出上二喻。云云《正字通》云：「棋同棊。」《說文》：「博棊也。」永明，《統記》二十七十三云：法師延壽，字冲玄，建隆二年遷居永明，今淨慈。廣說。《傳燈錄》二十六十三。

△一般

《雲臥記談》上之下四十四：「不識文墨，六祖同參，雖不踏碓，見解一般。」

△教觀綱宗畢

此五字明本卷尾有之，應補入。

△教觀綱宗釋義

此六字明本無之，會者所補加也。有為善。

註解

1 《文句》指《妙法蓮華經文句》。
2 《妙句記》指《妙法蓮華經文句記》。
3 《綱宗》指《教觀綱宗》。
4 《玄籤講述》指《法華玄義釋籤講述》。
5 《唯識論》指《成唯識論》。
6 《宗論》指《靈峰宗論》。
7 《唐詩音注》指的應為《唐詩正音輯註》。
8 《古文》指《古文真寶》。
9 《一統志》指《大明一統志》。
10 雲棲《鈔》指雲棲袾宏《佛說阿彌陀經疏鈔》。
11 《楞伽玄》指《楞伽經玄義》。
12 「言」應作「事」。
13 《碧巖》指《碧巖錄》。
14 「徐」指「徐鍇」。
15 《妙玄》指《妙法蓮華經玄義》。
16 《止觀》指《摩訶止觀》。
17 《仁王疏》指《仁王護國般若經疏》。
18 《序品記》指《法華文句記・釋序品》。下《序記》同。
19 《私志》指《妙經文句私志記》。下《私志記》同。

20《籤》指《法華玄義釋籤》。
21《資持記》指《四分律行事鈔資持記》。
22《傳燈》指《景德傳燈錄》。
23《會元》指《五燈會元》。
24《贅言》指《教觀綱宗贅言》。
25《輔行》指《止觀輔行傳弘決》。
26《要解百川記》指《阿彌陀經要解百川記》。
27《妙宗》指《觀無量壽佛經疏妙宗鈔》。
28《三德指歸》指《涅槃經疏三德指歸》。下《三德》同。
29 此引自《一切經音義》。
30《新婆沙》指玄藏所譯《阿毘達磨大毘婆沙論》。
31《華嚴鈔》指《大方廣佛華嚴經疏鈔》。
32《經音》指《一切經音義》。
33「身」為誤字，原書作「目」。
34「於」為誤字，原書作「如」。
35《釋籤》指《法華玄義釋籤》。
36《集解》指《天台四教儀集解》。
37《大經》指《大般涅槃經》。
38《機要》指《涅槃玄義發源機要》。
39 原文作「則權含于實」。
40《玄私記》指《法華玄義私記》。

41 《諦觀錄》指《天台四教儀》。以下稱《高麗》、《高麗錄》者同。
42 《會疏》指《涅槃經會疏》。
43 《藥草記》指《法華文句記・釋藥草喻品》。
44 《觀經疏》指《佛說觀無量壽佛經疏》。
45 《淨名疏》指《維摩經略疏》。下《天台疏》同。
46 《筆削記》指《起信論疏筆削記》。下《筆削》同。
47 此處上方有按語，作：「具後二釋あり。」
48 《淨名玄》指《維摩經玄疏》。
49 《大論》指《大智度論》。
50 《格言》指《大部妙玄格言》。
51 《楞嚴玄》指《楞嚴經玄義》。
52 《玄記》指《觀音玄義記》。
53 《隨釋》指《摩訶止觀義例隨釋》。
54 《化城記》指《法華文句記・化城品》。
55 〈喻〔疑〕顯正例〉，指《止觀義例・喻顯正例》。
56 《玄讀教記》指《法華三大部讀教記》。下《玄讀教》同。
57 《藥草喻疏》指《法華文句・釋藥草喻品》。
58 《淨名記》指《淨名疏記》。
59 《序疏》指《法華文句・釋序品》。
60 《金光疏》指《金光明經文句》。
61 《南山戒疏》指《四分律含注戒本疏》。

62 《方便疏》指《法華文句・釋方便品》。
63 《統記》指《佛祖統記》。
64 《會義》指《法華經會義》。
65 《天台戒疏》指《菩薩戒義疏》。
66 《壽量疏》指《法華文句・釋壽量品》。
67 《梵網玄》指《梵網經玄義》。
68 此處《記》指《法華文句記》。
69 《瑜伽》指《瑜伽師地論》。
70 《方便記》指《法華文句記・釋方便品》。
71 《疏記》指《法華經文句記》。
72 《別行玄疏記》指《大方廣佛華嚴經普賢行願品別行疏鈔》。
73 《玉》指《玉篇》。
74 《新記》指《金光明經新記》。
75 《法華經・法師品》云：「咸於佛前，聞《妙法華經》一偈一句，乃至一念隨喜者，我皆與授記，當得阿耨多羅三藐三菩提。」
76 《緒餘集》指《山家緒餘集》。
77 《譯集》指《翻譯名義集》。
78 又云：1. 初示意；2. 二明義；3. 三並旨。
79 《應法記》指《章服儀應法記》。
80 東春指智度《天台法華疏義纘》。此書題為「東春沙門智度述」。
81 妙樂指湛然《法華文句記》。湛然又稱妙樂大師。

82 《輔正》指《法華經文句輔正記》。

83 《補注》指《天台三大部補注》。

84 《母論》指《毘尼母論》，又稱《毘尼母經》。

85 原文作：「生表此法先非有，滅表此法後定無。」

86 《提婆記》指《法華文句記．釋提婆達多品》。

87 此處浮籤云：「舊云：從後教探言。未詳。是大乘唯識所談，非藏教意。今謂今意過去所熏第六識無漏種子也。」

88 原文作：「欲界四諦下各有一忍一智，謂苦法忍、苦法智等；色無色界四諦下亦各有一忍一智，謂苦類忍、苦類智等。」

89 《裂網》指《大乘起信論裂網疏》。

90 《宗圓記》指《大乘止觀法門宗圓記》。

91 此處浮籤云：「《四分律藏大小持戒犍度略釋》一卷，紙數二十四葉，三藏佛陀耶舍共竺佛念譯，菩薩沙彌古吳智旭際明釋。」

92 《維摩疏記》指《維摩經略疏垂裕記》。

93 《大意》指《八教大意》。

94 此處《記》指《觀音玄義記》。

95 此處《大意》指《天台八教大意》。

96 《分別功德記》指《法華文句記．釋分別功德品》。

97 此處天頭有文字，作：「△著者，《小補》：『定也，所謂落著之義也。』」

附記：此文本之整理，特別是日文部分，得助於學棣何噜家甚多，特此感謝！

基辨《勝宗十句義論釋》

——浙江大學哲學學院教授　何歡歡整理

解題

基辨（一七一八—一七九一）是江戶佛教名僧，俗姓井上，號大同房，尾張國（今愛知縣）人。生於享保七年（一七一八），八歲時在山城（今京都府）西明寺無染房妙適（？—一七三五）處出家。曾師從山城蓮華寺無幻道空（一六六六—一七五一）學習密教、奈良藥師寺基範（？—一七五〇）學習法相、東大寺懷賢（生卒年不詳）學習三論。做為法相宗的傳人活躍於京都、奈良等地，弘揚教學並講學撰述。寬政三年（一七九一）十二月二十七日圓寂，世壽七十四歲。

《勝宗十句義論釋》是基辨撰寫的對玄奘譯《勝宗十句義論》的逐句註釋。古印度勝論派論師惠月（慧月）所造之《勝宗十句義論》是唯一一部流傳有古代漢譯的勝論派文獻，即玄奘大師（六〇〇／六〇二—六六四）於貞觀二十二年（六四八）在弘福寺翻經院譯出，共六千餘字。該論無藏譯本，亦未發現梵文本；漢譯本主要闡釋了不同於勝論派根本聖典《勝論經》（*Vaiśeṣika-sūtra*）之「六句義」學說的「十句義」體系。雖然《勝宗十句義論》所述思想並非印度勝論派的傳統主流，卻是近現代以前之東亞社會了解這一種印度實在論的最主要依據。

中國古代沒有流傳下來關於《勝宗十句義論》的註釋文獻。然十八、九世紀的日本出現了不少致力於解讀該論的佛教僧人，並傳有不少撰述保留至今。基辨所作的《勝宗十句義論釋》是江戶時期《勝宗十句義論》之註釋的典型代表。該釋分上下兩卷，含《勝宗十句義論》原文在內共約四萬三千字，被中野達慧（一八七一——一九三四）收入了所編的《日本大藏經》（藏經書院刊，一九一四——一九二一）。中野達慧編輯時所用的底本，即出版於安永八年（一七七九）的初刊本，在一九三三年連同其他七九七冊珍貴書籍一起寄贈給了京都大學（圖書館），被歸類稱為「日藏既刊本」，現今均於「京都大學貴重資料數位檔案館」（京都大学貴重資料デジタルアーカイブ）網絡線上公開了高清圖像，為各國學者的研究提供了極大的便捷。

基辨把整部《勝宗十句義論釋》分為五大部分：「一、辨教起因，二、彰論體性，三、顯論宗旨，四、釋題目，五、隨文判」。其中「隨文判」是主體，占了全《釋》約百分之九十五的篇幅。基辨按照《勝宗十句義論》的文脈，詳細逐個解釋了「十句義」——實、德、業、同、異、和合、有能、無能、俱分、無說——的內涵外延，以及各句義的特性差別，複雜難懂處做詳細解釋，簡單淺顯處則一筆帶過。讀來詳略得當，酣暢淋漓，讓人對勝論派之句義理論體系頗生洞明之感。

凡例

一、《勝宗十句義論》原文以楷體表示。

二、異體字均統一改為目前通行的繁體字，如「无」改為「無」，「旧」改為「舊」，「尒」改為「爾」，「搋」改為「據」等。

三、原本之硃批應為中野達慧編輯《日本大藏經》時所作，如將表示《勝宗十句義論》原文的「論」字全部畫上叉號，以及各處的分段標記等等；本校訂不體現中野達慧的校訂痕跡，即恢復「論」字，並重新進行分段、加入新式標點，以便當代學人閱覽。

書影

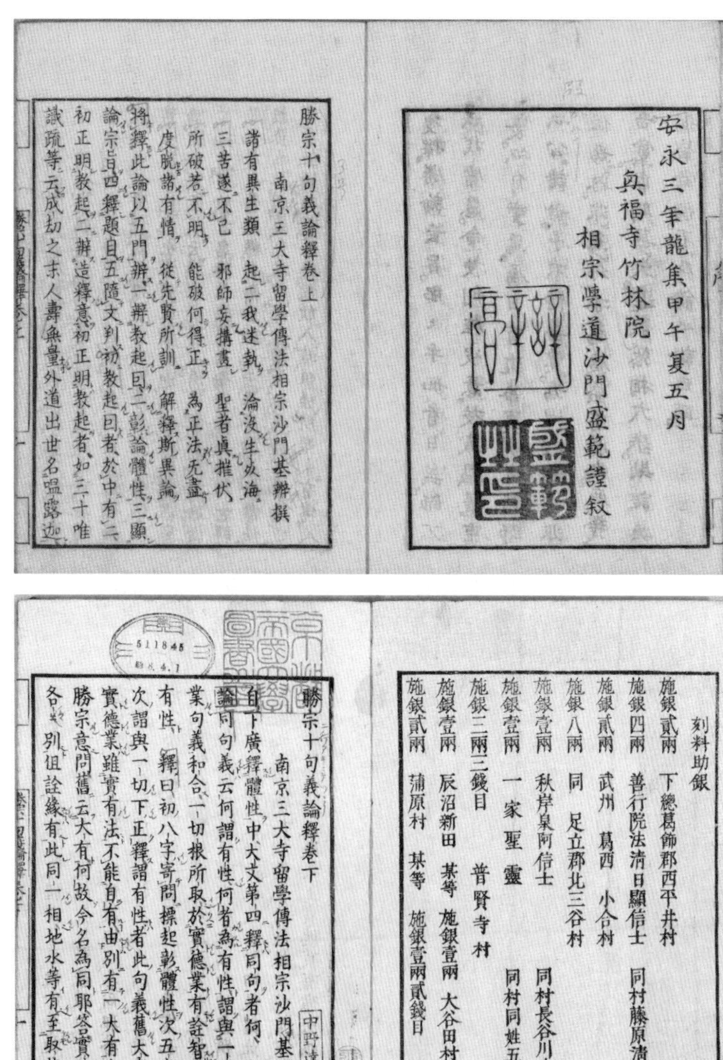

勝宗十句義論釋卷上

南京三大寺留學傳法相宗沙門基辨撰

諸有異生類　起二我迷執　淪沒生死海
三苦遂不已　邪師妄搆畫　聖者眞摧伏
所破若不明　能破何得正　為正法光盡
度脫諸有情　從先賢所訓　解釋斯異論

將釋此論以五門辨一辨教起因二彰論體性三顯論宗旨四釋題目五隨文判釋初教起因者於中有二初正明教起二辨造釋意初正明教起者如三十唯識疏等云成劫之末人壽無量外道出世名嗢露迦

安永三年龍集甲午夏五月
興福寺竹林院
相宗學道沙門盛範謹叙

勝宗十句義論釋卷下

南京三大寺留學傳法相宗沙門基辨撰

自下廣釋體性中大文第四釋同句者何

論同句義云何謂有性何者為有性謂與一切實德業句義和合一切根所取於實德業有詮智因是謂有性

釋曰初八字寄問標起彰體性次五字徵問次謂與一切下正釋謂有性者此句義舊大有性前實德業雖實有法不能自有由別有一大有有之是勝宗意問舊云大有何故今名為同耶答實德業雖各各別但詮緣有此同一相地水等有至取捨等亦

刻料助銀

施銀貳兩　下總葛飾郡西平井村　某等
施銀四兩　善行院法清日顯信士　同村藤原清右衛門
施銀貳兩　武州　葛西　小合村　某等
施銀八兩　同　足立郡北三谷村　某等
施銀壹兩　秋岸梟阿信士　同村長谷川八郎兵衛
施銀壹兩　一家聖靈　同村同姓五左衛門
施銀三兩三錢目　普賢寺村　某等
施銀壹兩　辰沼新田　某等　施銀壹兩　大谷田村　某等
施銀貳兩　蒲原村　某等　施銀壹兩貳錢目　某等

刻《勝宗十句義論釋》敘

明人議《象祠》[1]言：「為舜非為象」，於是舜德益見矣。蓋此《十句義論》者，印度之外論也。相傳謬於先佛之教，所封執焉。大抵勝論之為宗也，自有為生本，無我為淨道。由斯觀此論，相詮自有，心遊言外，豈易解哉？奈何輓近法與世降，講學我法相大乘者，有不與真俗即離，而但逐相數名之弊，可謂墮勝論也。不可不慎焉。

大同房基辨法師，懼令佛之大乘亦行墜外焉，愍不辨珉玉者焉。以作斯釋，意但在為內，非為外已矣。師掛錫于本寺，講唯識因明之日，予廁資見此論釋，未脫艸稿，遂請得焉。閱猶有惑，從以問答決擇。勝論玄旨，昭昭乎如看日矣。師不以我庸愚，命校刊旌決意。校成韞匵重襲，以自寶焉。屬日有近事真明者，請師以公諸世。予不待善賈，為出授焉。亦非但為內，非為外，亦為廣益有情也。庶幾吾黨，昏明無失，進取法相大乘，則詎與獨益舜德，不及餘之論云爾。

安永三年龍集甲午夏五月

興福寺竹林院

相宗學道沙門　盛範　謹敘

《勝宗十句義論釋》卷上

南京三大寺留學傳法相宗沙門　基辨　撰

諸有異生類，起二我迷執，淪沒生死海，三苦遂不已，
邪師妄構畫，聖者真摧伏，所破若不明，能破何得正，
為正法無盡，度脫諸有情，從先賢所訓，解釋斯異論。

將釋此論以五門辨：一、辨教起因，二、彰論體性，三、顯論宗旨，四、釋題目，五、隨文判。

初教起因者，於中有二。初、正明教起，二、辨造釋意。

初正明教起者。如《三十唯識疏》等云：成劫之末，人壽無量，外道出世，名嗢露迦，此云鵂鶹。晝避色聲，匿跡山藪，夜絕視聽，方行乞食。時人謂似鵂鶹，因以名也。舊云優婁佉，訛也。或名羯拏僕，此云食米齋。先為夜遊驚他稚婦，遂收場碾糠粃之中米齋食之，故以名也。時人號名食米齋仙人。舊云蹇拏陀，訛也。亦云吠世史迦，此翻為勝。造《六句論》，諸論罕匹，故云勝也。或勝人所造，故名勝論。勝論之師，造勝論者，名勝論師。舊云衛世師，或云鞞世師，皆訛略也。舊人釋曰，衛世師此云異勝論，異於僧佉故稱為異，明義自在，破他令壞，故稱為勝。多年脩道遂獲五通，謂證菩提，便欣

入滅，但嗟所悟未有傳人，愍世有情癡無慧目，乃觀七德授法令傳：一、生中國，二、父母俱是婆羅門姓，三、有般涅槃性，四、身相具足，五、聰明辨捷，六、性行柔和，七、有大悲心。經無量時，無具七者。後住多劫波羅痆斯國，有婆羅門名摩納縛迦，此云儒童。其子名般遮尸棄，此言五頂。頂髮五旋，頭有五角。其人七德雖具，根熟稍遲，既染妻孥，卒難化導。經無量歲，伺其根熟。後三千歲，戲園與妻競華相忿。鵂鶹因是乘通化之，五頂不從。又三千歲，化又不得。更三千年，兩競尤甚，相厭既切，仰念空仙。仙人應時，神力化引，騰虛迎往所住山中。徐說所悟六句義法：一實、二德、三業、四有、五同異、六和合。後其苗裔，名為慧月，立十句義，即斯論也。此明教起竟。

二辨造釋意者。基辨入釋門，閱我諸經論疏中，至敘勝論所執文，鴻疑關塞，義意難通，商確日久，漸得辨六句、十句名相。然未解彼宗，由此句義如何建立世、出世間？遂捨卷言：此是外道，雖不解得，何痛之有？復竊以為，此是外道膚淺之論，而解了不容易。因識我觀諸法之智猶劣於彼，又以為生來所修慧業劣於彼，故不能知彼伏彼，何其不羞焉！又以為今世學者，以不及外道智，概覽廣大深遠佛教，隨文固執名相，自稱為解得佛教，何其不慎焉！今世大乘學者，不辨外道所執，不識自以固執心地揣大乘教，口說大乘，心不及外人見，何其不懼焉！

故間推窮斯論既有年矣，周審六句，練觀十句，徐悟得彼建立本旨，遂造斯釋，講演教授，以誡大乘膚受學者。然有作難，佛日既沒，法寶行墜，佛教萬差難得其真，豈空講外論費日時耶？謂今釋外論，專在法住，利生志也，故務以為大乘者焉。蓋大聖世尊《涅槃》等經說外所執令審察以除自固執，聖慈氏及無着、龍樹、提婆等亦廣說外計，令除邪執。即是諸佛菩薩為度眾生，應作事故。小見學者，豈敢忖度耶！《瑜伽論》中，令諸菩薩一日為三分，其一分學外論，此其意也。故今亦令大乘膚受學者，必先識外執心如是，如是生厭怖心，安住大乘真實心地，是即今務釋外論由致也。

第二彰論體性者。由總料簡章，勝論師以德句中，聲為教體而無常無礙。

第三明論宗旨者。《瑜伽》、《顯揚》說：勝論師去來實有，以為宗旨。此是說勝論宗，通所宗趣。若以自部所主所尊以為宗者，此論以十句義為宗。離論所明無別宗故，而其十句一一以實有為宗，至文應知。

第四釋題目者。

【論】

《勝宗十句義論》　勝者慧月造　唐三藏法師玄奘奉　詔譯

釋曰：

此牒分為二，初論題、次撰號。初釋論題亦二，初散釋、次合釋。

初散釋者。

勝謂有二意：云諸論罕匹，故云勝也；或勝人所造故名勝論。

宗者，謂崇尊主義，彼教所崇、所尊、所主，故名為宗。

十者，謂一十名十，廣如後釋。

句者，謂差別義，成立十法，差別諸法，故名十句。

義者，理也，勝論者言，論所詮之義；又義者，境也，謂所立十句為差別境，生勝者智。

論者，問答決擇，名之為論；論中有云何、何者等言，是問答之辭。

此散釋已。

次合釋者，此有三之別，初二字對、次五字對、後六字對。

初勝宗二字對合為釋者，此有二意別。依前以二意釋勝之字中，第一意則勝必在法，是無上義；宗亦在法，是所尊義，宗即勝故，持業得名，宗法是體，持勝業用故也。又依第二意，勝必在人，勝人成立此宗，勝人之宗故，依主得名。

次五字對合釋，則置勝宗言，簡他宗名。十句義言，若法有十，則何處亦名十句義？句義是即差別言，故他宗亦應有十句言。今此所明十句義，勝宗所立，非他宗所論，故勝宗言，一以簡他。勝宗之十句義，依主釋也。又勝宗者，彼宗名。十句義者，勝宗所立，非他家所立。若云，離十句更無餘立勝宗法，則十句義即勝宗，持業釋也。

後六字對合釋，則論名通餘論，今非他論，勝宗之論，故以勝宗十句義言為簡餘論，勝宗十句義之論，依主得名。又論者但指此教，若十句義由今此言論顯故，則離今所叙言論無十句義。是此論教即十句義，持業釋也。

已上論題，離合釋竟。

子段第二，釋撰號者。

勝者者，《成唯識疏》曰：勝論之師，造勝論者，名勝論師；猶如造數論師及學數論者，名數論者。

慧月者，《因明疏》曰：十八部中，上首名戰陀羅，此云慧月，造《十句義論》。文《成唯識疏》曰：其苗裔名慧月，今謂如離繫外道，本部云親，末部曰子，合呼云離繫親子。苗裔之言，亦彰末徒。慧月末部上首，故知斯論勝宗末部論也。

造者，作論名造，今新起故。

唐三藏等者，舉譯人名，彰非失譯人名，具明如《慈恩傳》等。

上來大段，第四釋題目竟。

自下大文第五解釋本文。

此論本文，大分為三，第一段、略標十句名，第二段、廣釋十句體性，第三段、諸門分別。

初段、略標十句名者。

論 有十句義：一者實、二者德、三者業、四者同、五者異、六者和合、七者有能、八者無能、九者俱分、十者無說。

釋曰：

問：舊既立六句，一者實、二者德、三者業、四者有、五者同異、六者和合，今慧月增為十句義，其同異如何？

答：今異句義在舊實句，說於實轉故；有能、無能在舊實、德、業三，今同舊有；今俱分句，舊同異性；今無說句，雖舊不說，更以義立；故雖增句，理無乖返；是略標竟。

自下解本文中大段第二，廣釋十句體性。此中大分為十段文，初釋實句、二釋德句、三釋業句、四釋同句、五釋異句、六釋和合、七釋有能、八釋無能、九釋俱分、十釋無說。

初釋實句有二，初總標實句數，次別釋實句。

初總標實句數者。

【論】

實句義云何？謂：九種實，名實句義。何者為九？一地、二水、三火、四風、五空、六時、七方、八我、九意，是為九實。

釋曰：

實，謂諸法體實，此德等所依；謂此體實，諸法體相，微細廣大難顯故；別釋中以所有德釋九實也，德是實之標幟故。

《成唯識疏》曰：實者，諸法體實，德業所依，德業不依有性等。

又《俱舍光記》曰：一實解云，諸法體實，是德等所依。問：何故諸法體名實耶？答：實謂真也，周遍也，猶如樹木貞實及枝葉根末，無不遍而長養。今此九實亦復如是，於一切法無處不遍，故是一切法之體性。

舊人釋云：六諦之中，初陀羅驃，稱為主諦，亦云所依諦，謂：地、水、火、風、空、時、方、神、意，此九法為一切物主，故云主諦。

又解一切法悉有依主，如《破神品》等云：黑是求那，疊是陀羅驃，瓶是陀羅驃；一是求那，故知依主通於萬法。云云

舊《俱舍》說：地膩脾，此云物也，但物有九種：一地、二水、三火、四風、五空、六方、七時、八我、九心，此九物有遍、不遍。地、水、火、風、心，此五物不遍。空、時、方、我，此四則遍一切處。

又例如佛家如來藏名云真心，無一切法不如來藏故，名云真、云心。今所立實句義，亦名相同，故名為實。

此初總標訖。

次別釋九實，文段有九。

初釋地實者。

論

地云何？謂：有色、味、香、觸，是為地。

釋曰：

實句義是諸法體故，其相難顯，故以彼彼能依德句，顯地等體。

問：次下諸門分別中，云地由十四德，說名有德，如下文列，云何今但云地有四耶？

答：古來為二釋，一云：勝宗十八部中計各異故，此言四者，據總者云；下列十四，兼彰別計，故有別也。二云：若顯地體唯由四德，若論其地與德為依名有德，則有十四；餘十德非顯地故，不言之亦無相違。餘水火等，皆准是釋。今詳後解為近，初釋無據，若有據應近正。

又近來有解：地四德中，香為正、餘為傍；水五德中，味、液、潤三為正；火中以色為正。今詳此解，不正顯體。德中何有傍正？檢此一論，不見立傍正別。

秋篠先德由《成實疏》云：地實，香是主、餘是客等。雖有道理，此勝論弟子計，非今論意，然以傍正不及主客。

又問：何故地無聲德耶？

答：聲必在無障礙處，故但為空實德；地是有礙，何有聲德，是為地者。

問：此宗意以色等德為地性耶？將為地相耶？

答：此彰地體相，非云地性，此宗地等性即別俱分，云地性、水性等，故非如我佛法內以堅濕等為四大性。我性彼德，即為相貌。彼宗意我所造色中，成立實有體難顯物，為實句義，極微、極大為圓體德，是亦難顯。故地實等體相難顯，今舉相貌德，以顯體相也。水實等皆准知。

是釋地實已。

二、水實者何？

論 水云何？謂：有色、味、觸及液、潤，是為水。

釋曰：

准地實，自應解此水實已。

三、火實者何？

論 火云何？謂：有色、觸，是為火。

釋曰：

准地、水，應解。

四、風實者何？

論 風云何？謂：唯[2]有觸，是為風。

釋曰：

准上應知。

五、空實者何？

論

空云何？謂：唯有聲，是為空。

釋曰：

別立空大，非空無為，亦非空界色，有聲處名空實；離礙觸處有觸實，合離生因，以彰其聲。空實，體相極大、難顯。以有聲處，即知空實；無聲處為非空。是勝宗意。

釋空實已。

六、時實者何？

論

時云何？謂：是彼、此、俱、不俱、遲、速詮緣因，是為時。

釋曰：

詮緣者，能詮、能緣。彼、此、俱等是詮緣相，以名句等能詮彼時等，以心、心所能緣彼時等，此皆由依時實為因。

因言，正是時實。

釋時實已。

七、方實者何？

【論】方云何？謂：是東、南、西、北等詮緣因，是為方。

釋曰：

如時實應知。等者，等取四維上下。

八、我實者何？

【論】我云何？謂：是覺、樂、苦、欲、瞋、勤勇、行、法、非法[3]等和合因緣，起智為相，是為我。

釋曰：

勝宗意說，我是極大、周圓、無彼此體、遍行相，故其體廣大而不可知，故今舉所和德；彼所起智，及彼因緣，以顯體也。

覺、樂等者，所和九德，如下具釋。

舊人釋曰：僧佉、衛世蓋是外道之宗，盛行天竺。《僧佉經》十萬偈，二十五諦為宗，以神為主諦。《衛世師經》亦十萬偈，用六諦為宗，亦以神為主諦。今謂神者，我實也；勝宗建立以此我實為主中之主。學者須周審觀察也。

等者，問：我有十四德，何故唯與九德為和合因緣耶？答：此難古今有六解。

一、邑法師云：覺、樂等九是能遍法故，我實和合此九方能起智、決擇是非；數、量、別體、合、離五亦雖我德，非能遍法故不說之；由此義則等言向內等也。

二、近來有解：我有十四德，今舉九德等，餘數、量、別體、合、離。

三、或難邑解云：按下論文說，覺、樂等我不共德，又說覺等不遍所依，餘遍所依；既云不遍，亦是不共，云何云能遍耶？違下文故，邑師以能遍法釋未穩當，不以能遍但云起智德為向內等，則有何失？

四、或朋邑師解，通難云：我是遍滿體，覺、樂等九於遍行我，不共德相，即能遍法；數、量等五亦雖遍行空、時、方，我之德於地等有，彼此體亦有，故非能遍法。故如邑解，能遍法向內等。下文所云不遍所依者，非同一處所而在，如樂處無苦等云不遍，雖不遍依樂德一相一實，我德極大，我相能遍法，故以下文所難為不允當。

五、或難近世有解云：有解不允，違下論故。雖我有十四德，今但取起現比智自為境者，明起智相，彰我實體。下文但云覺、樂、苦、欲、瞋、勤勇是我現境，法、非法、行唯非現境，而不云數、量等五是我現、非現境故。等言云等，數等五甚不是也。向內等尺，尤為穩當。《三十論疏》中，亦但云覺、樂、苦等九德和合因緣而不云九德等，明知數、量等五非今所用。

六、今設一解云：等言非向內亦非向外，等言冠次句和合因緣上。等者，同也、均也，彰和合義，彰我為九德等均為和合因緣之義也。次意實下，不和合因緣上，不云等言，覺等九是我實，德無等均和合義，故但云不和，不云等也。

由是判上來義，以邑師義為勝，第五解亦勝。

和合因緣者，釋此四字，自作三門：一、出古釋，二、判是非，三、述今義。

初出古釋者，古有六家。

一、慈恩法師《因明論疏》曰：謂和合性和合諸德，與我合時，我為和合因緣，和合始能和合，令德與我合，不爾便不能。已上。

二、《唯識了義燈》曰：和合句者，令彼地等與德和合，與彼我別，我但令彼覺、樂、苦等九德和合也。

三、《唯識演祕》曰：由我能令九德和合，而能起智故，舉所和及所起智，以顯我體。有云：和合即和合句，由我與彼和合為因，和合即能和合九德。詳曰：不然。《十句論》云：我謂是覺、樂、苦、欲、瞋、勤勇、行、法、非法等和合因緣，起智為相。若我亦是和合句因，彼論即應和合之下而置等字；既不如是，故知我者非和合因。又彼論釋意云：謂覺、樂等九德，不和合因緣，起智名意，亦應意與不和合法而為其因，九德方能起於智耶？若許爾者，彼宗何處有不和合？若不然者，我何故然？又《十句論》上下不言我與和合句作因緣。

四、《因明前記》曰：和合，和合覺、樂等法，與我合時，由何而得和合？由我為因緣和合，始能令覺等方與我和合；若我不為因，覺等終不能和合。

五、《因明後記》曰：問：和合不由於我，和合自有功德；若要有我為因，和合功德焉在？答：據親因和合即是，若為疎緣即由於我，親疎不同，故二有別；今據疎緣，只言由我也。

六、《因明邑記》曰：問：既以我為和合因緣，彼和合句復何所用？答：彼和合性，和合九德與我，合時能起智相，必以我為和合因緣，和合方能和合；若不起智相，但合實及德等，令不相離相屬；此即但由和合之力，不要我為和合因緣。問：何故爾耶？答：我皆證境，理須九德，故為和合因緣；若但言，合諸法令不相離，非證境故，不要九德；雖名和合，不要我為和合因緣。

此初出古釋訖。

第二、判是非者，此有五。

初判《因明疏》說者。慈恩法師所釋，但釋和合二字，未及因緣二字。和合，謂和合性，和合諸德，和合始能和合，令德與我合；不爾，便不能。此釋能合勝宗。此一論中，不見離和合性，餘物能令不離相屬之因，故今云和合因緣和合，明知即是和合句義。

二判《了義燈》者。燈主所釋，違勝宗意，不可依用。此一論中，無處說離和合句義，別但我能和合九德義，何以故？我為有別能，以云以我實為因緣故；我是為別執，釋因緣言故，謂和合與我別有能和能，和合言不解得，釋因緣言亦大謬。以和合因緣為但在我能，故云我有別能，但令九德和合。下諸門分別中，說九實皆是和合因緣，故地等實與彼彼德和合，與我實與九德和合，唯一和合句，全非別物，為因緣義，於九種實，更無別故。燈主以我為別，甚為疎謬。

三判《演祕》所釋者。言我能令九德和合，非勝宗意；我實無勢用故，無能和用於一切實、德、業有能和合之用，此和合句用。如《大疏》釋，云何云我能令九德和合？復舉有釋，設我為和合、為因、不為因之問答。議論雖盡美立敵兩義，非勝宗意。

四判「因明前、後記」所釋者。兩記中云：我與和合不為因，則覺等終不和合。復云：和合為親因，我實為疎緣。此等所釋，皆以非勝宗意，此皆不解得因緣言，故致此謬解已。

五判《邑記》釋者。云：彼和合性，和合九德與我合時，能起智相，必以我為和合因緣。此非勝宗意，既云九實皆是和合因緣，何應云九實皆為能起智相？此宗所立，但云我、意二實為能起智相，而不云九實皆能起智。故邑師釋，非勝宗意。復云：我皆證境，理彰九德，故為和合因緣。此解不允，勝宗所立，既云九實皆是和合因緣，何以證境釋和合因緣？除我、意二，餘八種實，無起智用，亦無證境，無證境理故，於八種實為無和合因緣理。若爾，何故下論說，九實皆是和合因緣耶？故邑師所釋尤為不是。

第三，述今義者，此有三：一、出體性，二、引證，三、屬今文釋。

初、出體者。

謂和合者，即和合句為體，令實等能不離相屬，此詮智因。又和合句，體是一物，故無此與彼別異和合之相。因緣者，謂所依託義，非如大乘自體辨生為親因緣。今簡能依託者云因緣，出其體則若實、若德、若辨身語業等。常住者所依託、無常為能依託，實有名所依託、非實有物為能依託，有德是所依託、無德是能依託，彼說九實皆是常住、實有、有德，故一一皆與彼彼德和合，以彼彼實為和合所依託。由是應知，若常、若實有、若有德、若有業，隨是為和合因緣體。

問：九實皆是和合因緣，何故於地等實不云和合因緣，但我實云和合因緣顯其體耶？

答：今文明我體以起智相，我起智時必我、意合，意實與我和合起智，必為我德，覺等不和合因緣以起智，斯時我亦同合起智。雖爾，我實與覺等九德為和合因緣，非不和合因緣，是我德故，欲簡意實不和合因緣起智，故於我實云和合因緣，所以於餘實不云和合因緣者，下論文云如九實一切有德和合因緣故。明地等五以有德義，云有色、味等是為地等而影顯，時、方、我、意亦有德。又明時、方二實云詮緣因，顯此體相，以影顯地、水、火、風、空、我、意七實亦詮緣因。何以得知？謂下文說十句皆是所知，亦詮因故；能知能緣，我、意合起智。十句是所知，則能緣因也。故云，所知亦詮因也。如明我實以為和合因緣，影顯九實皆是和合因緣。亦明意實以為不和合因緣，影顯九實皆有為不和合因緣。何以知？地等實有不和合因緣。謂下業句義分別中，說以我合、勤勇身合及法非法我合等，為有取捨等業用，地實鼻、水實舌、風實皮、火實眼及意實為不和合因緣故。空實發聲，亦由有觸合離。有觸實者，地、水、火三，此三有取等業，此即合離為發聲因。亦以法、非法、我合為不和合因緣，自可准知。時、方二實，亦詮緣因故。以我、意起智，為不和合因緣，亦應准知。故知今顯體性，影略互顯，應知而已。

第二、引證者。

問：以何知常住、實有、有德為和合因緣耶？

答：下諸門分別中云，如是九實如一切有德和合因緣。此九實中，子微已上地、水、火、風，雖是無常、實有、有德故，為和合因緣。何故無德為非和合因緣？謂下諸門分別中云，如是二十四德，無德、非和合因緣。

問：若爾，德句義中，明量微體云為和合因緣二體所生耶？

答：二體所生者，所謂父母二微。是德句故，雖立無德、常住、實有，故與二微果和合之時，為所依託，故云和合因緣二體也。業句義中，云和合因緣亦應准知。

問：今既云因緣何釋為所依託耶？

答：舊人釋曰：一陀羅驃，稱為主諦，亦云所依諦，謂地、水、火、風、空、時、方、神、意；二者求那，此云依諦。云云由是應知，實句是所依，德句是能依；實與德和合，實為所依託，德是能依託；故今以因緣為所依託也。

第三、屬今文辨者。

謂我實是常住、實有、有德故，我與覺等九德和合，我實為所依託，起智為我實體相也。上來所述之餘，更為異解，非勝宗意。

是即釋和合因緣訖。

起智為相者，正明我之體相。智，謂現、比二智；相，謂我之體相及相用也。

問：准下文，現量有四、三、二和合之別，比量亦託四、三、二和合現量生；若爾，今文起智之智取何和合生智釋現、比二智耶？

答：以我、意二合生現、比智，云起智為相。是我、意合，起智相故。此約麁相說。若審細成，則四、三、二和合生現、比俱取，云起智為相。四和合處，必有我、意合故。三和合處，亦復如是。我、意二合則為九德和合、不和合二因緣而必起智故。四、三和合生處，亦應有我、意二和合生也。

問：若爾，何故四、三之外立二和合耶？

答：於世間中不拘眼等根，但我、意二和合生智是單二合生現量智。若於此二合現智，念等屬合二合比智。故四、三和合之外，別立二和合也。

上來釋我實已。

九、意實者何？

論 意云何？謂：是[4]覺、樂、苦、欲、瞋、勤勇、行、法、非法不和合因緣，起智為相，是為意。

釋曰：

意實者，謂有質礙、有動作、有勢用、有彼此體，我所須具。

《成唯識疏》曰：彼說意實是有礙攝，亦非是心，形如芥子，我所須具，非謂心也。然《了義燈》中釋云：意根。若此釋為勝宗義，則不然。下根、非根分別以意實不攝根故。若以佛家意根准釋，則亦不然。佛家意根能緣慮法體無礙故，違斯宗立，如二微大。

覺、樂等者，此九德皆我所有德，非意實德故，云不和合。意所有德，別有八德，如下具列。

今明意實體，舉我所有德，明我所須具相，何故起智必我、意合耶？謂我是遍滿體故、無彼此體故、無動作故、無勢用故，唯我無起智用，亦但意實不遍滿一切，故於一切所知法不能起能知用，亦無覺德。何但意得能起智？故云起智時必我、意合，如空、時、方，雖遍滿體、無覺等德，故無與意合起智用也。

不和合因緣者，若德、若業與實所有和合，必有雖不和合為所依託，是名不和合因緣。非必但於實與德也，有礙實與業合，亦有合不因緣。如下廣明。

起智為相者，意必與我合，合則能必起智。故今云，起智為相，而彰意實體相。

此明意實已。

問：就上來所說，九實體相，地實有色、味、觸，與水實有色、味、觸，云何差別？地水色觸與火實色觸，地水火觸與風實觸為問，亦爾。

答：勝宗意，一切有礙事物，若有命、若無命，地、水、火、風四實合成故，地實色、味、觸，與水實色、味、觸，同時、同處、不離攝屬。地水色觸與火實色觸，地水火觸與風實觸，同時、同處，亦復如是。云何得知？謂：色唯是一眼根所取，故無隔礙、體唯一，味、觸同處，亦唯一舌、皮所取故，無隔礙、體唯一。是故，但一色德事物，知地、水、火，三同時處有，但一有可見，有對眼故，具如《二十唯識疏辨》。

復次，由勝宗意，以九種實為諸法體之義，且觀察世間相，遍滿一切、極大空實，無障礙、體本有、常住、實有。復空實中，有地、水、火、風四有礙實極微、本有、常住、實有。復有本有、常住、實有、遍滿、極大，時實、方實，因方處定，因時時定，有彼地等極微和合，兩兩極微生一子微，三三合生第七子，七七合生第十五子，如是展轉成三千界。一切有命、無命有質礙物，皆地等四微成。頭目身體等，及山河、大地、草木、飲食、衣服、宮宅、車乘、瓶盆等資具，是為極微合成也。其極微合成時，遍滿、極大我實，本有、常住、實有，遍一切有命、無命，無彼此體，故遍一切極微合成物。爾時，處處散在，常住、實有意實，本有趣向棄背業故，有有命、生死。有時有方、意實趣向，與我合時，必四大極微聚集，是名四大極微造身初。其造身時，四大極微名鼻味皮眼根，其極微聚集造身中有，無障礙、有聲處。雖與遍滿、極大空實體是一，約能合別造身中空實，名耳根。如是遍造身處我實，與意實合，起現、比智。我是遍一切故，若於此處我、意合起智時，一切所有事物無不我、意合，現、比所知也。我雖無彼此體，意實合故，成彼此別，起詮智別。復我實有法、非法德合故，意實趣向我相有愛、非愛果，流轉、還滅及正邪智別，是即約成有命物說。成無命物，亦復如是。四大極微於空實中有時、方實合成，然意實不趣向，我無起智用，是云成無命物。

問：若言山河等皆地等極微成，何故世間現見山河等相別耶？

答：世無慧目，不知法體起邪智故。但論法體，令生厭怖。世間現見種種別相，由我、意合起智，其起智時，由法、非法、我合於意業上暗決智起，見種種相。是彼宗說迷相，以有我見詮緣十句，亦為迷相說染緣故。

問：若爾，彼家云何智相為悟證耶？

答：按《慈恩傳・四》，大唐遍覺三藏在於印度，對外道述勝宗云：勝論師立六句

義，此六我所須具，未解脫已來受用六句，若得解脫與六相離稱為涅槃。文

又《成唯識論》說彼證得見云：言無我見能證涅槃，執着我見沉淪生死。文

《疏釋》云：汝宗自言，起我見者沉淪生死，以是染故；起無我見能證涅槃，以是淨故。文

由此等說，六句、十句所立，就我、意合起智詮緣相，廣論諸法體性。我、意若不起智則無詮緣用，若不可詮緣十句因為無用，故十句是我所須具，有我之我亦所須具。若離欲解脫起無分別正智，是即無我之見緣實我也。故云離六句得涅槃。至下具明。

問：此論中，何處說如是相耶？

答：下文說十句，皆是所知，亦是詮因，由是應知。無我、意合起能知之智，云何十句是所知耶？所知是能知之因，有能知故，有詮因自可知。

問：十句言中有我、意實，故我、意實亦所知法，其時以何為能知、能緣耶？

答：無顛倒正智是實能知，若緣染我暗決斷智，即為能知。廣如下文。若委細辨，謂我、意合，起智生無分別現量智，則有分別我、意，名所知境，而非實我。實我之體，以無顛倒正智所證，無我之我，此論中說，我能起智，無動作、無勢用、無彼此體，是即無我之我義也，是為實我。又說十句皆是所知，故目無顛倒正智無我之現量。見之則所知境，皆暗決斷邪智異見之境。雖十句因是體實有，皆是起暗決斷邪見詮緣因也。故云離六句得涅槃也。上來所述勝宗以九種實為諸法體，建立世出世間之相也。

問：九實皆成一切世間，則何故《成唯識》中破勝論我云「能作者」耶？

答：九實皆雖能造作諸法，地、水、火、風、意非遍滿體，空、時、方三雖遍滿體、非能起智，唯我一實遍滿亦能起智，一切為所須具有、能自在之用，故唯我實為能作者也。

基辨謹白：學法相大乘人，必須審察勝宗所立，除固執，住中道。若不爾，唯識教相悉成勝宗，為非大乘，所以者何？大乘說唯識教，成立自本有種現行諸法，皆是識變，識謂能緣心識。若不離實有，固執而談，則與勝宗我意合起智、從實有詮緣因、造果而為所知境，雖言異意全同。又彼言：無分別、無我之見緣實我，離六句得涅槃。若不離，固執而談，癡詮妙理或唯識性等，全同彼云離六句、得無我之我。又我宗所言，法爾本有種子，於識變依他緣起而談，說種子虛妄假法，故識變幻有亦全圓成實而談，說圓成實於彼故。若不達此理，談唯識教，全同彼所立，故今勤解釋此外論也。

上來廣釋十句體性中，第一釋實句體性竟。

自下第二釋德句義。此有二段，初、總標數，次、別釋德句。

初、標數者。

【論】

德句義[5]云何？謂：二十四德，名德句義。何者名為二十四德？一色、二味、三香、四觸、五數、六量、七別體、八合、九離、十彼體、十一此體、十二覺、十三樂、十四苦、十五欲、十六瞋、十七勤勇、十八重體、十九液體、二十潤、二十一行、二十二法、二十三非法、二十四聲，如是為二十四德。

釋曰：

德者，有二意：一、相貌，二、功能。

初、相貌者，下文言：是有德實之標幟。

二、功能者，《成唯識疏》等曰：德謂道德，實家道德。

今釋言：道謂道理，猶云種子，道理世俗種子功能，即道理也。雖分二義，義意全同。謂九實諸法體相，一一有二十四功能，是即九實相貌。例如，我大乘第八識之體相，有諸法功能，名為種子，此種即第八識之相分，故功能即相貌。

二十四德者，其名數如論文。

由舊人釋為二十一法，其名亦異，謂：一、異、合、離、數、量、好、醜，八也；次有：苦、樂、憎、愛、愚、智、懃、墮，亦八也；次有：五塵即色、聲、香、味、觸也；五塵依地、水、火、風、空五主諦；苦、樂、愚、智等依神、意二主諦，餘八通依。

又由舊《俱舍》為有十七：一色、二香、三味、四觸、五聲、六數、七量、八名、九合、十離、十一此、十二彼、十三智、十四苦、十五樂、十六憂、十七憎，依物住，此物家德，自有三類：一、能造德，色等五是；二、平等德，數、量等七是，通九種均故，云平等；三、我德，智等五是。此十七為本，物唯自生，物不生德；德唯自相生，不生物也。云云

舊所列名，闕今重體、液體、潤、法、非法、行，增好、醜、墮、愚、一，墮若重

體，則闕五增四。此皆由異計，說成此相違，非舊人謬。

次、別釋德句，自下文段有二十四。

初、釋色德者。

論

色云何？謂：唯眼所取，一依，名色。

釋曰：

唯，謂彰一根取，簡眼觸取。

眼，謂我、意合火實，名眼根。

一依者，釋此名，分三門：一、出古釋，二、判是非，三、述今義。

初、出古釋，有三家。

一、《唯識了義燈》曰：一極微之色，依地大等，即為眼取，故名為色。所餘准此。以彼五根，即是五大極微之色，依眼類，大為眼取名一依。文

二、同《演祕》曰：色依一實，名一依，故彼論云：色、味、香等皆依一實，然眼取時要多微合，方為其境；今談其色體，依一實、非一依色，即眼能取。文

三、同《義蘊》曰：眼唯取色，不取聲等，為一依，非謂一極微色也，眼不取故，餘皆准此。文

第二、判是非者。

《燈》主釋，非勝宗意。下文云：色、香、味等，若依極微及二微果，名非現境，既說極微非現，一極微色云何應言眼所取耶？故《燈》釋不是。

次、判《演祕》者，此亦非勝宗意。言非一微色，即眼能取之，釋雖近此論，意云色依一實名一依，亦云今談其色體，依一實、非一依色，即眼能取，是非此論意也。此師釋一實為一極微，故云體依一實名一依，意在依一極微為一依，妄謬不可依用。此等所釋，雖似違《燈》主釋，意全相同。

三、判《義蘊》者，此釋寔斯論實意，用是可解。

第三、述今義者。

《邑》主釋雖是正，未明名一依意，所以今助釋云：依者，境也，猶云依處，一根所取境名一依。下論曰：聲、觸、色、味、香各一根所取，謂唯眼一根所緣取之一境名色，此斯文意。

此初明色德竟，自下第二、三、四，明味、香、觸三德。牒文雖一文，自三段。

味、香、觸者何？

論　味云何？謂：唯舌所取，一依，名味。香云何？唯鼻所取，一依，名香。觸云何？謂：唯皮所取，一依，名觸。

釋曰：

此三德句，准上色德，自應了知。

五、數德者何？

【論】

數云何？謂：一切實和合，一、非一實等詮緣因，一體等，名數。

釋曰：

一切實和合者，勝宗九實為諸法體故，今一切實者即是九實。數德在有體法和合，無體相不可數，如龜毛等。簡如覺、樂等與唯我一實和合，亦簡如有能等，於體相及功能立，故云實、德、業和合。

和合者，諸不離攝屬義。次下和合言，皆准知。

問：既云德有二十四，業有五，何故不云此數德一切實、德、業和合耶？

答：雖於德、業分舉數，德業不離實，故德業之數是實家數德也。依九實合、不合德業有多，故但云一切實和合也。

一、非一實等者，謂一與非一之實也。下論文曰：數或依一實、或依非一實。何者依一實？謂一數也。何者依非一實？謂二體等數，即二已上數也。

釋一實言，亦作三門：一、出古釋，二、判是非，三、述今義。

初、出古釋者。

《唯識義演》有二解，一云：一實者，即一父母極微；二云：即唯一實句。

二、判是非者。

此初釋尤不是，下論文云：一數、一別體，隨所作、非所作實和合成所作、非所作。此中一數者，一實數也。所作者，子微上。非所作者，謂極微實。若但云父母極微為一實，何云一數通作、非作耶？又云一數、一別體、二微果等和合同類為因。若唯父母極微是一實，則何云一數、二微果等合耶？又若一實，但有礙極微，則何故下文云一實我耶？我非極微性故。又云覺、樂、苦等依一實，覺等是我之德，我是無礙，既覺等依無礙我實，何唯極微為一實耶？故《義演》中初釋由《燈》、《祕》一依，謬解不可依用。

第二釋，亦不須釋。

第三、述今義者。

極微若多微合礙、若無礙事物、體一是名一實；極微若一，則是一實。然自極微與他極微是非一實，多微合成一物名為一實。又云：於大長實依附一實。又云：色、味等二十一依一實，合離依二實。此中大長質礙三微果上，而云依附一實，若非二物無合離故，云依二實。故知物體一云一實，一實猶云一物體，體非一二已上，云非一實也。

詮緣因者，如前文釋；因言，正是數德體也。

一體等者，一體，謂一實數；等，謂二體已上，即非一實數也。

此明數德竟。

六、量者何？此有二文，初、總明，次、別廣釋。

初、總明者。

【論】 量云何？謂：微體、大體、短體、長體、圓體等，名量。

釋曰：

體者，相也。

何故微等五附體言立名耶？

答：古有釋言：如液性、重性等，皆置性言；如色、味等，不置性言；是皆作論者意，故此不同也。

今言：此釋不爾。檢論始末，法體實有詮緣等因，體相難知。恐為但名無實附體及性言，令知實有因，如別體、彼體、此體等，又如舊大有性、同異性等，又如重體、液體，令知、令重、令液，因是實有故，云墜墮因、流注因。又九實中，時、方二實，實言即物體故，不云時體、方體而云詮緣因。又如異句義有能等，雖說遮表覺因及合離因等，體性易知，故不言體及性也。餘准例知。

此下二廣釋量德者，文段有五。

初、微體者。

【論】 微體者，謂：以二微果為和合因緣，二體所生，一實，微詮緣因，是名微[6]體。

釋曰：

《成唯識疏》曰：微體者，唯二微果上有如薩婆多，輕不可稱；若可稱者，唯重相形，非是輕也；此微性亦爾，唯最極名微。

問：極微既名微，何故二微果名微體耶？短體為問亦爾。

答：邑師設二釋：一云：本父母微圓量所攝，就所生中此最極也；二云：約根所得境，是最微故。

今詳曰：二釋中，以初釋為准此論，後釋違此論。若准《三十論》所明勝宗義，第二為正，如下具辨：

二微果者，二微謂父母二微也；果者，父母二微所生之果，即子微也；二微之果，依主得名。

為和合因緣者，謂父母二微合生子微，此子微以父母為親和合之所依託。

二體所生等者，父母二體所生子微以父母二為所依託，能依一實，不離涉入令詮緣微因，名為微體。

問：勝論所立父母二微生子微果，子微生孫微，孫微生孫孫微，其相如何？

答：明此相自作二門，初、出古釋，次、判是非。

初、出古釋者，古有二釋：

初、由《基疏》及《光記》意曰：地、水、火、風是極微性，若劫壞時，不滅散在處處，體無生滅說為常住，有眾多法體非是一；後成劫時，兩兩極微合生子微，子微之量等於父母，體唯是一，從他生故無常。如是散極微皆兩兩合生一子微，子微並本合有三微。

如是三三合生等七子，其第七量等六根本微量。如是七七合生第十五子，其第十五量等十四本生父母微量。如是展轉成三千界，其三千界既從父母二法所生，其量全等於父母量，故三千界為根等境，體唯是一。此宗意說。地、水、火、風體性難見，以極微、子微等之標相，知有地等，故雖云生子微等非別生地等，但是標德亦是實有。今不拘標德，論其體性，但地等難見實。故體唯父母二法地等，故云父母二法所生量等父母。極微標德在難見地等，常住實有，故云等父母。若世間現見柱等麁物非見地等，我、意合起暗決斷智所緣。如次下明。

二、《周記》意云：子微量等二微許大，不可與共一父一母許大，若同父微等不可成大也。我朝班鳩孝仁由是，近來由是作十六微成孫微之說。

第二、判是非者。

初所出《基疏》、《光記》意，勝宗實義。次出《周記》意，違印度說勝宗。《成唯識》中，破勝宗計，以等一因微計為根本計，以等二因微計為轉救計，云何以轉救為本計？故《周記》釋，甚不是也。上所明《基疏》等意，是勝宗極微集成麁色相。

此明微體已。

二、大體者何？

【論】

大[7]體者，謂：因多體、大[8]體積集差別所生，三微果等和合，一實，大詮緣因，是名大體。

釋曰：

因多體者，因，謂依也。

大詮緣因，在孫微上多積集處，故云因多體、大體。

積集者，以彼合十五極微與此合十五極微，一處聚集合成大體，故云積集。

差別所生者，孫微上多物集有大與長詮緣因，別集形為別。今非詮緣長，因長形積集。但大詮緣因，以大形積集為別，故云差別所生。

三微果等者，三微，謂子微也；果者，子微生果即孫微也；等者，等孫孫微及他處合十五極微。

一實者，猶云一物，新譯翻實，舊人翻物，是多合一實也。

詮緣因者，是正大體德，准前可釋。

三、短體者何？

論 短體者，謂：以二微果為和合因緣，二體所生，一實，短詮緣因，是名短體。

釋曰：

准前微體可釋。

問：微與短、長與大，如何為別？俱依二微、三微果故。

答：亦作三門，初、出古釋，二、判是非，三、述今義。

初、出古釋，古有三釋：

一、《周記》、《邑記》共曰：體雖無別，形待為異。

二、《周記》中有釋云：微、大據臥，長、短約立。詳曰：何故立中不許微大、臥中不得有短長？論既無說，固難依也。

三、《義演》及光法師云：意言，彼外道計長等五，但此極微根本有長等性，不由橫竪別等，方有此相。

二、判是非者。

三、敘今義者。

三釋共非勝宗意。

此宗意說，有極微聚集別及詮緣因異，微、短、大、長各別，是勝宗義。

問：不越因量，相涉入義，為勝宗實義，則云何為大與長積集差別耶？大、長詮緣因，別何時所用？

答：勝宗意，父母合生子微乃至大地，論其法體不越因量，相涉入故，體唯是一。然大、長詮緣因，別我、根、意、境四和合，現量起暗決智生三微果上，緣大與長別相。隨其差別，大、長詮緣因，起其量相為境生大及長智相，是為差別。自大見微，則微體詮緣因，為別四和合生現為相，念等合比量所相自起，自長見短亦爾。由此義自應知，大與微、長與短詮緣因，別我、意合起智時所用。既云詮緣，有緣則必有詮。詮緣起時，無實有因，雖我、意合，無應起理。此宗意以過未實有為宗故也。

四、長體者何？

【論】長體者，謂：因多體、長體積集差別所生，三微果等和合，一實，長詮緣因，是名長體。

釋曰：

准大體知。

此下五明圓體，文亦二，初、略標，次、別釋。

初、文何？

【論】圓體者，有二種：一極微，二極大。

釋曰：

何名圓體？謂：准下文，父母二微及空、時、方、我，無細分，故云圓。

此下二別釋文亦二，初、釋極微，二、釋極大。

初、極微者何？

【論】極微者，謂：極微所有和合，一實，極微詮緣因，是名極微。

釋曰：

極微，謂不和合父母真實極微上有，所有和合一實者所有，謂極微。是德句故，必為實所有，故云極微所有。極微即所有，持業釋也。所有是極微，則能有是誰？謂地、水、火、風實。今顯於極微德和合，地等四實能令詮緣極微之因，正是常住圓德極微，云所有和合等也。

次、極大者何？

【論】極大者，謂：空、時、方、我實和合一實，極大詮緣因，亦名遍行等，是名極大。

釋曰：

空、時、方、我四實，遍周圓法、無彼此體、無質礙、無動作，故云與極大德合。和合一實者，四中隨一，其一實與極大和合時，極大詮緣，由此實有德故。詮緣因言，正是極大。

遍行等者，遍，謂周圓；行，謂無處不行；等者，等周圓、遍滿等名。

七、別體者何？

【論】別體云何？謂：一切實和合，一、非一實，別詮緣因，一別體等，是名別體。

釋曰：

於一切有實體者，令詮緣一二三等別之因，名為別體。

問：前所明數，亦云一切實和合，一、非一實詮緣因，與是云何有別？

答：邑法師言：前言一實即是一數，非一實者謂二數等，今此說一與非一別詮緣因，故名別體。

又問：異句義令差別實與德業，亦令差別九實，與是云何有別？

答：邑法師釋：異句義取一、非一實等異，別體取詮緣因，故是不同。

今詳：此釋不是，若爾，何別？謂異句但轉九實，令生遮表覺因，是名異句。下云：遮彼覺因，表此覺因。今此別體，非遮表覺，但能令別詮緣因。故有數必有別體，以數數一二三等時一、與二、與三等，不渾令詮緣一、非一別，是名別體。

八、明合德，亦有二文，一、總釋，二、別釋。

初、文云何？

【論】合云何？謂：二不至至時，名合。

釋曰：

此文簡和合句。今此合但實句有故，但在合二物初合時，和合不爾，不離攝屬故，通在實、德等。

次別釋亦二，初、略標，次、廣釋。

初、文云何？

【論】此有三種，一、隨一業生，二、俱業生，三、合生。

釋曰：如文可知？次下廣釋文三，初、一業生，二、俱業生，三、合生。

初、一業生何？

【論】隨一業生者，謂：從有動作、無動作而生。

釋曰：業，謂動作。

隨一者，二物合中一有動作、一無動作而合，云隨業生，謂如手擊鼓時合。

二、俱業生何？

【論】俱業生者，謂：從二種有動作生。

釋曰：

如拍手等，兩手皆有動作而合故，云俱業生。

三、合生何？

【論】合生者，謂：無動作，多實生時，與空等合。

釋曰：

合生者，從合生之合。

無動作等者，如芽等生，無有動作，與空、時、方、我合。

多實生時者，地等極微和合成麁物生在時。

空等者，等，時、方、我。

九、明離有二文，初略，次廣。

其初文何？

【論】離云何？謂：從二至不至，名離。

釋曰：

如文可知。

次、廣釋亦二，初標，次釋。

初標文何？

論　此有三種：一、隨一業生，二、俱業生，三、離生。

釋曰：

如文可知。

次、廣釋亦二，初、以業生離例合，二、離生。

初、文何？

論　此中，隨一業生及俱業生，如前合說。

釋曰：

手皷拍手合之離，此云一業生等離，准前可知。

次、離生何？

論 離生者，謂：已造果實，由餘因離，待果實壞，與空等離。

釋曰：

已造果實者，謂已和合多體、極微所成一物，如生長樹木等。由餘因離等者，當壞散時，及他緣來已生在多集物，離散時必有與空、時、方、我離。由此離所生離，云離生離。

由《成唯識疏》意，如樹等被斬伐時，與空等離，於中生一離相，名離生離。

十、彼體者何？

論 彼體云[9]何？謂：屬一時等，遠覺所待，一實所生，彼詮緣因，是名彼體。

釋曰：

彼，謂我、意合，起能取了相，遠取名為彼體。

屬一時等者，謂此物一、彼物二等屬數，此時、彼時屬時，此方、彼方屬方等。

一實所生者，此一實言有二意：

一云：唯有礙實有彼此體德故，如時方等雖無彼此體，極大、周圓，法必與有礙實合，能合有質礙實有，彼此體故，云此時、此方等，故此一實言但有礙實。

二云：此一實言，通有無礙，如云此時、彼時，云何有能合實？故屬時唯無礙實。

雖有二釋，初釋為是。既說時方無彼此體，非約能合，云何有彼此體？故後釋非。

彼詮緣因者，正是彼體德。

遠覺所待者，但釋彼言，非釋彼體德。遠覺者，我、意合遠起智了相。

十一、此體者何？

【論】此體云何？謂：屬一時等，近覺所待，一實所生，此詮緣因，是名此體。

釋曰：

准彼體知，但遠近別。

十二、明覺德有二文，初標，次釋。

其初文何？

【論】覺云何？謂：悟一切境，此有二種：一、現量，二、比量。

釋曰：

如文可知。

次別釋，此下二文。初、現量，次、比量。

初、現量何？

論 現量者，於至實色等、根等和合時，有了相生，是名現量。

釋曰：

《成唯識疏》曰：此宗意說，眼根舒光至於色境，方始取之；如燈照物，聲、香、味、觸四境來至於根，方始取之；故遠見打鐘久，方聞聲聲來入耳，方可聞也。

由此意釋，此文有二意：

一、至實色等和合，二、至實根等和合。

實言，通兩處，色等實家有，故云實色等；實之色等，依主得名。

等言，等取種種色，唯眼根取離中知者；又根等即實，持業釋也。等者，等取耳、鼻、舌、皮四根合中知者，和合者但四與三非二。若爾，此現量德不攝二合耶？謂二在四、三中，故相攝說。

了相者，能緣取勢。

二、釋比量，此中亦二，初、總標，次、別釋。

初標者何？

論 比量者，此有二種：一、見同故比，二、不見同故比。

釋曰：

如文可知。

二、別釋者，此下有二文，初、見同比，二、不見同比。

初、見同比者何？

【論】見同故比者，謂：見相故，待相所相相屬念故，我、意合故，於不見所相境有智生，是名見同故比。

釋曰：

見不違法，比知於宗果，如見烟知有火，此云見同故比。

見相故者，見烟相也。

待相所相者，待已見烟相，云待相，既云見相故，故相者是已見也；待未見火相，云待所相，既云不見所相境故。

相屬念等者，待已見烟、未見火相屬念因，推求尋念，與我、意合，正起比智。於不見所相火得知火，是名見同故比。

次、不見同比者。

【論】不見同故比者，謂：見因果相屬、一義和合、相違故，待彼相屬念故，[10]於彼畢竟不現見境所有智生，是名不見同故比。

釋曰：

見相違法，而比宗果，如見雹時比禾稼損，現見禾稼損比已有風雹，是云不見同故比。

因果相屬者，現見雹是因，能緣現智是果，因與果同現見，故云相屬。

一義和合者，一義，謂一境也，唯於現見雹一境與現量智合，故云和合。

能雖現量見境智相屬於一境，緣智能合境，其境違自比度，故云相違故。

待與比度相違境合起比智時，我、意合故，云待彼相屬念，故我、意合。

不現見境者，彼比度禾稼損之境也。

所有智者，比量智也。

已上釋覺德竟。

十三、樂者何？

論

樂云何？謂：一實我德，適悦自性，名樂。

釋曰：

樂、苦二，非餘實德，唯我實德，故云一實我德。

問：次所言欲、瞋、勤勇，與此樂、苦同是我德，次云我和合，今云我德，此有何別耶？

答：欲、瞋等我和合智，及餘物必有損色等、希色等，及待此二生策勵故，云我和合。樂、苦不爾，無與餘合，我體全遍，適悅逼惱。勝宗意說，我實與法和合，可愛果顯我體全周適悅，其我標相，名為樂德。我與非法合，不可愛果顯，我體全分逼惱，其我標相，名為苦德。故云我德顯此等義。

又自性言，亦彰如是義，簡與餘合，適悅逼惱。若爾，樂、苦適逼與餘物合，適逼何異？

答：此亦雖樂、苦枝末，標相其相易了。我體適逼愛、非愛果，遍周相故，樂、苦根本其相難了，故云自性，彰根本義及難顯相。

十四、苦者何？

論　苦云何？謂：一實我德，逼惱自性，名苦。

釋曰：

前文釋已。

十五、欲者何？

【論】欲云何？謂：一實我和合，希求色等，名欲。

釋曰：

我一實與欲德和合，希求聲、觸、色、味、香境也。和合如前。

十六、瞋者何？

【論】瞋云何？謂：一實我和合，損害色等，名瞋。

釋曰：

我一實與瞋和合，損害自他聲、觸、色、味、香境也。

十七、勤勇者何？

【論】勤勇云何？謂：一實我和合，待欲、瞋、我、意合，所生策勵，是名勤勇。

釋曰：

一實我等者，彰唯我實和合德。

待欲、瞋者，待欲色等或損害色等，我、意合起智策勵，故非待欲瞋境不能勤勇。

問：一實我和合，與我、意合，有何別耶？

答：一實我和合者，標是我德非餘；我、意合者，敘我生勤勇相，謂勤勇待欲、瞋、我、意合起，智必先生策勵，故云我、意合生。簡樂苦二，不拘起智、不起智，我必以此二彰。

十八、重體者何？

論 重體[11]云何？謂：地、水實和合一實，墜墮之因，是名重體。

釋曰：

地水實和合者，標重體，但在地實與水實和合德。墜墮之因者，於地、水實重德和合一實物相必皆墜墮，其能令墜墮因名為重體。

十九、液體者何？

論 液體云何？謂：地、水、火實和合一實，流注之因，是名液體。

釋曰：

地、水、火、實和合者，標液體在地、水、火三實和合，非云三和合，三之中有隨一與液德合則必流注，其能令流注因，是名液體。

二十、潤者何？

【論】 潤云何？謂：水實和合一實，地等攝因，名潤。

釋曰：

潤但在水實和合，其與潤合一物必攝地等。

攝，謂攝持。

等言，等一切有觸，其能令攝持，此是潤德。

一本作潤體，取捨任意。

二十一、明行德，此有二，初、總標，次、別釋。

初文如何？

【論】 行云何？此有二種，一念因、二作因。

釋曰：

如文可知，行謂行動，念為依生行，作業為依生行，因謂所依。

此下別釋二文，初、念因，二、作因。

其初文何？

論 念因者，謂：我和合一[12]實，現、比智行所生，數習差別，是名念因。

釋曰：

念為所依動作故，云念因。

我和合一實者，標此念因行必與我實和合德。

問：上樂、苦等云一實我，今云我和合一實，此違如何？

答：上樂、苦等云一實我，與今云我和合意全同標我和合德。一實言，在上意及下現、比智行，此境第七能差別聲，現、比智行，於我和合一實處起，故有此言。

現、比智行等者，現、比二智，必我、意合所生。若約意言，能緣慮有動作，名為意業；若約我言，是念因行，此行為狀，數習為相，是智動作。智由是起，故云智種子也。雖我、意合，緣二因行，我非現境，非云現智，無念因行，如現量猶豫智等。下論云：念因行，待現、比智行，我、意合為因。應知待現、比智行，我、意合處有數習相，是名念因。

次、作因何？

論 作因者，謂：擲、擲等生業所生，依附一實，有質礙實所有勢用，是名作因，行謂勢用。

釋曰：

　　穳者，攢鎗。

　　擲者，投石等。

　　此業所生之勢用，穳、擲作業為因生，行動時必有勢用，故名作因行，亦名勢用。

　　又此行在有質礙實，故名勢用。

　　又箇濫念因，故名勢用。

　　二十二、明法德，此有二，初標，次釋。

　　初文何？

論 法云何？此有二種：一、能轉，二、能還。

釋曰：

　　如文可知。

　　光法師言：勝論異計法、非法，德句義攝，於人有益名法，於人無益名非法，由此二力能生諸法，能滅諸法。云云

　　今謂：於人等者異熟利益、不利益，法、非法我合為不和合因緣，故於人有益名法，無益名非法。

言能生、能滅者，勝宗意，我、意合起有分別智時，一切諸法造果顯現，若我起無分別智、離十句諸法歸般涅槃，故云由此二力能生、能滅。

此下別釋二文：初、能轉，二、能還。

其初文何？

【論】

能轉者，謂：可愛身等樂因，我和合一實，與果相違，是名能轉。

釋曰：

謂令轉生死劣身、得可愛生死勝身樂果之因，故名能轉法。

此能轉法與我實和合，則轉生死劣身，苦合我實；令得生死勝身，樂合我實；雖然因有能轉法與我合相，果唯有我合樂德相，故云與果相違。

問：我合能轉法相如何？

答：《中觀論》說，求那諦中，日三洗再供養等和合生神分善法。云云

隋吉藏法師釋曰：苦、樂、愚、智是求那諦體，若能日三洗再供養火即是智性，若不作者便是愚性，所以於求那諦中明修行也。外道謂恒河是吉河，入水洗者便得罪滅，彼見上古聖人入中洗浴便成聖道，故就朝暝及日中三時洗也。再供養火者，三洗明滅罪。再供養火為欲生福，外道謂火是天口，故就朝暝二時再供養火也。合生神分善法者，明崇向三洗以除罪。再供養火以生福滅罪，福生與神和合，神是常不可生，但神為主，善依神生，

故言生神分善。然神具生善惡，今但明善故稱為分。云云

如是修行是即求那中善，今所言能轉法修行智起，我與能轉和合。

次能還者何？

論　能還者，謂：離染緣，正智喜因，我和合一實，與果相違，是名能還。

釋曰：

謂令離顛倒歸正智法，故云能還法。

離染緣者，離暗決斷顛倒妄緣，即是離十句所知也。

正智喜因者，下文說無顛倒智名為正智，此能還法令離巔倒得無分別智順益心之因，故云正智喜因；順益身名樂，順益心名為喜。

因我一實與能還法和合，則果我、意合起智無分別，離諸法染證得涅槃，故云與果相違。

問：我合能還法相如何？

答：《慈恩傳．四》曰：大唐遍覺三藏在於西天，對順世外道述勝論宗義曰：勝論師立六句義，此六是我所須具，未解脫已來受用此六，若得解脫與六相離，稱為涅槃。云云

又《涅槃經》說：優樓迦，涅槃相言槃，無相為涅槃。云云

又《三十論疏》云：汝宗自言起無我見能證涅槃，以是淨故。云云

又言：優婁迦，既謂證菩提傳他般涅槃，由此等證應知正智是因，涅槃是果。今此能還法離十句智，此智正智之因，說正智喜因故，為涅槃樂果能還法及正智俱因。此因中能還法為因，有正智果故，云正智喜因。又離十句無分別智言般涅槃，故三界中欲色二界無彼涅槃，無色界中前三無色非云無分別，故非想非非想地是當彼涅槃。非想故離十句，無分別智故應云非非想，故以三界九地判，則有頂地是彼涅槃。

問：於一法德分轉與還，何故於非法亦不分二耶？

答：法是微細難了故，分為二；非法麁易知故，不分二。故離十句，智我所有德，此名能還法。

二十三、明非法者何？

論

非法云何？謂：不可愛身等苦邪智因，我和合一實，與果相違，是名非法。

釋曰：

不可愛身者，獸畜身不可愛樂故。

等者，等無邊獸畜。

苦者，不可愛身即苦果。

邪智者，暗決斷智。

然因雖我與非法和合相，果我體逼惱不可愛相及我起顛倒智，故云與果相違也。

問：何等非法相？

答：舊人言：若不作者，便是愚性，不作者不作修行。修行者，我與法德和合是名修行。翻前法德相是非法相也。

二十四、聲者何？

論

聲云何？謂：唯[13]耳所取，一依，名聲。

釋曰：

准前應釋。

上來第二大段廣釋德句體性竟。

自下大文第三、明業句體性，此中有二：初、略標，二、別釋。

初、略標者何？

論

業句義云何？謂五種業，名業句義，何者為五？一、取業，二、捨業，三、屈業，四、伸業，五、行業。

釋曰：

業是作用，動作義也，但在有質礙實。下文曰：業句是不積集實之標幟，無質礙、無德、無細分。

此下二別釋，文有五。

初、取業者何？

【論】取業云何？謂：上下方分、虛空等處，極微等合離因，依一實，名取業。

釋曰：上下方分等者，非有上下方分虛空，則無可合離理，虛空雖極大，約能合立上下等方分。方分者，方角分量。等言，彰隨能合虛空非一。

極微等者，等子微上。

合離因者，先合後離之因，此為取。今詳取捨業非但約手立，凡一切物約有際處、合離及離合處，立取捨業。先物與彼空等相合，由有取業，為因後物與空等離，此云合離。因言，正是取業體也，後准知焉。

依一實者，箇非一實，但依附一實物立名取業。

二、捨業者何？

【論】捨業云何？謂：上下方分、虛空等處，極微等離合因，依一實，名捨業。

釋曰：

文准取業，相翻可知。

離合因者，先離後合之因。

三、屈業者何？

論 屈業云何？謂：於大長實依附一實[14]，近處有合，遠近處離合因，是名屈業。

釋曰：

此業三微果上有故，云於大長實依附一實者，彰非依附多物有此業。

近處有合者，譬如屈竹木，其根必近有合；若遠處離，若近處離合，根近有合處，是名屈業。

遠處離、近處合，約長體實；近處離、近處合，約大體實。

四、伸業者何？

論 伸業云何？謂：於大長實依附一實，近處有離[15]，遠近處合離因，是名伸業。

釋曰：

伸業翻屈，自應知。

五、行業者何？

論 行業云何？謂：一切質礙實和合，依一實，合離因，名行業。

釋曰：

行業者，行動業也，非云行步。

一切質礙者，若有命、若無命、若內、若外，一切質礙皆有行動，故云一切質礙等。

依一實者，如上已釋。

合離因者，問：前取業云合離因，與今所言如何為別？

答：釋是分為三門，一、出古釋，二、判是非，三、述今義。

初、出古釋者：

《了義燈》曰：取據上下，行約在地。

又《義蘊》曰：取業在手，行業在足，取在極微等，行就有質礙。

二、判是非者：

《燈》所釋最有道理，然文簡難了。

《義蘊》釋為疎謬，取業非但在手，如前已釋，行業非足步行，足行在取捨業，舉足是取，下足是捨；若行業約足，則行業但合離因，云何但以舉足云行耶？又云行業就質礙，若爾，取業在極微應云無礙耶？故妄釋不可須。

三、述今義者：

行謂行動，非足行；在內質礙行動，如身動搖；在外質礙行動，如大地震動等。若爾，凡物行動時亦有先離後合義，云何但云合離因不言離合因耶？

答：凡物行動物合，云不動搖；其合物今初離，云物行動；若先離後合，屈捨二業，故但云合離因，不云離合因也。

上來大文第三釋業句義竟。

安永改元辰年十二月，以大同房上人自筆本書寫功訖，至難解文義，頗受指麾校正已。

南都興福寺竹林院相宗學道沙門盛範

《勝宗十句義論釋》卷上尾

刻料助銀

施銀貳兩　下總葛飾郡西平井村　某等

施銀四兩　善行院法清日顯信士　同村藤原清石右衛門

施銀貳兩　武州　葛西　小合村　某等

施銀八兩　同　足立郡北三谷村　某等

施銀壹兩　秋岸皋阿信士　同村長谷川八郎兵衛

施銀壹兩　一家聖靈　同村同姓五左衛門

施銀三兩三錢目　普賢寺村　某等

施銀壹兩　辰沼新田　某等

施銀壹兩　大谷田村　某等

施銀貳兩　蒲原村　某等

施銀壹兩貳錢目　某等

《勝宗十句義論釋》卷下

南京三大寺留學傳法相宗沙門　基辨　撰

自下廣釋體性中大文第四、釋同句者何？

論　同句義云何？謂：有性。何者為有性？謂：與一切實、德、業句義和合，一切根所取，於實、德、業有詮智因，是謂有性。

釋曰：

初八字寄問標起彰體性，次五字徵問。次、謂與一切下，正釋。

謂有性者，此句義舊大有性，前實、德、業雖實有法不能自有，由別有一大有有之，是勝宗意。

問：舊云大有，何故今名為同耶？

答：實、德、業雖各各別，但詮緣有，此同一相；地水等有至取捨等亦有，諸法同有，故名云同，體即有性。《俱舍》等說：總同句義於一切，總同言智，由此發故。

問：《基疏》中云：大有和合一物，和合亦是一物，何故亦不名同耶？

答：和合雖性是一，和合相成各別，故不云同；別箇云性是一，大有不爾，性相是一，故今名同。

一切實、德、業和合者，謂彰大有能令有實、德、業三，若大有不和合實、德、業三，成不會無，故云實、德、業三和合也。

一切根所取者，此有性各一根及眼觸所取，故云一切根。謂：此有性在色，眼取而詮智有，乃至在餘餘根取詮智有，故云一切根所取也。

問：三微果上，實、德、業有應云根取，極微、子微實、德、業非現境，此大有性云何應云根取耶？

答：極微、子微實德及有性，雖非現境根取為門，我、意合取；又時、方、我實及德此有性，亦雖非根取，根取為門，我、意合取，故總云有性是一切根所取。

問：云根取為門，其證如何？

答：下論文說，現量云樂、苦、欲、瞋、勤勇之有性，是我、意二和合；而其樂、苦二，雖我、意合，現非根取，說云待法、非法，四、三、二和合為因，亦其欲、瞋、勤勇說待色等；既云四、三合亦云待色等，明知根取為門，我、意取之。又比智取非現境，必待現智取現境起，故云見相故，待相所相我、意合，應知根取為門，我、意合取。

詮智因者，正是有性體也。

如上已明，此即明同句已。

次大文第五、釋異句者何？

論 異句義云何？謂：常於實轉，依一實，是遮彼覺因及表此覺因，名異句義。

釋曰：

常於實轉者，謂體是常，唯實上有名常實轉。

依一實者，此有二異：一、總實異，二、別實異。

初取九實互望，地異水等，異名總實異，不論極微、非極微別故，云總。

次九實一一有極微、非極微，能合種種細分故，云別實異。

如是二種異句，非由二實在，由總與別有一實體物，立此句義，故云依一實。

遮彼覺因等者，謂遮水等覺、表地覺，遮地等覺、表水等覺，又遮非極微覺、表極微覺。因言，正是異句義體。

問：《基疏》中釋：是遮德等因，是表實句因，但於實轉，異實之物，實由有是異於德等，故名為異。此是實與德相望立遮表因，何故云但於實轉耶？

答：德是實家德故，九實一一互望有異，亦即遮一一所有德，實有細分，德亦有細分，遮實細分則遮德細分，故《基疏》中雖實德相望意彰但於實轉。下論文言：空、方、時轉，空等想因，由是應知，遮表覺亦互望，九實為釋，此論實義。

此釋異句已。

次大文第六、釋和合句者何？

論 和合句義云何？謂：令實等不離相屬，此詮智因，又性是一，名和合句義。

釋曰：

不離相屬者，正明和合句相箇合德合。

此詮智因者，此謂實、德、業不離屬，能令詮智，不離屬因，正是和合句體。

又性是一者，明和合句體是一物。

如上已釋，此即釋和合句已。

次大文第七、有能句者何？

論 有能句義云何？謂：實、德、業和合，共或非一，造各自果，決定所須，如是名為有能句義。

釋曰：

謂實等者，標此句義在實等三。

共者，共一義，實、德等合共一同處，造各自果。

非一者，非共一實等，不合、不共一一。

造各自果，若無有能，別別造各自果，應不能造果，故云決定所須。

此釋有能句已。

次大文第八、無能句者何？

論 無能句義云何？謂：實、德、業和合，共或非一，不造餘果，決定所須，如是名為無能句義。

釋曰：

此句義與實、德、業三和合，或時共一，或時各別，不造餘果，決定所須；若無此句，則一法應能造一切果，由是造自、不造餘果。

此釋無能已。

次大文第九、明俱分句，文段有二：初、略標總別俱分，二、廣釋總俱分例別。

初文何？

論 俱分句義云何？謂：實性、德性、業性，及彼一義和合地性、色性、取性等，如是名為俱分句義。

釋曰：

舊同異性，今名俱分，亦同名俱，亦異名分。

謂實性等者，標總俱分，即實、德、業三種體性。有此句故，能令九實，故此實性。

若此句不合，九不可實，故名實性。此性合故，實者共是實非德等。德性、業性自應准知。

及彼一義和合等者，標別俱分，彼者謂實、德、業。

一義者，實、德、業中一地、一色、一取，是別俱分和合，云一義和合。

義者，境差別義。

地性、色性等者，舉別俱分。初等餘有地性故，能地令地等，准前應知。

此略標已。

次、廣釋者何？

論

實性者，謂：一切實和合，於一切實，實詮緣因，於德、業不轉，眼觸所取，是名實性。德性者，謂：一切德和合，於一切德，德詮緣因，於實、業不轉，一切根所取，是名德性。業性者，謂：一切業和合，於一切業，業詮緣因，於實、德不轉，眼觸所取，是名業性。地性等亦如是。

釋曰：

此廣釋總俱分，例別俱分。

一切實和合者，此實俱分實之性故，但與一切實和合，與德、業不和合也。

於一切實等者，釋俱之字。

一切實者，共同是實，非德及業，此是俱分於實句轉，實詮緣故。

因言，體，如前釋。

於德、業不轉者，釋分之字，謂九實是實性合故，與德、業異，是為分義。

眼觸所取者，今欲釋是分為三門：一、出古義，二、判是非，三、述今義。

初、出古義者，古有二釋：

一云：眼根及皮根，如舌根稱味根故，皮名觸，此說由《俱舍》第十二云：彼宗中自許地等眼身所取。

二云：觸字是等字誤，此說以《成唯識疏》為據，云：地等、色等別俱分，一切根所取，故眼觸者是眼等，即一切根所取。

近來有人助朋後說云：觸者，耳、鼻、舌、皮四根總名。《法苑義鏡》明彼末計云：觸塵是通，遍緣諸大，餘塵即局。云云

有人由是助成後義。

二、判是非者：

第一說，雖理通皮根名觸，所由未得解盡，《俱舍》所說，總說非委細釋，難以為證。

第二說，麁謬失勝宗實義，不可須說。以《基疏》釋雖為誠證，非證；云一切根所取，合釋地等、色等，故云一切根；若別釋，應如此論說，故非觸為等證。

又近來助解引《義鏡》，彼約遍緣云通，有人以為通名，其理難了。

又以眼觸取為眼等，取此論處處一切根取外，何立眼觸取名耶？故初後二說俱不成。

第三、述今義者。

眼觸者，箇各一根取。下文對各一根取，云眼觸取，故大抵眼觸之言以二意說：一云：眼之觸，依主釋也；二云：眼與觸別，所取同時，取是相違釋。

光法師云：勝論宗中一說地、水、火、風，眼根俱取四；一說眼根但取地、水、火三，身根能取四種，所以者何？以身能觸冷、煖等風，故身非眼。云云

今謂光法師敘此二說，應知三藏相傳說，第一說當依主釋義，第二說即相違釋也。

詳彼宗義，眼觸謂於火實，即眼根彰自觸德，我、意合所緣取，即眼之觸，依主釋也。若唯眼取各一根所取攝，唯取色德，今云眼觸非唯火實，眼根取色德、火實，眼根彰自觸德緣取，則取色同處。數、量、別體、合離、彼體、此體、重體、勢用及實性、色性，謂彰觸德緣者，猶如云慇重緣。又眼根彰觸德緣取，則或有餘三根亦同取，同一具觸德故，若爾，何故但云眼觸、不云餘根觸耶？謂眼彰觸以為初故，眼觸為因，餘觸自彰，故云眼觸，不云餘觸。空耳根亦雖無觸，德必由觸，實三種聲生，故聲俱數、量、別體等，亦眼觸取。故下文云：一切數、量、別體等是眼觸所取，若但云觸德，則皮根各一根取；若云觸所取，則或二三四之根，隨應合根所取，合根取中無離眼根，故云眼觸。此即第一，就依主釋義，為如是解。

又第二，辨眼與觸各別同時取，相違釋義，則如暗夜雖無眼觸慇重緣，但眼根見暗色及餘色，不見實色，故其同時以皮根觸慇重緣取數、量、別體等。此是雖眼觸與皮觸緣取

有別，以眼根取不得實色為因，起皮觸慇重緣取數、量、別體等。故今雖眼與觸相違得名，約眼觸與皮觸不相離，亦云眼觸所取也。如盲人因無眼觸皮觸慇重緣取數、量等，亦復如是。若在睡眠，眼根全無業用，所以皮觸亦無。由是應知，眼觸與皮觸雖別，同一時相違取也。

又問：暗夜，耳聞聲、鼻嗅香、舌嘗味，同時緣數、量、別體等，應言何觸所取耶？

答：暗夜，鼻嗅香、舌嘗味，同時緣數、量、別體等，是即由眼觸取暗色、不取實境，以皮根觸慇重取也。若非暗夜，則鼻嗅等時同時，以眼之觸明了緣取數、量、別體等，云何用皮根觸？以暗色障眼，取不明了，由皮觸慇重取數、量、別體等也，此即眼皮觸同時相違取，故相違得名云眼觸所取也。又如，暗夜聞鐘聲緣數、量等，若身在睡眠業、眼根無業，故耳亦無用，無聞聲，無觸取數、量等義；若眼根為睡眠業不障眼與耳，同時得聞聲，則隨應慇重緣空實所有數、量、別體等，此即眼及觸所取也。

問：何故爾耶？

答：凡聲德有觸實合離為因生，如打鐘與木合離出聲等，非因眼觸所取有，觸實合離無應取空實所有數、量等因，故耳取聲、數、量、別體等，亦眼觸所取也。

因問：聲是空實，德極大量、一實數、一實別體，云何云眼觸取耶？

答：若約能合有觸實，有大小量，非一實數、別體等，凡造身初無四大、有觸實和合，則無空耳根，有觸實積聚，空隙名空耳根，故無空耳根則無聞聲，與內身中空隙同處有觸實，觸取聲故，有聞取聲。謂有觸實觸取者，聲響徹有觸內空隙，是名空耳根取聲，此空耳根取聲時，眼觸及皮觸慇重緣取數、量等，亦是眼觸取攝。此即第二，由相違釋義釋眼觸名也。

又問：若用相違釋義釋，何故不名眼皮所取耶？

答：若但云眼皮，則但相違釋義，彰依主得名，義遂不相彰，所以云眼觸而不云眼皮。今云眼觸，故顯皮取亦有皮之觸，一名兩義全備。

問：用兩釋釋一名，其據如何？

答：《二十唯識疏》意曰：眼見色時得地、水、火三，耳、鼻、舌三得聲、香、味時亦得三實，唯身得觸時得四大。云云

此中意云，眼見色得三實，亦耳、鼻、舌三由眼色取，此約眼觸說。別論唯身觸，是約皮觸之說，眼色觸與皮觸，別作論即相違釋之證也。

又約眼色觸三實共得色觸，即眼之觸，依主釋也。具舉證今所言依主釋，由光法師二說中第一說，眼觸得四大之義。第二說當今所言相違釋，即《二十論疏》意也。故釋眼觸名，必須由兩釋取義。

傍論已了，應辨正論。

今此句義中，實性、業性眼觸所取者，謂緣知別能有實令實、業令業之性，此即慇重緣取，非各一根所取，故云眼觸所取。又德性是一切根所取，言一切根取者，各一根及眼觸所取。知別有能德令德之性單緣、重緣俱所緣取，故云一切根所取也。

餘文准釋實性，文自應審知。

問：九實中，地、水、火、風、空之實性，眼觸取，自應知；時、方、我、意之實性，云何應眼觸取耶？

答：如上已明，皆是根取，為門取故慇重緣取，九實同一處所故，德性一切根取，亦應准知。

地性等亦如是者，例別俱分。

問：空、時、方、我既是一物，云何得有別俱分？

答：此四種實，體雖一物，約能合別，立別俱分。

上來釋俱分句訖。

次大文第十、明無說句，此有二文：初、略標，次、別釋。

其初文何？

論 無說句義云何？謂：五種無，名無說句義。何者為五？一、未生無，二、已滅無，三、更互無，四、不會無，五、畢竟無，是謂五無。

釋曰：

勝宗意說此無，別有能無實有。

次別釋，文有五段。

初、未生[16]無者何？

【論】未生無者，謂：實、德、業因緣不會，猶未得生，名未生無。

釋曰：

實、德、業因緣不會者，此實、德、業除常住實及其所有德，但取無常子微已上地等實，及其所有德、業句全，業在常實亦是無常，不合離、無取捨故。

因緣不會，則不得生，故下文云：未生無是無常。因緣者，因有二：一、自因，二、他因。自因者，實、德、業各各實有因。他因者，次下所說因門等是。緣者，待籍積集等是緣。此等不會，無子微上實、德、業應生理，故云因緣不會也。

二、已滅無者何？

【論】已滅無者，謂[17]：實、德、業，或因勢盡，或違緣生，雖生而壞，名已滅無。

釋曰：

謂實等者，亦除常者，常實等無滅故，准前應知。然下文云：已滅無常者，是能無體常也，滅已常無故。

或因勢盡者，如有情任持形體，緣盡命終。

或違緣生者，雖因不盡，他殺害等違緣，來令壞也。

三、更互無者何？

論 更互無者，謂：諸實等，彼此互無，名更互無。

釋曰：

謂諸實等者，取常、無常者，常微無無常義等。然下文云：唯常，此亦就能無體。

四、不會無者何？

論 不會無者，謂：有性、實等，隨於是處，無合、無和合[18]，名不會無。

釋曰：

謂有性等者，大有性與實等不和合，遂無有大有不和合處，立此無說。

五、畢竟無者何？

論 畢竟無者，謂：無因故，三時不生，畢竟不起，名畢竟無。

釋曰：

三時者，過、現、未三時，如龜毛等是無因故，一向都無。

上來解釋本文中大文第二段，廣釋十句體性竟。

自下大文第三段，諸門分別。此亦大分有二：初、十句別分別，二、總括分別。

初中有九：一、九實，二、二十四德，三、五業，四、同，五、異，六、和合，七、有能無能，八、俱分，九、無說，如是一一分別。

初、九實，分別有七：初、有無動作，二、有無德，三、有無觸，四、有無色，五、常無常，六、根非根，七、有德多少，如是一一分別。此七門九實，諸門分別，一一門中相例立門；委細數門，則有二十四門也。

初、有無動作分別者何？

論

如是九實，幾有動作、幾無動作？五有動作，謂：地、水、火、風、意；四無動作，謂：此餘實。如有動作、無動作，有質礙、無質礙，有勢用、無勢用，有彼此體、無彼此體，應知亦爾。

釋曰：

此文以九實配有無動作，例餘。

如是者，指上所列。

地、水、火、風、意者，地等四實，謂：有質礙、有勢用、有彼此體，故是有動作也；意者，彼宗意說，如二微果許大，形如芥子，故與地等同。

如有動作下，例同餘門。此例同意，謂有動作，必有形質物礙物。

有質者，必有勢用成作業。

有勢用者，必有彼此體別。
無動作等，翻此應知。
無彼此體者，彰極大相，此中時、方二實，雖有彼此，詮緣時及方體極大相，無彼此別，故云無彼此體。
《成唯識疏》中云：意是一物，約無多品類，皆是如二微果許大，非言意是無彼此體。
此有無動作分別已。
二、有無德分別者何？

論 如是九實，幾有德、幾無德？一切皆有德，無無德實。如一切皆有德，和合因緣、有實性、有異、與果不相違、有待因，亦爾。

釋曰：
皆有德者，謂九實皆有德，而其有德，九實各別，如次下明有德多少。
一實無不有德，故云無無德實。
如一切等下，舉實有德，例九實有和合等。
和合因緣者，明九實各有體故，能和合句，令所和合德等和合時，為能和所和之所依託。因緣者，如上已明。簡如德等，雖能依非所依者，下文云：德句義非和合因緣故。

有實性者，彰此九實有總別之俱分。

有異者，彰此九實有異句義。

與果不相違者，彰有各各有能句別，由有能故造各自果，不違自能，云果不違。

有待因者，彰有無能，九實各有無能句故，待自因生，自果不生他果，云有待因也。

是有無德門已。

三、有無觸門者何？

論

如是九實，幾有觸、幾無觸？四有觸，謂：地、水、火、風。五無觸，謂：餘實。如有觸、無觸，能造實，實、德、業因，共、不共，亦爾。

釋曰：

前門之中，以意實有礙攝，今有觸中不攝意實有礙，與觸云何異？

答：近來有釋，意雖有礙、有內無外觸，故攝無觸也。

今詳曰：此釋不爾。謂：意實形如二微大，所以云有質礙、無有觸義，何故爾耶？

答：無觸者，言非眼觸所取，無眼觸故，亦非各一根取，單緣、重緣俱不可得故，以意為無觸也。

問：若爾，俱分中意實性，何故云眼觸取耶？

答：知有意令意性眼觸為門，緣有觸實慇重緣取，然意實體相如二微大故，眼觸不可取，唯是非現境故，云無觸也。

問：若爾，地等四極微、子微是非現境，何云有觸耶？

答：是雖非現，與孫微上地等四現涉入同處，根取為門，非現境故，云有觸也。今此意實，體唯如二微大，不成麁故，無根取為門義，故云無觸也。

能造實者，此有觸實地、水、火、風，是能造實，此是四實，雖有常、無常、異俱，能為因生果，故云能造實也。

實、德、業因者，謂空、時、方、我、意無觸實，雖為實、德、業作因，不能生果，故以無觸實云實、德、業因。因言，此無觸實能為他因也。

共、不共者，地等四有觸實，因與果體是共也；空等五無觸實為果，唯為因不生果，因果不相共，是不共也，故云共、不共。

此有無觸門已。

四、有無色門者何？

【論】如是九實，幾有色、幾無色？三有色，謂：地、水、火。六無色，謂：餘實。如有色、無色，有可見、無可見、有對眼、無對眼，亦爾。

釋曰：

眼取一依名色，地、水、火三皆有色德，故是眼取。餘六不爾，故云無色。

如有色，下例釋，自知。

五、常無常門，文段有三：初、九實常無常門，二、地、水、火、風常無常門，三、例同餘。

初、九實常無常門者何？

論

如是九實，五常、四分別。

釋曰：

五常，謂：空、時、方、我、意之五。

四分別者，地、水、火、風之四，有常及無常故。次文更分別。

次、地等四分別者何？

論

謂此四中，非所造者，常；所造者，無常。

釋曰：

非所造者，極微地等四是常，唯能造、非所造。

所造者，謂子微上地等四皆無常，時至離散，二微所造故。

三、例同餘者何？

論　如常、無常，無實、有實，無細分、有細分，因不相違、非因不相違，非邊有異、邊有異，圓、不圓，亦爾。

釋曰：

以常、無常，例同餘門。

謂地等四極微者，空、時、方、我、意此五常者，即是無實。子微上無常者，名為有實。無實者，體性常故，無別實為因也。有實者，合有二極微、子微實，與三微果上有多微者，今云有實。

無細分者，謂父母地等、空時等五，是常住圓德故，云無細分。意實雖非圓德，亦無觸故，為無細分。子微上地等四可分故，名有分，即有細分。

因不相違者，謂父母微是能造實故，名為因；雖為因，與果不違，不越因量故，涉入同處故，因是地、果亦地，空、時等五雖不生果，但為他因，不障生果故，亦是因不相違也。

非因不相違，謂子微上地等四，非根本能造，故名云非因。非因者，果之稱，雖然與父母因不相違故，能造因地，所生果亦是地等。

非邊有異者，謂父母二微，地等四實，及空等五，有圓體，德遍一切處，故云非邊，雖非邊際，九實有異。

邊有異者，謂子微上地等四實，是有邊際，地等相異。

圓、不圓者，極微四實及空等五，圓體德故，名圓；子微上不爾故，云不圓。

此即常無常已。

六、根非根門，此有二文：初、正分別，二、別釋根。

其初文何？

論

如是九實，五根、四非根。

釋曰：

根者，謂我、意合起現量智，至諸現境了相生時，必合為增上所依託，故云根，即地、水、火、風、空五是，且如次鼻、舌、眼、皮、耳；餘四不爾，故云非根。

問：下明現量四和合云我、根、意、境，若爾，意及境亦與我合，此亦應增上所依託，何不云根耶？

答：意是我所須具，故雖我起現智時，必合無觸，為不和合因緣有別用故，不名云根，而云我所須具，如前所釋。

境者，色等境有現、非現別故，簡別云境合。根取現境，必我、意合起現量智；比量智，必念等相屬而我、意合待相違智。明知云我、根、意、境就現智境故，根不增上則不取現境。不爾，則現智亦為不起，故云四和合。

至下廣辨，意與境，非根也。

次、別釋根者何？

論 何者為五？謂：地、水、火、風、空是根。如是五根：鼻根即地，味根即水，眼根即火，皮根即風，耳根即空。

釋曰：

何故以五實為五根耶？

答：此彼所立，如上具辨。舊人釋曰：釋五大成五根不同，一云：遍造，是優樓迦義；二云：偏造，是迦毗羅義。

遍造者，五大成眼根，火大偏多，色是火家求那，眼還見色；五大成耳根，空大偏多，聲是空家求那故，耳還聞聲；五大成鼻根，地大偏多，香是地家求那故，鼻還聞香；五大成舌根，水大偏多，味是水家求那故，舌還知味；五大成身根，風大偏多，觸是風家求那故，身還覺觸。

次偏造者，如《金七十》等辨。文

今謂：此文云鼻根即地等，約偏多義。此論宗說，五大不合，無造身義，無造身不名根義，此遍造義。

七、有德多少門，文段有八。

初、地有德多少門者何？

論 如是九實，地由幾德，說為有德？謂：由十四。何者十四？一色、二味、三香、四觸、五數、六量、七別體、八合、九離、十彼體、十一此體、十二重體、十三液體、十四行。

釋曰：

此中數、別體者，一、非一實俱有。

量，謂：微、大、短、長體，圓體一分，不有極大。

合、離，謂：三種合離俱有。

行，謂：勢用。

次、水火風，亦同釋焉。

二、水實有德多少門者何？

論 水由幾德，說名有德？謂：由十四。何者十四？一色、二味、三觸、四數、五量、六別體、七合、八離、九彼體、十此體、十一重體、十二液體、十三潤、十四行。

釋曰：

文易知准地解。

三、火德多少何？

【論】火由幾德，說名有德？謂：由十一。何者十一？一色、二觸、三數、四量、五別體、六合、七離、八彼體、九此體、十液體、十一行。

釋曰：

准上自解。

四、風德多少何？

【論】風由幾德，說名有德？謂：由九。何者九？一觸、二數、三量、四別體、五合、六離、七彼體、八此體、九行。[19]

釋曰：

准前自知。

五、空德多少何？

【論】空由幾德、說名有德？謂：由六。何者六？一聲、二數、三量、四別體、五合、六離。[20]

釋曰：

此中數、別體，唯一實有，若約能合，非一實亦有。量，謂：唯極大。合、離，謂：唯合生、離生。次、時方我，亦同釋焉。

六、時方德多少何？

【論】 時由幾德，說名有德？謂：由五。何者五？一數、二量、三別體、四合、五離，如時，方亦爾。

釋曰：

准空自解。

七、我德多少何？

【論】 我由幾德，說名有德？謂：由十四。何者十四？一覺、二樂、三苦、四欲、五瞋、六勤勇、七法、八非法、九行、十數、十一量、十二別體、十三合、十四離。[21]

釋曰：

覺、樂等九，我不共德，為起智相；九中六我現境、三非現境。

行，謂：念因非作，如上已辨。

餘五，准空應辨。

八、意德多少何？

論 意由幾德、說名有德？謂：由八。何者八？一數、二量、三別體、四合、五離、六彼體、七此體、八行。

釋曰：

此中數、別體，一、非一實，有彼此體故。

量，謂：唯微體，說如二微大故。

合、離，三種俱有。

行，謂：勢用。

此即九實有德多少門竟，上來總以七門分別九實竟。

自下大文第二、德句義諸門分別，文段有八。初、現非現門，二、作非作門，三、根取分別門，四、因門，五、依一非一實門，六、遍不遍所依門，七、因果相違門，八、有實無實門。

初門大分為二，初、寄問標起，二、別明。

其初文何？

【論】 如是色等二十四德，幾是現境、幾非現境？

釋曰：

今詳此宗意，現境有二：一、根所取現境，此色等四、四和合生現境，聲三和合生現境，雖四、三別，同是根所取現境；二、我所取現境，此覺等六，我、意二和合生現境。

非現境亦二：一、根取為門非現境，謂在極微、子微色等德，比量境待根取境及相所相，相違智念，我、意合取境，云根取非現境；二、我所取非現境，謂非依根取，但我、意合起非現智取境，云我取非現境。

此下二別明，此中有四：初、明色等四現非現，二、明聲現境，三、以色等四例數等十一，四、明覺樂等現非現境別。

初中亦二：初、總明，二、別明。

其初文何？

【論】 色、味、香、觸，或是現境、或非現境。

釋曰：

此現、非現，但根所取，非我所取。

下別明，此中亦二：初、現，次、非現。

其初現何？

【論】 云何現境？謂：若依附大非一實，是名現境。

釋曰：謂大即非一實，如上文云。因多體、大體積集，今彰大是三微果上多體積集故，云大非一實，依附此色等四，四合、三合根取現境。

二、非現何？

【論】 云何非現境？[22]謂：若依附極微及二極微果，名非現境。

釋曰：問：據今論文，既說極微及二微果是非現境，三微果上是現量境，然《成唯識疏》中明勝宗計云：子微上現量所得，《基疏》所明云何與今論說相違耶？

答：會此違分二門，初、判古釋，二、述今義。

初、判古釋者，

《唯識演祕》曰：《疏》既說云子微已上，明知不說子微為現。云云

今判子微已上言，非說子微為現，八地已上言亦應云九地上耶？故《祕》釋不是。

又近世有人由《十句論》文斥《基疏》釋，是亦不辨勝宗本末計別，不可依用。

二、述今義者，由《基疏》說《成唯識論》舉勝宗計由根本六句說，今此論勝宗末部論，所以彼此自成相違。《成唯識》一說，又所生果不越因量，應知極微不名麁色，則此果色應非眼等色根所取，便違自執。云云

極微為喻，子微上為麁色，破彼自執麁果色，眼根等所取，既云自執，明知子微上為麁色，為眼根取現境，彼宗根本計，故《基疏》中由本論所說計云，子微上現量得，以此論責《基疏》，可謂妄。

此即明色等四，現、非現已。

二、明聲現境者何？

論

聲一切是現境。

釋曰：

聲無非現，但根取現境。

一切者，合離生聲，此皆三和合現智取，不由念等，故唯現境。

三、以色等四例，數等十一者何？

論 如色、味、香、觸，數、量、別體、合、離、彼體、此體、液體、潤、重體[23]、勢用，亦爾。

釋曰：

如色等四，於極微、子微，數、量等是非現，於孫微上是現境。

問：空、時、方、我上極大及別體等為現、將非現歟？

答：於空實，根取非現境；於時、方、我，雖我取非現境，其所有數、量等，眼觸取故，是眼觸為門，非現境。

四、覺等現非者何？

論 覺、樂、苦、欲、瞋、勤勇，是我現境，法、非法、行，唯非現境。

釋曰：

此但我取現、非現境，覺等六德，但我、意合取境，故云我現境。法、非法、行，亦雖我、意合，起智境必待聞念遠離及現智念等，屬起智故，云非現境。雖覺有現、比二，我緣其現、比智，唯現量取，如大乘見分雖現、比，非三自證分緣，唯是現量。

此即德句現、非現門已。

自下第二、德句作非作分別，文段有二：初、總標，次、辨諸德句作非作通局。

初、總標者何？

【論】 此諸德中，幾是所作、幾非所作？

釋曰：

二十四德，雖因皆實有，至彰相用，和合待籍，積集生者，名為所作，即無常性；翻此常，非所作。

次、下辨諸德句，作、非作通局，此亦有二：初、舉局所作，二、舉通作非者。

初、局者何？

【論】 覺、樂、苦、欲、瞋、勤勇、法、非法、行、離、彼體、此體、聲，唯是所作。

釋曰：

覺等十三局是所作，和合待籍，積集生故。

問：云何和合等生？

答：據下文，覺若現，則四、三、二和合生，比則念等屬合待現智生。樂、苦，謂待法、非法四、三、二和合生。

欲，待樂念。

瞋，待苦邪智。

勤勇，待欲瞋。

法、非法，待聞念遠離。

行，念因則待現智，作因則待鑽擲等業。

離及彼此體，相待生故。

此等十二於極微、子微亦所作無常。

聲，一切待籍和合生，無於極微者，由如是理，為所作無常。

自下第二舉通者，文分為二：初、總舉，次、別明。

其初文何？

【論】

餘或所作、或非所非。

釋曰：

如文應知。

次下二、別舉文有八段：一、明地德作非，二、明水德作非因、明地重體，三、以水例火風，四、明地火液體作非，五、明一數一別體作非，六、明二等數別體作非，七、明量作非，八、合作非。

初、明地德非者何？

論 色、味、香、觸，若地所有，皆是所作。

釋曰：

謂地所有色、味、香、觸，極微、子微上一切所作，謂和合生、積集生故，何極微地有色等四和合生耶？謂火合為因生故。

雖極微地非作，其所有色等四和合生故，所作無常。

云何子微上地有色等四積集生耶？謂同類為因故，父母二因云同類也；積集生故，為作無常；應知極微、子微上地有色等四，皆是所作。

二、明水德作非因、明地重體者何？

論 色、味、觸、液體、潤、極微和合者，非所作；二微果等和合者，是[24]所作。重體亦爾。如非所作、是所作，常、無常亦如是。

釋曰：

謂極微水和合色等，非和合積集生，故非所作。子微已上，色等同類為因，積集生故，所作無常。

重體亦爾者，水德中所以別論重體，同水實重因，明地重。地重體亦准水極微，地有非作，子微上有所作。此中簡不言水所有，明知因論地重體。

三、以水例火風者何？

論 如水所有，火所有色、觸，風所有觸，亦爾。

釋曰：

文自易知。

四、明地火液體作非者何？

論 地火所有液體，一切是所作。

釋曰：

問：何故地火液體與水液體別處論耶？

答：地火液體，唯在子微已上，非在極微。又水液體，在極微非作，在子微上是作。有此異故，別處論也。

由是應知，極微地火無液體德，地火液體必和合待籍積集生，故子微上必有此德，是所以異水別論也。

一切是所作者，總明地火液德，故云一切；一切積集生，故云是所作。

又有解極微、子微上和合液德皆所作故，總明云一切是所作，謂地火極微液體必與水實合生故，在極微上亦所作無常。

雖有二解，前解為穩，後解准例，火合為因，雖有道理，未見的證。

五、一數一別體作非者何？

論

一數、一別體，隨所作、非所作實和合，成所作、非所作。

釋曰：

謂：地水等非作實和合一實，數、別體隨實是非作，非和合待籍積集生故，與子微上地等合一實數、別體是所作，隨所作實和合生故。

六、二等數別體作非者何？

論

二體等數、二等別體，一切是所作。

釋曰：

二體已上數、別體，積集生故，皆是所作、無常。謂如父母極微，雖體是常，以二數、以二別等數、別體亦是所作、無常，相待生故。若一極微以一數、以一別是常住，遂不壞故，為非作。

有云：今云一切，此言攝父母極微故，以是為證應成。

七、量德作非者何？

【論】大體、微體、短體、長體，一切是所作；圓體，一切非所作。

釋曰：於子微上，量德和合生故，微體等一切是所作。圓體但在常實故，非所作。

八、合德作非者何？

【論】諸質礙及質礙、非質礙合，是所作。如所作、非所作，常、無常亦如是。

釋曰：諸質礙者，謂質礙與質礙合，所謂俱一業生合。下句合字通上，應讀云諸質礙合，如人步來坐床合或如拍手等合。

質礙、非質礙合者，謂合生合，如人坐床已與空等合，皆是所作、無常，由積集有合故。俱一業為因，生合所作，唯所作、無常，業句義為因生合故，為唯所作。合離生合亦積集和合生，故是所作。

問：非質礙與非質礙合作非如何？

答：謂如空、時、方、我，本來常住，合遂無壞故，非作常；非如散極微與空等合，礙與非礙合故，雖似常住，有動作故，合復為離故，為無常。

若爾，何故此論不說耶？

答：按此文例，局是所作云唯是，亦云一切是。今明合文無唯及一切言，明知影顯非礙與非礙合是非作。

由是，《三十論疏》曰：合隨所依實，若常、若無常。或言，論文脫諸非質礙合是非所作之九字。云云

常、無常亦如是者，例常、無常。

此德句作非作門已。

次下第三、根取分別者何？

【論】

此諸德中，聲、觸、色、味、香，各一根所取；數、量、別體、合、離、彼體、此體、重體[25]、液體、潤、勢用，眼觸所取。

釋曰：

覺、樂、苦、欲、瞋、勤勇、念因行、法、非法，我所取，非根取，故非此門所論，

各一根眼觸差別，如上已辨，此即根取門已。

自下第四、諸德因門，文有十五，至生起文，一一指示，恐煩不列。因門者，論諸德因故名焉。十五段中，第一、寄問標起者。

論

如是諸德，誰何為因？

釋曰：

因有二種：一者、自因，二者、他因。從自因生者，常或無常，他物為因生者，唯是無常。既云誰何為因？應知但論他因。此門中雖約極微而論，皆是他物為因義。

問：他物為因，今門委說；自因者，其體何物？

答：自因者，此宗三世實有為旨，所建立十句義，若常、若無常，皆實有因，如此論末說，此十句義，一切是所知，亦此詮因。此文即彰自因，謂此自因實有常住，不假他因，自立而生者常，生已亦常。或自因雖常實有，必假他物合而生者，生已名無常。雖無常體是實有，此勝宗立因之大致也。

此下第二、色味香觸因門，此文有二：初、明同類因，二、明異類因。

初、同類因者。

【論】色、味、香、觸，同類為因者，謂：二微果等和合。

釋曰：

色、味、香、觸四字，通次火合為因文。

同類為因者，謂：父母二微，名為同類，謂從前同類為因生故。

謂二微果等者，地、水、火、風子微上之四實所有色、味、香、觸，此是與前因父母二極微等同故，云同類為因也。

次、異類因者。

【論】火合為因者，謂：地所有諸極微色、味、香、觸。

釋曰：

極微地上所有色、味、香、觸，由與火實極微合故生，雖地實極微常、非作、所有色味香觸與火實合而生故，所作無常，故云火合為因。

此色、味、香、觸因門已。

第三、液體、重體、潤因門者。

論 地及火所有液體、地水所有重體、及水所有液體潤，二微果等和合，同類為因。

釋曰：

地火液體，唯是所作。水有液體，通作、非作，所以別明。地水重體，同通作非，故一處明，雖有此異論，子微已上故，俱云同類為因。

第四、數別體因門者。

論 一數、一別體，二微果等和合，同類為因。二體等數、二別體等別體，同類、不同類為因。一體、別體，彼覺為因。

釋曰：

此文有三段，差別易了。

謂子微上地等四，各所有一數、一別體，前同類二極微為因生。

又，二等數、別體地地相望等同類為因，以二數、以二為別等也。地與火、火與水等異類相望上有二已上數、別體不同類為因。故云同類、不同類也。

彼覺為因者，遠覺云彼，以一為別，覺於彼外，更無餘因，故云彼覺為因。此是於極微、子微上而作論，極微、一別體亦應彼覺為因故。今但彼覺為一別體因，非如異句遮表彼此覺為因。

第五、量因門者。

【論】大體、長體因，多體、大體、長體積集差別為因。微體、短體因，二體為因。

釋曰：二體為因者，簡因多體；子微有量，二極微為因生故，云二體為因。

第六、合離因門者。

【論】合、離，隨一業、俱業，合、離為因。

釋曰：一業為因，生合及離；俱業為因，生合及離。合為因生合，離為因生離。此總云為因。

第七、彼此體因門者。

【論】彼體、此體，一時等相屬，待遠近覺為因。

釋曰：

文自應知。

此下第八、覺因門，文分為三：初、總標，二、明四智因，三、明和合生因。

其初文何？

論 智有二種，謂：現及比。

釋曰：

文自易了。

次下明四智因，此有二文：初、明現量四智因，二、明比量四智因。

初中有二：初、總標四智，二、別釋。

其初文何？

論 現有四種：一、猶豫智，二、審決智，三、邪智，四、正智。

釋曰：

文自應知。

此下二別釋現四智，即有四文：

初、別釋現猶豫智者。

【論】 猶豫智以何為因？非一同法現量為先，待各別異念，我、意和合為因，「為何物」智，名猶豫智。

釋曰：

非一同法者，指諸法多體，若法體一，不應猶豫，故作此言。待各別異念者，待籍異念必生疑故，以待異念，我、意合為此智因。雖比量智亦有念、我、意合待，相、所相相違智為先念等相屬；此現猶豫，不待相、所相，以不相違智待異念故，不同比量智也。

各別者，現量一境，各別異念也。

「為何物」智者，是異念果，即猶豫智也。

二、審決智者。

【論】 審決智以何為因？猶豫智為先，待各別異印，我、意和合為因，「定是此」智，名審決智。

釋曰：

異，謂種種。

印，謂印可；種種決智此云異印；待異印，我、意合為審決智因。

「定是此」智者，即是異印果也。

三、邪智者何？

論 邪智以何為因？非一同法現量為先[26]，待各別異見，我、意和合為因，「暗決斷」智，是名邪智。

釋曰：見，謂推度；種種推求此云異見；待異見，我、意合為邪智因。「暗決斷」智者，即推度所生果也。

四、正智者何？

論 正智以何為因？非一同法現量為先，待各別異現量，我、意和合為因，「無顛倒」智，是名正智。

釋曰：待各別異現量者，簡分別貫通智，彼家無分別為正現量，現現別轉境非一故，云待各別、云異；待其別異，我、意合為正智因。無顛倒智者，即正智果也。彼無我見證涅槃者，此無顛倒智也。

雖於現智，立四種智，前三智中，云待異念印見，不云待現量。今此正智，不言待念印見，唯云待現，故知彼家無分別為現量正智。亦應翻知，分別我見為暗決斷邪智。餘文易知。

如是四智，於次明四、三、二何和合生為因耶？謂四、三、二和合生，俱有此四智生，自可知已。

明四智因二文中，第二、比量智者。

【論】如現，比亦爾。

釋曰：

比量智必待現智起，其現智有四故，比量智亦有四，但待相所相相違智為先、為差別也。

此下覺因門，第三、明和合生因，此中有二：初、現量和合生因，二、比量和合生因。初中亦二：初標，次別釋。

其初文何？

【論】現量有三種：一、四和合生，二、三和合生，三、二和合生。

釋曰：

文自應知。

次下別釋文有三。

初、四和合生者。

論 四和合生現量云何？謂：了相，於至色、味、香、觸、數、量、別體、合、離、彼體、此體、重體、液體、潤、勢用，地、水、火實，取等業，有性，除聲和合有能、無能、聲性，於俱分、有能、無能所有智，我、根、意、境四和合為因。

釋曰：

了相者，能緣智相。

色、味、香下，舉二十三句義，是四和合中所言境。

於至二字，彰色等二十三現量境；於者，境第七能差別聲。

除聲和合下，除三和合生者。

我、根、意、境者，起智故，我、意必合。

根，謂增上所依託，必應和合。

境言，其意尤深，乍似難了，如何？則我、根、意能取，境是所取，所以應四和合。

然次明三和合除境言，此境言若所取，次三合處，亦何不加？若云不加境言，唯我、根、意能所取，具起現智故無境言，云何前色等二十三加境言？為四和合耶？如是疑難不息。

基辨有時讀前云：聲一切是現境文，冰消此疑，仍今詳敘，謂今文所舉二十三皆通現、非現境，謂極微、子微所有二十三非現境，孫微已上所有二十三是現境。今明現量生因故，加境言簡，非現二十三彰合現境二十三，必現智生，故云我、根、意、境四合。次三和合，明聲一切是現境。故無以境言簡者，所以云我、根、意三合，不云境也。

問：此中何故，但云地、水、火除風實耶？

答：風實無色、無對眼、無可見故，非現境故，除。雖孫微上風實無皮取現境義，孫微上觸德是根取故，與觸合取，故為皮所取。非如地等三，有色、有對眼，故根取現境。近來有云，加風，甚不是也。

取等業者，等，捨、屈、申、行，雖依附大長實，屈、申二業在孫微上故，唯現，無非現義，今云取等業，總論業句。總中有現、非現故，攝四和合，以屈、伸不為三和合也。

二、三和合者。

論

三和合生現量云何？謂：於聲及聲和合，有能、無能、聲性、有性、境所有智，我、根、意三和合為因。

釋曰：

舉四合中除者，聲一切是現境故，為三和合。

問：若爾，前四合中，既不除有性，云何此中舉聲有性耶？

答：前不除有性，大有體唯一物故，若前云除聲有性，成有性多體義，前所明二十三有性與今聲有性體唯一物，雖然了相至色等二十三有性為四和合，至聲有性是三和合，故今亦加云有性也。

三、二和合者。

論 二和合生現量云何？謂：於樂、苦、欲、瞋、勤勇境，及彼有能、無能、俱分、有性境所有智，我、意二和合為因。

釋曰：

是我取現境故，唯云我、意二合。雖覺德亦我取現境，今所明現量智，即是覺故，除不舉也。

此即別釋中，現量三種和合生因竟。

第二、比量生因者。

論 比量，謂：所和合，一義和合、相違智為先，待念等相屬[27]，我、意合為因。

釋曰：

所和合者，境。

一義和合，能所緣一義合是現量相。所和合之一義和合，依主釋也。相違智者，現境相違別生自比度，是比量相。雖上文有待相所相見同，及待相違智不見同，二比量自現量見，二比量俱相違，故但云相違智為先。念等相屬者，不合俱有云相屬也，雖念因行我德和合、我、意合起智相望時，非和合故，云相屬也。

餘文可解。

上來覺德因門已。

第九、樂苦因門者。

論 樂、苦，待法、非法，四、三、二和合為因。

釋曰：

待法、非法成樂、苦果，如上已明。

四、三、二和合等者，凡生樂、苦餘色等現量境有樂或苦，故云四、三、二和合為因。

問：若云於色等境成樂、苦，何故上文云以適悅自性為樂、以逼惱自性為苦耶？

答：上所言自性言，彰於愛、非愛果成樂、苦，今明樂、苦二於現量境任運生，云四、三、二和合為因。

第十、欲瞋因門者。

【論】欲、瞋，待樂、苦，念邪智，我、意合為因。

釋曰：

欲待樂念，瞋待苦及邪智。文自應解。

第十一、勤勇因門者。

【論】勤勇，待欲、瞋，我、意合為因，及命緣為因，不欲故，與入、出息等業為因。

釋曰：

命緣者，謂命根，不待欲瞋。

不欲，勤勇，即平等心禪定等，此不欲勇以命根及入出息為因。

第十二、勢用因門者。

【論】勢用以何為因？穳、擲生業，勢用為因。

釋曰：

文自應解。

第十三、法非法因門者。

【論】法、非法，欲、瞋為先，待聞念，遠離法、非法能成淨、不淨密趣俱，我、意、合為因。

釋曰：

密趣，謂：當果因。趣，謂：品類差別，果有品類，因亦差別，不現密成，故云密趣。

法，謂：欲為先，我、意合，聞念能成淨密趣法，遠離成不淨密趣非法為因。

非法，謂：瞋為先，我、意合，聞念不淨非法，遠離淨法為因。

俱，謂：法、非法俱，我、意合也。

第十四、念因因門者。

【論】 念因行，待現、比智行，我、意合為因。

釋曰：

文准上解。

第十五、聲因門者。

【論】 聲有三種：一、合生，二、離生，三、聲生。合生者，有觸實合勢用俱，有觸實、空處合為因。離生者[28]，有觸實離勢用俱，有觸實、空處離為因。聲生者，有觸實合離勢用俱，無障空處，聲為因。

釋曰：

合生聲者，謂：拍手等聲。

離生聲者，謂：破竹等聲。

聲生聲者，謂：鼓笛風管等聲。

有觸實者，地、水、火、風有外觸實。

文意可知。

上來十五段，德句因門竟。

大文第五德句，依一非一實門者何？

【論】

如是二十四德，幾依一實、幾依非一實？色、味、香、觸、量、彼體、此體、覺、樂、苦、欲、瞋、勤勇、法、非法、行、重體、液體、潤、勢用、聲，此二十一，皆依一實。合、離，依二實。數，或依一實，或依非一實，何者依一實？謂：一數。何者依非一實？謂：二體等數。如數，別體亦爾。

釋曰：

初十五字標，次別釋。

色等二十一在一物彰，非由二物彰，故云依一實。合、離由二物彰，故云依二實。數、別體通二，故云依一、非一實也。

大文第六德句，遍不遍所依門者何？

【論】

如是二十四德，幾遍所依、幾不遍所依？色、味、香、觸、數、量、別體、彼體、此體、重體、液體、潤、勢用，遍所依；餘不遍所依。

釋曰：

總標別釋，准上可知。

遍所依者，色等十三皆同所依，色處亦有香觸，有色味處亦有數、量、別體等也。

所依者，處。

遍者，同處。

餘不遍所依者，餘謂：覺、樂、苦、欲、瞋、勤勇、念因行、法、非法、合、離、聲，如是十二，非同所依。合處無離，樂處無苦等。又覺等但在我，合、離必在有動作實等。聲但在空等，非在餘處，云不遍所依也。

自下大文第七德句，因果違不違門。

文有二十，至生起文，一一示科，恐煩不列。

初、總標者。

【論】如是二十四德，誰與誰相違？

釋曰：

文自應知。

二、聲，果相違者。

【論】合、離生聲，能造餘聲，一切聲果相違。

釋曰：

生聲者，聲生聲，一切聲從合、離生三生，故云能造餘聲。

一切聲果相違者，謂一切聲因時合、離生三，此三生聲果正發聲時，有情、非情、好、惡等各各相違，故云果相違也。

此中，因謂：相用未彰，但所具因，如說詮緣因等也。果謂：自因與他因合時已至故，彰其相用。

此論始終所言因果，由是應解。

三、法非法，果相違者。

【論】 法，樂正智，果相違；非法，苦邪智，果相違。

釋曰：

法有二種：一、能轉，二、能還。由能轉為因得樂果、由能還為因得正智因時，唯一法德，從我和合，得樂及正智果，自彰相違，非法亦爾。因唯非法，至我和合，彰苦及邪智相，為果相違。

四、念因行，果相違者。

【論】 一切智行，果相違；差別智一切智行，果相違。

釋曰：

一切智者，現、比二智。

差別智者，四種智，謂：猶豫智等。

凡智行動，是念因行，故念因行，名智種子。一切智差別智，果時各各差別相違，因時唯念因行而不相違，故云果相違。

第五、最後聲及我，因相違者。

論

最後聲，一切因相違。最後我德，亦爾。

釋曰：

最後者，舊人引舊《俱舍》釋勝宗義曰：物有三時：一、方便，二、正有，三、後有。若隣虛塵，未與有和合時名方便；爾時隣虛塵獨住，未與大有合，不可說有，亦不可云無，必有故不如兔角，隣虛與大有合時即生德，此正有也。云云

今謂：今論云：最後者，指此後有前念，後有緣歇但住自因，亦不可說有，不可云無也。

最後聲者，合、離生為因，聲為果，後有前念，聲有合、離，聲為因生別，正滅果時是後有故，但聲實有因獨住，不可說聲有，不可云聲無也。但約他因有聲差別，故云因相違也。

一切者，就一切聲，最後而論故。

最後我德等者，將命終時，法、非法等我十四德，云最後我德。未滅已前，雖實有因，彰彼彼德至正滅果，此我獨住不可云有，不可云無。滅果是後有故，因有法、非法我等相違，故云亦爾。中間我德、聲德，雖亦因違，非果相違，今先明最後邊，中間次下辨。

第六、樂苦欲瞋，果相違者。

論　樂、苦、欲、瞋，果相違。

釋曰：樂之欲、苦之瞋，依主釋。果時有由樂欲、由苦瞋，別云果相違。因時唯欲瞋因住故，非因違也。

第七、法非法，因相違者。

論　法、非法，因相違。

釋曰：法、非法，因差別。我彰可愛、不可愛之果，其時唯一我體，可愛果是我，非愛果亦我，故云因違，不云果違。

問：上說法、非法，文既云與果相違，今云因違，前後何別？

答：前云因果相望相違，今云因時有法、非法相違。果唯一我故，不云果相違。

第八、勤勇，果相違者。

論　欲、瞋、勤勇，果相違。

釋曰：

由欲勤勇、由瞋勤勇，因時唯一勤勇，果時彰欲與瞋勤勇相違。

第九、樂苦，因相違者。

論　樂、苦，因相違。

釋曰：

謂：樂，我適悅自性；苦，我逼惱自性；因時樂苦相別，果唯我不相違故，云因相違。

第十、中間聲，因相違者。

論　中間所有聲，亦爾。

釋曰：中間者，正有也。謂：正有彰用時，一切聲唯一聲，無有差別，縱有差別，亦由因有合離生三差別，故云因相違。

第十一、勤勇念因行與苦相望分別者。

論　我德勤勇、苦，有觸實合二，非果因相違，行我德行念因與苦非果因相違。

釋曰：有觸實謂：地、水、火、風，即所造身，故云有觸。此身合勤勇與苦，行相同故，非果因俱相違。念因行苦相望，亦爾。

第十[29]，行分別者。

論　行念因，果相違；作因，有觸實合，非果相違。

釋曰：此文所明，念因行唯約自辨。前段所明，對苦相辨，故今異前，謂念因行成果，則有現、比智別，故云果相違。

作因不爾，因果唯一勢用，故云非果相違。

第十三、數別體彼此體分別者。

論　二性等數，與二等覺，果不相違。如二體等數，二別體等別體、彼體、此體，亦爾。

釋曰：此等皆自因別，故因相違，自可知已。果時，行相同處，故云果不違。

第十四、色味香觸分別者。

論　色、味、香、觸，地所有極微和合者，與火合，非果因相違。

釋曰：極微，地實所有，色、味、香、觸，必火合顯，故因果二時，俱所作無常。因謂極微，果謂子微上，故云非果因相違。

第十五、合離分別者。

【論】合、離展轉，非果因而相違。

釋曰：

展轉者，互相相望，謂合與離展轉，互相相望，不論果因，自成相違。

第十六、極微、子微色等分別者。

【論】一實極微色等，能造同類二微色等同類，果不相違。

釋曰：

此文未合與已合極微，相望論定，果不相違。

一實者，地、水、火、風，各各一實。

極微者，未和合極微也。

色等者，未合極微所有色等。

能造同類者，謂於未和合地一實極微與地一實極微相望，能造義邊，全是同類，故云能造同類也。

二微色等者，二微，謂：已和合極微，於此所有色等為能造義，是同一故，云同類也。意謂：地等各一實極微所有色等，能造同類，與已和合極微色等能造同類，因時於極微上未合、已合之別，果時因果涉入色等同一處所，故其相貌全不相違。

第十七、最後身色等分別者。

【論】最後有分實色等果，與因色等同類，不相違。

釋曰：

最後有分實等者，命終所依身，有細分，積聚地、水、火、風故，云有分實。

色等者，等香、味、觸。

果者，子微已上。

因色等者，父母色等。

同類者，地極微與地子微已上，同類因果涉入體一故，全無果因相違義，故云不相違也。

第十八、中間有分實分別者。

【論】中間所有有分實色等，與同類果因色等，不相違。

釋曰：

受生命終之中間，論違不違，與前同也。

第十九、一實色等分別者。

【論】一實色等展轉，非果因，不[30]相違。

釋曰：

一實極微色與味香等，互展轉相望，文自可解。

第二十、德實分別者。

【論】一切德與實，不相違。

釋曰：

所有能有和合，不離相屬，同一處故，云不相違也。

上來二十文段，總分別德句，果因違不違竟。

次下大文第八段，德句有無實分別者何？

【論】如是二十四德，幾有實、幾無實？一切有實。如有實，無德、無動作、非和合因緣，是有德實之標幟；無質礙、無細分，亦爾。

釋曰：

此中初十二字總標，次四字正明。

如有實下，例於餘門。

一切有實者，德句離實都無，實標相故，無無實者也。

非和合因緣者，如前已辨。

有德實之標幟者，二十四德，實句標相，即是功能。

餘文自應解。

上來二十四德諸門分別竟。

自下大文第三、業句義分別，此有四門：一、有無實分別，二、依實分別，三、遍不遍所依分別，四、和合因緣不和合因緣分別。

初、有無實分別者何？

論

如是五業，幾有實、幾無實？一切有實。如有實，依一實、無質礙、無德、無細分、離合之因、能作所作事、不積集實之標幟，是獷擲等所待行之因，非同類為因，亦爾。

釋曰：

一切有實者，五業皆是有礙實之標相，故非有實業依何有？

依一實者，簡如離、合等依二實彰。

無質礙等者，五業雖依有礙實，是標幟故無德，無德故無礙。

無細分，自可准知。

離、合之因者，隨一俱業生合、離相故，云因也。

能作所作事者，事謂體相，所作是業，能作亦業，故云能所作事也。

不積集實之標幟者，不積集實謂：極微地、水、火、風實並意實，此等有動作故，極微必有取捨行業，是有動作之功能，無取捨行則不可標不積集實，故云不積集實之標幟也。至積集實亦是標幟，自應准知，謂屈伸業於大長實有，是積集實之標幟也。

是穳擲等所待行之因者，是言，指五種業；勢用德名作因，作業為因故，取等業為因所生；行云勢用，故今云穳擲等。

非同類為因者，取、捨、屈、伸、行，互為因故，云非同類也。又地、水、火、風異實，相望為因，地實為因，水實有業等。

第二、依實分別者何？

【論】 如是五業，誰依何實？取業，以一切地、水、火、風、意為所依。如取業，捨業、行業，亦爾。屈業，以極、舒、緩、細分，安布差別果，大長實為所依。如屈業，伸業亦爾。

釋曰：

意實為依，有取、捨、行，意實趣向棄背之時，我、意合造諸業，是意之取業故，云意為所依也。

餘文可知。

第三，遍不遍所依分別者何？

論

如是五業，幾遍所依、幾不遍所依？一切遍所依。有說：依附極微實[31]者，遍所依；依附二微等者，不遍所依。

釋曰：

一切遍所依者，一切謂一切業，即取捨等；所依謂地、水、火、風、意；遍謂如是五業，非云在於此實、無於彼實；遍於所依五而有，故云遍所依。

有說依附等者，此舉異義。極微是圓體故、是遍行故，依附極微實，取、捨、行，云遍所依，此是未和合極微也。

依附二微等者，極微已和合已上實，依附是取、捨、行及屈、伸業，應言依附不圓實句，不圓即不遍，故云不遍所依也。

初義，遍言屬業，遍家所依，第六轉依主釋；後義，遍即所依，持業釋也。

此下第四，和合因緣、不和合因緣，分別文段有十一，至生起文，一一示科，恐煩此不列也。

初、總標者。

【論】如是諸業，若在內者，以身及彼因緣。

釋曰：在內者，內謂內身，總言則在總身業，別言則鼻、味、皮、眼、意等業，皆在內業。身謂積集，四大極微等積聚故云身。彼因緣者，彼謂業句，業於身今云彼，謂業於身時，無所依託則不生業，云何則說無礙業故？其因緣有二：一、和合，二、不和合。如次文列。以者，由，第三囀聲也。

二、和合因緣者。

【論】身所合鼻、味、皮、眼根並意，為和合因緣。

釋曰：身所合等者，四大極微造身、鼻、味、皮、眼、根，即地、水、火、風並意實積聚，此皆有動作實故，由是業必生。其時此有動作，五實與業為所依託，故云和合因緣也。

三、身業不和合因緣者。

論 此中，身業初者，以欲為先，我合勤勇為不和合因緣。第二等，亦以行為不和合因緣。如身業，在意及細分業，亦爾。

釋曰：

身業在有礙實，我德無礙，以無礙德為所依託，故云不和合。云何以他德為所依託？謂無策勵則不發業，無念因、作因行則不應發業，故身業初者，猶云初刹那。

第二等者，等第三、四念等，言發業已，念念相續時也。

行者，念因行為不和合因緣，自可審知；作因行由業親生，應和合因緣，云何為不和合因緣耶？

答：待癪擲等生故，於身疎故，為不和合。

細分者，身細分，謂手足等。

已上總明身業已。

四、別明鼻、味、皮、眼業等者。

論 鼻、味、皮、眼業初者，以我合勤勇身合為不和合因緣。第二等，亦以行為不和合因緣。如鼻等業，在香等狀，及在屬身鬘、瓔珞、塗香等業，亦爾。

釋曰：

和合因緣，如次前明，故此文不說。

身合者，總身合我勤勇，於鼻根業乃至於眼根業，皆等同故合明。

香等狀者，等色味，在屬鼻香、屬味味、屬眼色業。

在者，於也。

亦爾者，以我合勤勇等，如上已明。

五、明睡眠身業者。

【論】 睡者身墮落業初者，以重性為不和合因緣；第二等，以重體行為不和合因緣。睡者入出息業，或睡者不欲故；初者，以命緣為先，勤勇我合為不和合因緣；第二等，亦以行為不和合因緣。

釋曰：

此文有三：初云墮落業，明睡眠身業初起；次云入出息業，明發鼻雷聲業；次云不欲故，明熟睡眠業也。

六、明在內身水實業者。

【論】 如下流水初者，以液體為不和合因緣；第二等，以液體行為不和合因緣。

釋曰：

此是身中流尿濃血精水等業，初無勢用；第二已後，有勢用，故以行為不和合因緣。

七、明身中火風實業者。

論 火之上燃、風之傍扇，初者，以法、非法、我合為不和合因緣；第二等，如前說。

釋曰：

於內身中，火上燃業，若強、若弱必成病苦，是非法、我合苦果。若平等上燃，則長養身心，是法、我合樂果。

又於身內外風之傍扇業，若強、若弱不平等，則必作病、作損害，是非法、我合苦果；若平等扇，長養身心，是法、我合樂果；故云不和合因緣。

如前說者，以法、非法、我與行合，亦爾。

八、明造身業。

此有二文：初、正明造身，二、例造樹等。

初造身者。

論 四大極微造身因緣初業，以法、非法、我合為不和合因緣；第二等，如前說。

釋曰：

因緣初者，謂赤白二渧交會時，四大極微即和合初造身，是為一切所依託之初，故置初言。因緣者，謂地等極微為所依託以造身也。

法、非法、我合者，造身初時，隨法、非法、我合，善惡趣身差別也。

如前說者，如前釋。

次、例造樹等者。

【論】如為造身、為造樹等變異，及在二微等業，亦爾。

釋曰：

造樹等者，造宮宅、車乘等資具等。此等，云樹等，此亦四大極微所成，故云亦爾。

有法、非法、我合，亦如前釋。

在二微等者，前文明極微造已，今文令知二微已和合上，亦如是也。

九、明身中意實進退業者。

【論】意趣向及棄背業，初者，以法、非法、我合為不和合因緣；第二等，如前說。

釋曰：

意趣向者，意進取趣。

意棄背者，意退捨趣，猶云生死。

意實有礙、無觸、常住者，法、非法、我生果時，必意實先趣向四大極微合令造身，我捨趣時，意實先棄背，四大極微離散也。

十、明地上足步作業者。

論 地足業，表眾生利益、不利益異熟，初者，以法、非法、我合為不和合因緣；第二等，如前說。

釋曰：

地者，大地。

足業者，足步等業。

業，謂：作業。

眾生者，人天獸畜等也。

利益者，謂順益。

不利益者，不順益。

異熟者，勝宗意說，因是法、非法、我，果時唯樂苦相，果與因其相異故，云異熟。

謂：人天在地，足行作業，表生順益果，是由法、我合也；又獸畜在地，足行作業，表不順益果，是由非法、我合也。

十一、明地水火風打擲業者。

【論】在地、水、火，擲、打相應業，以合、重體、液體、勤勇、勢用為不和合因緣，如其所應，有取等業。若在火，除重體；若在風，除液體；若在意，除打擲。

釋曰：

准上可解。

上來業句義分別竟。

次下大文第四、同句義分別。

【論】如是有性，為是所作、為非所作？定非所作。如非所作，常、無德、無動作、無細分，亦爾。有實、德、業，除同、有能、無能、俱分、異，所和合，一、有[32]詮緣因。

釋曰：

大有常故，非作；非實句故，無德；非業故，無動作；非極微成故，無細分。

有實、德、業者，此句正明同句相。

除同、有能等者，簡非所和合者，謂此同句但令有實、德、業，非令有同及有能等，故云除。若云令有同，有無窮失故。

所和合等者，實、德、業三是同句所和合，異實、德、業體，別立離實有，為令一有詮緣因也。

次下大文第五、異句義分別。

論　別有異，於實轉，依一實，遮餘覺因，表此覺因，空、方、時轉空等想因。常、非所作、無德、無動作、無細分。除有性、有能、無能、俱分、異，所和合，非一。

釋曰：

轉空等想者，謂空、時、方無彼此體故，無異句合，別想何轉。

除有性等者，簡異句不和合者，異但於實轉故。無德故，不於德轉。無動作故，不於業轉。此異於有物體者轉故，不轉於有性等無礙者故，云除有性等也。

所和合者，異句之所和合故，但實句也。

非一者，異句正相也。

次下大文第六、和合句義分別。

論　和合，是一、常、非所作、無細分、無質礙，一切實、德、業、同、異、有能、無能、俱分，生至[33]，同詮緣相。

釋曰：

一切實、德、業已下句義舉所和合，此等句義至同相是和合相。

餘義如上已辨。

次下大文第七、有能無能句義分別。

【論】如是有能，為是所作、為非所作？定非所作。如非所作，常、無德、無動作、無細分、無質礙，亦爾。於實、德、業上各別，除同、有能、無能、俱分、異，所和合，非一同詮緣相，是謂有能。無能，亦爾。

釋曰：

於實、德、業等者，示造各自果相，各別言正是有能相。

除同、有能等者，簡非此句所和合同、有能等，但是為因不生果故，無造各自果義，但此所和合實、德、業，故除此等。

非一同言，即各自果。

餘文可解。

無能，令例知也。

次下大文第八、俱分句義分別。

【論】 俱分，實性遍實句義，所和合一，無質礙、無細分、無動作、無德、常、非所作，諸實展轉共，即此與德、業異。德性、業性、地等性，亦爾。

釋曰：

遍所和合一者，與實合，俱分云實性，是遍實句故，實句即所和合也；德性德句是所和合，業性業句是所和合。

展轉共者，地等九實展轉，互望皆實。

此，云共此。即，同也、俱也。即此與德、業異，此云異，亦名分。

德性、業性等者，例實性令知也。

地等性者，例總令知別也。

此下大文第九、無說句義分別。文段有二：初、常無常分別，次、現非現分別。

其初文如何？

【論】 如是五種無說句義，幾常、幾無常？未生無，是無常，與實、德、業生相違故。已滅無、更互無、畢竟無，皆是常，不違實等故。不會無，有常、有無常。云何常？如地等實，餘德不和合；若實性等同異及有能、無能、異，除自所依，於餘處[34]不和合；若有性，於同異[35]不和合。云何無常？謂：實與實，雖未相應，當必相應，此於彼無。若於實，所有實、德、業，當必和合，彼於此無。

釋曰：

此五體無，不可說示，故云無說。

除自所依等者，實性與實和合，與餘不合故，以實名自所依也，德業是餘處也。

若有性等者，大有體一，同異性別，令物各別故云不和合。

此於彼無者，此言指不會無；彼言，指實與實相應時；無言，示非不會無；初未相應，雖不會無，若相應時非不會無，故是無常。

彼於此無者，彼言，指不會無；此言，指實等和合時；無言，示非不會無，准前可知。

次、五無現非現境分別者。

論

如是五無，幾是現量境、幾非現量境？一切非現量境。亦不依他轉，皆比量境。

釋曰：

緣無說時，我、意合起智必念等屬合故，比量境也。

不依他轉者，非如根取現境依根轉也，皆是我取非現境故，云不依他轉也。

上來諸門分別，總分為二之中，大文第一十句別分別竟。

次大文第二十句，總括分別。

論　此十句義，幾是所知、幾非所知？一切是所知，亦即此詮因。

釋曰：

勝宗意以三世實有為宗，此十句義皆是三世實有，各各自因，一切法詮緣因。此是自因隨他因合顯現我、意合起有分別能緣智，十句義實有體，為所知境，是顛倒境。

若我起無我見，離此所知十句義住自因；若無所知，則能緣智無起所由，是正智境。從實有因造果，彰已即是所知，由所知起詮故，云亦即此詮因也。

基辨聞今世不識法相大乘心玄者之講說，逐相數名、刻苦名相差別，未始問真勝義中「心言俱絕」文義如何？大唐三藏遊印度受正法藏流傳舊邦，四重真俗家珍妙義，徒為長物，所以八識心所本有始起有無漏種，現等反為固執，悉墮勝宗，非徒失大乘益，遂招莫大之罪，有智之人豈不恐懼乎！

傳聞數、勝二論謬先佛教法所成立也，竊以不離固執實有之見數，我法相八識心所成彼覺等，本有始起成彼詮因。有無漏智，彼邪正智，無分別、無所得、彼無我見，心言俱絕，成彼離六句、證涅槃。真如淨法界成彼我實，蓋我法相大乘《深密》、《楞伽》等說，今也澆季綿力薄才，但數名相不知一名一相無非離言，至諸佛證智不可言境，彌以為遠，偏懼今佛大乘亦行將墮勝論所立。《顯揚論》說，無上大乘，施設建立於離言絕境界。

夫珉玉精麁，蓋是耳目所覩，尚混昏明，而實殊鏡，況中道玄旨，言亡慮絕，豈易分哉！故今為護遺法，聊報佛恩，釋斯外論，以誡膚受大乘學者，冀觀離言中道，簡擇大乘法相云爾。

安永二巳年秋八月望日，於興福寺慈門院，沙門基辨造斯釋竟

安永三午歲五月，以大同房基辨上人自筆本書寫，至難解文義，頗受指麾校正已。

南都興福寺竹林院，相宗學道沙門盛範

安永八己亥孟秋吉旦

皇都書林

寺町通五條上町　中野宗左衛門

河原町三條下二町目　藤井吉次郎

東六條中數珠屋町　池田屋七兵衛

同下之珠數屋町　西村九良右衛門

五條橋通高倉東江入町　北村四郎兵衛

註解

1 指明代王守仁著《象祠記》。
2 原本缺「唯」字，據上下文及《勝宗十句義論》（CBETA, T54, no. 2138, p. 1262c）補。
3 原本缺「是」字，據上下文及《勝宗十句義論》（CBETA, T54, no. 2138, p. 1262c）補。
4 《勝宗十句義論》：覺、樂、苦、欲、瞋、勤勇、法、非法、行不和合因緣（CBETA, T54, no. 2138, p. 1262c）。
5 原本「義」下「者」字疑衍文，據《勝宗十句義論》（CBETA, T54, no. 2138, p. 1263a）刪。
6 有硃批：卍麗作短。
7 有硃批：卍麗作長。
8 有硃批：卍麗作長。
9 「云」原本作「者」，據上下文及《勝宗十句義論》（CBETA, T54, no. 2138, p. 1263b）改。
10 「於」脫「我、意合故」四字，參見《勝宗十句義論》（CBETA, T54, no. 2138, p. 1263b）。
11 原本此衍「者」字，據上下文及《勝宗十句義論》（CBETA, T54, no. 2138, p. 1263b）刪。
12 原作「二」，疑有誤，參見《勝宗十句義論》（CBETA, T54, no. 2138, p. 1263b）。
13 原本脫「唯」字，據上下文及《勝宗十句義論》（CBETA, T54, no. 2138, p. 1263b）補。
14 「實」原本作「物」，依《勝宗十句義論》（CBETA, T54, no. 2138, p. 1263c）改。
15 「離」原本作「合」，依《勝宗十句義論》（CBETA, T54, no. 2138, p. 1263c）改。
16 「生」字原文作「無」，依《勝宗十句義論》及上下文義改。
17 原文脫「謂」字，依《勝宗十句義論》（CBETA, T54, no. 2138, p. 1264）改。
18 原文無「合」字，依《勝宗十句義論》（CBETA, T54, no. 2138, p. 1264）補入。

19 《勝宗十句義論》原順序作：一數、二量、三別體、四合、五離、六彼體、七此體、八觸、九行（參 CBETA, T54, no. 2138, p. 1264）。

20 《勝宗十句義論》原順序作：一數、二量、三別體、四合、五離、六聲（參 CBETA, T54, no. 2138, p. 1264）。

21 《勝宗十句義論》原順序作：一數、二量、三別體、四合、五離、六覺、七樂、八苦、九欲、十瞋、十一勤勇、十二法、十三非法、十四行（CBETA, T54, no. 2138, p. 1264）。

22 原文無「云何非現境？」句，依《勝宗十句義論》（CBETA, T54, no. 2138, p. 1264）補。

23 《勝宗十句義論》無「重體」語（CBETA, T54, no. 2138, p. 1264c）。

24 原文脫「是」字，據《勝宗十句義論》（CBETA, T54, no. 2138, p. 1264）補。

25 原本脫「非一同法現量為先」句，據《勝宗十句義論》（CBETA, T54, no. 2138, p. 1264c）補。

26 《勝宗十句義論》作「待合等相屬念」（CBETA, T54, no. 2138, p. 1265a）。

27 原本脫「者」字，據上下文及《勝宗十句義論》（CBETA, T54, no. 2138, p. 1265a）補。

28 《勝宗十句義論》作「液體、潤、重體」（CBETA, T54, no. 2138, p. 1264c）。

29 應作「第十二」。

30 「不」原本作「而」，據上下文及《勝宗十句義論》（CBETA, T54, no. 2138, p. 1265b）改。

31 「實」，《勝宗十句義論》作「意」（CBETA, T54, no. 2138, p. 1265b16）。

32 《勝宗十句義論》「有」下有「同」字（CBETA, T54, no. 2138, p. 1265c）。

33 《勝宗十句義論》作「生至因」（CBETA, T54, no. 2138, p. 1265c）。

34 「處」字，《勝宗十句義論》作「所」（CBETA, T54, no. 2138, p. 1265c）。

35 「異」字，《勝宗十句義論》作「等」（CBETA, T54, no. 2138, p. 1265c）。

戒定《二十唯識論帳秘錄》

——國立政治大學哲學系名譽教授、法鼓文理學院特設講座教授　林鎮國

東海大學哲學系助理教授　楊得煜

計畫研究助理　何巒家整理

解題

戒定（一七五〇—一八〇五），號金猊園，真言宗僧，上野國群馬郡贊倉人，生於寬延三年（一七五〇），卒於文化二年（一八〇五）。十二歲時依高崎石上寺弁快出家。明和六年（一七六九）赴豐山長谷寺修學。寬政三年（一七九一），任江戶大塚護國寺代補。寬政十年，再登豐山，住於地藏院。享和三年，任武藏寶仙寺住職。著有《華嚴五教章帳秘錄》、《顯密二教論帳秘錄》、《成唯識論戒定鈔》、《二十唯識論帳秘錄》、《秘藏寶鑰帳秘錄》、《六合釋帳秘錄》、《讀書二十則》、《周易述贊》等。

《二十唯識論帳秘錄》一書有數個版本。其中，龍谷大學圖書館藏寫本，共二冊。第一冊卷頭標名「金猊園隨筆內典帳秘錄九．二十唯識論并述記略傳雜記筆藪」，第二冊卷頭標明「二十唯識論并述記下卷筆藪」。該寫本第二冊末頁有戒定小字註：「右件寬正十年戊午秋七月二十二日甲申開帷，九月五日丙寅微帷。此記自八月二十二日癸丑起草，九月五日丙寅擱筆。隨思雜記，只是家言，不許潛行。此皆草稿，文不成義。雜事□煩，並後可定之。」可知本書原分二冊，各以「筆藪」題名，總繫於「金猊園隨筆內典帳秘錄」下。據此亦可知，戒定講此錄於一七九八年。而明治二十七年（一八九四）權田雷斧（一八四七—一九三四）校訂出版《二十唯識論帳秘錄》，共二冊。該本上冊首頁標明「京都書肆貝葉堂發兌」，版心亦刻「貝葉堂藏版」。半頁十行，行二十字。四周雙邊。除正文中的雙行小字註之外，書頁頂部亦有零星註文。其後又收錄於《豐山全書》第十一冊，題為

「二十唯識論并述記帳秘錄」，二卷。該整理本之底本為長谷寺藏本，並對校明治時期之權田本。據《豐山》版末頁所載，該版所據之底本抄寫於文化七年（一八一〇）。該版卷上分題為「二十唯識論并述記略傳雜記筆藪」、「二十唯識論并疏上卷筆藪」，卷下題為「二十唯識論并述記下卷筆藪」，同於龍谷寫本。

在此書中，戒定針對《唯識二十論》及窺基（六三二—六八二）《唯識二十論述記》展開批判性的詮釋。特別是對窺基的註解，有著嚴厲的批評，遂為其特色。

凡例

一、此整理本以權田雷斧《二十唯識論帳秘錄》為底本，參校《豐山全書》本。

二、權田雷斧本書頁頂部有零星註文，此整理本通稱為「冠註」，以註腳形式呈現。

三、異體字逕改為目前通行的繁體字，不另註明。

四、句讀標點除了參考權田本之訓讀與豐山本之斷句，另依現代漢語標點為之。

書影

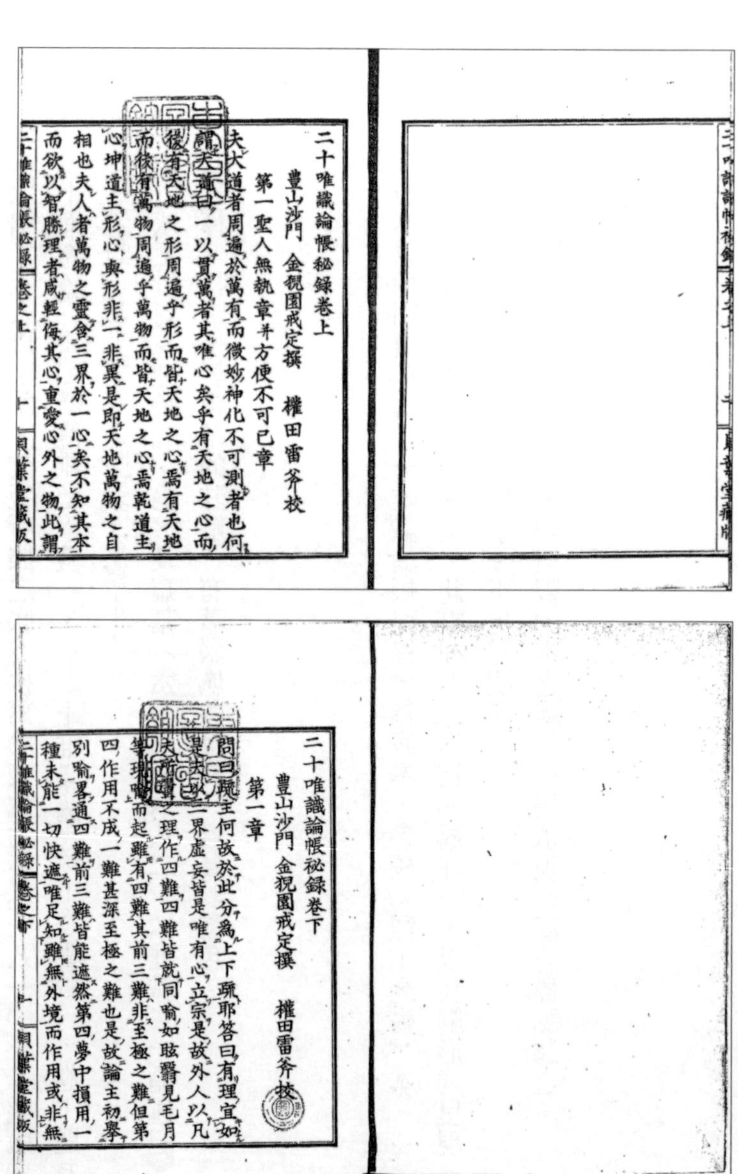

二十唯識論帳秘録巻上

豊山沙門　金猊園戒定撰　　權田雷斧校

第一聖人無執章并方便不可已章

夫大道者周遍於萬有而微妙神化不可測者也何謂大道曰一以貫萬者其唯心矣乎有天地之心而後有天地之形周遍乎形而皆天地之心焉有天地而後有萬物周遍乎萬物而皆天地之心焉乾道主心坤道主形心與形非一非異是即天地萬物之自相也夫人者萬物之靈含三界於一心矣不知其本而欲以智勝理者咸輕侮其心重愛心外之物此謂

二十唯識論帳秘録　巻之上　一　貝葉書院蔵版

二十唯識論帳秘録巻下

豊山沙門　金猊園戒定撰　　權田雷斧校

第一章

問曰論主何故於此分為上下兩耶答曰有理宜如是夫以三界虚妄皆是唯有心立宗是故外人以凡夫所讀之理作四難四難皆就同喩如眩翳見毛月等現喩而起難有四難其前三難非至極之難但第四作用不成一難甚深至極之難也是故論主初擧別喩畧通四難前三難皆能遮然第四夢中損用一種未能一切快遮唯足知雖無外境而作用或非無

二十唯識論帳秘録　巻之下　一　貝葉書院蔵版

《二十唯識論帳秘錄》卷上

豐山沙門金猊園戒定撰，權田雷斧校

第一、聖人無執章并方便不可已章

夫大道者，周遍於萬有，而微妙神化，不可測者也。何謂大道？曰：一以貫萬者，其唯心矣乎！有天地之心，而後有天地之形，周遍乎形，而皆天地之心焉。有天地而後有萬物，周遍乎萬物，而皆天地之心焉。乾道主心，坤道主形。心與形，非一非異，是即天地萬物之自相也。

夫人者，萬物之靈，含三界於一心矣。不知其本，而欲以智勝理者，咸輕侮其心、重愛心外之物。此謂迷惑也。惑之品非一。日夜擾惱我心極，此之謂煩惱；覺知之不至其本，此之謂小覺，所謂小乘也。大道唯在我心，而遍我身，而見聞覺知之境界不入乎心，則我不能以為我境，我不能以領之。色、聲、香、味、觸、法，即我眼、耳、鼻、舌、身、意之境界也。能當乎心，則為有境；不入乎心而離于心，則為無境。何以故？不能緣故。是故凡至為心之境，則名為心之境。即是心中之境相分是也。故云「萬物唯心」。此是唯識權分方便之說也。若大乘真實義，我心自在有無，之謂中道。心有時，萬法亦有，有所緣故；心無時，萬法亦空，無所緣故。如是自在有無，故此心即非有非空之中道也。

三界諸法，一點不動，而即空即有，如覆掌然。故云「心及萬法如幻」也。是心之體即真如之心。故《成唯識》等立心真如，有為、無為性異，故不得如實成立。何以故？夫實教但以隨自意說唯心義，不依隨他意故。何故？唯隨自說，不以破邪為先，故《成唯識》等以破邪顯正為立義之功，故對外小立唯心義，然彼外道小乘不知至道之唯心故，固以為心外有實物而為境。將破彼執，不得用隨自意對之。何以故？彼以為我義亦無過，故必以摧破顯過為先。

夫凡為議論之法，必於共知之法爭理之是非，則可決其是非；若以一向不共知之法對之，則彼外小以為狂者之言，不敢與議，彼短智故。是故雖非我本旨，且隨順彼等共知之法，爭外境之假實。故云「似外境現」等，其實則無似無不似也。故雖成唯識師，不得已故，立外假內有之說，非不知唯心實義。是故《成唯識論》第二七右云：「為遣妄執心、心所外實有境，故說唯有識。若執唯有識真實有者，如執外境亦是法執。」應知成唯識師不論心空智為先，但以心有為宗破外實，豈非不得已乎！天親《二十論》亦復爾。夫破外，外亦破我，於是論外境不實，唯依折[1]法空之理。若夫體空，色即是空，故不得能破微等。是故以折空破色等極微、地水等性為假。假者，即虛假不實之空也。但非真空耳。外境皆假無實．則心獨實而有。以唯心為至道義，即成立矣。皆是隨他意之中，而能成立唯心義。故心本是唯一心，無別體心。心所雖然，隨順薩婆多等，故立五十餘，亦立八王體別。尅論其相性，因茲遂不得為真如與心本是一。何以故？有為、無為性別故，並皆不得已之論。故《成唯識》中雖云「凝然真如，不作諸法」；天親《三十頌》云：「此諸法勝義，亦即是真如。常如其性故，即唯識實性。」此是以真如為即唯心之性，心性實即真如也。然一念念起以去，別為有為性之心，無念心性，別為真如，其實就位為別爾。歸于本原，則雖相宗，非安立也。實是無有有為、無為之別也。然安立門以下隨轉小法，故建立百法，以明性相。皆此為摧邪方便門。後以理學為宗者，隨好惡判，或以此為至論，豈天親、護法等之本意哉？若能曉予之所論，權方便教豈可賤之？雖然，此道豈可常用耶！何以論之？夫治天下者，先王之道也。先王之治邦，但以德政而治，是本意也。莫加焉耳。然有不良者，不從德政教令，則以刑辟治之。刑辟不常用，舉之不得已也。夫能立能破之道，刑異心之道。《成唯識》等以破邪為先，其猶如用刑辟之權也。權方便亦爾。有時用之，非道之本意。其猶如刑罪，非聖治之本意也。雖非常用，此道不可一日無也。

夫真如執真實，是為法執，況餘諸法乎！一乘、三乘、五乘之道，隨人皆妙道妙藥；執一廢百，愚者通弊也。秘密亦執為密，則法執也。如來設教，各皆為利益也。執己所欲，毀人所欲；以己所惡，毀人所惡，皆末代理學、自利財僧之通弊。古之所無，故我大師判一代，云隨病投藥，皆是妙藥，其不僻執，明矣。雖天台、賢首、玄奘、基等各贊其義，皆是各有所為而贊述，必非如後世執學好利僧自讚毀他之類，實皆菩提薩埵君子之人也。讀其書而知其人，豈誰能廋之！予多讀後古之書、近代之說，皆執學。執好、執惡、執愛、執憎之言，決非釋門大賢君子之言。又視世之學者及稱德者，人僻執確乎不可拔者也。凡讀書為學者，不離僻執，則不能為君子之僧，尚何知道之是非耶。學教成迷，學者之通患，不可不慎焉。

第二、權實章

問曰：《起信》、《唯識》皆說唯心，而說心相何甚不同乎？

答曰：《起信》，大乘隨自意直顯之法也，故不說色、心種種性相，唯皆為一心變作矣。《唯識》，破邪顯正隨他意故，多儀擬小法之性相，寄顯唯心之旨，是故權而非實。

第三、空有章

問曰：小乘有餘依色、心皆實；其無餘即色、心皆滅，如大虛，豈非斷空耶？又唯識權宗四智心品有為無漏，雖永不斷，而大涅槃中，非安立位，唯有識性，亡識相乎？若亡之，則與空宗何別？

答曰：小乘實歸空見也。唯識大乘不然，非安立法身也。如來受用身盡，未來際不盡，故清淨心相無斷絕也。

第四、講論用心章

凡講釋之法有二。為不能解其書文義者，則唯能說其達旨，而明解其文句，以令明了其達旨而已。更不可至其博物旁談立破、是非之論。何以故？其聞者未能究此文義，然及博物是非，則不精一於此文義，亦不精一於彼是非等，即兩聽兩失者也。是迷初心也。若有稍解文義、稍達其旨，而自恨其不博，且不知是非，故欲聽博廣是非、立破精正、細細講究者，而為此講論時，本文句義雖不精辨，而其是非、博論，不可不究。然一聞者尚稀，何況有願究講論者乎。故往往又論其是非，又及博論，冀乎令聞者廣其智，豈得已乎！凡講書之道，有一遍置者，有再往尚不盡者。先如外籍，一遍可者，如記、傳等是也。再遍不盡者，如《詩》、《書》、《易》等，且如《詩經》，初只可授毛、鄭說，次只可授朱家流，後直取《詩》道，不假古訓，而論文字之味，不依附會故事，只取其樂章之旨。當是時，視毛、朱等偏導兒童之方便說，亦不可無者也。詁訓之解皆引入文字之方便，執之則失，依之而入耳。注解文者，亦皆引入文辭權方便，若滯此方便者，永不能入文字、言語之文域。如《易》注家，皆邪說無可假取者。如此書一再而不可明也。夫佛教本唯是心學也。於中契經，皆說定心之妙。顯三昧之心皆內心，不可示。故寄人法事理儀，擬外境明之，是佛學之至極也。[2]外人迷文起是非，於是有破邪顯正之說。律制心之規道，經安心之定道，論名相之假說，摧邪息愚之疑之方便，非心學之本也。夫心者本無相也，無為也。然以身為屋宅，以眼耳鼻舌為門戶，出于世間，而取色聲香味觸之物，於此心生分別作意，無始來如是熏習故，雖離眼耳鼻舌身，而意尚不能忘之；故輪轉根境，不能住無為無相之自位。若能捨眼耳鼻舌身意，則心無為無相而靜住。何以故？外境五塵，內想法境，此六境不相應。故心如是時，名為初地。若時，於所緣智都無所得者，此也。心之有為唯有外境，故為也。若無外境累心，則心何為乎？本是無為也。心之有為無為者，權實二宗之異，而實說自本觀之，權說自末觀之，以是作二說。天親等無執心，故為方便，或說有為，為隨自，或說無為，豈有如後世執學者一是一非耶！依之，若講經者先初依名相說文義，是古今當途之說也。後以三昧心之表示說之。此有二門，謂顯、密也。若說無相不可說，故寄相顯之，是顯說也。心妙不可測而自在于無相，而後自在于有相，譬如凡夫意夢作種種境界，佛心之有相亦爾。以妙智作種種佛國，遊戲自在也。[3]此旨雖非無顯說，而此是密說之本分也。能達顯、密之定心說契經，弗為次第句見繫，可謂善定學之道矣。如論藏及註疏等，悉皆名相也。分破一心為無量名相，是故其究皆歸假也。然傳法之道，外此而莫有也。是故不可不講談也。然傳習正謬相錯，故講論一遍而不可究，或二遍、或三遍而可者甚多。《俱舍》、《唯識》等皆非經，再講不能講究《疏》等之可否，況其他焉！

第五、讀術章

問曰：讀書有術乎？

答曰：夫書者，有聖有賢、有邪有正、有善有惡、有典有戲，品類甚多，並皆人心之旨、不朽之器也，讀之甚不易。甚有術至相以八術讀之，出五十要問答。其他古人之術，散在諸書。我亦以數十術讀之。苟無術讀之，經多年何能知其定然不也？聖人之書，聖人心術之微意也。苟無讀書之微術，則不能曉彼微意矣。何是謂讀書之術？如二教等帳秘略記，今無遑于此，更不論之。有一術，讀《論》是聽世親言，即以為師，從而游焉；讀《疏》聽基言，即以為友，從而游焉。是謂尚師尚友之道、讀書三昧之要路矣。

第六、玄談評章

或問：凡今下帷者，皆作玄談，必分門章，辨教興傳來大意宗趣等。必可玄談乎否？

答曰：古者不聞懸談。但及至天台、嘉祥有玄義之說，即是玄談也。慈恩、賢首等講經、論，必立玄談、門章。玄談號起涼《抄》也。古人文前之談論，皆不得已也。若不令聞者豫知之，則入文難喻者，必先玄論，令聞之可也。若入文講究始終無用之談必不可，論之無益故。今世多視有益無益相半，不可不知之。題號、撰號既有文，講論至題號，本談也，何得云玄談乎！古人於本文以前立章門，故以題號等屬諸門章中。雖非懸談之本分，本文以前故屬玄，為次第故，終門必本文釋也。初心輩以題號為非本談，不思之過也。

第七、玄談不用章

或問：今講《二十唯識述記》，何不作玄談？

答曰：我講之講《論》也，《述記》即講錄也。以此講錄講究《論》意，則《述記》亦自盡也。且《述記》既有〈序〉，且有玄義、門章之說，能事既足，何更作玄談、撰講錄之為乎？今依《述記》講此《論》，是則以《論》為主；《述記》，講談之具書也。苟得基書之意，則與我書何異之有？所以不別作玄談等也。我友林常者，與予同州之人，住豐山，不下山者三十有餘年。擲尺璧、競寸陰，天資明敏，好學過古人。幸無一日草露之憂，倍寧越憤學之年。是故博覽佛書，所講究不少。其所發揮者，多得古人之心。惟惜不學外典之文雅，是故理深刻，失溫雅文思之理；且至漢文之文意，有隔靴抓痒之憂。雖然，於西方窮理之說，如常者我邦未易得之人也。我多病而傷寒苦暑，螢雪盡廢。不幸伏草莽十餘年、奔走塵鄉七年，昔之所學僅十年，而病半之；而又不自量，悲祖風之絕滅。有餘力則服綜藝之訓，一日起則有三日伏。天資不才，無業而成。況乃同塵絕學，既已七年，昔之所記皆盡亡，況所誦乎！然乃茲秋二三學生就我，乞聽《二十論》，固讓者數回。二三子不敢可。實當於乏人，豈可默止乎！遂為大眾講此《論》、《疏》。曩者有常師之《權衡記》，廣博難持。我今不遑《論》、《疏》一看，況能得讀彼《記》乎！雖然，昔我已知其說。其善者，我豈不依乎？多取師之說，頗談予之所欲。凡《權衡》所記，廣大而備，可謂太過矣。是故我不作玄談、講錄之類，要覽之人披彼耳。此中所論，皆所無彼也。

第八、解釋要術章

凡解釋分文科釋之法，性相學家之所創也。若於經文，必有二術。具作分科者，小學也；善廣其旨，隨文演義，不用敢分科，大學也，如天台、無畏等是也。慈恩以下，分文科章之說頻起，天下皆以此為釋法，彌精愈密，各以其微細相誇。然中華之細科尤甚者，莫甚乎台家。如從義《集解》等，皆科其句逗者不少，可謂謬解，但為授童蒙耳。然中華之人不誇亦不毀，蓋婆心，不得已假為瑣碎，人皆能知之故也。今我邦之人不知篇章句字之法，自始學西理，只以立細科為善學者。至句讀皆科，誇其精實，戾矣！惑矣！凡以文傳心者，書也。一篇必有達意，一章必有達意，一句必有達意。其中雖有細細之事理，皆為達其達意所布敘也。妄分科斷意，則或害達意；又雖不害，大失達意之旨味也。若能得一章之達意畢，而後雖句句視其所詮義，各科其意，令初心不遺句義，則大有助。不然而以科為功，自始從瑣碎，則聽唯識者終不聞唯識也。且如《二十論》偏成立唯心義而已。初長行立宗，一部之主意也。頌文以下，皆為成立此唯心道理盡理非不理也。以此旨為本旨，辨其各章句不妄達意。故一部讀終，三界唯心之義理曉然斯皆知。若不爾，則只迷外小能所破之理，不能明唯心之道理也。明唯識之道理是本分學也。為明之論種種義，是能明之燈也。其他博物之講論，非分之餘學也。餘一切讀書學義之道皆倣之。常師好細，過古人，博辨亦爾。若不用我誡，讀常師之書，初心必惑焉。不可不審矣。

第九、譯梵異章

《二十唯識》三譯：一、元魏菩提留支。名《大乘楞伽經唯識論》。一名《破色心論》。有二十二頌，而論初先舉二十三頌。畢自初頌，問答釋成，有二十六紙。二、陳真諦譯。在廣州誓止寺與慧愷等共譯。名《大乘唯識論》。此論體初有發起二頌，而後以長行起立宗之意，次立宗偈、次長行、次偈、次長行，似新譯之體。凡有二十四偈。魏、陳皆有立宗偈，則新譯《論》謬偈為長行者也。魏、唐無發起偈，則蓋異本也。梵本非一，正否相錯，勿叨斷正否。夫立宗偈，此一論之主偈也。無此則無主。是故可必有之。何以故？天親安立唯心宗義，先造此論，設諸外難，或破或難，遂以《二十頌》成立「三界唯有心，心外無實境」之義。雖有《二十頌》，但正成立唯心之道理耳，更無別所明。故有立宗偈為正本。《三十頌》就此已成立唯識，更明唯識性相行位，故無有立宗偈，是必然之理也。此論既有立宗長行，豈無偈乎？無立宗偈，何由有處等不定難偈起乎？明知無難偈以前有立宗偈，而因此次偈起，豈文理不然乎？基公依不正梵本，故非舊譯。但為贊新譯功作彼說。今補佐基捨前說梵本為不正，是補義也。

或問曰：汝捨基說，立別說，何補之有？

答曰：凡補之道，改過補闕失之謂。補佐之道，天子有闕政或有過失，大臣改之，使無後患，是補佐也。從飾其過失，之謂佞諛，天下之所憎也。故基有過，而淄洲等有補助之說。誠師資之道宜如是矣！然今我邦之人欲補師道之闕失，唯務飾其非，強為是之。謂補助，深謬矣哉！皆是佞學之徒，不可謂之傳道之資也。是故我於唯識，往往為基公助一解，必非同義，若同義，何助之有？有智者思之！

第十、二十名章

《二十唯識》題號，三本各異。基公以新題為正。然「唯識論」三字，三本皆有之。其他各異題名。案：世親本題但云「唯識論」，其他皆傳論者之所加也。故三本皆異號，由此知本頌多少或有傳者之增減乎？若以理視之，真諦論實可正魏本失。發起偈且造論體甚不正，蓋譯稿未正文者也。題云「大乘」，舊二本皆有。魏本加「楞伽」經號，蓋傳者意也。[4]《楞伽》中以「三界唯心」為宗明之，文非一，不遑枚舉。然長行所引契經為《華嚴》，蓋題號所妄加也。「二十」言為簡《三十頌》，傳論者所附號，非本有此名也。基公以「二十」言論頌多少之是非，不深思，故不足信也。

第十一、六釋章

題號作六合釋者，略如疏唯識者，若教若理，皆持業也。「二十」者，帶數也。若教「二十」，即頌言也。若理「二十」，頌所詮也。然目頌文，云「二十」為教明矣。論者唯能詮言教也。頌亦論義之頌，故論言兼攝頌義。故二十之唯識，（教唯識也。）同體依主以簡《三十唯識》。「二十」即「論」，持業也。

又唯識者，本經唯識名義法門。「二十論」者，末論名以唯識為所立為所釋，故為「二十論」名，一分有財，亦是於依主可釋。凡六合釋，隨離義之別成合義之別，故舉一廢一，自短至長，合釋法究竟。非二釋、三釋並存，謂有財之依主、持業之帶數等者也。且云二十者，不相應中名所攝數法假名也。故雖云帶數，離頌外無之也。二十即頌是持業也。「唯識」為本教，「二十頌」為末。唯識之二十依主或有財也。如是隨所見而成一義，是謂六合釋之法。若並存論之，無際限，是為失。夫六合釋者，有助語而文理主客分明則不論也。何以故？不釋其文而義無濫。故凡無助語、其文理主客難分者，若短名短句，若長名長句，凡一名或一句內觀其所詮理、加助語，說其義理，於是隨其所離而見義。其合釋之義理各成差別，其實一釋成一句義者也。義理一曲明了為句者也。凡名釋之其義理皆成句也。無助語而有主客之理句，亦猶如名者也。故分破而視其文下之理依六釋之法，則易視而無濫。凡能明文言有死活，而後明所說法義，而後求其名句所詮義理主客差別，則六合釋易易耳。然未知所說法義，而不知文理死活，但欲以六釋知名義者，猶如視卵求時夜，實太早計也。今之生學之徒皆是耳。不可不警策焉！

第十二、世親菩薩章

世親菩薩造：世親行事如《天親傳》、西方著述，不知作者。《西域記》五十二、《樞要》上本四等。出世時代有三說：一、滅後九百年。如《天親傳》、《唯識述記》一本十五、《中邊述記》上初右、《光記》八三十八左、《寶疏》八二十九左、《佛祖通載》四十七。《統記》三十三（十六左、右）作「五百」。五，九寫誤。基所取，即此九百年之說。[5] 故《述記》一本十左曰：今大乘九百年間，天親出世造此頌。真諦《中邊疏》亦云九百年。已上二、一千年。《西域記》二十九右、《慈恩傳》三初左。三、一千一百年。慧愷〈俱舍序〉，同〈攝論序〉也。此等二說今不取。《義燈》二本二十九左。亦取九百年。一千百年為誤。今案：如來出世，異說云云。故後菩薩出世，自佛滅數者各有異，不足怪。必難論正否，以無正史故。

菩薩者，大乘者之通稱也。求菩提之人，菩提薩埵也。凡論菩薩，有自利、利他，有能所覺、所能悲，因茲六合釋隨別也。世親名有二說：有為「天」名，則有財也。為「世」，天被親，則世之親，依主也。菩薩為求覺之人，則依主為能覺之人，亦依主，為以所覺名能覺人，則一分有財，亦依主以所覺、所悲為能覺、能悲名則全分有財也。如《義林》、《乘章》等釋世親即菩薩之名，故持業釋也。

第十三、造章

造者，蓋通述、作也。於中，作義為主。菩薩造論，必祖述佛說，故可謂述也。今祖述契經「三界唯心」，故於唯識教法，世尊為作、世親為造，是必然之理也。凡作、述之差別，漢土之法語也。譯人則于此故云造，不云作者，憚于世尊大聖也。此論望佛說，則「述」非「作」。然望後代注疏家，則「作」非「述」，故云「造」也。所以然者，古者天子之謂聖人。《禮記》曰：「作者謂之聖，述者謂之明；明聖者，述作之謂也。」[6]凡一代禮樂法度，天子所制，非臣民君子之所可制。故天子之謂制作也。《論語》曰：「作者七人。」蓋堯、舜、禹、湯、文、武、成成，即周公所攝。也。孔子論先王，以堯、舜為極。堯以上，史不明，故孔子不論也。孔子雖聖人，但是有德，不得其位，故雖述不能作。《論語》曰「述而不作」，謂不作一代禮樂法度也。《中庸》曰：「非天子，不議禮，不制度。」如是制作但聖天子之所為也。此等皆述、作各別，不相因者也。《中庸》又曰：「子曰：『無憂者其唯文王乎！以王季為父，以武王為子，父作之，子述之。』」此謂王業也。王季始為西伯，但是王業基之。謂之「作」。文王纘王季，復為西伯，三分天下，有其二，尚服從殷。是望王季，則文王為「述」業；望武王，則文王為「作」業。武王纘業，一戎衣而有天下。望文王則為述，望子孫為作。如是述、作逐緒異名義，以天子故也。

　佛法入中華，人皆知佛制作三藏遺教，然則羅漢、菩薩聖德纘佛緒。著論者猶如聖王繼體相述作。故於西方聖者之書曰「造」，示其聖德纘業也。此方作釋，基等雖賢，而明未有聖德，故唯「述」而非「作」。是故或云「述」、云「記」、云「著」、云「撰」、云「編」、云「錄」、云「集」、云「傳」、云「說」、云「箋」、云「解」、云「釋」、云「注」，並皆避聖之謙也。然《成唯識疏》一本二十六右述理曰：「述先來有，故造論曰造，今新起故。」基公此說，輕（卒）〔率〕不思之失也。試問，天親之理本無而今有乎？不述契經三界唯心之道理乎？既皆不然，何得曰「今新起故」耶？基等之所述契經以來理，天親所作舊來所無之理者，天親等無所祖述，何以引契經？太成無用矣。又基所述舊來有之，非今新記錄者，何人舊記之？何處在之？雖舊來有，不新記何以成

《疏》乎？既釋不成，輕（卒）〔率〕之失如是。今助一解云：聖人所記尊稱曰「造」，凡人所記謙曰「述記」等，宜如是釋。世人皆引《論語》、《中庸》而不知彼意，又妄引《三十述記》辨「述」、「作」之別而不知其非。是故雖繁，辨之耳。

第十四、造論因章

凡造論，皆有因緣。今因緣如《疏》準述，《起信》有八因緣，《成唯識》總合則有八因緣。三師各別。謂安慧等為令人生解，斷障得果故。（三因緣也。）火辨等為令達二空，悟唯識理。（二因也。）護法等為破邪顯，令得如實解。（三因緣也。）《述記》一本（二十一右）云：「凡造論者總有二緣：一、令法久住；二、利濟含釋。」（云云）《義燈》一本（三十八右）引真諦三藏造論六義說，廣明六義。又（至四十右）攝六義為二義，即攝持正法，成就有情也。乃至廣明所被機等。《樞要》上本（三十一右）以五意明造論。又（三十二右已下）有十種二緣。（二十緣也。）好廣披之。

第十五、翻譯章

唐三藏法師玄奘奉詔譯。顯所譯但三藏言語，故云「三藏」。其人非俗，故云「法師」。皆有簡別意。從於所譯法立「三藏」號，有財釋也。於法應為師於物，故云「法師」。亦有財得名。是故「三藏」及「法師」才能之德號也。「三藏」別釋如諸藏章。

「法師」釋如《文句》八之一。又《大乘義章》十六八左有法師德義。《要覽》上（十二左）有四法師。玄奘傳如《慈恩傳》、《宋僧傳》四七、《通載》十一三十九、《貞元錄》十一十八、《開元錄》八下六、《名義集》一四十八、《西域記》等。

帝命曰「詔」。

「譯」[7]者，《禮記・王制》曰：「五方之民，言語不通，嗜欲不同。達其志，通其欲；東方曰寄，南方曰象，西方曰狄鞮，北方曰譯。」已上東漢魏，佛書入中國，皆譯人之所通。故後世皆曰「譯」，襲其始也。通達兩方言語者，取彼方言語意以為此方言語，通其志欲所在之謂譯語也。三藏，彼方言語所載者也。通彼三藏言語，即為此方三藏，故云「三藏某譯」，顯異常通語之語譯也，所譯言語唯是三藏言文故。然古人未曉「三藏」號為何置之，或為所學等說，非譯者長名意也。

凡譯場，選時俊審詳之。所謂筆受、度語、潤文、證義，此皆僧所為，選此人以八備十條。具如《名義集》一三十七等。又有校勘、監護、大使等，官家所為也。此末釋護法《寶生論》，義淨譯場沙門、婆羅門凡有十八人：證梵義二人；證義七人，內一人兼正字，內一人兼筆受；證梵文一人；讀梵本四人；[8]證譯三人。案，時或增減。又詔譯場有監使等。如真諦在廣州非詔譯，不聞監使等。又證義等員必不足，意三藏一人多兼行者也。譯員多，未足必為正；其乏少，未足為必不正。是故真諦譯亦可必信，雖奘譯或不必。善學者思焉！

第十六、述記章

「述記」者，述即記也。述字音「術」。「術」，道路之名，鄉中、邑中之路曰「術」。故如《詩》、《書》、《禮》、《樂》，其道各有別。先王之道廣大，有百種之道，此之謂術也。術者，道之一方，各有妙者也。故《詩》、《書》、《禮》、《樂》謂之四術。諸子百家，皆之謂術也。心術、機術、微術、方術、道術、藝術、法術、經術，凡精一者，無不術也。行術者，述也。故遊息于此，纘明其微意，之謂述也。能明能行能纘能暢曰述。所述之道曰術。故以同音二字為別。能述故其義即記也。所謂「祖述堯舜，子述之明」者，「述之」等謂纘明也。皆能述也。

第十七、撰號章

翻經沙門基撰：簡不與參譯場僧，故曰「翻經沙門」。三藏中，經為首為尊。故依勝云翻經，非為簡翻論、翻律也。基，疏主名。蓋一字名也。古者僧皆法于西方釋氏，故皆一名無字。自唐以後，仕官僧始往往有似俗士具字僧。然玄奘實無字，其高弟基必無也。基一又一字名者古者多。然僧傳等「基」為「窺基」，字曰「洪道」，皆後人所附會也。基一代著述皆云「基」，不云「窺基」，故一字名必矣。又字「洪道」無用也。後人尊其德，遂從俗禮憚呼名，假字「洪道」，諱「基」名；遂以為實有字者，不思之失。又或基本名，俗則諱也。後人憚之，以「窺」呼之。不知者遂以「窺基」為名，亦不思之妄也。撰者，《易》曰：「雜物撰德。」已上取其俊者曰「撰」。如《文選》之「選」也。謂義理萬差，紛擾雜錯，基每述撰其善者，故曰撰，即記也。

問曰：天竺亦置撰號乎？

答曰：未知也。彼邦經、論等諸題名尚皆於卷末置之，如《金剛頂義決》三十八右言之。《地藏經鼓吹》引《顯要記》曰：晉道安法師有四義故，始安經首。一者，人見經題目知部法故；二者，為智者略能廣解故；三者，為簡異餘部易見故；四者，為總迫眾生假見經題獲益故。其撰號不知也。

中華或有在終者。詩、文作者之自記者皆爾。古者皆無有撰號焉。司馬遷《史記》，於終作〈自序傳〉，故知《史記》是遷之作也。凡古書撰號在始者，後人為簡亂所添也。但門人置之或稱「氏」，如「孔氏傳」、「鄭氏注」等。凡自古至漢魏，無有自手書撰號，眩賈已聲名者。後世古書荐出，新著日積，故不遑暗記其作者，遂皆置撰號，令知作者，且簡濫也。自南北朝末，天下皆然。及唐常以為述作之法也。然往往不自置者，或門人尊之，以記撰號；或恐濫他作以置之，尚不少也。

我邦佛學者流常談，云有三故置之：一、簡濫；二、人法相依；三、依人信法。各引其故，其理如常。然是皆管見井蛙之談，可謂啀兒辨學語談也。簡濫是勿論。引《行事抄》因緣者，井蛙之見，可笑之甚。道宣以前，天下之佛書無撰號乎？不思之甚矣！「人法相依」者，俚理之附會也。人法相依，法不獨弘，必依人弘，是佛教常談，何與撰號乎？經說非為撰號，然為撰號之由，是俚言俗理妄附會也。「依人信法」，於佛、菩薩、羅漢則可也。其他書何有此理乎？若言有者，自高傲慢失其德，誰信之？無用之甚者也！

第十八、諱字章

又問：常途講師皆云，凡於撰號有唱、不唱兩傳。我不祖奉者，唱可也；我祖奉者，可諱而不唱，但唱云某撰。凡雖非祖師之撰，講讀其書則尊其撰者。不唱者如基、法藏、吉藏等皆然。此說是乎？非乎？

答曰：此皆中古不學不博之南僧所創，妄之甚者也。凡中華先王之禮，國有諱、家有諱。不犯諱，禮也。然諱之法，不對其忌之人則不可忌者也。設對忌人不忌者，書中所有也。故在《詩》、《書》不諱，是古禮也。然漢人為諱其君父，妄忌《詩》、《書》中文字。此蔽延後世，至唐及宋，其蔽極矣。遂如宋儒，如己所敬，云「何氏」等，至不書其名字，愚之甚莫大焉！又俗士守禮是道也。其不可忌，尚忌之，我何惡之。

我佛家者流，古者各唱其姓氏，故準中華之禮尚可也。自道安以來出家皆稱釋氏，用西方之禮，何忌名耶？西方本來無二名，故無可諱者。況佛、菩薩名號，朝夕唱之，以為尊敬，宜皆唱名也。後世擬世禮，有二名者不應稱釋氏、沙門等，西方無二名故。故雖有字者不可忌名，況一名之人！中古南僧妄擬諸博士家，說以不唱為敬，不知我道，盲目僧之所為，豈可則乎！

凡我邦古者僧無有二名者，而中古以來真言、天台之僧必有二名。今時以為諱字，妄計之甚者也。夫古者度制不為甚多，天下僧侶不甚多，而集居大寺，一室數人和合而修行，是故無僧坊之制也。我大師出世之時，尚唯一名，無有坊號也。高野、比叡荐盛，眾徒至千萬。修學之人不得與非修相雜居，貴戚清門之子不得與賤種相同居，於是各別其房。房，所謂小齋也。其制如大學校學生所居之房。如宮中椒房。房，皆小齋也。遂乃房有題，號何某房。不唱其名，呼其房，是尊敬之法。如稱呼必指座右、足下、門下等，不指斥其人。古者呼房，如今時俗曰「樣」、曰「殿」也。凡其房號，人人以所欲號之。如今世人名外有庵號、齋號、堂號等，實假名也。故遂為假名之祖，非字，如是明矣。我宗房號之起，不知自何人。然如「正覺房」、「五智房」，尤古者也。自是以後皆有之。今天台宗小僧初無房號，入談林、列學侶，始有房號，以此為式，蓋古風也。今真言僧剃髮、染衣，即時具房號，妄之甚矣。未有房，然號房，無稽之號也。今世愚僧無智之片學徒不知房字意，唯以為房者謂僧者，甚矣。不知房之為房也。應知釋字不用二名，唯一名而不忌，是釋氏之正律正禮也。有其字者不知其本，故以房號謂字，遂有忌名之謬矣。凡向書書中所有雖君父名不忌，中華正禮也，忌者私也。凡釋氏若向先王禮典，則或有忌者乎！如勅命之講論是也。於我釋氏之名，自上佛至下祖師一無所忌，是佛家之法也。

第十九、不精章

問曰：基此《疏》可謂精撰乎？

答曰：否也。《疏．自序》云：「龍朔元年歲次辛酉，六月一日，於玉華慶福殿，肇譯此論。基受旨執筆。其月八日，詳譯畢功。」下卷終云：「已隨執筆，敢受指麾，略述斯疏。其間文義，有所虧拙。幸諸學者，詳而靡尤。」以此觀之，隨譯出日撰此疏，首尾八日，與譯共畢功。著作如是速疾，雖欲其能不愆，其能得乎？非學海義龍智囊，則焉能有如是疾撰乎？基公深智宏才，兼奘下群英，然有好先之病。故所著皆草卒，不遑于精正。是以不啻此《疏》，其如《成唯識》等疏，皆不精矣。其弊，以爭先也。雖稱受三藏旨，豈能得如旨無差哉？

夫理者，圓也。言者，偏也。是故一聞異解，遂成說非。說者之罪，是受旨者之過也。失旨者不可以言傳之，所說唯糟粕耳。旨者唯在文中。能讀彼文言，要其旨，則旨亦可傳，何喋喋能授旨乎？以心傳心者，以文載心，故以心則可傳。是學書之以心傳心也。外此則不能得旨。然愚者驚受旨言可謂愚者在斯焉。基公往往有受旨者，豈每下筆可受之乎？有智曉之！此《疏》多有輕率失者，豈可悉而論焉？大義無害者吾不欲尤之。雖然，兒輩信基不異天親等，實是愚之串習也。為驚覺往往質其過，以補此宗，助基贊論旨，君子之僧靡尤之。且雖其本論較新舊而有勝劣，則論三藏學流及執筆錄文之得失也。

第二十、因明評章

或問曰：基釋謬甚者莫大乎因明矣。而其好作量，可辨其非乎？

答曰：夫因明者，別一處之學也。欲學因明，唯就《因明論》可也。於他抄、疏中雖有立量等，本非為立量作之，唯模擬因明，使義理明而已。故其立量言有過、無過不可議之。一、作者無此精意故。二、言過無用故。但宜以證誠道理解之。凡西方論議之法雖不依因明門建立一義者，必依三義。謂立義、證義、喻義。此三備則為有一理。此舊譯魏論具說此事。陳譯雖略，亦有此意。謂云「實無有外塵」，立義也；「似塵識現故」，證義也；「猶如翳眼人見毛月」等，立喻也。如是但以道理宗因喻說法，非因明言陳門也。故此《論》及《三十論》疏中種種立量唯以道理可得義，其因明之法不可議也。然《因明大疏》為指南所作，然本依謬傳之說，遂大失論意。基家因明實一家言，不足學者也。至因明不遑助釋，是故其疏不可助，直取《入正理論》別立因明正流可也。以此推助基家失，使彼過改之，可謂傳法君子之人也。不爾，因明不學可也。夫學問之術多端，有必用、有必解、有無用、有希用。而因明之學，在西方為必用、為急務；在我邦，實為屠龍之術。是故學，可也；不學，亦可也。

第二十一、助釋章

或問曰：基公等釋，多有謬說。臨于諱，可破乎？可救乎？

答曰：若作基家之學者，不可破之。違家學之說，不可與論。是異說故不與論，則亦無所用救也。若不拘基家之流，直就本經、本論之旨，以我一家之意，雖護法、清辨，何不破之有？況基等！然今講基《疏》有其二道：讀而破，滅其道也。不破，直述基意，講基《疏》也。至其過，則或救、或助一解，使相學者不惑，贊其道也。

第二十二、達意章

問曰：前所論諸書，要達意為先。宜其然！此《論》達意，但初立宗、次成立、後結歎，是為達意耶？

答曰：是何足為達意乎！唯知大節而已！

若爾，大意達章，其相如何？

曰：有略有廣。其廣至下漸可知。今略示其大意。夫論主於大乘中安立三界唯心義以為宗趣，故初敬發。次立宗義，但引大乘經為證。唯是約自宗，非欲對他宗也。雖然，為簡小乘，故云「大乘中」。然世間昧劣人，有學、無學、智、不智，常以為有心外境，故聞「唯心無境」說，無不疑其說。是故論主先不簡外、小及世人，總為喻告諸昧者，取喻以喻之。曰：如「眩翳人見毛月」等。於是以「世人共知現事」作四難疑之。論主答之，初別別答之。四難中第四「作用不成難」，至要也。彼等皆就「毛月」等喻作疑，故又皆以夢喻告。是未能盡此理，但為至下明現覺如夢中，三界皆同夢，未覺者不知三界妄，猶如夢未覺者不知夢境非有故。先總相多引夢喻答之。於中「餓鬼見膿」等喻，為起次地獄一喻四事皆成偈，別喻告小乘。於是雜而用。論主初四事別別答，總對一切世人及小乘等也。欲廣弘喻告，令一切世人信此唯心理，是論主志也，何啻欲對外、小起爭論乎？

有部夢境執實，基偏執因明故，恐不共許失，以為對經量部，如是僻說也。論主所對廣矣，於中皆應曉者則曉，何必定撰某某計？

此段是總成章也。如是雖總成「三世實有，法體常有」計，是無境之讎敵，害莫大乎有宗矣。為破彼有執故，更取地獄喻四事皆成。自此以下，專對學教成迷之人也。此一偈對有部正義，則獄卒非情，猶有如情作用，一分成無實有用義。是故次以有部不正義獄卒有情義舉疑，卻大破之。遂至救而復破，其有情義是無實有用大害，故論主苦破，必非傍論。雖已破此義，有部正義雖云非情，而不許無體，必是心外實有大種，但為別異大種，是故又破之。彼許業力所感，故難以為可許識變。非熏習何以感起？應許所熏必唯在識，識所變。如是難者為引教證而作會釋故。次外人依教不許無境，論主以別意趣通之，反成大乘法無我唯識之理。於是略立唯識理且成。雖然，彼內外十處色等境，外人未信伏別意趣，故小乘外人問其果然之理。是故論主廣破外境實所立其非理之義。夫立外境實有者以理推究其實，但至極微塵而極矣。凡立極微計，於外道勝論，是其魁酋。在小乘有部，是其覇王也。故破此二部，則其他小執不破而自降，是立論摧破之要路也。世親老成，猶如老將呂望者也。是故破此二凶，其餘則令自降面縛也。

此中小乘三計，皆有部也。疏主雜之經部，蓋非論旨也。極微、實境既破，色等外境無義大顯著。然此破但在利辨，是故小執之徒未能信伏。是以彼等義謂戰辨無益，但以現見量之，則不勞言而外境明白，當依現見定外境有無。是故論主設夢中喻，示雖無實境，而現覺尚有。返以刹那生滅破彼現覺外境為意識分別執，不許現量有外境了知。是以小人乘此答，即以憶持證曾受現量外境，返難論主。是故論主奪彼憶持所執外境，不許直緣外境。其時必緣似外境相分，故謬為外境，反是成立識變有而外境無。

雖然，外人以不曉夢中境無喻、覺時中境無齊等之旨，故起不齊難。是則欲吐論主本懷妙喻，故乘前章夢中喻，起此問也。三界皆夢，其理曉然斯朗，外人雖信伏，而猶未曉無實體而有實用之義。是故以能所教邪正決疑之。論主諭之以增上緣力。凡立無境，唯於所緣論之。非正所緣者，皆是增上緣也。於所緣無心外境，是謂唯識無外境。雖如是諭，猶未曉夢、覺二時無境義全同，而夢中、覺中受果不同義，故以勝劣論之。

雖然，唯心業無心外身業等，殺等不成。外人未曉身業等唯心所作，而身口唯名，故起羊等屠死難。成但意業作殺死等，多引喻成意殺旨。外人猶未曉意業大罪身口名明證，故引彈宅迦等經說，成世尊自為意業最重之旨。既有理，又有教，唯心是有，色等同無之旨，外人大開悟。雖然現有他心，是心故有也。是他人心，非自心。不緣則已，既是他心智之所緣也。若是外境，則何唯色境是無也？若非外境，何為他心？是未曉其唯心義。是故設難通之，約疏所緣故。雖不如實知，是相本質不離相故，亦是唯識無外境之義皆成。餘一切有質諸法皆是道理也。於是一切色、心二境皆唯心，無有離心為所緣之理之旨成立了。乃結造述之意，推深義廣大於世尊。是則一部大旨，謂之略達意也，其細義意旨至文可知。兒輩未知其達意，然早就文句論句逗間細義，譬如柱梁未搆，而議牀几厨架等，太早計矣。

《二十唯識論并疏筆數》

第一章

《論》：「安立大乘三界唯識，以契經說三界唯心。」文魏譯為《華嚴》。陳譯不指何經，然基亦為《華嚴》。蓋天竺傳皆為賢首釋第六地文。[9]約諸教以十門，解釋大有益。今雖繁，舉之。《探玄記》十三十七右曰：言三界虛妄但是一心作者。此之一文，諸論同引，證成唯識。今此所說，是何等心？云何名作？今釋此義依諸聖教，說有多門：

一、相見俱存故說唯識：謂通八識及諸心所并所變相分，本影具足。由有支等熏習力故，變現三界依正等報。如《攝大乘》及《唯識》等諸論廣說。

二、攝相歸見故說唯識：謂亦通八識王數，差別所變相分無別種生。能見識生，帶彼影起。如《解深密經》、《二十唯識》、《觀所緣論》具說斯義。[10]

三、攝數歸王故說唯識：謂亦通具八識心王，以彼心所依於心王，無自體故。許彼亦是心所變故。如《莊嚴論》說。

四、以末[11]歸本故說唯識：謂七轉識皆是本識差別功能，無別體故。《楞伽》云：「藏識海常住，境界風所動；種種諸識浪，騰躍而轉生。」又云：「譬如巨海浪，無有若干相；

諸識心如是，異[12]亦不可得」。解云：既離水無別有浪，明離本識無別六七。廣如彼說。

五、攝相歸性故說唯識：謂此八識皆無自體，唯是如來藏平等顯現，餘相皆盡。經云：「一切眾生即涅槃相，不復更滅等。」《楞伽》云：「不壞相有八，無相亦無相。」如是等文，誠[13]證非一。

六、轉真成事故說唯識：謂如來藏不守自性，隨緣顯現八識王數，相見種現。故《楞伽》云：「如來藏為無始惡習所熏習，故名為識藏。」《密嚴經》云：「佛說如來藏，以為阿賴耶。惡慧不能知，藏即賴耶藏。」又云：「如來清淨藏，世間阿賴耶；如金作指環，展轉無差別。」又《勝鬘經》、《寶性論》、《起信論》皆說此義，誠證非一。

七、理事俱融故說唯識：謂如來藏舉體隨緣，成辨諸事，而其自性，本不生滅。即此理事混融無礙。是故一心二諦，皆無障礙。《起信論》云：「依一心法有二種門：一、心真如門。二、心生滅門。」然此「二門皆各總攝一切法。」《勝鬘經》云：「自性清淨心不染而染，難可了知；染而不染，亦難可了知。」解云：不染而染，明性淨隨染，舉體成俗，即生滅門也。染而不染，明即染常淨，本來真諦，即真如門也。此明即淨之染不礙真而恒俗，即染之淨不礙俗而恆真。是故不礙一心雙存二諦。此中有味，深思當見。」經云：「於諦常自二，於解常自一。」論云：「智障極盲闇，謂真俗別執，皆此義也。」

八、融事相入故說唯識：謂由理性圓融無礙，以理成事，事亦鎔融，互不相礙。或一入一切，一切入一，無所障礙。上文云：一中解無量，無量中解一等。〈舍那品〉云：於此蓮華藏世界海之內一一微塵中見一切法界。又此品下云：於一微塵中，現有三惡道。

天、人、阿修羅，各各受業報。如是等文廣多無量。如上下經說。

九、全事相即故說唯識：謂依理之事，事無別事。理既無此彼之異，令事亦一即一切。上經云：知一世界即是一切世界，知一切世界即是一世界。又云：知一即多、多即一等，廣如經文。

十、帝網[14]無礙故說唯識：謂一中有一切，彼一切中一復有一切。既一門中如是重重不可窮盡，餘一一門皆各如是。思準可知。如因陀羅網重重影現，皆是心識如來藏法性圓融故，令彼事相如是無礙。廣如上下文說。

上來十門唯識道理。於中，初三門約初教說，次四門約終教說[15]，後三門約圓教、別教[16]，總具十門約同教說。上來所明，通一部經，非局此地。又是約教就解而說。若就觀行，亦有十重。如一卷華嚴三昧中說。已上全文

案曰：第一、相見俱存門：五重唯識中第一重，遣虛存實唯識。謂唯遮外境，存內相分境及見分。故三類境帶質通情本，謂相分影帶本質起，亦兼通獨影唯從見攝之。

第二、攝相歸見門：五重中當第二，遮濫留純。謂恐濫外境，遮內境。此攝相歸見之義。此中云「所變相分，無別種生；能見識生，帶彼影起」者，相、見二分，同、種別種，《樞要》上末二、《義燈》一末二十二有三師不同。初二師不正義，第三師護法正義，謂第一師云：三法同種生。謂本質、影像及見分。第二師云：兩法同種生。謂相、見分。此二，《燈》主破之。第三師云：見、相分隨其所應種，或同或異。如緣龜毛等，相與見同種，以無自體本質故，相分亦假，不別熏種，但隨見力帶同相分熏種。如緣五根有為實

體，相與見分即別種生。以十八界定異因，故不相雜亂。然相與質亦有二解：一云同種，二云別種。別種義為勝乃至然同、別種復有種別，性與見同，或復性同而繫種別，或復相分性隨見質判性不定，或雖有質、相、見同生，不生本質。由此不定故，三藏法師以為一頌，顯此差別。云：

性境境自相云性境。不隨心，能緣心也。不隨猶如不順、不同也。

獨影唯從見；意緣龜毛等等。

帶質通情本，相分帶本質境，故通見分本質。

性、種等隨應。已上

廣明此三類境，要覽者披彼。

第三、攝數歸王門：案，慈恩家未見心所無體，計五重唯識中第三重攝末歸本唯識，攝見分歸自體分，故不滅心所。亦第五重遣相證性，即自性清淨心云性。雖於依他云遣非滅，無漏真實智，故無有攝所歸王說。又《唯識義林》一末十五已下明自八識體一，至九識一二三四五六七八九，然不見心所無體說。但第一《攝論》所說八識體一者，七識尚無體，況心所乎？若當此乎？然此唯攝數也，不應攝七之計也。更考之：第四門以下四門，皆《起信》所明之旨，差別不待論而明矣。其一乘三門皆佛心造作佛世界無盡三業依正等，即是淨法界緣起，與我金剛界曼荼羅其微旨無毫差矣。凡諸顯教大乘，以一心為世出世間一切人法能造。於中《成唯識》大乘以有為心為能造，是故佛世界寂寥焉。《起信》大乘以無為心為能造，然此唯在生滅門。其在真如諦中，則心言俱絕故，法佛境界尚寂寥矣。天台雖妙，此域尚同矣。唯華嚴圓教別教一乘大異于眾教，謂無為心緣起三界為終教，此心作眾生，妄緣起也。無為自性清淨心造作佛界三種世間自相，皆悉淨法界，無一毫有妄法。是故法身即受用、變化，受用、變化即法身；佛界即眾生界加持世界，眾生界即佛界。如是果體無礙自在故，造作無盡佛菩薩等。此是佛心能造華嚴界無盡莊嚴也。此佛心豈啻色、心隨一之心哉？即是色、心不二之心，故能造如是微妙有相莊嚴。是為別教一乘果性不可說法門。是故我大師唯於《華嚴》作與奪顯密釋曰：果性不可說者，密藏之本分也。此奪門取為金剛頂也。又曰：望前顯教至極者，一分不可說之言，一分同絕言之義故，與門以為顯極。然顯理曾不可有如是表德佛果，故曰望後秘心，初心即秘密莊嚴之初發心住也。初發心時即成正覺，不起座能造作無盡無餘世界海人法等，是謂無盡莊嚴藏世界，[17]即金剛頂無盡清淨佛世界，唯佛與佛境界也。此即同密佛之初心。故以為密果與果性不可說密藏本分，其旨一也。我大師總判顯教為一心緣起，以三界唯心攝三乘。[18]故但立密教能造為六大，即以色、心二法皆為能造。顯教，色所造也。今為能造者，凡心有處無不有色，亦有色處無不有心。真心遍天地萬物，訶梨陀耶心是也。不能離色而心獨立，無離心，色獨立，色與心無始本來其性相隨轉不相離故，譬《易》道，乾道，心也；坤道，色也。[19]是二周遍天地萬物無相離處，能造作天地萬物、情、非情等無量無盡之世間之事理也。六大亦復玄同于是也。是故以六大自性為能造。《華嚴》所造佛界廣大，而能造唯心，不論色。蓋尚恐心外實有之小執，作末了之說。其實則色亦即心也。以色、心為唯心亦無遮。然云心即色，亡色末了也。故密教以六大無礙為能造。雖然，非無唯心義。訶字因不可得，約歸本明唯心。阿字不生義，依緣起明唯心。此是密教三界唯心也。故吽字義曰：所謂訶字門一切諸法因不可得故。何以故？以諸法展轉待因成故，當知最後無依故，說無住為諸法本。所以然者，以種種門觀諸法因緣悉不生故，當知萬法唯心。心之實相即是一切種智，是諸法法界。法界即是諸法之體，不得為因。乃至阿字門從本歸末，畢竟到如是處；訶字門亦從末歸本，畢竟到如是處。阿字從本不生，生一切法。訶字以無待因為諸法因，[20]終始同歸。乃至阿字實義遍一切法義中。所以者何？以一切法無不從眾緣生。從緣生者，悉皆有始有終。觀此能生緣展轉從緣，誰為其本？則知本不生際是萬法之本。若見本不生際者，是如實知自心即是一切智智。而凡夫不觀諸法本，故妄見有生，所以隨生死流，不能自出。如彼智畫師自運眾綵，作可畏夜叉之形，成已還自觀之，心生怖畏，頓躄于地。眾生亦復如是。自運諸法本源，[21]畫作三界而還自沒其中，自心備受諸苦。如來有智畫師，既了知已，即能自在成立大悲曼荼羅。已上

上來二字觀門，即密教三界唯心分齊也。緣如密教色不離心故。設云唯心理智雖平等，且智佛身之主，理是所住三昧故，約能勝說。如是則密教三界唯心也。[22]唯心作世間，如是唯心造作佛世間人法。是則上達法身、下及六道，皆是六大所造也。故即身義曰：以六大為能生，以四法身、三世間為所生。此所生法，上達法身、下及六道。雖麁細有隔，大小有差，然猶不出六大。故佛說六大為法界體性。諸顯教中以四大等為非情，密教則說此為如來三昧耶身。四大等不離心大，心、色雖異，其性即同。色即心，心即色，無障無礙。已上

第二章

安立者，《疏》有多義，以成立為本義。然此云安立者，必非成立也。何者？此立宗一章明大乘自所立意，故唯是安立也，非對他人新成立此一宗故。故出本宗依經以外小不共許經，是唯我宗安立門也。其道理則識似境現，如眩翳見毛等。是故我大乘安此唯心旨，立宗為唯識，此是立宗一章達意也。即於此義有設難言以下，設外難成立我舊來所安立唯心之義。自此以下至論終，皆為此立宗章能成立也。故所列《二十頌》皆能成之教理也。立宗章此所成之安立也。故終偈云：我已隨自能略成唯識。略成，《二十頌》也。唯識，立宗之唯識也。此《論》一編，大為二：一明所安立唯識宗意，二即於此義以下，設難成立此所立唯識而已。是論文體勢也。知之如是，而後可從《疏》等細說。雖不可，亦不足破。若未得達意，而奔走瑣細，則倒耳。

第三章

依論文體勢，必可有立宗頌。若無之，若識等頌由何而起？設無長行，但頌其理不可闕故。不聞大乘所立宗義而起難，誠無發端、無由緣。若如是，則不可謂善論也。是故真諦梵本可謂正本矣。彼《論》有發起頌。而安立大乘等，彼長行釋也。又文云：於大乘中立三界者唯有識，「立」字在「於中」下。「於中」言簡餘乘，唯取自宗，故「安立」非「成立」，大乘中無違此者故，何用成立？新譯「安立」言在「大乘」上，於理不純正矣！

問：陳《論》發起序偈何？

答：彼《論》云：

> 大乘唯識論
>
> 修道不共他，能說無礙[23]義；頂禮大乘理，當說立及破。

解云：初三句敬禮，於中僧寶、佛寶、法寶如次可知。「頂禮」二字通上三句。第四句發起此論。

> 無量佛所修，除障及根本；唯識自性靜，昧劣人不信。

解云：此一偈明說立破所以，正只發起也。別為外難，斥破發起也。上一偈總為立破發端。此中云「自性靜」，當「自性淨」。「淨」、「靜」音形皆近，故謬也。又解：上一偈敬禮總發起，下一偈別發起，謂於中無量佛等三句為立宗發端，下一句為外難發起。此義為正。

> 於大乘中立三界者唯有識。如經言：佛子！三界者唯有心。心意識等是總名，應知此

心有相應法。唯「言」者為除色塵等。

解云；前頌云大乘理云唯識，故以此長行述其意。又前偈云當說立，故此長行釋立出偈。新譯「大乘」上有「立」字，譯文者之謬，陳譯正矣。如下辨。心意識下鮮本有「等」字。

實無有外塵，似塵識生故；猶如翳眼人，見毛二月等。

大乘中立義，外塵實無所有。若爾云何見有外塵？為證此義，故言「似塵識生故」。由識似塵現故，眾生於無塵中見塵。為顯此義，故立斯譬。如眼有病及眼根亂，於無物中識似二月及渴塵等而現，唯識義亦如是。是故三界實無外塵。識轉似塵顯三性二諦同無性，性名非安立。

解云：「境」，陳譯曰「塵」。「為顯此義」之「義」字，《論》作「識」，恐寫誤。然非不通，此寄問識立宗唯識也。於中二，初正述安立諦唯識，即此三界唯心，是安立諦之唯識也。後顯三性下，反明非三界之真唯識也。然則立宗唯識唯依三界唯心文，則大乘俗諦安立之位，即依詮立之也。由此得唯識自性清淨，是即非安立唯識也。今《論》但約安立為宗，故唯云立，即自所立也。新譯但首云安立，不能顯此等意味。

處時悉無定，無相續不定；作事悉不成，若唯識無塵。

解云：此終句可與第一句易地，宜在第一句處，所謂回文未盡也。他傚此。何以知者？理然故、文倒故、此下多有傳者謬故。此次下論主答二偈與長行相混雜，全是於此傳寫大輕忽失書矣。讀者可知之！此偈以下至終，新舊兩譯，其文義體勢無殊異也。前發起中云當說破，云昧劣人不信，正所發起也。為能成，故破斥外難也。

評曰：世親菩薩欲廣顯揚大乘唯識義，先作《二十頌》立宗釋妨，後作《三十頌》廣明唯識相及性并行位，以大成唯識義，括囊一代，實是世親出世一大事因緣也。如是大志願，無歸敬發起不可矣。彼作《俱舍》，總括一小薩婆多，猶尚有敬發之偈，況於此大乘乎！世親是時年老學博，久幽贊大乘，至最後造唯識二論，其相性、行位義頌成釋不果，豈不惜哉！如是憤志所積，當乎造頌時，應必有敬禮發端之言，是大人之美志也。是故有敬發及立宗偈為正梵本，其闕失者傳論者之過也。我以真諦梵本為正梵本，流支梵本亡敬發，且譯出蓋草稿，未經校正，故論體勢殊失於初章，況其文句繁多不易簡，是所以為草稿也。且題云「楞伽經」，長行引文曰：「如《十地經》說：三界虛妄，但是一心作。」一曾無引《楞伽》，然則題「楞伽經」三字，譯後傳者所妄加也。如是有不正，然唯有繁簡為異耳，其微意則同也。但新譯梵本多有闕失者：一者，失敬發偈，二者，失立宗偈，三者，失通妨釋。其於首章一段如是有三失，此三可必有焉，其無者定是殘闕耳。正眼知之！[24]

問曰：何是通妨釋？

答曰：所依經云「三界唯心」，此唯染唯識，其淨唯識未顯，是故不可無簡別釋也。故真諦論釋立義偈畢結文云：「是故三界實無外塵，識轉似塵，顯三性二諦同無性，名非安立。」（已上）此文釋妨。妨曰：三界唯虛妄也。其不虛妄境及心非唯心耶？因此通之如文。今且依世間俗諦安立門立唯識義，其勝義至極唯識反此則應知，故云顯也。流支《論》亦有此意。彼《論》[25]將釋立義偈曰：又復有義，如大乘經中說三界唯心。唯是心者，但有內心，無色、香等諸境界。此云何知？如《十地經》說：三界虛妄，但是一心作故。心、意、識及了別等。（「等」字無用，草稿故，未削之。）如是四法，義一名異。此依相應心說，非依不相應心說。（此二句者，通妨釋也。）心有二種，何應（「應」字可削。）等為二？一者，相應心，二者，不相應心。相應心者，所謂一切煩惱結使，受想行識，與心相應。以是故言心、意與識及了別等，（「等」字無用。）義一名異故。（「故」字無用。）不相應心者，所謂第一義諦，常住不變，自性清淨心。故言：三界虛妄，但是一心作。（已上廣釋通妨意也。）

舊論如是。然新論無之。故疏主助釋此旨，《疏》上（十左）曰：今言唯識，只言三界，且略但依染依他說，妄執分別唯染污故，理實亦有淨分依他。（已上此引《中邊論》「虛妄分別有」文，因便并通「三界虛妄，但是一心」文也。此論無通釋故如是。）

第四章

此《論》分文為三段：初立宗；次即於此下，為廣成此義，使外人服信，設外難，廣徵破，唯是為成唯心之旨矣；後「唯識理趣無邊決擇品類差別難度甚深」下，有一頌、一長行，結歎成立略畢也。此三分，初所成立也，次能成立也，後已成立也。又初自宗安立也，次段他破成立也，後結成也。雖有二十頌，莫非為立宗分能成立教理也。破外之旨，皆唯在斯矣。然新《論》無立宗本頌，故基公總為二：初正辨本宗，破計釋難；後結已所造，歎深推佛。就初分中，大文有二：初立論宗，後即於下釋外徵破異執。已上。然論主造論，語氣達旨。其勢不必爾。如予論，是作論者之憤志也。

第五章

或問：按護法《釋論》，不見有釋敬發頌文，又不見牒釋立宗偈。然則新本為梵本正者乎？

答曰：彼《寶生論》，非如基《疏》等隨文消釋之書，唯捃摭此要義，廣論其義故，至本論文，往往牒釋也。是故不可以《釋論》不論而推偈有無也。且彼《釋論》或云「論曰」舉本論，云「釋曰」標己釋。第一卷初曰「論曰：謂依大乘成立三界但唯是識。曰：此復何意，輒名大乘」云云。第一卷中此外無牒文。然所論有立宗第一章意也。或云「論曰」，無「釋曰」。第二卷初云「論曰」，「復云：處時定如夢者，謂如諸覺」

云云，謂下「釋曰」意也。或不云「論曰」、「釋曰」而牒釋。第二卷五左「身不定如鬼者，實是清河」云云。此格甚多，不遑枚舉。或云「論曰」牒本，其釋亦無「謂」字。如第三卷初文、第四卷、第五卷。其文體格如是，實失格法，似殘闕書，決不類全璧之文也。《論》終無有本論結歎能釋，既無牒文，其他紛擾甚不少。學者應知，義淨得殘闕之本來所譯也。

第六章

《疏》「唯識二十論者至譯家略也」，此解題號也，非序也。於中敘新舊譯及撰疏之事者，乘題釋也。敘舊者，為新譯之起也。初一行半牒題示作者，而明論主自名為二十。是為何而為自所名者，後為破舊論增偈也。下《疏》云：「校三梵本，及勘題目，都不合有。名《唯識二十》，何得有焉？」以上

評曰：「二十」名非論主所名，但是傳者簡別之俗稱也。何以知者，護法等彼釋但名「成唯識論」，不名「成唯識三十論」故。現流藏中有名「唯識三十論」者，此是依基《疏》，略作大科，後人所編，其立名非古名也。護法此釋論名「成唯識寶生論」，既無「二十」名，況又舊二譯皆唯名「唯識論」故。魏云「大乘楞伽」，陳云「大乘」，並非古名，傳者所加也。何以知者，古目錄如《三寶記》、《開元》、《貞元》等記，並皆名「唯識論」，無「大乘」等言故，基師好顯舊非，而不辨舊題故。基數云「撿三梵本」者，不可信之言也。魏季顛覆，梁陳土崩，中原大亂，于斯極矣。譯經傳者尚半亡，況唯一貫貝葉，兩三藏之糟粕，恬然入基手，誰知乎？設幸雖入，而基公必不遑撿

之。何以知者，基公未曾自讀留支譯論，而公然議偈增減。故其云撿梵本者，皆此類耳。豈能實撿而論之？有識君子，審而曉之。蓋無他故焉，為服愚方便耳，智人豈能欺乎！

第七章

《疏》四右「問此與三十」至「緣起各別」：此論二論差別，雖有五義，未盡理也。今助一義云：此《論》以立宗為旨，以破異成自正為功。雖唯識宗旨成立，然未明所立唯心之相性、行位。是故更作《三十頌》，就已成唯識具論相性、行位。此二論並行，則唯識之道，無所不盡矣，是二論差別也。《三十頌》云「由假說我法，有種種相轉」者，依已成唯識，以大乘正意說我法之相。雖簡實我，而非破他為本之言也。雖然，護法等作釋，因論生論，廣破外小者，意為令雖不讀《二十論》者讀《三十釋》，破異立正之意明了解故，應知非彼是頌正釋焉。《成唯識》破異妨、除諸難者，此論大任，何假彼末釋耶？有識曉之。

第八章

《疏》五右「且如覺愛法師有二十三頌」，又曰「覺愛增初一頌及第二十一偈」者，此評謬矣。基未曾自讀彼《論》長行，唯概見其所有偈數之。是故自謂第二十一偈增矣。

何以知者，彼第二十一偈云：「諸法心為本，諸法心為勝；離心無諸法，唯心身口名。」此偈非此論本偈。彼長行釋第二十檀陀迦等空，仙人瞋故空，是故意業重偈也。於中釋意業重，身口輕義，述仙人瞋力殺三國人畢，云：以是義故，三界唯心，無身口(心外)業。此以何義？如世人言「賊燒山林聚落城邑」，不言「火燒」，此義亦爾。唯依心故善惡業成。以是義故，經中偈言：「諸法心為本，諸法心為勝；離心無諸法，唯心身口名。」「唯心身口名」者，但有心識，無身口業。身口業者但有名字，實是意業，身口名說。(已上論文。)此偈云「經中偈言」，明知所引偈非論本偈。又魏譯釋論偈，必曰此偈明何義發長行，一部定格。然此偈次長行，唯牒下一句釋之而已，亦無發端法語。經中偈是所引，誰愚眼不了之！然基概覽以為論本偈，基不讀了魏論，昭昭乎可見。然則至如勘梵本，亦多類此耳！如云依梵本無一言，以暗推稱梵本，只欺愚人令信耳！所謂英雄欺人者，豈啻方內之英雄然哉！(後拔集偈文者啗此欺，列集于論首，不慎乎！後之人無之能正，皆信基之所致也。)

第九章

《疏》(五左)「今此所言，安立大乘」(至)「隨文配屬」：此有總、別釋。此即總釋也。於斯作三意，蓋由譯文布置失所故。此三意起，實不得已。然第一意殊《論》之所無也。論主今於大乘中立唯心義，所以然者，大乘中依《般若》等則一切(色、心)皆空為宗，讚無所得，故不得安立唯有識。若依《維摩》等廢詮談旨，非安立真心離言不二法界為宗，讚不思議心，故不得安立唯識。是故世親意欲以非有非空中道為旨，故依《十地經》等安立唯識宗，是但大乘中安立也。非始對小乘成立大乘宗及唯識義，立宗只大乘共許中而立唯心，故安立所由，專但引大乘經。若欲成立大乘佛說義者，引自許大乘經，何益之有？彼小乘不許諸大乘經故。應知安立唯識者，於大乘黨中所立，無有對小成立大乘佛說義意矣。此《論》一部無此理故，況立宗必但有隨自意，於自教中立唯心宗，則大乘誰疑之！依共許經故，其理皆共許法空故，於自黨則立宗一段而足矣。然時劣人執心外有境，不是但小乘，諸世間外道凡夫等皆爾。是故處定等以下，為除昧劣不信，設難釋疑，破外境成不離心之境，往復釋徵，以破昧劣人之不信。彼昧劣人唯不信唯心無外境而已。是故應知「大乘」二字，自宗標也，非此所成立矣。故真諦《唯識論》云：「於大乘中立三界唯識。」為簡小乘中，故云「於大乘中」，其文可謂正矣。然新譯「安立」二字回在「大乘」上，「大乘」亦所安立法也。此是譯場錄文之謬也。此《論》在玉華所譯，基受命筆受錄文，此全基謬聽，遂錄文失所矣。有識君子曉之！

第十章

《疏》六右「安立者成立義」至「或由教故」九右四行：此中為六。一安立；二大乘；三三界；四唯識；皆是別釋。五結釋，九右初行此中意說等是也；六通妨。問答是也。斷曰：此《疏》，我友快道，字林常，作《記》，都十卷，名《權衡》，今尚未脫稿。其隨文註解及科解，引文旁通，無不至焉。既足備掌故矣。今予所論，苟有彼《記》所論而可者，不論之。其所未論及其所未可，則往往論之。至其細少可否，則皆今所不論也。前後皆傚此。

安立者，《疏》約五義，於中第二施設義正合論主意。其成立義亦據功則雖至要，最初安立唯本立於自宗中。故成立者，立宗之助也。故論主敬發偈曰立及破，立謂安立在宗，破謂四難以下也。初以本立發論，終以能成結破邪顯正之功。第二十一頌曰：「我已隨自能略成唯識」是也。故成立義四難以下正意，於立宗則為兼含矣。是故舊論反顯非安立諦唯識。應知安立者，俗諦法相施設義，是其正旨矣。安立、非安立，所謂世俗、勝義異稱也。舊《論》意約世間安立諦，出世間非安立諦之二諦故。以出世無漏等為非安立，以世間染污心等為安立，以三界有漏故。基雖有五傳，未論此義，可謂遺神駿矣。

第十一章

《疏》十六右「法體雖然理猶未顯」至「緣此執為實有外境」：自下此一段文，釋譬二句也。於中為四：一護法、二安慧、三瞿波兼示安慧五識緣實迷執意、四例同餘喻明緣執之意。

《疏》十七右「安慧解此文云」至「皆非實有」：此文會《阿毗達磨經》五識唯緣實境也。彼《經》五意對辨差別，故五識唯實極分明。故五識有執家為違文。[26]何以故？緣實唯是現量，非比量緣。若有執則得不實，故非緣實境，似比量矣。然經文唯於意識許不實，故五識不緣不實明矣。但執有無者所不明說耳。是故安慧以自義會之。意云：我有執五識亦唯緣實故，不違彼文也。又彼經不說五識無執故，不違我有執義。我五識起執者，依緣實境，即執之迷亂故，變見虛妄物，是全緣實故有如是謬境也。凡五識錯亂見空中有華、有毛等，本是華、髮等非本無之法。不迷亂則執真實華、髮等故。依舊來熏習之內執，雖唯緣實境，謬見不實之法，有執故，非比量計度緣本無返為有，故不同意識緣不實也。五識亦有微細計度，故能起執自為外境，猶如病眼見第二月、毛輪等也。文意如是。科云：五識有執者，標所立也。必託下三句，十二字述五識，必唯依實境起，而起不實境妄見。會經文唯緣實境，令不違有執義也。不同意識下四句，述與意識獨影境不同。會經文意識不實，令異五識謬見不實也。不說五識，不起法執者，述經文不說，明五識有執非經所遮也。唯緣實境，妄習內緣等四句，明五識有執。故雖見不離心之境，迷謬見外境之道理也。[27]意云：五識雖唯緣實境，而眼有病則見不實之境。如是由有無始虛妄熏習內緣此即法執也。喻眼之病也。雖唯緣不離心境，而執為外境，猶如病眼所見毛月等外境，並皆非實有矣。

問：安慧，基家不正義，何故苦會之，助安慧乎？

答曰：上來約護法消文。夫唯識中諸論師無過于此二師矣。安慧有執義泥如是經文乎？是故疏主助解，示安慧亦一理也。至下諸法由量刊定，引《方便心論》可知。

第十二章

《疏》十七右「雖有此喻，理仍未顯，應更立量」云云：此下立比量，皆非純正量。凡因明一處，基學皆謬矣。具如「因明評記」及「雜章」中辨之。是故此《疏》中諸立量，我但約內明證誠道理取之，不依內明證誠道理取之，且如隨一攝故因，是不正因也。如破清辨「真性有為空」量，作所別差別他不極成過，是於因明所無也。諸如是等義，皆如別章等評。且每量過失等，林《記》概存，我所以不評也。下皆傚此。

第十三章

《疏》十九右「答《成唯識論．第十卷》中」至「無別有法」：今詳彼文有三或。所謂第一說，安慧、難陀意也。第二及第三，並皆護法義也。第一文云相分等者，等見分，正等安慧也，難陀以自體即為見分故，此文唯為相分計執，則難陀也。相、見皆為非實，則安慧也。第二、第三或說非別師，何用二或者？初說三分如幻，後說明二分非無故。有二或，並是護法也。何以知者？論文分明故。且云虛實如識者，見、相依識為分。雖虛如幻，雖實如非幻，並皆如識自體分，無以異也，虛如識，實如識故。若爾，相、見以識為性故，不別立可也，何須立二分？是故有或說通此疑云，皆以識為體性。雖然由熏習力似見、相現，此是雖自體現而似境現，故成二分也。此二是不離自體，故唯識收。次有真如不離識故唯識攝通釋。是故彼或說，護法通妨也，決非安慧文。何以故？彼師不相見為識之同性故。初護法明三分虛實無異也。然基公於護法別假立二分假義，為第一師所等。第二或中解虛實如識，為二分虛而實，如識體實。此是且許二分虛妄而奪為實之意也。由此一段文皆謬誣文理，莫甚乎斯焉。正眼知識審諦知之！彼《述記》如是。

第十四章

《疏》二十右「釋四難非理，故知是唯識等」：此段三箇「故知」，皆當作「證知」，傳寫誤也。曉然開悟，領解更無論，是謂「證」。是字義也。

「有情法二無我」：與下異也。然於義則通，亦順引教難不成言故。任意。然「難」字寫誤，當為「證」。凡「證」字，略書多誤為「故」，下皆傚此。不具質之。其他校合皆在本，此中不辨。

第十五章

《論》初左「同一處[28]時有多相續，何不決定隨一識生？如眩翳人見髮、蠅等，非無眩翳有此識生」：此段論文若唯心無外境者，同一處時眾多人所見境皆同一，不可有所見不同不一之難也。陳《論》曰：「若眾人同在一時一處，是識不定相續生，非隨一人。如人眼有翳，見毛月等，餘人不見。」已上全同此文意。但陳文無難詰語，直中所見非一非同也。此《論》云何者，詰之詞也。詰難意云，若唯心無外境者，同一處時諸人所見應同一見，無不一所見。然今現不然。何故不一定隨一識起不一定耶？現既如眼翳人毛月等見，不翳人餘見等既不同，如是不一同見識，汝大乘云何起耶？是論文意也。基釋科云「相續不定，不應成難」者，得《論》意也。引例下科云此舉決定例不決定者，主意有謬，故如是科。今科云，示多人同一處時，所見不一之例也。此下一段《疏》釋遺忘唯心無外境，則眾見應一定。何故現不一定之難旨？但於文隨釋，遂成立唯識無境。故眾見一同，無有不一定見。何有不決定見乎？此是外人正難，欲令隨此義。基不慮而墮負處，猶以為外人難大乘執同一見。然應不同見，何同一見乎？是故立量，其宗即大乘所欲也，何成難乎？《唯識述記．七末》亦如是。道邑云：「此量立已成。」然邑改之加語，皆無益也。

第十六章

《疏》二十四左俱言通多少，皆並二字唯三已上，新譯經論皆爾。示凡例。今案：皆字定三以上可然，並字何定三已上而已，字法不可然故。然此凡例大方也，非盡皆如是。新譯經論豈盡定斯法乎？隨宜耳。讀者自了！

第十七章

《疏》二十五左梵云「伊縛筏」：此段示一梵語有「如」義、「有」義。今取「譬」義。故翻云如，不云有夢等也。下如鬼釋亦爾。「譬喻」義即譯為如也。「有」義非所取也。疏主意如斯，莫惑。又下如鬼釋，舊譯云餓鬼無濫，然注毀舊論，謬矣。

《疏》二十七右如說「蘇瓶」：現本論及舊皆云「酥瓶」。《疏》「蘇」字皆寫誤也。

第十八章

《論》二右「謂如餓鬼」至「不令得食」：此答多人所見不一之義不可成之難，成立多人同一處所見不一定義。於中餓鬼言有多類，以同業各別故。一類同業者見一河時，同業皆見膿流；一類同業者皆見糞流；一類同業者皆見尿流；一類同業者皆見血流；一類同業者皆見屎滿；一類同業者皆見火燃；一類同業者皆見清水流，而兩邊有人持兵杖，遮捍守護，不令得近飲。如是同業多類故，多人餓鬼群集，共皆見一河時，皆見之物有種種不同。猶如一水五見然。是故云皆見膿河等。等言等糞尿乃至守護遮捍等種種所見不同事也。同業者皆同見一事，故云皆同見。然或膿河、或糞河、或清水河等，各各同業類不同故，所見亦不同故。相續所見不定義亦復如是。雖無外境，而能成矣。此是論文意也。疏主解釋，以非於此中定唯一見為皆見膿河，反釋科釋，以一見為一人見，以此中言為皆見膿河，是謬之甚矣！今詳論文科之云，謂如餓鬼同業異熟多身共集者，敘同一處時多相續也。

皆見膿河者，敘多類中一類同業所見，未敘所等也。非於此中定唯一見者，將釋等字所等，先標於此眾多餓鬼中，非一切皆唯見一膿河。其餓鬼中，同業多身，皆共或見糞等、或見河邊有人，兵器遮捍等。有種種不同見。是故遮皆同定唯一見膿河，顯種種所見不同也。故云非於此中定唯一見也。釋決為一，顯一種也，非定唯一種皆見膿河也。定者，唯也；決者，一也。唯一同見者，難為無外境之失。今以非唯一見無決定見之失也。云何所見非唯一見？次文釋等字是也。等言顯示至不令得食者，釋等字顯非唯一見，亦有種種所見非一也。然疏主科文得矣，釋則未也。殊釋定唯一見，云定唯一見一不能見者，甚失文意。故其釋謬矣。《論》非遮一不能見，但遮唯一見，非皆見膿河反顯釋，將是釋等字，故遮決定見也。疏主謬意，昭然易見，故不具評之。其立量同喻，但云如餓鬼所見膿河者，此但一定見也。不成定不定，故宜加等字。疏主意始以為膿河一見能成不定見，故不置等字，是謬意也。

又魏《論》云：「如餓鬼等，或百同業，或千同業，同見河中皆悉〔是〕膿（流），或皆見血，或（皆）見小便，或（皆）見大便，或（皆）見流鐵，或（皆）見流水而兩岸〔邊多〕有眾人執持（兵）〔刀〕杖，守掌防護，不令得飲。」已上「多類同業所見不一同」義分明也。且云皆見流水乃至不令得飲，實得正理。今《論》無流水語，陳譯亦爾。但陳終句云「不令得近」也。「食」字如魏為「飲」，則應理。又此文全同《瑜伽論》四十二左外障餓鬼文義。彼亦云流水、云不令得飲。然「食」字，筆受錄文人以上無水言，自謬書「食」字，是疏主過也。故約深極飢渴消食字，非穩暢義。然林《記》引《十住毘婆娑》助《疏》說，其義全同故。雖非一向無，而不及魏《論》之正矣。

《論》二左「何緣不許獄卒等」至「非捺落迦不應攝[29]彼」：此中，初外人問，次論主答。答中，初總非，次別破。別破中且此不應那落迦攝總標不應理，不受如彼以下都有五義破：一者，獄卒等不受器苦；二者，互相逼害無差別；三者，應不相怖畏；四者，自苦不忍，無遑害他；五者，若非地獄攝者不可生地獄之難。如是五難。

魏《論》標五義，逐次數之敘難。陳及唐無標數等文。其義則三論無異矣。詳此五義，前四難皆立獄卒有情則不應地獄攝之道理以破之。第五義立獄卒現生地獄中不應攝餘趣之理。前四義難之為可非地獄攝。第五義現既生在地獄中，是地獄攝，非餘趣攝。以攝與不攝進退表裏難之。然後段論應餘趣攝之救義，因第五義破而起，是論主作論文之上手故也。疏主不為五義三十一右科云：自下別破，於中有二。初破獄卒等非地獄趣。此中有四難破。後破獄卒等非是餘趣。第五義也。就破非彼地獄趣中，略有四義，此即第一，有牒文故。兼破餘趣，第五義文。正破當趣。前四義也。此兼正二句，示分五義為二科之由也。宜在就破上。在此者，傳寫之錯誤也。《疏》大為二科，於義得科法，契《論》旨故。

第十九章

《疏》三十四右「與外比量立宗中法差別相違」至《疏》三十四左「此中簡略應須審處30」：

此中疏主作小乘量云：「其地獄中應有餘趣，生善惡趣隨一攝故，知天上中有傍生等。」然於此量作法差別相違因過，分別宗二意許，皆以同喻分別之，不以因分別，並皆非正因明也。夫宗意與言陳有異，則有此過，非二意許，又必在正爭之意，非正爭之意，則無有此過。今小乘立者正意，在餘趣生別無欲示與言異意許，故不可有差別過也。如云必為他用，有與言異神我意許而欲立此我，恐言不極故，假極成言立之，故有此過。今此餘趣生不欲器果受、不受，何過之有？凡三十三過之法，宗過不待因而明。若依因有失，即因過，非宗過。但比量相違似待因，而非待因而起。凡宗立，則一切同異品類皆自分故，以同類法比之。而量宗義相違同品決定理，故曰比量相違。天主曰：比量相違，如有成立瓶是常，非違因，是違宗。已上取意。然基等云違因過，未計以為違本極成因或違智過，皆謬解徒也。比量相違，違理過也。以理破之，不作三支具足能違，同法比較，則其理自顯故。然作別破量者，非本法也。具如下百四左，又下七十七右左。因過不待喻而成，待喻起過，則非因過，唯是喻過。如是，過之起有其際限，況如法有法差別，唯是在意中作宗。故天主云作也。言無過意有作所立者，則是差別違因，以因觀宗所知，故為因過。今此基法差別，因明正家所無也。天親分別所例，顯其不符合之失，只是內明證誠正道理，非依因明證誠之法。基好量論因明，不可為軌範矣。然林《記》似贊基此說，蓋偶失乎？如下卷

（十一左）極微無合量論六過，皆戲論矣。我不更論之。

第二十章

《論》三右「若爾應許」至「生異大種」：詳疏主意，據《俱舍》十一七左或異大種故說。彼有二說。非情家正義難有情家云：何緣火不燒？彼答之：有二因業力隔礙故，或感異大種故，不被燒熱。指此中異大種說也。所以者何？疏主於前第四難引合火應燒難。又二十三右釋第四難畢，引《俱舍》十一文，即二故文也。此中，破初由業力所隔礙，而遺異大種不破。所以然者，於此論文有一段立破故。然則疏主意，此段異大種是彼《俱舍》所謂或說也。《俱舍》不破此業力隔礙異大種，則彼有情家救義亦契有部非情家正義故。何以知者，正義非情獄卒所以不燒盡者，罪人業力所感故。隔礙燒熱，或異大種故。然業力隔礙，親契有情家故。疏主前故舉破之，則不契正義也。異大種義，有情、非情皆不遮，別正義家本義也。故《俱舍》不破也。光、寶無委曲釋。是故林《記》以為疏主無此義。今詳疏主則為《俱舍》有之。有識曉之！

第二十一章

《論》三左「復次頌曰：業熏習餘處，執餘處有果」：此中二箇「餘處」言，上餘處，謂識也，以識為所熏處。業，謂三業也。身口業種，是色也。意云：色、心俱熏識，是彼計所許。然彼亦許色、心（三業）俱熏五色根。故彼計之，謂互熏計。今論主以理但取色、心皆熏識義，不許色、心俱熏色義故，為定彼熏習之處。長行云：彼業熏習理應許在識中[31]，不在餘處。此長行云餘處者，指第二句所執餘處也。第一句云餘處者，長行云：識相續中。又云：有熏習識。第二句餘處者，以五色根為所熏故，以色為餘處。長行云：餘處。又云：無熏習處。（彼所執以色為有熏習處。今論主唯許熏識邊，不許熏色義故，以熏色則為所執，故云執餘處有果也。）此論二箇餘處，約所執與共許。其所指處不同，名言有濫，初心易惑。陳《論》偈曰：「業熏習識內，（此《論》云餘處，即是識內也。）執果生於外。」（此《論》云餘處，即是外也。外者，色處。即五根身也。）此偈無濫，其義明了。

魏偈同此論。曰：「業熏於異法，果云何異法[32]。」長行云：「彼地獄中，受苦眾生所有罪業，依本心作，還在心中，不離於心。以是義故，惡業熏心，還應心中受苦果報。何以故？以善惡業熏於心識，而不熏彼外四大中，以四大中無所熏事。云何虛妄分別說言四大轉變，於四大中受苦果報？」（已上）此釋上句異法者，謂本識也。次句異法者，謂四大種也。然則釋語雖不同，其義一也。然疏主釋上句餘處云「謂造業時，熏在識中」，（此釋正矣。）「或色根等中」。（此釋非也。第二句處色根等，論主所不許也。然於上句餘處出之，非。）「果起之時，不在識內，斯業熏識，望果異故，名為餘處。」（已上）果起下，正示名餘處所以也。然大謬解也。果時不在識內故，熏內時名餘處者，隨外人意，不契論主稱識內於餘處之旨矣。論主意，所執熏色之餘也，即是識中也，彼熏色處即心外故，彼執心外有果，是所執故。論主不許，曰

「不在餘處」也。第三句所熏識有果，成立第一句共許熏識一途。難云有果，是即既共許熏識義，然何云識內所變發果無耶？必應許識中有此果，云何執得為之心外果耶？是《論》意易簡。

第二十二章

《疏》三十八左「現攝即是」等：此文辨非現攝故因則攝無為，不云攝則不攝故有不定失。何以故？過、未既無，雖不云攝而是非現在，無濫也。

又「無熏習先業，如何能招異熟」者，述令彼有熏習義之道理也。前量令過、未無體故，先業既過去成無，若又無熏種義，何以有後果起？是故必應有熏習。此是抑令立此義也。「又」字有作「有本」，林《記》為正。既無下為責，雖理通如本亦無不通，況作有者於句法失格。

第二十三章

《論》有教為因，《疏》云經部等答。今詳此一段長行，疏主科名未具。今助科云：長行文二：初，正釋頌文。後，有教為因下，外人答論主有何因之難，返難論主，以將起後段頌。於中亦二：初，總答標有教證。後，謂若唯識下，依教證返難論主也。《疏》意如是。此文與餘常途結前生起文異，故疏主不於此立大文第三科。至此，教非因文立大科，實得科處矣。然林《記》謬議大科於此焉。

《疏》四十左「然舊論偈」至「無因成故」：基釋云：「因即所由。所從生法一切名因。」既以法為所生，是果也。若爾，但法有因果偈猶尚有理，何苦用破乎？且勘三梵本，是亦常談欺誘。設幸有得三梵本，公何暇能勘之？魏譯尚未讀，使侍人數偈取千歲之笑，況三梵本乎？必知不勘也。餘如林《記》評爾。

第二十四章

《疏》四左「佛依彼種及所現色」至「說為身處觸處」：《成唯識》第四中，難陀等依此《論》文立識種，即五根義。又《觀所緣緣論》中大同此意。故難陀為證。安慧等會此《論》及《觀所緣》非識種即根，但五色根有發識之功能，此功能假名為識種，非識自體辨生種。云云具如《疏》釋。今詳《觀所緣》文云，五色根發識功能名眼等根，此功能在識中不相礙，心外色非有故，此功能非外大種所造，唯是本識上五色根發識功能也。案：《無相思塵論》亦復如是。然則難陀義非盡理。何以故？雖非外所造，而本識中五色上功能是發識之因，故為識種。識之種，第六轉依主釋也，依種之識也。種即色根，持業釋也。五色根約功能勝用，故立其識種名。約自體則本識內之色是五根體，故為內色。相分，所緣，亦雖是內色，而望能緣之根識則外，故為外處，非謂心外之處。此是二論之正旨也。《疏》「十一過失，十二過失」者，「十之過失，十之過失」也。「一」、「二」字，「之」字寫誤也。

第二十五章

《論》五右「餘識所執此唯識性，其體亦無，名法無我」：詳此文意，遮大乘執唯識之執。此非謬學邪執之徒。凡學唯識教觀學人，在地前凡地依教固信者，若議論、若講習、破他、立自，或觀行人，以有分別慧觀自心者，皆是執唯有識者也。故《三十唯識》說加行位曰「現前立少物，謂是唯識性；以有所得故，非實住唯識」者，立少物者，是所執唯識也。又說初地真見道曰：「若時於所緣智都無所得。爾時住唯識，離二取相故。」釋論云：「一切境相皆不現前。」此真實唯識，心外無一法也。此《論》云：「其體亦無，名法無我」，即此義也。我者，實有異名也。

第二十六章

《論》五左「非一切種，撥有性故」：此二句一因也。然疏主如次為宗因，鑿矣。魏《論》無此句。蓋前既叮嚀說此旨故。然陳《論》有此文句。曰：「如是[33]唯識由別識所分別所執體無所有故空。若入此理得成立唯識入法我空，不由撥一切法無。」已上此論文句造法雖異，非一切種撥有性故一連為所由，於文於理穩暢也。

《二十唯識論帳秘錄》卷上追加

第十三、造章下

《唯識了義燈》一本四十九右釋造論意曰：又復世尊說唯識教名為作者，教之主故。世親等師釋佛所說唯識之理名為述者，依教起故。此經、論相對。若世親等造《三十頌》名為「作」者，護法等釋名為「述」者，此本、釋相對。此釋實得正義合，我意，是《中庸》所謂「父作之，子述之」法也。然《燈》主只約相望無有際限，故知慧沼師未知古人為造意也，又未知《中庸》、《禮記》其為法語明矣。故今我潤色助此義也。

第十七、撰號章下

有人云：慈恩寺有子院，曰「翻經院」。基公年五十，高宗永淳元年病卒此院，故後人置號，題「翻經沙門」，宜云「翻經院沙門」。然譯場筆受、證義、潤文、度語者，皆稱「翻經沙門」，如義淨譯《唯識寶生論》第一末列名，故非院號，明矣。

第十八、諱字章下

古者大學校學生之所居曰「寮」。日本古京師學校有勸學院、講[34]學院、淳和院等，學生所處曰「寮」，寮中局曰「房」。後諸寺有學校，皆擬京師校學侶之所居曰「寮」。其寮中別局曰「房」，此古法也。然今者寮名尚在，爾乞食淨僧之所居亦曰「寮」，甚失義。世變化既多，物名變尤甚。今世盲僧，皆不知古事故世變化，何以得學侶之名！古者貴號，唯稱殿下、閤下、台下等。今俗書貴下、床下等，其餘風也。然殿號唯皇太子、親王；閤下，諸卿；台號，大臣也。後世叨稱殿，成殿上人通尊號，後地下亦濫用稱之。至足利氏衰，信長之頃，往往有「樣」字起，蓋本是宮女之稱謂尊號，大坂以後，頻武家用之為尊稱，然僧家不用；今一統用之。僧家房號，本尊稱也。昔者親王、大臣子為僧，自尊號稱某房，如正覺房，亦自尊號歟？今世似尊，不敢尊稱。夫「樣」字，君子用之尤無謂，愚昧之甚者也。

第一章下

更詳《唯識》一初左云：「或執離心無別心所。」基《疏》為經部覺天，然依《探玄記》，蓋大乘中一師也。《樞要》上本四十右又解為上古大乘，同《探玄》。

評曰：於三界虛妄但是唯心，論出世非三界佛果唯心造作等義者，反顯釋也。若依世親菩薩安立唯識之微意，則唯心之教唯世間染污中之方便說。出世間淨智所行不可思議境界，非安立故，不立唯識。「唯」言但遮外境，唯是遮情觀門故。佛果自在色、心，故名一切種智，非唯也。然賢首於唯心約事理相即，舉一全收心明佛果不可思議心，其三界但在終教已前，以事理一切法為心故無所簡，故云唯。心即一切，一切即心，無他不即法故唯也。

第八章下

魏《論》初有偈集，列二十三偈，未知何人之所拔集也。蓋基一評為二十三偈，且云第二十一偈增，故後人亦不讀長行，任耳目所拔集也。本是基之所引也，可不慎乎！案：彼偈集終宜有第一偈，其前宜有題號、造號、譯號。然作集者相兼列之。長行初云：此偈明何義，初列二十三故。加文云「此初偈」，「初」字後人所加。一部法格，皆舉一偈。然長行初皆曰：此偈明何義，何但此初云此初？故知集作者加初字也。又說：謂偈集譯時成之，後人依基評加第二十一偈也。此三論皆基家依書故，信基者加第二十一偈。二說任意。

《二十唯識論帳秘錄》卷下

豐山沙門金猊園戒定撰，權田雷斧校

第一章

問曰：疏主何故於此分為上、下疏耶？

答曰：有理宜如是。夫以三界虛妄皆是唯有心立宗。是故外人以凡夫所量之理作四難，四難皆就同喻，如眩翳見毛月等現喻而起。雖有四難，其前三難非至極之難，但第四「作用不成」一難，甚深至極之難也。是故論主初舉別喻，略通四難，前三難皆能遮。然第四夢中損用一種，未能一切快遮，唯足知雖無外境，而作用或非無而已。所難城邑飲食等，不得皆能盡遮也。是故次取獄卒等喻，總則遮四難，別則遮作用不成也。於中，對獄卒等為非情而有情用者，則雖無實境，而有實用之義，準量得成。然對獄卒許有情者，則此喻不成。是故自「何緣不許獄卒等類」以下，至「故不應許傍生鬼趣生捺落迦」，苦破獄卒有情義也。雖能破既成，而彼非情獄卒等，外人不許心所變，而心外無實故，唯識無境義未盡成。是故自「若爾應計彼那落迦業」以下至「無熏習處翻執有果，此有何因？」以道理成立非心外大種轉變，但是心所變大種轉變義，却詰責外人雖應服此道理，而強項不服，其所由也。因此詰問，更就教理廣論焉。上來但據一種獄卒，以理則無實境，而有實用之道理及心所變之義，不可異論者也。雖然是唯萬法中一法耳，外人雖理窮口鉗，而不能心服唯識無境義。是故以教證為外境實有之所因也。自有教為因，「謂若唯識」以下至「非一切種撥有性故」，通釋內外十處契經，判為有別意之教，返成唯識義。具明人法二無我設教意趣，廣成立一切法無我唯有識之理畢，於是略成唯識大義成就。故疏主於是分述作上下也。

問曰：教理共成立，何故更論耶？

答曰：上章會色等十處契經為是別意趣，權方便也。非佛本意趣，其本意則為示唯識無境之教故，且說色等處非以實有故。說示者，但是大乘自許，彼所不共許也。外人意本不信大乘佛說，然今者且不論佛說、非佛說義，但乘會為別意，乃詰責果然否之說，更起論端。論主上既會別意成唯識，外人未曉其旨。是故自下廣論佛所說色等處，理約心所變色等，則實有其用。若約所執心外實有色等，則其體非有之道理，以明佛說色等處，定知是別意趣，非本意理盡了義。是故苦破所執為實者之所立之理，令不得成，則別意趣之義，於斯可知。是故廣破外境實有計之所立之理。凡外人所立外境，有假有實，其假境無違於無實境義，故所不論也。但其實境違於唯識無境，故今苦破者也。實境云何？曰：五識所緣五境，五識現量故。唯緣境體一實極微性物，不緣麁大假相之相。但除經部也。是故先立境，有境體執一、執多、執合等不同故，敘諸計而後逐計破之。自「復云何知佛依如是密意趣」至「是則離識眼等、色等，若根、若境，皆不得成，由此善成唯有識義」。辨極微非一實境也。於中，破一、破多、破合與集，又破無方分、破無合、破一實物、破無相、無方無礙一實境體。應無次行等也。破由相差別，遂令極微不成一實境。是故所執外境實有極微不得其實有。何以故？謂其道理皆有過失，不得善成立故。但我唯識道理離諸過失，而善成立。雖然，此破極微境體中能破之道理，皆但鉗彼口、挫其名相、起非理過失、破壞彼等所立而已，令唯窮其口而已，未能盪盡彼意許心外實有之執，服信唯心無實外境義。是故外人等議謂，夫法歸分別，名相亂於辨。凡刊邪定正不可得，以辨定之。世間聖王為政，禁邪定正必有法，為禁民取與之邪立度量衡之法。如是理論，邪正難定，必應依憲法之理定之。禁邪正定正理之憲法無及量法矣。

量有四：一、現量。謂緣境則無言而信，知更無疑。謂有現有也，無現無也，赤現赤也，白現白也。如是緣之現證信，更無論者謂之現量，亦謂證量。證者，如言不差故，得其實故，所以塞異論也。是證字義及梵義也。其比量。如云：聲無常，聲中有所作義。比量諸所作物，必是無常。如是道理之謂比量。凡物無類例，則不明了，以譬喻示同品，則疑乃除，論乃止。如是為譬喻量。凡議論相長，邪正難定，依聖言者為正理。如是謂聖言量。

此中，比量、譬喻各所用於己理，不能止爭論。聖言各通釋故，亦不能止爭。唯現量自證見其實故，絕異論之勝具也。是故我等以現量定外境有無，豈須用與論主爭亂辨乎？如是外人義定，更復起論焉。自「諸法由量刊定有無」至「彼境非實，其義平等」，破現量證外境實有之難，及無曾受現境則應無憶持之難，并夢境世人自知其非，而覺時人不自知其非，以夢中喻覺時法譬不齊之難，成立大乘唯識無實境之本旨。此段一部安立之骨目，自初諸取喻至此，曉然如向白日。三界虛妄，但是一心作之義，於斯絕疑。是即論主作《論》之憤志，在斯滿足矣。雖然，世間善、惡業有由他教者。又唯心無身口色業，則惡業、善業俱不成。此是昧劣人所未曉也。論主前來明三界境不實，其理顯明。然未明大乘意，離心外境非所緣。以非所緣故，為無實境，設有其物以非所緣緣法故，不異一向無故為無，其為所緣則心上變其相，親緣其心作之境，是則不離心之境。此相分有外本質者，亦不離相故，相帶質故。本質為疏所緣緣，不離故不為外，是為所緣故不為無實。是故約心所變，則萬物皆成用。約心外，則雖身中根色等為無法之旨。是以彼昧劣之人作如是疑惑，豈不宜哉？是故論主破彼疑難，且明身口七業皆由心而起。心業是為主故，唯心義理決定旨。

自「若諸有情由自相續轉變差別」至「彼有情死理善成立」。即明此義也。論主為世昧者遮此疑，前章餘論也。如是雖通諸疑，然皆是心外色境無，而未明心外心境如何。心外色境雖是無，若有心外心境實有者，唯心無實外境義一分不可成立。是故通他心智之難，成立彼他心成疏所緣緣，不離心內親所緣，故亦是唯心。總顯示諸有本質，若色、若心成所緣時，以相為親，以質亦不離相，故為疏，並皆為心之境，非外境。是故一切唯心義盡成立也。是以述造論志及此成就，及讚嘆深義，推佛世尊，結繳造論功果成也。初自歸敬發起立宗起至論終，往復釋徵，皆唯取其要路，轉轉過接，如轉丸，如河激，入天出地，躡險如夷，破強碎堅，如猛虎驅群羊，如君子發群蒙。段段相承，章章相乘，如瑟如琴。外道小乘學教成迷之人，世間凡人不知昧劣之人，并皆此中論詰者也。豈外小為敵者啻哉！基公偏依因明，豈天親素意哉！《大雅．洪訓》，實有不言之妙旨。有識君子審曉論旨焉！

第二章

《論》頌曰「以彼境非一，亦非多極微；又非和合等，極微不成故」：詳長行，破四計也：一勝論，三小乘也。小乘中，多微有部勿論，其和集新計亦明。其和合者，疏主為經部，蓋非論意矣。何以知者？有教有理，先以理論之，非經部，是有部也。此三計雖非本計正古義，而彼末師為遁他難潤色古義者。夫多極微計，實是世友有間隔成一物者也，和合義潤色法救無間隔義。立麁聚體亦實者，有部立麁細俱實中，麁實即此計。是轉計末義，非本宗所尊。又與經部假實為異。是故基等但以為是經部，非有部。夫經部為和合假故，一分同大乘，何以破之？今破無實境之害，若麁若細，執實者是所破也。如經部和合位為假故，今破和合為假相符矣。論主今破和合實計，故云非和合。如破和集云：非和合破，其實有也。後為破迦濕彌羅國本師義故，此先破彼末師潤色。然而彼本師雖自稱無相合，彼實法救義。法救有與奪意，實無合義，有間隔義。而由無間隙假名合也。今此和合計，即彼潤色彼義者也。是故後破彼本計，亦推窮為合義，破其無方分，成有方分也，其究終落和合之坎也。有教證者有三：一者，此頌及長行初敘多，次敘合，次敘集。其集是有部末師轉計，潤色有間隔立一派者也。多微是本計有間隔勿論也。中間和合，豈雜敘他計乎？又舊魏《論》敘多微和合，彼和合非為假者。又陳《論》云聚，長行云聚集，蓋合敘、合集二計，俱是實計故。若是經部者，真諦等天竺大學者豈可不別敘乎？三者，《觀所緣緣論》及《無相思塵論》敘破三計，全同此《論》敘次。於中多和合二計一處敘之，作二偈逐次破之。蓋一宗中或義故，一處敘二計，其理誰不信。次別段敘和集計，作一偈破之。是所以與上一處不敘者，外國末計故也。今《論》亦長行雖云及和集，頌則云等，不顯其計。天親意以破本宗為本旨故如是。今《論》及舊《論》并《觀所緣》敘之，甚有法格，非錯經部作文之法明矣。然疏主刦破舊《論》合文，且以此文和合及《觀所緣》和合，定皆為經部，甚無謂也，又不應道理。夫唯心無境之害，莫甚乎三世實有、麁細俱實之計矣。小乘雖多立諸法實有者，莫過乎薩波多矣。外道雖多立四大極微而執一實境者，莫大乎勝論矣。其極微實有及一物境大同有部所立一實極微，故亦是為唯識無境之害不少矣。凡破邪顯正成立之法，猶如聖王征不庭之凶徒，專彈其亢凶，不誅其強從及不侮我也。天親作論，僅不出八紙安立唯識。且破外小害之者，成無境之義，但破其亢害，別餘半實半假之徒，不須別破，而自伏誅或面縛含璧。天親明知此道理故，僅以二十偈長行彈無境之害。豈對些些別計哉？故於外道，則唯勝論是其亢凶也；在小乘，則唯毘婆娑師之徒是其亢凶也。故論文特稱此二計。凡所破皆有部本轉，決不錯餘部也。如獄卒有情計，亦是有部中不正義。設大眾部似同此者，不戰而面縛者也。論主所征伐，皆唯有部中，正義、不正義、本計、末計、古計、轉計，皆盡此所破矣。疏主不深審造論者用心，故不論明此旨，但為明論主所破不狹，往往附會於諸部，或云大眾、或為正量、或為經部、或為有部，皆非造論者旨矣。有識君子審而曉之！

第三章

《疏》四右「有陳那五識之上無微相故，非所緣失等。」評曰：基公述眾賢轉計之因緣也。陳那去眾賢世既遠矣，此所敘《觀所緣》破文也。彼《論》次文又有破和集文。然基不自思，以陳那為轉計因。甚矣，欺兒童之畫餅也！

第四章

《論》六右「一實極微理不成故」：此文釋頌第四句也。頌中「以彼境極微不成故」八字通四家，於中「彼境」二字各所立一實境也。「極微不成故」，總結不成也。然長行非一、非多，各有別因破之。和合及集不出別因，以一實極微不成故為別因。然則此第四句頌通總別也。別破二計之因，總破四計之結語。何以知者？外人乘此不成言，徵云：云何不成故？三論皆同。此外人徵，不唯二計，三計、四計皆徵，然除外道。次偈約六方分破，不審勝論極微故。又至下六左破毘婆娑師畢，結云：「是故一實極微不成。」明知有部多合集三計，皆一實極微計也。又解：除多計不許合義故，能破不當故。合計、集計問云：云何不成？下二偈皆唯破合計，故實其集亦非所破。應知此和合計有部潤色，非經部。此解為勝。

第五章

《論》六左「一處無容有餘處」：此意云：七微成阿耨，其中間一極微住處，處亦無方分故，言容此一處入餘六方處極微，無礙、無增、無方者，無方分義尚可成。然無容有此理故，必有方分也。如中間餘六方，互不相容相入可知。然《疏》除中間，但約六方論之，不契《論》旨及《疏》前後釋。故知云：餘「五方處」者，當作「六方處」。三個五字皆除，為六可也。蓋傳寫誤也。

第六章

《論》「一極微處若有六微」者，牒救義也。前既以一處無容有餘處故，破無分故，外人救云：非無一處容有餘處，我極微無方分故，一處即收六處，是故無方分。

《論》「應諸聚色如極微量」者，能破也。然疏主述救文意，云「若言極微無方分，故不相合」者，非論文意矣。「中間極微既與六合」等以下，述釋意則備，但迂矣。牒述總意，文既不得論文勢旨故，有識知之。

第七章

《疏》十一左彼立量云「如我所說」至「如心心所」：此立量可在上「此中乃有法之差別」文上，而在此草稿故未正布置也。凡自比量無他隨一，亦無四相違中差別失。此量云我所說，其自比可知，何議此等失？又基家差別本謬流，殊非者作緣性言，是勝論家名言，於內道無體之言。然今施此等分別，不堪捧腹者也。此中亦有下示例難，專就第六所立不遣所舉也。第五能立不成實第八正因非過。然疏主無難此意，故無通釋。但假難第六不遣故，唯通釋此一過為彼此別。基意專以因明門釋《論》故，以此段論文為論主顯外量所立不遣失。是故雖論多過，本意欲述此旨故，於不遣特叮嚀，有識評之。因明六過之是非等，如林《記》。

第八章

《論》七右頌曰「極微有方分理不應成一」者，詳論旨將破有部本宗無方分義，故先破有方分。凡極微有方分計諸部所無，然先破之者，為破無分故。先絕塞其轉救亂辨，令所立義無所遁辭。此是論主能破老功故，非破定誰計矣。然疏主附會經部云：上半頌正破經部。此亦設遮薩婆多。《疏》二十三左夫雖經部立聚為假，而其阿耨七極微合則聚，聚則有方分。為假則經部，為實有部。此七極微各各一無許有分者，今此所破者許七微各各有方分非一體者，故破云，多分為體，云何成一？謂阿耨既有七體，云何得云一物阿耨也？此所破豈得為經部正所立哉？

頌下半「無應影障無，聚不異無二」：此半偈正破有部所立。於中「無應影障無」一句正破，次句乘理要救破之。影障二難中，無障礙難，別主意難也。後段一應無次行等難，專躡此段無礙意。有識曉之。

第九章

《論》七右「以無餘分光所不及」：意云，汝極微無方分故，日光自東照一聚，柱、壁等。其聚舉體唯無方相極微，則一照一切，照無方分故，不可有光不及他方分故，自即他故，東即西故，一即一切方故。

《論》七右「以無餘分他所不行」：此中云「行」者，就隔障、無隔障作說，故云「行」也。人向壁行，所執壁舉體極微，一即一切方故，無方分齊限故。踏一無分時，即可踏餘一切，無分故。一行時，無所不行之障分故，云他不行之餘分也。

第十章

《論》「可說此彼展轉相礙。既不相礙，應諸極微展轉處同」者，此明彼所執宗義違所立言陳，故却成無障礙義，障礙義不成也。意云，汝所執可說彼此展轉相障礙，然言舉體極微無分故，理應不相障礙。如上破之。既不相礙，則應是同一處住。一重之破若同一處，則諸聚如微量，過失如前。然《疏》十五右與以無餘分他所不行文連屬，牒可說此彼展轉相礙文，而但釋以無餘分等二句，終不釋可說等二句，但引《成唯識》破無分文。雖似此能釋意，而非此能釋，引彼者為令反無分失，又知有分失也。疏主牒不釋，然所牒既失其所，故不得《論》意明矣。論主為顯示此難雖不當彼意許，然依名依言責其理，則招無礙失，而相礙意許不成立之意，故有「可說」等以下詰難也。《疏》未曉此旨也。

第十一章

《論》七右「豈異極微」：「豈」字有二勢。今此「豈」字用意，不疑而言，含疑字法也。外人答云不爾是故。

第十二章

《論》七右「安布差別，立為極微，或立為聚，俱非一實」：詳三論，新譯如疏釋。然新譯梵本蓋非正本。天親以破彼極微實有，為成心外無境之本旨，何有意成立於大乘極微乎？又未破了彼極微，此次章破了故。至下八左有已辨極微非一實結釋。然今何於中間示大乘所立何為乎？既無由而起，未破之究竟，而結歸自義後段難失起之由，是故此梵本不正也。魏譯都無此文。陳譯曰：「若聚不異鄰虛，此影障則不屬聚。」新譯意全同也。何以故？但形相分別謂之為聚。新譯文如牒，其意既不同。此意說不屬之所以也。彼有部所執聚，但形相假名。其物體舉皆極微也。故影障可屬體，不可屬假名形相也。故汝影障不屬聚，則極微無方分義不成，聚亦但假相，其影障不屬聚，聚功不有故，聚義不成。聚亦實，即成極微，則聚亦如極微，有無方失。故聚不成。是故極微一物義，聚一實義俱不成，是本論主筆削之真面目也。然則新譯削「安布差別」一句，則不成結文雖文異，與陳《論》其旨全同也。明知「安布差別」句梵本不正乎？將錄文者之謬加乎？恐是錄文之蛇足矣！若除一句則結一實不成也。意云，是故所執立為極微，或立為聚，俱非一實，是則與一實極微理不成，其旨大同。但約麁物實。亦結聚一實不成，前來所破故。論主正意蓋如此矣。

第十三章

《論》「何用思擇極微聚」至「外色等相」。魏曰：且置此事不可分別，而色等入相[35]不可令無。詳曰：上來破極微及聚一實境義，論主辨窮眾口，壞彼名相義。然外人雖口則窮，而心未服。是故云：可且置極微及聚。《論》猶是未遮外色有，其所遮皆辨也。外人嘲戲論主也。

色等相者，上來就色等體破極微及聚，未破彼正意以相成境差別等之說。是故論主設此難，又推究所謂相而復歸體，約一多破之。多失如前章。其一失前章未論之，但約無障礙破之。今約一即一切破之也。此即與前章無障礙義勢同而意異也。既破體無方故，又更至下舉約相差別不由體之本意救，又以分折責逼歸體，難應成多極微。更不難者，若許多極微，則如前來所破，故更不難也。此段明相亦不成，其體益有過失。總結成極微實境不成義，唱唯識義無妨旨，云由此善成唯有識義也。然此段頌文長行疏稍有失見。如次辨。

第十四章

《論》七左「及多有間事」：《疏》十九右判頌為五難。此第三句含二難。即長行或二下為第四難。其科云應無有間。今詳撿三論，頌中唯四難也。長行或二下，舊論復次釋，並皆應非一之難。非應無之難也。今科長行第三句能釋文云，於中大為二。初釋偈文述難意，此順執一難應一也。後或下頌外反難也。此反執一難應二也。初中亦二。初直述頌文意。後若處有一下，別顯無有間事過失，即為彼此無差別也。疏主釋或二等文，而不知或二言。是故順執一破應中間無空是一，是故非也。《論》「或二如何可於一處，有至不至中間見空」者，意云，汝或應執二，若執一則如何有二中間現見空隙處？既現見空，是故可執二。此段頌外餘義，故云或。陳《論》曰：「復次，云何為一？是二所至中間則空」。又魏曰：「又若執一者，象馬中間何故有空？」此牒文云：若一，其破則可為二也。三論皆非應無之難矣。有識曉之。

第十五章

《論》八右「彼與麁物同一處所量應等故」：詳文意，彼細蟲也。麁物，大蟲也。同一處所，水中同一處也。量應等故，謂且大小二蟲同是青色，則青色極微在同一處，則小蟲極微一實，大蟲一實極微無障隔故，小即大，俱無方分、無相礙故。見大蟲則見小蟲，極微體無方分故。小處容有大，大處容有小，共量應等也。故細物亦有可見之失，反之有麁物亦不可見失。此難意大同聚色，亦不可見難勢。然不難麁蟲不可見者，前已難聚色不可見故，極微不見之失未難之。故於是難難見細物，則是極微可見之過失也。陳譯曰：「復次是最細水蟲與大同色，無不可見義。」魏《論》曰：「若彼青等是一物者，於彼水等諸青物中，有青色等麁細諸蟲，以何義故，但見麁蟲，不見細蟲？」已上舊二論共約同色立無不可見理，即此《論》約同一處量等，各皆約極微體故，有此難，其意應同。然疏主約能所依量等，甚無道理，蓋謬解矣。

第十六章

《論》：「諸法由量刊定有無。一切量中，現量為勝。」陳譯同之，但現量名證量。魏譯曰：「問曰：依信說有信者有四種：一者現見，二者比知，三者譬喻，四者阿含。此諸信中，現信最勝。」已上後魏吉迦夜與曇曜譯龍樹《方便心論》八右曰：「問曰：何名知因？答曰：知因有四。一現見。二比知。三喻知。四隨經書。此四知中，現見為正〔上〕。問曰：何因緣故，現為上耶？答曰：後三種知，由現見故，名之為上。如見火有烟。後時見烟，便知有火。是故現見為勝。問曰：已知三事，由現故知。今此現見何者最實？答曰：辨現見之真似。五根所知根見家也。有時虛偽。[36]唯有智慧正觀諸法，名為最上。又如見熱時，燄、旋火輪、乾達婆城。此雖名現，而非真實。又相不明了故，見錯謬如夜見杌，疑謂是人。以指按目，則覩二月。此似現見，同安慧五識有執義也。若得空智，名為實見。」已上[37]

西方立諸量，或有為四。此魏《論》及《方便心論》等，或有為三，除譬喻，如《瑜伽》等。或有為二，陳那等諸決道理，唯用三支具比量。此中實有譬喻量，同異品依即古譬喻量也。宗因者，古比量也。現量不用議論之證法也。凡立宗者不可違聖教自為依者。是故陳那於《因明門》除譬喻量、聖教量耳。餘一切豈除之？古人所謂四量中比量非三支具之比，因明宗過中比量相違之比量也。唯以因量宗也。今天親亦古師也，造論必用四量，無依三支具比量矣。疏主每文約三支，本非《論》意也。又留支等譯四量，現量曰「現見」，不云「知」。所以然者，現量無分別，故不云「知」。凡知者，分別思慮之功也。比喻並云「知」，示非現證也。聖教亦不云「知」，似現信故歟。然此四皆知之因也。知即果也。現見者，現即見唯因也。比之知、喻之知皆依主也。毘目智仙以後，四皆為量。以論法之器故，如度量之法故，名為量者也。

《疏》二十四右「量者，量度。詁訓故無失如以尺丈量錦綾等，丈為能量，綾等所量」者，《唯識述記》三本四十八右亦同之。依《爾雅》詁訓，偶然失字法，雖唐人猶有如是失念矣。應云：如以升斗量穀麥等，斗為能量，穀等所量也。尺曰度，升曰量，是古今不易字法也。未有如是無法而用字也。

比附量度者，疏主意如聲者無常義所比也。所作義逼附聲，能比之具也。是故云比附量度者知也。若依龍樹，[38]知因義，以烟為所比，以有火為能比。曾見火時見有烟，是現量，以此為能比。知彼烟處，火因比知。果也。比之量，依主為義。現量以見為量。聖言以聖言為量。量是能量，即因也。故現即量，聖言即量，皆持業釋也。云知因有四等故。然疏主義現量亦非知因。現即量，約知位為果。今詳察之，比量必依主為正。疏主因明釋等，皆唯為持業。然如比量相違，於聲以瓶等為同類法。[39]則其所相違者，常宗。能相違者，無常義。能知此相違者，比之智也。如是則過相分明，理亦穩矣。違因、違知等說，基本謬釋故，蜂起焉。今此段難者，疏主為正量部等者，依彼名附會也。夫論主意，豈撰[40]人哉！凡以道理前來廣破外境實有所立，毀壞其義，窮鉗百計眾口。雖然，世人皆常，所見悉心外境，然以理雖立無外境義，世人及小乘等皆謂是違世人現見，是故董正現、比、所量及能量，有分別、無分別等，破現量相違之難，却成立雖無心外實境，現量義有之。此論主造論之用意處也。

第十七章

《論》八右頌曰「現覺如夢等，已起現覺時；見及境已無，寧許有現量」：此中第一句，成立難[41]無外境，而有現量覺，非現量定證有外境之誠證也。已起以下二句，釋顯五識現量時無分別故，（實是唯緣相分，不緣心外實境。）不知內外，生我今現見如是境，是心外非心內之覺知者，辨非五識現量覺，唯是後念意識分別比知生外相，是計執非正見之義。成立心外無境不違現量旨，都是遮現量相違難也。第四句結我今現證時意識妄計，非現量時覺知也。長行釋意，三論皆如是。

第十八章

《論》「爾時於境能見已無」等：疏主意但謂論主依三支具足因明門論法作如是說。故恐他「隨一不成」過失。第一句為對經部，此段除境為對正量部，次剎那論者下為對有部，皆泥因明，故不知世親破元害，兼喻有學者、不學者一切時劣人，故以為摘破諸部中往往與已共許計片義隻理。嗚乎！基師觀天親之心，何以如是狹少且固陋也！是無他故，但以執因明故，如是致陋解也。夫論主所喻詰，則一切世人也。故取喻皆依世人共知。如夢等境無，諸世人所共知故，頻引如是喻。至如學教成迷夢境尚有之人，豈唯破彼非夢實物境，許夢境有乎？如夢境執實，則不別破而自往矣。凡立論破斥之言及理，雖依三四量之論法，不用因明言陳一量一破，狹小戲言過失門矣。一言發則所當雖千萬計類破斥是廣矣，何每理依三支定敵者乎？殛其元害，喻曉不知味劣世人，令證知無境義，是論主造論之大志也。如疏主鑿鑿乎失意味深長甚遠大矣。有識君子思之。此中剎那論者，無境家之大敵故，殊亦一切有為法許念念滅。凡心念念滅，雖不學教人皆所曉也，況又學教者，皆所許也。故先就能緣已滅辨現見已滅後意執為外之義。彼有部許境亦剎那滅，益是非現量之覺明。故挫元害凶酋，在斯彌著。是故舉彼所執也。陳《論》亦同此意。

《論》「剎那論者有此覺時，〔色等現〕境亦皆〔已〕滅」：陳雖同此意，魏《論》則稍別。上能見已謝等曰：「眼等識於先滅故。云何說言我（今）現見彼青〔黃色〕等？於佛法中無如是義。此次說所以文當剎那論者段。何以故？以一切法念念不住故。以見色時，無彼意識及〔以〕境界。意識起時，無彼眼識及以境界。以是義故，不得說言於四信中，現信最勝。」此《論》剎那以下，當何以故以下，熟視魏《論》，於義則無差。不唯無差，不為二段各別。此《論》能見已謝位亦境隨滅旨。魏《論》具述明前文所以，於義無不正，還返此魏譯得正本文歟？有識斷之。

此一段頌文及長行：論主意，頌第一句總對世間人。世人無所執邪計，不學教故，皆共知夢中見村園男女等事，及交女人損精等，五識現量，如不夢時，有所量境。然夢寤知都無實境，但虛妄見境。是故取此喻，喻悟諸無邪理執世人，且外小中許此義者，亦開悟也。如有部等學人，所謂學教成迷之執人也，如夢中亦許實有境。又如夢中唯意識見，執無五識。如是徒皆以法說道理破我今現證覺知，但是意識妄執，非五識現量覺，故非現見外境證。即下三句也。現覺如夢中總喻示「雖無境、有現量」之理而已。大乘無外境而識生之義，昭然易見，令世人信服。何以知者，此論立宗云「三界唯識」。三界者，世間也。學者、無學者雜居於中。外道小乘是學教成迷，立異世現事等理各執計。世人無學教之固執，但以現事徵理者也。故對三界中世人立唯識義，引喻以世人共知法，眼有病者見毛月等。論主意以三界世間所有之事，喻病眼見。為如夢亦此意也。出世間淨智之境，喻無病眼所見。為如夢覺時所見，亦此意也。此《論》初舉四難者，皆一切世人現學[42]之四難，非學教偏執一許他不許等之偏理。並皆世間通滿現覺，而難無境違理也。論主通四難，引別別喻一段，任所難以世人共許喻也。如是，則不能破小乘實境之害。故作復次頌，取獄卒喻通四難。為招小乘難開破實境計執之端，故取地獄喻。此喻非世不學教人所知，全對小乘執教人也。自此以後，正對小乘立無境。乃如內外處，則分別假實。其實至極微極矣。此極微教執有內外執，並皆立實者，大乘之害也。故於外小中，破其元凶，其黨餘之類，不戰而面縛。所量境體以理徵破畢，然能量之證未破斥，於是此段論之。第一句廣對三界世人，下三句別破學執之徒，是論主立宗以來所用心處矣。有識曉之。如疏主自初為外小四難故，種種撰異計敵論者，甚以無旨趣，決非論主筆削之旨也。如是精論，非對昧劣人所談，皆所不可曉也。予豈為愚人論之？為助疏主闕遺改失計，明論主旨也。我豈好異見哉？但以不忍視此《疏》故。有識察焉。

第十九章

《疏》二十九右「既爾大乘」至「有此現覺生」：此明何義？向破小乘我今現證覺，謂非五識現量覺，六識不俱起故。彼覺即後念意識分別，非現量覺。故舉妨通之曰：大眾部及大乘許五六並起同時緣。若爾，五識不憶持而同時與眼等緣外境，如境意能憶記，豈非外境現量知之？今遮曰：雖意識與五俱現量緣時無分別故，不執內外，但緣似外境不執若似若真外也。是故不得現量證真實離心外境也。又雖與五並起時，或意亦有比量，五識現量似外境。意比量五識所量似外境執為實外境，非現量執外，故並皆無妨。大眾等不許似境，而其於現、比則此理故，非外境現量知之證也。此《疏》中，通釋有二：一、「五識俱意」至「假智詮故」，明五同緣現量不起外境覺。二、「五識前時」至「有此現覺生」，明同時意識別以比智緣似外境。自謬為實外起我今現證外境之覺也。文中初至「不假意識」，述意別量之由也。意識起下，示三量攝，故雖同時亦比等起也。二個「或」字，上箇不俱時也，下箇多剎那頃也。與五同時一念頃故，未有過去曾受境，然緣似外境起比覺也。廣釋如七末，三十三紙要覽披彼。

第二十章

《論》八左「要曾現受」等：此下「要」字得字法。以下破憶持執，奪彼外境為似外境。此段論主尤用力之處也。《疏》釋亦備矣。但云「奪憶持」者，奪彼執心外之憶持，令知似外憶持之謬也。

第二十一章

《論》八左「如說似境識」：長行云「如前所說」、「似外境現」，正指立宗頌句也。疏主指二。正指似境相轉等，兼指立宗長行。新譯亡立宗頌。故今於頌所指，非頌不可，故指別意趣頌。雖然，論主語勢及道理必指立宗段，故有立宗頌為正梵本。

第二十二章

《疏》三十一右然「舊論本」至「異常難解」等：今詳之，疏主則難解，眾人則易解。凡疏主惡陳譯過法。此前章亦云：「然舊《論》本，句句別明，分為二段，豈如今者合一處明？義相違故。」今詳之。句句牒釋，其義愈明，何不可乎？於義無有少違。然云相違，是何之言？但疏主則見相違，眾人則不見。如眼有病者，見毛蠅等，亦此之謂矣乎。

《論》九右「寧如夢識實境皆無」：明本、《疏》本作「寧知」為正。此段文以知不知作難故。

第二十三章

問曰：論主未有言夢中境即夢中知非有。然外人以此例，難覺時境不知非有，豈不誣妄之難乎？答：爾外人不解難也。論主欲以世夢覺喻顯大乘世間虛夢出世真覺無境義。故假設不解難，以發論端也。然疏主三十一左云「夢心無有境，覺時許知無」者，非不解意。若如是解，則覺時不知喻夢中不知，其知非有，何物例乎？不成難也。

第二十四章

《疏》三十二右「或簡五識不行夢故」：簡大乘五識也。大乘云現覺如夢等。安慧等許五識有執，見毛月等，是似現量故。龍樹《方便心論》具明五識似現。五識亦能見虛妄境，故簡之。小乘自許五識唯真現量，故許異夢識也。林《記》似失，故示之。

第二十五章

《論》九右「若時得彼出世對治無分別智，即[43]名真覺」者，見道中真見道也。《三十頌》曰：「若時於所緣，智都無所得；爾時住唯識，離二取相故；無得不思議，是出世間智。捨二麁重故，便證得轉依。」即此無分別智真覺也。心外無法之覺，於是得其真。

《論》「此後所得世間淨智」等：後得淨智了了緣諸法，知其非實。此智依前真智起故，如實知其非有也。世間正智未得所依真智故，雖知無境，而不得如實也。餘如《疏》詳悉。

第二十六章

《論》九左「若諸有情由自相續轉變差別，似境識起」：此「自相續」者，魏云「自心」，陳云「自相續」，同此《疏》三十四左。釋云：若諸有情由自身中心等相續識自證分等。依此等，此中云「相續」者，心不斷義也。依《疏》上三十四左釋「相續不定」云：「相續者有情異名」者，此段諸相續言約有情體即異熟識解之亦無害，猶如云自身中識轉變也。故《演秘》一本四右釋「自他相續」等文云：相續者，即身也。然陳《論》中初自相續不定至此，「相續」言皆約心相續，不約人身也。蓋學者依宜耳。

第二十七章

《論》九左頌曰：「展轉增上力，二識成決定。」《疏》有二釋：一、能教、所教二人身中，並正識決定，並邪識決定，之謂二識決定。二、云唯所教者身中，或正或邪決定，之謂二識決定。疏主評云：二識任情無勝劣也。然前解依此《論》；後解依舊《論》者，非也。舊《論》亦全同此《論》，不得簡別。彼《論》曰：「更互增上故，二識正邪定」。已上偈。長行云：「一切眾生由更互識增上故，有二種識定成。或正定或邪定更互者，自他〔者〕共成自他事。是故別識相續勝能故，新云差別。別識相續勝能生，不從外塵起。」已上全文。此二個別識文，新作二個餘相續識文。新無「自他共成自他事」文。能所二教，[44]各各二識決定義，舊《論》却明。疏主但見偈文二識正邪定，不讀長行。又偈文亦何定知一人二識？有眼思之。

又此頌文、長行皆唯約善友、惡友互教，決無有佛及因人說聽意。何以知者，三論皆唯約友故。佛雖師而非因人友故。然基公、法藏等皆引此偈，證說聽共教體義者何，蓋準證，非正證也。

《疏》三十六右八種諸〔識此彼〕展轉〔為〕增上〔緣〕云云：詳夫能所教時，色形言音等，五識所緣，意識增上緣也。正邪決定心時，唯意識緣其義理等，分別決定故。彼友人形色音聲志心等，皆唯增上緣也。未及七、八，故陳偈前難云：「若由自相續轉〔異〕勝故，眾生六識似六塵起，實不從塵生者」等。云云疏主云諸八識者，七八雖無所用，今大乘意故，依教意云八識。

問曰：「展轉增上力」，其意云何？答曰：須知增上、所緣二緣差別。凡一切增上緣或時皆所緣緣也。一切所緣緣或時皆增上緣也。謂識各有所緣，有增上。謂眼識視人，唯視其色形等，是所緣緣也。其人意及言音等，增上緣也。耳識其音聲為所緣。其人體等，增上緣也。其意識以其義理差別、善惡、己利不利、苦樂心等為所緣，其人形色聲等增上緣。是故，意識所緣，以五識所緣為增上緣故。正邪決定，唯在意識。故彼友人色形言音等，意識決定時，皆唯為增上，故云展轉增上，非說疏所緣，今則為增上緣。凡增上緣法多有外本質。故《成唯識》辨此義云：本質通二。又增上疏所緣。取意。

第二十八章

《疏》三十六右雖無失，若謬讀似今以疏緣為增上，莫惑矣。《疏》三十七右由於外境。此云外境，非謂心外境也。但云境者，所緣名也。今謂增上為境，不可也。彼緣非境故。若為境則非增上，是所緣故。應云外緣，除正所緣為境之緣，故云外。非心外之義也。

第二十九章

《論》九左「若如夢中境」至「當受不同」：意云，夢中亦或有造業感果等。且「惡業果」者，夢竊作婬等、盜等奸惡業，而後所執，或遭刑辟等。果也。如是雖有業果，夢中虛妄，故非真實。雖夢死而實不死，無實境故。然覺時業果必不虛，作盜等業，遭刑辟者死，無不死。是故與夢不同，受果別故。無境義豈同也，是論旨也。然《疏》三十七右「如夢殺人定無現在為他報殺」者，亘夢、覺二時作釋。故不成例難，應知非論意。又「若覺時殺定為現在他人殺報」者，前釋既謬，故此示不同，釋亦非論意，理亦非也。若巧奸惡殺人，必無現報，何云定乎？

第三十章

《疏》三十七左「其狂醉等，為緣壞心，羸劣亦爾。此但答問，如夢位心」者，蓋後愚僧傍注入本也。基師設恍惚，豈成此釋乎？若言狂人醉人乘狂醉行盜殺弒逆五逆等，而受大辟苦報，是虛妄境，醉醒狂癒無有此業果者，世狂醉酗惡人作惡逆受大辟刑，終無如夢者，何以得例同耶？不智學者加傍釋，誤入本文必矣。

第三十一章

《疏》三十八右「或薩婆多夢覺境俱是有」至「返覆無窮」。評曰：既破彼所立真實四大極微境非夢實境。非實有畢，彼極微是覺時境。此既成非有，何更須與彼夢中實有返覆無窮之論乎？如此妄計，不勞別破。既已面縛，疏主不思而溺理論，何如斯其太矣！

第三十二章

《疏》三十八左「方今世人此難多生，達此論文，應休劣意」。此釋刺世君子也。以禮殺羊牛等，以為無罪。又世人縱殺牛、羊、豚、鷄等，都無悲愍之心，却快於意。況又已不殺而使人殺？《孟子》所謂「君子遠庖廚」等。若達此答說之論，彼世人自知其自心之作，或有省殺生者，故云「應休劣意」。「劣」者，刺貴人言也。

第三十三章

《論》十左頌曰「由他識轉變，有殺害事業」等。《疏》科云：下二頌大文第六。又釋：「外難無境殺等無，初一頌也。返詰他宗失。」次彈宅迦等頌是也。今此二頌，並皆明心業外無別身口業，身口但依意起故，身口殺等，即意業所作。故雖云三業，殺生等唯以意業為能殺者，故唯心之殺生也。論文易了。

此初偈述大乘意，未詰外人也。陳偈曰：「由他識轉異，死事於此成；如他失心等，因鬼等心力。」魏偈曰：「死依於他心，亦有依自心；依種種因緣，破失自心識。」

此三論，陳全同新。魏下三句稍別，長行大意是同。彼曰：「如人依鬼毗舍闍等，是故失心。此同此意。或依自心，是故失心。此一事今所無。或有憶念愛不愛事，是故失心。此事新云令他有情失念。或有夢見鬼著失心。此文新云得夢或著魅等變異事成。或有聖人神通轉變前人失心。如經中說大迦旃延比丘，令娑羅那王見惡夢等。又毗尼中有一比丘，夜蹈瓜皮，謂殺蝦蟇，死入惡道。是故偈言：依種種因緣，破失自心識故。此中瓜比丘新所無也。死依於他心，亦有依自心者。此云何知？以依仙人瞋心，瞋毗摩質多羅阿修羅王，故殺餘眾生，此依他心。他眾生心，虛妄分別，命根謝滅，以彼身命相續斷絕，應如是知。」已上此中亦有依自心，釋在初，牒偈在後無釋。蹈瓜皮比丘因緣此數事，陳、唐所無。又「仙人瞋心殺餘眾生」者，恐後偈意濫雜，或錄文者謬。陳、唐皆云見怖畏事，非殺多眾生事。魏譯未校合，明矣。又「得夢等」者，新、陳二論出從偈中等字也。《疏》牒「得夢」字先「等」字釋，於文科甚不可。然引瞿波釋故，上段牒可知，以「得夢」二字為「等」字釋好。又魏文以著魅為夢事，與新、陳大別也。此復錄文謬也。

第三十四章

《論》[十左]頌曰：「彈宅迦等空，云何由仙忿？意罰為大罪，此復云何成？」此偈依經文返詰外人也。[45]

陳偈曰：「云何檀陀林，空寂由仙瞋？心重罰大罪，若爾云何成？」[46]魏偈曰：「經說檀拏迦，迦陵摩燈國，仙人瞋故空，是故心業重。」[47]「此偈明何義？若有死者不依他心，不依自心，若如是者，以何義故，如來欲成心業為重？是故經中問優婆離長者言：長者，汝頗曾聞以何因緣檀拏迦國、迦陵迦國、摩燈伽國，曠野空寂，無有眾生及草木等。優婆離長者白佛言：瞿曇！我昔曾聞，依仙人瞋心，殺害如是無量眾生，是故得知唯有意業。若不爾者，如來何故於諸經中作如是說？是故偈言：經說檀拏迦，迦陵摩燈國，仙人瞋故空故。問曰：依仙人瞋心，依仙人鬼殺害，如是三國眾生，非依仙人瞋心而死。答曰：如來於汝外道經中，問久學尼乾子言：於三業中，何者為重？久學尼乾子答如來言：身業為重。佛言尼乾子：此彼城中所有眾生為多、為少？久學外道言：無量無邊不可數知。佛言：尼乾子！若有惡人欲殺害此諸眾生者，幾日可殺？尼乾子言：非是一年、二年所殺。佛告久學尼乾子言：摩燈伽等三國眾生，汝頗曾聞云何而死？為身業殺、為意業殺？尼乾子言：瞿曇！我昔曾聞，仙人瞋心以意業殺爾數眾生。佛言：尼乾子！若如是者，云何而言身業為重？尼乾子言：如是如是，我不審諦謬聞而說。以是義故，證成我義，三界唯心，無身語業。此以何義？如世人言，賊燒山林聚落城邑，不言火燒。此義亦爾。唯依心故，善惡業成。以是義故？經中偈言：諸法心為本，諸法心為勝，離心無諸法，唯心身口名。（此偈，疏主以為第二十一偈者。）唯心身口名者，但有心識，無身口業。身口業者，但有名字，實是意業，身口名說。」（已上長行全文。）此中佛詰問尼乾子，陳、唐頌其意，魏偈唯於長行明之。三界唯心，無身口業一段，結此佛尼乾子問答經意也，陳、唐所無。然此一段論及所引經偈，實符合今此一段《論》所明意而義明了矣。基亦以此偈為《論》偈，其謬明了矣。為此等故，雖繁，具引示。

第三十五章

《疏》（五十右）「然此不能了知」至「便有此失」：意云，此他心智能、所緣時，一時我他心智見，應不能緣他，緣我，他智（見分）亦復應不能緣彼、緣我（他心智）所緣境。（即自心，他心智在彼相分。）若許我緣彼，彼緣我，亦互緣所緣境便有自見分即緣自見之失。何以故？彼所緣即我見分也，我所緣即彼見分故。疏主所以作此釋者，不許彼我他心智同時互緣也。

《疏》「若別時緣即無此過」等：《疏》所簡擇也。《疏》既爾，大乘等以下通自心緣自心亦無過失之例難。謂四分中互緣，唯第三、第四分也。見分既不得返緣。況又他心智唯見分也，如何得自見緣自見乎？

《疏》「故他心智但知」下：簡擇他心智所了境，唯他心心所見分，而非彼境及自體分也。然詳此一段意，疏主不許同時互緣他心者非理。不緣其所緣者勿論，何足以論之？夫自心三分、四分者，一心之分位，其三分即體相用義。自體分，體大；相分，相大；見分，用大。此三義分，而猶許見分緣自體，自體返緣見。然無有自心緣自心過失。義分尚爾，況自他人身心各別，何有自心緣自心過失乎？凡他心智，以他能緣為所緣故，互相為能、所緣，本質各別，而各緣其相，豈妨同時他心智互緣之理耶？有識撰之。

第三十六章

《論》十一右「所取、能取分別未斷故」：此一段疏文廣長矣。略分其章句。《疏》五十三右「若別說者」等，別說中有有漏、無漏二位他心智。初有漏位，中有二師，如文。第二五十三左無漏位中大為二。一、正明三師說。二、五十六右於此義中下評三說是非。初中三說如是。第二五十六右評是非。中大為三：一、但貶斥第一師。第二然後二師下褒貶第二師、第三師。第三五十六左若別褒者下，但褒取第三師。此第三中大為五：一、示所立。二、破第二師。三、會前師二難。五十六左十行目「遍計所執」下。四、五十八右由如是等下結勝。五、此中但說下，並解此論文（五十六左八行）遍計所執下。第三會難中大為二：一、會後難。二、（五十八右二行）又前有難下會前難，初中亦大文為二：一、正會難，即此也。二、（五十七左）因論生論，約凡聖辨三性差別。初中大為五。一、標彼所說。二、意說下述意。三、如見於繩下喻況。四、此唯凡夫下結成。五、若說不稱下返詰。

《疏》（五十五右）「有義後得智二分俱有」等。此無漏位。三師中第三師護法正義。於中依文次義為九：一、標所立。二、說此下引證。三、又若下難俱分無計，三難如文。四、引《佛地》說證見相有，且明相分無漏。五、引《成唯識》明相分有。六、通真如非所緣疑。七、讓多證於有漏中。八、結無漏二分定有。九、釋此論文。上來分大義，其章章中細科可知，易故不示。

《疏》（五十三左）「即自心等，以他實心為增上緣，所取本質」等：詳此疏述釋。然所取本質，是疎所緣緣也。凡所緣緣者，雖有親、疏，合是為所緣緣。其增上緣，此外緣也。如牛羊等殺死時，彼羊等正為殺者手等身業所殺。故能殺身業力等羊之所緣緣，而彼欲殺者意念，唯增上緣力，非羊等死所緣。鬼神仙等意念雨石殺人亦爾，死人正所壓于石死故，死人所緣是石等。（五識所緣。）非彼意念所知故。唯雨石與力故，為增上緣。是於所緣有與力義，非正所取，謂之增上緣。然此文他心智以他實心為本質，似彼相分是親所緣，彼本質是疏所緣，豈得名增上緣乎？凡有本質法不為所緣時，皆是或與力、或不障，故增上緣。以此即為所緣，則疏所緣非增上緣，《成唯識》等皆然，此釋獨何混亂？明知傳寫誤也。為增上緣句，應改為疏所緣也。（下文亦有濫釋，倣此。實此暗意偶失計矣。）

《疏》五十三左「有義俱無」至「不知如佛淨智行境」：此中為三：一、論所立因位有漏、無漏。二、問答佛果。三、釋此論文。論所立者，有漏有文，其無漏無有文。基準量說。今以理詳安慧意。安慧立義高妙，非基家所知。夫安慧有漏心不許三分，其見相但由迷妄起故有之。離迷妄則唯心獨存，妄起執相都無矣。是故不許心分派如三大者也。「三界虛妄但是一心作」者，三界自體非三界，然以妄情故為三界。且心外色等諸法自體無過失。離心所緣則為無，可也。唯眾生心有故，於色等諸法有貪、瞋、慢、疑、邪見、愛憎等執生矣。於是為虛妄也。有貪故有所貪，有瞋故有所瞋境，乃至由有愛故有所可愛境，有憎故有所可憎物。如是有妄計心故，有諸外物，而却擾惱自心。若能寂靜於自心，而亡滅貪、瞋、愛憎等念慮，令不起則為無外境。何以故？無所緣故。何以故？能緣既不起，豈有所緣乎？故見相二分即能取所取妄執之所成，舉體皆非真實自體心分。是則三界有漏心，唯其心體是本有，而其著性[48]之執，唯是妄現。以虛妄計執，故有三界。若離此，則非三界，三性、三無性等也。約有漏虛妄心境，故云「一心作」。又云「唯心」，「唯」言顯非外境自體有三界虛妄過失也，亦是顯三界虛妄境界由唯心之迷而現也。若夫非三界出世間無漏無執淨心既無能執貪等起，何由有所執著貪境乎？境體非是貪，唯由心成所貪。既已無能迷貪等故，無有相應之外境矣。是故常無外境，故無唯之所簡。故無漏後得智是識而非唯。凡「唯」言必有所遮。果位無漏心，常無所執物，何用唯言？其理必定。此以理解。若依教證，契經云「三界虛妄，但是一心」，云「三界唯識」。三界言但顯有漏也。魏《論》曰：「心有二種。一者，相應心。謂一切煩惱結使，受、想、行、識，與心相應故。是故言：心、意、識、了別，義一名異。二者，不相應心者。謂第一義諦常住不變，自性清淨心。故言三界虛妄，但是一心作。是故偈言：『唯識無境界。』已上此釋意，約煩惱有漏相應位立唯識，於真如證得位非立唯識名。第一義諦以上，地上無漏心境界。此《論》依有為無為一體分位差別，終教意也。陳《論》曰「於大乘中立三界（者）唯有識」乃至「顯三性二諦同無性，名非安立」。已上此意亦立唯識者，但約三界有漏位故，安立此遮執法相。若依出世間三無性位，非安立唯識。何以故？以「唯」言無用故。何故無用？無所簡虛妄故。明知唯識安立「唯」在有漏位矣。「唯」在有漏中何利益？為令離外境著故，為令攝持唯心不散亂，蔑如外境入無分別智故，方便說立唯心，大乘觀心之捷徑、入道之要路也。若言佛果亦唯心者，從因能成以立名。佛果境界無所執故，無自體是唯義也。夫佛果心不可思議，舉體皆相大故，有佛世界微塵佛剎等。舉體皆用大故，有無盡事業能作佛事。舉相舉用，皆是體大故，有一法界寂滅平等究竟真實智。如是三大即是佛心妙法也。是故說此心為一切種智。心既自在矣，豈假見、相二分耶？此是蓋安慧等立唯識法相微意也。基公等未曉安立限，亦不思唯之為唯。是故暗計安慧論無漏二分，皆應非彼師意。且佛地論師好集多說者也。於無漏後得，不舉二分無之計。彼護法計之徒故出似已者也。

問曰：護法三分、四分通因、果二位立之，為非乎？為有理乎？

答曰：所立意趣異故，有理無非也。何以知此義？曰：此師有三分、四分。然四分非通途義。凡緣境心為必有三分者，擬三大也。真心有三大，故準之有漏妄心亦應有三大義，故約分立之。自體分擬體大，見分擬用大，相分擬相大。是一心三分故，為妄心依他法。其相分即似外，而內境不離心體故。雖有分別虛妄人，而唯心無外境義易曉。故方便言三分俱實，為令漸離心外著，漸取內境。漸捨內境，住離念之自體分。故立三分皆染分依他也。無漏後得智亦有三分，此是依安立性相門。故就有為無漏心亦擬真心三大，以立三分。佛住真理不可言境，即體大自體分；變佛土現前等，相分相大；說法教化，見分用大。此三分互用，無礙自在，故名一切種智。其真心三大者，更不別說。何以故？有為依他法自體即是圓成實性故。有為四智心三分即是無為真心三大故，其義則與《起信》等無以異。夫此唯識者，但在有漏位所安立故。其論佛果，唯且齊有為無漏位而明之。未論彼唯識實性，圓成實性，三大妙覺位，是方便安立故也。護法非不許真如隨緣，有為、無為體一。然且齊有為位立緣起，故不論無為緣起。但無為位為不變真如，其八識有為因果，但是有為位，故為有為緣起。而其自性體即圓成實故，與言真如緣起成八識，於理無差，但以位分而已。「凝然真如」者，《起信》所謂不變自性如無異也。雖不言真如隨緣，而總括因果心為三性明之。其依他與圓成，唯體相別。圓成是體，依他是相。是以有為為相，以無為為體，不離而非一非異。是在因則八識，在果則中道四智也。《成唯識》意皆有此微旨。基等學奘，傳奘於西所學，稍有謬學，無明師故，是以所授旨多非《論》旨。

問：何故立第四分，有何別意乎？答曰：蓋離分真心也。若不爾，一心二體不應理故。有識曉之。

問：護法唯識亦齊有漏位耶？答曰：亦局。三界唯心安立唯識也。約妄心安立故，非三界無漏心，非安立唯識也。因位簡外，故云「唯」。果位從因，故立唯名。無當位唯，無所遮迷境故。

上來略論安慧、護法等微意。此理在絕言。然基等說，末宗異計也，非本論師至意矣。今論之，非為破基等宗計。然但悲安慧、護法、天親等微意不伸，其猶如芝蘭玉樹壓蔽于蕭艾樗櫟。是故幽贊論道，示聖賢之教，不可偏執見耳，豈非法樂之雲海乎？

《疏》五十五右「此違比量、《解深密》」等：此以二過貶第二解。今詳前二義，疏主代作者，無文而有之。然前二義不並取，則不可也。非執外境故，不可云「唯」，以無所簡故。唯識言但於妄心所安立，其無漏智無妄執故，唯識之果非即是唯識。經云「三界」等，「唯識」名但因位號也。若如是潤色，合二義為一，則為理盡。基公本未知心意識是因位有漏名。於中，心通名云三界唯心者，有簡別言故，唯是因有漏心名，其佛果及菩薩無漏，但以轉依故，化成無漏。[49]轉依雖有分滿，而不捨識名，則得四智者未有之。因位謂之心、意、識。佛果及無漏心，謂之智。是故唯識名相，但在有漏而安立矣。佛果轉八識成四智，更不立八識名義，何用唯識建立乎？是故諸經論中，無有約佛果安立心、意、識，而遮心外為虛妄。安立唯心，但取內識等。凡唯識者，教授方便，但在有漏眾生也。是故天親以初地無所得為虛妄夢覺位。此時始知其唯義。自此後無所得及後得無漏皆無虛妄執，故非唯。亦六、七識轉時成智，故雖無虛妄，出觀時八識皆識故。此宗所立十地，猶同于凡夫，故觀唯識以遮執。無漏智離執，故無此遮情觀。故唯識遮執義，但在虛妄位耳。基師唯識通二位，其旨無異，是皆非天親等諸大論師旨矣。

又《深密》等契經故，解各在義。法歸分別，何違之有！又比量相違者，非也。因果二位有漏無漏心各別故，何比量之相違！夫比量有二。一、三量中比量，所謂現量、比量、聖教，更加譬喻量，則為四量。如前引文。此四中，比量非三支次第作法之量。但同法相比量，其義決不決而已。疏主比量相違者，宗過比量相違，即無異三支具作法，本謬解也。今所謂「比量相違」者，即立量義也，非謂宗過也。[50]且傍論比量相違宗過，謂比量依現量起，意識比類量義也。於有法、法，以類量之。凡將立義，先分別謂：空無礙，故常；則聲亦無礙，應常。以空比聲，立聲常宗。一人謂：瓶所作故，無常；則聲亦所作起，是無常。以瓶比聲，立聲無常。此二人比量，常宗違所作瓶。無常宗雖不同，空無礙不違心無礙。故常不決，無常決。凡立宗，則同異品定故，於同法中既成相違。然而所作決無常，無礙義寬容，通心等無常，非常決定道理。於有法中，比量於同品所有義，違所有正義，故曰比量相違，[51]以理致過，非立別量。然邪因明、謬因明之徒，於宗過比量相違，別作能違為過法，甚非也。傍論已止，應復申正論。何以故？如我三界唯識有違比量耶？因果及識智各別故。如《成唯識》所明，是故一切無過矣。基師視佛果猶如因，是深惑矣！執矣！

《疏》五十六左「比量相違及不定過」：詳此中比量相違者，謂宗過也，對不定過故。然疏主意指陳那《觀所緣論》立量，非論宗過也。又不定過者，此亦非謂因過。若為因不定者，非也。彼能破量曰：「和合於五識，設所緣非緣，彼體實無故，猶如第二月。」[52]此因彼和合假相無常故，應無緣義。今第二師許體無法不假相，直緣其無體。於破經部量因有不定。是非有不定。若言有「設緣非所緣」之失，同薩婆多過者，猶可也。又解，前文云破經部師者，改「經」為「有」，則此一段無失。若不爾，前文云「得為緣」可云「得為所緣」。又云「得成緣」，亦可云「得成所緣」。不爾，不得云破經部，量有不定等也。

《疏》五十七右「此性離言及離假智」乃至「不稱所變離言影像」者，疏主助立離言離念影像，是甚奇說。夫法體離言難分別也，影像，有相、有言、有念也，是不易法相也。然基公恐同安慧相分計所執，故立離言相分，蓋非理，全非護法等意。有識曉之。

或曰，請益曰：離言離假智相分，則不異其本質自相，何言相分乎？設為影像不異體即成無用矣。若爾，佛智相分如何？答：如前廣論。厭煩，不更論而已。

第三十七章

《疏》五十九右「趣者趣況」：況，向音誤。謂趣者，趣嚮，謂所趣處也。簡能趣，故云所趣處。理之所至極之謂歸，所歸即所趣也。有歸而不返之意。是字法也。

第三十八章

《疏》六十右論：「諸佛世尊於一切境及一切種智無礙故。」述曰：「一切境者，諸法共相」。

詳曰：有二評。一者，論文「及」字，執筆錄文謬聞，蛇足成矣。二者，疏文共相、自相，傳寫謬書易地。先評論，後論疏。何以知「及」字是蛇足乎？曰：今論主專簡共智推唯佛不共智故，但應推佛不共一切種智故。是故魏《論》曰：「此偈明何義？此是諸佛甚深境界，非是我等思量所知。何以故？以彼非是心、意、意識、思量境界故。若如是者，是誰境界？偈言諸佛妙境界故。此明何義？唯諸佛如來，以一切種智，於一切所知境界，皆如實而知故。」已上今論文倒云：於一切境一切種智無礙故。魏順唐言，唐順梵言故。又陳《論》曰：「諸佛世尊於一切法知無礙故，如量、如理，此境唯佛所見。」已上於一切法，即於一切境也，知無礙故。如量如理者，如理與如量無礙自在知故，是即一切種智也。何以知無一切智？以共二乘故。《智度》二十七十二左曰：薩婆若有三種名：一切智與二乘共。唯自證故。道種智與菩薩共。唯利他故。一切種智是佛不共法。已上取要。依此應知今論主推佛不共境智，定知唯一切種智也。二舊論既亦昭燎，今《論》「及」字其錄文蛇足，豈不明乎？第二論疏文者，共相謂假智假詮。其在果位，則後得淨智之所行也。自相謂現量證知之境。其在果位，正體真智所行境也。夫新譯及舊多分經論，皆一切智是正智，一切種智是後得智也。今釋境智相乖，是故易地則可也。然《瑜伽》三十八初明三智：一、清淨智，謂正體智也。二、一切智，謂後得智也。三、無滯智，謂後得智攝。《地持》曰：無礙智，具分別此三智。如《大乘義章》十九三智義。此中，一切智是後得，不有一切種智為正智文。若言依真諦、天台等[53]一切智為如理，一切種智為如量者，理亦非也。玄奘家所不取，基何依彼乎？若言良賁等釋一切智智，出一切智及一切種智二分故，約同體故。二智皆如理，皆如量故。如是作釋者，性宗尚可，然相家必不然故。後智以真智為所依起，如前《論》九左、《疏》三十四左釋。何以知真諦與新相反？曰：《倫記．十上》釋三十八，「三智」曰：測云，云云大義同《大乘義章》。乃至曰：「依諸經論，新舊也。《大乘義章》亦有此說。一切種智是俗智，一切智是真智。若依真諦三藏所譯經論，如理智名一切種智，以真如法界是一切諸法種因，緣種因名一切種智，從境得名。如《俱舍》云：一切種智滅諸冥，若俗智名一切智。」已上今基公不依真諦，如前已論。《疏》次下云：「如理如量」。明知如次一切智、一切種智，依此等教理故，共相當作自相，自相當作共相也。然一切種智是佛不共故，此一智能無礙自在自相、共相，故云「難思境」等。今約正、後二智，分別離言、可言，本非是《論》旨。削「及」字，則三論全同，所推甚明矣。林《記》亦惑矣，是故辨之。然論文有錯亂，林《記》整頓，故不論也。

第三十九章

《疏》六十一右非無逗留：逗留，猶依憑也。俗語也。

《疏》云如《成唯識》者，後人傍注攙入，可削。

《疏》入地菩薩雖可推上：語主、客宜如此。然大同房顛倒文句，甚暗文旨矣。然雖可推上一句，倭人傍道攙入，語氣倭也。又無用句故，削之為正。

云已隨執筆等：此《疏》隨翻述之。故云隨執筆。基當譯領執筆。執筆，即錄文之謂也。

上來略贊本論，助基《疏》闕失錯謬。過不改者，補之，改之，正之，是併助基《疏》者也。論翻譯正不，豈侮三藏乎？三藏多事繁業，豈啻精一乎此也。基等亦復爾，何能得無其不足之失乎？無害大道，則皆所不遮也。然聊評之者，為發蒙徒也。疏主作記，偏依因明解義，是但一途之義。基豈視《論》止局此乎？理，圓也；言，偏也。一舉而不可盡者，古人之書也，況如此書！世親大聖，學識甚深，積睿智，揮文力，其意旨溢文言，非一途二途之所能盡。基僅發其一端，以訓導夫童蒙。今我更叩其兩端，助基贊《論》，是我先王之道，我豈可不然乎？知道君子，請繼斯志。如引文分科道注校合，新、舊勘合等，皆在《論》、《疏》傍、冠等記之者，不載乎此。此所載，皆是諸考所未有也。恐遺忘，聊記之。非其人則勿覽焉。

《二十唯識論帳秘錄》卷下終

跋

戒定闍梨，下野人。幼穎悟，有非凡才。出家得度之後，登和之豐嶺（奈良長谷寺）研磨顯、密、內、外書，聲大振焉。嘗語友人某曰：方今學者多阿諛古人說，不敢訂其謬，卻修飾之，遂使後世學者徬徨五里霧中，是豈先覺者所為哉！其卓見可知矣。是以闍梨著書，嶄然出群書之表，往往驚眾目。《二十唯識論帳秘錄》是其一也。我山秘寶庫，不公於世，可謂背先覺者之言。然隱顯出沒，自有因緣，金口法說猶然，況此書乎！闍梨滅後數十年而後初顯於世者，復烏知非因緣所以令然乎？冀從今而後，闍梨一世著書續續隨緣而顯於世，為後世學者指南車。聊託蕪言卷末云爾。

根嶺末葉沙門聖深

明治二十七年（一八九四）六月

註解

1 「折」，或作「析」。下「是故以折空」同。

2 冠註云：非性相顯句者之所知。

3 冠註云：心自在三乘八地始得之。《唯識》七（二十一右）已證心自在。《疏》云：八地已上。

4 冠註云：流支長行云：「此云何知？如《十地經》說『三界虛妄，但是一心作』，故不依《楞伽》。則題號『楞伽』言，譯後傳者所妄加也。」

5 冠註：世親跡位此《疏》下卷六十一右引護月釋及真諦說。

6 《樂記》兩「謂之」作「之謂」。

7 原書「譯」字作「釋」，誤。

8 按《寶生論》，此處當作「證義八人……證梵本一人、讀梵本三人」。

9 冠註：《舊經》二十六（三左）第六地文。又《舊經》第十一（二十）云：「心如工畫師，畫種種五陰。一切世界中，無法而不造。如心佛亦爾，如佛眾生然。心佛及眾生，是三無差別。」賢首於此文無諸教分別，但隨文釋唯心能造佛及眾生而已。

10 冠註：第三《樞要》上本（四十右）列四計。第四計上古大乘者也。《成唯》第一（初左），又第七（八右），引《莊嚴論》文。

11 《豐山全書》作「末」。

12 高麗刊本作「實」，日本平安時代寫本及理覺刊本與此同作「異」。

13 此處及下文「誠證非一」之「誠」，高麗刊本作「成」，理覺刊本與此同。

14 《豐山全書》作「網」。

15 《豐山全書》作「四門約終教、頓教說」。

16 《豐山全書》作「圓教中別教」。

17 冠註：夜魔天宮菩薩說偈品「心如工畫師」等二偈，心能造義分明，如先冠引之。

18 冠註：賢首於此唯心攝三一乘，別教一乘後三門也。

19 冠註：〈繫辭傳〉：乾道，知之始。坤道，形之始。

20 《豐山全書》作「今亦訶字以無因待為諸法因」（頁二三—二四）。

21 冠註：自運，案「運」者，「迷」字寫誤。

22 冠註：密教不立唯心，心緣起為顯故。今論密唯心者，約秘密唯心，故異顯也。然唯言阿字門不生義，遮情也。非表德之言，大師不取。

23 《大正藏》「礙」字作「等」。

24 冠註：按後章中（七右）於破極微段增「安布差別」四字；於結歎推功長行增「及」字。如是三減二增，新翻不正矣。

25 冠註：此舊論清涼《大疏》三十七（七十左）已下具引。

26 冠註：護法等不許五識有似現量，安惠等於五識許真似現量，其翳眼所見等為似現量。龍樹等皆如是。如下「諸法由量章」引《方便心論》。

27 冠註：今論主不許五識迷執外義，五識唯現量，然為外者，後念意識云云。如下現量難釋段。然則安惠義不契下論文。

28 《豐山全書》本作「處」。「虛」為「處」之訛。

29 「攝」，《大正藏》作「生」。

30 「處」，《大正藏》作「知」。

31 《豐山全書》作「在識相續中」。

32 「法」，《大正藏》作「處」。

33 「是」，《大正藏》作「此」。

34 豐山全書：作「獎」。

35 「相」字依《全書》本補。

36 冠註：有時虛偽者，識根有病等見虛偽，此是似現量也。唯有正觀是真現見也。觀者，現見物字法也。意識有觀義，今唯約五根觀也。

37 冠註：此中空智為實現見，約出世間無漏智也。或現量無分別證境。體不謬是名空智，非出世真智。此解為勝。上所明似現見皆謬見故。又龍樹《回諍論》說四。彼云，四量：現量、比量、譬喻量、阿含也。彼《論》後魏毘目智仙譯也。見、知，共皆為量也。留支等分見知亦有味。

38 冠註：龍樹比量，全同陳那等，《理門》、《入正理》皆爾。天主以瓶等常為比違故，如《疏》下卷五十六左比量相違等下詳。當段疏主比義甚謬矣。如〈因明章〉辨。

39 冠註：以同類法相比量而違理，故曰比量相違。基家不爾，本誤矣。

40 《豐山全書》作「選」。

41 《豐山全書》作「雖」。

42 《豐山全書》作「現覺」。

43 「即」，《大正藏》作「乃」。

44 冠註：雖云能所教，朋友相謀之謂也。云互故兩人互決，是《論》意也。故前解正義也。相談，雙方共決者也。

45 冠註：詳此一偈引共許教證心最重反詰故魏偈云經。此章外人信伏息論所故引經。論主作意有精神處也。

46 唐頌意亦全同。長行簡於唐也。

47 此偈無返詰言，但長行特廣長。此偈第二十偈也。此長行中所引經偈，基謬見為論偈第二十一。上卷疏簡破之，如前已辨之。然所引經等大有功，唯心無身語義，故今具引長行，見者應知基謬。

48 《豐山全書》作「境」。

49 冠註：二乘無漏，唯人無漏故不同菩薩，依不轉故，常恆執外境故；菩薩法無我無漏故分同佛，分轉依故。

50 冠註：又七十七右左對見。

51 冠註：比量相違，唯違理過也。為違智過，亦謬也。

52 冠註：有部和合計和合物體皆實，唯形相為假。非經部和合一物皆假。疏主不知之為經部。如前論之。

53 冠註：《天台文句》三之三（二十九右）、《玄義》三之二（五十一左）、《止觀》五之一（五十一右）、《仁王疏》中之一（十二右）、《指心抄》五（十二右）引之。

中華佛學研究所漢傳佛教論叢 8

側寫江戶佛教思想

Japanese Buddhist Thought during the Edo Period: A Glimpse from the Other Side

著者	王芳、何歡歡、林鎮國、陳繼東、簡凱廷
主編	林鎮國、簡凱廷
論叢主編	釋果鏡
編輯	漢傳論叢編輯委員會
出版	法鼓文化
封面設計	化外設計
內頁美編	胡琡珮
地址	臺北市北投區公館路186號5樓
電話	(02)2893-4646
傳真	(02)2896-0731
網址	http://www.ddc.com.tw
E-mail	market@ddc.com.tw
讀者服務專線	(02)2896-1600
初版一刷	2024年3月
建議售價	新臺幣980元
郵撥帳號	50013371
戶名	財團法人法鼓山文教基金會—法鼓文化
北美經銷處	紐約東初禪寺 Chan Meditation Center (New York, USA) Tel: (718)592-6593 E-mail: chancenter@gmail.com

法鼓文化

國家圖書館出版品預行編目資料

側寫江戶佛教思想 / 王芳, 何歡歡, 林鎮國, 陳繼東, 簡凱廷著. -- 初版. -- 臺北市 : 法鼓文化, 2024.03
面； 公分
ISBN 978-626-7345-22-1 (平裝)

1.CST: 佛教哲學 2.CST: 佛教教理 3.CST: 江戶時代 4.CST: 日本

220.13 113001243